재경관리사 합격을 위한 이패스 코리아의 특별한 혜택!

무제한 반복수강

기출문제 완벽분석

교수님 1:1 학습 질의

PC 2대+모바일 2대 수강가능

이패스코리아에서만 제공하는 특별혜택
재경관리사 500% 현금환급반

1

2025 재경관리사 500% 환급반 운영

합격 시 수강료 100% 현금환급

(제세공과금 22%, 결제수수료(카드 3.5%/무통장입금 2%), 교재비 제외)

세 과목 모두 95점 이상 합격 시 300% 환급

세 과목 모두 98점 이상 합격 시 500% 환급

2

수강신청 시 서브노트 도서포함

500% 환급반 수강신청시

이패스 재경관리사

핵심요약집 도서포함

3

합격 시 수강료 환급 + 응시료 50% 추가환급

합격하고 응시료 50% (35,000원) 추가환급 가능

국내 온라인 세무회계전문 이패스코리아 www.epasskorea.com

합격의 지름길 이패스코리아

<table>
<tr>
<td rowspan="2">자격증</td>
<td rowspan="2">● 전산회계 2급
● FAT 2급
● 회계관리 2급
● 세무회계 3급</td>
<td>● 전산회계 1급
● FAT 1급</td>
<td>● 전산세무 2급
● TAT 2급</td>
<td rowspan="2">● 전산세무 1급
● TAT 1급
● 재경관리사
● 기업회계 1급
● 세무회계 1급</td>
</tr>
<tr>
<td colspan="2">● 회계관리 1급
● 기업회계 2급
● 세무회계 2급</td>
</tr>
<tr>
<td>시험 난이도</td>
<td>★</td>
<td>★★</td>
<td>★★★</td>
<td>★★★★</td>
</tr>
<tr>
<td rowspan="2">준비 기간</td>
<td>1개월~2개월</td>
<td>2개월~3개월</td>
<td>3개월~4개월</td>
<td>3개월~6개월</td>
</tr>
<tr>
<td colspan="2">● 회계 초보자, 신입사원
● 회계의 기본부터 탄탄히 학습하길 원하시는 분
● 회계 기본강의 선생학습을 통해 회계 개념 마스터</td>
<td>● 회계 전문가로의 완성
● 내 손으로 작성하는 결산재무제표</td>
<td>● 중간관리자로서의 도약!
● 취업이 쉬워지고 업무가 즐거워집니다.</td>
</tr>
</table>

진정한 전문가로 가는 길 이패스코리아

과목별 핵심정리 → 과목별로 개념이해와 예제문제를 통해 개념다지기 / 출제 예상문제를 통해 실력향상 → **출제 예상문제**

국내 온라인 세무회계전문 이패스코리아 www.epasskorea.com

이패스 재경관리사

국가공인
재경관리사 완벽대비

핵심서브노트&문제풀이

| 원광진 · 박정근 · 박정국 공저 |

epasskorea

PREFACE

재경관리사 |머|리|말|

본 시험은 기업의 관리자로서 갖추어야 할 경리지식인 재무회계, 세무회계, 원가관리회계로 나누어 폭 넓게 검증하는 시험입니다. 범위가 워낙 넓기 때문에 수험생 입장에서 그 대비에 많은 어려움을 갖는게 사실입니다. 이에 요약정리된 교재로 단권화하여 보다 시험에 효율적으로 준비할 수 있도록 본 교재가 집필되었습니다. 다만, 본 교재는 정리용이기 때문에 기본원리의 학습은 기본서를 참조하여 학습이 이루어져야 할 것입니다. 각 과목별 주의할 사항을 아래에서 살펴보면 다음과 같습니다.

재무회계는 그 범위가 넓고 내용의 수준도 상당히 높습니다. 심지어 해석서의 내용도 다루고 있습니다. 그래서 그 시간과 노력이 많이 필요한 반면, 수험생 입장에서 제한된 시간내에 합격해야 하기 때문에 아래와 같이 주의하여 학습하여야 할 것입니다.

첫째, 각 주제별 핵심내용에 초점을 맞추어 학습할 필요가 있습니다. 교재의 내용은 방대한 기준서를 요약정리되어 있으므로 기본서를 통한 이해가 선행되어야 합니다.

둘째, 특수회계분야(15장~24장)를 소홀히 하지 말아야 합니다. 각 주제별 1~2문제 정도해서 대략 14문제가량 출제되기 때문에 포기해서는 안되는 분야입니다. 다만, 그 내용이 만만치 않아 핵심적인 내용위주로 연습문제의 수준이 벗어나지 않는 범위내에서 내용을 정리하시기 바랍니다.

셋째, 본서 학습전에 기본서의 정독이 최소한 1회독이 필요합니다. 여기서 정독은 이해와 암기가 이루어지는 정독을 말합니다. 즉, 어느 정도 절대적 공부량이 필요한 과목입니다.

세무회계는 학습해야 할 범위는 넓으면서 휘발성이 강해 많은 수강생 분들이 힘들어 하는 과목입니다. 세무회계의 효율적인 학습을 위해 다음과 같이 3가지 제안을 드립니다.

첫째, 세법은 낯선 용어와 개념이 많아 혼자 공부하기는 어려운 과목입니다. 예습보다는 복습에 집중하시기 바랍니다.

둘째, 단순한 암기는 몇 일 가지 못합니다. 강의를 통해 내용을 충분히 이해하시면 저절로 암기가 되는 경험을 하실 수 있을 것입니다.

셋째, 핵심요약집을 충분히 활용하시기 바랍니다. 어느 시험이나 시험 직전 빠르게 볼 수 있는 요약집이 필요합니다. 하지만 이러한 요약집을 직접 만들기 위해서는 상당한 시간과 노력이 필요한 바, 이패스코리아의 강사들이 직접 요약집을 만든 것이 본 교재입니다. 이제 여러분은 본 핵심요약집을 기초로 본인이 부족한 부분만 추가하면 여러분만의 비법노트를 가질 수 있게 될 것입니다.

원가관리회계는 처음 포함된 과목이긴 하나 3과목 중 제일 접근이 쉬운 과목이라고 봅니다. 요약정리 및 문제만 풀이하여도 대비가 되리라 봅니다. 기본적인 전략은 아래와 같습니다.

첫째, 원가회계는 개념과 흐름이 중요합니다. 원가계산이 어떻게 이루어지는지 그 흐름을 이해하는 것이 중요합니다. 계산문제는 흐름을 모르면 풀기 어렵기 때문에 반드시 부분적인 내용보다는 전체적인 원가계산의 흐름을 파악하기 바랍니다.

둘째, 요약정리와 문제를 중심으로 반복해서 풀어 보기 바랍니다. 원가관리회계는 정형화된 문제가 많이 출제되기 때문입니다.

앞서 언급했듯이 본서는 요약집이므로 기본서의 학습이 반드시 이루어져야 한다는 것입니다. 본서의 용도는 시험전 빠른 정리와 문제를 통한 실력 검증에 있습니다. 부디 본 교재가 시험을 대비하는데 효율적으로 접근할 수 있도록 조금이나마 도움이 되길 바랍니다.

2025년 4월

편저자 원광진, 박정근, 박정국

INFORMATION

재경관리사 |출|제|경|향|분|석|

재무회계

	문항수	내용	문항수	내용	문항수
1장 국제회계기준	1	9장 금융자산	3	17장 법인세	2
2장 개념체계	2	10장 금융부채	2	18장 회계변경과 오류수정	1
3장 재무제표표시	2	11장 충당부채등	1	19장 주당이익	1
4장 보고기간후사건	1	12장 자본	2	20장 관계기업	2
5장 재고자산	3	13장 수익	2	21장 환율변동효과	1
6장 유형자산	3	14장 건설계약	1	22장 파생상품	1
7장 무형자산	2	15장 종업원급여	1	23장 리스	2
8장 투자부동산	1	16장 주식기준보상	1	24장 현금흐름표	2

※ 위 출제문제수는 평균 출제수로 시험회차에 따라 1문제정도 오차는 있음

재무회계는 한국채택국제회계기준을 출제범위로 하고 있으며, 출제비중은 개념체계 및 이론(15%), 자산(30%), 부채와 자본 및 수익(20%), 특수회계 및 기타(35%)로 구성된다. 특수회계분야가 35%에 해당하기 때문에 합격을 위해서는 특수회계분야를 포기해서는 안된다.

세무회계

내용	문항수
1장 조세총론 조세의 분류기준	1
2장 국세기본법 서류의 송달, 국세부과의 원칙, 세법적용의 원칙, 수정신고와 경정청구, 단체의 납세의무 등	3
3장 법인세법 세무조정일반, 감가상각비, 기부금, 접대비, 지급이자, 퇴직급여, 대손, 자산평가, 부당행위계산의 부인, 이월결손금공제, 신고및납부 등	16
4장 소득세법 일반, 금융소득, 사업소득, 근로소득, 연금소득, 기타소득, 결손금 및 이월결손금공제, 종합소득공제, 세액공제, 원천징수, 양도소득, 종합소득신고 등	10
5장 부가가치세법 일반, 공급시기, 납부환급세액계산, 과세표준, 매입세액, 신고납부환급, 일반과 간이과세자 비교, 전반 등	10

※ 위 출제문제수는 평균 출제수로 시험회차에 따라 1문제정도 오차는 있음

세무회계는 법인세법, 소득세법, 부가가치세법, 국세기본법을 출제범위로 하고 있으며 출제비중은 법인세법(40%), 소득세법(25%), 부가가치세법(25%), 국세기본법등(10%)으로 구성된다. 법인세법이 가장 많이 출제되며 그 중에서도 세무조정과 관련된 문제의 출제비중이 높다.

원가관리회계

내용	문항수
1장 원가회계의 기초 기본개념(1), 원가회계의 흐름(3), 원가배분(3)	7
2장 생산형태에 따른 원가계산방법 개별원가계산(2), 종합원가계산(3)	5
3장 원가측정방법 표준원가계산의 기초(1), 차이분석(3)	4
4장 원가구성에 따른 원가계산방법 전부·변동·초변동원가계산(3)	3
5장 새로운 원가계산방법 활동기준원가계산(1)	1
6장 계획과 통제 CVP분석(4), 책임회계제도와 분권화의 성과평가(6)	10
7장 의사결정 단기의사결정(3), 장기의사결정(2), 가격결정과 대체가격결정(2)	7
8장 최신관리회계 수명주기원가와 목표원가(1), 품질원가계산(1), BSC(1)	3

※ 위 출제문제수는 평균 출제수로 시험회차에 따라 1문제정도 오차는 있음

원가관리회계는 크게 원가회계와 관리회계로 구성되며, 출제비중은 원가의 종류 및 흐름(18%), 원가계산(32%), CVP(10%), 의사결정(18%), 책임회계 및 투자중심점(15%), 최신이론(7%)으로 구성된다. 개별원가, 종합원가, 표준원가, 변동원가, 활동원가 등 원가를 계산하는 문제의 비중이 가장 크며, CVP분석과 성과평가의 출제비중이 다음으로 높다.

좀 더 자세한 내용 및 수험정보 등은 당사 홈페이지(www.epasskorea.com) 참조

INFORMATION

재경관리사 |학|습|전|략|

공통

첫째, **정형화된 기출문제**를 시험 직전 1주일 정도 반복하여 풀이를 한다. 의외로 상당한 효과를 본다. 동일 또는 유사한 문제가 상당히 출제되고 있기 때문이다.
둘째, 수험범위를 기본서로 **단권화**하여 반복해서 틀리는 연습문제를 표시하고 반복하여 풀이를 한다. 공부의 양을 줄여 **집중적으로 학습**할 필요가 있다. 공부 양이 많다는 것은 공부의 재미와 열정을 잃게 할 수 있다.

재무회계

기본서의 본문내용은 반드시 서브노트를 만드는 것이 좋다. 재무회계기본서는 시험문제와 관련 없는 내용이 상당 부분 수록되어 있다. 이를 수험목적상 필요한 내용만으로 정리할 필요가 있다. 서브노트는 수험생이 직접 만드는 것이 가장 좋으나 힘들다면 요약집 등을 활용하여 기출문제를 중심으로 본문의 내용을 정리하길 바란다.

세무회계

세법 종류별로 **특징, 납세의무자, 과세기간, 납세지, 과세대상, 공급(수입)시기, 과세표준, 핵심세무조정(감가상각비, 기업업무추진비, 기부금, 퇴충, 대손충당금, 부당행위계산부인), 산출세액 및 결정세액계산, 세액공제, 신고 및 납부** 순으로 정리할 필요가 있다. 아울러 **각종 산식**을 한 눈에 볼 수 있도록 정리된 이패스코리아의 핵심요약집을 활용할 것을 권장드린다.

원가관리회계

기본서의 본문 내용 중 **문제풀이를 위한 공식은 따로 정리**할 필요가 있다. 원가관리회계 기본서는 재무회계에 비하여 본문 내용의 양이 적고 쉽게 학습이 가능하며 출제될 내용들이 정형화되어 있기 때문에 **기본서만 충실히 공부하여도 고득점이 가능**하다.

좀 더 자세한 내용 및 수험정보 등은 당사 홈페이지(www.epasskorea.com) 참조

재경관리사란?

회계 및 세무의 이론과 실무 능력을 겸비한 재경전문가로 가기 위한 국가공인 자격과정으로, 기업의 세무업무 수행·관리에 필요한 이론적인 지식을 총괄적으로 학습할 수 있다.

재경관리사 시험안내

- 시험주관 : 삼일아카데미(www.samilexam.com)
- 주관처 : 삼일회계법인
- 응시자격 : 제한 없음
- 시험시간 : 150분
- 문제형식 : 과목당 40문항(객관식 4지선다형)
- 합격기준 : 전과목 과목별 70점(100점 만점) 이상
- 응시료 : 70,000원
- 응시원서접수 : 각 회별 원서접수기간 내 원서 혹은 인터넷 접수(www.samilexam.com)
- 시험일정 : 연 8회 실시(1월, 3월, 5월, 6월, 7월, 9월, 11월, 12월)

시험과목 구성

시험과목		평가범위
재무회계	재무회계 일반	재무보고와 국제회계기준
		재무회계 개념체계
		재무제표표시
		기타공시
	재무상태표	자산
		부채
		자본
	포괄손익 계산서	수익
		비용
		기타사항
	특수회계	관계기업
		환율변동효과
		파생상품회계
		리스회계
		현금흐름표

재경관리사 |자|격|시|험|안|내|

시험과목		평가범위
세무회계	세법의 이해	세법에 대한 일반적 이해
	국세기본법	국세기본법에 대한 이해
	법인세	총설
		각사업연도소득에 대한 법인세
		과세표준과 세액의 계산
	소득세	종합소득세의 계산
		퇴직소득세
		원천징수
		양도소득세
	부가가치세	부가가치세 개념
		부가가치세의 계산
원가관리회계	원가회계의 기초	원가회계의 기본개념
		원가회계의 흐름
		원가배분
	생산형태에 따른 원가 계산방법	개별원가계산
		종합원가계산
	원가측정 방법	표준원가계산의 기초
		표준원가계산과 차이분석
	원가계산의 범위	변동원가계산과 전부원가계산
	계획과 통제	원가·조업도·이익분석
		기업환경의 변화와 새로운 원가관리시스템
	의사결정을 위한 원가정보의 활용	단기의사결정을 위한 원가정보의 활용
		장기의사결정을 위한 원가정보의 활용
	성과평가	책임회계제도와 성과평가
		분권화와 성과평가
		경제적부가가치(EVA) 분석과 성과평가

세부 평가내용

과목	평가내용		
재무회계	재무회계 일반	재무보고와 국제회계기준	회계의 구분, 국제회계기준의 특징 및 도입과정
		재무회계 개념체계	재무제표의 기본가정, 질적특성, 재무제표의 기본요소 및 기본요소의 인식 및 측정방법
		재무제표표시	재무제표의 일반사항, 재무상태표, 포괄손익계산서, 자본변동표, 현금흐름표 및 주석
		기타공시	보고기간후사건, 특수관계자 공시, 중간재무보고
	재무상태표	자산	금융자산, 재고자산, 유형자산, 무형자산, 투자부동산의 종류 및 회계처리
		부채	금융부채, 충당부채, 우발부채 종류 및 회계처리
		자본	자본의 의의, 자본의 분류 및 회계처리
	포괄손익 계산서	수익	수익의 의의 및 측정기준, 거래유형별 수익인식기준, 건설계약의 회계처리
		비용	종업원급여, 주식기준보상거래 및 법인세의 회계처리
		기타사항	회계변경과 오류수정, 주당이익
	특수회계	관계기업	관계기업의 정의 및 회계처리
		환율변동효과	외화거래의 기말환산 및 해외사업장의 환산
		파생상품회계	파생상품의 종류 및 회계처리
		리스회계	리스의 분류 및 회계처리
		현금흐름표	현금흐름표의 구조, 작성절차 및 작성원칙
세무회계	세법의 이해	세법에 대한 일반적 이해	조세의 개념
			조세의 종류와 성격
			조세법의 기본원칙
	국세기본법	국세기본법에 대한 이해	국세부과의 원칙, 세법적용의 원칙
			납세의무의 성립, 확정, 소멸, 확장
			국세와 일반채권과의 관계
			수정신고와 경정청구, 조세쟁송제도

INFORMATION

재경관리사 |자|격|시|험|안|내|

과목	평가내용		
세무회계	법인세	총설	법인세의 의의, 과세소득의 범위, 사업연도, 납세지
		각사업연도소득에 대한 법인세	법인세의 계산구조
			세무조정
			소득처분
			익금, 손금의 계산
			손익의 귀속시기, 자산/부채의 평가
			감가상각비, 기부금, 접대비, 지급이자, 충당금, 준비금 등의 세무조정
		과세표준과 세액의 계산	과세표준의 계산
			법인세 납세절차
	소득세	종합소득세의 계산	소득세의 개념
			금융소득종합과세
			종합소득세액 금액의 계산
			종합소득 과세표준 및 세액계산
		퇴직소득세	퇴직소득세액 계산
		원천징수	원천징수의 개념 및 연말정산
		양도소득세	양도소득세의 개념
			양도소득세의 계산구조
	부가가치세	부가가치세 개념	부가가치세의 개념
			부가가치세의 과세대상
		부가가치세의 계산	영세율과 면세의 비교
			과세표준과 매출세액의 계산
			매입세액공제
			세금계산서의 발행
			가산세의 종류 및 계산
원가관리회계	원가회계의 기초	원가회계의 기본개념	회계의 체계와 원가회계
			원가의 의의
		원가회계의 흐름	제조원가의 흐름에 대한 이해
		원가배분	원가배분의 의의와 유형
			보조부문의 제조부문으로의 원가배분
			제조간접원가의 배부

과목	평가내용		
원가관리회계	생산형태에 따른 원가 계산방법	개별원가계산	개별원가계산의 의의
			개별원가계산 절차의 이해
		종합원가계산	종합원가계산의 의의
			종합원가계산의 방법의 이해
	원가측정 방법	정상원가 및 표준원가계산의 기초	정상원가, 표준원가계산의 의의
			표준원가의 종류 및 표준원가의 설정
		표준원가계산과 차이분석	차이분석의 기초
			원가요소별 차이 분석
			원가차이의 배분
	원가구성에 따른 원가계산방법	변동원가계산과 전부원가계산	변동원가계산과 전부원가계산의 의의
			변동원가계산과 전부원가계산의 영업이익 비교
			변동원가계산과 전부원가계산에 의한 이익의 조정
	새로운 원가계산방법	활동기준원가계산	활동기준원가계산의 의의
			활동기준원가계산의 절차
	계획과 통제	원가추정	원가추정
		원가·조업도·이익분석	손익분기점 분석
			목표이익 분석
		예산	예산의 종류
		책임회계와 성과평가	책임회계제도와 책임중심점에 대한 이해
		분권화와 성과평가	판매부서에 대한 성과평가
			원가중심점의 성과평가
			투자중심점의 성과평가
	의사결정을 위한 원가정보의 활용	단기의사결정을 위한 원가정보의 활용	의사결정의 기초개념
			단기의사결정의 유형
		장기의사결정을 위한 원가정보의 활용	자본예산의 의의
			자본예산모형의 유형
		가격결정과 대체가격 결정	대체가격의 결정
최신관리회계		새로운 원가관리시스템	수명주기원가계산
			목표원가 계산
			품질원가 계산
		새로운 성과평가시스템	균형성과표

INFORMATION

재경관리사 |자|격|시|험|안|내|

2025년 시험일정

[정기회차]

회차	원서접수	시험일	합격자발표	비고
제114회	12. 31 ~ 01. 07	01. 18 (토)	01. 24 (금)	국가공인
제115회	02. 20 ~ 02. 27	03. 22 (토)	03. 28 (금)	
제116회	04. 17 ~ 04. 24	05. 17 (토)	05. 23 (금)	
제117회	05. 27 ~ 06. 03	06. 21 (토)	06. 27 (금)	
제118회	07. 01 ~ 07. 08	07. 26 (토)	08. 01 (금)	
제119회	08. 28 ~ 09. 04	09. 27 (토)	10. 02 (목)	
제120회	10. 23 ~ 10. 30	11. 22 (토)	11. 28 (금)	
제121회	12. 02 ~ 12. 09	12. 20 (토)	12. 26 (금)	

이패스코리아 교육과정(온라인) (www.epasskorea.com)

과정명	교육시간	수강시간	교수진
재경관리사 종합과정	약 200차시	180일	원광진 박정근 박정국
재경관리사 재무회계	약 41차시	90일	
재경관리사 세무회계	약 45차시	90일	
재경관리사 원가관리회계	약 34차시	90일	
재경관리사 핵심요약 및 문제풀이	약 70차시	60일	

재경관리사 교수진 소개

원광진 교수

세무사
前 우리은행 근무
前 세무법인고구려 교육이사 근무
前 씨티은행 재산세제 다수 강의
前 안산대학 세무회계학과 겸임교수
前 국민대학교 법학과 회계학 강사
前 한국세무사회 연수위원 및 전산세무회계 출제위원
前 한국경영교육원 경영지도사, 세무사(세법, 원가), 재경관리사(재무회계) 법인세실무 외 기업외부출강
前 우정사업부 재경관리사 강사
現 세무법인 박앤파트너스 교육이사
現 이패스코리아 세무회계1급, 재경관리사 재무회계 강사
現 이파세무사경영아카데미 세무사(재무회계), IFRS관리사 강사

박정근 교수

공인회계사 / 세무사
前 세무사시험 출제위원
前 공인중개사 시험 출제위원
前 공무원시험 사전출제위원
前 재경관리사 세무회계 교재 집필
前 삼일회계법인
前 삼성전자, 현대자동차, 기아자동차, 신세계, 두산 등 기업 강의
現 삼일아카데미 전임교수, 상장회사진흥원 전임교수
現 이패스코리아 재경관리사 세무회계 강사

박정국 교수

세무사
前 삼일아카데미 주식평가, 연말정산, 부동산세제, 지방세 등 강의
前 중소기업중앙회 가업승계컨설팅 전국 강연
前 다함세무법인 세무사
前 LG 그룹계열 세무팀장
現 이패스코리아 세무회계, 재경관리사 원가관리회계 강사

CONTENTS

재경관리사 |차|례|

1 재무회계

CONTENTS

재경관리사 |차|례|

2 세무회계

PART 01 조세총론

PART 02 국세기본법

PART 03 법인세법

PART 04 소득세법

PART 05 부가가치세법

CONTENTS

재경관리사 |차|례|

3 원가관리회계

PART 01 원가회계

PART 02 관리회계

이패스 재경관리사 핵심서브노트&문제풀이
www.epasskorea.com

제1과목 재무회계

제2과목 세무회계

제3과목 원가관리회계

제1과목

재무회계

이패스 재경관리사
핵심서브노트&문제풀이

PART 01

재무회계와 회계이론

재무보고와 국제회계기준

1 회계의 개념★

정보이용자들이 경제적인 의사결정을 할 수 있도록 기업실체에 관한 재무적 정보를 식별·측정하여 그들에게 전달하는 과정 000

⇨ 정보이용자들의 경제적인 의사결정 :

주주, 채권자 → 투자 및 상환능력, 배당능력 판단

경영자 → 경영의사결정

정부 → 규제 및 지원과 세금부과

금융기관 → 대출 및 상환 의사결정

근로자 → 급여인상 및 취업과 이직 등

2 재무제표의 작성책임

일차적인 책임은 경영자

3 재무보고의 목적

- 보고기업의 경제적 자원, 청구권(재무상태표) 그리고 자원 및 청구권의 변동(포괄손익계산서, 현금흐름표, 자본변동표)에 관한 정보와 경영자의 수탁책임에 관한 결과를 제공

4 국제회계기준의 필요성

- 비용절감
- 회계정보의 국제적 비교가능성과 신뢰성이 제고
- 상호이해가능성의 증진
- 자본시장의 활성화

5 국제회계기준의 특징★★★

국제회계기준	일반기업회계기준
• 원칙중심(재량부여) • 기본재무제표 : 연결재무제표 • 주석공시의 강화(국가별 특성 반영) • 자산 및 부채의 공정가치 적용 확대 • 자본 구분 예시 : 납입자본, 기타자본구성요소, 이익잉여금	• 규칙중심 • 기본재무제표 : 개별재무제표 • 상대적으로 적은 주석공시 • 제한적인 공정가치 적용 • 자본 구분 강제 : 자본금, 자본잉여금, 자본조정, 기타포괄손익누계액, 이익잉여금

6 재무회계와 관리회계의 비교★★★

구분	재무회계	관리회계
목적	외부보고(외부정보이용자의 경제적 의사결정에 유용한 정보를 제공)	내부보고(경영자의 관리적 의사결정에 유용한 정보를 제공)
주된정보이용자	외부정보이용자(주주, 채권자등)	내부정보이용자(경영자)
법적강제력	'주식회사의 외부감사에 관한 법률'에 따라 제정된 기업회계기준(일반적으로 인정된 회계원칙 ; GAAP)을 준수하여야 함 – 법적 강제력이 있음	법적 강제력이 없음
보고수단	재무제표(연차, 반기, 분기)	특수목적의 보고서(수시)
시간적관점	과거지향적	미래지향적

수정문제

다음의 내용을 읽고 잘못된 내용을 수정하시오.

01 재무제표의 작성책임은 일차적으로 감사인에게 있다.

02 국제회계기준은 그 회계처리방법에 대하여 상세히 규정되어 그 규정대로 이행하여야 한다.

03 국제회계기준은 취득원가주의를 원칙으로 하며 예외적으로 공정가치를 적용한다.

04 관리회계는 법적 강제력이 있는 반면 재무회계는 법적 강제력이 없다.

05 재무회계는 재무제표를 통해 보고하며 관리회계는 일반적으로 인정된 회계원칙에 따라 정해진 양식으로 보고해야 한다.

06 관리회계는 외부정보이용자의 경제적 의사결정에 유용한 정보를 반면, 재무회계는 내부정보이용자인 경영자의 관리적 의사결정에 유용한 정보를 제공하는데 목적이 있다.

▼정답 및 해설

01 경영자에게 있다.

02 국제회계기준은 원칙중심으로 상당부분 재량이 부여되어 있다.

03 국제회계기준은 주로 공정가치를 확대 적용하고 있다.

04 재무회계는 법적 강제력이 있는 반면 관리회계는 법적 강제력이 없다.

05 관리회계는 기업에 따라 다양한 특수목적보고서로 보고되며 일정한 양식이 없다.

06 관리회계는 내부정보이용자, 재무회계는 외부정보이용자의 경제적의사결정에 유용한 정보를 제공하는데 목적이 있다.

출제예상 문제

01 **재무보고에 대한 설명이다. 맞는 것은?**

① 재무보고의 가장 핵심적인 수단은 재무제표이며 주석을 제외한다.
② 재무제표에는 재무적, 비재무적 정보를 포함한다.
③ 재무제표의 작성책임은 일차적으로 감사인에게 있다.
④ 재무보고의 주된 목적은 기업에 대한 유용한 정보를 제공하는 것이다.

02 **다음은 재무회계와 관리회계의 특징을 구분한 것이다. 잘못 설명하고 있는 것을 모두 고르면?**

구분		재무회계	관리회계
(가)	보고대상	경영자 및 기타 내부이용자	투자자, 채권자 등 외부이해관계자
(나)	작성근거	일반적으로 인정된 회계원칙	경제이론, 경영학, 통계학 등
(다)	보고양식	일정한 양식없음	재무제표
(라)	보고시점	보통 1년(또는 분기, 반기)	주기적 또는 수시
(마)	법적강제력	없음	있음

① (가), (나), (라)
② (나), (다), (라)
③ (가), (다), (마)
④ (다), (라), (마)

03 **회계의 기본개념에 대한 설명이다. 틀린 것은?**

① 회계는 기업의 모든 경제적 활동을 식별하고 측정하여 회계정보이용자에게 전달하는 일련의 과정을 말한다.
② 회계는 그 정보이용자에 따라 재무회계, 원가회계, 세무회계로 구분할 수 있다.
③ 재무상태는 자산, 부채, 자본을 말하며 성과는 수익, 비용을 말한다.
④ 재무회계는 주식회사의 외부감사에 관한 법률에 따라 작성하는 법률적 구속력이 있는 반면 원가관리회계는 그 구속력이 없다.

04 **다음 중 한국채택국제회계기준의 특징으로 가장 올바르지 않은 것은?**

① 연결재무제표를 기본 재무제표로 제시하고 있다.
② 비용은 기능별 또는 성격별 중 선택으로 되어 있다.
③ 재무상태표는 세분류까지 엄격하게 규정되어 있다.
④ 포괄손익계산서를 작성하도록 하고 있다.

05 **다음은 한국채택국제회계기준(K-IFRS)의 특징에 대한 설명이다. 빈칸에 알맞은 말로 가장 옳은 것은?**

> K-IFRS는 (ㄱ)중심의 회계기준으로서 회사 경영자가 경제적 실질에 기초하여 합리적으로 회계처리할 수 있도록 유도하고 있다. 따라서 K-IFRS는 (ㄴ)를 기본재무제표로 한다.

	(ㄱ)	(ㄴ)		(ㄱ)	(ㄴ)
①	원칙	연결재무제표	②	규칙	연결재무제표
③	원칙	개별재무제표	④	규칙	개별재무제표

06 **다음 중 한국채택국제회계기준과 일반기업회계기준의 특징으로 가장 올바르지 않은 것은?**

① 일반기업회계기준은 개별재무제표를 기본 재무제표로 제시하고 있다.
② 한국채택국제회계기준은 재무제표의 구체적인 양식이나 계정과목을 정형화하고 있지 않다.
③ 한국채택국제회계기준은 자본항목을 자본금, 자본잉여금, 자본조정, 기타포괄손익누계액, 이익잉여금(결손금)으로 구분하도록 강제하고 있다.
④ 한국채택국제회계기준은 자산과 부채에 대한 공정가치 적용이 확대되고 있다.

07 **다음 중 재무회계와 관리회계에 관한 설명으로 가장 옳지 않은 것은?**

① 한국채택국제회계기준은 법적강제력이 있으나 관리회계는 법적강제력이 없다.
② 재무회계의 정보는 주로 미래지향적이나 관리회계의 정보는 주로 과거지향적이다.
③ 재무회계는 일반적으로 인정된 회계원칙에 근거하여 재무제표 양식으로 보통 1년 단위(또는 분기, 반기)로 공시된다.
④ 관리회계는 외부보고 보다는 내부보고에 사용된다.

08 **우리나라는 2011년부터 모든 상장사에 대하여 국제회계기준을 전면 도입하였다. 다음 중 이에 따른 효과에 대하여 가장 올바르지 않은 것은?**

① 국가별 운영에 따른 작성비용의 절감
② 국제적 비교가능성의 제고
③ 자본시장의 활성화
④ 신뢰성이 낮아짐

[redacted]

정답 및 해설

01	④	02	③	03	①	04	③	05	①	06	③	07	②	08	④				

01 ④ ① 주석을 포함한다.
② 재무제표에는 비재무적인 정보를 제외한다.
③ 재무제표의 작성책임은 일차적으로 경영자에게 있다.

02 ③

구분		재무회계	관리회계
(가)	보고대상	투자자, 채권자등 외부이해관계자	경영자 및 기타 내부이용자
(나)	작성근거	일반적으로 인정된 회계원칙	경제이론, 경영학, 통계학 등
(다)	보고양식	재무제표	일정한 양식없음
(라)	보고시점	보통 1년(또는 분기, 반기)	주기적 또는 수시
(마)	법적강제력	있음	없음

03 ① 기업의 모든 경제적활동이 회계의 대상이 아니라 회계상의 거래, 즉, 재무상태의 변동을 초래하는 거래만 대상이다. 따라서 계약, 약속, 주문 등의 거래는 경제활동일 수 있으나 회계상의 거래가 아니므로 대상이 될 수 없다.

04 ③ 재무상태표는 대분류수준에서만 규정하고 나머지 표시에 대해 재량이 부여되어 있다.

05 ① (ㄱ) 원칙중심, (ㄴ) 연결재무제표이다.

06 ③ 자본 표시를 강제하고 있지 않으며 납입자본, 기타자본구성요소, 이익잉여금으로 표시할 수 있게 예시하고 있다.

07 ② 재무회계의 정보는 주로 과거지향적이나 관리회계의 정보는 주로 미래지향적이다.

08 ④ 신뢰성이 높아진다.

02 재무보고를 위한 개념체계

1 개념체계의 위상과 목적

① 회계기준위원회가 일관된 개념에 기반하여 회계기준을 제·개정하는 데 도움
② 특정 거래나 다른 사건에 적용할 회계기준이 없거나 회계기준에서 회계정책 선택이 허용되는 경우에 재무제표 작성자가 일관된 회계정책을 개발하는 데 도움
③ 모든 이해관계자가 회계기준을 이해하고 해석하는 데 도움

⇨ 개념체계는 회계기준이 아니므로 어떠한 내용도 회계기준이나 회계기준의 요구사항에 우선하지 아니함. 기준서에 개념체계관점에서 벗어난 요구사항을 정하는 경우 결론도출근거로 일탈에 대해 설명. 개념체계가 개정되었다고 자동으로 회계기준이 개정되는 것은 아님.

2 일반목적재무보고의 목적

현재 및 잠재적 투자자, 대여자와 그 밖의 채권자가 기업에 자원을 제공하는 것과 관련된 의사결정을 할 때 다음과 같은 유용한 보고기업 재무정보를 제공하는 것
① 보고기업의 경제적 자원 및 청구권(재무상태표)에 관한 정보
② 경제적 자원 및 청구권의 변동(포괄손익계산서, 현금흐름표, 자본변동표)에 관한 정보
③ 발생주의 회계와 과거 현금흐름이 반영된 재무성과
④ 재무성과에 기인하지 않는 경제적 자원 및 청구권의 변동

☞ 주요 대상 : 현재 및 잠재적 투자자, 대여자와 그 밖의 채권자
주요 대상이 아님 : 투자자 대여자와 그 밖의 채권자가 아닌 일반대중, 경영진, 규제기관

☞ 일반목적재무보고서는 보고기업의 가치를 보여주기 위해 고안된 것이 아님. 경영진은 필요로 하는 재무정보를 내부에서 구할 수 있기 때문에 일반목적재무보고서에 의존할 필요가 없음. 재무보고서는 정확한 서술보다는 상당 부분 추정, 판단 및 모형에 근거함

3 기본가정 : 계속기업

재무제표는 일반적으로 기업이 계속기업이며 예상가능한 기간동안 영업을 계속할 것이라는 가정 하에 작성
⇨ 역사적 원가, 감가상각, 유동항목과 비유동항목으로 구분하는 근거

4 유용한 재무정보의 질적특성

(1) 근본적 질적특성★★★

① 목적적합성

㉠ 예측가치·확인가치 : 재무정보에 예측가치, 확인가치(확인, 변경) 또는 이 둘 모두가 있다면 의사결정에 차이가 나도록 할 수 있음. 재무정보가 예측가치를 갖기 위해서 그 자체가 예측치 또는 예상치일 필요는 없다.

㉡ 중요성 : 정보가 누락되거나 잘못 기재하거나 불분명하게 하여, 이를 기초로 내리는 주요 이용자들의 의사결정에 영향을 줄 것으로 합리적으로 예상할 수 있다면 그 정보는 중요한 것임. 성격이나 규모 또는 이 둘 다에 근거(양·질적 중요성을 모두 고려함)하여 해당 기업에 특유한 측면의 목적적합성을 의미. 회계기준위원회는 중요성에 대한 획일적 계량 임계치를 미리 결정할 수 없음

② 표현충실성 : 재무정보가 유용하기 위해서는 나타내고자 하는 현상의 실질을 충실하게 표현하여야 함. 완벽하게 충실한 표현을 하기 위해서 서술은 완전하고, 중립적이며, 오류가 없어야 할 것. 표현충실성 그 자체가 반드시 유용한 정보를 만들어 내는 것은 아님

완전한 서술	필요한 기술과 설명을 포함하여 정보이용자가 서술되는 현상을 이해하는 데 필요한 모든 정보를 포함하는 것
중립적 서술	재무정보의 선택이나 표시에 편의가 없는 것. 중립성은 신중을 기함으로써 뒷받침됨. 신중성은 불확실한 상황에서 판단할 때 주의를 기울이는 것. 신중을 기한다는 것은 자산과 수익이 과대평가되지 않고 부채와 비용이 과소평가되지 않는 것을 의미함. 비대칭의 필요성을 내포하는 것은 아님
무오류	절차의 선택과 적용 시 절차 상 오류가 없음을 의미함. 즉, 모든 면에서 완벽하게 정확하다는 것을 의미하지는 않음. 재무보고서의 화폐금액을 직접 관측할 수 없어 추정해야만 하는 경우에는 측정불확실성이 발생한다. 합리적인 추정치의 사용은 재무정보의 작성에 필수적인 부분이며, 추정이 명확하고 정확하게 기술되고 설명되는 한 정보의 유용성을 저해하지 않음

③ 근본적 질적 특성의 적용

㉠ 유용할 수 있는 경제적 현상을 식별

㉡ 그 현상에 대한 가장 목적적합한 정보의 유형을 식별

㉢ 그 정보가 이용가능한지 그리고 경제적 현상을 충실하게 표현할 수 있는지 결정

(2) 보강적 질적 특성★★★

① 비교가능성 : 정보이용자가 항목 간의 유사점과 차이점을 식별하고 이해할 수 있게 하는 질적 특성. 최소한 두 항목이 필요

일관성은 비교가능성과 관련은 되어 있지만 동일하지는 않다.	일관성은 한 보고기업 내에서 기간 간 또는 같은 기간 동안에 기업 간, 동일한 항목에 대해 동일한 방법을 적용하는 것을 말하며, 비교가능성은 목표이고 일관성은 그 목표를 달성하는 데 도움을 줌
비교가능성은 통일성이 아니다.	정보가 비교가능하기 위해서는 비슷한 것은 비슷하게 보여야 하고 다른 것은 다르게 보여야 함

② **검증가능성** : 합리적인 판단력이 있고 독립적인 서로 다른 관찰자가 어떤 서술이 표현충실성에 있어, 비록 반드시 완전히 의견이 일치하지는 않더라도, 합의에 이를 수 있다는 것. 단일 점추정치이어야 할 필요는 없으며 가능한 금액의 범위 및 관련된 확률도 검증될 수 있음

③ **적시성** : 의사결정에 영향을 미칠 수 있도록 의사결정자가 정보를 제때에 이용가능하게 하는 것. 보통 오래될수록 유용성이 떨어지나 일부정보는 오랫동안 적시성이 있을 수 있음

④ **이해가능성** : 정보를 명확하고 간결하게 분류하고, 특징지으며, 표시하면 이해가능하게 됨. 단, 일부정보는 정보 자체가 어려울 수 있으나 어렵다는 이유로 제외시켜서는 안 된다. 자문가의 도움을 받을 수 있다.

⑤ **보강적 질적 특성의 적용** : 근본적 질적특성을 감소시키지 않는 범위내에서 보강적질적특성은 가능한 극대화되어야 하며, 근본적 질적특성을 극대화하기 위하여 보강적 질적특성은 감소될 수 있음. 보강적 질적특성을 적용하는 것은 어떤 규정된 순서를 따르지 않는 반복적인 과정임

(3) 포괄적 제약 요인 : 효익 > 원가

5 재무제표의 기본요소★

(1) 자산 : 과거사건의 결과로 기업이 통제하는 현재의 경제적자원

권리	① 다른 당사자의 의무에 해당하는 권리 : 각종 채권 ② 다른 당사자의 의무에 해당하지 않는 권리 : 실물자산, 지적재산 사용권 등 기업의 모든 권리가 그 기업의 자산이 되는 것은 아니다. 기업은 기업 스스로부터 경제적 효익을 획득하는 권리를 가질 수는 없다.(자기사채, 자기주식)
경제적효익을 창출할 잠재력	잠재력이 있기 위해 권리가 경제적효익을 창출할 것이라고 확신하거나 그 가능성이 높아야 하는 것은 아니다.
통제	경제적자원을 기업에 결부시킴. 통제의 존재 여부를 평가하는 것은 기업이 회계처리할 경제적자원을 식별하는 데 도움이 됨. 기업은 경제적자원의 사용을 지시하고 그로부터 유입될 수 있는 경제적효익을 얻을 수 있는 현재의 능력이 있다면, 그 경제적자원을 통제.

경제적자원은 경제적효익을 창출할 잠재력을 지닌 권리임. 지출의 발생과 자산의 취득은 일치하지 않을 수 있음

(2) 부채 : 과거사건의 결과로 기업이 경제적자원을 이전해야 하는 현재의무(세 가지 모두 충족)

- 기업에게 의무가 있다.
- 의무는 경제적자원을 이전하는 것이다.
- 의무는 과거사건의 결과로 존재하는 현재의무이다.

(3) 자본 : 자산 − 부채 = 잔여지분, 주주지분, 순자산, 잔여청구권, 자기자본

(4) 수익 : 자산의 증가 또는 부채의 감소로서 자본의 증가를 가져오며, 자본청구권 보유자의 출자와 관련된 것을 제외

차) 자산의 증가 또는 부채의 감소 ××× 대) 수 익 ×××

(5) 비용 : 자산의 감소 또는 부채의 증가로서 자본의 감소를 가져오며, 자본청구권 보유자에 대한 분배와 관련된 것을 제외

차) 비 용	×××	대) 자산의 감소 또는 부채의 증가	×××

6 재무제표 요소의 인식과 제거

(1) 인식 : 자산, 부채, 자본, 수익 또는 비용과 같은 재무제표 요소 중 하나의 정의를 충족하는 항목을 재무상태표나 재무성과표에 포함하기 위하여 포착하는 과정

인식기준 : 정의 충족 + 목적적합한 정보 + 충실한 표현 + 원가제약

☞ 자산, 부채 또는 자본(수익, 비용)의 정의를 충족하는 항목만이 재무상태표(재무성과표)에 인식. 그러나 그러한 요소 중 하나의 정의를 충족하는 항목이라고 할지라도 항상 인식되는 것은 아님. 자산이나 부채의 정의를 충족하는 항목이 인식되지 않더라도, 기업은 해당 항목에 대한 정보를 주석에 제공해야 할 수도 있음

(2) 제거 : 기업의 재무상태표에서 인식된 자산이나 부채의 전부 또는 일부를 삭제하는 것

① 자산 : 통제를 상실하였을 때
② 부채 : 더 이상 부담하지 않을 때

7 재무제표 요소의 측정

재무제표에 인식된 요소들은 화폐단위로 수량화되어 있다. 이를 위해 측정기준을 선택해야 한다. 측정기준은 측정 대상 항목에 대해 식별된 속성(예 역사적 원가, 공정가치 또는 이행가치)이다.

(1) 역사적원가

① **자산** : 자산을 취득하거나 창출할 때의 역사적 원가는 자산의 취득 또는 창출에 발생한 원가의 가치로서 자산을 취득 또는 창출하기 위하여 지급한 대가와 거래원가를 포함

② **부채** : 부채가 발생하거나 인수할 때의 역사적 원가는 발생시키거나 인수하면서 수취한 대가에서 거래원가를 차감한 가치

☞ 자산·부채의 역사적 원가는 시간의 경과에 따라 갱신되어야 한다.(감가상각 또는 상각, AC의 유효이자율법에 따른 이자의 발생). 자산의 손상이나 손실부담에 따른 부채와 관련되는 변동을 제외하고는 가치의 변동을 반영하지 않는다.

(2) 현행가치 : 현행원가, 자산의 사용가치 및 부채의 이행가치, 공정가치

① 현행원가

㉠ **자산** : 측정일 현재 동등한 자산의 원가로서 측정일에 지급할 대가와 그 날에 발생할 거래원가를 포함

㉡ **부채** : 부채의 현행원가는 측정일 현재 동등한 부채에 대해 수취할 수 있는 대가에서 그 날에 발생할 거래원가를 차감

② 사용가치(이행가치)

㉠ **사용가치** : 기업이 자산의 사용과 궁극적인 처분으로 얻을 것으로 기대하는 현금흐름 또는 그 밖의 경제적효익의 현재가치

㉡ **이행가치** : 이행가치는 기업이 부채를 이행할 때 이전해야 하는 현금이나 그 밖의 경제적자원의 현재가치

③ **공정가치** : 측정일에 시장참여자 사이의 정상거래에서 자산을 매도할 때 받거나 부채를 이전할 때 지급하게 될 가격

☞ 공정가치는 자산의 궁극적인 처분이나 부채의 이전 또는 결제에서 발생할 거래원가를 반영하지 않는다.

속성	구분	개념
역사적 원가	자산	자산을 취득하거나 창출할 때의 역사적 원가는 자산의 취득 또는 창출에 발생한 원가의 가치로서 자산을 취득 또는 창출하기 위하여 지급한 대가와 거래원가를 포함
	부채	부채가 발생하거나 인수할 때의 역사적 원가는 발생시키거나 인수하면서 수취한 대가에서 거래원가를 차감한 가치
현행 원가	자산	측정일 현재 동등한 자산의 원가로서 측정일에 지급할 대가와 그 날에 발생할 거래원가를 포함
	부채	부채의 현행원가는 측정일 현재 동등한 부채에 대해 수취할 수 있는 대가에서 그 날에 발생할 거래원가를 차감
사용 가치	자산	기업이 자산의 사용과 궁극적인 처분으로 얻을 것으로 기대하는 현금흐름 또는 그 밖의 경제적효익의 현재가치
이행 가치	부채	이행가치는 기업이 부채를 이행할 때 이전해야 하는 현금이나 그 밖의 경제적자원의 현재가치
공정 가치	측정일에 시장참여자 사이의 정상거래에서 자산을 매도할 때 받거나 부채를 이전할 때 지급하게 될 가격	

수정문제

다음의 내용을 읽고 잘못된 내용을 수정하시오.

01 개념체계는 한국채택국제회계기준이 아니지만, 어떠한 특정 한국채택국제회계기준에 우선하여 적용될 수 있다.

02 비교가능성, 검증가능성, 중요성 및 이해가능성은 목적적합하고 충실하게 표현된 정보의 유용성을 보강시키는 질적 특성이다.

03 회계기준위원회는 중요성에 대한 획일적인 계량 임계치를 정하거나 특정한 상황에서 무엇이 중요한 것인지를 미리 결정할 수 있다.

04 표현충실성 그 자체로 유용한 정보를 만들어 내기에 충분하다.

05 표현충실성은 모든 면에서 정확한 것을 의미하지는 않는다. 오류가 없다는 것은 현상의 기술에 오류나 누락이 없고, 보고 정보를 생산하는 데 사용되는 절차의 선택과 적용 시 절차 상 오류가 없음을 의미한다. 이 맥락에서 오류가 없다는 것은 모든 면에서 완벽하게 정확하다는 것을 의미한다.

06 수익은 자산의 유입이나 증가 또는 부채의 감소에 따라 자본의 증가를 초래하는 특정 회계기간 동안에 발생한 경제적효익의 증가로서, 지분참여자에 의한 출연과 관련된 것을 포함한다.

▼정답 및 해설

01 어떠한 특정 한국채택국제회계기준에 우선하지 아니한다.
02 중요성이 아니라 적시성이다.
03 미리 결정할 수 없다.
04 표현충실성 그 자체가 반드시 유용한 정보를 만들어 내는 것은 아니다.
05 모든 면에서 완벽하게 정확하다는 것을 의미하지는 않는다.
06 지분참여자에 의한 출연과 관련된 것은 제외한다.

출제예상 문제

01 **개념체계는 재무제표의 작성과 표시에 있어 기초가 되는 개념을 정립하는 데 도움이 된다. 다음 중 개념체계에 대한 설명으로 틀린 것은?**

① 한국회계기준위원회가 일관된 개념에 기반하여 한국채택국제회계기준을 제·개정하는 데 도움을 준다.
② 개념체계가 한국채택국제회계기준과 상충되는 경우에는 개념체계가 한국채택국제회계기준보다 우선하여 적용한다.
③ 일반목적재무보고서는 보고기업의 가치를 보여주기 위해 고안된 것이 아니다.
④ 보고기업의 경영진도 해당 기업에 대한 재무정보에 관심이 있으나 일반목적재무보고서에 의존할 필요가 없다.

02 **다음 중 정보이용자의 의사결정에 차이가 나도록 하는 목적적합한 재무정보에 관한 설명으로 가장 올바르지 않은 것은?**

① 재무정보가 예측가치를 가지기 위해서는 그 자체로 예측치일 필요는 없다.
② 미래 결과를 예측하기 위해 사용하는 절차의 투입요소로 사용될 수 있다면 그 정보는 예측가치를 갖는다.
③ 재무정보가 과거 평가에 대해 피드백을 제공, 즉 확인하거나 변경시킨다면 확인가치를 갖는다.
④ 재무정보에 예측가치와 중요성 또는 둘 모두가 있다면 의사결정에 차이가 나도록 할 수 있다.

03 **질적 특성이란 재무제표를 통해 제공되는 정보가 이용자에게 유용하기 위해 갖추어야 할 속성을 말한다. 이에 해당하지 않는 것은?**

① 목적적합성 ② 이해가능성
③ 신뢰성 ④ 비교가능성

04 **근본적 질적 특성에 대한 설명이다. 잘못된 것은?**

① 재무정보가 예측가치를 갖기 위해서 그 자체가 예측치 또는 예상치일 필요는 없다.
② 중요성에 대한 획일적인 계량 임계치를 정하거나 특정한 상황에서 무엇이 중요한 것인지를 미리 결정할 수 없다.
③ 완전한 서술은 필요한 기술과 설명을 포함하여 정보이용자가 서술되는 현상을 이해하는 데 필요한 모든 정보를 포함하는 것이다.
④ 표현충실성은 모든 면에서 정확한 것을 의미하므로 추정치를 허용하지 않는다.

05 **근본적, 보강적 질적 특성에 대한 설명이다. 올바른 것은?**

① 비교가능성은 정보이용자가 항목 간의 유사점과 차이점을 식별하고 이해할 수 있게 하는 보강적 질적 특성이다.
② 표현충실성 그 자체만으로 유용한 정보가 항상 만들어 지는 것이다.
③ 보강적 질적 특성은 가능한 한 극대화되어야 하기 때문에 일부 정보가 목적적합하지 않거나 충실하게 표현되지 않더라도 감수할 수 있다.
④ 목적적합성은 정보이용자의 의사결정에 영향을 미치는 근본적 질적 특성으로서 예측가치, 확인가치, 적시성이 있다.

06 **현금의 수지를 수반한 과거의 거래뿐만 아니라 미래에 현금을 지급해야 하는 의무와 현금의 수취가 기대되는 자원에 대한 정보를 이용자에게 제공하는 것과 관련된 기준은?**

① 현금기준
② 발생기준
③ 권리의무확정주의
④ 계속기업의 가정

07 **다음은 재무보고를 위한 개념체계에서 설명된 자산, 부채의 정의와 관련된 설명이다. 틀린 것은?**

① 자산은 과거사건의 결과로 기업이 통제하는 현재의 경제적자원이다.
② 부채는 과거사건의 결과로 기업이 경제적자원을 이전해야 하는 현재의무이다.
③ 잠재력이 있기 위해 권리가 경제적효익을 창출할 것이라고 확신하거나 그 가능성이 높아야 한다.
④ 경제적자원은 경제적효익을 창출할 잠재력을 지닌 권리이다.

08 **인식에 대한 설명이다. 틀린 것은?**

① 인식은 자산, 부채, 자본, 수익 또는 비용과 같은 재무제표 요소 중 하나의 정의를 충족하는 항목을 재무상태표나 재무성과표에 포함하기 위하여 포착하는 과정이다.
② 정의를 충족하는 항목이라고 할지라도 항상 인식되는 것은 아니다.
③ 인식기준은 정의를 충족하고 재무제표 이용자들에게 목적적합하고 충실하게 표현된 유용한 정보가 원가제약조건을 충족하는 경우에 인식한다.
④ 자산이나 부채의 정의를 충족하는 항목이 인식되지 않으면, 기업은 해당 항목에 대한 정보를 재무제표 어디에도 제공해서는 아니된다.

09 **측정에 대한 설명이다. 올바른 것은?**

① 자산은 자산을 취득하거나 창출할 때의 역사적 원가는 자산의 취득 또는 창출에 발생한 원가의 가치로서 자산을 취득 또는 창출하기 위하여 지급한 대가와 거래원가를 포함한다.
② 부채는 부채가 발생하거나 인수할 때의 역사적 원가는 발생시키거나 인수하면서 수취한 대가에서 거래원가를 가산한 가치이다.
③ 사용가치는 기업이 자산의 사용과 궁극적인 처분으로 얻을 것으로 기대하는 현금흐름 또는 그 밖의 경제적효익이다.
④ 공정가치는 측정일에 시장참여자 사이의 정상거래에서 자산을 매도할 때 받거나 부채를 이전할 때 지급하게 될 가격에 거래원가를 포함하거나 차감한다.

10 **다음 중 자산의 측정방법에 대한 설명으로 틀린 것은?**

① 역사적원가 : 자산의 취득 또는 창출에 발생한 원가의 가치로서, 자산을 취득 또는 창출하기 위하여 지급한 대가와 거래원가를 포함한다.
② 공정가치 : 측정일에 시장참여자 사이의 정상거래에서 자산을 매도할 때 받게 될 자격이다.
③ 현행원가 : 측정일 현재 동등한 자산의 원가로서 측정일에 지급할 대가와 그 날에 발생할 거래원가를 포함한다.
④ 사용가치 : 기업이 자산의 사용과 궁극적인 처분으로 얻을 것으로 기대하는 현금흐름 또는 그 밖의 경제적효익을 말한다.

[redacted]

정답 및 해설

01	②	02	④	03	③	04	④	05	①	06	②	07	③	08	④	09	①	10	④

01 ② 개념체계와 한국채택국제회계기준이 서로 상충되는 경우 한국채택국제회계기준이 개념체계보다 우선하여 적용한다.

02 ④ 중요성이 아니라 확인가치이다.

03 ③ 신뢰성은 개정된 개념체계에서 사용하고 있지 않은 용어이다.

04 ④ 표현충실성은 모든 면에서 정확한 것을 의미하지 않으며 추정치로서 금액을 명확하고 정확하게 기술하고, 추정 절차의 성격과 한계를 설명하며, 그 추정치를 도출하기 위한 적절한 절차를 선택하고 적용하는 데 오류가 없다면 그 추정치의 표현은 충실하다고 할 수 있다.

05 ① ② 항상 만들어 지는 것은 아니다.
③ 정보가 목적적합하지 않거나 충실하게 표현되지 않으면 보강적 질적 특성은 개별적으로든, 집단적으로든 그 정보를 유용하게 할 수 없다.
④ 적시성이 아니라 중요성이다.

06 ② 발생기준회계에 대한 설명이다.

07 ③ 높아야 하는 것은 아니다.

08 ④ 주석에 제공해야 할 수도 있다.

09 ① ② 가산하지 않고 거래원가를 차감한다.
③ 기대하는 현금흐름 또는 그 밖의 경제적효익의 현재가치이다.
④ 거래원가를 반영하지 아니한다.

10 ④ 기업이 자산의 사용과 궁극적인 처분으로 얻을 것으로 기대하는 현금흐름 또는 그 밖의 경제적효익의 현재가치를 말한다.

재무제표 표시(K-IFRS 제1001호)

1 적용범위

한국채택국제회계기준(기업회계기준서, 기업회계기준해석서)에 따라 작성하고 표시하는 일반목적재무제표에 적용

2 재무제표의 목적

① 광범위한 정보이용자의 경제적 의사결정에 유용한 기업의 재무상태, 재무성과(손익과 현금흐름)와 재무상태변동(자본변동)에 관한 정보를 제공
② 위탁받은 자원에 대한 경영진의 수탁책임 결과를 보여줌

3 전체 재무제표★★

각각의 재무제표는 전체 재무제표에서 동등한 비중으로 표시
① 기말 재무상태표
② 기간 포괄손익계산서
③ 기간 자본변동표
④ 기간 현금흐름표
⑤ 주석(유의적인 회계정책의 요약 및 그 밖의 설명으로 구성)
⑥ 전기의 비교재무제표
⑦ 회계정책을 소급하여 적용하거나, 재무제표의 항목을 소급하여 재작성 또는 재분류하는 경우 전기의 기초 재무상태표

4 일반사항★★★

① **공정한 표시와 한국채택국제회계기준의 준수** : K-IFRS에 따라 작성된 재무제표는 공정하게 표시된 것으로 봄. 모두 충족한 경우가 아니라면 준수하였다고 기재하여서는 안됨. 부적절한 회계정책은 공시나 주석 또는 보충자료를 통해 설명하더라도 정당화될 수 없음
② **계속기업** : 경영진은 존속가능성을 평가해야 함. 보고기간말로부터 향후 12개월 기간에 이용가능한 모든 정보를 고려함
③ **발생기준회계** : 재무제표는 현금흐름정보(현금흐름표)를 제외하고 발생기준으로 작성

④ **중요성과 통합표시** : 유사한 항목은 통합표시하나 중요하면 구분표시할 수 있음. 상이한 항목은 구분표시함. 재무제표 본문과 주석의 중요성은 다를 수 있음
⑤ **상계금지** : 재고자산에 재고자산평가충당금을 차감표시, 매출채권에서 손실충당금을 차감표시하는 것은 상계에 해당하지 않음. 예외) 기준서에서 요구(비유동자산의 매각가액에서 매각부대원가를 차감)하거나 허용(외환손익, 단기매매금융상품관련손익)하는 경우 상계가능
⑥ **보고빈도** : 적어도 1년마다 작성. 반기, 분기재무제표도 작성. 예외) 52주 등 보고관행을 금지하지 않음
⑦ **비교정보** : 전기 비교정보의 공시(기초 재무상태표도 포함), 서술형 정보의 경우에도 비교정보를 공시
⑧ **표시의 계속성** : 재무제표 항목의 표시와 분류는 원칙적 매기 동일. 예외) 회계변경의 정당한 사유에 해당(기준서가 제개정, 신뢰성있고 더 목적적합)

5 표시★★★

<table>
<tr><th>재무상태표</th><th colspan="2">포괄손익계산서</th></tr>
<tr><td>적어도 표시(재량부여)
대분류수준에서만 예시</td><td colspan="2">적어도 표시(재량부여), 특별손익은 본문 및 주석에 표시금지,
영업손익은 본문에 표시</td></tr>
<tr><th>F/P의 표시방법(다음 중 선택)</th><th colspan="2">포괄손익계산서의 표시방법(다음 중 선택)</th></tr>
<tr><td>① 유동 / 비유동 구분법[1)]
② 유동성순서에 따른 표시방법
③ 위 두 가지 방법의 혼합법</td><td>① 단일포괄손익계산서
② 두 개의 보고서 : 별개의 손익계산서와 포괄손익계산서</td><td>비용표시방법
㉠ 성격별분류법
㉡ 기능별분류법[2)]</td></tr>
</table>

1) 이연법인세자산(부채)은 유동자산(부채)로 분류하지 않음
2) 비용을 기능별로 분류하는 기업은 감가상각비, 기타 상각비와 종업원급여비용을 포함하여 비용의 성격에 대한 추가 정보를 공시한다.

6 유동항목분류기준★

자산	부채
① 기업의 정상영업주기 내에 실현될 것으로 예상하거나, 정상영업주기 내에 판매하거나 소비할 의도가 있다. ② 주로 단기매매 목적으로 보유하고 있다. ③ 보고기간 후 12개월 이내에 실현될 것으로 예상한다. ④ 현금이나 현금성자산으로서, 교환이나 부채 상환 목적으로의 사용에 대한 제한 기간이 보고기간 후 12개월 이상이 아니다.	① 정상영업주기 내에 결제될 것으로 예상하고 있다. ② 주로 단기매매 목적으로 보유하고 있다. ③ 보고기간 후 12개월 이내에 결제하기로 되어 있다. ④ 보고기간 후 12개월 이상 부채의 결제를 연기할 수 있는 무조건의 권리를 가지고 있지 않다. 계약 상대방의 선택에 따라, 지분상품의 발행으로 결제할 수 있는 부채의 조건은 그 분류에 영향을 미치지 아니한다.

※ 원칙 : 1년기준, 예외 : 운전자본(매출채권, 매입채무, 재고자산 등)은 MAX[1년기준, 정상영업주기기준]

7 기타포괄손익★★★

① 후속적으로 당기손익으로 재분류되지 않는 항목
㉠ 재평가잉여금의 변동
㉡ 확정급여제도의 재측정요소
㉢ 기타포괄손익공정가치측정금융자산평가손익(지분상품)
㉣ 현금흐름위험회피파생상품평가손익(효과적인 부분－위험회피대상이 비금융자산이나 비금융부채인 경우)
㉤ 재분류되지 않는 항목으로 인식한 관계기업기타포괄손익

② 특정 조건을 충족하는 때에 후속적으로 당기손익으로 재분류되는 항목
㉠ 해외사업장환산손익
㉡ 기타포괄손익공정가치측정금융자산평가손익(채무상품)
㉢ 현금흐름위험회피파생상품평가손익(효과적인 부분－위험회피대상이 비금융자산이나 비금융부채가 아닌 경우)
㉣ 재분류되는 항목으로 인식한 관계기업기타포괄손익

③ 기타포괄손익의 항목(재분류조정 포함)과 관련한 법인세비용 금액은 포괄손익계산서나 주석에 다음 중 한 가지 방법으로 표시할 수 있다.
㉠ 관련 법인세 효과를 차감한 순액으로 표시
㉡ 기타포괄손익의 항목과 관련된 법인세 효과 반영 전 금액으로 표시하고, 각 항목들에 관련된 법인세 효과는 단일 금액으로 합산하여 표시

※ **재분류조정** : 이전에 기타포괄손익으로 인식하였던 것을 당기손익으로 재분류하는 것

8 기타

① **자본변동표** : 일정기간동안 자본의 변동을 나타내는 재무제표로서 지배기업의 소유주와 비지배지분에게 각각 귀속되는 금액으로 구분하여 표시한 해당 기간의 총포괄손익을 포함함. 자본의 구성요소는 각 분류별 납입자본, 각 분류별 기타포괄손익의 누계액과 이익잉여금의 누계액 등을 포함

② **현금흐름표** : 일정기간동안 현금의 변동을 나타내는 재무제표로서 기업의 현금및현금성자산 창출능력과 기업의 현금흐름 사용 필요성에 대한 평가의 기초를 재무제표이용자에게 제공함. 영업활동, 투자활동, 재무활동으로 구분

③ 포괄손익계산서 본문 및 주석

구분	본문	주석
특별손익항목	×	×
영업손익	○	×
영업손익구성중요항목	○	○
조정영업손익	×	○
기타포괄손익법인세효과	○	○

수정문제

다음의 내용을 읽고 잘못된 내용을 수정하시오.

01 한국채택국제회계기준을 준수하여 재무제표를 작성하는 기업은 그러한 준수 사실을 주석에 명시적이고 제한없이 기재한다. 재무제표가 한국채택국제회계기준의 요구사항을 모두 충족하지 아니한 경우 일부를 제외하고 한국채택국제회계기준을 준수하여 작성되었다고 기재하여야 한다.

02 기업은 모든 재무제표를 발생기준 회계를 사용하여 작성한다.

03 어떤 경우에든 자산과 부채 그리고 수익과 비용은 상계하지 아니한다.

04 재무적 정보는 전기 비교정보를 공시하나 서술형 정보는 비교정보를 공시하지 않는다.

05 기업이 재무상태표에 유동자산과 비유동자산, 그리고 유동부채와 비유동부채로 구분하여 표시하는 경우, 이연법인세자산(부채)도 유동자산(부채)과 비유동자산(부채)로 분류하여야 한다.

06 수익과 비용의 어느 항목도 당기손익과 기타포괄손익을 표시하는 보고서에 특별손익 항목으로 표시할 수 없으나, 주석에는 표시할 수 있다.

07 비용을 성격별로 분류하는 기업은 감가상각비, 기타 상각비와 종업원급여비용을 포함하여 비용의 기능에 대한 추가 정보를 공시한다.

▼정답 및 해설

01 모두 충족한 경우가 아니라면 한국채택국제회계기준을 준수하여 작성되었다고 기재하여서는 아니 된다.
02 현금흐름표는 현금기준으로 작성한다.
03 한국채택국제회계기준에서 요구하거나 허용하는 경우에는 상계할 수 있다.
04 당기 재무제표를 이해하는 데 목적적합하다면 서술형 정보의 경우에도 비교정보를 포함한다.
05 이연법인세자산(부채)은 유동자산(부채)으로 분류하지 아니한다.
06 주석에도 특별손익 항목으로 표시할 수 없다.
07 비용을 기능별로 분류하는 기업은 감가상각비, 기타 상각비와 종업원급여비용을 포함하여 비용의 성격에 대한 추가 정보를 공시한다.

출제예상 문제

01 **재무제표표시(K-IFRS 제1001호)에서 말하는 일반사항을 바르게 설명하고 있는 것은?**

① 재무제표 항목의 표시와 분류는 언제나 매기 동일하여야 한다.
② 전체 재무제표는 언제나 1년마다 작성한다.
③ 기업은 발생기준 회계를 사용하여 모든 재무제표를 작성한다.
④ 중요하지 않은 항목은 성격이나 기능이 유사한 항목과 통합하여 표시할 수 있다.

02 **다음은 자산에 속하는 계정들의 잔액이다. 유동성 분류에 따라 재무상태표에 유동자산으로 계상될 금액은 얼마인가?**

ㄱ. 미수금	120,000원	ㄴ. 이연법인세자산	260,000원
ㄷ. 선급비용	150,000원	ㄹ. 재고자산	580,000원
ㅁ. 미수수익	300,000원	ㅂ. 매출채권	240,000원

① 270,000원 ② 570,000원
③ 1,390,000원 ④ 1,650,000원

03 **유동자산 또는 유동부채로 분류되는 기준이 아닌 것은?**

① 보고기간 후 12개월 이내에 결제되거나 실현될 것으로 예상한다.
② 보고기간 후 12개월 이상 부채의 결제를 연기할 수 있는 무조건의 권리를 가지고 있다.
③ 기업의 정상영업주기 내에 실현될 것으로 예상하거나, 정상영업주기 내에 판매하거나 소비할 의도가 있거나 정상영업주기 내에 결제될 것으로 예상된다.
④ 현금이나 현금성자산으로서, 교환이나 부채 상환 목적으로의 사용에 대한 제한 기간이 보고기간 후 12개월 이상이 아니다.

04 **재무상태표와 포괄손익계산서에 관한 설명이다. 틀린 것은?**

① 유동과 비유동을 구분하는 경우 이연법인세자산(부채)은 유동자산(부채)으로 분류하지 아니한다.
② 포괄손익계산서는 단일 포괄손익계산서 또는 두 개의 보고서(별개의 손익계산서와 포괄손익계산서) 중 한가지 방법으로 표시한다.
③ 기업은 비용의 성격별 또는 기능별 분류방법 중에서 신뢰성 있고 더욱 목적적합한 정보를 제공할 수 있는 방법을 적용하여 당기손익으로 인식한 비용의 분석내용을 표시한다.
④ 비용을 성격별로 분류하는 기업은 감가상각비, 기타 상각비와 종업원급여비용을 포함하여 비용의 기능에 대한 추가 정보를 공시한다.

05 **포괄손익계산서상 기타포괄손익으로 분류되는 계정과목이 아닌 것은?**

① 기타포괄손익공정가치측정금융자산평가손익
② 확정급여제도의 재측정요소
③ 관계기업에 대한 지분법평가이익
④ 재평가잉여금의 변동

06 **다음 중 기타포괄손익 항목 중 후속적으로 당기손익으로 재분류 되거나 될 수 있는 항목은?**

① 재평가잉여금의 변동
② 확정급여제도의 재측정요소
③ 기타포괄손익공정가치측정금융자산평가손익(지분상품)
④ 현금흐름위험회피의 위험회피수단평가손익 중 효과적인 부분

07 **다음 중 재무상태표의 작성방법에 관한 설명으로 틀린 것은?**

① 보고기간 현재의 결제기간이 12개월 이내의 장기차입금에 대해 보고기간 후 재무제표 발행승인일전에 지급기일을 장기로 재조정하는 약정이 체결되었더라도 유동부채로 분류한다.
② 기업이 정상영업주기 내에 실현될 것으로 예상되거나 정상영업주기 내에 판매하거나 소비가 될 수 있는 자산으로 정상영업주기가 1년 6월이더라도 자산은 1년기준으로 분류한다.
③ 재무상태표를 작성할 때 유동성순서에 따른 표시방법으로 표시할 수 있다.
④ 재무상태표의 형식이나 계정과목순서에 대해서 강제규정을 두고 있지 않다.

08 **포괄손익계산서에 대한 설명이다. 틀린 것은?**

① 기타포괄손익항목은 관련 법인세효과를 차감한 순액으로 표시하거나 세전금액으로 표시하고 관련 법인세효과는 단일 금액으로 합산하여 표시하는 방법이 가능하다.
② 단일의 포괄손익계산서를 작성하거나 당기순손익을 표시하는 손익계산서와 포괄손익계산서를 포함하는 2개의 보고서로 작성될 수 있다.
③ 비용을 표시할 때는 기능별로 분류하여 표시하여야 한다.
④ 일정기간 동안 소유주의 투자나 소유주에 대한 분배거래를 제외한 기타거래에서 발생하는 순자산의 변동내용을 표시하는 동태적 보고서이다.

[redacted]

정답 및 해설

01	④	02	③	03	②	04	④	05	③	06	④	07	②	08	③				

01 ④ ① 사업내용의 유의적인 변화나 재무제표를 검토한 결과 더 적절하다는 것이 명백한 경우 또는 기준에서 표시방법의 변경을 요구하는 경우 재무제표 항목의 표시나 분류를 변경하게 되는데 실무적으로 적용할 수 없는 것이 아니라면 비교금액도 재분류해야 한다.

② 적어도 1년마다 작성한다. 즉, 보고기간종료일을 변경하여 재무제표의 보고기간이 1년을 초과하거나 미달하는 경우가 발생할 수 있다.

③ 현금흐름표는 현금주의에 따라 작성한다.

02 ③ 이연법인세자산은 비유동자산이며 나머지 계정과목은 모두 유동자산에 해당한다.

03 ② 무조건의 권리를 가지고 있지 않다.

04 ④ 기능별로 분류하는 기업은 비용의 성격에 대한 추가 정보를 공시한다.

05 ③ 지분법평가이익은 당기수익처리한다.

06 ④ 현금흐름위험회피의 위험회피수단평가손익 중 효과적인 부분은 재분류될 수 있는 항목이다.

07 ② 운전자본은 MAX[1년기준, 정상영업주기기준]기간내 회수, 실현되면 유동항목으로 분류한다.

08 ③ 비용은 기능별 또는 성격별 표시방법 중 선택하여 표시한다.

보고기간후사건, 특수관계자 공시, 중간재무보고

1 보고기간후사건***

보고기간말과 재무제표 발행승인일(이사회가 발행 승인한 날) 사이에 발생한 유리하거나 불리한 사건

(1) 수정을 요하는 보고기간후사건

보고기간말 현재(or 이전) 존재 ○, 보고기간후 추가적 정보로 결정, 확정, 발견, 입수 → 금액수정 ○, 새로 인식함

① 보고기간말에 존재하였던 현재의무가 보고기간 후에 소송사건의 확정에 의해 확인되는 경우

② 보고기간말에 이미 자산손상이 발생되었음을 나타내는 정보를 보고기간 후에 입수하는 경우나 이미 손상차손을 인식한 자산에 대하여 손상차손금액의 수정이 필요한 정보를 보고기간 후에 입수하는 경우

③ 보고기간말 이전에 구입한 자산의 취득원가나 매각한 자산의 대가를 보고기간 후에 결정하는 경우

④ 보고기간말 이전 사건의 결과로서 보고기간말에 종업원에게 지급하여야 할 법적 의무나 의제의무가 있는 이익분배나 상여금지급 금액을 보고기간 후에 확정하는 경우

⑤ 재무제표가 부정확하다는 것을 보여주는 부정이나 오류를 발견한 경우

(2) 수정을 요하지 않는 보고기간후사건

보고기간말 현재(or 이전) 존재 ×, 보고기간후 정보 발생 → 금액수정 ×, 새로 인식하지 않음. 단, 중요한 사건은 주석공시

☞ 보고기간말과 재무제표 발행승인일 사이에 투자자산의 시장가치 하락하는 경우

(3) 배당 : 보고기간말의 부채로 인식하지 않음(이익잉여금처분 전의 재무상태로 표시됨)

(4) 계속기업가정의 변경

경영진이 보고기간 후에, 기업을 청산하거나 경영활동을 중단할 의도를 가지고 있거나, 청산 또는 경영활동의 중단 외에 다른 현실적 대안이 없다고 판단하는 경우에는 계속기업의 기준에 따라 재무제표를 작성해서는 아니 된다.

2 특수관계자 공시

① 지배기업과 종속기업 사이의 관계는 거래의 유무에 관계없이 공시

② 지배기업의 명칭을 공시. 다만, 최상위 지배자와 지배기업이 다른 경우에는 최상위 지배자의 명칭도 공시. 지배기업과 최상위 지배자가 일반이용자가 이용할 수 있는 연결재무제표를 작성하지 않는 경우에는

일반이용자가 이용할 수 있는 연결재무제표를 작성하는 가장 가까운 상위의 지배기업의 명칭도 공시

③ 재무제표에 미치는 특수관계의 잠재적 영향을 파악하는 데 필요한 거래, 채권·채무 잔액에 대한 정보뿐만 아니라 특수관계의 성격도 공시

④ 주요경영진에 대한 보상 : 단기종업원급여, 퇴직급여, 기타장기종업원급여, 해고급여, 주식기준보상

⑤ 특수관계자의 범위 : 보고기업(재무제표작성기업)과 특수관계에 있는 개인이나 기업

개인	기업
• 보고기업에 지배력 또는 공동지배력이 있는 경우 • 보고기업에 유의적인 영향력이 있는 경우 • 보고기업 또는 그 지배기업의 주요 경영진의 일원인 경우	• 기업과 보고기업이 동일한 연결실체 내의 일원인 경우 • 한 기업이 다른 기업의 관계기업이거나 공동기업인 경우 • 두 기업이 동일한 제3자의 공동기업인 경우 • 제3의 기업에 대해 한 기업이 공동기업이고 다른 기업이 관계기업인 경우 등

3 중간재무보고 - 적시성 제고

(1) 중간재무보고서

① 요약재무상태표, ② 요약포괄손익계산서, ③ 요약자본변동표, ④ 요약현금흐름표
⑤ 선별적 주석

(2) 중간재무제표 비교표시★

재무상태표	당해 중간보고기간말과 직전 연차보고기간말을 비교
포괄손익계산서	당해 중간기간과 당해 누적기간을 직전 회계연도의 동일기간과 비교
현금흐름표 자본변동표	당해 회계연도 누적기간을 직전 회계연도의 동일기간과 비교

(3) 작성기준 : 누적기간기준

① 한국채택국제회계기준의 준수에 대한 공시, 한국채택국제회계기준의 요구사항을 모두 충족한 경우가 아니라면 한국채택국제회계기준을 준수하여 작성되었다고 기재하여서는 아니 된다.

② 연차재무제표에 적용하는 회계정책과 동일한 회계정책을 적용하여 작성

③ 계절적, 주기적 또는 일시적으로 발생하는 수익은 연차보고기간말에 미리 예측하여 인식하거나 이연하는 것이 적절하지 않은 경우 중간보고기간말에도 미리 예측하여 인식하거나 이연하여서는 아니된다.

④ 연중 고르지 않게 발생하는 원가는 연차보고기간말에 미리 비용으로 예측하여 인식하거나 이연하는 것이 타당한 방법으로 인정되는 경우에 한하여 중간재무보고서에서도 동일하게 처리한다.

⑤ 일반적으로 중간기준의 측정은 연차기준의 측정보다 추정을 더 많이 사용한다.

⑥ 회계정책의 변경은 이전 중간기간 및 직전 회계연도 비교 대상 중간재무제표를 재작성한다.

⑦ 회계추정의 변경은 변경이 있었던 중간기간에 모두 반영, 중간재무제표를 소급재작성하지 않는다.

수정문제

다음의 내용을 읽고 잘못된 내용을 수정하시오.

01 보고기간 후에 주주에 대해 배당을 선언한 경우, 그 배당금을 보고기간말의 부채로 인식한다.

02 보고기간말과 재무제표 발행승인일 사이에 투자자산의 공정가치가 하락하는 경우 재무제표에 인식된 금액을 수정한다.

03 지배기업과 그 종속기업 사이의 관계는 거래가 있는 경우에만 공시한다.

04 중간재무제표 중 재무상태표는 당해 중간보고기간말과 직전 중간보고기간말을 비교하는 형식으로 작성한다.

05 중간재무제표 중 포괄손익계산서는 당해 회계연도 누적기간을 직전 회계연도의 동일기간과 비교하는 형식으로 작성한다.

▼정답 및 해설

01 보고기간말의 부채로 인식하지 아니한다.
02 재무제표에 인식된 금액을 수정하지 아니한다.
03 거래의 유무에 관계없이 공시한다.
04 직전 연차보고기간말을 비교하는 형식으로 작성한다.
05 누적기간 뿐만 아니라 중간기간도 동일기간과 비교하는 형식으로 작성한다.

출제예상 문제

01 **특수관계자공시에 대한 설명이다. 맞는 것은?**

① 지배기업과 종속기업 사이에 거래가 없는 경우에는 공시를 생략한다.
② 지배기업과 최상위 지배자가 일반이용자가 이용할 수 있는 연결재무제표를 작성하지 않는 경우에는 일반이용자가 이용할 수 있는 연결재무제표를 작성하는 가장 상위의 지배기업의 명칭도 공시한다.
③ 특수관계자거래가 있는 경우, 재무제표에 미치는 특수관계의 잠재적 영향을 파악하는 데 필요한 거래, 채권·채무 잔액에 대한 정보만 공시한다.
④ 주요 경영진에 대한 보상은 단기종업원급여, 퇴직급여, 기타 장기종업원급여, 해고급여, 주식기준보상별로 공시한다.

02 **중간재무보고에 대한 설명이다. 틀린 것은?**

① 중간재무보고서의 종류는 요약재무상태표, 요약포괄손익계산서, 요약자본변동표, 요약현금흐름표, 선별적 주석을 포함한다.
② 중간재무제표는 연차재무제표에 적용하는 회계정책과 동일한 회계정책을 적용하여 작성한다.
③ 계절적, 주기적 또는 일시적으로 발생하는 수익은 연차보고기간말에 미리 예측하여 인식하거나 이연하는 것이 적절하지 않은 경우 중간보고기간말에도 미리 예측하여 인식하거나 이연하여서는 아니된다.
④ 재무상태표는 당해 중간보고기간말과 직전 중간보고기간말을 비교하는 형식으로 작성하고, 측정은 당해 회계연도 누적기간을 기준으로 하여야 한다.

03 **보고기간후사건에 대한 설명이다. 틀린 것은?**

① 보고기간후사건은 보고기간말과 재무제표 발행승인일 사이에 발생한 유리하거나 불리한 사건을 말하며, 재무제표 발행승인일은 주주가 재무제표를 승인한 날이 아니라 이사회가 발행 승인한 날이다.
② 보고기간말 이전에 구입한 자산의 취득원가나 매각한 자산의 대가를 보고기간 후에 결정하는 경우 재무제표에 이미 인식한 금액은 수정하고, 재무제표에 인식하지 아니한 항목은 새로 인식하여야 한다.
③ 경영진이 보고기간 후에, 기업을 청산하거나 경영활동을 중단할 의도를 가지고 있거나, 청산 또는 경영활동의 중단 외에 다른 현실적 대안이 없다고 판단하는 경우에는 계속기업의 기준에 따라 재무제표를 작성하되 그 상황을 주석으로 공시하여야 한다.
④ 보고기간말과 재무제표 발행승인일 사이에 투자자산의 시장가치가 하락하는 경우 재무제표의 금액을 수정하지 않는다.

04 **20×1년과 20×2년의 3 / 4분기 비교재무제표를 작성하고자 한다. 아래의 설명 중 틀린 것은?** (회계기간은 1월 1일부터 12월 31일까지)

① 현금흐름표는 20×1년 1월 1일부터 9월 30일까지와 20×2년 1월 1일부터 9월 30일까지의 누적기간만을 비교식으로 작성한다.
② 자본변동표는 20×1년 1월 1일부터 9월 30일까지와 20×2년 1월 1일부터 9월 30일까지의 누적기간만을 비교식으로 작성한다.
③ 포괄손익계산서는 20×1년 1월 1일부터 9월 30일까지와 20×2년 1월 1일부터 9월 30일까지의 누적기간만을 비교식으로 작성한다.
④ 재무상태표는 20×1년 12월 31일 현재와 20×2년 9월 30일 현재의 재무상태를 비교식으로 작성한다.

05 **다음 중 특수관계자 공시에 대한 설명으로 가장 올바르지 않은 것은?**

① 당해 기업을 공동지배하는 자는 특수관계자에 해당하지 않는다.
② 당해 기업을 지배하는 자는 특수관계자에 해당한다.
③ 당해 기업에 유의적인 영향력을 행사할 수 있는 지분을 소유한 자는 특수관계자에 해당한다.
④ 당해 기업의 관계기업은 특수관계자에 해당한다.

06 **(주)천호의 보고기간말 현재 수정전 당기순이익은 1,000,000원이다. 보고기간말과 재무제표 발행승인일 사이에 다음의 사건들이 발생한 경우 수정후 당기순이익은 얼마인가?**

가. 보고기간 말 이후 화재로 인하여 기계장치의 손실 50,000원이 발생
나. 당기손익공정가치 측정금융자산의 공정가치가 보고기간 말과 재무제표가 확정된 날 사이에 하락하여 30,000원 추가손실 발생
다. 보고기간말 이전에 존재했던 소송사건의 결과가 보고기간말 이후에 확정되어 70,000원의 이익 발생

① 1.000.000원　　② 950,000원
③ 9,700,000원　　④ 1,070,000원

[redacted]

정답 및 해설

01	④	02	④	03	③	04	③	05	①	06	①								

01 ④ ① 거래의 유무에 관계없이 공시한다.
② 연결재무제표를 작성하는 가장 가까운 상위의 지배기업의 명칭도 공시한다.
③ 특수관계의 성격도 공시한다.

02 ④ 재무상태표는 당해 중간보고기간말과 직전 회계연도말을 비교하는 형식으로 작성한다.

03 ③

04 ③ 포괄손익계산서는 누적중간기간뿐만 아니라 중간기간인 20×1년 7월 1일부터 9월 30일까지와 20×2년 7월 1일부터 9월 30일까지도 비교식으로 작성하여야 한다.

05 ① 특수관계자에 해당한다.

06 ① 보고기간 말 이후 재해손실과 투자자산의 공정가치하락은 보고기간말 수정하지 않는다. 소송사건의 결과 확정된 기말현재의 우발자산은 인식하지 않는다.

이패스 재경관리사
핵심서브노트&문제풀이

PART 02

자 산

재고자산(K-IFRS 제1002호)

1 의의

① 정상적인 영업활동관련 판매를 위해 보유중 : 제품, 상품
② 정상적인 영업활동관련 판매를 위해 생산중 : 반제품, 재공품
③ 정상적인 영업활동관련 사용 예정 : 원재료나 소모품

2 취득원가결정

(1) 매입원가

매입가격 + 매입부대비용[수입관세와 제세금(과세당국으로부터 추후 환급받을 수 있는 금액은 제외), 매입운임, 하역료 그리고 완제품, 원재료 및 용역의 취득과정에 직접 관련된 기타 원가] − 매입에누리, 매입환출, 매입할인, 리베이트 등

(2) 전환원가(= 직접노무원가 + 제조간접원가)

직접노무원가 등 생산량과 직접 관련된 원가와 원재료를 완제품으로 전환하는데 발생하는 고정 및 변동 제조간접원가의 체계적인 배부액을 포함한 금액

(3) 기타원가

재고자산을 현재의 장소에 현재의 상태로 이르게 하는 데 발생한 범위 내에서만 취득원가에 포함

3 재고자산포함여부

① 미착상품
- 선적지인도조건 : 선적시점에서 소유권이 매입자에게 이전. 따라서 미착상품은 매입자의 재고자산에 포함함
- 도착지인도조건 : 목적지 도착시점에서 소유권이 매입자에게 이전. 따라서 도착되기 전의 미착상품은 매입자의 재고자산이 아님

② 위탁판매 : 위탁자가 수탁자에게 적송품을 보내고 수탁자가 적송품을 판매하기 전까지 위탁자의 재고자산에 포함됨

③ 시송품 : 고객의 매입의사표시를 하기 전까지 판매회사의 재고자산에 포함됨

④ 할부판매 : 상품, 제품 등을 인도하기 전까지 판매회사의 재고자산에 포함됨

예제 1

아래 자료를 참조하여 기말재고자산을 계산하시오.

1) 창고에 상품은 실사결과 5,000,000원이 있다.
   다만, (주)위탁으로부터 위탁받은 상품 1,000,000원이 포함되어 있다.
2) 창고외에 다음과 같은 내용이 있다.
   - 선적지 인도 조건으로 매입한 상품 2,000,000원(기말 현재 운송중)
   - 도착지 인도 조건으로 매입한 상품 1,500,000원(기말 현재 운송중)
   - (주)수탁에게로 위탁한 상품 3,000,000원(이중 1,000,000원은 판매됨)
   - 고객에게 인도한 시송품 2,000,000원(이중 1,000,000원만 매입의사표시함)

해설 정확한 재고자산 9,000,000원 = 창고 5,000,000원 − 수탁품 1,000,000원 + 선적지인도조건 2,000,000원 + 위탁상품 2,000,000원(= 3,000,000원 − 1,000,000원) + 시송품 1,000,000원(2,000,000원 − 1,000,000원)

4 수량결정★★

(1) 계속기록법 : 입고, 출고를 모두 기록(수시로 파악이 가능하나 적용이 어려움)

기초재고수량 + 당기입고수량 − 당기출고수량 = 기말재고수량

(2) 실지재고조사법 : 입고만 기록, 기말에 실사(수시로 파악을 불가하나 적용이 용이함)

기초재고수량 + 당기입고수량 − 기말재고실사수량 = 당기출고수량

(3) 감모손실 : 위 두 가지 방법을 병행한 후 감모수량을 찾아내어 당기비용으로 처리함

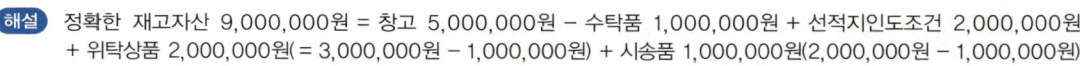

(차)	매출원가(정상감모)	×××	(대) 재고자산	×××
	재고자산감모손실(비정상감모)	×××		

5 원가흐름(원가법)***

(1) **개별법** : 통상적으로 상호 교환될 수 없는 재고자산항목의 원가와 특정 프로젝트별로 생산되고 분리되는 재화 또는 용역의 원가산정에 사용(실제물량흐름 = 실제원가흐름) 가장 정확한 방법이나 비용이 많이 발생함

(2) **선입선출법** : 먼저 매입 또는 생산된 재고자산이 먼저 판매되고 결과적으로 기말에 재고로 남아 있는 항목은 가장 최근에 매입 또는 생산된 항목이라고 가정하는 방법(계속기록법하의 선입선출법 = 실지재고조사법하의 선입선출법)(실제물량흐름 ≒ 실제원가흐름), 최근 수익에 오래된 원가가 대응됨

(3) **가중평균법** : 기초 재고자산과 회계기간 중에 매입 또는 생산된 재고자산의 원가를 가중평균하여 재고항목의 단위원가를 결정하는 방법. 이 경우 평균은 기업의 상황에 따라 주기적으로 계산하거나(총평균법) 매입 또는 생산할 때마다 계산할 수 있다.(이동평균법)

(4) **소매재고법** : 이익률이 유사하고 품종변화가 심한 다품종 상품을 취급하는 유통업에서 실무적으로 다른 원가측정법을 사용할 수 없는 경우에 흔히 사용

☞ 표준원가법이나 소매재고법 등의 원가측정방법은 그러한 방법으로 평가한 결과가 실제 원가와 유사한 경우에 편의상 사용할 수 있다.

(5) **비교** : 물가상승, 기초재고 ≤ 기말재고, 입출이 빈번한 것을 가정함

① 재고자산 : 선입선출법 > 이동평균법 ≥ 총평균법 > 후입선출법

② 매출원가 : 선입선출법 < 이동평균법 ≤ 총평균법 < 후입선출법

☞ K-IFRS에서는 후입선출법 불인정. 성격과 용도 면에서 유사한 재고자산에는 동일한 단위원가 결정방법을 적용하여야 한다. 그러나 지역별 위치나 과세방식이 다르다는 이유만으로 동일한 재고자산에 다른 단위원가 결정방법을 적용하는 것이 정당화될 수는 없다.

예제 ❷

• 01/01 : 재고 200단위(@100원)
• 06/10 : 입고 200단위(@120원)
• 11/15 : 출고 300단위
• 12/20 : 입고 200단위(@140원)

[질문 1] 계속기록법하의 선입선출법, 평균법, 후입선출법에 따른 매출원가 및 기말재고자산

[질문 2] 실지재고조사법하의 선입선출법, 평균법, 후입선출법에 따른 매출원가 및 기말재고자산

해설 [질문 1]

	매출원가	기말재고자산	합계
선입선출법	01/01 20,000원 06/10 12,000원	06/10 12,000원 12/20 28,000원	72,000원
이동평균법	300 × @110[1] = 33,000원	300 × @130[2] = 39,000원	72,000원
후입선출법	06/10 24,000원 01/01 10,000원	01/01 10,000원 12/20 28,000원	72,000원

1) $\frac{\text{01/01 20,000원 + 06/10 24,000원}}{\text{200단위 + 200단위}}$ = @110원

2) $\frac{\text{11,000원 + 12/20 28,000원}}{\text{100단위 + 200단위}}$ = @130원

[질문 2]

	매출원가	기말재고자산	합계
선입선출법	01/01 20,000원 06/10 12,000원	06/10 12,000원 12/20 28,000원	72,000원
총평균법[1]	300 × @120 = 36,000원	300 × @120 = 36,000원	72,000원
후입선출법	12/20 28,000원 06/10 12,000원	6/10 12,000원 01/01 20,000원	72,000원

1) $\frac{\text{01/01 20,000원 + 06/10 24,000원 + 12/20 28,000원}}{\text{200단위 + 200단위 + 200단위}}$ = @120원

6 저가법★

(1) 기말평가액 : MIN[① 취득원가, ② 저가(순실현가능가치)]

(2) 저가개념 : 상품, 제품, 재공품, 반제품, 원재료 – 순실현가능가치(= 예상판매가격 – 예상판매부대비용 – 추가완성원가) **다만, 원재료는** 현행대체원가를 순실현가능가치로 사용가능함

⇨ 완성될 제품이 원가 이상으로 판매될 것으로 예상하는 경우에는 그 생산에 투입하기 위해 보유하는 원재료 및 기타 소모품을 감액하지 아니한다. 확정판매계약 또는 용역계약을 이행하기 위하여 보유하는 재고자산의 순실현가능가치는 계약가격에 기초하며, 그 초과 수량의 순실현가능가치는 일반 판매가격에 기초한다.

(3) 원칙 : 항목별적용, 단, 유사하거나 관련있는 항목들은 조별가능, 총액기준은 불가

① 평가손실 : 차) 재고자산평가손실 ××× 대) 재고자산평가충당금 ×××
(매출원가에 가산) (재고자산의 차감계정)

② 평가손실환입 : 차) 재고자산평가충당금 ××× 대) 재고자산평가손실환입 ×××
(재고자산의 차감계정) (매출원가에서 차감)

⇨ 재고자산을 순실현가능가치로 감액한 평가손실과 모든 감모손실은 감액이나 감모가 발생한 기간에 비용으로 인식. 순실현가능가치의 상승으로 인한 재고자산평가손실의 환입은 환입이 발생한 기간의 비용으로 인식된 재고자산 금액의 차감액으로 인식(최초 장부가액을 초과하지 않는 범위내 환입)

예제 3

다음 자료를 참조하여 감모손실과 평가손실을 계산하시오. (감모수량 중 60%는 정상감모로 보며, 평가손실과 함께 매출원가로 처리하며, 저가법은 항목별로 적용한다.)

상품종목	장부재고수량	실제재고수량	@단가	@추정 판매가격	@추정 판매비
A	50	40	60	80	10
B	70	60	70	68	8
C	40	40	46	46	2

해설 〈감모손실〉

상품	(장부수량	−	실제수량)	×	@단가	정상감모(60%)	비정상감모(40%)
A	(50	−	40)	×	@60원	360원	240원
B	(70	−	60)	×	@70원	420원	280원
C	(40	−	40)	×	@46원	−	−
						780원	520원

〈평가손실〉

상품	재고수량	×	[@취득원가 − @순실현가치]	평가손실
A	40	×	[@60원 − @70원(= 80원 − 10원)]	−
B	60	×	[@70원 − @60원(= 68원 − 8원)]	600원
C	40	×	[@46원 − @44원(= 46원 − 2원)]	80원
				680원

〈회계처리〉

차) 매출원가(정상감모분)	780원	대) 상품 A	600원
재고자산감모손실 (비정상감모분−당기비용)	520원	상품 B	700원
차) 재고자산평가손실 (매출원가에 가산)	680원	대) 상품B평가충당금	600원
		상품C평가충당금 (재고자산에서 차감표시)	80원

수정문제

다음의 내용을 읽고 잘못된 내용을 수정하시오.

01 재고자산은 취득원가와 순실현가능가치 중 높은 금액으로 측정한다.

02 순실현가능가치는 정상적인 영업과정의 예상 판매가격에서 예상되는 추가 완성원가와 판매비용을 가산한 금액을 말한다.

03 표준원가법이나 소매재고법 등의 원가측정방법은 그러한 방법으로 평가한 결과가 실제 원가와 상이한 경우에 편의상 사용할 수 있다.

04 통상적으로 상호 교환될 수 없는 재고자산항목의 원가와 특정 프로젝트별로 생산되고 분리되는 재화 또는 용역의 원가는 선입선출법을 사용하여 결정한다.

05 재고자산의 지역별 위치나 과세방식이 다른 경우 동일한 재고자산에 다른 단위원가 결정방법을 적용하는 것은 정당화될 수 있다.

▼정답 및 해설

01 낮은 금액으로 측정한다.

02 차감한 금액을 말한다.

03 유사한 경우에 편의상 사용할 수 있다.

04 개별법을 사용하여 결정한다.

05 재고자산의 지역별 위치나 과세방식이 다르다는 이유만으로 동일한 재고자산에 다른 단위원가 결정방법을 적용하는 것이 정당화될 수는 없다.

06 저가법은 항목별, 조별, 총액기준 모두 허용된다.

07 확정판매계약 또는 용역계약을 이행하기 위하여 보유하는 재고자산의 순실현가능가치는 일반 판매가격에 기초한다.

08 완성될 제품이 원가 이하로 판매될 것으로 예상하는 경우에는 그 생산에 투입하기 위해 보유하는 원재료 및 기타 소모품을 감액하지 아니한다.

09 재고자산을 순실현가능가치로 감액한 평가손실과 비정상적인 감모손실(정상적인 감모손실은 제외)은 감액이나 감모가 발생한 기간에 비용으로 인식한다.

▼정답 및 해설

06 총액기준은 허용되지 않는다.

07 계약가격에 기초한다.

08 완성될 제품이 원가 이상으로 판매될 것으로 예상하는 경우에는 그 생산에 투입하기 위해 보유하는 원재료 및 기타 소모품을 감액하지 아니한다.

09 모든 감모손실을 비용으로 인식한다.

출제예상 문제

01 **재고자산의 측정과 관련된 설명이다. 옳은 것은?**

① 매입원가를 결정할 때 매입할인, 리베이트 등은 매입원가에 가산한다.
② 전환원가는 직접재료원가 등 생산량과 직접 관련된 원가와 원재료를 완제품으로 전환하는데 발생하는 고정 및 변동 제조간접원가의 체계적인 배부액을 포함한다.
③ 기타 원가는 재고자산을 현재의 장소에 현재의 상태로 이르게 하는 데 발생한 범위 내에서만 취득원가에 포함된다.
④ 재료원가, 노무원가 및 기타 제조원가 중 정상적 또는 비정상적으로 발생한 부분은 제조과정의 한 부분으로 매출원가에 가산한다.

02 **재고자산의 단가결정에 관한 다음의 설명 중 틀린 것은?**

① 개별법은 원가흐름과 실물흐름이 일치하며, 수익과 비용이 정확하게 대응된다.
② 인플레이션하에 기초의 재고자산보다 기말재고자산의 수량이 많은 경우 가중평균법이 선입선출법에 비해 이익을 적게 보고한다.
③ 선입선출법하의 계속기록법으로 수량을 파악하는 것과 실지재고조사법으로 파악하는 것이 그 결과가 다르게 된다.
④ 재고자산감모손실을 별도로 파악하여 당기비용으로 인식하기 위해서는 계속기록법과 재고실사가 병행되어야 한다.

03 **(주)광진의 기말 재고자산에 대한 원가 자료는 다음과 같다. 기말의 정확한 재고자산은 얼마인가?**

- 창고에 상품은 실사결과 1,000,000원이 있다.
- 창고외에 다음과 같은 내용이 있다.
  - 선적지 인도 조건으로 판매한 상품 200,000원(기말현재 운송중)
  - 도착지 인도 조건으로 판매한 상품 300,000원(기말현재 운송중)
  - (주)수탁에게로 위탁한 상품 200,000원(이중 100,000원은 판매됨)

① 1,700,000원 ② 1,600,000원
③ 1,500,000원 ④ 1,400,000원

04 (주)광진은 6월 30일 화재가 발생하여 창고에 있는 재고자산의 일부가 소실되었다. 아래의 자료를 참조하여 소실된 재고자산의 금액은 얼마인가?

- 1월 1일 기초재고자산 : 300,000원
- 6월 30일까지의 총매입액 : 6,500,000원
- 6월 30일까지의 매입에누리 : 450,000원
- 6월 30일까지의 매출액 : 7,000,000원
- 6월 30일 현재 창고에 소실되지 않고 남은 재고자산 : 500,000원
- 매출총이익률[(매출액−매출원가) / 매출액] : 20%

① 200,000원 ② 250,000원
③ 300,000원 ④ 350,000원

05 (주)광진은 대형유통업체로서 재고자산평가방법으로 소매재고법하의 선입선출법을 사용하고 있다. (주)광진의 당기 재고자산 관련 자료를 이용하여 당기 기말재고자산(원가)을 계산하면 얼마인가?

구분	원가	매가	구분	매가
기초재고자산	7,000원	10,000원	매출액	35,000원
당기매입액	32,000원	40,000원	기말재고자산	15,000원
합계	39,000원	50,000원	합계	50,000원

① 12,000원 ② 13,000원
③ 14,000원 ④ 15,000원

06 재고자산의 단가결정방법으로 허용되지 않는 방법은?

① 선입선출법 ② 이동평균법
③ 총평균법 ④ 후입선출법

07 다음 중 재고자산에 관한 설명으로 잘못된 것은?

① 저가법적용시 제품, 상품 및 재공품, 원재료의 시가는 순실현가능가액을 말하며, 생산과정에 투입될 원재료는 현행대체원가를 순실현가능가치로 사용가능하다.
② 저가법적용시 원칙적으로 종목별로 적용하고 재고항목들이 서로 유사하거나 관련되어 있는 경우에는 조별 적용이 가능하다.
③ 재고자산의 장부상 수량과 실제 수량과의 차이에서 발생하는 감모손실과 단가산정시 취득원가와 순실현가능가치와의 차액을 모두 평가차손익으로 당기손익처리한다.
④ 표준원가제도를 채택하고 있는 경우 재고자산의 재무상태표가액은 실제원가와 유사한 경우에만 표준원가로 보고할 수 있다.

[08 ~ 10] 다음은 (주)천호의 재고자산관련 자료이다. (재고자산의 감모나 시가하락은 없다고 가정한다)

		수량	매입단가	판매단가
01월 01일	기초재고	100개	100원	
05월 08일	매입	400개	110원	
09월 10일	매출	400개		150원
12월 23일	매입	300개	120원	

08 **선입선출법을 적용하는 경우 매출총이익은 얼마인가?**

① 14,000원 ② 15,000원
③ 16,000원 ④ 17,000원

09 **이동평균법을 적용하는 경우 매출총이익은 얼마인가?**

① 14,600원 ② 15,400원
③ 16,800원 ④ 17,200원

10 **총평균법을 적용하는 경우 매출총이익은 얼마인가?**

① 14,000원 ② 15,000원
③ 16,000원 ④ 17,000원

11 **재고자산 원가흐름에 대한 가정을 설명한 것이다. 틀린 것은?**

① 선입선출법을 적용하는 경우 계속기록법과 실지재고조사법의 결과가 동일하다.
② 한국채택국제회계기준에서는 후입선출법을 원칙적으로 불인정한다.
③ 이동평균법은 매입 매출시마다 단가의 변동을 민감하게 반영하는 방법이다.
④ 물가가 상승하고 거래가 빈번한 경우 총평균법을 적용하는 것보다 선입선출법을 적용하는 것이 매출원가가 크게 계산된다.

12 **다음 자료에 의하여 각 제품별 재고자산의 감모손실과 평가손실의 합은 얼마인가?**

		장부수량 및 단가	실제수량 및 시가
A제품	:	1,000개 @100원	900개 시가 @120원, 처분비용 @30원
B제품	:	2,000개 @200원	1,900개 시가 @230원, 처분비용 @20원

① A제품 : 10,000원 ② A제품 : 19,000원
③ B제품 : 0원 ④ B제품 : 1,000원

13 다음 자료에 의하여 계속기록법을 적용하였을 경우, 선입선출법에 의한 5월말 상품재고액은 얼마인가?

일 자	적 요	수 량	단 가
5월 1일	기초재고	1,000개	300원
5월 5일	매 입	1,200개	350원
5월 10일	매 출	800개	
5월 20일	매 출	300개	
5월 25일	매 입	500개	580원

① 625,000원 ② 650,000원
③ 675,000원 ④ 680,000원

14 다음은 (주)천호의 기말재고자산관련 자료이다. 재고자산의 장부가액은 얼마인가?

구분	장부수량	@취득가액	실사수량	@순실현가능가치
노트	1,000개	200원	1,000개	180원
볼펜	3,000개	200원	2,500개	160원
지우개	2,000개	300원	2,000개	250원

① 1,080,000원 ② 1,100,000원
③ 1,200,000원 ④ 1,250,000원

15 재고자산은 매년 결산일 현재 순실현가능가치와 취득원가를 비교하여 둘 중 낮은 금액으로 평가한다. 다음 중 이와 관련된 설명으로 가장 올바르지 않은 것은?

① 손상된 재고자산은 그 후속기간에 환입할 수 있다.
② 저가법은 원칙적으로 재고자산 항목별로 되어야 한다.
③ 기업은 재고자산을 보유하고 있는 기간동안 매 보고기간 말에 순실현가능가치를 재평가하여야 한다.
④ 재고자산은 순실현가능가치를 적용하며 현행대체원가를 적용할 수 없다.

16 (주)천호의 재고자산과 관련하여 20×1년 포괄손익계산서에 미치는 영향은 얼마인가?

ㄱ. 20×1년말 재고자산 장부상 수량(결산수정분개전)	500개
ㄴ. 20×1년말 재고자산 장부상 매입단가(결산수정분개전)	100원/개
ㄷ. 20×1년말 재고자산 실사수량	480개
ㄹ. 20×1년말 재고자산의 예상판매가격	95원/개
ㅁ. 20×1년말 재고자산의 예상판매비용	3원/개

① 3,840원 증가 ② 5,840원 증가
③ 3,840원 감소 ④ 5,840원 감소

17 **(주)천호의 재고자산과 관련하여 20×1년 포괄손익계산서에 비용으로 계상될 금액은 얼마인가?** (단, 기말재고자산 장부수량과 실사수량은 일치한다.)

ㄱ. 20×1년 판매가능상품(=기초재고자산+당기매입액)	3,400,000원
ㄴ. 20×1년 기말재고자산 장부금액(재고자산평가손실 차감 전)	900,000원
ㄷ. 기말재고자산의 예상판매가격	880,000원
ㄹ. 기말재고자산의 예상판매비용	30,000원

① 2,400,000원
② 2,450,000원
③ 2,500,000원
④ 2,550,000원

18 **다음은 (주)삼일의 20×1년 재고수불부이다. (주)삼일은 20×1년 1월 1일에 설립되었으며, (주)삼일의 김사장은 기말재고자산을 이동평균법으로 평가할지 선입선출법으로 평가할지 고민 중이다. 재고자산평가방법에 관한 설명으로 가장 올바르지 않은 것은?**

	수 량	단 가	금 액
5/5 구입	300개	500원	150,000원
6/6 구입	900개	600원	540,000원
9/9 판매	1,100개		
기 말	100개		

(단, 매출총이익률 = 매출총이익/매출액)

① 기말재고자산금액은 이동평균법을 적용했을 때보다 선입선출법을 적용하였을 경우 2,500원만큼 크다.
② 매출총이익률은 이동평균법을 적용했을 때보다 선입선출법을 적용했을 경우 상대적으로 더 크다.
③ 매출원가는 이동평균법을 적용했을 때보다 선입선출법을 적용하였을 경우 2,500원만큼 작다.
④ 당기순이익은 이동평균법을 적용했을 때보다 선입선출법을 적용하였을 경우 2,500원만큼 작다.

19 **지난 2년간 재고자산의 매입가격이 계속적으로 상승했을 경우, 기말재고 평가시 이동평균법을 적용했을 경우와 총평균법을 적용했을 경우에 관한 설명으로 올바른 것은?** (단, 기말재고 수량이 기초재고 수량보다 크다.)

① 총평균법을 적용할 때 회계적 이익이 보다 높게 평가된다.
② 이동평균법을 적용할 때 매출원가가 보다 높게 평가된다.
③ 총평균법을 적용할 때 기말재고자산이 보다 낮게 평가된다.
④ 이동평균법은 회계기간 단위로 품목별 총평균원가를 산출하는 방법이고, 총평균법은 자산을 취득할 때마다 장부재고금액을 장부재고수량으로 나누어 평균단가를 산출하는 방법이다.

[redacted]

정답 및 해설

01	③	02	③	03	④	04	②	05	①	06	④	07	③	08	④	09	③	10	②
11	④	12	②	13	③	14	①	15	④	16	④	17	④	18	④	19	③		

01 ③ ① 매입원가에서 차감한다.
② 전환원가는 직접노무원가와 제조간접비를 포함한다.
④ 비정상적으로 발생한 부분은 제조원가에서 제외시켜야 한다.

02 ③ 선입선출법하의 수량은 계속기록법과 실지재고조사법이 결과가 동일하다.

03 ④ 정확한 재고자산 1,400,000원 = 창고 1,000,000원 + 도착지인도조건판매 300,000원 + 위탁상품 100,000원(= 200,000원 − 100,000원). 선적지인도조건판매는 판매된 것으로 보기 때문에 불포함됨

04 ② 소실전 재고자산 : 750,000원 = 300,000원(기초재고자산) + 6,500,000원(총매입액) − 450,000원 (매입에누리) − 5,600,000원(= 7,000,000원 × 80%, 매출원가)
소실된 재고자산 : 250,000원 = 750,000원 − 500,000원

05 ① 기말재고자산(원가) 12,000원 = 15,000원 기말재고자산(매가) × 80%[1](원가율)

[1] 원가율 $= \dfrac{\text{당기매입액(원가)32,000원}}{\text{당기매입액(매가)40,000원}} = 80\%$

06 ④ 후입선출법은 적용하지 않는다.

07 ③ 재고자산의 평가는 저가법을 적용하기 때문에 취득원가보다 순실현가능가치가 낮은 경우에만 그 차액을 평가손실로 하여 당기비용처리한다. 따라서 평가차익은 인식하지 아니한다. 다만, 평가손실의 회복으로 인한 평가손실환입(= 순실현가능가치 − 장부가액)은 당초 취득원가를 초과하지 않는 범위내에서 당기수익으로 처리한다.

08 ④ 매출액 : 400개 × @150원 = 60,000원
매출원가 : 1/1 100개 × @100원 + 5/8 300개 × @110원 = 43,000원
매출총이익 : 매출액 60,000원 − 매출원가 43,000원 = 17,000원

09 ③ 매출액 : 400개 × @150원 = 60,000원
매출원가 : 400개 × @108원[1] = 43,200원
매출총이익 : 매출액 60,000원 − 매출원가 43,200원 = 16,800원

[1] $\dfrac{\text{100개 × @100원 + 400개 × @110원 = 54,000원}}{\text{100개 + 400개 = 500개}} = @108$

10 ② 매출액 : 400개 × @150원 = 60,000원
매출원가 : 400개 × @112.5원[1] = 45,000원
매출총이익 : 매출액 60,000원 − 매출원가 45,000원 = 15,000원

[1] $\dfrac{\text{100개 × @100원 + 400개 × @110원 + 300개 × @120원 = 90,000원}}{\text{100개 + 400개 + 300개 = 800개}} = @112.5$

11 ④ 선입선출법 적용시 매출원가는 오래된 시가가 적용되고, 총평균법 적용시 매출원가는 가장 최근의 시가가 반영된 평균단가가 적용되기 때문에 선입선출법보다 크게 표시된다.

12 ② (1) A제품의 경우 : 감모손실 10,000원 + 평가손실 9,000 = 19,000원
1,000개 × @100원 = 100,000원
900개 × @100원 = 90,000원 감모손실 10,000원 = (1,000개 − 900개) × @100원
900개 × @ 90원 = 81,000원 평가손실 9,000원 = 900개 × (@100원 − @90원)
(2) B제품의 경우 : 감모손실 20,000원 + 평가손실 0원 = 20,000원
2,000개 × @200원 = 400,000원 감모손실 20,000원[= (2,000개 − 1,900개) × @200원]
1,900개 × @200원 = 380,000원 평가손실 0원

단가@200원(원가법) < 순실현가능가액@210원(= @230원 - @20원)
따라서, 저가법 적용하지 않음

13 ③ 선입선출법의 경우 기말재고는 5월 5일 1,100개, 5월 25일 500개로 구성된다.
따라서 5월말 상품재고액 = 1,100개 × 350원 + 500개 × 580원 = 675,000원

14 ①

구분	실사수량	×	MIN[@취득가액, @순실현가능가치]	=	장부가액
노트	1,000개	×	MIN[200원, 180원] = 180원	=	180,000원
볼펜	2,500개	×	MIN[200원, 160원] = 160원	=	400,000원
지우개	2,000개	×	MIN[300원, 250원] = 250원	=	500,000원
계					1,080,000원

15 ④ 원재료는 현행대체원가를 순실현가능가치의 대용으로 적용할 수 있다.

16 ④ (장부수량 500개 - 실사수량 480개) × @100원 = 재고자산감모손실 2,000원
실사수량 480개 × [@100원 - (@95원 - @3원)] = 재고자산평가손실 3,840원
당기순이익에 미치는 영향 : 2,000원 + 3,840원 = 5,840원 감소

17 ④ 판매가능상품 3,400,000원 - 기말재고자산(저가) 850,000원 = 2,550,000원

18 ④ 이동평균법 : 매출원가 = 1,100개 × @575 = 632,500원
기말재고 = 100개 × @575 = 57,500원
* 평균단가 : (150,000원 + 540,000원) / (300개 + 900개) = @575
선입선출법 : 매출원가 = 300개 × @500 + 800개 × @600 = 630,000원
기말재고 = 100개 × @600 = 60,000원
※ 매출원가 : 선입선출법 < 이동평균법
기말재고 : 선입선출법 > 이동평균법
이　　익 : 선입선출법 > 이동평균법

19 ③ ① 총평균법을 적용할 때 회계적 이익이 보다 낮게 평가된다.
② 이동평균법을 적용할 때 매출원가가 보다 낮게 평가된다.
④ 총평균법은 회계기간 단위로 품목별 총평균원가를 산출하는 방법이고, 이동평균법은 자산을 취득할 때마다 장부재고금액을 장부재고수량으로 나누어 평균단가를 산출하는 방법이다.

02 유형자산(K-IFRS 제1016호)

1 정의

재화나 용역의 생산이나 제공, 타인에 대한 임대 또는 관리활동에 ① 사용할 목적으로 보유하는 ② 물리적 형태가 있는 자산으로서 ③ 한 회계기간을 초과하여 사용할 것이 예상되는 자산

2 최초원가★★

자산을 취득하기 위하여 자산의 취득시점이나 건설시점에서 지급한 현금 또는 현금성자산이나 제공한 기타 대가의 공정가치

원가에 해당하는 예	원가가 아닌 예
① 유형자산의 매입 또는 건설과 직접적으로 관련되어 발생한 종업원급여 ② 설치장소 준비 원가 ③ 최초의 운송 및 취급 관련 원가 ④ 설치원가 및 조립원가 ⑤ 유형자산이 정상적으로 작동되는지 여부를 시험하는 과정에서 발생하는 원가. 단, 시험과정에서 생산된 재화(예 장비의 시험과정에서 생산된 시제품)의 순매각금액은 당기손익으로 처리 ⑥ 전문가에게 지급하는 수수료 ⑦ 복구원가의 현재가치	① 새로운 시설을 개설하는 데 소요되는 원가 ② 새로운 상품과 서비스를 소개하는 데 소요되는 원가(예 광고 및 판촉활동과 관련된 원가) ③ 새로운 지역에서 또는 새로운 고객층을 대상으로 영업을 하는 데 소요되는 원가(예 직원교육훈련비) ④ 관리 및 기타 일반간접원가 ⑤ 유형자산이 경영진이 의도하는 방식으로 가동될 수 있으나 아직 실제로 사용되지는 않고 있는 경우 또는 가동수준이 완전조업도 수준에 미치지 못하는 경우에 발생하는 원가 ⑥ 유형자산과 관련된 산출물에 대한 수요가 형성되는 과정에서 발생하는 가동손실과 같은 초기 가동손실 ⑦ 기업의 영업 전부 또는 일부를 재배치하거나 재편성하는 과정에서 발생하는 원가

3 후속원가*

(1) **자본적지출** : 내용연수, 가치증가, 자산처리

예 본래의 용도를 변경하기 위한 개조, 엘리베이터 또는 냉·난방 장치의 설치, 피난시설 등의 설치, 개량, 확장, 증설 등

(2) **수익적지출** : 원상회복, 능률유지, 비용처리

예 건물 또는 벽의 도장, 파손된 유리나 기와의 대체, 기계의 소모된 부속품의 대체와 벨트의 대체, 자동차 타이어의 대체 등

(3) **일부대체원가와 종합검사원가** : 당기비용처리하나 인식기준을 충족하는 경우 자산의 원가에 포함하며 남아 있는 장부금액을 제거

예제 1

기계장치의 장부가액 1,000,000원, 대체되는 부품의 장부가액 100,000원, 신부품의 공정가치 200,000원인 경우 일부대체원가에 따라 대체 후 장부가액은?

해설 1,000,000원 − 100,000원(제거) + 200,000원(포함) = 1,100,000원

4 인식시점의 측정

(1) **토지와 건물의 일괄구입****

- 토지, 건물취득시 건물 철거 : 건물철거비(=철거비용 −철거수익)는 토지의 원가에 포함
  취득세, 중개수수료, 개발부담금, 양도자세금대납액, (측량, 구획, 정지)비용, 정부등유지(진입도로포장비, 상하수도공사비), 영구적(배수로공사비, 조경공사비)
- 사용하던 기존건물의 철거 : 건물철거비는 당기비용으로 처리

예제 2

건물과 토지를 3,000,000원에 일괄취득하여 토지만 사용하는 경우 철거비용 150,000원, 철거수익 50,000원 발생시 유형자산의 취득원가는?

해설 3,000,000원 + 150,000원(철거비용) − 50,000원(철거수익) = 3,100,000원

(2) **장기연불거래 등으로 취득** : 취득시점의 현금구입가격(현재가치), 명목가액과 현재가치의 차이를 유효이자율법에 따라 이자비용으로 인식

예제 3

토지를 3,500,000원에 취득하고 대금은 3년후에 지급하기로 하였다. 현재 현금지급한다면 3,000,000원에 취득할 수 있다면 취득가액과 총이자비용은 얼마인가?

해설 취득가액 : 3,000,0000원, 총이자비용 : 3,500,000원 − 3,000,000원 = 500,000원

(3) 다종자산의 일괄구입 : 자산들의 공정가치비율로 안분계산

(4) 현물출자 : 당해 자산의 공정가치. 단, 취득자산의 공정가치가 명확하지 않은 경우 발행하는 주식의 공정가치

(5) 교환거래★★

① 교환거래에 상업적 실질이 결여된 경우

② 취득한 자산과 제공한 자산 모두의 공정가치를 신뢰성 있게 측정할 수 없는 경우

위 내용 중 하나에 해당하는 경우	모두 해당하지 않는 경우
제공한 자산의 **장부가액** , 처분손익 없음	제공한 자산의 **공정가치** − 장부금액 = 처분손익 있음
(+) 현금지급액	(+) 현금지급액
(−) 현금수령액	(−) 현금수령액
자산의 취득원가	*1)자산의 취득원가

*1) 단, 취득한 자산의 공정가치가 더 명백한 경우 취득한 자산의 공정가치를 취득원가

예제 4

다음 자산을 교환하는 경우 당사의 취득원가 및 처분손익을 계산하시오. (현금추가지급액 500,000원이 있음. 상업적실질이 있음)

	제공한 기계장치(프레스)	수취한 기계장치(선반)
취득가액	10,000,000원	12,000,000원
감가상각누계액	5,000,000원	7,000,000원
공정가액	5,500,000원	6,000,000원

해설 처분이익 = 제공한 기계장치의 공정가액 5,500,000원 − 제공한 기계장치의 장부가액 5,000,000원(= 취득가액 10,000,000원 − 감가상각누계액 5,000,000원) = 500,000원
취득원가 = 제공한 기계장치의 공정가액 5,500,000원 + 현금지급액 500,000원 = 6,000,000원

(6) 증여 또는 무상취득 : 취득한 자산의 공정가치

(7) 국·공채의 강제매입시 : 유가증권의 공정가액과 취득가액간의 차이를 유형자산의 취득을 위하여 불가피하게 지출한 금액으로 보고 취득원가에 가산

(8) 정부보조금에 의한 취득★

① 정의 : 기업의 영업활동과 관련하여 과거나 미래에 일정한 조건을 충족하였거나 충족할 경우 기업에게 자원을 이전하는 형식의 정부지원

② 종류

㉠ 자산관련보조금 : 정부지원의 요건을 충족하는 기업이 장기성 자산을 매입, 건설하거나 다른 방법으로 취득하여야 하는 일차적 조건이 있는 정부보조금

㉡ 수익관련보조금 : 자산관련보조금 이외의 정부보조금

③ 상환의무가 없는 정부보조금에 대한 회계처리

㉠ 자산관련보조금의 표시 : 다음 중 선택 적용

- 이연수익 표시법 : 보조금을 이연수익(부채)으로 인식하여 자산의 내용연수에 걸쳐 체계적 기준으로 당기손익에 인식하는 방법
- 자산차감 표시법 : 자산의 장부금액을 계산할 때 보조금을 차감(정부보조금의 차감계정을 사용)하는 방법. 보조금은 감가상각자산의 내용연수에 걸쳐 감가상각비를 감소시키는 방식으로 당기손익으로 인식
  자산의 차감계정으로 처리한 후 감가상각비와 상계[상계액 : 감가상각비 × 정부보조금/(취득원가 − 잔존가액)]

㉡ 수익관련보조금의 표시 : 당기손익의 일부로 별도의 계정이나 '기타수익'과 같은 일반계정으로 표시한다. 또는 관련비용에서 보조금을 차감할 수도 있다.(별도수익계정으로 표시하거나 관련비용에서 차감표시 모두 인정)

예제 5

×1년초 기계장치 10,000,000원에 취득(정부보조금 4,000,000포함), 내용연수 5년, 잔존가치 0원, 정액법적용시 ×3년말 재무상태표에 표시하시오.

해설 감가상각누계액 : 10,000,000원 / 5년 × 3년 = 6,000,000원
정부보조금잔액 : 4,000,000원 − 6,000,000원 × 4,000,000원 / 10,000,000원 = 1,600,000원
※ 별해 : 4,000,000원 − 4,000,000원 / 5년 × 3년 = 1,600,000원 × 3년말 장부가액 : 취득가액 10,000,000원 − 감가상각누계액 6,000,000원 − 정부보조금 잔액 1,600,000원 = 2,400,000원
※별해 : (10,000,000원 − 4,000,000원) − (10,000,000원 − 4,000,000원) / 5년 × 3년 = 2,400,000원

재무상태표

기계장치	10,000,000원	
정부보조금	(1,600,000원)	
감가상각누계액	(6,000,000원)	2,400,000원

5 인식시점이후의 측정(선택적용)

(1) **원가 모형** : 최초 인식 후에 유형자산은 원가에서 감가상각누계액과 손상차손누계액을 차감한 금액을 장부금액으로 한다.

(2) 재평가 모형★★★

① 최초 인식 후에 공정가치를 신뢰성 있게 측정할 수 있는 유형자산은 재평가일의 공정가치에서 이후의 감가상각누계액과 손상차손누계액을 차감한 재평가금액을 장부금액으로 한다. 재평가는 보고기간말에 자산의 장부금액이 공정가치와 중요하게 차이가 나지 않도록 주기적으로 수행하며 동시에 재평가한다. 다만, 순차적으로 재평가할 수 있다.

② 해당 자산이 포함되는 유형자산 분류 전체를 재평가한다.

③ 회계처리방법

	공정가치	
(−)	장부가액	
(+)	증 가 액	재평가잉여금(기타포괄손익) 단, 이미 인식한 비용처리액을 한도로 당기수익처리
(−)	감 소 액	재평가손실(당기비용)처리 단, 이미 인식한 기타포괄손익을 한도로 기타포괄손익을 감소처리

④ 재평가잉여금은 그 자산이 제거(폐기, 처분) 또는 사용함에 따라 재평가잉여금의 일부를 이익잉여금에 대체할 수 있다. 사용시 대체되는 금액은 재평가된 금액에 근거한 감가상각액과 최초원가에 근거한 감가상각액의 차이로 한다. 대체하는 경우 그 금액은 당기손익으로 인식하지 않는다.

예제 6

20×1.01.01일 건물의 취득가액 1,000,000원, 정액법, 잔존가치 0원, 내용연수 5년

20×1.12.31일 공정가치 1,200,000원, 20×2.12.31일 공정가치 450,000원, 아래 질문별 20×2년 당기손익처리되는 재평가손익은?

[질문 1] 재평가잉여금을 사용시 제거하는 경우

[질문 2] 재평가잉여금을 처분시 제거하는 경우

해설 1,200,000원 − (1,000,000원 − 1,000,000원 / 5년) = 재평가잉여금 400,000원

[질문 1] 1,200,000원 − 1,200,000원 / 4년 = 900,000원, 20×2년 감가상각비 300,000원 − 20×1년 감가상각비 200,000원 = 재평가잉여금 감소액 100,000원

900,000원 − 450,000원 = 재평가잉여금 감소액 300,000원, 재평가손실 150,000원

[질문 2] 1,200,000원 − 1,200,000원 / 4년 = 900,000원, 20×2년 감가상각비 300,000원 − 900,000원 − 450,000원 = 재평가잉여금 감소액 400,000원, 재평가손실 50,000원

6 감가상각***

(1) 의의 : 자산의 감가상각대상금액(또는 총감가상각비)을 그 자산의 내용연수 동안 체계적으로 배분하는 것(원가배분절차)

(2) 시기 : 감가상각은 자산이 사용가능한 때부터 시작. 즉, 경영진이 의도하는 방식으로 자산을 가동하는 데 필요한 장소와 상태에 이른 때부터 시작

(3) 기본요소

① **감가상각대상금액** : 자산의 원가 또는 원가를 대체하는 다른 금액 – 잔존가치

② **잔존가치** : 자산이 이미 오래되어 내용연수 종료시점에 도달하였다는 가정하에 자산의 처분으로부터 현재 획득할 금액에서 추정 처분부대원가를 차감한 금액의 추정치

③ **내용연수** : 기업에서 자산이 사용가능할 것으로 기대되는 기간 또는 자산에서 얻을 것으로 기대되는 생산량이나 이와 유사한 단위 수량

(4) 감가상각방법 : 자산의 미래경제적 효익이 소비되는 형태를 반영

① **정 액 법** : (취득가액 – 잔존가치) / 내용연수

② **생산량비례법** : (취득가액 – 잔존가치) × (당기생산량 / 총예상생산량)

③ **정 률 법** : (취득가액 – 감가상각누계액) × 정률(%)

➡ 감가상각방법, 내용연수, 잔존가치의 변경 → 회계추정의 변경에 해당(전진 적용)

7 차입원가*

(1) 적격자산 취득 등 관련 차입원가를 취득원가에 포함(강제규정)

(2) 적격자산 : 의도된 용도로 사용하거나 판매 가능한 상태에 이르게 하는 데 상당한 기간을 필요로 하는 자산 – 유형자산, 무형자산, 투자부동산, 상당한 기간이 소요되는 재고자산

(3) 차입금의 종류

① **특정차입금** : 적격자산 취득 등을 위해 차입

② **일반차입금** : 일반목적으로 차입하여 적격자산 취득 등에 사용

(4) 자본화기간

① **자본화의 개시** : 적격자산에 지출, 차입원가발생, 취득 등 필요한 활동개시

② **자본화의 중단** : 원칙 – 자본화 중단, 예외 – 일시적인 지연이 필수적인 경우 자본화 계속

③ **자본화의 종료** : 의도된 용도로 사용하거나 판매가능한 상태에 이르게 하는 데 필요한 대부분의 활동이 완료된 시점

(5) 자본화할 차입원가

① 장·단기차입금과 사채에 대한 이자비용

② 사채발행차금상각(환입)액

③ 현재가치할인차금상각액

④ 리스이용자의 리스부채이자비용

⑤ 차입과 직접 관련하여 발생한 수수료 등

단, 매출채권처분손실, 연체이자는 제외

(6) 차입원가산정방식

① 적격자산의 연평균지출액 계산(자본화기간으로 계산)

② 특정차입금에 대한 자본화할 차입원가(자본화기간으로 계산)

③ 일반차입금에 대한 자본화할 차입원가(자본화기간으로 계산)

④ 일반차입금에 대한 자본화이자율 계산(회계기간으로 계산)

$$\text{MIN}\left[\left(\begin{matrix}\text{적격자산에 대한}\\\text{연평균지출액}\end{matrix} - \begin{matrix}\text{특정차입금해당 연}\\\text{평균지출액}\end{matrix}\right) \times \begin{matrix}\text{일반차입금에 대한}\\\text{자본화이자율}\end{matrix}, \begin{matrix}\text{한도 : 회계기간동안}\\\text{발생한 차입원가}\end{matrix}\right]$$

예제 7

20×1.2.1일 공사개시, 2.1일 30,000원, 7.1일 50,000원 지출하였다. 공사를 위해 5.1일 30,000원(5%)을 차입하였다.(일시운용수익 500원, 연평균예금액 5,000원) 전년도 일반차입금 30,000원(6%)이 있다.

[질문 1] 특정차입금의 차입원가

[질문 2] 일반차입금의 차입원가

해설 연평균지출액 30,000원 × 11월 / 12월 + 50,000원 × 6월 / 12월 = 52,500원
[질문 1] 30,000원 × 8월 / 12월 × 5% − 500원 = 500원
[질문 2] MIN[52,500원 − (30,000원 × 8월 / 12월 − 5,000원)] × 6% = 2,250원,
한도 : 30,000원 × 6% = 1,800원] = 1,800원

8 자산손상(K-IFRS제1036호)***

(1) 일반사항

① 자산손상을 시사하는 징후가 있는지는 외부정보와 내부정보를 모두 고려

② 회수가능액 = MAX[순공정가치, 사용가치]

➡ 순공정가치 : 합리적인 판단력과 거래의사가 있는 독립된 당사자 사이의 거래에서 자산 또는 현금창출단위의 매각으로부터 수취할 수 있는 금액(공정가치)에서 처분부대원가를 차감한 금액

사용가치 : 자산이나 현금창출단위에서 창출될 것으로 기대되는 사용 및 처분에 따른 현금흐름의 현재가치

③ **현금창출단위** : 다른 자산이나 자산집단에서의 현금유입과는 거의 독립적인 현금유입을 창출하는 식별가능한 최소자산집단

(2) 손상차손

① **원가모형** : 장부가액 − 회수가능액 = 당기비용으로 인식

② **재평가모형** : 장부가액 − 회수가능액 = 당기비용. 단, 기인식한 재평가잉여금을 먼저 상계시키고 그 초과분을 당기비용(손상차손)으로 인식

(3) 손상차손환입

① **원가모형** : MIN[회수가능액, 아래 한도] − 장부가액 = 당기수익

➡ 환입한도액 = 손상차손을 인식하지 않았을 경우 계상되었을 기말장부금액

② **재평가모형** : 회수가능액 − 장부가액 = 당기수익(아래 한도내)

➡ 환입한도 : 이전에 인식한 손상차손. 단, 재평가금액을 장부금액으로 하는 경우 과거에 당기손익(손상차손)으로 인식한 부분까지는 당기손익으로 인식하고 그 초과금액을 기타포괄손익(재평가잉여금)으로 인식

예제 8

20×1.01.01일 건물의 취득가액 1,000,000원, 정액법, 잔존가치 0원, 내용연수 5년 20×1.12.31일 공정가치 1,200,000원, 20×2.12.31일 회수가능액 450,000원(손상 O), 20×3.12.31일 회수가능액 450,000원(손상회복 O), 공정가치 550,000원, 연도별 감가상각비, 재평가손익, 손상차손 및 환입을 계산하시오.

[기출유사]

[질문 1] 원가모형인 경우

[질문 2] 재평가모형인 경우(재평가잉여금은 처분시 이익잉여금에 대체하기로 함)

해설 [질문 1]

20×1년 감가상각비 1,000,000원 / 5년 = 200,000원, 장부가액 800,000원

20×2년 감가상각비 200,000원, 손상 전 장부가액 600,000원 − 회수가능액 450,000원 = 손상차손 150,000원, 손상 후 장부가액(회수가능액) = 450,000원

20×3년 감가상각비 450,000원 / 3년 = 150,000원, MIN[회수가능액 450,000원, 한도 : 400,000원] − 환입 전 장부가액 300,000원 = 손상차손환입 100,000원

[질문 2]

20×1년 감가상각비 1,000,000원 / 5년 = 200,000원, 공정가치 1,200,000원 − 평가전 장부가액 800,000원 = 재평가잉여금 400,000원

20×2년 감가상각비 1,200,000원 / 4년 = 300,000원, 손상 전 장부가액 900,000원 − 회수가능액 450,000원 = 재평가잉여금 400,000원 감소, 손상차손 50,000원, 손상 후 장부가액(회수가능액) 450,000원

20×3년 감가상각비 450,000원 / 3년 = 150,000원, MIN[회수가능액 450,000원 − 300,000원, 손상차손 50,000원] = 손상차손환입 50,000원, 공정가치 550,000원 − 환입후 장부금액 350,000원 = 재평가잉여금 200,000원

9 제거★★

① 처분하는 때

② 사용이나 처분을 통하여 미래경제적효익이 기대되지 않을 때

제거로 인하여 발생하는 손익(순매각금액－장부금액)은 당기손익으로 인식

③ 회계처리

구분	차변		대변	
순매각금액 > 장부금액 → 유형자산처분이익	현금등 감가상각누계액 손상차손누계액 정부보조금	××× ××× ××× ×××	유형자산 유형자산처분이익	××× ×××
순매각금액 < 장부금액 → 유형자산처분손실	현금등 감가상각누계액 손상차손누계액 정부보조금 유형자산처분손실	××× ××× ××× ××× ×××	유형자산	×××

예제 9

20×3.12.31일 현재 재무상태표의 일부 표시 내용이다. 20×3.01.01일 처분가액이 1,800,000원일 때 처분시 회계처리를 하시오.

재무상태표		
기계장치	10,000,000원	
정부보조금	(1,600,000원)	
감가상각누계액	(6,000,000원)	
손상차손누계액	(1,000,000원)	1,400,000원

해설

차변		대변	
현금등	1,800,000원	유형자산	10,000,000원
감가상각누계액	6,000,000원	유형자산처분이익	400,000원
손상차손누계액	1,000,000원		
정부보조금	1,600,000원		

수정문제

01 유형자산의 원가에 해당하면 ○, 해당하지 않으면 ×를 표시하시오.

사례	○, ×
① 유형자산의 매입 또는 건설과 직접적으로 관련되어 발생한 종업원급여	
② 유형자산과 관련된 산출물에 대한 수요가 형성되는 과정에서 발생하는 가동손실과 같은 초기 가동손실	
③ 새로운 시설을 개설하는 데 소요되는 원가	
④ 최초의 운송 및 취급 관련 원가	
⑤ 유형자산이 경영진이 의도하는 방식으로 가동될 수 있으나 아직 실제로 사용되지는 않고 있는 경우 또는 가동수준이 완전조업도 수준에 미치지 못하는 경우에 발생하는 원가	
⑥ 설치원가 및 조립원가	
⑦ 새로운 상품과 서비스를 소개하는 데 소요되는 원가	
⑧ 유형자산이 정상적으로 작동되는지 여부를 시험하는 과정에서 발생하는 원가. 단, 시험과정에서 생산된 재화의 순매각금액은 당해 원가에서 차감	
⑨ 관리 및 기타 일반간접원가	
⑩ 취득관련하여 전문가에게 지급하는 수수료	
⑪ 새로운 지역, 고객층을 대상으로 영업을 하는 데 소요되는 원가	
⑫ 설치장소 준비 원가	
⑬ 기업의 영업 전부 또는 일부를 재배치하거나 재편성하는 과정에서 발생하는 원가	

02 교환거래에 상업적 실질이 결여되고 취득한 자산과 제공한 자산 모두의 공정가치를 신뢰성 있게 측정할 수 없는 경우에만 유형자산의 원가는 장부가액으로 측정한다.

▼정답 및 해설

01

①	②	③	④	⑤	⑥	⑦	⑧	⑨	⑩	⑪	⑫	⑬
○	×	×	○	×	○	×	○	×	○	×	○	×

02 교환거래에 상업적 실질이 결여되거나 취득한 자산과 제공한 자산 모두의 공정가치를 신뢰성 있게 측정할 수 없는 경우 유형자산의 원가는 장부가액으로 측정한다.

03 기업은 원가모형이나 재평가모형 중 하나를 회계정책으로 선택하여 유형자산 전체에 동일하게 적용한다.

04 자산의 장부금액이 재평가로 인하여 증가된 경우에 그 증가액은 당기손익으로 인식하고 재평가잉여금의 과목으로 자본에 가산한다.

05 어떤 유형자산 항목과 관련하여 자본에 계상된 재평가잉여금은 그 자산이 제거될 때 이익잉여금으로 직접 대체하여야 한다.

06 유형자산의 잔존가치와 내용연수 및 감가상각방법은 적어도 매 회계연도말에 재검토한다. 재검토결과 추정치가 종전 추정치와 다르다면 그 차이는 회계정책의 변경으로 회계처리한다.

07 유형자산의 감가상각은 자산을 실제 사용할 때부터 시작한다.

08 유형자산의 감가상각방법은 자산의 미래경제적효익이 소비되는 형태를 반영한다. 이러한 감가상각방법에는 정액법, 체감잔액법 및 생산량비례법이 있다. 단, 소비되는 형태를 신뢰성 있게 결정할 수 없는 경우에는 정액법을 사용해야 한다.

09 손상차손계상 시 회수가능액은 순공정가치와 사용가치 중 작은 금액으로 한다.

▼정답 및 해설

03 전체가 아니라 분류별로 적용한다.
04 당기손익이 아니라 기타포괄손익으로 인식한다.
05 대체하여야 하는 것이 아니라 대체할 수 있다.
06 회계정책의 변경이 아니라 회계추정의 변경으로 회계처리한다.
07 실제 사용할 때가 아니라 사용가능한 때부터 시작한다.
08 소비되는 형태를 신뢰성 있게 결정할 수 없는 경우에는 정액법을 사용하는 것은 무형자산에만 있는 규정이다.
09 작은 금액이 아니라 큰 금액이다.

출제예상 문제

01 (주)광진은 사용하고 있던 기계장치를 공정가치 10,000,000원인 토지와 교환하면서 현금 500,000원을 수령하였다. 구 기계장치의 공정가치는 알 수 없으며 취득원가는 20,000,000원 감가상각누계액이 11,000,000원일 때, 새로 취득된 토지의 취득원가와 교환으로 인한 손익은 얼마인가?

	취득원가	교환손익
①	10,500,000원	이익 1,000,000원
②	10,500,000원	손실 1,000,000원
③	10,000,000원	이익 1,500,000원
④	10,000,000원	손실 1,500,000원

02 다음 유형자산을 구입하는 경우, 구입한 유형자산 총 취득원가는 얼마인가?

차량운반구	• 구입과 관련된 자사주 발행가액	22,000,000원
	• 구입시 취득세 지출액	800,000원
	• 구입시 채권매입액(현재가치 270,000원)	300,000원
토 지	• 건물과 토지 구입액	100,000,000원
	• 건물철거비용	9,000,000원
	• 철거건물의 폐자재 판매수익	3,000,000원
업무용비품	• 취득시점의 현금구입상당액	11,000,000원
	• 장기할부총지급액	13,000,000원
기계장치	• 수증당시 증여자의 장부가액	5,000,000원
	• 수증당시 기계장치의 공정가치	8,000,000원

① 144,830,000원
② 146,830,000원
③ 147,830,000원
④ 149,830,000원

03 유형자산의 원가에 해당되지 않는 예이다. 해당하지 않는 것은?

① 새로운 시설을 개설하는 데 소요되는 원가
② 광고 및 판촉활동과 관련된 원가
③ 직원 교육훈련비
④ 정상적으로 작동되는지 여부를 시험하는 과정에서 발생하는 원가

04 **기준에서 규정하고 있는 유형자산 취득원가와 다른 내용은?**

① 현물출자로 취득한 유형자산의 취득원가는 제공한 주식의 공정가치로 한다.
② 유형자산 교환거래시 상업적 실질이 결여되더라도 제공한 자산 또는 취득한 자산의 공정가치를 신뢰성있게 추정할 수 있다면 취득한 자산의 취득원가는 제공한 자산의 공정가치로 측정한다.
③ 유형자산 교환시 상업적 실질이 결여된 경우 양도자산의 장부금액을 취득한 자산의 취득원가로 한다.
④ 유형자산의 취득과 관련하여 국·공채를 불가피하게 매입하는 경우 국, 공채의 매입가액과 현재가치의 차액을 당해 유형자산의 취득원가로 포함한다.

05 **유형자산에 관한 설명이다. 틀린 것은?**

① 교환거래에 상업적 실질이 결여시 취득원가는 제공한 자산의 장부가액으로 한다.
② 기업은 원가모형과 재평가모형 중 하나를 선택하여 적용할 수 있다.
③ 감가상각방법의 변경은 회계정책의 변경에 해당한다.
④ 자산관련정부보조금은 재무상태표에 이연수익으로 표시하거나 자산의 장부금액을 결정할 때 차감하여 표시한다.

06 **유형자산에서의 재평가모형에 대한 설명이다. 틀린 것은?**

① 어떤 유형자산 항목과 관련하여 자본에 계상된 재평가잉여금은 그 자산이 제거될 때 이익잉여금으로 대체하여야 한다.
② 특정 유형자산을 재평가할 때, 해당 자산이 포함되는 유형자산 분류 전체를 재평가한다.
③ 자산의 장부금액이 재평가로 인하여 증가된 경우에 그 증가액은 원칙적으로 기타포괄손익으로 인식하고 재평가잉여금의 과목으로 자본에 가산한다.
④ 자산의 장부금액이 재평가로 인하여 감소된 경우에 그 감소액은 원칙적으로 당기손익으로 인식한다.

07 **(주)광진은 당기 중 7월 1일 기계장치를 20,000,000원에 취득하였다. 취득자금 중 정부보조금이 5,000,000원 포함되어 있다. 동 기계장치의 내용년수는 5년이며, 정액법을 적용하고, 잔존가치는 2,000,000원으로 예상된다. 당기말 (주)광진이 포괄손익계산서에 영향을 미칠 손익액은 얼마인가?** (정부보조금은 자산차감법으로 처리할 것, 월할계산)

① 1,800,000원 이익 감소
② 1,300,000원 이익 감소
③ 500,000원 이익 증가
④ 1,800,000원 이익 증가

08 **(주)광진은 토지를 1억원에 취득하여 사용하고 있다. 관련 내용은 아래와 같다. (주)광진은 재평가모형을 선택하여 회계처리하고 있다. 당기 포괄손익에 미치는 영향은?**

전기초 1월 1일 취득원가	전기말 12월 31일 공정가치	당기말 12월 31일 공정가치
100,000,000원	120,000,000원	90,000,000원

① 기타포괄손익 20,000,000원 증가
② 당기비용 30,000,000원 발생
③ 기타포괄손익 20,000,000원 감소
④ 당기수익 20,000,000원 발생

09 **다음 자료에 의하여 (주)광진의 기말 재무상태표에 계상될 건물 관련 기타포괄손익누계액을 구하면 얼마인가?**

(주)광진은 유형자산의 측정을 재평가모형으로 선택하고 있다. 당기초 1월 1일 취득한 건물(취득원가 10,000,000원, 잔존가치 0원, 내용연수 10년)을 사용하고 있다. 이 건물의 당기말 12월 31일의 공정가치는 11,000,000원이다.

① 1,000,000원
② 1,500,000원
③ 2,000,000원
④ 2,500,000원

10 **보유 중인 기계장치(산업용 프레스)를 당해기간 중에 매각하고 대금 3,000,000원을 현금으로 수취하였다. 기계장치의 매각으로 인한 유형자산처분손익은?** (감가상각비는 월할계산 할 것)

- 계정과목 : 기계장치
- 취득원가 : 6,500,000원
- 감가상각방법 : 정액법
- 전기말상각누계액 : 3,450,000원
- 자 산 명 : 산업용프레스
- 잔존가치 : 200,000원
- 내용연수 : 5년
- 매각일자 : 당기 3월 31일

① 유형자산처분이익 : 150,000원
② 유형자산처분이익 : 265,000원
③ 유형자산처분이익 : 465,000원
④ 유형자산처분손실 : 50,000원

11 **다음 자료에 의하여 기계장치의 2차년도 손상차손은 얼마인가?**

- 취 득 일 : 1차년도 1월 1일
- 취 득 원 가 : 5,000,000원
- 내 용 연 수 : 5년
- 잔 존 가 액 : 500,000원
- 감가상각방법 : 정액법, 회사는 재평가모형을 적용
- 1차년도 말에 공정가치 4,500,000원
- 2차년도 말에 손상사유발생으로 순공정가치 1,400,000원, 사용가치 1,200,000원으로 파악되었다.(잔존가치의 변동은 없음)

① 1,400,000원　② 1,500,000원
③ 1,700,000원　④ 2,100,000원

12 **위 문제를 원가모형으로 적용하는 경우 2차년도 손상차손은 얼마인가?**

① 1,500,000원　② 1,800,000원
③ 2,000,000원　④ 2,500,000원

13 **다음 차입원가의 자본화와 관련된 설명으로 옳지 않은 것은?**

① 차입원가는 한국채택국제회계기준상 당기비용 또는 자본화를 선택하게 되어 있다.
② 특정차입금이 있는 경우에는 특정차입금에 대한 차입원가를 먼저 자본화한 후에 일반차입금에 대한 차입원가를 산정하여 자본화한다.
③ 일반차입금에 대하여 자본화할 차입원가는 자본화이자율 산정에 포함된 차입금으로부터 회계기간동안 발생한 차입원가를 한도로 하여 자본화한다.
④ 특정차입금은 자본화기간동안 차입금의 일시적 운용에서 생긴 수익이 있는 경우에는 동 수익금액을 차입원가의 범위 내에서 차감한 금액을 자본화한다.

[14~15] (주)광진은 건물을 자가건설하기로 하고 관련차입금과 지출의 내역이 아래와 같다. (공사기간 20×1년 1월 1일 ~ 20×2년 12월 31일까지, 이자계산은 월할 계산할 것)

〈차입금내역〉
- 특정차입금 : 20×1년 1월 1일 차입 600,000원(만기2년, 연이자율 10%)
- 일반차입금(A) : 20×0년 1월 1일 차입 200,000원(만기3년, 연이자율 6%)
- 일반차입금(B) : 20×0년 1월 1일 차입 300,000원(만기2년, 연이자율 7%)

〈공사관련지출액〉
- 20×1년 1월 1일 880,000원
- 20×1년 9월 1일 780,000원

14 위의 자료를 참조하여 20×1년 특정차입금에 대한 차입원가를 계산하면?

① 50,000원 ② 60,000원
③ 62,000원 ④ 65,000원

15 위의 자료를 참조하여 20×1년 일반차입금에 대한 차입원가를 계산하면?

① 30,690원 ② 31,990원
③ 35,640원 ④ 33,000원

16 (주)천호는 20×1년 4월 1일에 10억원에 취득하여 사용해오던 기계장치(내용연수 5년, 정액법, 잔존가치 2억원, 원가모형 적용)를 20×3년 7월1일에 7억원에 처분하였다. 20×3년에 포괄 손익계산서에 인식할 다음 금액은 얼마인가?

	감가상각비	유형자산처분손익		감가상각비	유형자산처분손익
①	1.0억원	0.4억원(손실)	②	1.0억원	0.4억원(이익)
③	0.8억원	0.6억원(손실)	④	0.8억원	0.6억원(이익)

17 (주)천호의 재무상태표에 유형자산으로 표시되는 기계장치의 취득원가는 얼마인가?

기계장치의 취득과 관련하여 발생한 비용	금액
기계장치의 매입가격	20,000,000원
최초의 운송	800,000원
설치 및 조립	500,000원
시운전비(시제품 순매각액 50,000원을 차감한 금액임)	200,000원
제품을 시장에 소개하기 위한 광고	600,000원
유형자산의 관리 업무를 담당하는 직원에 대한 급여	900,000원
합 계	23,000,000원

① 21,500,000원 ② 21,550,000원
③ 22,100,000원 ④ 23,000,000원

18 (주)천호는 20×1년 1월 1일에 기계장치(내용연수 5년, 잔존가치 50,000원)을 500,000원에 취득하였다. 기계장치에 대하여 원가모형을 적용하고 있으며 감각상각방법은 정액법을 적용한다. 20×1년말 기계장치의 회수가능액이 370,000원으로 하락하여 손상차손을 인식하였다. 그러나, 20×2년말 기계장치의 회수가능액이 350,000원으로 회복되었다. 20×2년말에 인식한 손상차손환입액은 얼마인가?

① 20,000원 ② 30,000원
③ 40,000원 ④ 60,000원

19 (주)천호는 영업활동에 사용하던 건물(부속토지 포함)을 20×4년 7월 1일에 현금을 받고 처분하였다. 동 건물의 처분한 사항은 다음과 같다.

(1) 건물의 취득원가	1,000,000원
취득일	20×1년 4월 1일
내용연수	10년
잔존가치	100,000원
감가상각방법	정액법
(2) 부속토지(취득원가)	2,000,000원
(3) 처분금액(건물 및 부속토지)	3,000,000원

20×4년도에 (주)천호의 토지·건물 처분에 대한 회계처리로 가장 옳은 것은? (단, (주)천호는 최초 인식시점이후 유형자산을 원가모형으로 회계처리하고 있음)

① (차)	현금	3,000,000	(대) 토지	2,000,000
	감가상각누계액	292,500	건물	1,000,000
			유형자산처분이익	292,500
② (차)	현금	3,000,000	(대) 토지	2,000,000
	유형자산처분손실	200,000	건물	1,200,000
③ (차)	현금	2,000,000	(대) 토지	2,000,000
	감가상각누계액	675,000	건물	1,000,000
	유형자산처분손실	325,000		
④ (차)	현금	3,000,000	(대) 토지	2,000,000
	유형자산처분손실	100,000	건물	1,100,000

20 **(주)천호의 재무팀장은 재무제표를 최종 검토하던 중 20×1년 12월 31일에 손상차손을 인식한 건물에 대해 당기(20×2년)중 어떠한 회계처리도 하지 않았다는 사실을 발견하여 이를 반영하려 한다. 아래 내용을 참고하여 수정 후 당기 손익계산서 상 감가상각비와 손상차손환입 금액을 가장 올바르게 나열한 것은?**

> 20×1년 12월 31일의 손상전 장부금액은 900,000원이고 손상후 장부금액은 600,000원이다. 동 건물의 20×1년 12월 31일 기준 잔존내용연수는 5년, 잔존가치는 0원이고 감가상각방법은 정액법이다. 20×2년 말에 손상차손환입을 시사하는 징후가 발생하였고 20×2년 12월 31일 현재 동 건물의 순공정가치는 700,000원, 사용가치는 750,000원이다.

	감가상각비	손상차손환입		감가상각비	손상차손환입
①	120,000원	240,000원	②	120,000원	220,000원
③	180,000원	270,000원	④	180,000원	240,000원

21 **다음 중 유형자산의 후속측정에 관한 설명으로 가장 올바르지 않은 것은?**

① 재평가로 인하여 자산이 감소된 경우 그 감소액은 당기손실로 인식한다.

② 재평가로 인하여 자산이 증가된 경우 그 증가액은 기타포괄이익으로 인식하고 재평가잉여금의 과목으로 자본(기타포괄손익누계액)에 가산한다.

③ 재평가모형은 취득일 이후 재평가일의 공정가치로 해당 자산금액을 수정하고, 당해 공정가치에서 재평가일 이후의 감가상각누계액과 손상차손누계액을 차감한 금액을 장부금액으로 공시한다.

④ 당해 자산이 폐기되거나 제거될 때에는 해당 자산과 관련하여 자본(기타포괄손익누계액)에 계상된 재평가잉여금을 당기손익으로 재분류하지 않고 이익잉여금으로 대체하여야 한다.

정답 및 해설

01	③	02	③	03	④	04	②	05	③	06	①	07	②	08	③	09	③	10	②
11	③	12	②	13	①	14	②	15	④	16	④	17	②	18	②	19	①	20	①
21	④																		

01 ③ 토지의 취득원가 = 공정가치 10,000,000원
기계장치의 처분손익 = 구자산 공정가치(신자산공정가치 + 현금수령액) − 구자산 장부가액
유형자산처분이익 1,500,000원 = (10,000,000원 + 500,000원) − (20,000,000원 − 11,000,000원)
회계처리로 표시하여 보면,

차) 토지	10,000,000원	대) 기계장치	20,000,000원
감가상각누계액	11,000,000원	유형자산처분이익	1,500,000원
현금	500,000원		

02 ③
- 차량운반구의 취득원가 22,830,000원 = 22,000,000원 + 800,000원 + 30,000원(= 300,000원 − 270,000원)
- 토지의 구입원가 106,000,000원 = 100,000,000원 + 6,000,000원(= 9,000,000원 − 3,000,000원)
- 업무용비품의 취득원가 11,000,000원(이자상당액 2,000,000원은 기간경과에 따라 유효이자율법을 적용하여 이자비용으로 인식함)
- 기계장치의 취득원가 8,000,000원(수증당시 공정가치로 측정)
  총취득원가 : 147,830,000원 = 22,830,000원 + 106,000,000원 + 11,000,000원 + 8,000,000원

03 ④ 의도된 용도로 사용가능한 상태에 이르기 까지 발생한 정상적인 비용은 그 자산의 취득원가에 산입하여야 한다.

04 ② 상업적 실질이 결여되었다면 제공한 자산 또는 취득한 자산의 공정가치를 신뢰성있게 추정할 수 있다하더라도 제공한 자산의 장부가액으로 측정하는 것이다.

05 ③ 감가상각방법의 변경은 회계추정의 변경에 해당한다.

06 ① 이익잉여금으로 대체할 수 있다.

07 ②
- 당기말 감가상각비 : (20,000,000원 − 2,000,000원) / 5년 × 6/12 = 1,800,000원
- 정부보조금 상각액 : 1,800,000원 × 5,000,000원 / (20,000,000원 − 2,000,000원) = 500,000원
- 손익에 미치는 영향 : 1,300,000원 이익 감소(= 1,800,000원 − 500,000원)

08 ③ 당기말의 회계처리는 아래와 같다.

차) 재평가잉여금 (기타포괄손익)	20,000,000원	대) 토지	30,000,000원
재평가손실 (당기비용)	10,000,000원		

09 ③
- 당기말 감가상각비 : 10,000,000원/10년 = 1,000,000원
- 당기말 장부가액 : 10,000,000원 − 1,000,000원 = 9,000,000원
- 당기말 재평가잉여금 : 11,000,000원 − 9,000,000원 = 2,000,000원

10 ②
- 1년 감가상각비 = (6,500,000원 − 200,000원) / 5년 = 1,260,000원
- 당기초부터 매각시점까지의 감가상각비 = 1,260,000원 × 3 / 12 = 315,000원
- 매각시점까지의 기계장치의 장부가액 = 6,500,000원 − 3,450,000원 − 315,000원 = 2,735,000원
- 유형자산처분손익 = 3,000,000원 − 2,735,000원 = 265,000원(유형자산처분이익)

11 ③ • 손상사유발생시 손상차손(당기비용)을 인식한다.

• 감가상각누계액

1차년도 : (5,000,000원 − 500,000원) × 1/5 = 900,000원

재평가손익 : 공정가치 4,500,000원 − 장부가액 4,100,000원(= 5,000,000원 − 900,000원)

= 재평가잉여금 400,000원(기타포괄손익)

2차년도 : (4,500,000원 − 500,000원) × 1/(5 − 1) = 1,000,000원

• 2차년도말 감가상각 후 장부가액

공정가치 4,500,000원 − 감가상각누계액 1,000,000원 = 3,500,000원

• 2차년도말 손상차손

3,500,000원 − 회수가능액 MAX[1,400,000원, 1,200,000원] = 차이액 2,100,000원(재평가잉여금 400,000원을 먼저 상계한 후 초과분 1,700,000원을 손상차손으로 인식)

12 ② • 감가상각누계액

1차년도 : (5,000,000원 − 500,000원) × 1/5 = 900,000원

원가모형을 적용하므로 공정가치평가는 하지 않는다.

2차년도 : (5,000,000원 − 500,000원) × 1/5 = 900,000원

• 2차년도말 감가상각 후 장부가액

취득원가 5,000,000원 − 감가상각누계액 1,800,000원 = 3,200,000원

• 2차년도말 손상차손

(3,200,000원 − 회수가능액 MAX[1,400,000원, 1,200,000원] = 손상차손 1,800,000원

13 ① 한국채택국제회계기준상 자본화는 강제적용이다.

14 ② 특정차입금의 차입원가 60,000원 = 600,000원 × 10% × $\frac{12월}{12월}$

15 ④

• 연평균지출액 1,140,000원 = 880,000원 × $\frac{12월}{12월}$ + 780,000원 × $\frac{4월}{12월}$

• 자본화이자율 6.6% =

$$\frac{33{,}000원\left(200{,}000원 \times \frac{12월}{12월} \times 6\% + 300{,}000원 \times \frac{12월}{12월} \times 7\%\right)}{500{,}000원\left(200{,}000원 \times \frac{12월}{12월} + 300{,}000원 \times \frac{12월}{12월}\right)}$$

• 차입원가 35,640원 = $\left[1{,}140{,}000원 - \left(600{,}000원 \times \frac{12월}{12월}\right)\right] \times 6.6\%$

∴ MIN[35,640원, 33,000원] = 33,000원

16 ④ 처분일까지 감가상각누계액 : (취득원가 10억원 − 잔존가치 2억원)/5년 × 2.25년 = 3.6억원

처분일 장부가액 : 취득원가 10억원 − 감가상각누계액 3.6억원 = 6.4억원

유형자산처분이익 : 처분가액 7억원 − 장부가액 6.4억원 = 0.6억원

20×3년 감가상각비 : (취득원가 10억원 − 잔존가치 2억원)/5년 × 6/12 = 0.8억원

17 ② 매입가격 20,000,000원 + 운송비 800,000원 + 설치 및 조립원가 500,000원 + 시운전비 200,000원 + 시제품 순매각액 50,000원 = 21,550,000원

광고비와 관리업무 담당직원의 급여는 당기비용처리하며 시제품 순매각액은 차감하지 않는다.

18 ② 20×1년말 감가상각비 : (500,000원 − 50,000원)/5년 = 90,000원

장부가액 : 500,000원 − 90,000원 = 410,000원

손상차손 : 410,000원 − 370,000원 = 40,000원

20×2년말 감가상각비 : (370,000원 − 50,000원)/4년 = 80,000원

장부가액 : 370,000원 − 80,000원 = 290,000원

손상차손환입 : MIN[350,000원, 한도 320,000원] − 290,000원 = 30,000원

※ 한도 : 500,000원 − (500,000원 − 50,000원)/5년 × 2년 = 320,000원

19 ① 건물의 감가상각누계액 : (1,000,000원 − 100,000원)/10년 × 3.25년 = 292,500원
건물의 장부가액 : 1,000,000원 − 292,500원 = 707,500원
유형자산처분이익 : 처분가액 3,000,000원 − 장부가액 2,707,500원(= 2,000,000원 + 707,500원) = 292,500원

20 ① 20×2년 감가상각비 : 600,000원/5년 = 120,000원
장부가액 : 600,000원 − 120,000원 = 480,000원
손상차손환입 : MIN{MAX[700,000원, 750,000원], 720,000원[1)]} − 480,000원 = 240,000원
[1)] 손상차손전 장부가액에 감가상각한 후의 잔액
900,000원 − 900,000원/5년 = 720,000원

21 ④ 이익잉여금으로 대체할 수 있다.

무형자산(K-IFRS 제1038호)

1 정의 : 물리적 실체는 없지만 식별가능한 비화폐성자산

(1) **식별가능성** : 다음 중 하나에 해당하는 경우

① 자산이 분리가능

② 자산이 계약상 권리 또는 기타 법적 권리로부터 주로 발생

(2) **통제** : 기초가 되는 자원에서 유입되는 미래경제적효익을 확보할 수 있고 그 효익에 대한 제3자의 접근을 제한할 수 있다면 기업이 자산을 통제하고 있는 것

(3) **미래경제적효익** : 제품의 매출, 용역수익, 원가절감 또는 자산의 사용에 따른 기타 효익의 형태로 발생

※ 인식요건

① 자산에서 발생하는 미래경제적효익이 기업에 유입될 가능성이 높다.

② 자산의 원가를 신뢰성 있게 측정할 수 있다.

2 최초원가

(1) **개별취득** : 위의 인식요건 중 ① 항상 충족, ② 일반적으로 신뢰성 있게 측정

(2) **사업결합으로 취득** : 취득일의 공정가치로 측정. 식별가능성 충족시 인식요건은 항상 충족. 사업결합 전에 그 자산을 피취득자가 인식하였는지 여부에 관계없이 , 취득자는 취득일에 피취득자의 무형자산을 영업권과 분리하여 인식

이전대가 − 순자산의 공정가치 = 영업권(상각×, 손상○, 환입×) 또는 염가매수차익(당기수익)

(3) **내부적으로 창출**★★★

① **영업권** : 자산으로 인식하지 않음. 매수영업권만 무형자산으로 인식(감가 ×, 손상차손 ○, 손상차손환입 ×, 손상차손은 매년 또는 손상징후가 있을 때마다 검토)

② **개발비**

- 자산인식요건 충족시 : 자산으로 인식
- 자산인식요건 불충족시 : 당기비용으로 인식

③ **연구비** : 무조건 당기비용으로 인식

개발·연구단계를 구분할 수 없는 경우 모두 연구단계로 봄

구분	연구활동	개발활동
사례	(1) 새로운 지식을 얻고자 하는 활동 (2) 연구결과 또는 기타 지식을 탐색, 평가, 최종 선택 및 응용하는 활동 (3) 재료, 장치, 제품, 공정, 시스템, 용역 등에 대한 여러 가지 대체안을 탐색하는 활동 (4) 새롭거나 개선된 재료, 장치, 제품, 공정, 시스템, 용역 등에 대한 여러 가지 대체안을 제안, 설계, 평가 및 최종 선택하는 활동	(1) 생산 전 또는 사용 전의 시작품과 모형을 설계, 제작 및 시험하는 활동 (2) 새로운 기술과 관련된 공구, 금형, 주형 등을 설계하는 활동 (3) 상업적 생산목적이 아닌 소규모의 시험공장을 설계, 건설 및 가동하는 활동 (4) 새롭거나 개선된 재료, 장치, 제품, 공정, 시스템 및 용역 등에 대하여 최종적으로 선정된 안을 설계, 제작 및 시험하는 활동

④ 내부적으로 창출한 브랜드, 제호, 출판표제, 고객 목록과 이와 실질이 유사한 항목은 무형자산으로 인식하지 아니한다.

(4) 최초에 비용으로 인식한 무형항목에 대한 지출은 그 이후에 무형자산의 원가로 인식할 수 없다.

3 인식 후의 측정(선택적용)

(1) 원가모형

최초 인식 후에 유형자산은 원가에서 감가상각누계액과 손상차손누계액을 차감한 금액을 장부금액으로 한다.

(2) 재평가모형

① 최초 인식 후에 무형자산은 재평가일의 공정가치에서 이후의 감가상각누계액과 손상차손누계액을 차감한 재평가금액을 장부금액으로 한다. 재평가 목적상 공정가치는 활성시장을 기초로 하여 결정한다. 보고기간말에 자산의 장부금액이 공정가치와 중요하게 차이가 나지 않도록 주기적으로 재평가하며 동시에 재평가한다. 다만, 순차적으로 재평가할 수 있다.

② 재평가한 무형자산과 같은 분류 내의 무형자산을 그 자산에 대한 활성시장이 없어서 재평가할 수 없는 경우에는 원가에서 상각누계액과 손상차손누계액을 차감한 금액으로 표시한다.

③ 회계처리방법

	공정가치	
(−)	장부가액	
(+)	증 가 액	재평가잉여금(기타포괄손익) 단, 이미 인식한 비용처리액을 한도로 당기수익처리
(−)	감 소 액	재평가손실(당기비용)처리 단, 이미 인식한 기타포괄손익을 한도로 기타포괄손익을 감소처리

④ 재평가잉여금은 그 자산이 제거(폐기, 처분) 또는 사용함에 따라 재평가잉여금의 일부를 이익잉여금에 대체할 수 있다. 대체 시 그 금액은 당기손익으로 인식하지 않는다.

4 내용연수

(1) 내용연수가 유한한 무형자산

① **상각기간** : 자산이 사용가능한 때부터 ~ 매각예정으로 분류되는 날과 자산이 재무상태표에서 제거되는 날 중 이른 날

② **상각방법** : 자산의 경제적 효익이 소비되는 형태를 반영한 방법. 다만, 소비되는 형태를 신뢰성 있게 결정할 수 없는 경우에는 정액법을 사용

③ **잔존가치** : 원칙은 영(0). 다만, 다음은 예외

㉠ 내용연수 종료 시점에 제3자가 자산을 구입하기로 한 약정이 있다.

㉡ 무형자산의 활성시장이 있고 다음을 모두 충족한다.

- 잔존가치를 그 활성시장에 기초하여 결정할 수 있다.
- 그러한 활성시장이 내용연수 종료 시점에 존재할 가능성이 높다.

➡ 내용연수, 상각방법, 잔존가치의 변경 → 회계추정의 변경(전진 적용)

(2) 내용연수가 비한정인 무형자산

① 내용연수가 비한정인 무형자산은 상각하지 아니하나 매년 또는 무형자산의 손상을 시사하는 징후가 있을 때 손상검사를 수행하여야 한다.

② 비한정 내용연수를 유한 내용연수로 변경 → 회계추정의 변경(전진 적용)

수정문제

다음의 내용을 읽고 잘못된 내용을 수정하시오.

01 내부적으로 창출한 영업권도 자산으로 인식한다.

02 연구활동(또는 내부 프로젝트의 연구단계) 및 개발활동(또는 내부 프로젝트의 개발단계)에 대해서는 인식기준을 충족하는 경우 무형자산으로 인식한다.

03 최초에 비용으로 인식한 무형항목에 대한 지출은 그 이후에 인식요건을 충족하는 경우 무형자산의 원가로 수정하여 인식한다.

04 내용연수가 비한정인 무형자산도 20년이 초과하지 않는 범위내에서 상각을 한다.

05 무형자산의 미래경제적효익에 대한 통제능력은 일반적으로 법원에서 강제할 수 있는 법적 권리에서 나오며, 법적 권리가 없는 경우에는 통제를 제시하기 어렵기 때문에 권리의 법적 집행가능성이 통제의 필요조건이 된다.

06 내부적으로 창출한 브랜드, 제호, 출판표제, 고객 목록과 이와 실질이 유사한 항목은 자산요건을 충족하는 경우 무형자산으로 인식한다.

▼정답 및 해설

01 내부적으로 창출한 영업권은 자산으로 인식하지 아니한다.

02 연구활동(또는 내부 프로젝트의 연구단계)에 대한 지출은 발생 시점에 비용으로 인식한다.

03 최초에 비용으로 인식한 무형항목에 대한 지출은 그 이후에 무형자산의 원가로 인식할 수 없다.

04 내용연수가 비한정인 무형자산은 상각하지 아니한다.

05 다른 방법으로도 미래경제적효익을 통제할 수 있기 때문에 권리의 법적 집행가능성이 통제의 필요조건은 아니다.

06 무형자산으로 인식하지 아니한다.

출제예상 문제

01 **무형자산에 대한 설명이다. 틀린 것은?**

① 내부창출영업권은 자산으로 인식하지 아니하나 매수영업권은 자산으로 인식한다.
② 연구단계에서 발생한 지출액은 발생시점에서 당기비용으로 인식한다.
③ 개발단계에서 발생한 지출액은 자산으로 인식하여야 한다.
④ 내부적으로 창출한 브랜드, 제호, 출판표제, 고객 목록과 이와 실질이 유사한 항목은 무형자산으로 인식하지 아니한다.

02 **다음 중 무형자산에 대한 한국채택국제회계기준의 규정이 아닌 것은?**

① 영업권은 합리적이고 체계적인 방법으로 감가상각을 한다.
② 내용연수가 비한정인 무형자산은 감가상각을 하지 아니하나 손상검사는 수행한다.
③ 매수기업결합으로 취득한 무형자산은 공정가액을 취득원가로 한다.
④ 기업이 지분증권을 발행하여 무형자산을 취득한 경우에는 발행한 지분증권의 공정가액을 무형자산의 취득원가로 한다.

03 **다음 내부적으로 창출된 무형자산과 관련된 설명으로 옳지 않은 것은?**

① 무형자산을 창출하기 위한 내부 프로젝트를 연구단계와 개발단계로 구분할 수 없는 경우에는 그 프로젝트에서 발생한 지출은 모두 연구단계에서 발생한 것으로 보아 발생한 기간의 비용으로 인식한다.
② 내부적으로 창출된 브랜드, 고객 목록 및 이와 유사한 항목에 대한 지출은 무형자산으로 인식하지 않는다.
③ 개발활동의 산출물에서 산업재산권을 취득한 경우 개발비 미상각잔액은 산업재산권으로 대체할 수 있다.
④ 내부적으로 창출된 무형자산의 취득원가는 그 자산의 창출, 제조, 사용준비에 직접 관련된 지출과 합리적이고 일관성 있게 배분된 간접지출을 모두 포함한다.

04 **다음 무형자산과 관련된 설명으로 옳은 것은?**

① 매수기업결합에서 발생한 영업권과 그 밖의 무형자산을 구별할 수 있는 유일한 차이는 식별가능성이다.
② 모든 무형자산은 자산이 사용 가능한 때부터 상각을 시작하며 상각기간은 20년을 초과할 수 없다.
③ 무형자산은 정액법 또는 생산량비례법 중 합리적인 방법에 따라 상각하고, 합리적인 상각방법을 정할 수 없는 경우에는 정액법을 사용한다.
④ 최초에 비용으로 인식한 무형항목에 대한 지출은 그 이후에 자산요건을 충족하면 무형자산의 원가로 인식할 수 있다.

05 **다음 중 무형자산으로 인식하기 위하여 개발단계의 활동 예를 모두 나열한 것은?**

㉠ 새로운 지식을 얻고자 하는 활동
㉡ 생산이나 사용 전의 시제품과 모형을 설계, 제작, 시험하는 활동
㉢ 새로운 기술과 관련된 공구, 주형, 금형 등을 설계하는 활동
㉣ 연구결과나 기타 지식을 탐색, 평가, 최종 선택, 응용하는 활동
㉤ 최종적으로 선정된 안을 설계, 제작, 시험하는 활동

① ㉠, ㉡, ㉢
② ㉠, ㉡, ㉤
③ ㉡, ㉢, ㉤
④ ㉢, ㉣, ㉤

06 **무형자산의 손상차손에 대한 설명이다. 올바른 것은?**

① 내용연수가 비한정인 무형자산 또는 아직 사용할 수 없는 무형자산에 대해서는 매년 기말에 한하여 손상검사를 한다.
② 영업권에 대하여 손상차손환입으로 증가된 장부금액은 과거에 손상차손을 인식하기 전 장부금액을 초과할 수 없다.
③ 자산손상을 시사하는 징후가 있는지를 검토할 때는 외부정보와 내부정보를 모두 고려하여야 한다.
④ 회수가능액은 무형자산의 공정가치와 사용가치 중 큰 금액을 말한다.

07 **다음 중 무형자산의 상각에 관한 설명으로 가장 올바르지 않은 것은?**

① 내용연수가 유한한 무형자산의 상각기간과 상각방법은 적어도 매 회계말에 검토한다.
② 내용연수가 유한한 무형자산은 자산을 사용할 때부터 상각한다.
③ 내용연수가 유한한 무형자산의 상각방법은 자산의 경제적 효익이 소비되는 형태를 반영하여야 한다.
④ 내용연수가 비한정인 무형자산은 내용연수가 유한한 무형자산으로 변경할 수 있다.

08 **다음 중 내부적으로 창출한 무형자산과 관련한 설명으로 가장 올바르지 않은 것은?**

① 새롭거나 개선된 재료, 장치, 제품, 공정, 시스템이나 용역에 대한 여러 가지 대체안을 탐색하는 활동에서 발생한 지출은 비용처리한다.
② 무형자산을 창출하기 위한 내부 프로젝트를 연구단계와 개발단계로 구분할 수 없는 경우에는 그 프로젝트에서 발생한 지출은 모두 연구단계에서 발생한 것으로 본다.
③ 내부 프로젝트의 연구단계에서는 미래경제적효익을 창출할 무형자산이 존재한다는 것을 제시할 수 없기 때문에, 내부 프로젝트의 연구단계에서 발생한 지출은 발생시점에 비용으로 인식한다.
④ 내부적으로 창출한 영업권은 식별불가능하나 기업이 통제가능하므로 자산으로 인식한다.

09 **다음 항목 중 무형자산에 해당되는 금액의 합계는 얼마인가?** (개발단계지출액은 자산인식요건을 충족한다고 가정)

• 새로운 기술과 관련된 설계 활동 지출액	280,000원
• 내부적으로 창출된 브랜드의 가치평가금액	800,000원
• 내부적으로 창출된 영업권의 가치평가금액	500,000원
• 최종적으로 선정된 안을 설계, 제작, 시험하는 활동 지출액	880,000원
• 기업에 회원등록한 고객목록 평가금액	450,000원

① 1,160,000원　　② 1,610,000원
③ 2,110,000원　　④ 2,910,000원

10 **다음은 (주)삼일의 프로젝트 연구 및 개발활동과 관련된 지출내용이다. (주)삼일의 프로젝트 연구 및 개발활동과 관련하여 무형자산(개발비)으로 회계처리가 가능한 최대금액은 얼마인가?**

종류	금액	내용
가	500,000원	연구결과 또는 기타 지식을 탐색, 평가, 최종 선택 및 응용하는 활동
나	850,000원	상업적 생산목적이 아닌 소규모의 시험공장을 설계, 건설 및 가동하는 활동
다	280,000원	생산 전 또는 사용 전의 시작품과 모형을 설계, 제작 및 시험하는 활동
라	540,000원	여러 가지 대체안을 탐색하는 활동

① 780,000원　　② 1,040,000원
③ 1,130,000원　　④ 1,670,000원

[redacted]

정답 및 해설

01	③	02	①	03	③	04	①	05	③	06	③	07	②	08	④	09	①	10	③

01 ③ 개발단계에서 발생한 지출액은 자산요건의 충족여부에 따라 자산 또는 당기비용으로 인식

02 ① 영업권은 상각하지 아니하고, 손상검토로 손상차손을 계상한다.

03 ③ 개발비 미상각잔액은 산업재산권으로 대체할 수 없다.

04 ① ① 매수기업결합에서 발생한 영업권과 그 밖의 무형자산을 구별할 수 있는 유일한 차이는 식별가능성이다.
② 한국채택국제회계기준은 20년으로 제한하지 아니한다.
③ 무형자산은 자산의 경제적 효익이 소비되는 형태를 반영한 다양한 방법을 사용하며, 다만, 소비되는 형태를 신뢰성 있게 결정할 수 없는 경우에는 정액법을 사용한다.
④ 인식할 수 없다.

05 ③ ㉠, ㉣은 연구단계의 활동

06 ③ ① 손상검사는 연차 회계기간 중 어느 때라도 할 수 있다.
② 영업권에 대해 인식한 손상차손은 후속기간에 환입할 수 없다.
④ 공정가치가 아니라 순공정가치이다.

07 ② 사용할 때가 아니라 사용이 가능한 때이다.

08 ④ 내부적으로 창출한 영업권은 원가를 신뢰성 있게 측정할 수 없고 기업이 통제하고 있는 식별가능한 자원이 아니기 때문에 자산으로 인식하지 아니한다.

09 ① 자산인식요건을 충족하는 아래의 두가지 개발활동만 무형자산으로 인식한다.
새로운 기술과 관련된 설계 활동 지출액 280,000원+최종적으로 선정된 안을 설계, 제작, 시험하는 활동 지출액 880,000원 = 1,160,000원

10 ③ 자산으로 처리할 수 있는 최대금액은 개발단계지출액 중 자산인식요건을 충족한 금액이다. 문제에서 자산으로 처리될 수 있는 최소금액은 0원이고 최대금액은 1,130,000원이다. 나머지는 연구단계지출액으로 모두 당기비용처리한다.
나. 850,000원 + 다. 280,000원 = 1,130,000원

CHAPTER 04 투자부동산(K-IFRS 제1040호)

1 인식

(1) **의의** : 임대수익이나 시세차익 또는 둘 다를 얻기 위하여 소유자가 보유하거나 리스이용자가 사용권자산으로 보유하고 있는 부동산[토지, 건물(또는 건물의 일부분) 또는 둘 다]

(2) **측정** : 원가로 측정. 거래원가는 최초 측정에 포함

2 투자부동산 포함 여부***

(1) 투자부동산의 예

① 장기 시세차익을 얻기 위하여 보유하고 있는 토지. 정상적인 영업과정에서 단기간에 판매하기 위하여 보유하는 토지는 제외한다.

② 장래 용도를 결정하지 못한 채로 보유하고 있는 토지(만약 토지를 자가사용할지, 통상적인 영업과정에서 단기간에 판매할지를 결정하지 못한 경우에 해당 토지는 시세차익을 얻기 위하여 보유한다고 본다.)

③ 직접 소유하고 운용리스로 제공하는 건물(또는 보유하는 건물에 관련되고 운용리스로 제공하는 사용권자산)

④ 운용리스로 제공하기 위하여 보유하는 미사용 건물

⑤ 미래에 투자부동산으로 사용하기 위하여 건설 또는 개발중인 부동산

(2) 투자부동산이 아닌 예

① 통상적인 영업과정에서 판매하기 위한 부동산이나 이를 위하여 건설 또는 개발 중인 부동산(재고자산). 예를 들면 가까운 장래에 판매하거나 개발하여 판매하기 위한 목적으로만 취득한 부동산이 있다.

② 자가사용부동산. 미래에 자가사용하기 위한 부동산, 미래에 개발 후 자가사용할 부동산, 종업원이 사용하고 있는 부동산, 처분예정인 자가사용부동산을 포함한다.

③ 금융리스로 제공한 부동산

3 인식 후의 측정(매각예정으로 분류되기 전까지 선택적용회계처리)

(1) 원가모형 : 모든 투자부동산에 대하여 유형자산의 감가상각 및 손상차손을 인식함.

(2) 공정가치모형★★

① 모든 투자부동산에 대하여 감가상각 및 손상차손을 인식하지 않음
② 투자부동산의 공정가치 변동으로 발생하는 손익은 발생한 기간의 당기손익에 반영
③ 투자부동산의 공정가치는 보고기간말 현재의 시장상황을 반영(거래원가는 차감하지 않음)
④ 회계처리방법

	공정가치	
(−)	장부가액	
(+)	증 가 액	: 당기수익
(−)	감 소 액	: 당기비용

예제 1

20×1.1.1일 임대수익목적 건물의 취득가액 1,000,000원, 정액법, 잔존가치 0원, 내용연수 5년, 20×1.12.31일 공정가치 1,200,000원, 20×2.12.31일 공정가치 850,000원, 20×3.12.31일 공정가치 1,400,000원, 연도별 감가상각비, 평가손익을 계산하시오.

[질문 1] 원가모형을 적용한 경우

[질문 2] 공정가치모형을 적용한 경우

해설 [질문 1] 20×1 ~ 20×3년 감가상각비 모두 동일 1,000,000원/5년 = 200,000원, 평가하지 않음
[질문 2]
20×1년 : 감가상각하지 않음, 1,200,000원 − 1,000,000원 = 평가이익 200,000원
20×2년 : 감가상각하지 않음, 850,000원 − 1,200,000원 = 평가손실 350,000원
20×3년 : 감가상각하지 않음, 1,400,000원 − 850,000원 = 평가이익 550,000원

4 계정대체

(1) 투자부동산 → 다른 계정

① 자가사용의 개시. 이 경우 투자부동산을 자가사용부동산으로 대체	원가모형	대체 전 자산의 장부금액 승계
	공정가치모형	사용목적 변경시점의 공정가치
② 정상적인 영업과정에서 판매하기 위한 개발의 시작. 이 경우 투자부동산을 재고자산으로 대체	원가모형	대체 전 자산의 장부금액 승계
	공정가치모형	사용목적 변경시점의 공정가치

(2) 다른 계정 → 투자부동산

① 자가사용의 종료. 이 경우 자가사용부동산을 투자부동산으로 대체	원가모형	대체 전 자산의 장부금액 승계
	공정가치모형★★	• 대체하는 시점까지 그 부동산을 감가상각하고, 발생한 손상차손을 인식 • 재평가모형과 동일한 방법으로 회계처리
② 제3자에게 운용리스로 제공. 이 경우 재고자산을 투자부동산으로 대체	원가모형	대체 전 자산의 장부금액 승계
	공정가치모형★★	재고자산의 장부금액과 대체시점의 공정가치의 차액은 당기손익으로 인식 → 매각하는 경우의 회계처리와 일관성

수정문제

다음의 내용을 읽고 잘못된 내용을 수정하시오.

01 금융리스로 제공한 부동산은 투자부동산에 해당한다.

02 공정가치모형을 적용하는 경우 투자부동산의 공정가치 변동으로 발생하는 증가분은 기타포괄손익으로 감소분은 당기비용으로 인식한다.

03 공정가치모형을 적용하는 경우 감가상각자산은 선상각후 후평가를 한다.

04 자가사용부동산을 공정가치로 평가하는 투자부동산으로 대체하는 경우, 사용목적 변경시점의 부동산의 장부금액과 공정가치의 차액은 당기손익으로 회계처리한다.

05 재고자산을 공정가치로 평가하는 투자부동산으로 대체하는 경우, 재고자산의 장부금액과 대체시점의 공정가치의 차액은 기타포괄손익으로 인식한다.

▼정답 및 해설

01 투자부동산에 해당하지 아니한다.
02 공정가치 변동으로 발생하는 손익은 발생한 기간의 당기손익에 반영한다.
03 공정가치모형을 적용하는 경우 투자부동산은 감가상각을 하지 않는다.
04 사용목적 변경시점의 부동산의 장부금액과 공정가치의 차액은 재평가모형의 처리와 동일한 방법으로 회계처리한다.
05 기타포괄손익이 아니라 당기손익으로 인식한다.

출제예상 문제

[01~02] 20×1년 1월 1일 임대목적으로 10,000,000원에 취득한 건물의 각 일자별 공정가치는 아래와 같다.

연 월 일	20×1년 12월 31일	20×2년 12월 31일	20×3년 12월 31일
공정가치	10,800,000원	10,400,000원	9,800,000원

위 건물의 내용연수는 10년, 잔존가치는 없고, 정액법 및 원가모형을 적용한다.

01 20×2년 12월 31일에 투자부동산의 원가모형을 적용하는 경우 포괄손익계산서에 미치는 영향은 얼마인가?

① 당기순이익이 900,000원 감소
② 당기순이익이 1,000,000원 감소
③ 당기순이익이 1,300,000원 감소
④ 당기순이익이 1,500,000원 감소

02 20×2년 12월 31일에 투자부동산의 공정가치모형을 적용하는 경우 20×3년 12월 31일에 투자부동산(공정가치모형 적용)으로 인하여 포괄손익계산서에 미치는 영향은 얼마인가?

① 당기순이익이 400,000원 감소
② 당기순이익이 600,000원 감소
③ 당기순이익이 800,000원 감소
④ 당기순이익이 900,000원 감소

03 다음은 투자부동산에 대한 설명이다. 맞는 것은?

① 투자부동산은 임대수익이나 시세차익 또는 둘 다를 얻기 위하여 소유자가 보유하거나 리스제공자가 사용권자산으로 보유하고 있는 부동산을 말한다.
② 투자부동산에 대하여 공정가치모형을 적용하는 경우 감가상각을 하지 않는다.
③ 투자부동산에 대하여 원가모형을 적용하는 경우 유형자산과 달리 정액법으로 감가상각을 한다.
④ 투자부동산에 대하여 원가모형과 공정가치모형 중 선택할 경우 원칙적으로 토지와 건물 각각에 대하여 선택을 적용한다.

04 **다음은 투자부동산의 예이다. 틀린 것은?**

① 장기 시세차익을 얻기 위하여 보유하고 있는 토지
② 장래 사용목적을 결정하지 못한 채로 보유하고 있는 토지
③ 직접 소유하고 운용리스로 제공하고 있는 건물
④ 제3자를 위하여 건설 또는 개발 중인 부동산

05 **투자부동산에서 설명하는 공정가치모형에 대한 설명이다. 틀린 것은?**

① 투자부동산의 공정가치 변동으로 발생하는 손익은 발생한 기간의 당기손익에 반영한다.
② 투자부동산의 공정가치는 측정일에 시장참여자 사이의 정상거래에서 자산을 매도할 때 받거나 부채를 이전할 때 지급하게 될 가격을 말한다.
③ 투자부동산을 공정가치모형으로 선택한 경우에는 원칙적으로 모든 투자부동산에 적용하여야 한다.
④ 공정가치는 매각이나 다른 형태의 처분으로 발생할 수 있는 거래원가를 차감하고 산정한다.

06 **투자부동산의 계정대체에 대한 설명으로 옳지 않은 것은?**

① 공정가치로 평가한 투자부동산을 자가사용부동산이나 재고자산으로 대체하는 경우, 사용목적 변경시점의 공정가치로 표시한다.
② 재고자산을 공정가치로 평가하는 투자부동산으로 대체하는 경우, 재고자산의 장부금액과 대체시점의 공정가치의 차액은 당기손익으로 인식한다.
③ 투자부동산을 원가모형으로 평가하는 경우에는 투자부동산, 자가사용부동산, 재고자산 사이에 대체가 발생할 때에 대체 시점의 공정가치로 인식한다.
④ 자가사용부동산을 공정가치로 평가하는 투자부동산으로 대체하는 경우, 사용목적 변경시점까지 유형자산의 재평가모형 회계처리와 동일하게 적용한다.

07 **부동산매매업을 영위하는 (주)천호는 당기 중 사용 중이던 장부금액 10억원인 건물을 제3자에게 운용리스를 통해 임대하기로 하였다. 용도 변경시점의 동 건물의 공정가치가 9억원이었다고 할 때 (주)(주)천호의 회계처리로 가장 적절한 경우는?** (유형자산은 원가모형, 투자부동산은 공정가치모형을 적용함)

①	(차) 투자부동산	9억원	(대) 유형자산	10억원
	재평가손실(당기손익)	1억원		
②	(차) 투자부동산	9억원	(대) 유형자산	9억원
③	(차) 투자부동산	9억원	(대) 유형자산	10억원
	재평가잉여금(기타포괄손익)	1억원		
④	(차) 투자부동산	10억원	(대) 유형자산	10억원

08 **다음 중 투자부동산의 후속 측정에 대한 설명으로 가장 올바르지 않는 것은?**

① 공정가치모형에서 공정가치를 산정할 때에는 거래원가를 차감하지 아니한다.
② 최초인식 이후 투자부동산의 평가방법을 공정가치모형으로 선택한 경우에는 원칙적으로 모든 투자부동산에 공정가치모형을 적용한다.
③ 공정가치모형을 선택한 경우에는 투자부동산이 감각상각대상자산인 경우에도 감가상각하지 않으나 손상차손은 계상한다.
④ 원가모형으로 측정해 오던 투자부동산이 매각예정으로 분류된다면 별도의 기준서에 따라야 한다.

09 **다음 중 투자부동산의 계정대체에 관한 설명으로 가장 올바르지 않은 것은?**

① 자가사용 건물을 임대수익 목적의 투자부동산으로 대체하는 경우 공정가치모형을 적용한다면 대체 시 공정가치와 장부가액의 차액은 당기손익처리한다.
② 공정가치모형을 적용하던 임대수익 목적의 건물을 자가사용으로 전환하면 유형자산으로 분류하고, 대체 전 공정가치로 계정대체한다.
③ 자가사용 건물을 제3자에게 운용리스로 제공하는 경우에는 투자부동산으로 분류한다.
④ 원가모형을 적용하던 임대수익 목적의 건물을 자가사용으로 전환하면 유형자산으로 분류하고, 별도의 손익은 인식하지 않는다.

10 **(주)천호는 20×1년 10월 1일 다음과 같은 건물을 구입하였으나 장래 사용목적을 결정하지 못하여 투자부동산으로 분류하여 보유하고 있다. 투자부동산의 회계처리와 관련하여 (주)천호의 20×2년 당기손익에 미치는 영향은 얼마인가?** (단, (주)천호는 공정가치모형으로 투자부동산을 회계처리하고 있다.)

ㄱ. 취득원가 : 50,000,000원　　ㄴ. 감가상각방법 : 정액법
ㄷ. 내용연수 : 10년　　ㄹ. 잔존가치 : 5,000,000원
ㅁ. 공정가치

구분	20×1. 12.31.	20×2. 12. 31.
투자부동산	48,000,000	54,000,000

① 4,500,000원 손실　　② 6,000,000원 이익
③ 8,500,000원 이익　　④ 13,000,000원 이익

[redacted]

정답 및 해설

01	②	02	②	03	②	04	④	05	④	06	③	07	①	08	③	09	①	10	②

01 ② 20×2년 12월 31일 감가상각비 : 10,000,000원 / 10년 = 1,000,000원(당기비용)

수 익	×××	
비 용	××× (감가상각비 1,000,000원 포함)	
당 기 순 이 익	×××	1,000,000원 만큼 감소
기타 포괄 손익	×××	
총 포 괄 손 익	×××	1,000,000원 만큼 감소

02 ② 투자부동산의 공정가치모형은 감가상각을 하지 아니한다. 따라서 공정가치의 차이인 평가손실 600,000원(= 9,800,000원 − 10,400,000원)을 당기비용처리한다.
즉 아래와 같이 표시할 수 있다.

수 익	×××	
비 용	××× (평가손실 600,000원 포함)	
당 기 순 이 익	×××	600,000원 만큼 감소
기타 포괄 손익	×××	
총 포 괄 손 익	×××	600,000원 만큼 감소

03 ② ① 리스제공자가 아니라 리스이용자이다.
③ 유형자산과 동일하게 감가상각을 한다.
④ 모든 투자부동산(토지, 건물)에 대하여 적용하는 것이다.

04 ④ 재고자산에 해당

05 ④ 공정가치는 거래원가를 차감하지 않고 산정한다.

06 ③ 대체 전 자산의 장부금액을 승계하며 측정이나 주석공시 목적으로 자산의 원가를 변경하지 않는다.

07 ① 유형자산의 장부가액을 투자부동산의 공정가치로 대체되므로 그 차액은 재평가모형과 동일하게 처리한다.

08 ③ 공정가치모형을 적용하는 경우 감가상각 및 손상차손을 인식하지 아니한다.

09 ① 당기손익이 아니라 재평가모형과 동일하게 회계처리한다.

10 ② 공정가치모형은 감가상각 및 손상차손을 인식하지 않으며 평가손익만 인식한다.
20×2년 당기손익 : 20×2년말 공정가치 54,000,000원 − 20×1년말 공정가치 48,000,000원 = 투자부동산평가이익 6,000,000원(당기수익)

금융상품(K-IFRS 제1109호)

1 의의

어느 한쪽에게는 ① 금융자산이 생기게 하고 거래상대방에게 ② 금융부채나 ③ 지분상품이 생기게 하는 모든 계약

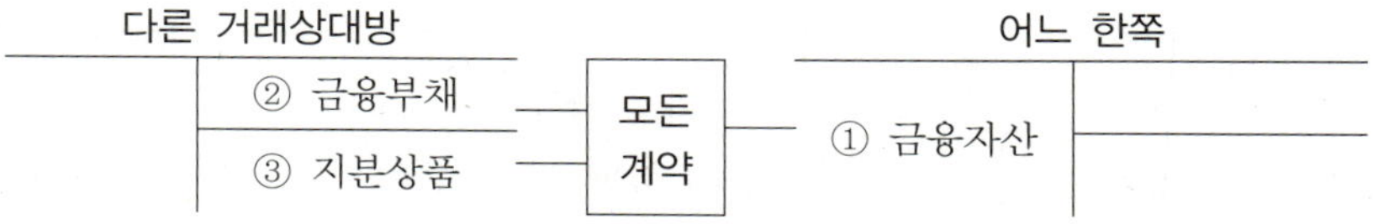

2 종류

(1) 금융자산

① 현금[1]

② 다른 기업의 지분상품

③ 다음 중 하나에 해당하는 계약상 권리

㉠ 거래상대방에게서 현금 등 금융자산을 수취할 계약상 권리[2]

㉡ 잠재적으로 유리한 조건으로 거래상대방과 금융자산이나 금융부채를 교환하기로 한 계약상 권리

1) 화폐(현금), 예치금(보통, 당좌예금등)

2) 매출채권, 받을어음, 대여금, 투자사채등

⇨ 이연법인세자산, 선급금, 선급비용등은 금융자산이 아님

④ 자기지분상품으로 결제되거나 결제될 수 있는 다음 중 하나의 계약

㉠ 수취할 자기지분상품의 수량이 변동가능한 비파생상품

㉡ 확정 수량의 자기지분상품에 대하여 확정 금액의 현금 등 금융자산을 교환하여 결제하는 방법이 아닌 방법으로 결제되거나 결제될 수 있는 파생상품

(2) 금융부채

① 다음 중 하나에 해당하는 계약상 의무

㉠ 거래상대방에게 현금 등 금융자산을 인도하기로 한 계약상 의무

➡ 매입채무, 지급어음, 차입금, 사채 등

➡ 이연법인세부채, 선수금, 선수수익, 의제의무 등은 금융부채가 아님

㉡ 잠재적으로 불리한 조건으로 거래상대방과 금융자산이나 금융부채를 교환하기로 한 계약상 의무

② 자기지분상품으로 결제되거나 결제될 수 있는 다음 중 하나의 계약
㉠ 인도할 자기지분상품의 수량이 변동가능한 비파생상품
㉡ 확정 수량의 자기지분상품에 대하여 확정 금액의 현금 등 금융자산을 교환하여 결제하는 방법이 아닌 방법으로 결제되거나 결제될 수 있는 파생상품

(3) 지분상품

기업의 자산에서 모든 부채를 차감한 후의 잔여지분을 나타내는 모든 계약(보통주, 우선주등이 해당함. 위의 금융부채가 아닌 것)

[자기지분상품으로 결제]

분류	수취대가	자기지분상품
지분상품	확정금액	확정수량
금융부채	확정금액	미확정수량
금융부채	미확정금액	미확정수량
금융부채	미확정금액	확정수량

3 현금및현금성자산★★

현금	통화	지폐, 주화(외화 포함)
	통화대용증권	타인발행수표, 자기앞수표, 가계수표, 송금수표, 우편환증서, 만기도래국공채이자표, 배당금통지서, 국세환급통지서 등
	요구불예금	사용의 제한이 없는 보통예금, 당좌예금
현금성자산		① 유동성이 매우 높은 단기 투자자산으로서, ② 확정된 금액의 현금으로 전환이 용이하고 ③ 가치변동의 위험이 경미한 자산 (취득 당시 만기 또는 상환일이 3개월 이내에 도래 하는 것) • 취득당시 만기가 3개월 이내에 도래하는 채권 • 취득당시 상환일까지의 기간이 3개월 이내인 상환우선주 (그외 지분상품은 현금성자산에서 제외) • 취득당시 3개월 이내의 환매조건인 환매채 등

※ 선일자수표(매출채권 : 받을어음), 당점발행수표(당좌예금), 당좌개설보증금(장기금융상품), 우표 또는 수입인지(선급비용 또는 소모품, 세금과공과)

4 금융자산의 분류★

(1) 분류기준

① 계약상 현금흐름 특성 : ㉠ 원리금으로만 구성, ㉡ 그 외의 경우
② 사업모형(보유목적) : ㉠ 현금흐름의 수취, ㉡ 매도, ㉢ 현금흐름의 수취 + 매도
➡ ①의 ㉠에 해당시 ②를 판단함
①의 ㉡에 해당시 ②는 판단하지 않음

(2) 분류

① 상각후원가측정금융자산(AC금융자산)
위 분류기준 중 1) ① ㉠과 ② ㉠ 충족 : 상각후 원가로 측정
단, ① 불일치를 제거하거나 ② 유의적으로 줄이는 경우에는 최초 인식시점에 당기손익공정가치측정금융자산으로 지정할 수 있음. 한번 지정하면 이를 취소할 수 없음

② 기타포괄손익공정가치측정금융자산(FVOCI금융자산)
위 분류기준 중 1) ① ㉠과 ② ㉢ 충족 : 기타포괄손익공정가치로 측정
단, ① 불일치를 제거하거나 ② 유의적으로 줄이는 경우에는 최초 인식시점에 당기손익공정가치측정금융자산으로 지정할 수 있음. 한번 지정하면 이를 취소할 수 없음

③ 당기손익공정가치측정금융자산(FVPL금융자산)
위 분류기준 중
1) ① ㉠과 ② ㉡ 충족(채무상품) : 당기손익공정가치로 측정
1) ① ㉡ 충족(지분상품) : 당기손익공정가치로 측정
단, 지분상품 중 후속적인 공정가치 변동을 기타포괄손익으로 표시하도록 최초 인식시점에 선택할 수 있음. 한번 지정하면 이를 취소할 수 없음(단, 단기매매목적 또는 사업결합시 취득자가 인식하는 조건부대가는 제외)

구분	파생상품	지분상품	채무상품	
			원칙	예외
당기손익공정가치측정금융자산(FVPL금융자산)	○	○(원칙)	○-매도목적	○(지정)
기타포괄손익공정가치측정금융자산(FVOCI금융자산)	×	○(예외:지정)	○-원리금회수 및 매도목적	×
상각후원가측정금융자산(AC금융자산)	×	×	○원리금회수목적	×

5 금융자산의 측정★★★

구분	최초인식[*1)]		후속측정	
	일반측정	거래원가[*2)]	평가방법	평가손익
당기손익 공정가치측정 금융자산	공정가치로 측정	당기비용	공정가치[*3)]법	당기손익처리
기타포괄손익 공정가치측정 금융자산	공정가치로 측정	공정가치에 가산	공정가치법[*3)]-지분상품 (예외:지정) 공정가치법[*3)]-채무상품	기타포괄손익[*4)] 기타포괄손익[*4)]
상각후원가측정금융자산	공정가치로 측정	공정가치에 가산	상각후원가법	유효이자율법에 따른 이자수익

[*1)] 계약당사자가 되는 때에 인식. 다만, 정형화된 거래의 금융자산은 매매일 또는 결제일에 인식

[*2)] 금융상품의 취득, 발행 또는 처분이 없었다면 발생하지 않았을 원가

[*3)] 활성시장에서 가격이 공시되는 경우 그 시장가격. 단, 그 시장가격이 없는 경우 가치평가기법을 사용. 지분상품은 공정가치를 신뢰성 있게 측정하지 못하는 경우도 있는데 이 경우에는 제한된 상황에서 원가를 공정가치의 적절한 추정치가 될 수 있음

[*4)] **채무상품의 기타포괄손익은 처분시 당기손익으로 재분류조정하나 지분상품의 기타포괄손익은 처분시 당기손익으로 재분류조정하지 않는다. 따라서, 지분상품의 처분시 거래원가가 없다면 처분손익은 0원이 된다.**

예제 1

20×1.1.1일 주식 100,000에 취득, 거래원가 5,000원 발생, 20×1.12.31일 공정가치 120,000원, 20×2.12.31일 공정가치 85,000원, 20×3. 중 90,000원에 처분, 연도별 평가(처분)손익을 계산하시오.

[질문 1] FVPL금융자산으로 분류하는 경우

[질문 2] FVOCI금융자산으로 지정한 경우

해설 [질문 1]

20×1년 : 당기말 공정가치 120,000원 – 취득가액 100,000원 = 평가이익 20,000원

20×2년 : 당기말 공정가치 85,000원 – 전기말 공정가치 120,000원 = 평가손실 35,000원

20×3년 : 처분가액 90,000원 – 전기말 공정가치 85,000원 = 처분이익 5,000원

☞ 위 평가손익, 처분이익은 당기손익처리함

[질문 2]

20×1년 : 당기말 공정가치 120,000원 – 취득가액 105,000원 = 평가이익 15,000원

20×2년 : 당기말 공정가치 85,000원 – 전기말 공정가치 120,000원 = 평가이익 15,000원 감소, 평가손실 20,000원

20×3년 : 처분시 공정가치 90,000원 – 전기말 공정가치 85,000원 = 평가손실 5,000원 감소, 처분가액 90,000원 – 처분시 공정가치 90,000원 = 처분손익 0원

☞ 위 평가손익은 기타포괄손익처리함, 평가손실 15,000원 잔액이 있음

예제 2

20×1.1.1일 회사채 100,000원(액면이자율 10%, 시장이자율 12%)을 95,196원에 취득, 20×1.12.31일 공정가치 98,000원, 20×2.12.31일 공정가치 95,000원, 연도별 당기손익을 계산하시오.

[질문 1] FVPL금융자산으로 분류하는 경우

[질문 2] FVOCI금융자산으로 분류하는 경우

[질문 3] AC금융자산으로 분류하는 경우

해설 [질군 1]

20×1년 : 당기말 공정가치 98,000원 − 취득가액 95,196원 = 평가이익 2,804원
액면가액 100,000원 × 10% = 이자수익 10,000원

20×2년 : 당기말 공정가치 95,000원 − 전기말 공정가치 98,000원 = 평가손실 3,000원
액면가액 100,000원 × 10% = 이자수익 10,000원

☞ 위 평가손익, 이자이익은 당기손익처리함

[질문 2]

〈유효이자율표〉 (단위: 원)

20×1.01.01	12%	10%	상각액	95,196	공정가치	평가손익
20×1.12.31	11,424	10,000	1,424	96,620	98,000	1,380
20×2.12.31	11,594	10,000	1,594	98,214	95,000	(3,214)
20×3.12.31	11,786	10,000	1,786	100,000		
	34,804	30,000	4,804			

20×1년 : 이자수익 11,424원, 평가이익 1,380원(기타포괄손익)

20×2년 : 이자수익 11,594원, 평가이익 1,380원 감소, 평가손실 3,214원(기타포괄손익)

☞ 위 이자수익은 당기수익, 평가손익은 기타포괄손익처리함

[질문 3]

〈유효이자율표〉 (단위: 원)

20×1.01.01	12%	10%	상각액	95,196
20×1.12.31	11,424	10,000	1,424	96,620
20×2.12.31	11,594	10,000	1,594	98,214
20×3.12.31	11,786	10,000	1,786	100,000
	34,804	30,000	4,804	

20×1년 : 이자수익 11,424원

20×2년 : 이자수익 11,594원

☞ 위 이자수익은 당기수익처리함. 평가손익은 인식하지 아니함

6 금융자산의 손상★

손상(기대신용손실모형) 인식	① 신용이 손상된 경우[1] ② 신용위험이 유의적으로 증가한 경우(전체기간 기대신용손실) ③ 신용위험이 유의적으로 증가하지 않는 경우(12개월 기대신용손실)	
신용손실	계약에 따라 지급받기로 한 모든 계약상 현금흐름과 수취할 것으로 예상하는 모든 계약상 현금흐름의 차이(모든 현금 부족액)를 최초 유효이자율(또는 취득시 신용이 손상되어 있는 금융자산은 신용 조정 유효이자율)로 할인한 금액	
기대 신용손실	개별 채무불이행 발생 위험으로 가중평균한 신용손실	
	구분	적용
	전체기간 기대신용손실	최초 인식 후에 금융상품의 신용위험이 유의적으로 증가한 경우 취득시 신용이 손상되어 있는 금융자산 취득이후 후속적으로 신용이 손상된 금융자산
	12개월 기대신용손실	최초 인식 후 금융상품의 신용위험이 유의적으로 증가하지 아니한 경우
	손상차손 또는 손상차손환입으로 당기손익에 인식	

구분		손상차손(당기비용)	손상차손환입(당기수익)
FVPL 금융자산		인식하지 않음	인식하지 않음
FVOCI 금융자산	지분상품	인식하지 않음	인식하지 않음
	채무상품	인식함. 손상차손을 인식하고 손실충당금 대신 기타포괄손익으로 조정	인식함. 손상차손환입을 인식하고 손실충당금 대신 기타포괄손익으로 조정
AC금융자산		인식함. 손상차손을 인식하고 손실충당금을 인식	인식함. 손상차손환입을 인식하고 손실충당금을 차감

[1] 금융자산의 추정미래현금흐름에 악영향을 미치는 하나 이상의 사건이 생긴 경우에 해당 금융자산의 신용이 손상된 것이다. 금융자산의 신용이 손상된 증거는 다음의 사건에 대한 관측 가능한 정보를 포함한다.

㉠ 발행자나 지급의무자의 유의적인 재무적 어려움
㉡ 이자지급이나 원금상환의 채무불이행이나 연체 같은 계약 위반
㉢ 차입자의 재무적 어려움에 관련된 경제적이나 계약상 이유로 당초 차입조건의 불가피한 완화
㉣ 차입자의 파산 가능성이 높아지거나 그 밖의 재무구조조정 가능성이 높아짐
㉤ 재무적 어려움으로 해당 금융자산에 대한 활성시장의 소멸
㉥ 이미 발생한 신용손실을 반영하여 크게 할인한 가격으로 금융자산을 매입하거나 창출하는 경우

✔ 금융상품이 더 이상 공개적으로 거래되지 않아 활성시장이 소멸하더라도 그것이 반드시 손상의 증거가 되는 것은 아니다.

7 금융자산의 제거★★★

① 정형화된 매입이나 매도는 매매일 또는 결제일에 인식하거나 제거

② 다음 중 하나에 해당하는 경우에만 금융자산을 제거한다.

㉠ 금융자산의 현금흐름에 대한 계약상 권리가 소멸한 경우

㉡ 금융자산을 양도하며 그 양도가 일정한 제거의 조건을 충족하는 경우

➡ 일정한 제거의 조건 : 금융자산을 양도한 경우, 양도자는 금융자산의 소유에 따른 위험과 보상의 보유 정도를 평가하여 다음과 같이 처리

위험과 보상여부	회계처리	
대부분을 이전	금융자산을 제거 ⇨ 양도로 발생하거나 보유하게 된 권리와 의무를 각각 자산과 부채로 인식	
대부분을 보유	금융자산을 계속인식	
대부분을 이전하거나 보유하지도 아니함	통제×	금융자산을 제거 ⇨ 양도로 발생하거나 보유하게 된 권리와 의무를 각각 자산과 부채로 인식
	통제○	지속적으로 관여하는 정도까지 당해 금융자산을 계속하여 인식[1)]

1) 양도자가 양도자산에 대한 보증을 제공하는 형태로 지속적관여가 이루어지는 경우, 지속적관여의 정도는 MIN[(가) 양도자산의 장부금액, (나) 보증금액]으로 결정

8 재분류

• 재분류일 : 변경 후 첫 번째 보고기간의 첫 번째 날

• 지분상품 : 재분류 불가

• 채무상품 : 재분류 가능(사업모형을 변경하는 경우에만 가능)

단, ① 불일치를 제거하거나 ② 유의적으로 줄이는 경우에는 최초 인식시점에 당기손익공정가치측정금융자산으로 지정할 수 있음. 한번 지정하면 이를 취소할 수 없음

재분류 전	재분류 후	재분류일 회계처리
FVPL 금융자산	AC금융자산 FVOCI금융자산	재분류일 공정가치로 대체하며, 재분류시점의 손익은 당기손익처리함, 재분류시점의 공정가치에 기초한 유효이자율적용
AC 금융자산	FVPL금융자산	재분류일 공정가치로 대체하며, 재분류시점의 손익은 당기손익처리함
	FVOCI금융자산	재분류일 공정가치로 대체하며, 재분류시점의 손익은 기타포괄손익처리함. 취득 시 유효이자율적용
FVOCI 금융자산	FVPL금융자산	재분류일 공정가치로 대체하며, 재분류 전에 인식한 기타포괄손익누계액을 당기손익으로 재분류조정함
	AC금융자산	재분류일 공정가치로 대체하며, 재분류 전에 인식한 기타포괄손익누계액을 재분류일의 금융자산 공정가치에서 조정함(재분류일의 상각후원가로 대체한다는 의미임). 취득 시 유효이자율적용 ☞ 기존의 분류제한규정 삭제됨

수정문제

다음의 내용을 읽고 잘못된 내용을 수정하시오.

01 매출채권, 대여금, 이연법인세자산은 금융자산에 해당한다.

02 자기지분상품으로 결제되거나 결제될 수 있는 계약으로서 확정 수량의 자기지분상품에 대하여 확정 금액의 현금 등 금융자산의 교환을 통해서만 결제될 파생상품은 금융부채이다.

03 파생상품은 모두 당기손익공정가치측정금융자산(부채)로 분류한다.

04 금융자산의 취득 시 거래원가는 공정가치에 가산한다.

05 기타포괄손익공정가치측정금융자산의 후속측정 시 공정가치법을 적용하는 경우 평가손익은 당기손익처리한다.

06 기타포괄손익공정가치측정금융자산(채무상품)의 손상차손계상 시 기대신용손실은 손상시 시장이자율로 할인한 금액이다.

07 기타포괄손익공정가치측정금융자산(지분상품)의 손상차손은 기대신용손실을 당기비용처리한다.

▼정답 및 해설

01 이연법인세자산은 금융자산에 해당하지 아니한다.
02 금융부채가 아니라 지분상품에 해당한다.
03 파생상품 중 금융보증계약인 파생상품, 위험회피수단으로 지정되고 위험회피에 효과적인 파생상품은 제외한다.
04 당기손익공정가치측정금융자산으로 분류되는 경우 거래원가는 당기비용처리한다.
05 평가손익은 기타포괄손익처리한다.
06 최초의 유효이자율(또는 신용조정 유효이자율)로 할인한 금액이다.
07 기타포괄손익공정가치측정금융자산(지분상품)은 손상차손을 인식하지 않는다.

출제예상 문제

01 **금융자산의 정의에 해당하지 않는 것은?**

① 현금
② 다른 기업의 지분상품
③ 거래상대방에게서 현금 등 금융자산을 수취할 계약상 권리
④ 수취할 자기지분상품의 수량이 확정된 비파생상품

02 **금융자산에 해당하는 것은?**

① 미수수익
② 선급비용
③ 이연법인세자산
④ 운용리스

03 **금융부채에 해당하지 않는 것은?**

① 매입채무
② 지급어음
③ 이연법인세부채
④ 차입금

04 **당기손익공정가치측정금융자산에 관한 설명이다. 틀린 것은?**

① 파생상품은 예외사항을 제외하고 모두 단기매매항목으로 분류한다.
② 최초 취득시 당기손익공정가치측정금융자산으로 지정하면 취소할 수 없다.
③ 최초취득시 발생한 거래원가는 취득원가에 가산한다.
④ 기말에 공정가치와의 차이는 당기손익으로 처리한다.

05 **다음은 기말 현재 보유하고 있는 자료이다. 현금및현금성자산에 해당하는 금액은 얼마인가?**

• 만기도래 공사채이자표	1,000,000원
• 배당금지급통지표	900,000원
• 정기예금(1년만기)	2,000,000원
• 타인발행수표	1,000,000원
• 당좌개설보증금	1,500,000원
• 취득일로부터 3개월 이내 환매조건의 환매채	1,200,000원
• 선일자수표	500,000원

① 4,100,000원
② 5,600,000원
③ 6,600,000원
④ 8,100,000원

06 **금융자산의 취득후 측정에 관한 설명이다. 틀린 것은?** (위험회피회계대상이 아닌 것으로 가정)

① 당기손익공정가치측정금융자산은 공정가치법으로 측정한다.
② 상각후원가측정금융자산은 유효이자율법을 사용하여 상각후원가로 측정한다.
③ 지분상품은 당기손익공정가치측정금융자산으로 지정하여 측정할 수 있다.
④ 기타포괄손익공정가치측정금융자산은 공정가치법으로 측정한다.

07 **아래 자료를 참조하여 계산된 처분손익은 얼마인가?**

• 20×1년 초 주식 취득가액 : 1,000,000원
• 20×1년 말 주식 관련 계정잔액 표시

재무상태표

기타포괄손익공정가치 측정금융자산	1,500,000	기타포괄손익누계액	500,000

• 20×2년 중 유가증권 양도가액 : 1,300,000원, 거래원가 10,000원

① 200,000원(손실)
② 300,000원(이익)
③ 290,000원(이익)
④ 10,000원(손실)

08 **다음 자료에 의하여 20×2년 말 재무제표에 표시될 FVOCI금융자산평가손익은?**

(1) 20×2년 1월 1일 FVOCI금융자산 구입 및 내역
• 현재가치에 의한 취득원가 4,800,000원(가정)
• 액면가액 5,000,000원
• 유효이자율 10%
• 액면이자율 8%
(2) 20×2년 말 FVOCI금융자산의 공정가액 4,900,000원으로 인식

① FVOCI금융자산평가손실 10,000원
② FVOCI금융자산평가이익 10,000원
③ FVOCI금융자산평가손실 20,000원
④ FVOCI금융자산평가이익 20,000원

09 금융상품의 손상차손 및 손상차손환입에 대한 설명이다. 틀린 것은?

① 상각후원가를 장부금액으로 하는 AC금융자산에서 손상이 발생하였다는 객관적 증거가 있는 경우, 손상차손은 당해 자산의 총 장부금액과 최초의 유효이자율로 할인한 추정미래현금흐름의 현재가치의 차이로 측정한다.
② FVOCI금융자산(채무상품)에 대하여 손상차손을 계상한 후 손상의 회복으로 환입을 하는 경우 환입시 시장이자율로 할인한 추정미래현금흐름의 현재가치와 상각후원가의 차액을 환입하여 당기손익으로 인식한다.
③ 손상후 이자수익은 최초의 유효이자율 또는 신용조정 유효이자율을 반영하여 인식한다.
④ FVOCI금융자산(지분상품)에 대하여는 손상차손 및 손상차손환입을 인식하지 아니한다.

[10~12] (주)광진은 20×1년 1월1일 사채(액면 5,000,000원, 만기 3년, 표시이자율 8%, 이자는 매년말 지급)를 취득하였다. 취득시 시장이자율은 10%이다.

구분	8%	10%	12%	18%
현가계수(1년)	0.9259259	0.9090909	0.8928571	0.8474576
현가계수(2년)	0.8573388	0.8264463	0.7971939	0.7181844
현가계수(3년)	0.7938322	0.7513148	0.7117802	0.6086309

10 회사는 위 사채를 계약상 현금흐름의 수취 목적으로 취득하였다. 취득가액은 얼마인가? (원미만 절사)

① 4,286,694원
② 4,661,989원
③ 4,821,428원
④ 4,751,314원

11 회사는 위 사채를 계약상 현금흐름 수취 및 매도 목적으로 취득하였다. 20×1년 12월 31일 현재 시장가격은 4,600,000원이다. 사채와 관련하여 재무상태표에 인식할 평가손익은 얼마인가? (사채와 관련하여 공정가치법을 적용, 원미만 절사)

① FVOCI금융자산평가이익 226,445원
② FVOCI금융자산평가손실 226,445원
③ FVOCI금융자산평가이익 151,314원
④ FVOCI금융자산평가손실 151,314원

[12~13] (주)광진은 (주)천호의 주식을 20×2년 01월 01일 10,000,000원에 취득하였다. 그 공정가액의 변동을 아래와 같다.

- 20×2년 12월 31일 : 12,000,000원
- 20×3년 12월 31일 : 4,000,000원(손상징후가 있는 경우 공정가치에 해당함)
- 20×4년 12월 31일 : 11,000,000원(손상징후의 회복이 있는 경우 공정가치에 해당함)

12

위 자료에 있어 당 회사는 단기시세차익목적으로 취득한 것으로 가정하는 경우 20×4년 12월 31일 인식할 당기손익은 얼마인가? (공정가치법 적용)

① FVPL금융자산평가이익 : 6,000,000원
② FVPL금융자산평가이익 : 7,000,000원
③ FVPL금융자산평가손실 : 1,000,000원
④ FVPL금융자산평가손익 : 0원

13

위 자료에 있어 당 회사는 기타포괄손익공정가치측정으로 지정한 것으로 가정하는 경우 20×4년 인식할 총포괄손익은 얼마인가? (공정가치법 적용)

① FVOCI금융자산손상차손환입(당기수익) 6,000,000원 발생
② FVOCI금융자산손상차손환입(당기수익) 7,000,000원 발생
③ FVOCI금융자산평가손실 6,000,000원 감소, 평가이익 1,000,000원 증가
④ FVOCI금융자산평가이익(기타포괄손익) 7,000,000원 증가

14

금융자산의 재분류에 대한 설명이다. 틀린 것은?

① 파생상품과 지분상품은 재분류가 불가하나, 채무상품은 재분류가 가능하다.
② FVPL금융자산을 AC금융자산 또는 FVOCI금융자산으로 재분류하는 경우 재분류일의 공정가치로 대체하며 재분류시점의 공정가치에 기초한 유효이자율을 적용한다.
③ FVOCI금융자산을 FVPL금융자산으로 재분류하는 경우 재분류일 공정가치로 대체하며, 재분류 전에 인식한 기타포괄손익누계액을 당기손익으로 재분류조정한다.
④ AC금융자산을 FVOCI금융자산으로 재분류하는 경우 재분류일 공정가치로 대체하며, 재분류시점의 손익은 당기손익으로 처리한다.

15 **금융자산의 인식과 제거에 대한 설명이다. 틀린 것은?**

① 양도자가 금융자산의 소유에 따른 위험과 보상의 대부분을 이전하면, 당해 금융자산을 제거하고 양도함으로써 발생하거나 보유하게 된 권리와 의무를 각각 자산과 부채로 인식한다.
② 양도자가 금융자산의 소유에 따른 위험과 보상의 대부분을 보유하면, 당해 금융자산을 계속하여 인식한다.
③ 양도자가 금융자산의 소유에 따른 위험과 보상의 대부분을 보유하지도 아니하고 이전하지도 아니하는 경우, 양도자가 금융자산을 통제하고 있지 아니하면, 당해 금융자산을 제거하고 양도함으로써 발생하거나 보유하게 된 권리와 의무를 각각 자산과 부채로 인식한다.
④ 양도자가 금융자산의 소유에 따른 위험과 보상의 대부분을 보유하지도 아니하고 이전하지도 아니하는 경우, 양도자가 금융자산을 통제하고 있다면, 당해 금융자산 전체를 계속하여 인식한다.

16 **(주)천호는 20×1년 1월 1일에 다음과 같은 조건의 회사채를 취득하고 기타포괄손익공정가치측정금융자산으로 분류하였다. 20×1년말에 인식할 금융자산평가손익은 얼마인가?** (원 미만 반올림 할 것)

ㄱ. 액면금액 : 500,000원	ㄴ. 액면이자 지급조건 : 매년말 지급
ㄷ. 발행일 : 20×1년1월 1일	ㄹ. 만기일 : 20×3년 12월 31일
ㅁ. 표시이자율 : 10%(매년말 지급)	ㅂ. 20×1년 1월 1일 시장이자율 : 8%
ㅅ. 20×1년말 공정가치 : 480,000원	
현가계수(3년, 8%) : 0.7938	연금의 현가계수(3년, 8%) : 2.5771

① 금융자산평가손실 45,755원　② 금융자산평가손실 37,815원
③ 금융자산평가이익 45,755원　④ 금융자산평가이익 37,815원

17 **(주)천호는 20×1년 1월 1일 다음과 같이 금융자산을 취득하였다. 20×1년 1월 1일 각 자산별로 취득원가로 인식할 금액은 얼마인가?**

A사의 지분증권		B사의 채무증권		C사의 지분증권	
단기매매목적		계약상 현금흐름 수취목적		기타포괄손익항목으로 지정	
취득가액	500,000원	액면가액	500,000원	취득가격	500,000원
거래원가	30,000원	시장(액면)이자율	10%	거래원가	50,000원
		거래원가	40,000원		

	FVPL금융자산	FVOCI금융자산	AC금융자산
①	470,000원	450,000원	460,000원
②	500,000원	450,000원	460,000원
③	530,000원	550,000원	540,000원
④	500,000원	550,000원	540,000원

18 (주)천호의 단기매매목적으로 취득한 금융자산의 취득 및 처분내역은 다음과 같다. 다음 자료를 이용하여 물음에 답하시오. (주)천호의 결산일은 12월 31일이며, 시가를 공정가치로 본다.

> 20×1. 1. 2 주당 액면금액이 5,000원인 (주)암사의 주식 100주를 주당 8,000원에 취득하였다.
> 20×1. 7. 1 (주)암사 주식 중 50주를 주당 10,000원에 처분하였다.
> 20×1.12.31 (주)암사 주식의 시가는 주당 11,000원 이었다.
> 20×2.10.31 (주)암사 주식 중 30주를 주당 8,000원에 처분하였다.
> 20×2.12.31 (주)암사 주식의 시가는 주당 12,500원 이었다.

20×2년 (주)천호의 포괄손익계산서상 당기순이익에 미치는 영향은 얼마인가?

① 60,000원 증가
② 60,000원 감소
③ 90,000원 증가
④ 90,000원 감소

19 (주)천호가 다음과 같은 자산을 보유하고 있을 때 20×1년말 재무상태표상 현금및현금성자산으로 계상될 금액은 얼마인가?

배당금지급통지표	400,000원	양도성예금증서(60일 만기)	500,000원
환매채(120일 만기)	300,000원	선일자수표(익년 발행일)	800,000원

① 400,000원
② 900,000원
③ 1,200,000원
④ 2,000,000원

20 다음 중 금융자산의 분류에 관한 설명으로 가장 올바르지 않은 것은?

① 원리금 수취 및 매도목적의 채무상품은 기타포괄손익공정가치측정금융자산으로 분류한다.
② 단기매매항목을 포함한 지분상품은 최초 인식시 기타포괄손익－공정가치 측정 금융자산으로 지정할 수 있다.
③ 원칙적으로 지분증권은 당기손익－공정가치 측정 금융자산으로 분류한다.
④ 매매목적의 파생상품은 당기손익－공정가치측정 금융자산으로 분류한다.

21 다음 중 상각후원가측정금융자산에 관한 설명으로 가장 올바르지 않은 것은?

① 상각후원가측정금융자산을 기타포괄손익－공정가치측정 금융자산으로 재분류하는 경우 공정가치로 대체하되 평가손익을 당기손익으로 인식한다.
② 원리금 수취목적인 채무상품은 상각후원가측정 금융자산으로 분류한다.
③ 상각후원가측정금융자산을 당기손익－공정가치측정 금융자산으로 재분류하는 경우 재분류일의 공정가치로 대체하되 평가손익을 당기손익으로 인식한다.
④ 상각후원가측정금융자산을 재분류할 때 그 시기는 변경 후 첫 번째 보고기간의 첫 번째 날이다.

22 **다음 중 금융상품에 관한 설명으로 가장 올바르지 않은 것은?**

① 금융상품은 어느 한쪽에게 금융자산을 발생시키고 동시에 거래상대방에게 금융부채나 지분상품을 발생시키는 모든 계약을 말한다.
② 잠재적으로 불리한 조건으로 거래상대방과 금융자산이나 금융부채를 교환하기로 한 계약상 권리는 금융자산이다.
③ 매출채권과 미수금, 대여금은 금융자산에 해당한다.
④ 선급비용, 선수수익, 재고자산, 유형자산, 이연법인세부채는 금융상품에 해당하지 아니한다.

23 **다음 중 기타포괄손익-공정가치측정 금융자산에 관한 설명으로 잘못된 것은?**

① 기타포괄손익-공정가치측정 금융자산은 원칙적으로 공정가치로 평가하며 후속적으로 평가손익을 기타포괄손익처리한다.
② 기타포괄손익-공정가치측정 금융자산으로 분류되는 채무상품은 당기손익-공정가치측정 금융자산으로 분류변경할 수 있다.
③ 기타포괄손익-공정가치측정 금융자산 취득시 지출된 거래원가는 공정가치에 가산한다.
④ 기타포괄손익-공정가치측정 금융자산으로 분류되는 채무상품에 대한 손상차손은 인식하지 아니한다.

24 **다음 중 지분상품으로 분류될 수 있는 계약으로 가장 옳은 것은?**

① 액면 100억의 사채에 대한 상환 대신 1만주의 주식으로 교환할 계약
② 공모가액의 80% 해당하는 현금을 대가로 주식 1만주를 인도할 계약
③ 100억의 가치에 해당하는 지분상품을 인도할 계약
④ 100킬로그램의 금의 가치에 해당하는 현금에 상응하는 지분상품을 인도할 계약

25 **(주)삼일은 20×1년 7월 1일 500,000원에 취득한 채권을 기타포괄손익-공정가치측정 금융자산으로 분류하였다. 20×1년 12월 31일 채권의 공정가치가 450,000원이었고, 이를 20×2년 6월 30일에 480,000원에 매도하였다. 다음 중 처분일의 회계처리로 가장 옳은 것은?** (단, 취득시점 표시이자율과 시장이자율은 동일하며, 이자는 무시한다.)

① (차)	현금	480,000원	(대)	기타포괄손익-공정가치측정 금융자산	500,000원
	처분손실	20,000원			
② (차)	현금	480,000원	(대)	기타포괄손익-공정가치측정 금융자산	500,000원
	평가손실(기타포괄손익)	20,000원			
③ (차)	현금	480,000원	(대)	기타포괄손익-공정가치측정 금융자산	450,000원
	처분손실	20,000원		평가손실(기타포괄손익)	50,000원
④ (차)	현금	480,000원	(대)	기타포괄손익-공정가치측정 금융자산	500,000원
	처분손실	70,000원		평가손실(기타포괄손익)	50,000원

정답 및 해설

01	④	02	①	03	③	04	③	05	①	06	③	07	④	08	④	09	②	10	④
11	②	12	②	13	③	14	④	15	④	16	②	17	④	18	②	19	②	20	②
21	①	22	②	23	④	24	①	25	③										

01 ④ 수취할 자기지분상품의 수량이 확정되지 않은 비파생상품임

02 ① ② 선급비용 : 대가로 제공받는 것이 재화나 용역의 제공으로 금융자산이 아님
③ 이연법인세자산 : 계약이 아니므로 금융자산이 아님
④ 운용리스 : 재화나 용역의 제공으로 금융자산이 아님

03 ③ 이연법인세부채는 계약이 아니므로, 금융부채가 될 수 없다.

04 ③ 거래원가는 당기비용처리한다. 예외되는 파생상품은 금융보증계약인 파생상품이나 위험회피수단으로 지정되고 위험회피에 효과적인 파생상품은 제외한다.

05 ① 만기도래 공사채이자표 1,000,000원 + 배당금지급통지표 900,000원 + 타인발행수표 1,000,000원 + 환매조건의 환매채 1,200,000원 = 4,100,000원

06 ③ 지분상품은 원칙적으로 당기손익공정가치측정금융자산으로 분류하나, 예외적으로 최초 취득시 기타포괄손익공정가치측정금융자산으로 지정할 수 있다. 단, 한번 지정하면 취소할 수 없다.

07 ④

양도가액	1,290,000원	1,300,000원 − 10,000원
장부가액	1,300,000원	처분시 공정가치로 평가후 처분함
처분손실	10,000원	평가이익 300,000원은 재분류조정하지 않음

08 ④ 20×2년말 상각액(4,800,000원 × 10%) − (5,000,000원 × 8%) = 80,000원
∴ 기말 상각 후 장부가액 4,880,000원(= 4,800,000원 + 80,000원)
20×2년 말 평가이익 인식액 4,880,000원 − 공정가액 4,900,000원 = 20,000원

09 ② 환입시 시장이자율이 아니라 최초의 유효이자율로 할인한다.

10 ④

	10%	8%	상각액	상각후원가
20×1.01.01				4,751,314원[1]
20×1.12.31	475,131원	400,000원	75,131원	4,826,445원
20×2.12.31	482,644원	400,000원	82,644원	4,909,089원
20×3.12.31	490,911원[2]	400,000원	90,911원	5,000,000원
	1,448,686원	1,200,000원	248,686원	

[1] 액면의 현재가치 : 5,000,000원 × 0.7513148 = 3,756,574원
이자의 현재가치 : 400,000원 × (0.9090909 + 0.8264463 + 0.7513148) = 994,740원
[2] 단수차이조정

11 ②

20×1년 12월 31일 공정가치	4,600,000원
20×1년 12월 31일 장부가액(위 10번문제 답안 참조)	4,826,445원
FVOCI금융자산평가손실(기타포괄손익)	226,445원

12 ② FVPL금융자산은 손상차손을 계상하지 않는다. 공정가치법을 적용하여 반영한다.
FVPL금융자산평가이익(당기수익) 7,000,000원(= 11,000,000원 − 4,000,000원)

13 ③ FVOCI금융자산 중 지분증권은 손상차손환입을 계상하지 않고, 공정가치법을 적용하여 반영한다. 변동분 7,000,000원 = 11,000,000원 − 4,000,000원
FVOCI금융자산평가손실 6,000,000원 감소, 평가이익(기타포괄손익) 1,000,000원 증가

14 ④ 당기손익처리하는 것이 아니라 기타포괄손익처리한다.

15 ④ 지속적으로 관여하는 정도까지 당해 금융자산을 계속하여 인식한다.

16 ② 액면금액 500,000원 × 0.7938 + 액면금액 500,000원 × 10% × 2.5771 = 525,755원
20×1년말 장부금액 : 525,755원 + 525,755원 × 0.08 − 50,000원 = 517,815원
금융자산평가손실 : 공정가치 480,000원 − 장부금액 517,815원 = 37,815원

17 ④ 당기손익공정가치측정금융자산 : 취득가액 500,000원
기타포괄손익공정가치측정금융자산 : 취득가액 500,000원 + 거래원가 50,000원 = 550,000원
상각후원가측정금융자산 : 취득가액 500,000원 + 거래원가 40,000원 = 540,000원

18 ② 20×2년 처분손익 : 30주 × (8,000원 − 11,000원) = 처분손실 90,000원
2C×2년 평가손익 : 20주 × (12,500원 − 11,000원) = 평가이익 30,000원
당기순이익에 미치는 영향 : 처분손실 90,000원 + 평가이익 30,000원 = 60,000원 감소

19 ② 환매채는 3개월이 초과되어 단기금융상품으로, 선일자수표는 받을어음으로 처리한다.
배당금지급통지표 400,000원 + 양도성예금증서 500,000원 = 900,000원

20 ② 단기매매항목은 지정할 수 없으며 당기손익－공정가치측정 금융자산으로 분류한다.

21 ① 당기손익이 아니라 기타포괄손익으로 인식한다.

22 ② 불리한 조건이 아니라 유리한 조건이다.

23 ④ 손상차손을 인식한다.

24 ① ②, ③, ④는 금융부채이다.
① 액면 100억의 사채(확정금액)에 대한 상환 대신 1만주의 주식(확정수량)으로 교환할 계약
② 공모가액의 80% 해당하는 현금(미확정금액)을 대가로 주식 1만주(확정수량)를 인도할 계약
③ 100억의 가치(확정금액)에 해당하는 지분상품(미확정수량)을 인도할 계약
④ 100킬로그램의 금의 가치(미확정금액)에 해당하는 현금에 상응하는 지분상품(미확정수량)을 인도할 계약

25 ③ 기타포괄손익－공정가치측정 금융자산(채무상품)의 평가손익은 처분시 재분류조정을 한다. 전기말의 평가손실잔액 50,000원을 처분시 재분류조정한다. 결국, 처분시 처분가액(480,000원)과 취득원가(500,000원)와의 차액 20,000원이 처분손실이 된다.

memo

이패스 재경관리사
핵심서브노트&문제풀이

PART 03

부 채

금융부채(K-IFRS 제1109호)

1 금융부채의 분류

(1) 당기손익공정가치측정금융부채★

① 단기매매항목

㉠ 주로 단기간 내에 재매입할 목적으로 부담

㉡ 최근의 실제 운용형태가 단기적 이익획득 목적이라는 증거가 있으며, 그리고 공동 관리되는 특정 금융상품 포트폴리오의 일부

㉢ 파생상품(다만, 금융보증계약인 파생상품, 위험회피수단으로 지정되고 위험회피에 효과적인 파생상품은 제외)

② **당기손익－공정가치 측정 항목으로 지정** : 당기손익－공정가치 측정 항목으로 지정하는 것이 다음 중 하나 이상을 충족하여 더 목적적합한 정보를 제공하는 경우에는 최초 인식시점에 지정 가능. 다만, 한번 지정하면 취소할 수 없음

㉠ 회계불일치가 제거되거나 유의적으로 감소

㉡ 문서화된 위험관리전략이나 투자전략에 따라, 금융상품집합을 공정가치기준으로 관리하고 그 성과를 평가하며 그 정보를 이사회, 대표이사 등 주요경영진에게 공정가치기준에 근거하여 내부적으로 제공

(2) 상각후원가측정금융부채 : 당기손익공정가치측정금융부채 등[1)]으로 분류되지 않은 모든 금융부채

[1)] ① 당기손익공정가치측정금융부채(FVPL금융부채)
② 금융자산의 양도가 제거조건을 충족하지 못하거나 지속적관여접근법이 적용
③ 금융보증계약
④ 시장이자율보다 낮은 이자율로 대출하기로 한 약정
⑤ 사업결합에서 취득자가 인식하는 조건부 대가

(3) 금융부채의 재분류 : 불가

2 금융부채의 측정

구분	최초인식		후속측정	
	측 정	거래원가	평가방법	관련손익
당기손익공정가치측정금융부채(FVPL금융부채)	공정가치로 측정	당기비용	공정가치법	평가손익 : 당기손익처리 예외 : 신용위험변동분은 기타포괄손익처리
상각후원가측정금융부채(AC금융부채)	공정가치로 측정	공정가치에서 차감	상각후원가법[1]	유효이자율법에 따른 자비용

[1] 다음을 제외한 모든 금융부채는 상각후원가법 적용

① 당기손익공정가치측정금융부채(FVPL금융부채) : 공정가치법

② 금융자산의 양도가 제거조건을 충족하지 못하거나 지속적관여접근법이 적용 : 양도자산의 처리방법에 따라 상각후원가나 공정가치를 적용

③ 금융보증계약

④ 시장이자율보다 낮은 이자율로 대출하기로 한 약정

위 ③, ④는 MAX[㉠ 손실충당금, ㉡ 최초 인식금액에서 K－IFRS 1115호 수익에 따라 인식한 상각누계액을 차감한 금액]으로 측정

3 사채의 발행★★★

발행가액＝사채관련 미래현금흐름의 현재가치＝액면가액의 현재가치＋액면이자의 현재가치

구분	할인발행	액면발행	할증발행
이자율(%)관계	액면%＜시장(＝유효)%[1]	액면% ＝ 시장(＝유효)%[1]	액면%＞시장(＝유효)%[1]
액면이자	매년 일정	매년 일정	매년 일정
유효이자	매년 증가	매년 일정	매년 감소
상각·환입액	매년 증가	없음	매년 증가
장부가액	매년 증가	매년 일정	매년 감소

[1] 사채발행비가 발생하는 경우 사채발행비를 발행가액에서 차감함 → 사채할인발행차금에 가산, 사채할증발행차금에서 차감함. 시장% ＜ 유효%

예제 1

20×1.1.1일 액면가액 100,000원, 액면이자율 10%, 만기 3년 회사채 발행

[질문 1] 시장이자율 12%인 경우 발행가액과 20×1년 유효이자율표를 작성하시오.

[질문 2] 시장이자율 10%인 경우 발행가액과 20×1년 유효이자율표를 작성하시오.

[질문 3] 시장이자율 8%인 경우 발행가액과 20×1년 유효이자율표를 작성하시오.

기간	단일금액 ₩1의 현재가치		
	8%	10%	12%
1	0.925926	0.909091	0.892857
2	0.857339	0.826446	0.797194
3	0.793832	0.751315	0.711780
합 계	2.577097	2.486852	2.401831

해설 [질문 1] 액면가액 100,000원 × 0.711780 + 액면이자 10,000원 × 2.401831 = 95,196원

연월일	이자비용 (12%)	액면이자 (10%)	사채할인발행차금 상각액(+)	장부가액
20×1.01.01				95,196원
20×1.12.31	11,424원	10,000원	1,424원	96,620원

[질문 2] 액면가액 100,000원 × 0.751315 + 액면이자 10,000원 × 2.486852 = 100,000원

연월일	이자비용 (10%)	액면이자 (10%)	상각액 없음	장부가액
20×1.01.01				100,000원
20×1.12.31	10,000원	10,000원	0원	100,000원

[질문 3] 액면가액 100,000원 × 0.793832 + 액면이자 10,000원 × 2.577097 = 105,154원

연월일	이자비용 (8%)	액면이자 (10%)	사채할증발행차금 환입액(−)	장부가액
20×1.01.01				105,154원
20×1.12.31	8,412원	10,000원	1,588원	103,566원

4 사채의 상환 등 기타

(1) 상환

발행시 시장이자율 = 상환시 시장이자율	상각후원가 = 상환가액	사채상환손익 없음
발행시 시장이자율 < 상환시 시장이자율	상각후원가 > 상환가액	사채상환이익 발생
발행시 시장이자율 >상환시 시장이자율	상각후원가 < 상환가액	사채상환손실 발생

예제 2

다음의 유효이자율표를 참조하여 20×3.1.1 사채상환 시 사채상환손익을 계산하시오.

연월일	이자비용 (10%)	액면이자 (5%)	사채할인발행차금 상각액	장부가액
20×1.01.01				87,565원
20×1.12.31	8,757원	5,000원	3,757원	91,322원
20×2.12.31	9,132원	5,000원	4,132원	95,454원
20×3.12.31	9,546원	5,000원	4,546원	100,000원
합계	27,435원	15,000원	12,435원	

[질문 1] 사채를 100% 상환 시 상환가액이 98,000원인 경우

[질문 2] 사채를 50% 상환 시 상환가액이 45,000원인 경우

해설 [질문 1] 상환가액 98,000원 – 사채의 장부가액 95,454원 = 사채상환손실 2,546원
[질문 2] 상환가액 45,000원 – 사채의 장부가액 95,454원 × 50% = 사채상환이익 2,727원

(2) **자기사채** : 취득 시 상환으로 처리, 매각시 발행시와 동일한 회계처리

(3) **연속상환사채** : 액면가액을 분할하여 상환하는 사채로 일반사채와 동일하게 유효이자율법을 적용하여 상각(환입)함

예제 3

액면 300,000원, 액면이자율 10%, 만기 3년, 매년 액면 100,000원씩 분할 상환 시 시장이자율 12%, 현가계수(1년, 12%) 0.892857, 현가계수(2년, 12%) 0.797194, 현가계수(3년, 12%) 0.711780 사채의 발행가액은?

해설 1년 현금흐름 : 액면 100,000원 + 액면 300,000원 × 10% = 130,000원
2년 현금흐름 : 액면 100,000원 + 액면 200,000원 × 10% = 120,000원
3년 현금흐름 : 액면 100,000원 + 액면 100,000원 × 10% = 110,000원
사채의 발행가액 : 130,000원 × 0.892857 + 120,000원 × 0.797194 + 110,000원 × 0.711780 = 290,030원

5 상환우선주

(1) 금융부채 : 발행자가 의무적으로 상환하여야 하는 계약상 의무를 부담하거나 보유자가 상환을 청구할 수 있는 권리를 보유하고 있는 우선주

(2) 복합금융상품

- 비누적적 우선주 : 배당(자본요소) + 상환금액(부채요소) ➡ 복합금융상품
- 누적적 우선주 : 배당이 아닌 이자(부채요소) + 상환금액(부채요소) ➡ 부채

6 복합금융상품★

(1) 의의 : 부채요소(현금등 금융자산을 인도하는 계약)와 자본요소(확정금액과 확정수량)를 모두 가지고 있는 금융상품

(2) 전환권대가 : 전환사채의 발행가액 − 일반사채의 가치(부채요소)

일반사채의 가치 = 계약상 정해진 미래현금흐름(액면가액+액면이자+상환할증금)의 현재가치

✔ 할인율 : 전환권이 없는 채무상품에 적용되는 그 시점의 시장이자율

(3) 전환사채와 신주인수권부사채의 비교

구분	전환사채	신주인수권부사채
부여된 권리	• 부채요소 : 사채 • 자본요소 : 전환권	• 부채요소 : 사채 • 자본요소 : 신주인수권
권리행사후 부채의 존재 여부	소멸함	존재함
권리행사시 추가 대금 불입 여부	없음	별도 불입
화폐성, 비화폐성	비화폐성부채	화폐성부채
자본잉여금	전환권대가(기타자본잉여금) 권리행사 후 '주식발행초과금'으로 대체가능	신주인수권대가(기타자본잉여금) 권리행사 후 '주식발행초과금'으로 대체가능
전환권조정(또는 신주인수권조정)	(전환사채의 발행가액 − 일반사채일 경우 발행가액) + 사채상환할증금	(신주인수권부사채의 발행가액 − 일반사채일 경우 발행가액) + 사채상환할증금
권리행사시 주식의 발행가액	전환사채의 장부가액(전환사채의 액면가액 + 사채상환할증금 − 전환권조정) + 전환권대가(대체가정)	신주인수권행사에 따라 납입되는 금액 + 사채상환할증금 − 신주인수권조정(사채상환할증금관련분만) + 신주인수권대가(대체가정)

※ 유효이자율 : 전환사채의 발행금액과 미래현금흐름의 현재가치를 일치시켜주는 이자율

예제 4

전환사채 액면가액 1,000,000원(액면이자율 4%, 만기 3년), 상환할증금 150,000원, 일반사채일 경우 시장이자율 10%, 전환사채의 발행가액이 1,000,000원일 때 재무상태표에 표시하시오. (3년, 12% 현가계수 0.7513148, 연금의 현가계수 2.4868520)

해설
- 일반사채의 발행가액 : 1,150,000원 × 0.7513148 + 40,000원 × 2.4868520 = 963,486원
- 전환권대가 : 전환사채의 발행가액 1,000,000원 − 일반사채의 발행가액 963,486원 = 36,514원

재무상태표

전환사채	1,000,000원
상환할증금	150,000원
전환권조정	(186,514원)
	963,486원(부채요소)
⋮	
전환권대가	36,514원(자본요소)

수정문제

다음의 내용을 읽고 잘못된 내용을 수정하시오.

01 잠재적으로 유리한 조건으로 거래상대방과 금융자산이나 금융부채를 교환하기로 한 계약상 의무는 금융부채에 해당한다.

02 FVPL금융부채는 거래원가를 취득 시 공정가치에서 차감한다.

03 사채발행시 액면이자율보다 시장이자율이 작은 경우 할인발행된다.

04 사채상환시 시장이자율이 발행 시 유효이자율보다 작은 경우 사채상환이익이 발생한다.

05 상환우선주는 발행자가 상환의무를 보유자는 상환청구권을 가진 경우 금융부채에 해당하며 비누적적우선주에 해당하는 경우를 포함한다.

06 전환사채와 신주인수권부사채의 공통점은 별도주금액이 불입된다는 것이다.

▼정답 및 해설

01 유리한 조건이 아니라 불리한 조건이다.

02 FVPL금융부채의 거래원가는 당기비용처리한다.

03 액면이자율보다 시장이자율이 작은 경우 할증발행된다.

04 상환시 시장이자율이 발행시 유효이자율보다 작은 경우 사채상환손실이 발생한다.

05 비누적적우선주의 경우 배당은 지분상품에 해당하여 복합금융상품에 해당한다.

06 전환사채는 부채가 소멸하고 자본이 증가하나 신주인수권부사채는 부채는 존속하며 자본이 증가한다.

출제예상 문제

01 **다음 중 사채에 대한 설명으로 옳은 것은?**

① 사채발행비가 지출되는 경우 사채의 발행가액은 보다 더 높아진다.
② 유효이자율법 하에서 사채할인발행차금 상각액은 매년 증가한다.
③ 유효이자율법은 결산시점을 기준으로 적용한다.
④ 사채할인발행차금은 정액법에 의하여 상각할 수 있다.

02 **다음 사채와 관련된 설명 중 잘못된 것은?**

① 사채할인(할증)발행차금은 상각(환입)하는데 그 금액은 매년 증가하게 된다.
② 사채의 장부가액이 증가하면 매년 지급되는 액면이자도 증가하게 된다.
③ 사채발행비가 발생하는 경우 언제나 유효이자율이 시장이자율보다 크게 된다.
④ 사채의 발행가액은 사채의 미래현금흐름을 발행당시의 시장이자율로 할인한 현재가치로 결정된다.

03 **사채가 할인발행되고 유효이자율법이 적용되는 경우 다음의 설명 중 틀린 것은?**

① 매기간 계상되는 액면이자는 초기에는 적고 기간이 지날수록 금액이 커진다.
② 사채의 장부가액은 매년 증가한다.
③ 사채할인발행차금 상각액은 매기 증가한다.
④ 사채발행시점에 발생한 사채발행비는 발행가액에서 차감한다.

04 **다음의 금융부채 중 유효이자율법을 사용하여 상각후원가로 측정되는 것은 어느 것인가?**

① FVPL금융부채
② 금융자산의 양도가 제거 조건을 충족하지 못하거나 지속적관여접근법이 적용되는 경우에 발생하는 금융부채
③ 금융보증계약의 일부
④ 사채

05 **(주)광진은 20×1년 1월 1일 자금의 조달목적으로 액면 50,000,000원의 사채를 발행하였다. 이 사채의 표시이자율은 10%, 유효이자율은 8%, 만기는 20×3년 12월 31일이며, 이자는 매년 말에 지급된다. (주)광진은 20×2년 1월 1일에 이 사채를 52,000,000원에 매입 상환하였다면, 사채상환손익은 얼마인가?** [1원의 현가계수(3년, 8%) : 0.7938, 1원의 연금현가계수(3년, 8%) : 2.5771, 원미만 절사]

① 상환이익 218,460원
② 상환손실 218,460원
③ 상환손실 281,540원
④ 상환이익 281,540원

06 **(주)광진은 사채를 할인발행하고, 사채할인발행차금을 정액법으로 상각하였다. 이러한 오류가 사채 발행연도 재무제표에 미치는 영향으로 바른 것은?**

	사채의 장부가액	당기순이익
①	과대계상	과대계상
②	과대계상	과소계상
③	과소계상	과대계상
④	과소계상	과소계상

07 **다음 자료에 의하여 20×2년 12월 31일 이자지급일의 분개 중 바른 것은?** (원미만 절사)

- 사채발행일 : 20×1년 1월 1일, 만기 : 5년
- 액면가액 10,000,000원, 이자지급일 : 매년 12월 31일
- 사채의 표시이자율 10%, 사채의 유효이자율 12%
- 1원의 현가계수(5년, 12%) : 0.5674, 1원의 연금현가계수(5년, 12%) : 3.6048

①	(차)	이자비용	1,000,000원	(대)	현금	1,000,000원
②	(차)	이자비용	1,113,456원	(대)	현금	1,000,000원
					사채할인발행차금	113,456원
③	(차)	이자비용	1,127,070원	(대)	현금	1,000,000원
					사채할인발행차금	127,070원
④	(차)	이자비용	1,142,319원	(대)	현금	1,000,000원
					사채할인발행차금	142,319원

08 **다음 사채발행 내역에 의하여 20×2년 말 인식할 사채상환손익은 얼마인가?** (원미만 절사)

- 사채발행일 : 20×1년 1월 1일
- 사채발행 액면가액 : 50,000,000원
- 사채의 표시이자율 : 8%
- 사채의 유효이자율 : 10%
- 1원의 현가계수(3년, 10%) : 0.7513, 1원의 연금현가계수(3년, 10%) : 2.4869
- 20×2년 12월 31일자로 사채를 49,500,000원에 상환(이자지급후 상환가액임)

① 상환이익 409,754원
② 상환이익 1,236,140원
③ 상환손실 409,754원
④ 상환손실 1,236,140원

09 **전환사채와 신주인수권부사채에 대한 비교 설명이다. 틀린 것은?**

① 상환할증금조건의 신주인수권부사채가 행사되더라도 신주인수권부사채는 존속하나 신주인수권조정액은 감소한다.
② 전환사채의 전환권을 행사하게 되면 기존 부채는 소멸하며 신주인수권부사채의 신주인수권을 행사하게 되면 기존 부채는 존속한다.
③ 전환사채의 전환권 행사로 추가 대금 불입은 없으나 신주인수권부사채의 신주인수권 행사로 추가 대금 불입이 있다.
④ 상환할증금조건의 전환사채를 전환하여 발행되는 주식의 발행가액은 전환사채의 액면가액에 상환할증금을 가산하고 전환권조정금액을 차감한 금액이 된다.(전환권대가 대체가정)

[10~11] (주)광진은 사업의 영업부진을 타개할 목적으로 20×2년 1월 1일 전환사채를 발행하였다. 아래는 전환사채의 내역이다.

- 전환사채의 액면금액(발행금액) 5,000,000원
- 표시이자율 6%, 발행시 시장이자율 12%
- 이자지급일 매년 12월31일(만기 20×4년 12월 31일)
- 전환조건 : 전환사채의 액면금액 10,000원 당 주식 1주(주당 액면가액 5,000원)
- 현가계수(1년, 12%) : 0.89286, 현가계수(2년, 12%) : 0.79719, 현가계수(3년, 12% : 0.71178)

10 **위 복합금융상품의 상환할증금이 840,000원인 경우 전환권대가의 금액은 얼마인가?**

① 122,656원
② 265,432원
③ 543,512원
④ 962,656원

11 **위 전환사채와 무관하게 전환시점에 전환사채 액면가액 5,000,000원, 상환할증금 500,000원, 전환권조정 460,000원, 전환권대가 350,000원의 잔액이 있었다. 모두 전환하였다면 주식발행초과금은 얼마가 되는가?** (전환조건은 위 문제 참조하며 전환권대가는 행사시 대체한다.)

① 2,600,000원　② 2,700,000원
③ 2,800,000원　④ 2,890,000원

12 **(주)천호는 20×1년 1월 1일에 다음과 같은 조건의 사채를 발행하였다. 20×2년 인식할 이자비용은 얼마인가?** (원미만 반올림 할 것)

ㄱ. 액면금액 : 500,000원　ㄴ. 만기일 : 20×3년 12월 31일(3년)
ㄷ. 액면이자율 : 5%(매년말 지급조건)　ㄹ. 발행일의 시장이자율 : 8%

A. 이자율 8%의 3년 연금현가계수 : 2.5771, 이자율 8%의 3년 현가계수 : 0.7938

① 25,000원　② 36,906원
③ 37,859원　④ 38,887원

13 **다음 중 전환사채와 관련 없는 것은?**

① 부채와 자본이 결합된 복합금융상품　② 일반사채보다 낮은 표면금리
③ 상환할증금을 인식　④ 전환권대가를 부채로 인식

14 **(주)천호는 20×1년 1월 1일에 다음과 같은 조건의 사채를 발행하였다. 사채 발행으로 인하여 동 일자에 (주)천호가 현금으로 조달가능한 금액은 얼마인가?**

ㄱ. 액면금액 : 1,000,000원　ㄴ. 액면이자 지급조건 : 매년말 지급조건
ㄷ. 발행일 : 20×1년 1월 1일　ㄹ. 만기일 : 20×3년 12월 31일 (3년)
ㅁ. 액면이자율 : 6%　ㅂ. 시장이자율 : 20×1년 1월 1일 현재 8%
ㅅ.

현가계수 이자율	1년	2년	3년	계
6%	0.9434	0.8900	0.8396	2.6730
8%	0.9259	0.8573	0.7938	2.5771

① 932,125원　② 948,426원
③ 953,258원　④ 1,000,000원

15 **다음 빈칸에 들어갈 용어로 적절한 것은?**

(ㄱ)는 사채보유자의 요구에 따라 주식으로 전환할 수 있는 권리가 내재되어 있어 일반적으로 일반사채보다 표면금리가 낮게 책정되어 발행되는 것을 말하며 (ㄴ)은 발행자가 의무적으로 상환하여야 하는 계약상 의무를 부담하거나 보유자가 상환을 청구할 수 있는 권리를 보유하고 있는 우선주를 말한다.

	ㄱ	ㄴ
①	전환사채	신주인수권부사채
②	신주인수권부사채	전환우선주
③	영구사채	상환우선주
④	전환사채	상환우선주

16 **(주)천호는 20×1년 1월 1일 발행한 사채(액면 500,000원, 표시이자율 10%, 이자지급일 매년 12월 31일 후급, 만기 20×3년 12월 31일)을 525,771원에 발행하였다. (주)천호가 동 사채를 20×2년 12월 31일에 485,000원으로 상환할 경우 이 사채의 상환손익은 얼마인가?** (20×1년 1월 1일의 시장이자율은 8%이며 유효이자율법으로 상각한다.)

① 사채상환이익 24,260원
② 사채상환이익 32,833원
③ 사채상환손실 24,260원
④ 사채상환손실 32,833원

17 **(주)천호는 20×1년 1월 1일에 다음과 같은 조건의 전환사채를 발행하였다. 다음 중 전환사채에 대한 설명으로 올바른 것은?**

ㄱ. 액면가액 : 1,000,000원
ㄴ. 액면이자율 : 5%(매년말 지급)
ㄷ. 발행가액 : 1,000,000원
ㄹ. 상환할증금 : 120,000원
ㅁ. 동일한 조건의 일반사채인 경우 발행가액 : 920,000원
ㅂ. 만기 : 3년
ㅅ. 발행시 사채발행비는 발생하지 않음
ㅇ. 전환권대가는 자본으로 분류함

① 전환권 행사시 별도의 주금액이 유입된다.
② 전환사채발행시 전환권조정금액은 120,000원이다.
③ 전환사채가 전환되지 않았다고 가정할 경우의 총이자비용은 270,000원이다.
④ 동 전환사채의 발행금액에는 전환권대가가 80,000원 포함되어 있다.

18 **다음 중 복합금융상품에 관한 설명으로 올바른 것은?**

① 복합금융상품의 발행금액에서 지분상품(자본)의 공정가치를 차감한 잔액은 금융부채로 인식한다.

② 전환우선주란 유가증권의 소유자가 일정한 조건하에 전환권을 행사할 수 있는 보통주로서, 전환권을 행사하면 우선주로 전환되는 보통주이다.

③ 신주인수권부사채란 유가증권의 소유자가 일정한 조건하에 신주인수권을 행사하여 우선주 발행을 청구할 수 있는 권리가 부여된 사채이다.

④ 전환사채란 유가증권 소유자가 일정한 조건하에 보통주로의 전환권을 행사할 수 있는 사채로서, 전환권을 행사하면 보통주로 전환되는 사채이다.

19 **다음 중 금융부채에 관한 설명으로 가장 올바르지 않은 것은?**

① 사채 상환일의 시장이자율이 발행일의 시장이자율보다 큰 경우 사채상환이익이 발생한다.

② 당기손익-공정가치측정 금융부채와 관련되는 거래원가는 최초 인식하는 공정가치에서 차감하여 측정한다.

③ 금융부채는 원칙적으로 최초 인식시 공정가치로 인식한다.

④ 연속상환사채의 발행금액은 사채로부터 발생하는 미래현금흐름을 사채 발행시점의 시장이자율로 할인한 현재가치가 된다.

20 **다음 중 (주)삼일의 20×1년 12월 31일 사채 관련 분개에 관한 설명으로 올바르지 않은 것은?** (소수점 이하는 반올림 한다.)

> (주)삼일은 20×1년 1월 1일 사채(액면 100,000원, 표시이자율 10%, 이자는 매년말에 지급, 만기일은 20×3년 12월 31일이고, 유효이자율은 8%)를 발행하였다. 20×1년 12월 31일에 표시이자 지급 후 사채를 105,000원에 상환하였다.
> (가치계산표 : 3년 8% 단일금액의 현재가치 = 0.7938, 3년 8% 정상연금의 현재가치 = 2.5771)

① 이자비용은 8,412원이다.
② 사채의 장부금액은 103,563원이다.
③ 사채상환이익은 1,437원이다.
④ 사채할증발행차금상각액은 1,588원이다.

정답 및 해설

01	②	02	②	03	①	04	④	05	②	06	②	07	③	08	③	09	④	10	①
11	④	12	③	13	④	14	②	15	④	16	①	17	④	18	④	19	②	20	③

01 ② ① 보다 더 낮아진다.
③ 유효이자율법은 이자지급시점을 기준으로 적용한다.
④ 정액법은 인정하지 아니한다.

02 ② 사채의 장부가액과 상관없이 액면이자는 '액면가액 × 액면이자율'을 반영한다.

03 ① 액면이자는 매기 일정하다.

04 ④ ① 공정가치로 측정
② 양도자산을 상각후원가로 측정하면 양도자산과 관련부채의 순장부금액이 양도자가 보유하는 권리와 부담하는 의무의 상각후원가가 되도록 관련부채를 측정하고, 양도자산을 공정가치로 측정하면 양도자산과 관련부채의 순장부금액이 양도자가 보유하는 권리와 부담하는 의무의 독립적으로 측정된 공정가치가 되도록 관련부채를 측정한다.
③ MAX[㉠ 손실충당금, ㉡ 최초 인식금액에서 K-IFRS 1115호 수익에 따라 인식한 상각누계액을 차감한 금액]으로 측정

05 ② 사채의 발행가액 : 50,000,000원 × 0.7938 + 5,000,000원 × 2.5771 = 52,575,500원

구분	유효이자(8%)	액면이자(10%)	할증차금환입액	장부가액
20×1년 1월 1일				52,575,500원
20×1년 12월 31일	4,206,040원	5,000,000원	793,960원	51,781,540원
20×2년1 2월 31일	4,142,523원	5,000,000원	857,477원	50,924,063원
20×3년 12월 31일	4,075,937원[1]	5,000,000원	924,063원	50,000,000원

[1] 단수차이조정
- 상환시 사채의 장부가액 : 51,781,540원
- 사채상환손실(218,460원) = 51,781,540원 − 52,000,000원

〈사채상환시 회계처리〉

차) 사채	50,000,000원	대) 현금	52,000,000원
사채할증발행차금	1,781,540원		
사채상환손실	218,460원		

06 ② 사채할인발행차금을 정액법으로 상각한 경우 초기에 상각액이 과대계상되어 사채의 장부가액을 과대계상하게 되며 이자비용을 과대계상함에 따라 당기순이익을 과소계상하게 된다.

07 ③ 사채의 발행가액 : 10,000,000원 × 0.5674 + 1,000,000원 × 3.6048 = 9,278,800원

	유효이자(12%)	액면이자(10%)	할인차금상각액	장부가액
20×1년 1월 1일				9,278,800원
20×1년 12월 31일	1,113,456원	1,000,000원	113,456원	9,392,256원
20×2년 12월 31일	1,127,070원	1,000,000원	127,070원	9,519,326원
20×3년 12월 31일	1,142,319원	1,000,000원	142,319원	9,661,645원
20×4년 12월 31일	1,159,397원	1,000,000원	159,397원	9,821,042원
20×5년 12월 31일	1,178,958원[1]	1,000,000원	178,958원	10,000,000원

[1] 단수조정

08 ③ 사채의 발행가액 : 50,000,000원 × 0.7513 + 4,000,000원 × 2.4869 = 47,512,600원

	유효이자(10%)	액면이자(8%)	할인차금상각액	장부가액
20×1년 1월 1일				47,512,600원
20×1년 12월 31일	4,751,260원	4,000,000원	751,260원	48,263,860원
20×2년 12월 31일	4,826,386원	4,000,000원	826,386원	49,090,246원
20×3년 12월 31일	4,909,754원[1]	4,000,000원	909,754원	50,000,000원

[1] 단수조정

• 사채상환손익 : 장부가액 49,090,246원 – 상환가액 49,500,000원 = 사채상환손실 409,754원

09 ④ 주식의 발행가액은 전환사채의 액면가액에 상환할증금을 가산하고 전환권조정금액을 차감하며 전환권대가를 가산한다.

10 ①

• 액면 및 상환할증금의 현재가치 : 5,840,000원 × $\frac{\text{현가계수(3년, 12\%)}}{0.71178}$ = 4,156,795원

• 액면이자의 현재가치 : 300,000원 × $\frac{\text{연금의 현가계수(3년, 12\%)}}{2.40183}$ = 720,549원

• 합계금액 : 4,877,344원

• 전환권대가 : 전환사채발행가액 5,000,000원 – 일반사채발행가액 4,877,344원 = 122,656원

11 ④

전환시점의 전환사채 액면가액	5,000,000원
전환시점의 상환할증금	500,000원
전환시점의 전환권조정	(460,000원)
전환시점의 전환사채 장부가액	5,040,000원
전환권대가	350,000원
합　　　계	5,390,000원
자본금의 액면가액	5,000,000원 / 10,000원 × 5,000원 = 2,500,000원
주식발행초과금	2,890,000원

12 ③ 20 × 1. 1.1일 발행가액 : 500,000원 × 5% × 2.5771 + 500,000원 × 0.7938 = 461,328

20×1. 1. 1	8%	5%	상각액	상각후원가
				461,328
20×1. 12. 31	36,906	25,000	11,906	473,234
20×2. 12. 31	37,859	25,000	12,859	486,093

13 ④ 전환권대가는 자본으로 인식한다.

14 ② 발행가액 : 액면가액 1,000,000원 × 0.7938 + 1,000,000원 × 6% × 2.5771 = 948,426원

15 ④ 전환사채와 상환우선주에 대한 설명이다.

16 ① 〈유효이자율표〉

20×1년 1월 1일	8%	10%	환입액	525,771원
20×1년 12월 31일	42,062원	50,000원	7,938원	517,833원
20×2년 12월 31일	41,427원	50,000원	8,573원	509,260원

상환가액 485,000원 – 상각후원가 509,260원 = 사채상환이익 24,260원

17 ④ ① 전환권 행사시 부채가 감소하고 자본이 증가한다. 별도의 주금액은 유입되지 않는다.

② 상환할증금 120,000원 + 전환권대가 80,000원 = 전환권조정 200,000원

③ 액면가액 1,000,000원 + 상환할증금 120,000원 + 총현금이자액 150,000원 – 920,000원
= 총이자비용 350,000원

④ 액면가액 1,000,000원 – 일반사채의 발행가액 920,000원 = 전환권대가 80,000원

18 ④ ① 복합금융상품의 발행금액에서 금융부채의 공정가치를 차감한 잔액을 지분상품으로 인식한다.
② 전환우선주란 유가증권의 소유자가 일정한 조건하에 전환권을 행사할 수 있는 우선주로서, 전환권을 행사하면 보통주로 전환되는 우선주이다.
③ 신주인수권부사채란 유가증권의 소유자가 일정한 조건하에 신주인수권을 행사하여 보통주 발행을 청구할 수 있는 권리가 부여된 사채이다.

19 ② 당기손익-공정가치측정금융부채와 관련되는 거래원가는 당기비용으로 처리한다.

20 ③ 사채의 발행금액 : 100,000원 × 0.7938 + 100,000원 × 10% × 2.5771 = 105,151원
① 이자비용 : 105,151원 × 8% = 8,412원
② 20×1년 12월 31일 장부금액 : 105,151원 + (105,151원 × 8% − 10,000원) = 103,563원
③ 사채상환손실 : 장부금액 103,563원 − 상환금액 105,000원 = 1,437원
④ 사채할증발행차금상각액 : 105,151원 × 8% − 10,000원 = 1,588원

CHAPTER 02

제1과목 재무회계

충당부채, 우발부채 및 우발자산(K-IFRS 제1037호)

1 충당부채★★★

(1) 정의 : 지출의 시기 또는 금액이 불확실한 부채

(2) 인식

다음의 요건을 모두 충족하는 경우에 부채로 인식한다.

① 과거사건의 결과로 현재의무(법적의무 또는 의제의무)가 존재

② 당해 의무를 이행하기 위하여 경제적효익을 갖는 자원이 유출될 가능성이 높다.

③ 당해 의무의 이행에 소요되는 금액을 신뢰성 있게 추정할 수 있다.

위의 요건을 충족하지 못할 경우에는 어떠한 충당부채도 인식할 수 없다.

(3) 측정

① 충당부채로 인식하는 금액은 현재의무를 보고기간말에 이행하기 위하여 소요되는 지출에 대한 최선의 추정치[기댓값(다수의무), 발생가능성이 가장 높은 단일금액(하나의 의무)]이어야 한다.

② 충당부채에 대한 최선의 추정치를 구할 때에는 관련된 사건과 상황에 대한 불가피한 위험과 불확실성을 고려한다.

③ 화폐의 시간가치 효과가 중요한 경우 충당부채는 의무를 이행하기 위하여 예상되는 지출액의 현재가치로 평가한다.(세전금액, 세전이율)

④ 현재의무를 이행하기 위하여 소요되는 지출 금액에 영향을 미치는 미래사건이 발생할 것이라는 충분하고 객관적인 증거가 있는 경우에는 그러한 미래사건을 감안(법률개정, 기술발전 등)하여 충당부채 금액을 추정한다.

⑤ 자산의 예상처분이익은 충당부채를 측정하는데 고려하지 아니한다.

(4) 적용

① **변제** : 충당부채를 결제하기 위하여 필요한 지출액의 일부 또는 전부를 제3자가 변제할 것이 예상되는 경우 기업이 의무를 이행한다면 변제를 받을 것이 거의 확실하게 되는 때에 한하여 변제금액을 인식하고 별도의 자산으로 회계처리한다. 다만, 자산으로 인식하는 금액은 관련 충당부채 금액을 초과할 수 없다.

② **충당부채의 변동** : 매 보고기간말마다 충당부채의 잔액을 검토하고, 보고기간말 현재 최선의 추정치를 반영하여 조정한다. 의무이행을 위하여 경제적효익을 갖는 자원이 유출될 가능성이 더 이상 높지 아니한 경우에는 관련 충당부채를 환입한다.

③ 미래의 예상 영업손실은 충당부채로 인식하지 아니한다.(손실부담계약해당시 충당부채로 인식)

④ 충당부채는 최초 인식과 관련있는 지출에만 사용한다.

2 우발부채

(1) 정의 : 다음 중 하나에 해당하는 의무

① 과거사건에 의하여 발생하였으나, 기업이 전적으로 통제할 수는 없는 하나 이상의 불확실한 미래사건의 발생 여부에 의하여서만 그 존재가 확인되는 잠재적 의무

② 과거사건에 의하여 발생하였으나 다음 ㉠ 또는 ㉡의 경우에 해당하여 인식하지 아니하는 현재의무

㉠ 당해 의무를 이행하기 위하여 경제적효익을 갖는 자원이 유출될 가능성이 높지 아니한 경우

㉡ 당해 의무를 이행하여야 할 금액을 신뢰성 있게 측정할 수 없는 경우

(2) 인식 : 부채로 인식하지 아니한다.

충당부채와 우발부채

금액추정가능성 / 자원유출가능성	신뢰성 있게 추정가능	추정불가능
가능성이 높음	부채○, 충당부채로 인식	부채×, 우발부채로 주석공시
가능성이 어느 정도 있음	부채×, 우발부채로 주석공시	부채×, 우발부채로 주석공시
가능성이 거의 없음	부채×, 주석공시도 생략	부채×, 주석공시도 생략

3 우발자산

(1) 정의 : 과거사건에 의하여 발생하였으나 기업이 전적으로 통제할 수는 없는 하나 이상의 불확실한 미래사건의 발생 여부에 의하여서만 그 존재가 확인되는 잠재적 자산

(2) 인식 : 자산으로 인식하지 아니한다.

우발자산

금액추정가능성 / 자원유입가능성	신뢰성 있게 추정가능	추정불가능
가능성이 높음	자산×, 우발자산으로 주석공시	자산×, 우발자산으로 주석공시
가능성이 어느 정도있거나 거의 없음	자산×, 공시하지 않음	자산×, 공시하지 않음

4 손실부담계약

(1) **정의** : 계약상의 의무이행에서 발생하는 회피 불가능한 원가가 그 계약에 의하여 받을 것으로 기대되는 경제적효익을 초과하는 당해 계약

(2) **인식** : 손실부담계약을 체결하고 있는 경우에는 관련된 현재의무를 충당부채로 인식하고 측정한다.
회피불가능원가=MIN[이행원가, 위약금]

5 구조조정

(1) **정의** : 경영진의 계획과 통제에 따라 사업의 범위 또는 사업수행방식을 중요하게 변화시키는 일련의 절차

(2) **인식** : 아래 요건을 모두 충족하는 경우 충당부채로 인식

① 구조조정에 대한 공식적이며 구체적인 계획에 의하여 일정 내용을 확인할 수 있어야 함

② 기업이 구조조정 계획의 이행에 착수하였거나 구조조정의 주요 내용을 공표함으로써 구조조정의 영향을 받을 당사자가 기업이 구조조정을 이행할 것이라는 정당한 기대를 가져야 함

✔ 아래의 요건을 모두 충족하는 지출을 인식
① 구조조정과 관련하여 필수적으로 발생하는 지출
② 기업의 계속적인 활동과 관련 없는 지출

6 확신유형의 보증

고객에게 보증을 별도로 구매할 수 있는 선택권이 없는 경우에는, 약속한 보증(또는 그 일부)이 합의된 규격에 제품이 부합한다는 확신에 더하여 고객에게 용역을 제공하는 것(용역유형의 보증)이 아니라면, **예상원가를 충당부채**로 처리한다.

예제 1

(주)광진은 상품을 판매하고 있고, 판매된 상품에 대하여 1년간 품질보증을 하고 있다. (주)광진은 매출액의 3%를 품질보증비용으로 예상하고 있다. 20×1년과 20×2년의 실제 판매보증비용으로 지출된 금액은 각각 70,000원, 100,000원(×1년분 50,000원 포함)이며, 매출액은 각각 5,000,000원, 4,000,000원이다. 각 연도별 회계처리를 하시오.

해설 20×1년 판매보증비용

• 지출시 :	차) 판매보증비	70,000원	대) 현금등	70,000원
• 결산시 :	차) 판매보증비	80,000원	대) 판매보증충당부채	80,000원

• 매출액 5,000,000원 × 3% – 실제지출액 70,000원 = 80,000원

20×2년 판매보증비용

• 지출시 :	차) 판매보증충당부채	80,000원	대) 현금등	100,000원
	판매보증비	20,000원		
• 결산시 :	차) 판매보증비	70,000원	대) 판매보증충당부채	70,000원

• 매출액 4,000,000원 × 3% – ×2년분 발생액 50,000원(= 100,000원 – ×1년분 50,000원) = 70,000원

수정문제

다음의 내용을 읽고 잘못된 내용을 수정하시오.

01 충당부채는 부채로 인식하며 우발부채는 부채로 인식하지 아니한다. 우발자산은 요건 충족 시 자산으로 인식한다.

02 충당부채로 인식하는 금액은 현재의무를 보고기간말에 할인하지 않은 이행가액으로 한다.

03 자산의 예상처분이익은 충당부채를 측정하는데 고려한다.

04 충당부채의 지출액 일부 또는 전부를 제3자가 변제할 것이 확실하게 되는 때에 한하여 변제금액을 충당부채와 상계하고 나머지를 충당부채로 회계처리한다.

05 미래의 예상 영업손실은 충당부채로 인식한다.

▼정답 및 해설

01 우발자산은 자산으로 인식하지 아니한다.

02 이행하기 위하여 소요되는 지출에 대한 최선의 추정치이어야 하며, 그 기간이 장기인 경우 현재가치로 계산한다.

03 고려하지 아니한다.

04 변제금액을 인식하고 별도의 자산으로 회계처리한다. 즉, 충당부채와 상계하지 않고 별도 자산처리한다. 다만, 자산으로 인식하는 금액은 관련 충당부채 금액을 초과할 수 없다.

05 충당부채로 인식하지 아니한다.

출제예상 문제

01 **충당부채를 인식하기 위한 조건을 모두 선택한다면?**

가. 과거사건의 결과로 현재의무(법적의무 또는 의제의무)가 존재한다.
나. 당해 의무를 이행하기 위하여 경제적효익을 갖는 자원이 유출될 가능성이 높다.
다. 당해 의무의 이행에 소요되는 금액을 신뢰성 있게 추정할 수 있다.

① 가, 나
② 나, 다
③ 가, 다
④ 가, 나, 다

02 **충당부채 및 우발부채와 우발자산에 대한 설명이다. 틀린 것은?**

① 우발부채는 경제적효익을 갖는 자원의 유출을 초래할 현재의무가 있는지의 여부가 아직 확인되지 아니한 잠재적 의무로서 부채로 인식하지 아니한다.
② 충당부채는 화폐의 시간가치 효과가 중요한 경우라도 불확실성 등의 이유로 현재가치로 평가하지 않는다.
③ 보고기간말에 현재의무가 존재하지 아니할 가능성이 높더라도 경제적효익을 갖는 자원의 유출 가능성이 아주 낮지 않는 한 우발부채로 공시한다.
④ 우발자산은 자산으로 인식하지 아니한다.

03 **(주)광진의 기말 결산절차 중에 처리해야할 사항들이다. 이 중 충당부채로 인식하여야 하는 금액은 얼마인가?**

- 당기 중에 당사는 상품을 50,000,000원에 판매하였으며, 통상 고객이 상품에 만족하지 못한 경우 법적의무가 없더라도 환불을 해주는 정책을 견지하고 있고, 이러한 환불정책은 널리 알려져 있다. 당사는 통상 5%의 반품으로 인한 환불을 예상하고 있다.
- 당기 중 (주)군자에게 35,000,000원의 지급보증을 해주었으며, 당기말 현재 (주)군자는 부도가능성이 높으며, 부도가 날 경우 전액을 배상할 의무가 있다.
- 당기 말 현재 사용중인 유형자산은 일상적인 유지 외에도 추정하길 3년마다 대수선을 위하여 10,000,000원에 상당하는 지출이 요구되고 있다.

① 2,500,000원
② 35,000,000원
③ 37,500,000원
④ 47,500,000원

04 **다음 중 충당부채와 우발부채에 대한 설명으로 틀린 것은?**

① 충당부채로 인식하는 금액은 현재의무를 보고기간말에 이행하기 위하여 소요되는 지출에 대한 최선의 추정치이어야 한다.
② 충당부채는 현재의무이고 이를 이행하기 위하여 경제적효익을 갖는 자원이 유출될 가능성이 높고 당해 금액을 신뢰성 있게 추정할 수 있으므로 부채로 인식하나, 우발부채는 현재의무이나 유출가능성이 높지 않고 당해 금액을 신뢰성 있게 추정할 수 있는 경우이거나 경제적효익을 갖는 자원의 유출을 초래할 현재의무가 있는지의 여부가 아직 확인되지 아니하는 잠재적 의무를 말하며 이는 부채로 인식하지 아니한다.
③ 과거에 우발부채로 처리하였더라도 미래경제적효익의 유출가능성이 높아진 경우에는 그러한 가능성의 변화를 소급하여 전기 재무제표를 충당부채로 수정하여 인식한다.
④ 충당부채와 우발부채의 공통점은 해당 부채의 결제에 필요한 지출의 시기나 금액이 불확실하다는 것이다.

05 **다음 충당부채 및 우발부채에 대한 설명 중 틀린 것은?**

① 미래의 영업손실은 충당부채로 인식하지 아니한다.
② 손실부담계약을 체결하고 있는 경우라도 현재의무는 충당부채로서의 요건을 충족하지 않기 때문에 부채로 인식하지 아니한다.
③ 충당부채를 발생시킨 사건과 밀접하게 관련된 자산의 예상처분이익은 충당부채를 측정하는 데 고려하지 아니한다.
④ 충당부채에 대한 최선의 추정치를 구할 때에는 관련된 사건과 상황에 대한 불가피한 위험과 불확실성을 고려한다.

06 **제품을 판매하는 (주)강동은 판매 후 1년간 판매한 제품에서 발생하는 결함을 무상으로 수리해 주고 있다. 과거의 판매경험에 의하면 제품보증비용은 매출액의 3%가 발생할 것으로 예상된다. (주)강동의 20×1년과 20×2년의 매출액은 각각 100억원, 150억원이고 실제 발생된 제품보증비용은 각각 1억원, 2.5억원(20×1년분 1억원)인 경우, 20×2년말 재무상태표에 계상되는 제품보증충당부채는 얼마인가?**

① 1억원 ② 2억원
③ 3억원 ④ 4억원

07 **(주)천호는 제조상의 결함이나 하자에 대하여 1년간 제품보증을 시행하고 있다. 20×1년에 판매된 10,000,000원의 제품에서 중요하지 않은 결함이 발생한다면 100,000원의 수리비용이 발생하고, 중요한 결함이 발생하면 500,000원의 수리비용이 발생할 것으로 예상한다. 결함이 발생할 확률은 60%는 하자가 없을 것을 예상하고, 10%는 중요하지 않은 결함이 발견될 것으로 예상하고, 30%는 중요한 결함이 있을 것으로 예상하였다. (주)천호가 20×1년 말에 인식할 충당부채 금액은 얼마인가?**

① 130,000원　　② 140,000원
③ 150,000원　　④ 160,000원

08 **다음 중 충당부채를 인식해야할 상황으로 가장 올바르지 않은 것은?**

① A사는 주기적인 수선을 요하는 설비자산을 이용하여 제품을 생산하고 있는데 과거 경험에 의하면 동 설비자산의 노후로 인하여 3년 마다 중요한 금액의 수선비가 발생할 가능성이 높은 것으로 예상된다.
② B사는 공장에서 제품을 생산하는데 주변 토지를 오염시켜 왔다. 결산일 현재 발생한 토지오염에 대해 범칙금이 부과되는 법률이 있어 곧 고지될 가능성이 높은 것으로 예상된다.
③ C사는 고객으로부터의 손해배상 소송사건에 진행 중인데 법률 전문가는 당기 말 현재 손해배상책임을 이행할 가능성이 높다고 한다.
④ D사는 제품 판매에 있어 구매자에게 제품하자에 대하여 무상으로 수리해주는 정책을 시행하고 있다. 과거 경험에 비추어 보면 제품 하자에 대한 수리 요청이 발생할 가능성이 높다.

09 **다음 중 충당부채에 대한 설명을 가장 올바르지 않은 것은?**

① 미래의 예상영업손실은 일반적으로 충당부채로 인식하지 않는다.
② 구조조정충당부채로 인식할 수 있는 지출은 구조조정에서 생기는 직접비용뿐만 아니라 간접비용도 모두 포함한다.
③ 어떤 의무에 대하여 제3자와 연대하여 의무를 지는 경우에 이행하여야 하는 전체 의무 중에서 제3자가 이행할 것으로 기대되는 부분에 한하여 우발부채로 처리한다.
④ 계약상의 의무에 따라 발생하는 회피 불가능한 원가가 당해 계약 때문에 받을 것으로 기대되는 경제적효익을 초과하는 계약을 체결한 경우에는 관련된 현재의무를 충당부채로 인식한다.

10 (주)삼일은 판매일로부터 1년간 판매한 제품에 발생하는 하자를 무상으로 수리해주는 제품 보증정책(확신유형의 보증)을 시행하고 있다. 제품보증비용은 매출액의 2%가 발생할 것으로 예측된다. 각 회계연도의 매출액과 실제 제품보증 발생액이 다음과 같은 경우 20×2년 말 재무상태표상 제품보증충당부채로 계상할 금액은 얼마인가?

	20×1년	20×2년
매출액	10,000,000원	14,000,000원
20×1년 판매분에 대한 제품보증비용	50,000원	120,000원
20×년 판매분에 대한 제품보증비용	-	100,000원

① 60,000원　　② 160,000원
③ 180,000원　　④ 280,000원

[redacted]

정답 및 해설

01	④	02	②	03	③	04	③	05	②	06	③	07	④	08	①	09	②	10	③

01 ④ 가, 나, 다 모두 해당

02 ② 충당부채는 화폐의 시간가치 효과가 중요한 경우에는 현재가치로 평가한다.

03 ③ 50,000,000원 × 5% + 35,000,000원 = 37,500,000원
대수선은 법률적인 요구사항이 아니며, 과거 의무발생사건의 결과로 인한 현재의무에도 해당되지 않으므로 충당부채로 인식하지 아니한다.

04 ③ 가능성의 변화가 발생한 기간의 재무제표에 충당부채로 인식한다.

05 ② 손실부담계약은 관련된 현재의무를 충당부채로 인식하고 측정한다.

06 ③ 20×1년말 제품보증충당부채 : 100억원 × 3% – 1억원 = 2억원
20×2년말 제품보증충당부채 : 150억원 × 3% – ×2년 발생분(2.5억원 – 1억원) = 3억원

07 ④ 60% × 0원 + 30% × 500,000원 + 10% × 100,000원 = 160,000원

08 ① 주기적인 수선비는 충당부채에 해당하지 아니한다. 즉, 과거사건의 결과 현재 기업의 의무에 해당되지 않는다. 기업의 경영방식 등을 변경하여 수선비를 회피할 수 있으므로 의무에 해당되지 않는다.

09 ② 직접비용만 포함한다. 즉, 간접비용은 제외한다.

10 ③ 20×2년 매출액 14,000,000원 × 2% – 20×2년 판매분에 대한 제품보증비용 100,000원 = 180,000원

memo

이패스 재경관리사
핵심서브노트&문제풀이

PART 04

자 본

CHAPTER 01. 자 본

CHAPTER 01 자 본

1 자본의 종류★★★

구분		종류
자본금	자본활동 (출자원금등)	보통주자본금, 우선주자본금
자본잉여금[1]		주식발행초과금, 감자차익, 자기주식처분이익 등[2]
자본조정		주식할인발행차금, 감자차손, 자기주식처분손실, 자기주식, 배당건설이자 등
기타포괄손익누계액	경영활동 (장기미실현손익)	FVOCI금융자산평가손익, 재평가잉여금, 확정급여제도의 재측정요소, 해외사업장환산손익, 현금흐름위험회피파생상품평가손익(효과적인 부분)
이익잉여금	경영활동(실현손익, 일부단기미실현손익)	이익준비금(법정 : 자본금의 1/2에 달할 때까지, 금전배당의 10%이상 적립)[3], 임의적립금, 미처분이익잉여금 등

1) 자본잉여금과 법정적립금은 자본전입 및 결손금보전을 위해서만 사용함

2) 주식발행초과금과 주식할인발행차금, 감자차익과 감자차손, 자기주식처분이익과 자기주식처분손실은 발생순서에 상관없이 상계하여 순액으로 표시

2 결손금의 보전순서

① 임의적립금이입액 → ② 기타법정적립금이입액 → ③ 이익준비금이입액 → ④ 자본잉여금이입액

3 무상증자 등 비교★★

구분	무상증자	주식배당	주식분할	주식병합	현금배당
발행주식수	증가	증가	증가	감소	불변
주당 액면가액	불변	불변	감소	증가	불변
자본금	증가	증가	불변	불변	불변
자본잉여금	감소가능	불변	불변	불변	불변
이익잉여금	감소가능[1]	감소	불변	불변	감소
총자본	불변	불변	불변	불변	감소

1) 이익잉여금 중 법정적립금만 감소 가능

4 자기주식★★ - 자산×, 자본의 차감항목, 취득시 취득원가로 측정

취득시(원가법)	차) 자기주식 ××× 대) 현금 등 ×××
처분시 (처분가액과 취득원가를 비교)	① 처분가액 > 취득원가 차) 현금 등 ××× 대) 자기주식 ××× 자기주식처분이익 ××× ② 처분가액 = 취득원가 차) 현금 등 ××× 대) 자기주식 ××× ③ 처분가액 < 취득원가 차) 현금 등 ××× 대) 자기주식 ××× 자기주식처분손실 ×××
소각시 (액면가액과 취득원가를 비교)	① 액면가액 > 취득원가 차) 자본금 ××× 대) 자기주식 ××× 감자차익 ××× ② 액면가액 = 취득원가 차) 자본금 ××× 대) 자기주식 ××× ③ 액면가액 < 취득원가 차) 자본금 ××× 대) 자기주식 ××× 감자차손 ×××

자기주식을 취득	취득원가만큼 자본이 감소
자기주식을 매각	매각가액만큼 자본이 증가
자기주식을 소각	자본이 불변
자기주식을 무상으로 수증	자본이 불변, 주식수만 증가

5 배당

기업이 벌어들인 이익을 주주들에게 배분하는 것을 배당이라고 한다. 배당의 유형에는 주식배당과 현금배당이 있다.

배당기준일	배당을 받을 권리가 있는 주주를 확정하는 날로 배당기준일제도나 주주명부폐쇄제도가 있다. 이 날은 주주를 확정하는 날로 별다른 회계처리를 하지 않는다.
배당선언일 (배당결의일)	이익잉여금을 배당으로 처분하도록 주주총회에서 결의하는 날로서 현금배당은 미지급배당금(주식배당 : 미교부주식배당금)을 인식하고 유동부채(자본조정)로 분류한다. 차) 미처분이익잉여금 ××× 대) 미지급배당금 ××× 미교부주식배당금 ×××
배당지급일	배당으로 선언된 금액을 실제 지급하는 날로서 지급에 대한 회계처리를 한다. 차) 미지급배당금 ××× 대) 현금 ××× 차) 미교부주식배당금 ××× 대) 자본금 ×××

① **누적적 우선주** : 약정된 이익배당을 과거에 지급받지 못하거나 미달한 경우 차후연도에 이익배당을 지급할 때 우선적으로 지급받을 수 있는 권리가 부여된 주식을 말한다. 여기서 과거에 지급받지 못하거나 미달한 배당을 연체배당금이라고 하나 결의되지 않은 상태이므로 부채로 인식하지 않는다.

누적적 우선주 배당금 : 우선주 자본금 × 우선주 배당률 × 배당금을 수령하지 못한 기간(당기포함)
보통주 배당금 : 총배당금 − 누적적 우선주 배당금

구분	소급분	당기분	합계
우선주배당금	배당률 배당	배당률 배당	×××
보통주배당금	−	나머지 배당	×××
	×××	×××	×××

② **비누적적 우선주** : 연체배당금은 소멸되며 차후연도에 이익배당을 지급할 때 당기분만 지급받을 수 있는 권리가 부여된 주식을 말한다.

비누적적 우선주 배당금 : 우선주 자본금 × 우선주 배당률 × 당기만 해당
보통주 배당금 : 총배당금 − 누적적 우선주 배당금

구분	소급분	당기분	합계
우선주배당금	−	배당률 배당	×××
보통주배당금	−	나머지 배당	×××
	−	×××	×××

③ **참가적 우선주** : 우선주 배당률을 초과해서 보통주와 함께 이익배당에 참여할 수 있는 권리가 부여된 우선주를 말한다. 이는 참여정도에 따라 아래와 같이 구분된다(비누적적 가정).

㉠ 완전참가적 우선주 : 우선주배당률 이외에 보통주와 동일한 비율로 추가적인 이익배당에 참여

- 비누적적 완전참가적 우선주 배당금(1차) : 우선주 자본금 × 우선주 배당률 × 당기만 해당
- 보통주 배당금(1차) : 보통주 자본금 ×보통주 배당률(별도 언급 없으면 우선주 배당률과 동일) × 당기만 해당
- 비누적적 완전참가적 우선주 배당금(2차) : MAX [(총배당금 − 1차배분액) × $\frac{\text{우선주 자본금}}{\text{총자본금}}$, 우선주 자본금 × 우선주 배당률]
- 보통주 배당금(2차) : (총배당금 − 1차배분액) × $\frac{\text{보통주 자본금}}{\text{총자본금}}$

<table>
<tr><th rowspan="2">구분</th><th rowspan="2">소급분</th><th colspan="2">당기분</th><th rowspan="2">합계</th></tr>
<tr><th>배당률</th><th>완전참가</th></tr>
<tr><td>우선주배당금</td><td>−</td><td>배당률 배당</td><td>액면비례 배당</td><td>×××</td></tr>
<tr><td>보통주배당금</td><td>−</td><td>배당률 배당</td><td>액면비례 배당</td><td>×××</td></tr>
<tr><td></td><td>−</td><td>×××</td><td>×××</td><td>×××</td></tr>
</table>

ⓛ 부분참가적 우선주 : 우선주 배당률 이외에 일정 배당률까지 추가적인 이익배당에 참여

- 비누적적 부분참가적 우선주 배당금(1차) : 우선주 자본금 × 우선주 배당률 × 당기만 해당
- 보통주 배당금(1차) : 보통주 자본금 × 보통주 배당률(별도 언급 없으면 우선주 배당률과 동일) × 당기만 해당
- 비누적적 부분참가적 우선주 배당금(2차) : MIN [우선주 자본금 × 추가배당률(부분참가율 −우선주 배당률), 한도 : (총배당금 − 1차배당금) × 우선주액면비율]
- 보통주 배당금(2차) : 총배당금 − 1,2차배분액

구분	소급분	당기분		합계
		배당률	부분참가	
우선주배당금 보통주배당금	– –	배당률 배당 배당률 배당	추가배당률 배당 나머지 배당	××× ×××
	–	×××	×××	×××

6 자본변동표

자본변동표

20×1년 1월 1일~20×1년 12월 31일

(단위 : 원)

	납입자본	이익 잉여금	FVOCI 금융자산	재평가 잉여금	총계	비지배지분	총자본
20×1.1.1. 현재 잔액	600,000	100,000	20,000	-	720,000	80,000	800,000
20×1년 자본의 변동							
유상증자	45,000	-	-	-	45,000	5,000	50,000
배당	-	(18,000)	-	-	(18,000)	(2,000)	(20,000)
총포괄손익	-	60,000	(40,000)	7,000	27,000	3,000	30,000
20×1.12.31. 현재 잔액	645,000	142,000	(20,000)	7,000	774,000	86,000	860,000

7 이익잉여금처분계산서

1. 미처분이익잉여금	전기이월미처분이익잉여금 ± 회계전책변경누적효과, 전기오류수정손익 − 중간배당액 ± 단기순손익
2. 임의적립금등의 이입액	배당평균적립금, 사업확장적립금, 감채적립금등의 이입액
3. 합계	1 + 2
4. 이익잉여금의 처분액	금전배당 + 현물배당 + 주식배당 + 이익준비금 + 주식할인발행차금, 감자차손, 자기주식처분손실 등 상각액 + 임의적립금의 적립액
5. 차기이월미처분이익잉여금	3 − 4

수정문제

다음의 내용을 읽고 잘못된 내용을 수정하시오.

01 주식발행초과금과 주식할인발행차금, 감자차익과 감자차손, 자기주식처분이익과 자기주식처분손실은 발생순서에 따라 상계하여 순액으로 표시한다.

02 무상증자 시 발행주식수 및 1주당 액면가액은 증가하나 잉여금은 감소가 가능하다.

03 주식배당은 자본금이 증가하나 잉여금은 감소한다.

04 자기주식을 처분하는 경우 액면가액과 처분가액을 비교하여 자기주식처분손익을 계상한다.

05 금전 및 주식배당을 결의하는 경우 부채를 계상하여 나중에 주식이 발행되거나 현금지급된다.

▼정답 및 해설

01 발생순서에 상관없이 상계하여 순액으로 표시한다.
02 1주당 액면가액은 불변이다.
03 자본잉여금은 불변이다.
04 액면가액이 아니라 취득가액이다.
05 주식배당을 결의하는 경우 자본(미교부주식배당금)으로 분류한다.

출제예상 문제

01 **당기 중에 아래의 자본거래로 인한 증감액으로 틀린 것은?**

- 2월 25일 : 액면금액 5,000원인 보통주 1,000주를 6,000원에 유상감자함
- 6월 30일 : 이월결손금 500,000원을 보전하기 위해 액면금액 5,000원인 보통주 100주를 무상감자함
- 9월 30일 : 주당 액면가액 5,000원의 보통주 50주를 주당 6,500원에 발행함
- 12월 12일 : 자기주식 10주를 8,000원에 취득함

①	자본금의 순감소액	5,250,000원
②	자본잉여금의 순증가액	75,000원
③	자본조정의 순감소액	1,080,000원
④	자본의 총감소액	5,700,000원

02 **다음 중 자본항목에 대한 설명으로 틀린 것은?**

① 주식배당, 무상증자, 주식분할, 그리고 주식병합은 모두 공통적으로 자본총액에 변화를 가져오지 않는다.
② 보유하고 있는 자기주식을 소각하면 부채비율에는 변화가 없다.
③ 주식할인발행차금, 감자차손, 자기주식처분손실은 자본조정항목 중 자본차감계정이다.
④ 미교부주식배당금은 주식배당을 받는 주주들에게 주식을 교부해야 하는 것이므로 부채로 계상한다.

03 **아래의 자료는 자기주식(이동평균법적용)에 대한 내역이다. 아래의 설명 중 틀린 것은?**

- 3월 1일 : 자기주식 100주를 1주당 5,000원에 취득하였다.
- 4월 12일 : 자기주식 200주를 1주당 8,000원에 취득하였다.
- 5월 31일 : 자기주식 중 50주를 소각하였다.(1주당 액면가액은 5,000원)
- 7월 17일 : 자기주식 중 100주를 1주당 6,000원에 처분하였다.
- 8월 25일 : 자기주식 중 70주를 소각하였다.(1주당 액면가액은 5,000원)
- 9월 6일 : 자기주식 중 50주를 1주당 9,000원에 처분하였다.

① 결산일 현재 자기주식은 210,000원이 있다.
② 결산일 현재 감자차손은 240,000원이 있다.
③ 결산일 현재 자기주식처분이익은 100,000원이다.
④ 위의 거래를 통한 자본의 변동은 1,050,000원이 감소한다.

04 **주식배당, 무상증자, 주식분할, 주식병합에 대한 설명 중 틀린 것은?**

① 주식배당, 무상증자는 자본금이 증가한다.
② 주식배당, 무상증자, 주식분할은 발행주식수가 증가한다.
③ 주식배당은 자본잉여금 또는 이익잉여금이 감소할 수 있다.
④ 주식배당, 무상증자, 주식분할, 주식병합은 자본의 총액에 변동이 없다.

05 **대전주식회사는 2월에 자기주식 100주를 주당 6,000원에 취득하였으며, 3월에 자기주식 100주를 주당 7,000원에 취득하였다. 이후 대전주식회사는 9월에 보유하고 있던 자기주식 중 100주를 주당 5,500원에 매각하였다. 처분한 자기주식의 단가를 총평균법으로 계산할 경우 대전주식회사가 인식해야 할 자기주식처분손익은 얼마인가?**

① 자기주식처분이익 100,000원
② 자기주식처분이익 250,000원
③ 자기주식처분손실 100,000원
④ 자기주식처분손실 250,000원

06 **다음은 자본거래가 각 자본항목에 미치는 영향을 나타내고 있다. 이 중 가장 올바르지 않은 것은?**

	자본금	이익잉여금	발행주식수
① 주식배당	증가	감소	증가
② 주식의 할증발행	증가	불변	증가
③ 현금배당	불변	감소	불변
④ 자기주식의 재발행	불변	불변	감소

07 **(주)천호는 20×1년 7월 1일에 자기주식 500주(주당 액면 5,000원)를 주당 8,000원에 취득하고 20×1년 8월 31일 100주를 주당 9,000원에, 100주는 20×1년 10월 31일에 주당 7,500원에 매각하였다. 나머지 200주는 11월 30일 주당 8,500원에 매각하였다. 12월 31일 공정가치는 주당 9,800원이다. 다음 설명 중 가장 올바른 것은?** (단, 20×1년 이전에 자기주식 거래는 없었다.)

① 20×1년 7월 1일 거래로 자본이 4,000,000원 증가한다.
② 20×1년 8월 31일 거래로 이익잉여금이 100,000원 증가한다.
③ 20×1년 10월 31일 거래로 자본이 750,000원이 증가한다.
④ 20×1년 12월 31일 평가손익으로 자본이 180,000원 증가한다.

08 **다음은 결산일이 12월 31일인 (주)천호의 20×1년말 재무상태표상 자본에 관한 정보이다. 20×1년말 (주)천호의 기타포괄손익누계액은 얼마인가?**

ㄱ. 보통주자본금	10,000,000원
ㄴ. 주식발행초과금	5,000,000원
ㄷ. FVOCI평가이익	400,000원
ㄹ. 이익준비금	500,000원
ㅁ. 미처분이익잉여금	850,000원
ㅂ. 재평가잉여금	300,000원
ㅅ. 자기주식처분이익	500,000원

① 500,000원 ② 700,000원
③ 1,350,000원 ④ 5,500,000원

09 **다음 중 자기주식의 취득 및 처분에 관한 회계처리에 대한 설명으로 옳지 않은 것은?**

① 자기주식을 취득하는 경우 취득원가를 자본에서 차감하는 형식으로 기재한다.
② 자기주식을 처분하는 경우 처분가액과 취득원가와의 차액을 자기주식처분손익으로 자본에 가감한다.
③ 자기주식을 소각하는 경우 액면가액과 취득원가와의 차액을 감자차손익으로 자본에 가감한다.
④ 자기주식은 기말에 주가의 변동분을 평가손익으로 인식한다.

10 **(주)천호의 20×2년초 이익잉여금처분계산서의 구성항목이 다음과 같을 때 (주)천호의 20×1년말 미처분이익잉여금은 얼마인가?**

• 전기이월미처분이익잉여금	5,000,000원
• 중간배당	(−) 50,000원
• 당기순이익	500,000원
• 연차배당	(−)200,000원

① 5,250,000원 ② 5,450,000원
③ 5,500,000원 ④ 5,750,000원

11 **다음은 12월 말 결산법인인 (주)삼일의 20×1년 자본거래 내역이다. 20×1년 말 결산 시 (주)삼일의 자본에 대한 보고금액으로 올바르게 짝지어진 것은?**

> ㄱ. 3월 5일 회사는 현금배당을 1,200원 지급하였다.
> ㄴ. 5월 1일 회사는 액면가액 1,000원의 주식 3주를 주당 1,500원에 발행하였다.
> ㄷ. 9월 1일 이사회결의를 통하여 ㈜삼일의 자기주식 2주를 주당 500원에 취득하였다.
> ㄹ. 20×1년의 당기순이익은 2,500원이다.

자본변동표

20×1년 1월 1일부터 20×1년 12월 31일까지

(주)삼일 (단위 : 원)

구분	자본금	주식발행초과금	자기주식	이익잉여금	총계
20×1년 1월 1일	5,000	1,500	(200)	3,000	9,300
자본의 변동					
20×1년 12월 31일	(가)	(나)	(다)	(라)	?

	(가)	(나)	(다)	(라)
①	8,000	3,000	(1,200)	4,300
②	8,000	1,500	(2,200)	5,500
③	9,500	3,000	(1,200)	4,300
④	9,500	1,500	(2,200)	5,500

12 **(주)삼일은 20×1년 초 설립된 회사로 설립 시에 보통주와 우선주를 모두 발행하였다. 설립일 이후 자본금의 변동은 없었으며, 20×1년 12월 31일 현재 보통주자본금과 우선주자본금은 다음과 같다.**

구분	주당액면금액	발행주식수	자본금
보통주	1,000원	1,000주	1,000,000원
우선주(*)	1,000원	500주	500,000원

* 우선주의 배당률은 5% 이며, 누적적·완전참가적 우선주이다.

(주)삼일은 20×2년 12월 31일로 종료되는 회계연도의 정기주주총회에서 배당금 총액을 160,000원으로 선언할 예정인 경우 우선주 주주에게 배분될 배당금은 얼마인가?

① 25,000원 ② 45,000원

③ 70,000원 ④ 90,000원

정답 및 해설

01	④	02	④	03	③	04	③	05	③	06	④	07	③	08	②	09	④	10	②
11	①	12	③																

01 ④

02월 25일	(차) 자본금	5,000,000원	(대) 현금등	6,000,000원
	감자차손	1,000,000원		
06월 30일	(차) 자본금	500,000원	(대) 이월결손금	500,000원
09월 30일	(차) 현금등	325,000원	(대) 자본금	250,000원
			주식발행초과금	75,000원
12월 12일	(차) 자기주식	80,000원	(대) 현금등	80,000원

- 자본금의 변동 : (5,000,000원) + (500,000원) + 250,000원 = (5,250,000원)
- 자본잉여금의 변동 : 75,000원(주식발행초과금)
- 자본조정의 변동 : (1,000,000원) + (80,000원) = (1,080,000원)
- 자본의 변동 : (5,250,000원) + 75,000원 + (1,080,000원) + 500,000원 = (5,755,000원)

02 ④ 미교부주식배당금은 자본조정에 해당한다.

03 ③ ① 100주 + 200주 − 50주 − 100주 − 70 − 50주 = 30주,

$$30\text{주} \times @7{,}000 \left(= \frac{100\text{주} \times @5{,}000 + 200\text{주} \times @8{,}000}{300\text{주}} \right) = 210{,}000\text{원}$$

② (50주 + 70주) × (@5,000 − @7,000) = 감자차손 240,000원
③ 100주 × (@6,000 − @7,000) + 50주 × (@9,000 − @7,000) = 0원
④ (500,000원 + 1,600,000원) + 600,000원 + 450,000원 = (1,050,000원)

3월 1일 : 차) 자기주식	500,000원	대) 현금등	500,000원
4월12일 : 차) 자기주식	1,600,000원	대) 현금등	1,600,000원
5월31일 : 차) 자본금	250,000원	대) 자기주식	350,000원
감자차손	100,000원		
7월17일 : 차) 현금등	600,000원	대) 자기주식	700,000원
자기주식처분손실	100,000원		
8월25일 : 차) 자본금	350,000원	대) 자기주식	490,000원
감자차손	140,000원		
9월 6일 차) 현금등	450,000원	대) 자기주식	350,000원
		자기주식처분이익	100,000원

04 ③ 주식배당은 자본잉여금이 불변이다.

05 ③ (1) 처분가액 : 100주 × 5,500 = 550,000
(2) 장부가액 : (100주 × 6,000 + 100주 × 7,000) × 100주/200주 = 650,000
(3) 자기주식처분손실 : 550,000 − 650,000 = (100,000)

06 ④ 자기주식을 재발행하는 경우 발행주식수는 증가한다.

07 ③ ① 20×1년 7월 1일 : 500주 × @8,000원 = 4,000,000원 자본 감소
② 20×1년 8월 31일 : 100주 × (@9,000원 − @8,000원) = 100,000원 자본잉여금 증가
③ 20×1년 10월 31일 : 100주 × @7,500원 = 750,000원 자본 증가
④ 20×1년 12월 31일 : 자기주식은 기말에 평가하지 않는다.

08 ② FVOCI평가이익 400,000원 + 재평가잉여금 300,000원 = 700,000원

09 ④ 자기주식은 기말에 주가의 변동분을 평가손익으로 인식하지 않는다.

10 ② 20×1년말 미처분이익잉여금 : 전기이월미처분이익잉여금 5,000,000원 − 중간배당 50,000원 + 당기순이익 500,000원 = 5,450,000원

11 ① ㄱ. 이익잉여금 1,200원 감소
ㄴ. 자본금 3,000원 증가, 주식발행초과금 1,500원 증가
ㄷ. 자기주식 취득 (1,000원) 증가
ㄹ. 이익잉여금 2,500원 증가

자본변동표

20×1년 1월 1일부터 20×1년 12월 31일까지

(주)삼일 (단위 : 원)

구분	자본금	주식발행초과금	자기주식	이익잉여금	총계
20×1년 1월 1일	5,000	1,500	(200)	3,000	9,300
자본의 변동	3,000	1,500	(1,000)	1,300	4,800
20×1년 12월 31일	8,000	3,000	(1,200)	4,300	14,100

12 ③

	소급분(×1년분)	당기분(×2년분)		계
		최소배당률	완전참가적	
우선주	25,000원	25,000원	20,000원	70,000원
보통주	−	50,000원	40,000원	90,000원
계	25,000원	75,000원	60,000원	160,000원

※ 우선주배당금(소급분, 당기분) : 자본금 500,000원 × 5% = 25,000원
보통주배당금 : 자본금 1,000,000원 × 5% = 50,000원
우선주배당금(완전참가적) : (160,000원 − 100,000원) × 500,000원 / 1,500,000원 = 20,000원
보통주배당금(완전참가적) : (160,000원 − 100,000원) × 1,000,000원 / 1,500,000원 = 40,000원

이패스 재경관리사
핵심서브노트&문제풀이

www.epasskorea.com

PART 05

수익과 비용

CHAPTER 01. 수익(K-IFRS 제1115호)
CHAPTER 02. 건설계약(K-IFRS 제1115호)
CHAPTER 03. 종업원급여(K-IFRS 제1019호)
CHAPTER 04. 주식기준보상(K-IFRS 제1102호)

CHAPTER 01 수익(K-IFRS 제1115호)

1 수익

(1) 정의

자산의 유입 또는 가치 증가나 부채의 감소 형태로 자본의 증가를 가져오는, 특정 회계기간에 생긴 경제적 효익의 증가로서, 지분참여자의 출연과 관련된 것은 제외

(2) 용어

계약자산	기업이 고객에게 이전한 재화나 용역에 대하여 그 대가를 받을 기업의 권리로 그 권리에 시간의 경과 외의 조건(예 기업의 미래 수행)이 있는 자산
계약부채	기업이 고객에게서 이미 받은 대가(또는 지급기일이 된 대가)에 상응하여 고객에게 재화나 용역을 이전하여야 하는 기업의 의무
수취채권	기업이 고객으로부터 대가를 받을 무조건적인 권리
고객	기업의 통상적인 활동의 산출물인 재화나 용역을 대가와 교환하여 획득하기로 그 기업과 계약한 당사자
계약	둘 이상의 당사자 사이에 집행 가능한 권리와 의무가 생기게 하는 합의
개별판매가격	기업이 약속한 재화나 용역을 고객에게 별도로 판매할 경우의 가격
거래가격	고객에게 약속한 재화나 용역을 이전하고 그 대가로 기업이 받을 권리를 갖게 될 것으로 예상하는 금액이며, 제삼자를 대신하여 회수한 금액은 제외

✔ 계약자산이나 계약부채는 재무상태표에서 그 항목에 대해 다른 표현을 사용하는 것을 금지하지는 않는다.

(3) 핵심원칙 – 5단계

기업이 고객에게 약속한 재화나 용역의 이전(수행의무 이행)을 나타내도록 해당 재화나 용역의 대가로 받을 권리를 갖게 될 것으로 예상하는 대가(거래가격)를 반영한 금액으로 수익을 인식해야 한다는 것(계약 상대방이 고객인 경우에만 적용)

1단계		2단계		3단계		4단계		5단계
고객과의 계약을 식별	→	수행의무를 식별	→	거래가격을 산정	→	거래가격을 계약 내 수행의무에 배분	→	수행의무를 이행할 때(기간에 걸쳐 이행하는 대로) 수익을 인식
식별단계		식별단계		측정단계		측정단계		인식단계

(4) 5단계 구체적 내용

① 1단계 : 고객과의 계약을 식별

다음 기준을 모두 충족하는 때에만 고객과의 계약으로 회계처리

㉠ 계약 당사자들이 계약을 (서면으로, 구두로, 그 밖의 사업 관행에 따라) 승인하고 각자의 의무를 수행하기로 확약한다.

㉡ 이전할 재화나 용역과 관련된 각 당사자의 권리를 식별할 수 있다.

㉢ 이전할 재화나 용역의 지급조건을 식별할 수 있다.

㉣ 계약에 상업적 실질이 있다(계약의 결과로 기업의 미래 현금흐름의 위험, 시기, 금액이 변동될 것으로 예상된다).

㉤ 고객에게 이전할 재화나 용역에 대하여 받을 권리를 갖게 될 대가의 회수 가능성이 높다.

➡ 고객에게서 대가를 받은 경우에는 다음 사건 중 어느 하나가 일어난 경우에만 받은 대가를 수익으로 인식한다.

> ㉠ 고객에게 재화나 용역을 이전해야 하는 의무가 남아있지 않고, 고객이 약속한 대가를 모두(또는 대부분) 받았으며 그 대가는 환불되지 않는다.
> ㉡ 계약이 종료되었고 고객에게서 받은 대가는 환불되지 않는다.

위 사건 중 하나가 일어나거나 요건이 나중에 충족될 때까지 고객에게서 받은 대가는 부채로 인식한다.(선수금)

예제 1

(주)광진은 (주)천호에게 7월 1일부터 12월 31일까지 6월간 용역의무를 이행하기로 하고 7월 1일 현금 50,000원을 수령하였다. (주)광진이 용역의무를 이행함으로써 수익으로 인식할 금액은 45,000원이며, 비용으로 현금지출한 금액은 38,000원이다. 다만, 용역의무를 이행하지 못한 대가 5,000원에 대해서는 (주)천호가 권리를 포기하여 (주)광진이 용역을 이전해야 하는 의무가 남아있지 않으며, 받은 대가는 환불되지 않는다.

해설

07월 01일 :	차) 현금	50,000원	대) 계약부채	50,000원
12월 31일 :	차) 계약부채	45,000원	대) 용역수익	45,000원
	차) 용역원가	38,000원	대) 현금	38,000원
	차) 계약부채	5,000원	대) 기타수익	5,000원

② 2단계 : 수행의무를 식별

다음 중 어느 하나를 이전하기로 한 각 약속을 하나의 수행의무로 식별

㉠ 구별되는 재화나 용역 또는 재화나 용역의 묶음

㉡ 실질적으로 서로 같고 고객에게 이전하는 방식도 같은 일련의 구별되는 재화나 용역

➡ 계약을 이행하기 위해 해야 하지만 고객에게 재화나 용역을 이전하는 활동이 아니라면 그 활동은 수행의무에 포함되지 않는다. 약속한 재화나 용역이 구별되지 않는다면, 구별되는 재화나 용역의 묶음을 식별할 수 있을 때까지 그 재화나 용역을 약속한 다른 재화나 용역과 결합한다. 경우에 따라서는 그렇게 함으로써 기업이 계약에서 약속한 재화나 용역 모두를 단일 수행의무로 회계처리하는 결과를 가져올 것이다.

다음 기준을 모두 충족한다면 고객에게 약속한 재화나 용역은 구별되는 것이다.

> ① 고객이 재화나 용역 그 자체에서 효익을 얻거나 고객이 쉽게 구할 수 있는 다른 자원과 함께하여 그 재화나 용역에서 효익을 얻을 수 있다(그 재화나 용역이 구별될 수 있다).
> ② 고객에게 재화나 용역을 이전하기로 하는 약속을 계약 내의 다른 약속과 별도로 식별해 낼 수 있다(그 재화나 용역을 이전하기로 하는 약속은 계약상 구별된다).

③ **3단계** : 거래가격을 산정

거래가격은 고객에게 약속한 재화나 용역을 이전하고 그 대가로 기업이 받을 권리를 갖게 될 것으로 예상하는 금액이며, 다음 사항이 미치는 영향을 모두 고려

㉠ **변동대가** : 대가(금액)는 할인(discount), 리베이트, 환불, 공제(credits), 가격할인(price concessions), 장려금(incentives), 성과보너스, 위약금이나 그 밖의 비슷한 항목 때문에 변동될 수 있음(기댓값 또는 가능성이 가장 높은 금액 중 더 잘 예측할 수 있는 방법)

㉡ 변동대가 추정치의 제약

㉢ 계약에 있는 유의적인 금융요소(현재가치평가. 단, 1년 이내 간편법가능)

㉣ 비현금 대가(공정가치로 측정. 단, 추정이 어려우면 개별 판매가격을 참조하여 간접적으로 측정)

㉤ 고객에게 지급할 대가(고객이 기업에 이전하는 구별되는 재화나 용역의 대가로 지급하는 것이 아니라면, 그 대가는 거래가격, 즉 수익에서 차감하여 회계처리)

④ **4단계** : 거래가격을 계약 내 수행의무에 배분

㉠ **개별 판매가격에 기초한 배분** : 거래가격을 상대적 개별 판매가격에 기초하여 각 수행의무에 배분하기 위하여 계약 개시시점에 계약상 각 수행의무의 대상인 구별되는 재화나 용역의 개별 판매가격을 산정하고 이 개별 판매가격에 비례하여 거래가격을 배분

✔ 개별 판매가격을 직접 관측할 수 없다면, 개별 판매가격을 추정한다.

㉡ **할인액의 배분** : 할인액 전체가 계약상 하나 이상의 일부 수행의무에만 관련된다는 관측 가능한 증거가 있는 때 외에는, 할인액을 계약상 모든 수행의무에 비례하여 배분한다. 이러한 상황에서 할인액을 비례적으로 배분하면 대상이 되는 구별되는 재화나 용역의 상대적 개별 판매가격에 기초하여 거래가격을 각 수행의무에 배분한 결과가 된다.

㉢ 거래가격의 변동 : 계약 개시시점과 같은 기준으로 계약상 수행의무에 배분. 따라서 계약을 개시한 후의 개별 판매가격 변동을 반영하기 위해 거래가격을 다시 배분하지는 않는다.

⑤ **5단계** : 수행의무를 이행할 때 또는 기간에 걸쳐 이행하는 대로 수익인식

㉠ 기간에 걸쳐 이행하는 수행의무 – 진행기준

다음 기준 중 어느 하나를 충족하면, 기업은 재화나 용역에 대한 통제를 기간에 걸쳐 이전

ⓐ 고객은 기업이 수행하는 대로 기업의 수행에서 제공하는 효익을 동시에 얻고 소비한다.

ⓑ 기업이 수행하여 만들어지거나 가치가 높아지는 대로 고객이 통제하는 자산 (예 재공품)을 기업이 만들거나 그 자산 가치를 높인다.

ⓒ 기업이 수행하여 만든 자산이 기업 자체에는 대체 용도가 없고, 지금까지 수행을 완료한 부분에 대해 집행 가능한 지급청구권이 기업에 있다.

➡ 진행률 측정 : 기간에 걸쳐 이행하는 수행의무 각각에 대해, 그 수행의무 완료까지의 진행률을 측정하여 기간에 걸쳐 수익을 인식. 적절한 진행률 측정방법에는 산출법과 투입법이 포함된다. 수행의무의 진행률을 합리적으로 측정할 수 있는 경우에만, 기간에 걸쳐 이행하는 수행의무에 대한 수익을 인식한다. 진행률의 변동은 회계추정의 변경으로 회계처리한다.

ⓛ 한 시점에 이행하는 수행의무

고객이 약속된 자산을 통제하고 기업이 수행의무를 이행하는 시점을 판단하기 위해, 다음과 같은 통제 이전의 지표(다음이 포함되나 이에 한정되지는 않는다)를 참고함

ⓐ 기업은 자산에 대해 현재 지급청구권이 있다.
ⓑ 고객에게 자산의 법적 소유권이 있다.
ⓒ 기업이 자산의 물리적 점유를 이전하였다.
ⓓ 자산의 소유에 따른 유의적인 위험과 보상이 고객에게 있다.
ⓔ 고객이 자산을 인수하였다.

(5) 수익의 사례

<table>
<tr><td>위탁약정</td><td colspan="3">인도된 제품이 위탁물로 보유된다면 제품을 다른 당사자(수탁자)에게 인도할 때 수익을 인식하지 않음. 수탁자가 제3자에게 판매한 날에 수익을 인식 ⇨ 주의사항 : 적송운임은 적송품의 원가에 포함시킴</td></tr>
<tr><td>반품권이 있는 판매★★★</td><td colspan="3">〈반품가능성을 예측할 수 있는 경우〉
① 기업이 받을 권리를 갖게 될 것으로 예상하는 대가를 이전하는 제품에 대한 수익으로 인식
② 반품이 예상되는 제품에 대해서는 수익을 인식하지 않고 환불부채(반품이 예상되는 재고자산 대가)로 인식
③ 고객에게서 제품을 회수할 기업의 권리에 대하여 자산을 인식(반환재고회수권 = 재고자산 장부금액 − 회수 예상원가 − 잠재적 가치감소분)
(차) 계약자산, 수취채권 등 ××× (대) 매 출 ×××
환 불 부 채 ×××*1
(차) 매 출 원 가 ×××*2 (대) 재 고 자 산 ×××
반 환 재 고 회 수 권 ×××*3
*1 반품이 예상되는 재고자산의 대가
*2 재고자산의 원가 − 반환재고회수권
*3 반품이 예상되는 재고자산 장부금액 − 회수 예상원가 − 반품된 제품의 잠재적 가치감소분

〈반품가능성을 예측할 수 없는 경우〉
반품종료시점까지 수익을 인식하지 않고 재고자산을 반환재고회수권으로 대체하고 반품종료시점에 수익을 인식
(차) 현 금 ××× (대) 환 불 부 채 ×××
반 환 재 고 회 수 권 ××× 재 고 자 산 ×××</td></tr>
<tr><td>고객이 행사하지 아니한 권리 (상품권)</td><td colspan="3">고객에게서 선수금을 받은 경우에는 미래에 재화나 용역을 이전할(또는 언제라도 이전할 수 있는 상태에 있어야 하는) 수행의무에 대한 선수금을 계약부채로 인식. 그 재화나 용역을 이전하고 따라서 수행의무를 이행할 때 계약부채를 제거하고 수익을 인식</td></tr>
<tr><td rowspan="2">라이선스 (별도구별되는 경우)</td><td>사용권</td><td>라이선스를 부여한 시점에 존재하는 지적재산을 사용할 권리</td><td>한 시점에 이행되는 수행의무(부여일에 수익인식)</td></tr>
<tr><td>접근권</td><td>라이선스 기간 전체에 걸쳐 존재하는 기업의 지적재산에 접근할 권리</td><td>기간에 걸쳐 이행되는 수행의무(사용기간에 걸쳐 수익인식)</td></tr>
</table>

<table>
<tr><td rowspan="3">보증의무</td><td colspan="2">별도구매선택권이 있는 경우</td><td>구별되는 용역(수행의무), 거래가격의 일부를 배분</td></tr>
<tr><td rowspan="2">별도구매 선택권이 없는 경우</td><td>용역유형의 보증</td><td>구별되는 용역(수행의무), 거래가격의 일부를 배분</td></tr>
<tr><td>확신유형의 보증</td><td>충당부채로 회계처리</td></tr>
<tr><td>장기할부판매</td><td colspan="3">인도되는 시점의 공정가치. 공정가치는 명목금액의 현재가치로 측정. 공정가치와 명목금액과의 차액은 현금회수기간에 걸쳐 이자수익으로 인식</td></tr>
<tr><td>설치수수료</td><td colspan="3">재화판매에 부수○ : 재화가 인도되는 때
재화판매에 부수× : 진행률에 따라 수익인식</td></tr>
<tr><td>방송사의 광고수익</td><td colspan="3">광고를 대중에게 전달하는 시점</td></tr>
<tr><td>광고제작 용역수익</td><td colspan="3">제작기간동안 진행기준 적용</td></tr>
<tr><td>시용판매</td><td colspan="3">고객의 구매의사표시가 있을 때</td></tr>
<tr><td>주문개발 소프트웨어</td><td colspan="3">진행기준에 따라 수익인식</td></tr>
<tr><td>입장료수익</td><td colspan="3">행사가 개최되는 시점에 인식</td></tr>
<tr><td>강의료수익</td><td colspan="3">강의기간에 걸쳐 수익으로 인식</td></tr>
<tr><td>출판물 및 유사품목구독</td><td colspan="3">품목의 가액이 매기 비슷한 경우 발송기간에 걸쳐 정액기준으로 인식. 단, 품목의 가액이 기간별로 다른 경우 총판매가액에서 차지하는 비율에 따라 인식</td></tr>
</table>

(6) 고객충성제도

① 의의

고객이 재화나 용역을 구매하면, 기업은 고객보상점수(흔히 '포인트'라고 한다)를 부여하고 고객은 보상점수를 사용하여 재화나 용역을 무상 또는 할인 구매하는 방법으로 보상을 받는 일련의 제도

② 수익인식과 측정

㉠ 기업이 직접보상을 제공 : 보상점수가 회수되고 보상을 제공할 의무를 이행한 때 보상점수에 배분된 대가를 수익으로 인식. 재화 판매 시점에 수령한 대가 중 부여한 포인트에 대한 대가는 계약부채로 인식. 보상점수에 배분할 대가는 보상점수의 상대적 개별 판매가격에 기초하여 측정. 보상점수의 판매가격을 측정할 때 보상점수 가운데 고객이 사용할 것으로 기대되지 않는 부분을 고려함.

[부여된 포인트에 제공될 판매가격(B) : 부여한 포인트 × 1포인당 공정가치 × 회수비율]

구분	개별 판매가격	배분비율	배분된 거래가격
제품	A	A/(A+B)	판매가격 × 배분비율
포인트	B	B/(A+B)	판매가격 × 배분비율
합계	A+B	100%	판매가격

㉡ 제3자가 보상을 제공 : 보상점수에 배분되는 대가를 기업이 자기의 계산으로 회수하고 있는지 아니면 제3자를 대신하여 회수하고 있는지를 판단하여야 한다.

ⓐ 자기의 계산으로 대가를 회수하는 경우 : 보상점수에 배분되는 총 대가로 수익을 측정하고 보상과 관련하여 의무를 이행한 때 수익을 인식

ⓑ 제3자를 대신하여 대가를 회수하는 경우 : 보상점수에 배분되는 대가와 제3자가 제공한 보상에 대해 기업이 지급할 금액 간의 차액으로 수익을 측정

<table>
<tr><th>구분</th><th colspan="2">수익인식시기</th><th>수익측정</th></tr>
<tr><td>기업이 직접 보상을 제공</td><td colspan="2">보상점수가 회수되고 보상을 제공할 의무를 이행한 때</td><td>보상점수에 배분된 대가[1)]</td></tr>
<tr><td rowspan="2">제3자가 보상제공</td><td>자기의 계산으로 회수</td><td>보상과 관련하여 의무를 이행한 때</td><td>보상점수에 배분되는 총대가</td></tr>
<tr><td>제3자를 대신하여 회수</td><td>제3자가 보상을 제공할 의무를 지고 그것에 대한 대가를 받을 권리를 가지게 될 때</td><td>보상점수에 배분되는 대가와 제3자가 제공한 보상에 대해 기업이 지급할 금액간의 차액</td></tr>
</table>

1)

$$\text{보상점수에 배분된 대가} = \text{배분된 거래가격} \times \frac{\text{보상과 교환되어 회수된 보상점수 누적액}}{\text{회수될 것으로 기대되는 총 보상점수}} - \text{이전에 인식한 수익누적액}$$

예제 2

어느 한 기간에 기업이 100포인트(10원당 1포인트 부여)를 부여하였다. 대가는 고정금액이고 판매한 제품의 개별 판매가격은 1,000원이다. 경영진은 1포인트당 공정가치를 1.25원으로 측정하고 있다. 또한, 경영진은 시장 참여자들이 이 가운데 80포인트(즉, 80%)만이 회수될 것이라고 기대하며 아래와 같이 회수되었다. 각 연도별 회계처리를 하시오.

1차연도 : 회수된 포인트 40포인트 / 예상되는 총포인트 점수 80포인트
2차연도 : 회수된 포인트 41포인트 / 예상되는 총포인트 점수 90포인트
3차연도 : 회수된 포인트 9포인트 / 예상되는 총포인트 점수 90포인트

해설 부여된 포인트에 대해서 제공될 판매가격 100포인트 × 1포인당 공정가치 1.25원 × 80% = 100원

구분	개별 판매가격	배분비율	배분된 거래가격
제품	1,000원	1,000원 × 1,000원/1,100원 = 0.90909	909원
포인트	100원	1,000원 × 100원/1,100원 = 0.09091	91원
합계	1,100원		1,000원

계약부채 : 91원, 매출액 : 909원

〈1차연도 회계처리〉
1차연도 실현수익 : (40포인트/80포인트) × 91원 =46원(원미만 반올림함)

차) 현금등	1,000원	대) 매출	909원
		계약부채	91원
차) 계약부채	46원	매출	46원

〈2차연도 회계처리〉
2차연도 실현수익 : (81포인트/90포인트) × 91원 – 1차연도까지 실현수익누적액 46원 = 36원

차) 계약부채	36원	대) 매출	36원

〈3차연도 회계처리〉
3차연도 실현수익 : (90포인트/90포인트) × 91원 – 2차연도까지 실현수익누적액 82원 = 9원

차) 계약부채	9원	대) 매출	9원

2 비용

(1) 의의 : 영업활동에서 발생한 자산의 유출이나 사용 또는 부채의 발생액

(2) 인식기준

① 원칙 : 수익이 인식되는 회계기간에 관련된 비용을 인식함(수익·비용대응의 원칙)

② 예외 : 대응시키기 어려운 경우 당기비용 또는 합리적이고 체계적인 방법으로 배분(감가상각)

수정문제

다음의 내용을 읽고 잘못된 내용을 수정하시오.

01 수익인식 5단계 순서는 계약을 식별, 수행의무를 식별, 거래가격을 안분, 거래가격을 산정, 수행의무 이행에 따라 수익을 인식하는 것이다.

02 거래가격의 안분은 개별 장부가액에 비례하여 배분한다.

03 적절한 진행률 측정방법에는 투입법은 포함하나 산출법은 제외한다.

04 보상점수의 판매가격을 측정할 때 보상점수 가운데 고객이 사용할 것으로 기대되지 않는 부분은 고려하지 않는다.

05 고객은 기업이 수행하는 대로 기업의 수행에서 제공하는 효익을 동시에 얻고 소비한다면 이행하는 시점에 수익을 인식한다.

06 고객이 보증을 별도로 구매할 수 있는 선택권이 있다면, 그 보증은 충당부채로 회계처리한다.

07 라이선스 기간 전체에 걸쳐 존재하는 기업의 지적재산에 접근할 권리는 한 시점에 이행되는 수행의무에 해당하여 부여된 시점에 수익을 인식한다.

▼정답 및 해설

01 거래가액을 산정하고 거래가격을 안분한다.
02 개별 장부가격이 아니라 개별 판매가격이다.
03 산출법도 포함한다.
04 고려하여야 한다.
05 이행하는 시점이 아니라 이행하는 기간에 걸쳐 수익을 인식한다.
06 별도의 수행의무로 회계처리하고, 그 수행의무에 거래가격의 일부를 배분한다.
07 접근권은 기간에 걸쳐 이행되는 수행의무에 해당하여 사용기간에 걸쳐 수익을 인식한다.

출제예상 문제

01 **수익인식의 핵심 원칙으로서 5단계에 해당하지 않는 것은?**

① 수행의무를 한시점에 이행할 때에만 수익을 인식
② 고객과의 계약과 수행의무를 식별
③ 거래가격을 산정
④ 거래가격을 계약 내 수행의무에 배분

02 **계약을 식별함에 있어 충족해야 하는 기준이 아닌 것은?**

① 이전할 재화나 용역과 관련된 각 당사자의 권리를 식별할 수 있다.
② 계약 당사자들이 계약을 서면으로만 승인하고 각자의 의무를 수행하기로 확약한다.
③ 이전할 재화나 용역의 지급조건을 식별할 수 있다.
④ 계약에 상업적 실질이 있다.

03 **수익을 기간에 걸쳐 수행의무를 이행하는 것이고 기간에 걸쳐 수익을 인식하는 것과 관련이 없는 것은?**

① 고객은 기업이 수행하는 대로 기업의 수행에서 제공하는 효익을 동시에 얻고 소비한다.
② 기업이 수행하여 만들어지거나 가치가 높아지는 대로 고객이 통제하는 자산(예 재공품)을 기업이 만들거나 그 자산 가치를 높인다.
③ 수행의무의 진행률을 합리적으로 측정할 수 있는 경우에만, 기간에 걸쳐 이행하는 수행의무에 대한 수익을 인식한다.
④ 수행의무의 진행률은 보고기간 말마다 다시 측정하는데 이는 회계정책의 변경에 해당한다.

04 **(주)천호는 20×1년 1월 1일 제품 A와 제품 B를 패키지로 구성하여 고객과 제품판매 계약을 체결하였다. 이 중 제품 A는 20×1년 4월 1일에 인도할 예정이며, 제품 B는 6월 1일에 인도할 계획이다. 계약상 총거래가격은 900,000원이며, 제품 A와 제품 B의 독립 판매가격은 각각 600,000원과 400,000원이다. 제품 A의 대가는 제품 B의 인도를 조건으로 하였다. 대금은 6월 10일에 현금 900,000원을 수령하였다. 이 계약에 대한 설명으로 틀린 것은?**

① 1단계 계약의 식별은 재화의 이전으로 제품 판매계약에 해당한다.
② 2단계 수행의무의 식별은 제품 A와 제품 B의 인도로 각각 식별된다.
③ 3단계 거래가격은 900,000원이고, 4단계 거래가격의 배분은 제품 A에 540,000원, 제품 B에 360,000원이 각각 배분된다.
④ 5단계 수행의무이행은 최종 제품 B가 이행하는 때인 6월 1일에 수익을 모두 인식한다.

05 **용역의 제공에 대하여 통상적으로 진행률 산정시 그 기준으로 틀린 것은?**

① 작업수행정도의 조사
② 현금기준
③ 총추정원가 대비 현재까지 발생한 누적원가의 비율
④ 총예상용역량 대비 현재까지 수행한 누적용역량의 비율

06 **이자 · 배당금 · 로열티 수익에 대한 설명으로 틀린 것은?**

① 로열티수익은 관련된 약정의 실질을 반영하여 발생기준에 따라 인식한다.
② 배당수익은 주주로서 배당을 받을 권리가 확정되는 시점에 인식한다.
③ 이미 수익으로 인식한 금액에 대해서는 추후에 회수가능성이 불확실해지는 경우 이미 인식한 수익금액을 조정한다.
④ 이자수익은 유효이자율을 적용하여 발생기준에 따라 인식한다.

07 **고객충성제도에 대한 설명이다. 틀린 것은?**

① 기업이 직접 보상을 제공하는 경우 수익으로 인식할 금액은 항상 부여한 총 보상점수에서 보상과 교환되어 회수된 보상점수의 상대적 크기에 기초하여야 한다.
② 기업이 직접 보상을 제공한다면 보상점수가 회수되고 보상을 제공할 의무를 이행한 때 보상점수에 배분된 대가를 수익으로 인식한다.
③ 제3자가 보상을 제공하고 기업이 제3자를 대신하여 대가를 회수하는 경우 수익은 자기의 계산으로 보유하는 순액 즉, 보상점수에 배분되는 대가와 제3자가 제공한 보상에 대해 기업이 지급할 금액 간의 차액으로 측정한다.
④ 제3자가 보상을 제공하고 기업이 자기의 계산으로 대가를 회수하는 경우에는 보상점수에 배분되는 총 대가로 수익을 측정하고 보상과 관련하여 의무를 이행한 때 수익을 인식한다.

[08~10] (주)광진은 고객충성제도를 운영하고 있다. 회사는 고객들에게 매출금액의 일정비율에 해당하는 포인트를 부여한다. 고객들은 이 포인트로 상품을 구입할 수 있으며 포인트의 유효기간은 없다. 20×2년에 거래내역은 아래와 같다.

- 매출액 100,000,000원(상품의 개별 판매가격은 99,550,000원임)
- 매출금액의 5%를 포인트로 적립(90%가 회수될 것으로 예상함)
- 1포인트당 공정가치는 0.1원임
- 회사가 회수할 것으로 예상한 포인트와 실제 회수된 포인트는 다음과 같다.

구분	20×2년	20×3년
실제회수포인트	2,700,000포인트	1,140,000포인트
총예상회수포인트	4,500,000포인트	4,800,000포인트

08 20×2년에 인식할 당기수익은 얼마인가?

① 95,000,000원 ② 99,000,000원
③ 99,820,000원 ④ 100,000,000원

09 20×2년에 포인트의 공정가치 중 이연시켜야 할 금액은 얼마인가?

① 134,000원 ② 156,000원
③ 168,000원 ④ 180,000원

10 20×3년에 포인트의 공정가치 중 수익으로 인식시켜야 할 금액은 얼마인가?

① 90,000원 ② 95,000원
③ 98,000원 ④ 99,000원

11 (주)천호는 20×1년 1월 1일 (주)암사에 상품을 할부로 판매하였다. 상품의 원가는 1,000,000원이며, 할부대금은 매년 말 500,000원씩 3년간 회수하기로 하였다. 내재이자율은 10%인 경우 (주)천호가 20×1년 12월 31일 현재 할부 매출과 관련하여 재무상태표에 인식할 장기성매출채권의 순장부금액은 얼마인가? (3년 연금 10% 현가계수는 2.4869이며, 소숫점 이하는 반올림한다.)

① 454,575원 ② 867,795원
③ 1,243,450원 ④ 1,500,000원

12 수익인식 5단계 모형에 따라 수익을 인식하는 순서에서 다음 빈칸에 들어갈 말로 가장 올바른 것은?

1단계:(㉠) → 2단계:(㉡) → 3단계:(㉢) → 4단계:(㉣) → 5단계:수익인식

① ㉠ 수행의무를 식별
② ㉡ 고객과의 계약을 식별
③ ㉢ 거래가격을 산정
④ ㉣ 거래가격을 수행의무에 배분(장부가액비율)

13 (주)천호는 20×1년 12월 31일 (주)암사에 500,000원(원가 400,000원)의 제품을 판매하고 1월 이내 반품할 수 있는 권리를 부여하였다. 매출액의 5%가 반품될 것으로 예상된다면 (주)천호가 20×1년에 인식할 환불부채와 반환재고회수권은 얼마인가?

	환불부채	반환재고회수권
①	475,000원	0원
②	0원	20,000원
③	25,000원	20,000원
④	475,000원	380,000원

14 (주)삼일은 20×1년 (주)용산에 1년 동안 500개 이상 구매하는 경우 단가를 900원으로 소급조정하기로 하고 노트북을 개당 1,000원에 공급하는 계약을 체결하였다. 20×1년 3월 65개를 판매하고 연 500개는 넘지 않을 것으로 예상하였으나 6월 경기상승으로 300개를 판매하였고 연 판매량이 500개를 초과할 것으로 예상될 경우 ㈜삼일의 6월 수익금액은 얼마인가?

① 253,500원
② 260,000원
③ 263,500원
④ 270,000원

15 (주)삼일은 20×1년 1월 초 (주)부산에 상품을 할부판매하고 할부금을 매년 말에 1,000,000원씩 3년간 회수하기로 하였다. (주)삼일이 작성한 현재가치할인차금 상각표가 다음과 같을 때, 매년 값이 동일한 항목으로 가장 옳은 것은?

일자	할부금회수액	이자수익	매출채권 원금회수액	매출채권 장부금액
20×1년 01월 01일				2,401,831원
20×1년 12월 31일	1,000,000원	288,220원	711,780원	×××
20×2년 12월 31일				
20×3년 12월 31일				

① 유효이자율
② 이자수익
③ 매출채권 원금회수액
④ 매출채권 장부금액

[redacted]

정답 및 해설

01	①	02	②	03	④	04	④	05	②	06	③	07	①	08	③	09	④	10	①
11	②	12	④	13	③	14	③	15	①										

01 ① 이행할 때 또는 기간에 걸쳐 이행하는대로 수익을 인식한다.

02 ② 서면뿐만 아니라, 구두로, 그 밖의 사업 관행에 따라 승인하고 각자의 의무를 수행하기로 확약한다.

03 ④ 회계추정의 변경에 해당한다.

04 ④ 식별된 수행의무가 이행되는 때, 즉, 제품 A는 4월 1일에 수익을, 제품 B는 6월 1일에 각각 인식한다.

05 ② 현금기준은 용역의 제공 정도와 무관한 시기에 무관한 금액이 수취될 수 있으므로 진행률 산정 기준으로 사용될 수 없다.

06 ③ 이미 인식한 수익금액은 조정하지 아니한다.

07 ① 부여한 총 보상점수가 아니라 회수될 것으로 기대되는 총 보상점수에서 보상과 교환되어 회수된 보상점수의 상대적 크기에 기초하여야 한다.

08 ③
- 포인트의 개별 판매가격 : 100,000,000원 × 0.05 × 0.1원 × 0.9 = 450,000원
- 거래가격의 배분 : 상품매출액 1억원 × 99,550,000원/100,000,000원 = 99,550,000원
  포인트가치 1억원 × 450,000원/100,000,000원 = 450,000원
- 포인트가치 450,000원 × 2,700,000포인트 / 4,500,000포인트 = 매출액 270,000원
- 당기수익 : 매출액 99,550,000원 + 매출액 270,000원 = 99,820,000원

09 ④
- 포인트가치 450,000원 × 2,700,000포인트 / 4,800,000포인트 = 270,000원
- 이연수익 180,000원 = 450,000원 – 270,000원

10 ①
- 포인트의 공정가치 450,000원 × 3,840,000포인트 / 4,800,000포인트 = 360,000원
- 당기수익 90,000원 = 누적수익 360,000원 – 전기인식수익 270,000원

11 ② 20×1년 1월 1일 매출채권의 현재가치 : 500,000원 × 2.4869 = 1,243,450원

20 × 1. 01.01	회수액	10%	원금	상각후원가
				1,243,450
20 × 1. 12.31	500,000	124,345	375,655	867,795
20 × 2. 12.31	500,000	86,780	413,220	454,575
20 × 3. 12.31	500,000	45,425*)	454,575	

*) 단수조정

12 ④ 1단계 : 고객과의 계약을 식별 → 2단계 : 수행의무를 식별 → 3단계 : 거래가격을 산정 → 4단계 : 거래가격을 수행의무에 배분(공정가치비율로 배분) → 5단계 : 수익을 인식

13 ③ 환불부채 : 매출액 500,000원 × 5% = 25,000원
반환재고회수권 : 원가 400,000원 × 5% = 20,000원

14 ③ (300개 + 65개) × @900원 – 65개 × @1,000원 = 263,500원

15 ① 이자수익과 매출채권장부금액은 매년 감소하고, 매출채권원금회수액은 매년 증가한다.
할부금회수액과 유효이자율 12%는 매년 일정하다.
☞ 이자수익 288,220원/상각전 매출채권장부금액 2,401,831일 = 12%

CHAPTER 02 건설계약(K-IRFS 제1115호)

1 정의

단일 자산의 건설이나 설계, 기술 및 기능 또는 그 최종 목적이나 용도에 있어서 밀접하게 상호연관되거나 상호의존적인 복수 자산의 건설을 위해 구체적으로 협의된 계약

① 정액계약 : 계약금액을 정액으로 하거나 산출물 단위당 가격을 정액으로 하는 건설계약. 경우에 따라서는 물가연동조항을 포함한다.
② 원가보상계약 : 원가의 일정비율이나 정액의 수수료를 원가에 가산하여 보상받는 건설계약. 이 경우 원가는 당사자 간에 인정되거나 계약서에 정의된 원가

2 계약수익

계약수익은 수령하였거나 수령할 대가의 공정가치로 측정하며, 아래의 항목으로 구성
① 최초에 합의한 계약금액
② 공사변경, 보상금 및 장려금에 따라 추가되는 금액으로서 수익으로 귀결될 가능성이 높고, 금액을 신뢰성 있게 측정할 수 있는 금액

3 계약원가

(1) 계약원가 : 계약체결 증분원가(수주비 등)+계약이행원가(미성공사 : DM+DL+OH)

① 계약체결 증분원가 : 고객과 계약을 체결하기 위해 발생한 원가로 계약을 체결하지 않았다면 발생하지 않았을 원가로서 아래와 같이 처리함
㉠ 회수될 것으로 예상된다면 자산으로 인식. 이 경우 선급계약원가로 처리한 후에 진행률에 따라 계약원가로 안분하나 건설계약의 진행정도와는 무관함으로 아래의 진행률 산정에는 포함되지 않음. 단, 상각기간이 1년 이하라면 비용
㉡ 계약 체결 여부와 무관하게 발생하는 원가는 발생시점에 비용
② 계약이행원가 : 고객과의 계약을 체결한 이후 계약의 이행을 위해 발생한 원가

✔ 미성공사계정(construction in progress)은 제조원가분야에서 재공품계정(work in process)과 성격이 동일함

(2) 건설계약의 원가에서 제외되며, 발생시점에 비용으로 인식

① 일반관리원가

② 계약을 이행하는 과정에서 낭비된 재료원가, 노무원가, 그 밖의 자원의 원가로서 계약가격에 반영되지 않은 원가

③ 이미 이행한 계약상 수행의무와 관련된 원가

④ 이행하지 않은 수행의무와 관련된 원가인지 이미 이행한 수행의무와 관련된 원가인지 구별할 수 없는 원가

4 인식

〈진행률을 합리적으로 측정할 수 있는 경우〉

• 계약의 진행률은 산출법 혹은 투입법에 따라 측정되며, 다양한 방식으로 결정될 수 있으나 일반적으로 진행률은 투입법인 원가비율법(누적진행률 = 발생한 누적계약원가 / 추정총계약원가)으로 인식함. 다만, 진행률 계산시 계약상 미래 활동과 관련된 계약원가(단, 재료가 계약을 위해 별도로 제작된 경우는 제외), 하도급계약에 따라 수행될 공사에 대해 하도급자에게 선급한 금액은 계약원가에 포함할 수 없다.

구분	진행률의 측정	적용 예시
산출법	약속한 재화나 용역의 가치와 비교하여 고객에게 이전한 재화나 용역의 가치에 비례하여 측정	기업이 제공한 용역시간당 금액을 청구할 수 있는 용역계약
투입법	수행의무 이행에 예상되는 총 투입물 대비 실제 투입물에 비례하여 측정	발생원가 혹은 사용한 기계시간 비율로 측정

• 수주비와 하자보수원가는 진행률에 따라 계약원가로 대체하나 진행률 산정에는 포함하지 않는다. 아울러 차입원가도 계약원가로 처리하나 진행률 산정에는 포함되지 않는다.

당기계약수익 = 총계약수익 × 누적진행률 − 전기까지의 계약수익누적액
당기계약원가 = 총계약원가 × 누적진행률 − 전기까지의 계약원가누적액

• 당해 계약의 총계약원가가 총계약수익을 초과할 것으로 예상되는 경우 그 예상손실을 즉시 비용으로 인식(충당부채와 우발부채 규정 적용 : 손실부담계약)

예상손실액 = 추정총계약손실 × (1 − 누적진행률)

• 진행기준은 매 회계기간마다 누적기준으로 계약수익과 계약원가의 현행 추정치에 적용 → 회계추정의 변경으로 회계처리

〈진행률을 합리적으로 측정할 수 없는 경우〉

① 발생한 계약원가의 범위 내에서 회수가능성이 높은 금액만을 수익으로 인식한다.

② 계약원가는 발생한 기간의 비용으로 인식한다.

5 회계처리

계약원가의 발생	(차)	재료비	×××	(대)	현금등	×××
		노무비	×××		현금등	×××
		공사경비	×××		감가상각누계액등	×××
미성공사로 대체	(차)	미성공사	×××		재료비등	×××
계약대금의 청구	(차)	계약미수금	×××	(대)	계약부채	×××
계약대금의 회수	(차)	현금등	×××	(대)	계약미수금	×××
회계기말의 처리	(차)	계약자산	×××	(대)	계약수익	×××
		계약원가	×××		미성공사	×××
예상손실 인식	(차)	계약원가	×××	(대)	손실충당부채	×××
예상손실 환입	(차)	손실충당부채	×××	(대)	계약원가	×××

➡ 예상손실액을 계약원가에 가산하며, 차기이후 계약손실이 발생하는 경우 손실충당부채를 환입하고 계약원가에서 차감한다.

6 재무제표 표시

- 계약자산은 자산으로 표시한다.
- 계약부채는 부채로 표시한다.

(1) 누적계약수익 > 수취채권 누적증가액 : 그 차액을 계약자산으로 표시

	누적계약수익			수취채권누적청구액
(−)	수취채권누적증가액		(−)	수취채권누적회수액
	계약자산			계약미수금

(2) 누적계약수익 < 수취채권 누적증가액 : 그 차액을 계약부채로 표시

	수취채권누적증가액			수취채권누적회수액
(−)	누적계약수익		(−)	수취채권누적누적청구액
	계약부채			계약선수금

수정문제

다음의 내용을 읽고 잘못된 내용을 수정하시오.

01 건설계약과 관련한 계약수익은 보고기간말 현재 계약활동의 진행률을 기준으로 수익을 인식하고 계약원가는 발생한 원가를 비용으로 인식한다.

02 총계약원가가 총계약수익을 초과할 가능성이 높은 경우, 예상되는 손실을 진행률에 따라 인식한다.

03 누적계약수익이 수취채권 누적증가액보다 큰 경우 재무제표에 계약부채로 표시한다.

04 발주자에게서 받은 선수금이나 기성금은 진행률 결정방법으로 사용할 수 있다.

05 하도급계약에 따라 수행될 공사에 대해 하도급자에게 선급한 금액은 진행률산정 시 포함시킨다.

06 진행기준은 매 회계기간마다 누적기준으로 계약수익과 계약원가의 현행 추정치에 적용하는데 이는 회계정책의 변경에 해당한다.

▼정답 및 해설

01 계약수익과 계약원가 모두진행률을 기준으로 각각 수익과 비용으로 인식한다.
02 예상되는 손실을 즉시 비용으로 인식한다.
03 계약부채가 아니라 계약자산이다.
04 선수금이나 기성금은 수행한 공사의 정도를 반영하지 못하기 때문에 진행률 결정방법으로 사용할 수 없다.
05 포함시키지 않는다.
06 회계정책의 변경이 아니라 회계추정의 변경에 해당한다.

출제예상 문제

01 **(주)광진은 아래와 같이 건설공사를 수주하였다. 진행기준에 따라 20×2년도에 (주)광진이 인식할 공사손실은 얼마인가?**

- 공사기간 : 20×1년 1월 1일·20×3년 12월 31일
- 공사계약금액 100,000,000원
- 공사원가는 아래와 같다. (20×2년에 원자재가격의 상승으로 공사원가가 상승함)

구분	20×1년	20×2년	20×3년
누적발생공사원가	40,000,000원	90,000,000원	130,000,000원
추가소요추정원가	40,000,000원	30,000,000원	–

① 25,000,000원
② 28,000,000원
③ 30,000,000원
④ 33,000,000원

02 **한국채택국제회계기준의 건설계약에 관한 설명이다. 틀린 것은?**

① 계약수익은 최초에 합의한 계약금액, 공사변경, 보상금, 장려금으로 구성될 수 있다.
② 건설계약과 관련한 계약수익은 보고기간말 현재 계약활동의 진행률을 적용하여 수익을, 계약원가중 당기 발생분을 비용으로 인식한다.
③ 총계약원가가 총계약수익을 초과할 가능성이 높은 경우, 예상되는 손실을 즉시 비용으로 인식한다.
④ 누적계약수익이 수취채권 누적증가액보다 적은 경우 재무제표에 계약부채로 표시한다.

03 **(주)광진은 20×1년 1월 1일에 건설공사를 수주하였으며, 공사기간은 20×1년 1월 1일부터 20×3년 12월 31일까지이다. 최초 합의된 공사계약금액은 300,000,000원이나, 20×2년도에 공사내용의 변경으로 공사대금을 30,000,000원 추가로 받기로 하였다. 다음은 20×1년, 20×2년, 20×3년도의 공사원가에 관한 자료이다. 공사진행기준에 따라 20×2년도에 (주)광진이 인식할 공사이익은 얼마인가?**

	20×1년	20×2년	20×3년
실제발생원가	84,000,000원	156,000,000원	70,000,000원
기말추정 추가원가	196,000,000원	60,000,000원	0원

① 6,000,000원
② 18,000,000원
③ 31,000,000원
④ 30,000,000원

04 (주)번창건설은 20×1년 1월 1일에 도급금액 100,000,000원의 공사를 착수하였다. 다음의 자료와 같이 공사를 진행하였다. 20×2년의 공사손익은 얼마인가? (진행률산정은 발생원가기준으로 가정)

구분	20×1년	20×2년	20×3년
당기공사발생원가	16,000,000원	68,000,000원	46,000,000원
총공사예정원가	80,000,000원	120,000,000원	130,000,000원

① 공사손실 6,000,000원
② 공사손실 10,000,000원
③ 공사손실 24,000,000원
④ 공사손실 30,000,000원

05 (주)천호건설은 (주)암사와 20×1년 5월 1일, 총 계약금액 100,000,000원의 다음과 같은 공장신축공사계약을 체결하였다. 회사가 진행기준으로 수익을 인식한다면 (주)천호건설의 20×2년 공사손익은 얼마인가?

	20×1년	20×2년
당기발생계약원가	32,000,000원	44,500,000원
추정총계약원가	80,000,000원	90,000,000원
공사대금청구액(연도별)	30,000,000원	40,000,000원

① 손실 500,000원
② 손실 8,000,000원
③ 이익 500,000원
④ 이익 8,000,000원

06 (주)천호건설은 20×1년 건설공사를 계약금액 50,000,000원에 수주하였다. 공사기간동안 발생할 것으로 예상되는 (주)천호건설의 예상원가발생액, 계약대금 청구액은 다음과 같다. (주)천호건설이 공사진행기준으로 수익을 인식한다면 20×1년에 회사가 재무상태표에 표시할 미청구공사(계약자산) 또는 초과청구공사(계약부채)는 얼마인가?

	20×1년
누적발생계약원가	16,000,000원
추정총계약원가	40,000,000원
대금청구액	15,000,000원

① 초과청구공사 5,000,000원
② 미청구공사 5,000,000원
③ 초과청구공사 4,000,000원
④ 미청구공사 4,000,000원

07 **다음은 (주)삼일건설의 재무제표에 대한 주석이다. 다음 괄호 안에 들어갈 용어로 가장 옳은 것은?**

> 건설계약과 관련하여 진행기준에 의하여 수익을 인식하고 있습니다. 계약활동의 진행률은 진행단계를 반영하지 못하는 계약원가를 제외하고 수행한 공사에 대하여 발생한 누적계약원가를 추정 총계약원가로 나눈 비율로 측정하고 있습니다. 진행청구액이 누적발생원가에 인식한 이익을 가산한 금액보다 초과하는 금액은 (　　)(으)로 표시하고 있습니다.

① 공사선수금　　② 계약자산
③ 계약부채　　④ 계약수익

[redacted]

정답 및 해설

01	③	02	②	03	②	04	③	05	③	06	②	07	③

01 ③

$$\times 1\text{년 누적진행률} = \frac{40{,}000{,}000\text{원}}{80{,}000{,}000\text{원}} = 50\%,\quad \times 2\text{년 누적진행률} = \frac{90{,}000{,}000\text{원}}{120{,}000{,}000\text{원}} = 75\%$$

20×2년도 공사계약수익 : 100,000,000원 × 75% − 100,000,000원 × 50%	=	25,000,000원
20×2년도 공사계약원가 : 120,000,000원 × 75% − 80,000,000원 × 50%	=	50,000,000원
20×2년도 공사계약손실 :	=	25,000,000원
20×2년도 추가로 인식하여야 할 비용금액(A)	=	5,000,000원[1]
20×2년도 총공사계약손실	=	30,000,000원

1) 총누적공사비용합계액 = 공사계약원가 120,000,000원 − 공사계약수익 100,000,000원 = 20,000,000원

20,000,000원 = 20×1년도 공사이익 10,000,000원 − 20×2년도 공사손실 25,000,000원 − 당기추가비용A

A = 5,000,000원

02 ② 계약원가도 진행률을 적용하여 비용으로 인식한다.

03 ②

연도별 공사진행률	공사손익	
1) 20×1년 $\frac{84{,}000{,}000\text{원}}{280{,}000{,}000\text{원}}$ = 30%	3억원 × 30% (2.8억원 × 30%)	= 6,000,000원
2) 20×2년 $\frac{240{,}000{,}000\text{원}}{300{,}000{,}000\text{원}}$ = 80%	3.3억원 × 80% − 90,000,000원 (3억원 × 80% − 84,000,000원)	= 18,000,000원
3) 20×3년 $\frac{310{,}000{,}000\text{원}}{310{,}000{,}000\text{원}}$ = 100%	3.3억원 × 100% − 264,000,000원 (3.1억원 × 100% − 240,000,000원)	= (4,000,000원)

04 ③

구분	20×1년		20×2년		20×3년	
누적계약원가	16,000,000원	20%	84,000,000원	70%	130,000,000원	100%
총공사예정원가	80,000,000원		120,000,000원		130,000,000원	
당기계약수익	20,000,000원		50,000,000원		30,000,000원	
당기계약원가	(16,000,000원)		(68,000,000원)		(46,000,000원)	
가산액	−		(6,000,000원)		−	
차감액	−		−		6,000,000원	
당기계약손익	이익 4,000,000원		손실(24,000,000원)		손실(10,000,000원)	

05 ③

구분	20×1년		20×2년	
누적진행률	$\frac{32{,}000{,}000\text{원}}{80{,}000{,}000\text{원}}$	= 40%	$\frac{76{,}500{,}000\text{원}}{90{,}000{,}000\text{원}}$	= 85%
누적공사수익	1억원 × 40% = 40,000,000원		1억원 × 85% = 85,000,000원	
당기공사수익	40,000,000원		45,000,000원	
당기공사원가	(32,000,000원)		(44,500,000원)	
당기공사손익	공사이익 8,000,000원		공사이익 500,000원	

06 ② 누적진행률 : 16,000,000원 / 40,000,000원 = 40%
계약금액 50,000,000원 × 40% = 당기공사수익 20,000,000원
청구가능금액 20,000,000원 − 청구한 금액 15,000,000원 = 미청구공사 5,000,000원

07 ③ 진행청구액 > 누적발생원가 + 이익 : 차액은 계약부채
진행청구액 < 누적발생원가 + 이익 : 차액은 계약자산
진행청구액 > 현금회수액 : 차액은 공사미수금
진행청구액 < 현금회수액 : 차액은 공사선수금

종업원급여(K-IFRS 제1019호)

1 종류

단기 종업원급여	종업원이 관련 근무용역을 제공하는 연차 보고기간 말 후 12개월이 되기 전에 모두 결제될 것으로 예상되는 경우로 한정되는 다음과 같은 단기종업원 급여 임금, 사회보장분담금(예 국민연금), 유급연차휴가·유급병가, 이익분배금·상여금(회계기간말부터 12개월 이내에 지급되는 것에 한함), 현직종업원을 위한 비화폐성급여(예 의료, 주택, 자동차, 무상 또는 일부 보조로 제공되는 재화나 용역) 등
기타장기 종업원급여	종업원이 관련 근무용역을 제공한 회계기간의 말부터 12개월 이내에 결제되지 않을 다음의 종업원급여 장기근속휴가, 안식년휴가, 그 밖의 장기근속급여, 장기장애급여, 회계기간말부터 12개월 이내에 전부나 일부가 지급되지 않는 이익분배금, 상여금 및 이연보상 등
퇴직급여	퇴직 이후에 지급하는 종업원급여 퇴직금[예 퇴직연금(확정기여제도와 확정급여제도)과 퇴직일시금], 그 밖의 퇴직급여(예 퇴직후 생명보험, 퇴직후의료급여 등)
해고급여	다음 중 하나의 결과로서 지급되는 종업원급여 ① 기업이 통상적인 퇴직시점 전에 종업원을 해고하는 결정 ② 종업원이 해고의 대가로 기업에서 제안하는 급여를 받아들이는 결정 ✔ 기업의 제안이 아닌 종업원의 요청에 따른 해고나 의무 퇴직규정에 따라 생기는 종업원급여는 퇴직급여임

구분	단기 종업원급여	기타장기 종업원급여	퇴직급여	해고급여
정의	근무용역을 제공한 회계기간의 말부터 12개월 이내 결제	근무용역을 제공한 회계기간의 말부터 12개월 초과 결제	퇴직 이후에 지급	다음 사유로 지급 • 종업원해고 • 자발적명예퇴직
할인여부	할인×	할인○	① 확정기여형 －1년 내 : 할인 × －1년 초과 : 할인 ○ ② 확정급여형 : 할인 ○	－1년 내 : 할인 × －1년 초과 : 할인 ○
보험수리적 가정	없음	있음 : 재측정요소는 당기손익처리	① 없음 ② 있음:재측정요소는 기타포괄손익처리	없음

2 단기종업원급여의 인식과 측정

(1) 단기유급휴가★★

① **누적유급휴가** : 종업원이 미래 유급휴가 권리를 증가시키는 근무용역을 제공하는 때에 인식. 누적유급휴가의 예상원가는 보고기간말 현재 미사용유급휴가가 누적된 결과 기업이 지급할 것으로 예상되는 추가금액으로 측정

② **비누적유급휴가** : 휴가가 실제로 사용되는 때에 인식. 당기에 사용되지 않은 유급휴가는 소멸되며 관련 종업원이 퇴사하더라도 미사용유급휴가에 상응하는 현금을 수령할 자격이 없다.

(2) 이익분배제도 및 상여금제도 : 이익분배제도 및 상여금제도와 관련된 원가는 이익분배가 아니라 당기비용으로 인식. 다만, 종업원의 근무용역이 제공된 회계기간의 말부터 12개월 이내에 도래하지 않는다면 기타장기종업원급여에 해당

3 퇴직급여의 인식과 측정

(1) 확정기여제도

① 기업의 법적의무나 의제의무는 기업이 기금에 출연하기로 약정한 금액으로 한정. 종업원이 받을 퇴직급여액은 기업과 종업원이 퇴직급여제도나 보험회사에 출연하는 기여금과 그 기여금에서 발생하는 투자수익에 따라 결정

② 보험수리적위험(실제급여액이 기대급여액에 미치지 못할 위험)과 투자위험(기여금을 재원으로 투자한 자산이 기대급여액을 지급하는 데 충분하지 못할 위험)은 종업원이 부담

③ 회계처리

근무용역과 교환하여 확정기여제도에 납부해야 할 기여금이 자산의 원가에 포함하는 경우를 제외하고는 비용으로 인식(12개월 초과 납부기일이 도래시 할인율을 사용하여 할인)

기여금 불입	: 차) 퇴 직 급 여	×××	대) 현 금 등	×××	
결산시	: 차) 퇴 직 급 여	×××	대) 미지급 급여	×××	또는
	차) 선 급 비 용	×××	대) 퇴 직 급 여	×××	

(2) 확정급여제도★★★

① 기업의무는 약정한 급여를 전·현직종업원에게 지급하는 것

② 기업이 보험수리적위험(실제급여액이 기대급여액을 초과할 위험)과 투자위험을 실질적으로 부담. 보험수리적 실적이나 투자실적이 예상보다 저조하다면 기업의 의무는 증가가능

③ 회계처리

㉠ 원가를 보험수리적 기법(예측단위적립방식)을 사용하여 신뢰성 있게 추정

㉡ 확정급여채무의 현재가치와 당기근무원가를 결정키 위해 급여를 할인. 아래 절차가 필요(할인율 : 보고기간말 현재 우량회사채의 시장수익률을 참조하여 결정)

㉢ 확정급여채무의 현재가치에서 사외적립자산의 공정가치를 차감

㉣ 당기손익으로 인식되는 다음의 금액을 결정
- 당기근무원가
- 과거근무원가와 정산으로 인한 손익
- 순확정급여부채(자산)의 순이자[순확정급여부채(자산)의 변동]

㉤ 기타포괄손익으로 인식되는 순확정급여부채(자산)의 재측정요소를 결정

기여금 불입 :	차) 사외적립자산	×××	대) 현 금 등	×××
	지급수수료	×××		
이자수익인식	차) 사외적립자산	×××	대) 퇴직급여	×××
이자비용인식 :	차) 퇴직급여	×××	대) 확정급여채무	×××
과거근무원가 :	차) 퇴직급여	×××	대) 확정급여채무	×××
	차) 확정급여채무	×××	대) 퇴직급여	×××
결 산 시 :	차) 퇴직급여	×××	대) 확정급여채무	×××
재측정요소 -	차) 사외적립자산	×××	대) 재측정이익	×××
기타포괄손익 :	차) 재측정손실	×××	대) 확정급여채무	×××

순확정급여부채(자산)	기타포괄손익	퇴직급여(당기손익)
확정급여채무의 현재가치 사외적립자산의 - 공정가치	확정급여채무의 재측정요소 사외적립자산의 - 재측정요소	+ 당기근무원가, 이자원가 - 사외적립자산의 이자수익 ± 제도정산으로 인한 손익 ± 과거근무원가

연초	당기근무원가 (불입액)	이자원가 (이자수익)	과거근무원가	재측정요소	연말
확정급여채무의 PV	×××	×××	±×××	±×××	×××
사외적립자산의 FV	(×××)	(×××)	-	±×××	(×××)
순확정급여부채(자산)	×××	×××	±×××	×××	×××

4 기타장기종업원급여의 인식과 측정

(1) 순확정급여부채(자산)으로 인식할 금액 : (①－②)순확정급여자산[초과적립액(①<②)]이나 순확정급여부채[과소적립액(①>②)]을 인식

① 보고기간말 현재 확정급여채무의 현재가치
② 보고기간말 현재 사외적립자산의 공정가치

(2) 당기손익 : (① ± ② ± ③)

① 근무원가(당기근무원가 ± 과거근무원가)
② 순확정급여부채(자산)의 순이자
③ 순확정급여부채(자산)에 대한 재측정요소(즉시 당기손익으로 인식)

5 해고급여의 인식과 측정

① 인식 : 다음 중 이른 날에 해고급여에 대한 부채와 비용을 인식

㉠ 기업이 해고급여의 제안을 더 이상 철회할 수 없을 때
㉡ 기업이 충당부채의 적용범위에 포함되고 해고급여의 지급을 수반하는 구조조정에 대한 원가를 인식할 때

② 측정

㉠ 해고급여가 인식되는 연차보고기간말 이후 12개월 이전에 해고급여가 모두 결제될 것으로 예상되는 경우 단기종업원급여에 대한 규정을 적용한다.
㉡ 해고급여가 인식되는 연차보고기간말 이후 12개월 이전에 해고급여가 모두 결제될 것으로 예상되지 않는 경우 기타장기종업원급여에 대한 규정을 적용한다.

수정문제

다음의 내용을 읽고 잘못된 내용을 수정하시오.

01 현직종업원을 위한 비화폐성급여는 단기종업원급여에 해당하지 않는다.

02 누적유급휴가의 경우에는 휴가가 실제로 사용되는 때 인식한다.

03 확정급여제도에서 기업의 법적의무나 의제의무는 기업이 기금에 출연하기로 약정한 금액으로 한정하며 종업원이 보험수리적위험과 투자위험을 실질적으로 부담한다.

04 확정급여채무의 현재가치에서 사외적립자산의 공정가치를 차감한 금액이 (+)이면 순확정급여자산으로 처리한다.

05 확정급여제도의 재측정요소는 당기손익처리한다.

06 확정급여제도의 당기손익은 당기근무원가, 과거근무원가와 정산으로 인한 손익, 순확정급여부채의 재측정요소로 결정한다.

▼정답 및 해설

01 비화폐성급여도 단기종업원급여에 포함한다.
02 종업원이 미래 유급휴가 권리를 증가시키는 근무용역을 제공하는 때에 인식한다.
03 확정급여제도가 아니라 확정기여제도이다.
04 순확정급여부채로 처리한다.
05 당기손익이 아니라 기타포괄손익으로 처리한다.
06 순확정급여부채의 재측정요소는 기타포괄손익처리하기 때문에 당기손익으로 처리하지 않는다.

출제예상 문제

01 **한국채택국제회계기준 1019호에서 설명하는 종업원급여의 종류에 해당하지 않는 것은?**

① 주식기준보상
② 단기종업원급여 및 기타장기종업원급여
③ 해고급여
④ 퇴직급여

02 **종업원급여에 대한 예이다. 틀린 것은?**

① 단기종업원급여에는 임금, 사회보장분담금, 유급연차휴가·유급병가, 이익분배금·상여금(회계기간말부터 12개월 이내에 지급되는 것에 한함)을 말하며 현직종업원을 위한 비화폐성급여는 포함되지 않는다.
② 해고급여에는 종업원을 해고하고자 하는 기업의 결정과 일정한 대가와 교환하여 자발적 명예퇴직을 수락하고자 하는 종업원의 결정으로 지급되는 종업원급여가 해당한다.
③ 퇴직급여에는 퇴직연금, 그 밖의 퇴직후급여, 퇴직후생명보험, 퇴직후의료급여 등을 말한다.
④ 기타장기종업원 급여는 단기근속휴가, 안식년휴가, 그 밖의 장기근속급여 등이 있다.

03 **퇴직급여제도 중 확정급여제도에 대한 설명이다. 틀린 것은?**

① 확정급여채무와 근무원가는 예측단위적립방식을 사용하여 측정한다.
② 확정급여채무의 현재가치에서 사외적립자산의 공정가치를 차감한다.
③ 당기 퇴직급여로 인식하는 것은 당기근무원가, 이자원가, 사외적립자산의 기대수익, 과거근무원가등을 가산한 금액이다.
④ 과거근무원가는 제도의 개정이나 축소가 발생할 때 또는 관련되는 구조조정원가나 해고급여를 인식할 때 중 이른 날에 전액 비용으로 인식한다.

[04~05] (주)광진은 종업원이 퇴직한 이후에 연금을 지급하는 확정급여제도를 시행하고 있다. 퇴직시점 현재 지급하게 될 연금의 현재가치는 1,907,809원으로 예상된다. 20×3년 1월 1일 입사한 종업원은 5년간 근속할 것으로 예상된다. 우량회사채의 시장수익률은 12%이며, 현가계수(5년, 12%) : 0.567427, 현가계수(4년, 12%) : 0.635518, 현가계수(3년, 12%) : 0.711780이다.

04 20×3년 12월 31일 인식할 확정급여채무의 현재가치는 얼마인가? (원미만 절사)

① 210,903원
② 242,488원
③ 255,546원
④ 264,532원

05 20×4년 12월 31일 인식할 확정급여채무의 현재가치는 얼마인가? (보험수리적가정의 변경은 없는 것으로 가정한다. 원미만 절사)

① 245,678원
② 259,076원
③ 300,685원
④ 327,908원

06 '종업원급여'와 관련된 다음의 설명 중 타당하지 않은 것은?

① 순확정급여부채란 확정급여채무의 현재가치에서 사외적립자산의 공정가치를 차감한 금액을 말한다.
② 기타장기종업원급여에서 발생하는 재측정요소는 기타포괄손익으로 처리한다.
③ 확정급여채무의 현재가치와 당기근무원가를 결정하기 위해서는 예측단위적립방식을 사용한다.
④ 확정급여제도에서 발생하는 재측정요소는 기타포괄손익으로 처리한다.

07 (주)삼일은 확정급여형 퇴직급여제도를 시행하고 있다. 20×1년 말 사외적립자산의 공정가치 금액은 얼마인가? (단, 20×1년에 중도퇴사자는 없다.)

> ㄱ. 20×1년 초 사외적립자산의 공정가치 : 1,000,000원
> ㄴ. 기여금의 불입 : 800,000원
> ㄷ. 사외적립자산의 기대수익 : 320,000원
> ㄹ. 사외적립자산의 실제수익 : 350,000원

① 1,800,000원
② 2,120,000원
③ 2,150,000원
④ 2,470,000원

[redacted]

정답 및 해설

01	①	02	①	03	③	04	②	05	③	06	②	07	③						

01 ① 주식기준보상거래는 종업원급여에서 제외된다.

02 ① 비화폐성급여도 포함된다.

03 ③ 사외적립자산의 기대수익은 차감하고, 과거근무원가는 가감한다.

04 ② 근무기간(5년)중 각 회계연도에 귀속되는 퇴직급여 : 1,907,809원 / 5년 = 381,561원
20×3년 12월 31일 확정급여채무의 현재가치 : 381,561원 × 0.635518 = 242,488원

05 ③ 20×4년 확정급여채무의 이자원가 : 242,488원 × 12% = 29,098원
20×4년 12월 31일 당기근무원가 : 381,561원 × 0.711780 = 271,587원
20×4년 12월 31일 확정급여채무의 현재가치 : 29,098원 + 271,587원 = 300,685원

06 ② 기타포괄손익이 아니라 당기손익으로 처리한다.

07 ③ 기초 1,000,000원 + 기여금의 불입액 800,000원 + 기대수익 320,000원 + 재측정이익 30,000원 = 2,150,000원

주식기준보상(K-IFRS 제1102호)

1 주식기준보상거래의 종류

(1) **주식결제형** : 기업이 재화나 용역을 제공받는 대가로 자신의 지분상품(주식 또는 주식선택권, 주가차액보상권 등)을 부여하는 주식기준보상거래

(2) **현금결제형** : 기업이 재화나 용역을 제공받는 대가로 기업 또는 연결실체 내 다른 기업의 지분상품(주식 또는 주식선택권 등)의 가격(또는 가치)에 기초한 금액만큼 현금이나 그 밖의 자산을 지급해야 하는 부채를 재화나 용역의 공급자에게 부담하는 주식기준보상거래

(3) **선택형** : 지분상품 발행 또는 현금이나 기타자산의 결제 중 하나를 선택

2 가득조건

주식기준보상약정에 따라 거래상대방이 현금, 그 밖의 자산, 또는 기업의 지분상품을 받을 권리를 획득하게 하는 용역을 기업이 제공받을지를 결정짓는 조건. 가득조건에는 용역제공조건과 성과조건(시장조건, 비시장조건)이 있다.

가득조건		내용
용역제공 조건		거래상대방에게 특정 기간 기업에 용역을 제공하도록 요구하는 가득조건. 거래상대방이 가득기간 중 용역의 제공을 중단한다면 그 이유에 관계없이 용역제공조건을 충족하지 못함. 용역제공조건은 성과목표달성을 요구하지 않음 예 부여일로부터 3년간 계속 근무 조건
성과 조건	시장 조건	지분상품의 행사가격, 가득 또는 행사 가능성을 좌우하는 것으로 기업 지분상품(또는 같은 연결실체 내 다른 기업의 지분상품)의 시장가격(또는 가치)에 관련된 성과조건. 시장조건은 거래상대방이 특정 기간에 용역을 제공할 것(용역제공조건)을 요구. 이러한 용역제공조건은 명시적이거나 암묵적일 수 있음 예 주가가 목표금액 50,000원에 도달(목표주가의 달성)
	비시장 조건	지분상품의 시장가격과 직접 관련이 없는 목표이익, 목표판매량, 목표매출액 등을 달성하여야 하는 성과조건 예 향후 3년간 매출액이 100억원에 도달(목표매출액의 달성)

3 인식 및 측정

(1) 주식결제형 주식기준보상거래***

① 인식 : 제공받는 용역과 그에 상응하여 자본의 증가를 즉시 인식하거나 특정 용역제공기간을 근무해야만 부여된 지분상품을 가득된다면, 그 용역제공기간 동안 종업원이 근무용역을 제공할 때 가득될 금액을 가득기간동안 배분하여 인식

차) 자산 또는 주식보상비용	×××	대) 주식선택권(자본)	×××

② 측정 : 추후 가치가 변동하더라도 추정치를 변경하지 않음(재측정하지 않는다는 의미임. 다만 내재가치는 재측정함), 아래 보상원가는 가득기간에 인식할 총금액을 의미, 가득기간동안 안분 계산. 가득일 이후에는 주식보상비용을 인식하지 않음. 행사시 신주를 발행하거나 자기주식을 교부할 수 있음

종업원 등 : 보상원가 = 부여일의 공정가치(재측정 ×), 재화·용역을 제공받는 날의 내재가치(재측정 ○) × 가득될 지분상품의 수량 예측치(변동○)

종업원 등이 아닌 거래상대방 : 보상원가 = 재화·용역을 제공받는 날의 공정가치(재측정 ×) 재화·용역을 제공받는 날의 내재가치(재측정 ○) × 가득될 지분상품의 수량 예측치(변동○)

✔ 즉시 가득하는 경우 : 위 보상원가를 일시에 인식
특정용역제공기간조건을 충족해야 가득하는 경우 : 위 보상원가를 가득기간동안 배분하여 인식

측정 단계	1단계 : 제공받은 재화나 용역의 공정가치(재측정하지 않음)	2단계 : 부여한 지분상품의 공정가치(재측정하지 않음)	3단계 : 부여한 지분상품의 내재가치(재측정함)
종업원 등	일반적으로 측정할 수 없음. 다음 단계에서 판단	부여일기준으로 부여한 지분상품의 공정가치에 기초하여 간접 측정. 단, 신뢰성있게 추정할 수 없으면 다음 단계 측정치를 사용	재화나 용역을 제공받은 날을 기준으로 부여한 지분상품의 내재가치
종업원이 아닌 거래 상대방	재화나 용역을 제공받은 날을 기준으로 제공받은 재화나 용역의 공정가치로 직접 측정. 단, 신뢰성있게 추정할 수 없으면 다음 단계에서 판단	재화나 용역을 제공받은 날을 기준으로 부여한 지분상품의 공정가치. 단, 신뢰성 있게 추정할 수 없으면 다음 단계 측정치를 사용	재화나 용역을 제공받은 날을 기준으로 부여한 지분상품의 내재가치

③ 회계처리

- 가득기간동안 안분하여 인식

차) 자산 또는 주식보상비용	×××	대) 주식선택권(자본)	×××

- 행사시 주식발행(or 자기주식교부)

차) 현금등	×××	대) 자본금(자기주식)	×××
주식선택권	×××	주식발행초과금	×××
		(자기주식처분이익)	×××

- 권리미행사시

  차) 주 식 선 택 권 ××× 대) 기 타 자 본 잉 여 금 ×××

(2) 현금결제형 주식기준보상거래★★

① **인식** : 제공받는 용역과 그 대가 지급에 관한 부채를 즉시 인식하거나 특정 용역제공기간을 근무해야만 주가차액보상권이 가득된다면, 그 용역제공기간 동안 종업원이 근무용역을 제공할 때 인식

차) 자산 또는 주식보상비용 ××× 대) 장기미지급비용(부채) ×××

② **측정** : 부채가 결제될 때까지 매 보고기간말과 결제일에 부채의 공정가치를 재측정하고, 공정가치의 변동액은 당기손익으로 인식. 아래 보상원가는 가득기간에 인식할 총금액을 의미, 가득기간동안 안분 계산. 가득일 이후에도 공동가치의 변동액을 주식보상비용으로 인식함

종업원 등	:	보상원가	=	보고기간말마다(재측정 O), 재화·용역을 제공받는 날의 내재가치(재측정 O)	×	가득될 보상권의 수량 예측치(변동O)
종업원 등이 아닌 거래상대방	:	보상원가	=	재화·용역을 제공받는 날의 공정가치(재측정 O) 재화·용역을 제공받는 날의 내재가치(재측정 O)	×	가득될 보상권의 수량 예측치(변동O)

✔ 즉시 가득하는 경우 : 위 보상원가를 일시에 인식
특정용역제공기간조건을 충족해야 가득하는 경우 : 위 보상원가를 가득기간동안 배분하여 인식

③ **회계처리**

- 재화나 용역을 제공받은 날

  차) 자산 또는 주식보상비용 ××× 대) 장기미지급비용(부채) ×××

- 가득기간의 매 보고기간종료일(가득기간동안 안분)과 최종결제일 마다 재계산

  추가인식 또는 감액인식 최종결제

  차) 자산 또는 주식보상비용 ××× 대) 장기미지급비용(부채) ×××
  차) 장기미지급비용(부채) ××× 대) 자산 또는 주식보상비용 ×××
  차) 장기미지급비용(부채) ××× 대) 현 금 ×××

수정문제

다음의 내용을 읽고 잘못된 내용을 수정하시오.

01 종업원 및 유사용역제공자로부터 제공받는 용역의 공정가치는 일반적으로 신뢰성 있게 추정할 수 없을 것이기 때문에 부여한 지분상품의 내재가치에 기초하여 측정한다.

02 주식결제형 주식기준보상거래로 재화나 용역을 제공받는 경우에는 그에 상응한 부채의 증가를 인식하고, 현금결제형 주식기준보상거래로 재화나 용역을 제공받는 경우에는 그에 상응한 자본의 증가를 인식한다.

03 종업원은 부여한 지분상품의 공정가치를 재화나 용역을 제공받는 날을 기준으로 측정한다.

04 현금결제형 주식기준보상거래는 부채가 결제될 때까지 주가차액보상권의 추후 가치가 변동하더라도 추정치를 변경하지 않는다.

▼정답 및 해설

01 부여한 지분상품의 공정가치에 기초하여 측정한다.

02 주식결제형 주식기준보상거래는 상응한 자본의 증가를 인식하고, 현금결제형 주식기준보상거래는 상응한 부채의 증가를 인식한다.

03 부여일 기준으로 측정한다.

04 매 보고기간말과 결제일에 부채의 공정가치를 재측정하고, 공정가치의 변동액은 당기손익으로 인식한다.

출제예상 문제

[01~02] (주)광진은 20×1년 1월 1일 종업원 500명에게 1명당 주식선택권 100개를 부여하고 3년의 용역제공조건을 부여하였다. 부여일 현재 주식선택권의 단위당 공정가치는 20원으로 추정되었으며, 종업원에게 부여한 주식선택권의 행사가격은 150원, 주당 액면가액은 100원이다. (주)광진은 주식선택권의 부여일 현재 종업원 중 16%가 부여일로부터 3년 이내에 퇴사하여 주식선택권을 상실할 것으로 추정한다. 아래의 자료를 참조하여 물음에 답하시오.

구분	20×1년 12월 31일	20×2년 12월 31일	20×3년 12월 31일
실제퇴사명수	25명	30명	15명
누적실제퇴사명수	25명	55명	70명
퇴사추정비율	16%	13%	14%

01 20×2년에 인식할 주식보상비용은 얼마인가?

① 260,000원 ② 280,000원
③ 300,000원 ④ 330,000원

02 20×4년 1월 1일 43,000개의 권리가 행사되어 신주를 발행하였다. 주식발행초과금으로 계상할 금액은 얼마인가?

① 860,000원 ② 2,150,000원
③ 3,010,000원 ④ 4,300,000원

03 주식기준보상거래에 대한 설명이다. 틀린 것은?

① 현금결제형 주식기준보상거래의 경우 부채가 결제될 때까지 매 보고기간말과 결제일에 부채의 공정가치를 재측정하고, 공정가치의 변동액은 당기손익으로 인식한다.
② 종업원 및 유사용역제공자는 제공받는 용역의 공정가치를 일반적으로 신뢰성 있게 추정할 수 없기 때문에, 부여한 지분상품의 공정가치를 부여일기준으로 측정한다.
③ 제공받는 재화나 용역과 그에 상응하는 자본의 증가를 인식한 경우 가득일이 지난 뒤에는 자본을 수정하지 아니한다.
④ 종업원이 아닌 거래상대방과의 거래는 재화나 용역의 공정가치를 부여일기준으로 측정한다.

[04~05] (주)광진은 20×1년 1월1일 종업원 500명에게 1명당 주가차액보상권 100개를 부여하고 3년의 용역제공조건을 부여하였다. 행사가격은 200원이다. (주)광진이 각 회계연도말에 추정한 주가차액보상권의 공정가치와 주가는 다음과 같다.

구분	20×1년 12월 31일	20×2년 12월 31일	20×3년 12월 31일	20×4년 12월 31일
공장가치 주가	150원 360원	160원 370원	170원 390원	190원 390원

구분	20×1년 12월 31일	20×2년 12월 31일	20×3년 12월 31일
실제퇴사명수 누적실제퇴사명수 퇴사추정비율	30명 30명 18%	40명 70명 16%	30명 100명 20%

04 20×2년에 인식할 주식보상비용은 얼마인가?

① 2,050,000원 ② 2,430,000원
③ 2,320,000원 ④ 2,330,000원

05 20×4년 12월 31일 권리가 모두 행사되어 현금이 지급되었다. 20×4년에 인식할 주식보상비용은 얼마인가?

① 800,000원 ② 400,000원
③ 700,000원 ④ 1,600,000원

06 (주)천호는 20×1년 1월 1일에 총무이사에게 다음과 같은 조건의 현금결제형 주가차액보상권 10,000개를 부여하였다. 이 경우 20×2년 포괄손익계산서에 계상할 당기주식보상비용은 얼마인가? (단, 총무이사는 20×3년 12월 31일 이전에 퇴사하지 않을 것으로 예상된다.)

ㄱ. 기본조건 : 20×3년 12월 31일까지 의무적으로 근무할 것
ㄴ. 행사가능기간 : 20×4년 1월 1일 ~ 20×5년 12월 31일
ㄷ. 20×1년말 추정한 주가차액보상권의 공정가치 : 120원/개
ㄹ. 20×2년말 추정한 주가차액보상권의 공정가치 : 150원/개

① 400,000원 ② 500,000원
③ 550,000원 ④ 600,000원

07 **다음 중 현금결제형 주식기준보상거래에 대한 설명으로 가장 일치하지 않는 것은?**

① 공정가치의 변동액은 당기손익으로 처리한다.
② 가득조건이 용역제공조건인 경우 가득기간동안은 부채의 공정가치를 재측정하지 않는다.
③ 가득조건충족이후 부채가 결제될 때까지의 보고기간 말과 결제할 때 부채의 공정가치를 재측정한다.
④ 제공받는 재화나 용역과 그 대가로 부담하는 부채를 부채의 공정가치로 측정한다.

08 **다음 중 주식결제형 주식기준보상(주식선택권)과 관련하여 괄호 안에 들어갈 단어로 가장 옳은 것은?**

종업원 및 유사용역제공자에게 제공받은 용역의 보상원가는 부여한 지분상품의 공정가치에 수량을 곱한 금액으로 산정한다. 부여한 지분상품의 공정가치를 신뢰성 있게 추정할 수 있는 경우 지분상품의 공정가치는 (　　) 현재로 측정한다.

① 가득일
② 부여일
③ 재화용역을 제공한 날
④ 행사일

[redacted]

정답 및 해설

01	③	02	③	03	④	04	②	05	①	06	④	07	②	08	②				

01 ③

가득기간구분	개당 공정가치 × 행사 가능수량 × 누적월수/가득기간총월수 − 누적 보상비용	매년 주식보상비용
20×1년 12월 31일	20원 × 500명 × 100개 × (1 − 16%) × 12월 / 36월 − 0원	280,000원
20×2년 12월 31일	20원 × 500명 × 100개 × (1 − 13%) × 24월 / 36월 − 280,000원	300,000원
20×3년 12월 31일	20원 × 500명 × 100개 × (1 − 14%) × 36월 / 36월 − 580,000원	280,000원

02 ③

차) 현 금	6,450,000원[1]	대) 자 본 금	4,300,000원[2]
차) 주 식 선 택 권	860,000원	주 식 발 행 초 과 금	3,010,000원

[1] 43,000개 × 150원(행사가격) = 6,450,000원
[2] 43,000개 × 100원(액면가액) = 4,300,000원

03 ④ 공정가치는 재화나 용역을 제공받는 날을 기준으로 측정한다.

04 ②

가득기간구분	개당 공정가치 × 행사 가능수량 × 누적월수/가득기간총월수 − 누적 보상비용	매년 주식보상비용
20×1년 12월 31일	150원 × 500명 × 100개 × (1 − 18%) × 12월 / 36월 − 0원	2,050,000원
20×2년 12월 31일	160원 × 500명 × 100개 × (1 − 16%) × 24월 / 36월 − 2,050,000원	2,430,000원
20×3년 12월 31일	170원 × 500명 × 100개 × (1 − 20%) × 36월 / 36월 − 4,480,000원	2,320,000원

05 ① 20×4년 12월 31일

차) 주 식 보 상 비 용	800,000원[1]	대) 장 기 미 지 급 비 용	800,000원
장 기 미 지 급 비 용	7,600,000원[2]	현 금	7,600,000원[3]

[1] (190원 − 170원) × 500명 × 100개 × (1 − 20%) = 800,000원
[2] 190원 × 500명 × 100개 × (1 − 20%) = 7,600,000원
[3] (390원 − 200원) × 500명 × 100개 × (1 − 20%) = 7,600,000원 또는

차) 주 식 보 상 비 용	800,000원	대) 현 금	7,600,000원[2]
장 기 미 지 급 비 용	6,800,000원[1]		

[1] 170원 × 500명 × 100개 × (1 − 20%) = 6,800,000원
[2] 190원 × 500명 × 100개 × (1 − 20%) = 7,600,000원

06 ④

20×2년말 주식보상비용 : 10,000개 × 150원 × 2/3 = 1,000,000원
20×1년말 주식보상비용 : 10,000개 × 120원 × 1/3 = 400,000원
20×2년 당기주식보상비용 600,000원

07 ② 가득기간에도 부채의 공정가치를 재측정한다.

08 ② 종업원등에게 제공받은 용역의 보상원가는 원칙적으로 부여한 지분상품의 공정가치를 신뢰성 있게 추정할 수 있는 경우 부여일 현재로 측정한다.

memo

이패스 재경관리사
핵심서브노트&문제풀이

PART 06

기 타

법인세(K-IFRS 제1012호)

1 취지

자산·부채의 적절한 평가와 수익·비용의 대응

2 용어정의

<table>
<tr><td>회계이익</td><td colspan="2">법인세비용 차감 전 회계기간의 손익</td></tr>
<tr><td>과세소득</td><td colspan="2">납부할(환급받을) 법인세를 산출하는 대상이 되는 회계기간의 이익(손실)</td></tr>
<tr><td>이연법인세
부채</td><td colspan="2">가산할 일시적차이와 관련하여 미래 회계기간에 납부할 법인세 금액</td></tr>
<tr><td>이연법인세
자산</td><td colspan="2">미래 회계기간에 회수될 수 있는 법인세 금액
① 차감할 일시적차이, ② 세무상 이월결손금, ③ 이월된 세액공제</td></tr>
<tr><td>자산·부채의
세무기준액</td><td colspan="2">세무상 당해 자산 또는 부채에 귀속되는 금액</td></tr>
<tr><td rowspan="3">일시적차이</td><td colspan="2">재무상태표상 자산 또는 부채의 장부금액과 세무기준액의 차이</td></tr>
<tr><td>가산할
일시적차이</td><td>자산이나 부채의 장부금액이 회수나 결제되는 미래 회계기간의 과세소득(세무상결손금) 결정시 가산할 금액이 되는 일시적차이</td></tr>
<tr><td>차감할
일시적차이</td><td>자산이나 부채의 장부금액이 회수나 결제되는 미래 회계기간의 과세소득(세무상결손금) 결정시 차감할 금액이 되는 일시적차이</td></tr>
</table>

3 세무조정 사례

사례	발생시점	소멸시점	차이
감가상각비한도초과액	유보	△유보	차감할 일시적차이
대손충당금한도초과액	유보	△유보	차감할 일시적차이
퇴직급여충당금한도초과액	유보	△유보	차감할 일시적차이
미수이자	△유보	유보	가산할 일시적차이
FVPL금융자산평가이익 FVPL금융자산평가손실	△유보 유보	유보 △유보	가산할 일시적차이 차감할 일시적차이
접대비, 기부금한도초과액	기타사외유출	–	영구적차이
자기주식처분이익 자기주식처분손실	기타 기타	기타 기타	영구적차이 영구적차이

FVOCI금융자산평가이익	△유보 기타	유보 기타	가산할 일시적차이 영구적차이
FVOCI금융자산평가손실	유보 기타	△유보 기타	차감할 일시적차이 영구적차이

4 인식 및 측정

(1) 이연법인세부채

① 인식 : **모든 가산할 일시적차이에 대하여 이연법인세부채를 인식. 다만, 예외 있음**

② 측정 : **이연법인세부채는 보고기간말까지 제정되었거나 실질적으로 제정된 세율(및 세법)에 근거하여 당해 부채가 결제될 회계기간에 적용될 것으로 기대되는** 평균세율을 **사용하여 측정**

(2) 이연법인세자산

① 인식

㉠ 차감할 일시적차이가 사용될 수 있는 과세소득의 발생가능성이 높은 경우에, 모든 차감할 일시적차이에 대하여 이연법인세자산을 인식. 다만, 예외 있음

㉡ 미사용 세무상결손금과 세액공제가 사용될 수 있는 미래 과세소득의 발생가능성이 높은 경우 그 범위 안에서 이월된 미사용 세무상결손금과 세액공제에 대하여 이연법인세자산을 인식

② 측정 : 이연법인세자산은 보고기간말까지 제정되었거나 실질적으로 제정된 세율(및 세법)에 근거하여 당해 자산이 실현될 회계기간에 적용될 것으로 기대되는 평균세율을 사용하여 측정

③ 검토 : 이연법인세자산의 장부금액은 매 보고기간말에 실현가능성을 검토한다. 이연법인세자산의 일부 또는 전부에 대한 혜택이 사용되기에 충분한 과세소득이 발생할 가능성이 더 이상 높지 않다면 이연법인세자산의 장부금액을 감액시킨다. 감액된 금액은 사용되기에 충분한 과세소득이 발생할 가능성이 높아지면 그 범위 내에서 환입한다.

5 법인세비용의 계산절차***

① 당기법인세부담액 = 과세소득 × 당기법인세세율

② 당기말 현재 이연법인세자산(부채) = 당기말 현재 누적 일시적 차이 × 일시적 차이가 소멸되는 기간의 예상평균세율

③ 이연법인세자산(부채)의 당기변동액 = 당기말 현재 이연법인세자산(부채) − 전기말 현재 이연법인세자산(부채)

④ 법인세비용=당기 법인세부담액±이연법인세자산(부채)의 당기 변동액

결산분개 : 차)	③ 이연법인세자산	×××	대) ① 당기법인세부채	×××
	④ 법인세비용	×××		

6 자본에 직접 인식되는 법인세비용

수익과 비용의 적절한 대응을 위하여 당기손익 이외로 인식되는 항목과 관련된 당기법인세와 이연법인세는 당기손익 이외의 아래 항목으로 인식

기타포괄손익	재평가잉여금, 기타포괄손익공정가치측정금융자산평가손익 등 예 토지 1,000원에 취득, 기말공정가치 1,200원, 법인세율 20%					
	차)	토지 등	1,000	대)	재평가잉여금	1,000
		법인세비용	200		이연법인세부채	200
	차)	재평가잉여금	200	대)	법인세비용	200
자본잉여금	자기주식처분손익 예 자기주식을 1,000원에 취득하여 1,500원에 매각, 법인세율 20%					
	차)	현금 등	1,500	대)	자기주식	1,000
					자기주식처분이익	500
	차)	법인세비용	100	대)	미지급법인세	100
		자기주식처분이익	100		법인세비용	100

7 기타사항

① 할인여부 : 이연법인세 자산과 부채는 할인하지 아니한다.(현재가치 계산 배제)

② 상계 : 원칙은 상계금지

- 일정조건 충족하는 경우에만 당기법인세자산과 당기법인세부채를 상계한다.
- 일정조건 충족하는 경우에만 이연법인세자산과 이연법인세부채를 상계한다.

수정문제

다음의 내용을 읽고 잘못된 내용을 수정하시오.

01 가산할 일시적차이에 대하여 이연법인세자산을 인식한다.

02 차감할 일시적차이가 사용될 수 있는 과세소득의 발생가능성이 높은 경우에 이연법인세부채를 인식한다.

03 미사용 세무상결손금과 세액공제가 사용될 수 있는 미래 과세소득의 발생가능성이 높은 경우 그 범위 안에서 이월된 미사용 세무상결손금과 세액공제에 대하여 이연법인세부채를 인식한다.

04 이연법인세 자산과 부채도 비유동으로 분류되는 경우 현재가치로 할인한다.

05 미수이자의 장부금액이 100원이다. 관련 이자수익은 현금기준으로 과세된다. 이 미수이자의 세무기준액은 100원이다.

▼정답 및 해설

01 이연법인세부채를 인식한다.
02 이연법인세자산을 인식한다.
03 이연법인세자산을 인식한다.
04 이연법인세 자산과 부채는 현재가치로 할인하지 않는다.
05 미수이자의 세무기준액은 0원이다.

출제예상 문제

01 **다음은 세무기준액에 대한 예를 나타낸 것이다. 맞는 것은 어느 것인가?**

① 유동부채에 장부금액이 100원인 선수이자가 포함되어 있다. 관련 이자수익은 현금기준으로 이미 과세되었다. 이 선수이자의 세무기준액은 100원이다.

② 유동부채에 장부금액이 100원인 미지급비용이 포함되어 있다. 관련 비용은 현금기준으로 세무상 공제될 것이다. 이 미지급비용의 세무기준액은 100원이다.

③ 매출채권의 장부금액이 100원이다. 관련 수익(매출액)이 이미 과세소득(세무상결손금)에 포함되었다. 이 매출채권의 세무기준액은 100원이다.

④ 미수이자의 장부금액이 100원이다. 관련 이자수익은 현금기준으로 과세된다. 이 미수이자의 세무기준액은 100원이다.

02 **이연법인세회계와 관련한 설명이다. 틀린 것은?**

① 이연법인세자산과 부채는 원칙적으로 상계표시하고, 예외적으로 총액으로 표시한다. 이연법인세의 대상에는 일시적차이, 이월결손금, 이월공제되는 세액공제가 있다.

② 미래에 가산할 일시적차이에 소멸될 것으로 예상되는 연도의 평균세율을 적용하여 이연법인세부채를 계상한다.

③ 미래에 차감할 일시적차이는 그 실현가능성을 매 보고기간말에 검토하여야 한다.

④ 이연법인세자산과 부채는 미래가치와 현재가치의 차이가 중요하더라도 현재가치로 평가하지 않는다.

03 **미사용 세무상결손금 또는 세액공제가 사용될 수 있는 과세소득의 발생가능성을 검토할 때 판단기준으로 고려되는 사항이 아닌 것은?**

① 동일 과세당국과 동일 과세대상기업에 관련된 차감할 일시적 차이가 미사용 세무상결손금이나 세액공제가 만료되기 전에 충분한 과세대상금액을 발생시키는지의 여부

② 미사용 세무상결손금이나 세액공제가 만료되기 전에 과세소득이 발생할 가능성이 높은지의 여부

③ 미사용 세무상결손금이 다시 발생할 가능성이 없는 식별가능한 원인으로부터 발생하였는지의 여부

④ 미사용 세무상결손금이나 세액공제가 사용될 수 있는 기간에 과세소득을 창출할 수 있는 세무정책을 이용할 수 있는지의 여부

04

다음은 전기에 영업을 개시한 (주)광진의 회계이익과 과세소득의 자료이다. 전기와 당기말에 재무제표에 표시될 알맞은 금액은? (아래 제시된 이연법인세자산, 이연법인세부채는 기말잔액을 의미하며, 이연법인세자산과 이연법인세부채는 서로 상계하여 표시한다.)

구분	전기	당기	차기
법인세차감전순이익	10,000,000원	10,000,000원	10,000,000원
일시적 차이 감가상각비한도초과액 미수이자계상액 토지과다계상액	 2,000,000원 (1,000,000원) (500,000원)	 (1,000,000원) 1,000,000원 –	 (1,000,000원) – 500,000원
과세소득	10,500,000원	10,000,000원	9,500,000원
미래적용평균세율	30%	25%	20%

	전기		당기	
①	이연법인세자산	100,000원	이연법인세부채	100,000원
②	법인세비용	3,050,000원	이연법인세부채	100,000원
③	미지급법인세	3,150,000원	법인세비용	2,500,000원
④	이연법인세부채	100,000원	미지급법인세	2,500,000원

05

(주)천호는 20×1년에 사업을 개시하였다. 아래의 사업을 시작할 경우 (주)천호의 20×1년 재무상태표에 계상할 이연법인세자산·부채는 얼마인가?

> 가. 당기순이익 : 5,000,000원
> 나. 세무조정내역 : 가산할 일시적차이 500,000원
> 다. 평균세율 : 20%(매년 동일할 것으로 예상)
> 라. 이연법인세자산·부채를 인식하지 아니하는 예외사항에 해당하지 않는다고 가정

① 이연법인세부채 500,000원　② 이연법인세자산 500,000원
③ 이연법인세부채 100,000원　④ 이연법인세자산 100,000원

06

(주)천호는 결손이 누적되고 미래 과세소득이 발생하지 않을 것이라 판단하여 미사용 세무상 결손금에 대하여 더 이상 이연법인세자산을 인식하지 않기로 하였다. 전기까지 인식하였던 세무상 결손금에 대한 이연법인세자산을 더 이상을 인식하지 않을 경우 (주)천호의 재무제표에 미치는 영향은?

① 부채비율(부채/자본)의 감소　② 당기순이익의 감소
③ 법인세비용의 감소　④ 법인세차감전순이익의 감소

07 **다음 중 법인세회계에 관한 설명으로 가장 올바르지 않은 것은?**

① 법인세회계의 취지는 수익.비용의 대응과 적정한 자산과 부채의 평가에 있다.
② 가산할 일시적차이는 이연법인세부채를 발생시킨다.
③ 이연법인세자산과 부채는 실현가능성 상관없이 인식한다.
④ 일시적차이, 이월되는 결손금과 세액공제는 이연법인세자산을 발생시킨다.

08 **(주)천호의 과세소득과 관련된 다음 자료를 이용하여 20×1년말 재무상태표상의 이연법인세자산(부채)금액을 구하면 얼마인가?**

법인세비용차감전순이익	1,000,000원
가산(차감)조정	
일시적차이가 아닌 차이	400,000원
일시적차이	(600,000원)
과세표준	800,000원(세율 : 20%)

[추가자료]
ㄱ. 일시적차이는 매년 200,000원씩 소멸하며, 기대되는 평균세율은 25%로 동일하다.
ㄴ. 20×0년말 재무상태표상 이연법인세자산(부채)는 없다.

① 이연법인세부채 120,000원
② 이연법인세자산 120,000원
③ 이연법인세부채 150,000원
④ 이연법인세자산 150,000원

09 **(주)삼일의 20×1년 법인세와 관련한 세무조정사항은 다음과 같다. 20×0년 12월 31일 현재 이연법인세자산의 잔액은 5,000원이었다. 20×1년의 포괄손익계산서의 법인세비용은 얼마인가?** (단, 이연법인세자산의 실현가능성은 높으며, 법인세율은 20%이고 이후 변동이 없다고 가정한다.)

법인세비용차감전순이익	300,000원
접대비한도초과액	30,000원
감가상각비한도초과액	50,000원
당기손익－공정가치 측정 금융자산평가이익	20,000원

① 50,000원
② 66,000원
③ 68,000원
④ 70,000원

[redacted]

정답 및 해설

01	③	02	①	03	①	04	③	05	③	06	②	07	③	08	③	09	②	

01 ③ ① 영(0)원
② 영(0)원
④ 영(0)원

02 ① 원칙적으로 별도 표시하고, 일정요건에 해당하는 경우에만 상계표시한다.

03 ① '차감할 일시적차이'가 아니라 '가산할 일시적차이'이다.

04 ③

구분	전기	당기
법인세차감전순이익	10,000,000원	10,000,000원
일시적차이 감가상각비한도초과액 미수이자계상액 토지과다계상액	 2,000,000원 (1,000,000원) (500,000원)	 (1,000,000원) 1,000,000원 –
과세소득	10,500,000원	10,000,000원
미래적용평균세율	30%	25%
미지급법인세	3,150,000원	2,500,000원
전기말이연법인세자산 당기말이연법인세자산	0원 100,000원	100,000원 100,000원
당기중이연법인세변동	100,000원	0원
법인세비용	3,050,000원	2,500,000원

05 ③ 가산할 일시적차이 500,000원 × 20% = 이연법인세부채 100,000원

06 ② 더 이상 이연법인세자산을 인식하지 않는다면 아래와 같이 회계처리한다.

차) 법인세비용(자본의 감소) ××× 대) 이연법인세자산(자산의 감소) ×××

부채비율(부채/자본)과 법인세비용의 증가, 당기순이익의 감소, 법인세차감전순이익의 불변

07 ③ 이연법인세자산은 실현가능성에 따라 인식여부가 달라진다.

08 ③ 가산할 일시적차이 600,000원×25% = 이연법인세부채 150,000원

09 ② 당기법인세부채 : 과세소득360,000원(= 300,000원 + 30,000원 + 50,000원 − 20,000원) × 20% = 72,000원
전기말 이연법인세자산 : 5,000원
당기말 이연법인세자산 : 기초 5,000원 + (50,000원 − 20,000원) × 20% = 11,000원
이연법인세자산의 증가분 : 11,000원 − 5,000원 = 6,000원
법인세비용 : 당기법인세부채 72,000원 − 이연법인세자산의 증가분 6,000원 = 66,000원

CHAPTER 02 회계변경과 오류수정(K-IFRS 제1008호)

1 적용범위

(1) 회계정책의 변경에 해당하는 경우

① 한국채택국제회계기준에서 회계정책의 변경을 요구하는 경우

② 회계정책의 변경을 반영한 재무제표가 거래, 기타 사건 또는 상황이 재무상태, 재무성과 또는 현금흐름에 미치는 영향에 대하여 신뢰성 있고 더 목적적합한 정보를 제공하는 경우

예 단가결정방법의 변경, 원가모형에서 재평가모형으로의 변경, 표시통화의 변경

(2) 회계정책의 변경에 해당하지 않는 경우

① 과거에 발생한 거래와 실질이 다른 거래, 기타 사건 또는 상황에 대하여 다른 회계정책을 적용하는 경우

② 과거에 발생하지 않았거나 발생하였어도 중요하지 않았던 거래, 기타 사건 또는 상황에 대하여 새로운 회계정책을 적용하는 경우

(3) 회계처리방법

① 원칙 : (전체)소급법 – 누적효과[1]를 실무적으로 결정할 수 있는 경우

1) 회계변경의 누적효과 = 변경 전 방법에 의한 재무상태표상기초장부가액 – 변경 후 방법에 의한 재무상태표상기초장부가액

㉠ 경과규정이 있는 K-IFRS을 최초 적용하는 경우에 발생하는 회계정책의 변경은 해당 경과규정에 따라 회계처리

㉡ 경과규정이 없는 K-IFRS을 최초 적용하는 경우에 발생하는 회계정책의 변경이나 자발적인 회계정책의 변경은 소급적용

➡ 비교 표시되는 가장 이른 과거기간의 영향 받는 자본의 각 구성요소의 기초 금액과 비교 공시되는 각 과거기간의 기타 대응금액을 새로운 회계정책이 처음부터 적용된 것처럼 조정

② 예외 : ㉠ 부분소급, ㉡ 전진적용 – 누적효과를 실무적으로 결정할 수 없는 경우

㉠ 실무적으로 소급적용할 수 있는 가장 이른 회계기간의 자산 및 부채의 기초장부금액에 새로운 회계정책을 적용하고, 그에 따라 변동하는 자본 구성요소의 기초금액을 조정. 실무적으로 적용할 수 있는 가장 이른 회계기간은 당기일 수도 있다.

㉡ 당기 기초시점에 과거기간 전체에 대한 새로운 회계정책 적용의 누적효과를 실무적으로 결정할 수 없는 경우, 실무적으로 적용할 수 있는 가장 이른 날부터 새로운 회계정책을 전진적용하여 비교정보를 재작성

➡ **재무제표재작성○, 회계변경누적효과계산○, 기간별비교가능성↑, 신뢰성↓**

2 회계추정의 변경★★

(1) **추정에 해당하는 경우** : 대손율, 누적진행률, 감가상각방법, 내용연수, 잔존가치의 변경, 기능통화의 변경, 작업진행률의 변경 등

(2) **전진적용**

① 변경이 발생한 기간에만 영향을 미치는 경우에는 변경이 발생한 기간(대손에 대한 추정의 변경)

② 변경이 발생한 기간과 미래기간에 모두 영향을 미치는 경우에는 변경이 발생한 기간과 미래 기간(감가상각자산의 추정내용연수의 변경 또는 감가상각자산에 내재된 미래경제적효익의 기대소비형태의 변경)

측정기준의 변경은 회계추정의 변경이 아니라 회계정책의 변경에 해당한다. 회계정책의 변경과 회계추정의 변경을 구분하는 것이 어려운 경우에는 이를 회계추정의 변경으로 본다.

➡ **재무제표재작성×, 회계변경누적효과계산×, 기간별비교가능성↓, 신뢰성↑**

3 오류수정

(1) **회계처리방법**

① 원칙 : (전체)소급법 – 오류의 영향이나 누적효과를 실무적으로 결정할 수 있는 경우

㉠ 오류가 발생한 과거기간의 재무제표가 비교표시되는 경우에는 그 재무정보를 재작성

㉡ 오류가 비교표시되는 가장 이른 과거기간 이전에 발생한 경우에는 비교표시되는 가장 이른 과거기간의 자산, 부채 및 자본의 기초금액을 재작성

② 예외 : ㉠ 부분소급, ㉡ 전진적용 – 오류의 영향이나 누적효과를 실무적으로 결정할 수 없는 경우

㉠ 실무적으로 소급재작성할 수 있는 가장 이른 회계기간의 자산, 부채 및 자본의 기초금액을 재작성(실무적으로 소급재작성할 수 있는 가장 이른 회계기간은 당기일 수도 있음)

㉡ 당기 기초시점에 과거기간 전체에 대한 오류의 누적효과를 실무적으로 결정할 수 없는 경우, 실무적으로 적용할 수 있는 가장 이른 날부터 전진적으로 오류를 수정하여 비교정보를 재작성

(2) 전기오류의 수정은 오류가 발견된 기간의 당기손익으로 보고하지 않는다. 따라서 과거 재무자료의 요약을 포함한 과거기간의 정보는 실무적으로 적용할 수 있는 최대한 앞선 기간까지 소급재작성한다.

(3) **자동조정적오류(두 기간에 걸쳐 손익이 상쇄되는 오류)★★★**

	전기	당기	마감후 이익잉여금에 영향
수정전이익	1,000원	1,000원	2,000원
전기 재고자산의 과대계상	(300원)	300원	0원
당기 재고자산의 과소계상		200원	200원
전기 선수수익의 과대계상	100원	(100원)	0원
당기 선수수익의 과소계상		(400원)	(400원)
수정후이익	800원	1,000원	1,800원

☞ 미수수익, 선급비용은 위 재고자산과 동일하게 분석
미지급비용은 위 선수수익과 동일하게 분석

수정문제

다음의 내용을 읽고 잘못된 내용을 수정하시오.

01 회계정책변경의 영향을 실무적으로 결정할 수 없는 경우, 전진적용한다.

02 회계추정의 변경효과는 그 영향이 미치는 기간에 따라 소급하여 인식한다.

03 과거에 발생하지 않았거나 발생하였어도 중요하지 않았던 거래, 기타 사건 또는 상황에 대하여 새로운 회계정책을 적용하는 경우 회계정책의 변경에 해당한다.

04 전기오류의 수정은 오류가 발견된 기간의 당기손익으로 보고한다.

05 회계정책의 변경과 회계추정의 변경을 구분하는 것이 어려운 경우에는 이를 회계정책의 변경으로 본다.

▼정답 및 해설

01 전진적용하지 않고 소급적용의 누적효과를 실무적으로 적용가능한 최초 회계기간까지 소급적용하도록 한다.
02 전진적으로 인식한다.
03 회계정책의 변경에 해당하지 않는다.
04 당기손익으로 보고하지 않는다.
05 구분이 어려운 경우에는 회계정책의 변경이 아니라 회계추정의 변경으로 본다.

출제예상 문제

01 **회계변경과 오류수정에 대한 설명이다. 틀린 것은?**

① 과거에 발생하지 않았거나 발생하였어도 중요하지 않았던 거래, 기타 사건 또는 상황에 대하여 새로운 회계정책을 적용하는 경우에는 회계정책의 변경에 해당하지 않는다.
② 비교 표시되는 하나 이상의 과거기간의 비교정보에 대해 전체기간에 미치는 회계정책 변경의 영향을 실무적으로 결정할 수 없는 경우, 실무적으로 소급적용할 수 있는 가장 이른 날부터 새로운 회계정책을 전진적용하여 비교정보를 재작성한다.
③ 유형자산이나 무형자산을 원가모형에서 재평가모형으로 회계정책을 최초로 변경하는 경우 회계정책의 변경에 해당하여 소급재작성한다.
④ 전기오류는 특정기간에 미치는 오류의 영향이나 오류의 누적효과를 실무적으로 결정할 수 없는 경우를 제외하고는 소급재작성에 의하여 수정한다.

02 **(주)광진은 기말에 장부를 검토하던 중에 기말재고자산의 평가에 있어서 다음과 같은 오류가 발견하였다. 당해 오류가 중요한 것이라면 (주)광진의 당기 정확한 당기순이익은 얼마인가?**

회계연도	당기순이익	재고자산 평가오류
전기	10,700,000원	550,000원 과대계상
당기	11,250,000원	350,000원 과대계상

① 11,050,000원　② 11,350,000원
③ 11,450,000원　④ 12,150,000원

03 **(주)광진은 전기초 1월 1일 영업을 시작하였다. 이 회사는 재고자산에 대하여 가중평균법을 적용하고 있지만 회사는 당기부터 더 목적적합한 것으로 판단되는 선입선출법으로 변경하기로 하였다. 당사가 당기부터 선입선출법으로 변경한다면 당기의 당기순이익은 얼마가 되는가?**

	전기	당기
〈기말재고〉		
선입선출법	250,000원	300,000원
가중평균법	200,000원	270,000원
가중평균법하의 당기순이익	1,000,000원	1,500,000원

① 1,450,000원　② 1,480,000원
③ 1,520,000원　④ 1,530,000원

04 **다음 중 회계변경과 오류수정의 회계처리방법으로 소급법의 장점을 설명한 것으로 부적합한 것은?**

① 전기이전 회계정보를 수정하기 때문에 신뢰성이 낮아진다.
② 회계변경으로 인한 이익조작 가능성을 방지할 수 있다.
③ 비교재무제표를 통한 기간별 비교가능성이 제고된다.
④ 기간별 재무정보에 대한 시계열 추세분석이 가능하다.

05 **도소매업을 영위하는 (주)천호의 외부감사인이 회계감사 과정에서 다음과 같은 사실을 발견하였다. 동 발견사항에 대하여 수정할 경우 (주)천호의 수정후 당기순이익(손실)은 얼마인가?** (단, 법인세효과는 고려하지 않는다.)

(1) (주)천호가 제시한 20×1년 당기순이익 : 50,000,000원
(2) 외부감사인이 발견한 사항
ㄱ. 매출관련사항
㉠ (주)천호는 20×1년 12월26일에 (주)암사에 판매를 위탁하기 위하여 상품을 발송하였고, (주)암사는 연말까지 동 수탁상품의 60%를 판매하고, 나머지는 20×2년 1월 3일에 판매함.
㉡ (주)천호는 동 위탁매출에 대하여 상품을 발송한 시점에 매출 1억원과 이에 대응되는 매출원가를 모두 인식하였다.(매출총이익률은 30%임)

① 12,000,000원
② 38,000,000원
③ 50,000,000원
④ 62,000,000원

06 **(주)천호는 20×1년에 1,000,000원에 취득한 기계장치에 대한 감가상각방법을 연수합계법(내용연수 5년, 잔존가치 100,000원)으로 상각하여 오고 있다. (주)천호는 20×3년 1월 1일부터 기계장치에 대한 상각방법을 정액법으로 변경하였다. 잔여내용연수가 5년, 잔존가치가 0원이라면 회계변경으로 인하여 인식할 20×3년의 감가상각비는 얼마인가?**

① 80,000원
② 92,000원
③ 120,000원
④ 180,000원

07 **다음 중 회계추정의 변경 사항이 아닌 것은?**

① 매출채권에 대한 대손상각률의 변경
② 건설계약에서 누적진행률의 변경
③ 유형자산 잔존가치의 변경
④ 투자부동산에서 원가모형을 공정가치모형으로 변경

[redacted]

정답 및 해설

01	③	02	③	03	②	04	①	05	②	06	②	07	④						

01 ③ 회계정책의 변경에 해당하나 소급재작성하지 않고 전진적용한다.

02 ③ 당기 정확한 당기순이익 = 11,250,000원 + 550,000원 − 350,000원 = 11,450,000원

03 ②

가중평균법하의 당기순이익	1,500,000원
기초재고자산을 통한 매출원가의 증가(+)	(50,000원)
기말재고자산을 통한 매출원가의 증가(−)	30,000원
선입선출법하의 당기순이익	1,480,000원

04 ① 신뢰성이 낮아지는 것은 단점에 해당한다.

05 ② 60%만 판매하였으므로 40%에 해당하는 매출총이익만큼 감소시켜야 한다.
100,000,000원 × 40% × 30% = 12,000,000원
당기순이익 50,000,000원 − 감소시켜야 할 매출총이익 12,000,000원 = 38,000,000원

06 ② 〈회계추정의 변경〉
20×1년, 20×1년의 감가상각비 합계 : (1,000,000원 − 100,000원) × (5 + 4)/(1 + 2 + 3 + 4 + 5) = 540,000원
20×3년 : (1,000,000원 − 540,000원 − 0원) / 5년 = 92,000원

07 ④ 회계정책의 변경에 해당한다.

CHAPTER 03 주당이익(K-IFRS 제1033호)

1 기본주당이익

$$\text{기본주당 계속영업손익} = \frac{\text{보통주계속영업손익(=계속영업손익-우선주배당금)}}{\text{가중평균유통보통주식수}}$$

$$\text{기본주당순손익} = \frac{\text{보통주당기순손익(=당기순손익-우선주배당금)}}{\text{가중평균유통보통주식수}}$$

2 가중평균유통보통주식수★★★

① 특정회계기간의 가중평균유통보통주식수는 그 기간 중 각 시점의 유통주식수의 변동에 따라 자본금액이 변동하는 것을 반영 → 사유발생일 주식수 변동으로 계산

㉠ 유상증자(증가) 또는 유상감자(감소)

㉡ 자기주식 취득(감소)

※ 주주우선배정 신주발행의 무상증자[유상증자를 공정가치 미만으로 실시한 경우(다음 순서로 계산)]

ⓐ $\text{공정가치로 유상증자시 발행가능한 주식수} = \frac{\text{유상증자로 유입된 현금등}}{\text{권리행사일 전일의 1주당 공정가치}}$

ⓑ 무상증자주식수 = 총유상증자수 − 공정가치로 유상증자시 발행가능한 주식수

ⓒ $\text{무상증자 비율} = \frac{\text{무상증자주식수}}{\text{증자이전의유통주식수 + 공정가치로 유상증자시 발행가능한 주식수}}$

ⓓ 무상증자비율을 증자이전유통주식수와 공정가치로 유상증자시 발행가능한주식수에 반영

② 당해 기간 및 비교표시되는 모든 기간의 가중평균유통보통주식수는 상응하는 자원의 변동 없이 유통보통주식수를 변동시키는 사건을 반영하여 조정 → 원구주에 따라 주식수 계산

㉠ 무상증자(증가)

㉡ 주식배당(증가)

㉢ 주식분할(증가)

㉣ 주식병합(감소)

3 기산일

① 현금납입의 경우 현금을 받을 권리가 발생하는 날
② 보통주나 우선주 배당금을 자발적으로 재투자하여 보통주가 발행되는 경우 배당금의 재투자일
③ 채무상품의 전환으로 인하여 보통주를 발행하는 경우 최종이자발생일의 다음날
④ 그 밖의 금융상품에 대하여 이자를 지급하거나 원금을 상환하는 대신 보통주를 발행하는 경우 최종이자발생일의 다음날
⑤ 채무를 변제하기 위하여 보통주를 발행하는 경우 채무변제일
⑥ 현금 이외의 자산을 취득하기 위하여 보통주를 발행하는 경우 그 자산의 취득을 인식한 날
⑦ 용역의 대가로 보통주를 발행하는 경우 용역제공일
⑧ 보통주로 반드시 전환하여야 하는 전환금융상품은 계약체결시점

4 보통주 당기순손익 및 계속영업손익

당기순손익(계속사업손익)에서 차감할 우선주배당금
① 당해 회계기간과 관련하여 배당결의된 비누적적 우선주에 대한 배당금
② 배당결의 여부와 관계없이 당해 회계기간과 관련한 누적적 우선주에 대한 배당금. 따라서 전기 이전의 기간과 관련하여 당기에 지급되거나 결의된 누적적 우선주 배당금은 제외

수정문제

다음의 내용을 읽고 잘못된 내용을 수정하시오.

01 가중평균유통보통주식수계산 시 자기주식의 취득은 고려하지 않는다.

02 가중평균유통보통주식수계산 시 유상증자는 증자일로부터 가산하고 무상증자는 무상증자 결의일로부터 가산한다.

03 무상증자, 주식배당, 주식분할, 주식병합은 원구주에 따라 주식수를 계산하며 주식수는 증가한다.

04 유상증자를 공정가치 미만으로 실시한 경우 발행가액을 기준으로 발행한 주식수를 유상증자주식수로 한다.

▼정답 및 해설

01 주식수계산 시 차감한다.
02 무상증자는 이전에 발행한 원구주에 따라 주식수를 계산한다.
03 주식병합은 감소한다.
04 증자전일의 공정가치를 기준으로 발행한 주식수를 유상증자주식수로 한다.

출제예상 문제

01 **(주)광진의 당기 회계연도(1.1 ~ 12.31) 당기순이익과 자본금변동내역이다. 보통주 주당순이익을 구하면?** (유통보통주식수 계산시 월할계산을 가정하고, 원미만 절사)

1. 당기순이익 : 100,000,000원
2. 자본금(@액면가액 5,000원)

구분	보통주자본금(배당률 : 10%)	우선주자본금(배당률(20%)
기초	9,000주 45,000,000원	5,000주 25,000,000원
기중 :		
7월1일 유상증자(20%)	1,800주 9,000,000원	1,000주 5,000,000원
10월1일 무상증자(10%)	1,080주 5,400,000원	
11월1일 자기주식 구입	(540주) 3,000,000원	

① 8,120원 ② 8,550원
③ 8,750원 ④ 8,920원

02 **다음 자료에 의하여 주당이익을 산정하려 한다. 연말에 가중평균유통보통주식수는 몇 주인가?** (단, 유통보통주식수 계산시 월할계산을 가정)

- 01월 1일 : 발행된 보통주식 수 9,000주
- 04월 1일 : 유상증자(증자전일의 공정가치 10,000원, 증자시 발행가액 5,000원) 2,000주
- 08월 1일 : 보통주 1주를 2주로 분할
- 10월 1일 : 자기주식 취득 500주

① 20,325주 ② 21,125주
③ 21,325주 ④ 21,925주

03 **다음 자료에 의하여 주당이익을 산정하려 한다. 연말에 가중평균유통보통주식수는 몇 주인가?** (단, 유통보통주식수 계산 시 월할계산을 가정)

- 1월 1일 : 발행된 보통주식 수 90,000주
- 4월 1일 : 유상증자(증자전일의 공정가치 20,000원, 증자시 발행가액 10,000원) 20,000주
- 8월 1일 : 무상증자 10% 11,000주
- 10월 1일 : 자기주식 취득 500주

① 117,850주 ② 128,980주
③ 130,120주 ④ 134,320주

04 **희석주당이익은 실제 발생된 보통주뿐만 아니라 보통주로 전환될 수 있는 잠재적 보통주까지 감안하여 산출한 주당이익을 말한다. 다음 중 잠재적 보통주에 해당하는 것으로 가장 올바르지 않은 것은?**

$$\text{희석주당이익} = \frac{\text{희석당기순이익}}{\text{가중평균유통보통주식수} + \text{잠재적보통주}}$$

① 아직 행사되지 않은 주식선택권
② 보통주로 전환할 수 있는 전환우선주
③ 상환기일이 있는 상환우선주
④ 보통주로 전환할 수 있는 전환사채

05 **다음은 (주)천호의 20×1년 회계연도(1.1 ~ 12.31) 당기순이익과 자본금변동사항에 대한 자료이다. (주)천호의 20×1년도 기본주당순이익은 얼마인가?**

ㄱ. 당기순이익 100,000,000원
ㄴ. 자본금변동사항(액면 5,000원)

보통주자본금		
기초	10,000주	50,000,000원
기중		
4.1 무상증자(10%)	1,000주	5,000,000원
10.1 자기주식구입	(200주)	(1,000,000)원

20×1 회계연도 이익에 대한 배당(현금배당) : 우선주 배당금 3,640,000원

① 7,800원 ② 8,000원
③ 8,800원 ④ 9,000원

06 **다음의 자료를 이용하여 (주)천호의 주가를 구하시오.**

업종평균 주가수익률(PER) :	8배
(주)천호의 당기순이익	650,000원
(주)천호의 가중평균유통보통주식수	500주

① 9,800원 ② 10,000원
③ 10,400원 ④ 11,000원

07 **다음은 (주)삼일의 20×1년 초 자본의 일부 내역과 20×1년 중 주식수의 변동내역이다. 20×1년의 가중평균유통보통주식수는 얼마인가?** (단, 가중평균유통보통주식수는 월수로 계산하며, 소수점 첫째자리에서 반올림한다.)

1. 20×1년 초 자본의 일부 내역

	보통주	우선주
액면금액	5,000원	5,000원
발행주식수	10,000주	2,000주
자기주식	1,000주	0주

2. 20×1년 중 주식수의 변동내역

20×1년 06월 30일	보통주 유상증자 1,000주 발행
20×1년 07월 31일	무상증자 10%
20×1년 10월 31일	보통주 자기주식 300주 취득
20×1년 11월 30일	보통주 자기주식 120주 재발행

① 10,000주 ② 10,410주
③ 10,910주 ④ 12,200주

[redacted]

정답 및 해설

01	③	02	③	03	①	04	③	05	③	06	③	07	②						

01 ③ 보통주 당기순이익 94,500,000원
= 100,000,000원 − (25,000,000원 × 20% + 5,000,000원 × 20% × 6개월 / 12개월)
가중평균유통보통주식수 :

기　초	: 9,000주 × 1.1(무상증자비율 10% 반영)	× 12 / 12 =	9,900주
유 상 증 자	: 1,800주 × 1.1(무상증자비율 10% 반영)	× 6 / 12 =	990주
자기주식구입	: (540주)	× 2 / 12 =	(90주)
			10,800주

보통주주당순이익 : 94,500,000원 / 10,800주 = 8,750원

02 ③
- 공정가치로 발행시 발행주식수 : 2,000주 × 5000원 / 10,000원 = 1,000주
- 유상증자 주식수 : 2,000주 − 1,000주 = 1,000주
- 무상증자 주식수 : 1,000주
- 무상증자비율 : 1,000주 / (9,000주 + 1,000주) = 10%

1 / 1	: 9,000주 × 1.1 × 2 × 12개월 /	12개월 =	19,800주
4 / 1	: 1,000주 × 1.1 × 2 × 9개월 /	12개월 =	1,650주
10 / 1	: (500주) × 3개월 /	12개월 =	(125주)
			21,325주

03 ①
- 공정가치로 발행시 발행주식수 : 20,000주 × 10,000원 / 20,000원 = 10,000주
- 유상증자 주식수 : 20,000주 − 10,000주 = 10,000주
- 무상증자 주식수 : 10,000주
- 무상증자비율 : 10,000주 / (90,000주 + 10,000주) = 10%

1 / 1	: 9,000주 × 1.1 × 1.1 × 12개월 /	12개월 =	108,900주
4 / 1	: 10,000주 × 1.1 × 1.1 × 9개월 /	12개월 =	9,075주
10 / 1	: (500주) × 3개월 /	12개월 =	(125주)
			117,850주

04 ③ 상환우선주는 보통주로 전환되는 것이 아니다.

05 ③

$$\text{기본주당순이익} = \frac{100{,}000{,}000\text{원} - 3{,}640{,}000\text{원}}{10{,}950^{*)}} = @8{,}800\text{원}$$

*) 중평균유통보통주식수 : 11,000주 + (50주) = 10,950주
01.1 10,000주 × 1.1 × 12/12 = 11,000주
10.1 (200주) × 3/12 = (50주)

06 ③ 주가 : 8배 × 650,000원 / 500주 = 10,400원

07 ②

01/01	(10,000주 − 1,000주) × 1.1 × 12 / 12	= 9,900주
06/30	1,000주 × 1.1 × 6 / 12	= 550주
10/31	(300주) × 2 / 12	= (50주)
11/30	120주 × 1 / 12	= 10주
		10,410주

CHAPTER 04

관계기업과 공동기업에 대한 투자(K-IFRS 제1028호)

1 용어정의

(1) **관계기업** : 투자자가 유의적인 영향력을 보유하는 기업

(2) **유의적인 영향력** : 피투자자의 재무정책과 영업정책에 관한 의사결정에 참여할 수 있는 능력. 그러나 그러한 정책의 지배력이나 공동지배력은 아니다.

(3) **지분법** : **투자자산을 최초에 원가로 인식하고, 취득시점 이후 발생한 피투자자의 순자산 변동액 중 투자자의 지분을 해당 투자자산에 가감하여 보고하는 회계처리방법. 피투자자에 대하여 공동지배력이나 유의적인 영향력을 갖는 기업은, 일부 경우를 제외하고, 그 투자에 대하여 지분법을 사용**

2 적용대상★★★

유의적인 영향력[1) 또는 2)]을 행사할 수 있는 경우 적용

(1) **지분율기준** : 투자자가 직·간접으로 피투자자에 대한 의결권의 20% 이상 소유(유의적인 영향력이 없다는 사실을 명백하게 제시하는 경우 제외)

(2) **실질영향력기준** : 투자자가 직·간접으로 피투자자에 대한 의결권의 20% 미만이더라도 다음 중 하나 이상에 해당하는 경우 적용

① 피투자자의 이사회나 이에 준하는 의사결정기구에 참여
② 배당이나 다른 분배에 관한 의사결정에 참여하는 것을 포함하여 정책결정과정에 참여
③ 기업과 피투자자 사이의 중요한 거래
④ 경영진의 상호 교류
⑤ 필수적 기술정보의 제공

➡ 유의적인 영향력을 행사할 수 있는 경우에도 12개월 이내에 매각목적으로 취득하여 적극적으로 매수자를 찾고 있다면 매각예정비유동자산으로 분류(지분법 적용하지 않음) 다만, 그 분류기준을 더 이상 충족하지 않는다면 매각예정으로 분류된 그 시점부터 지분법을 적용(재무제표를 수정)

3 적용재무제표

① 가장 최근의 이용가능한 관계기업이나 공동기업(이하 '관계기업등')의 재무제표를 사용

② 투자자의 보고기간종료일과 관계기업등의 보고기간종료일이 다른 경우, 관계기업등은 실무적으로 적용할 수 없는 경우가 아니면 투자자의 사용을 위하여 투자자의 재무제표와 동일한 보고기간종료일의 재무제표를 작성, 이 경우 투자자 재무제표의 보고기간종료일과 관계기업등 재무제표의 보고기간종료일 사이에 발생한 유의적인 거래나 사건의 영향을 반영한다.

③ 어떠한 경우라도 투자자의 보고기간종료일과 관계기업등의 보고기간종료일 간의 차이는 3개월 이내이어야 한다.

④ 보고기간의 길이 그리고 보고기간종료일의 차이는 매 기간마다 동일하여야 한다.

⑤ 관계기업등이 유사한 상황에서 발생한 동일한 거래와 사건에 대해 투자자의 회계정책과 다른 회계정책을 사용한 경우, 투자자는 지분법을 적용하기 위해 관계기업등의 재무제표를 사용할 때 관계기업등의 회계정책을 투자자의 회계정책과 일관되도록 해야 한다.

4 지분법회계처리***

(1) 최초 적용시점에서의 차이금액에 대한 회계처리

취득시점 : 차) 관계기업투자주식 ××× 대) 현금 및 현금성자산 ×××

① 투자차액 = 투자자산을 취득한 시점에 투자자산의 원가와 관계기업등의 식별가능한 자산과 부채의 순공정가치 중 투자자의 지분에 해당하는 금액과의 차이

㉠ 영업권 = 투자자산의 원가 − (관계기업등의 식별가능한 자산과 부채의 순공정가치) × 지분율

영업권은 상각하지 않음. 단, 손상만 계상하며 손상차손환입은 계상하지 않는다.

㉡ 염가매수차익 = (관계기업등의 식별가능한 자산과 부채의 순공정가치) × 지분율 − 투자자산의 원가

투자자산을 취득한 회계기간의 관계기업이나 공동기업의 당기순손익 중 기업의 몫을 결정할 때 수익에 포함

② (관계기업등의 식별가능한 자산과 부채의 공정가치 − 관계기업등의 식별가능한 자산과 부채의 장부가액) × 지분율

당해 자산·부채에 대한 지분법 피투자자의 처리방법에 따라 상각 또는 환입

(2) 취득후 지분변동액에 대한 회계처리

※ 순자산지분가액 = 피투자자의 순자산장부가액 × 투자회사지분율

① **피투자자의 당기순이익(손실)발생 :** 지분법손익(당기손익)으로 처리[결산시점]

차) 관계기업투자주식 ××× 대) 지 분 법 이 익 ××× 또는

차) 지 분 법 손 실 ××× 대) 관계기업투자주식 ×××

② **피투자자에게서 받은 분배액 :** 장부금액에서 차감(원본의 회수로 봄)[배당금수령]

차) 미 수 배 당 금 ××× 대) 관계기업투자주식 ×××

③ **피투자자의 기타포괄손익의 증감 :** 투자자의 기타포괄손익으로 인식[결산시점] ± 지분법자본변동

차) 관계기업투자주식 ××× 대) 기 타 포 괄 손 익 ××× 또는

차) 기 타 포 괄 손 익 ××× 대) 관계기업투자주식 ×××

④ **취득시점 ②에 대한 상각 또는 환입액[결산시점]**

차) 관계기업투자주식 ××× 대) 지 분 법 이 익 ××× 또는

차) 지 분 법 손 실 ××× 대) 관계기업투자주식 ×××

(3) 투자자와 피투자자와의 내부거래

내부거래로 인한 미실현이익은 상향판매와 하향판매 모두 투자지분율 만큼 지분법이익과 관계기업투자주식의 장부금액에서 제거하고 실현되는 시점에 손익에 가산한다.

수정문제

다음의 내용을 읽고 잘못된 내용을 수정하시오.

01 기업이 직접 또는 간접(예 종속기업을 통하여)으로 피투자자에 대한 의결권의 30% 이상을 소유하고 있다면 유의적인 영향력을 보유하는 것으로 본다.

02 지분법을 적용하기 위하여 사용하는 관계기업 재무제표는 어떠한 경우라도 기업의 보고기간종료일과 관계기업의 보고기간종료일 간의 차이는 6개월 이내이어야 한다.

03 피투자자의 당기순손익 중 투자자의 몫은 투자자의 당기순손익으로 인식한다. 피투자자에게서 받은 분배액은 당기수익(배당금수익)으로 인식한다.

04 지분을 단계적으로 취득하여 유의적인 영향력을 행사하게 되는 경우 일괄법만을 적용하여 회계처리한다.

05 투자자산을 취득한 시점에 투자자산의 원가와 관계기업 등의 식별가능한 자산과 부채의 공정가치 중 투자자의 지분에 해당하는 금액과의 차이를 합리적인 기간동안 상각 또는 환입한다.

▼정답 및 해설

01 30%가 아니라 20%이다.

02 6개월이 아니라 3개월이다.

03 분배액은 당기수익(배당금수익)으로 인식하는 것이 아니라 투자자산의 장부금액을 줄여준다. 즉, 원금의 회수로 본다.

04 일괄법과 단계법 중 선택하여 적용한다.

05 영업권은 상각하지 않으며 염가매수차익은 당기손익처리한다.

출제예상 문제

01 **관계기업등투자에 대한 설명이다. 잘못된 것은?**

① 관계기업등 투자를 최초에 원가로 인식하고, 취득일 이후에 발생한 피투자자의 당기순손익 중 투자자의 지분에 해당하는 금액을 장부금액에 가감한다.
② 관계기업등의 재무제표를 사용할 때 관계기업등의 회계정책을 피투자자의 회계정책과 일관되도록 해야 한다.
③ 투자자는 직간접으로 의결권의 20% 이상을 소유하고 있다면 반증이 없는한 유의적인 영향력이 있는 것으로 본다.
④ 의결권의 20% 미만을 소유하고 있는 경우에도 유의적인 영향력이 있는 경우가 있다.

02 **지분율이 20% 미만이더라도 유의적인 영향력으로 행사하는 것으로 보는 경우가 있다. 다음 중 해당하지 않는 것은?**

① 투자자의 이사회나 이에 준하는 의사결정기구에 참여
② 투자자와 피투자자 사이의 중요한 거래
③ 경영진의 상호 교류
④ 필수적 기술정보의 제공

03 **지분법의 적용에 대한 설명이다. 틀린 것은?**

① 어떠한 경우라도 투자자의 보고기간종료일과 관계기업의 보고기간종료일 간의 차이는 3개월 이내이어야 한다.
② 피투자자의 당기순이익이 발생한 경우 투자자는 지분율만큼 기타포괄손익으로 처리한다.
③ 피투자자의 배당은 투자자의 원금의 회수로 본다.
④ 관계기업 등이 유사한 상황에서 발생한 동일한 거래와 사건에 대하여 투자자의 회계정책과 다른 회계정책을 사용한 경우, 투자자는 지분법을 적용하기 위하여 관계기업 등의 재무제표를 사용할 때 관계기업 등의 회계정책을 투자자의 회계정책과 일관되도록 해야 한다.

04 **지분법의 회계처리에 대한 설명이다. 틀린 것은?**

① 관계기업등에 관련된 영업권은 해당 투자자산의 장부금액에 포함된다. 영업권의 상각은 허용되지 않는다.
② 피투자자의 당기순손익 중 투자자의 지분은 투자자의 당기순손익으로 인식한다.
③ 피투자자에게서 받은 분배액은 투자자의 당기수익(배당금수익)으로 인식한다.
④ 피투자자의 기타포괄손익 변동액 중 투자자의 지분은 투자자의 기타포괄손익으로 인식한다.

05 **(주)천호는 20×1년 1월 1일에 (주)암사의 보통주 30%를 5,000,000원에 취득하였고, 그 결과 (주)암사에 유의적인 영향력을 행사할 수 있게 되었다. (주)암사에 대한 재무정보 및 기타 관련정보가 다음과 같다.**

> ㄱ. 20×1년 1월 1일 현재 순자산장부금액 : 15,000,000원
> ㄴ. (주)암사의 순자산장부금액과 순자산공정가치는 일치함
> ㄷ. 20×1년 당기순이익 : 1,000,000원

다음 중 (주)천호의 관계기업투자주식과 관련하여 20×1년도 (주)천호의 재무상태표에 인식할 장부금액은 얼마인가? (단, 종속기업은 없는 것으로 가정한다.)

① 5,000,000원　② 5,100,000원
③ 5,200,000원　④ 5,300,000원

06 **20×1년 1월 1일 (주)천호는 (주)암사의 발행주식총수의 35%를 1,200,000원에 취득하였다. 주식취득일 현재 (주)암사의 순자산장부금액은 3,000,000원이고, 자산, 부채의 장부금액은 공정가치와 동일하였다. 20×1년 손익계산서상 당기순이익은 300,000원이며 현금배당으로 100,000원을 결의하여 지급하였다. (주)천호의 20×1년 포괄손익계산서에 계상될 (주)암사의 관계기업투자주식관련 당기손익은 얼마인가?** (단, 20×1년말 영업권과 관련된 손상차손 인식금액은 없다.)

① 70,000원　② 105,000원
③ 200,000원　④ 300,000원

07 **다음 중 관계기업투자주식의 회계처리에 관한 설명으로 가장 올바르지 않은 것은?**

① 투자자와 관계기업 사이의 상향거래나 하향거래에서 발생한 당기손익에 대하여 투자자는 그 관계기업에 대한 투자지분율 만큼 지분법이익과 관계기업투자주식의 장부금액에서 제거하고 실현되는 시점에 손익에 가산한다.
② 실질영향력기준이 적용되지 않을 경우 투자자가 직접 또는 간접으로 피투자자에 대한 의결권의 30% 미만을 소유하고 있다면 유의적인 영향력이 없는 것으로 본다.
③ 유의적인 영향력을 판단함에 있어 피투자자에 대한 의결권은 투자자의 지분율과 종속기업이 보유하고 있는 지분율의 단순합계로 계산한다.
④ 유의적인 영향력 판단에는 지분율 기준과 실질영향력 기준이 있다.

[redacted]

정답 및 해설

01	②	02	①	03	②	04	③	05	④	06	②	07	②						

01 ② 투자자의 회계정책과 일관되도록 해야 한다.

02 ① 투자자가 아니라 피투자자이다.

03 ② 기타포괄손익이 아니라 당기손익(지분법손익)으로 처리한다.

04 ③ 원금의 회수로 보아 투자자산의 장부금액에서 차감한다.

05 ④ 5,000,000원 + 당기순이익 1,000,000원 × 30% = 5,300,000원

06 ② 당기순이익 300,000원 × 35% = 105,000원
현금배당은 원금의 회수로 당기손익에 해당하지 않는다.

07 ② 30%가 아니라 20%이다.

memo

이패스 재경관리사
핵심서브노트&문제풀이

PART 07

특수회계

환율변동효과(K-IFRS 제1021호)

1 용어정의

기능통화	영업활동이 이루어지는 주된 경제 환경의 통화. 기능통화는 그와 관련된 실제 거래, 사건과 상황을 반영하기 때문에 일단 기능통화를 결정하면 변경하지 아니한다. 정당한 사유가 있는 경우 회계추정의 변경에 해당함. 전진적용
외화	기능통화 이외의 다른 통화
표시통화	재무제표를 표시할 때 사용하는 통화. 표시통화의 변경은 회계정책의 변경
환율	두 통화 사이의 교환비율
현물환율	즉시 인도가 이루어지는 거래에서 사용하는 환율
마감환율	보고기간말의 현물환율
외환차이	특정 통화로 표시된 금액을 변동된 환율을 사용하여 다른 통화로 환산할 때 생기는 차이
화폐성 항목	보유하는 화폐단위들과 확정되었거나 결정가능한 화폐단위 수량으로 회수하거나 지급하는 자산·부채 예 현금 및 현금성자산, 수취채권, 대여금, AC금융자산, 미수수익, 매입채무, 차입금, 사채, 전환사채, 신주인수권부사채
비화폐성 항목	보유하는 화폐단위들과 확정되었거나 결정가능한 화폐단위 수량으로 회수하거나 지급하는 자산·부채가 없다는 것 예 재고자산, FVPL금융자산, FVOCI금융자산, 유형·무형자산, 영업권, 선급금
해외 사업장	보고기업과 다른 국가에서 또는 다른 통화로 영업활동을 하는 종속기업, 관계기업, 공동약정이나 지점

2 기능통화에 의한 외화거래의 보고***

(1) 최초인식 : 거래일의 외화와 기능통화 사이의 현물환율을 외화금액에 적용하여 기록

(2) 보고기간말 외화환산방법

화폐성외화항목		마감환율로 환산	외환차이를 당기손익으로 처리	
비화폐성 외화항목	역사적원가로 측정	거래일의 환율로 환산	외환차이가 발생하지 않음	
	공정가치로 측정	공정가치가 결정된 날의 환율로 환산	평가손익 : 당기손익	외환차이를 당기손익 처리
			평가손익 : 기타포괄손익	외환차이를 기타포괄손익 처리

예제 1

외화 매출채권 $1,000(거래일 환율 1$당 1,100원), 외화 매입채무 $800(거래일 환율1$ 1,150원), 건물 $500(거래일 환율 1$당 1,180원, 기말 공정가치 $560, 원가모형), 토지 $300(거래일 환율 1$당 1,130원, 기말 공정가치 $350, 재평가모형), 기말 마감환율 1$당 1,200원일 때 외화환산손익과 평가손익을 계산하시오.

해설 외화 매출채권 : $1,000 × (1,200원 − 1,100원) = 외화환산이익 100,000원
외화 매입채무 : $800 × (1,200원 − 1,150원) = 외화환산손실 40,000원
건물 : 원가모형으로 역사적원가 590,000원을 취득원가로 하고, 환산하지 않음
토지 : 재평가모형으로 마감환율로 환산하고 환산손익을 재평가잉여금처리함
$350 × 1,200원 − $300 × 1,130원 = 재평가잉여금 81,000원

(3) 결제시점

화폐성 항목	한 회계기간 중에 발생 및 결제되는 경우	외화금액 × (결제일 환율 − 거래일 환율) = 당기손익으로 처리
	특정 회계기간에 발생하고 다음 회계기간 이후에 결제되는 경우	외화금액 × (결제일 환율 − 직전 보고기간말 외화환산 시 적용한 환율) = 외환차이가 생기는 회계기간의 당기손익으로 처리
비화폐성 항목	평가손익 : 당기손익	외환차이를 당기손익으로 처리
	평가손익 : 기타포괄손익	외환차이를 기타포괄손익으로 처리

3 기능통화가 아닌 표시통화의 사용 : 해외 재무제표의 환산*

자산 부채	보고기간말 마감환율로 환산	외환차이를 기타포괄손익으로 처리. 이후 해외사업장을 처분하는 경우 기타포괄손익과 별도의 자본항목으로 인식한 해외사업장관련 외환차이의 누계액은 해외사업장의 처분손익을 인식하는 시점에 (재분류조정으로) 자본에서 당기손익으로 재분류
자본	역사적환율로 환산	
수익 비용	거래일의 환율 또는 해당 기간의 평균환율(환율변동이 유의적으로 변동하지 않은 경우에만 적용)로 환산	

예제 2

다음 자료를 통해 재무제표를 환산하시오.

재무상태표

자 산	$1,000	부 채	$600
		기초자본금	$300
		이익잉여금	$100
	$1,000		$1,000

포괄손익계산서

수 익	$1,500
비 용	$1,400
당기순이익	$ 100

마감환율 : 1$당 1,200원, 평균환율 : 1$당 1,150원, 기초환율 : 1$당 1,100원

해설

재무상태표

자 산	$1,000 × 1,200 = 1,200,000원	부 채	$600 × 1,200 = 720,000원
		기초자본금	$300 × 1,100 = 330,000원
		이익잉여금	115,000원
		해외사업장환산이익	35,000원
	1,200,000원		1,200,000원

포괄손익계산서

수 익	$1,500 × 1,150 = 1,725,000원
비 용	$1,400 × 1,150 = 1,610,000원
당기순이익	$ 100 × 1,150 = 115,000원
기타포괄손익 – 해외사업장환산이익	35,000원
총포괄이익	150,000원

수정문제

다음의 내용을 읽고 잘못된 내용을 수정하시오.

01 표시통화는 일반적으로 영업활동이 이루어지는 주된 경제 환경의 통화를 말한다.

02 매 보고기간말의 외화환산방법은 화폐성 외화항목에 대해서 거래일의 환율로 환산하고 역사적원가로 측정하는 비화폐성 외화항목에 대해서는 마감환율로 환산한다.

03 기능통화가 변경되는 경우에는 새로운 기능통화에 의한 환산절차를 소급적용한다.

04 비화폐성항목에서 생긴 손익을 기타포괄손익으로 인식하는 경우에 그 손익에 포함된 환율변동효과는 당기손익으로 인식한다.

▼정답 및 해설

01 표시통화가 아니라 기능통화를 말한다.

02 화폐성 외화항목은 마감환율로, 비화폐성 외화항목은 거래일의 환율로 환산한다.

03 소급적용이 아니라 변경한 날부터 전진적용한다.

04 환율변동효과는 기타포괄손익으로 인식한다.

출제예상 문제

01 **환율변동효과에 관한 설명이다. 틀린 것은?**

① 보고기간말에 화폐성 외화항목은 마감환율로 환산한다.
② 보고기간말에 역사적원가로 측정하는 비화폐성 외화항목은 거래일의 환율로 환산하고, 공정가치로 측정하는 비화폐성 외화항목은 공정가치가 결정된 날의 환율로 환산한다.
③ 화폐성항목의 결제시점에 생기는 외환차이와 화폐성항목의 환산에 사용한 환율이 회계기간 중 최초로 인식한 시점이나 전기의 재무제표 환산시점의 환율과 다르기 때문에 생기는 외환차이는 그 외환차이가 생기는 회계기간의 손익으로 인식한다.
④ 비화폐성항목에서 생긴 손익을 기타포괄손익으로 인식하는 경우라도 그 손익에 포함된 환율변동효과는 당기손익으로 인식한다.

02 **다음 중 성격이 다른 하나는?** (화폐성항목과 비화폐성항목으로 구분)

① 재고자산　　② 토지
③ 건물　　④ 외화사채

03 **(주)광진은 1월 1일 문화은행으로부터 1년만기 외화표시차입금을 아래와 같이 차입하였다. 당기 중에 계상할 재무상태와 손익으로 틀린 것은?** (환율차이는 순액 표시함)

- 차 입 액 : $10,000
- 차 입 기 간 : 1월 1일·12월 31일
- 표시이자율 : 연 10%
- 이자지급일 : 만기일에 일괄지급
- 환 율 : 01월 01일 : 차입일 환율 1,100원/$
  12월 31일 : 결제일 환율 1,200원/$
  01월 01일 ~ 12월 31일 : 평균환율 1,180원/$

① 차입금 결제액 : 12,000,000원　　② 이자비용 : 1,180,000원
③ 외환차익 : 1,020,000원　　④ 이자지급액 : 1,200,000원

04 **(주)광진의 기말 현재 외화자산 및 외화부채의 내역이다. 외화환산손익은 얼마인가?** (외화환산이익과 외화환산손실은 순액으로 표시함, 마감환율 = 1,200원/$)

외화자산	외화금액	거래일환율	외화부채	외화금액	거래일환율
매출채권	$5,000	1,100원/$	매입채무	$3,000	1,120원/$
단기대여금	$8,000	1,220원/$	선 수 금	$2,000	1,250원/$
토지	$3,000	1,150원/$	선수수익	$1,000	1,210원/$
선 급 금	$1,000	1,120원/$	사 채	$5,000	1,190원/$

① 외화환산이익 50,000원
② 외화환산손실 50,000원
③ 외화환산이익 390,000원
④ 외화환산손실 390,000원

05 **(주)광진은 1월 1일 미국 현지에 지점사옥을 짓기 위해 토지를 $500,000에 매입하였다. 기말의 환율이 아래와 같을 때 맞는 설명은?**

- 1월 1일 : 거래환율 1,100원/$
- 12월 31일 : 마감환율 1,200원/$
- 12월 31일 : 토지의 공정가치 $510,000
- 기능통화는 원화임

① 원가모형 적용 시 토지의 기말가액은 600,000,000원이다.
② 재평가모형 적용 시 외화환산이익으로 표시되는 금액은 51,000,000원이다.
③ 원가모형 적용 시 외화환산이익으로 표시되는 금액은 50,000,000원이다.
④ 재평가모형 적용 시 재평가잉여금으로 표시되는 금액은 62,000,000원이다.

06 **(주)천호의 미국 현지법인인 LA는 20×1년에 설립되었다. 20×1년말 외화로 작성된 재무상태표는 다음과 같다.**

		부채	$ 6,000
자산	$10,000	자본금	$ 3,000
		이익잉여금(당기순이익)	$ 1,000
	$10,000		$10,000

LA의 재무상태표를 표시통화인 원화로 환산시 자본을 환산할 때 적용하는 환율로 가장 올바른 것은?

① 보고기간말의 마감환율
② 해당거래일의 환율
③ 평균환율
④ 역사적환율

07 **다음 중 기능통화와 표시통화에 대한 설명으로 가장 올바르지 않은 것은?**

① 기능통화는 일단 결정된 이후에는 실제 거래사건과 상황에 변화가 있지 않는 한 변경할 수 없다.
② 기업의 표시통화와 기능통화가 다른 경우에는 경영성과와 재무상태를 기능통화로 환산하여 재무제표에 보고한다.
③ 표시통화란 재무제표를 표시할 때 사용하는 통화로서 기업은 어떤 통화라도 표시통화로 사용할 수 있다.
④ 기능통화란 영업활동이 이루어지는 주된 경제환경의 통화를 말한다.

08 **(주)천호는 20×1년 10월 31일 기계장치를 $10,000에 외상구입하였으며 이에 대한 결제일은 20×2년 3월 31일이다. 이에 따라 각 시점의 환율은 다음과 같다.**

ㄱ. 20×1년 10월 31일의 환율 1$=1,100원
ㄴ. 20×1년 12월 31일의 환율 1$=1,180원
ㄷ. 20×2년 03월 31일의 환율 1$=1,150원

상기 거래와 관련하여 (주)천호가 20×1년 말 현재 계상할 외화환산손익은 얼마인가?

① 외화환산이익 : 800,000원
② 외화환산손실 : 800,000원
③ 외화환산이익 : 500,000원
④ 외화환산손실 : 500,000원

09 **(주)삼일은 20×1년 4월 1일에 재고자산을 $2,000에 매입하여 보고기간 말 현재 보유중이다. 매입 시점의 현물환율은 1,200원/$이며, 보고기간 말 현물환율은 1,100원/$이다. 20×1년 12월 31일에 재고자산의 순실현가능가치가 $2,050일 경우 (주)삼일이 인식할 재고자산평가손실은 얼마인가?**

① 0원
② 145,000원
③ 220,000원
④ 280,000원

[redacted]

정답 및 해설

01	④	02	④	03	③	04	①	05	④	06	④	07	②	08	②	09	②	

01 ④ 당기손익으로 인식하는 것이 아니라 기타포괄손익으로 인식한다.

02 ④ ①, ②, ③ 비화폐성자산에 해당
④ 화폐성부채에 해당

03 ③ ① 외화단기차입금 결제액 12,000,000원 = $10,000 × 1,200원/$(결제일환율)
② 이자비용 1,180,000원 = $10,000 × 10% × 1,180원/$(평균환율)
③ 외환차손 1,020,000원 = 1,200,000원 (= $1,000 × 1,200원/$) − 1,180,000원
(= $1,000 × ₩1,180/$) + $10,000 × (1,200원/$ − 1,100원/$)
④ 이자지급액 1,200,000원 = $10,000 × 10% × 1,200원/$(결제일환율)

04 ① 외화환산이익 50,000원 = 매출채권 $5,000 × (1,200원/$ − 1,100원/$) + 단기대여금 $8,000 × (1,200원/$ − 1,220원/$) − 매입채무 $3,000 × (1,200원/$ − 1,120원/$) − $5,000 × (1,200원/$ − 1,190원/$)

05 ④ ① 원가모형 적용 시 토지의 기말가액 550,000,000원(= $500,000 × 1,100원/$)
② 재평가모형 적용 시 외화환산이익은 별도 계상하지 않고 환산손익을 재평가잉여금에 포함시킨다. 62,000,000원 = $510,000 × 1,200원/$ − $500,000 × 1,100원/$
③ 원가모형 적용 시 비화폐성자산에 대하여 외화환산을 하지 아니한다.
④ 재평가잉여금 62,000,000원 = 외화환산이익 50,000,000원[= $500,000 × (1,200원/$ − 1,100원/$)] + 재평가잉여금 12,000,000원[= ($510,000 − $500,000) × 1,200원/$]

06 ④ 자산과 부채는 보고기간말의 마감환율로, 자본금은 역사적환율로, 수익과 비용은 거래일의 환율 또는 평균환율을 적용한다.

07 ② 표시통화로 환산하여 재무제표에 보고한다.

08 ② 미지급금 $10,000 × (1,180원 − 1,100원) = 외화환산손실 800,000원

09 ② 취득원가 : $2,000 × 1,200원/$ = 2,400,000원
순실현가능가치 : $2,050 × 1,100원/$ = 2,255,000원
재고자산평가손실 : 2,400,000원 − 2,255,000원 = 145,000원

CHAPTER 02 파생상품(K-IFRS 제1039호)

1 용어정의★

확정계약	미래의 특정시기에 거래대상의 특정 수량을 특정 가격으로 교환하기로 하는 구속력 있는 약정
예상거래	이행해야 하는 구속력은 없으나, 향후 발생할 것으로 예상되는 거래
위험회피 대상항목	공정가액 변동위험에 노출되고 위험회피대상으로 지정된 자산, 부채, 확정계약, 발생가능성이 매우 높은 예상거래 또는 해외사업장에 대한 순투자
위험회피수단	공정가치나 현금흐름의 변동이 지정된 위험회피대상항목의 공정가치나 현금흐름의 변동을 상쇄할 것으로 기대하여 지정한 파생상품 또는 비파생금융자산(또는 비파생금융부채). 다만, 비파생금융자산 및 비파생금융부채는 환율변동위험을 회피하기 위한 경우에만 가능
위험회피효과	회피대상위험으로 인한 위험회피대상항목의 공정가치나 현금흐름의 변동이 위험회피수단의 공정가치나 현금흐름의 변동으로 상쇄되는 정도
선도거래	미래 일정 시점에 약정된 가격에 의해 계약상의 특정 대상을 사거나 팔기로 계약 당사자간에 합의한 거래
옵 션	계약 당사자간에 정하는 바에 따라 일정한 기간 내에 미리 정해진 가격으로 외화나 유가증권 등을 사거나 팔 수 있는 권리에 대한 계약
선 물	수량·규격·품질 등이 표준화되어 있는 특정 대상에 대하여 현재 시점에서 결정된 가격에 의해 미래 일정 시점에 인도·인수할 것을 약정한 계약으로서 조직화된 시장에서 정해진 방법으로 거래되는 것
위험회피회계	위험회피수단과 위험회피대상항목에 대한 손익이 상쇄되어 동일한 회계기간에 보고될 수 있도록 위험회피관계가 설정된 이후부터는 위험회피수단과 위험회피대상항목을 대칭적으로 인식하고 평가하는 회계처리
공정가치 위험회피	특정위험에 기인하고 당기손익에 영향을 줄 수 있는 것으로서, 인식된 자산이나 부채 또는 미인식된 확정계약의 전체 또는 일부의 공정가치 변동에 대한 위험회피
현금흐름 위험회피	특정위험에 기인하고 당기손익에 영향을 줄 수 있는 것으로서, 인식된 자산이나 부채 또는 발생가능성이 매우 높은 예상거래의 현금흐름 변동에 대한 위험회피

2 파생상품

1. 선물거래 VS 선도거래

구분	선물거래	선도거래
표준거래여부	표준화된 공인거래소	장외시장에서 당사자간 합의
증거금제도	있음(개시, 유지, 추가, 초과증거금)	없음
이행보증제도	결제소(청산소)이행	거래당사자간의 신용 (계약불이행 위험에 노출)
결제방식	일일정산, 반대매매로 차액결제가능	만기일정산, 만기일에 인수도(실물)

2. 옵션의 특징 및 분류

(1) 특징

① 옵션매입자 : 옵션에 부여된 권리만을 보유
옵션매도자 : 옵션매입자에게 권리부여하고 행사시 응해야 하는 의무만을 부담

② 위험헤지기능 : 기초자산의 가격변동 위험을 회피

③ 레버리지효과 : 상대적으로 저렴한 옵션가격(=옵션프리미엄)을 지불하고 주식투자의 효과를 달성

④ 새로운 투자수단으로 거래

(2) 분류

① 권리의유형

㉠ 콜옵션 : **미래의 특정 날짜에 특정자산을 미리 정한 가격으로 일정한 수량만큼 살 수 있는 권리**

㉡ 풋옵션 : **미래의 특정 날짜에 특정자산을 미리 정한 가격으로 일정한 수량만큼 팔 수 있는 권리**

② 행사시점

㉠ 미국형 옵션 : **만기일 이전에 언제라도 권리를 행사할 수 있는 옵션**

㉡ 유럽형 옵션 : **만기일에만 권리를 행사할 수 있는 옵션**

(3) 파생상품의 예

파생상품	기초변수	계약단위	수량	계약단위의 수량
US$10,000를 1,000원/$에 매입하기로 한 통화선도계약	환율(₩/1US$)	US$	10,000	US$10,000
1,000,000원에 대하여 변동이자율을 지급하고 고정이자율을 수취하기로 한 이자율스왑계약	변동이자율	원	1,000,000	1,000,000원

(4) 공정가치위험회피회계★★★

① 위험회피수단 : 재측정에 따른 공정가치의 변동 또는 환율변동효과에 따른 장부금액의 변동 중 외화요소를 당기손익으로 인식

② 위험회피대상항목 : 위험회피대상항목의 장부금액을 조정하여 당기손익으로 인식

✔ 위 위험회피수단의 손익과 위험회피대상항목의 손익은 서로 반대의 손익으로 인식되어 공정가치가 변동할 위험을 상계하는 것임

(5) 현금흐름위험회피회계★

① 위험회피수단

㉠ 위험회피에 효과적인 부분 : 기타포괄손익으로 인식

㉡ 위험회피에 비효과적인 부분 : 당기손익으로 인식

② 위험회피대상항목

㉠ 위 기타포괄손익을 위험회피대상 예상현금흐름이 당기손익에 영향을 미치는 회계기간에 재분류조정으로 자본에서 당기손익으로 재분류

㉡ 위 기타포괄손익을 제거하여 관련 자산이나 부채의 최초 원가 또는 장부금액에 포함

(6) 순투자의 위험회피회계

① 위험회피수단의 손익인식

㉠ 위험회피에 효과적인 부분 : 기타포괄손익으로 인식

㉡ 위험회피에 비효과적인 부분 : 당기손익으로 인식

② 해외사업장의 처분시점 : 위 기타포괄손익을 향후 해외사업장의 처분시점에 재분류조정으로 자본에서 당기손익으로 재분류

수정문제

다음의 내용을 읽고 잘못된 내용을 수정하시오.

01 선물거래는 미래 일정 시점에 약정된 가격에 의해 계약상의 특정 대상을 사거나 팔기로 계약 당사자간에 합의한 거래를 말한다.

02 옵션은 계약 당사자간에 정하는 바에 따라 일정한 기간 내에 미리 정해진 가격으로 외화나 유가증권 등을 사거나 팔 수 있는 권리와 의무에 대한 계약을 말한다.

03 위험회피수단은 공정가액 변동위험에 노출되고 위험회피대상으로 지정된 자산, 부채, 확정계약, 발생가능성이 매우 높은 예상거래 또는 해외사업장에 대한 순투자를 말한다.

04 공정가치위험회피회계에서 위험회피수단으로 지정된 파생상품의 공정가치의 변동을 기타포괄손익으로 인식한다. 그리고 회피대상위험으로 인한 위험회피대상항목의 손익도 기타포괄손익으로 인식한다.

05 현금흐름위험회피회계에서 위험회피수단의 손익 중 위험회피에 효과적인 부분은 당기손익으로 인식하고 비효과적인 부분은 기타포괄손익으로 인식한다.

▼정답 및 해설

01 선물거래가 아니라 선도거래이다.
02 권리와 의무가 아니라 권리만이다.
03 위험회피수단이 아니라 위험회피대상항목이다.
04 위험회피수단과 위험회피대상항목의 손익은 당기손익으로 인식한다.
05 효과적인 부분은 기타포괄손익으로 비효과적인 부분은 당기손익으로 인식한다.

출제예상 문제

01 **(주)광진은 $의 가치가 상승할 것으로 예상하고 20×2년 11월 1일에 통화선도거래계약을 체결하였다. (주)광진의 결산일은 12월 31일이며 관련자료는 다음과 같다. 다음의 설명 중 틀린 것은?** (시간의 가치를 고려하지 말 것)

- 계약기간 : 3개월(20×2년 11월 1일 ~ 20×3년 1월 31일)
- 계약조건 : $1,000을 통화선도환율 1,000원/$로 매입하기로 함
- 환율에 대한 자료

일자	현물환율	통화선도환율
20×2. 11. 1	980원/$	1,000원/$(만기 3개월)
20×2. 12. 31	1,050원/$	1,030원/$(만기 1개월)
20×3. 1. 31	1,020원/$	–

① 20×2년 11월 1일 계약과 관련한 회계처리는 없다.
② 위의 파생상품관련 평가(거래)손익은 포괄손익계산서에 계상된다.
③ 20×2년 12월 31일 인식할 통화선도평가이익은 30,000원이다.
④ 20×3년 1월 31일 인식할 통화선도거래이익은 20,000원이다.

02 **선도거래, 선물거래, 옵션에 대한 설명이다. 틀린 것은?**

① 세가지 모두 파생상품에 해당하며 미래의 특정날짜에 특정한 자산을 일정한 가격으로 고정시키는 공통점이 있다.
② 선도거래는 계약이 표준화되어 있지 않으나 선물거래는 표준화된 시장에서 거래된다.
③ 세가지 모두 위험헷지기능이 있다.
④ 선도거래, 선물거래, 옵션은 최초계약시 순투자금액이 필요없다.

03 **(주)광진은 20×2년 11월 1일에 $1,000의 재고자산을 구입하였으며, 구입대금은 20×3년 1월 31일에 지급될 예정이다. (주)광진은 구입대금의 환율변동위험을 회피하기 위하여 아래 조건의 통화선도거래계약을 체결하였다. (주)광진의 결산일은 12월 31일이다. 다음의 설명 중 틀린 것은?** (시간의 가치를 고려하지 말 것)

- 계약기간 : 3개월(20×2년 11월 1일 ~ 20×3년 1월 31일)
- 계약조건 : $1,000을 통화선도환율 1,100원/$로 매입하기로 함
- 환율에 대한 자료

일자	현물환율	통화선도환율
20×2. 11. 1	1,080원 / $	1,100원 / $(만기 3개월)
20×2. 12. 31	1,170원 / $	1,150원 / $(만기 1개월)
20×3. 1. 31	1,130원 / $	–

① 20×2년 11월 1일 통화선도계약과 관련한 회계처리는 없다.
② 20×2년 12월 31일 일반상거래상 외화환산손실은 90,000원이다.
③ 20×2년 12월 31일 인식할 통화선도평가이익은 50,000원이다.
④ 20×3년 1월 31일 당기순손익에 미치는 순영향은 40,000원이다.

04 **위험회피회계와 관련된 설명이다. 틀린 것은?**

① 위험회피대상항목은 인식된 자산이나 부채, 미인식 확정계약, 발생가능성이 매우 높은 예상거래 또는 해외사업장순투자가 될 수 있다.
② 위험회피회계는 위험회피수단과 위험회피대상항목에 대한 손익이 상쇄되어 동일한 회계기간에 보고될 수 있도록 위험회피관계가 설정된 이후부터는 위험회피수단과 위험회피대상항목을 대칭적으로 인식하고 평가하는 회계처리를 말한다.
③ 공정가치위험회피회계에서 위험회피수단으로 지정된 파생상품의 재측정에 따른 공정가치의 변동을 당기손익으로 인식하며, 회피대상위험으로 인한 위험회피대상항목의 손익은 위험회피대상항목의 장부금액을 조정하여 당기손익으로 인식한다.
④ 현금흐름위험회피회계에서 위험회피수단의 손익 중 위험회피에 효과적인 부분은 당기손익으로 인식한다.

05 **(주)천호는 20×1년 11월 1일 미국에 제품 $500,000를 수출하고 수출대금은 3개월 후에 받기로 하였다. (주)천호의 대표이사는 환율변동에 따른 수출대금의 가치감소를 우려하고 있다. 만약 당신이 (주)천호의 경리과장이라면 대표이사에게 환위험을 회피(Hedging)하기 위하여 어떻게 조언할 것인가?**

① KOSPI200 주가지수옵션의 풋옵션 계약을 체결하도록 권유한다.
② 통화선도 매도계약을 체결하도록 권유한다.
③ $500,000를 3개월간 외화예금으로 가입하도록 권유한다.
④ 통화선도 매입계약을 체결하도록 권유한다.

06 **다음 중 파생상품과 관련한 위험회피회계에 대해 가장 올바르지 않은 것은?**

① 현금흐름위험회피를 적용하는 경우 위험회피수단에 대한 손익 중 위험회피에 효과적이지 않은 부분은 당해 회계연도의 기타포괄손익으로 인식한다.

② 매매목적으로 보유하고 있는 파생상품의 평가손익은 당기손익으로 처리한다.

③ 위험회피회계를 적용하기 위해서는 일정한 요건을 충족해야 한다.

④ 공정가치위험회피를 적용하는 경우 위험회피수단에 대한 손익은 당해 회계연도의 당기손익으로 인식한다.

07 **(주)천호의 대표이사는 환율하락에 따른 수출대금의 가치감소를 우려하여 20×1년 12월 1일에 결제일이 도래하는 통화선도계약 $10,000를 이용하여 환위험을 회피하려고 한다. 다음 자료를 통해 통화선도의 거래형태와 통화선도 거래손익을 올바르게 설명한 것은?**

구분	일자	환율
수출일	20×1년 8월 1일	1,100원/$
대금회수일	20×1년 12월 1일	1,180원/$

제품수출대금 : $10,000 , 통화선도 약정환율 : 1,150원/$

	거래형태	통화선도거래손익
①	매도계약	이익 300,000원
②	매도계약	손실 300,000원
③	매입계약	손실 300,000원
④	매입계약	이익 300,000원

08 **다음 중 선물거래의 특징이 아닌 것은?**

① 증거금제도
② 일일정산제도
③ 장외시장에서 거래
④ 청산소

[redacted]

정답 및 해설

01	④	02	④	03	④	04	④	05	②	06	①	07	②	08	③				

01 ④

20 × 2년 11월 01일	회계처리없음				
20 × 2년 12월 31일	차) 통화선도(E/P)	30,000원	대) 통화선도평가이익	30,000원
	$1,000 × (1,030원/$ − 1,000원/$) = 통화선도평가이익 30,000원(포괄I/S)			
20 × 2년 1월 31일	차) 현금($)	1,020,000원	대) 현금	1,000,000원
	통화선도거래손실	10,000원	통화선도(F/P)	30,000원
	$1,000 × (1,020원/$ − 1,030원/$) = 통화선도거래손실 10,000원(포괄I/S)			

02 ④ 옵션은 매입 시에 순투자금액(옵션프리미엄)이 소요된다.

03 ④
- 외환차익 : $1,000 × (1,130원 − 1,170원) = 40,000원
- 통화선도거래손실 : $1,000 × (1,130원 − 1,150원) = 20,000원
- 당기순손익에 미치는 순영향 : 40,000원 − 20,000원 = 20,000원

04 ④ 당기손익이 아니라 기타포괄손익으로 처리

05 ② 기초변수는 환율이다. 주가지수는 관계없으며 외화예금과 통화선도 매입계약은 같은 포지션이므로 환위험을 회피할 수 없다. 따라서 $500,000의 매출채권과 반대포지션인 통화선도 매도계약을 체결하도록 권유하여야 한다.

06 ① 위험회피에 효과적이지 않은 부분은 당해 회계연도의 당기손익으로 인식한다.

07 ② 외화매출채권과 반대포지션인 매도계약을 체결하며, 대금회수일의 손익은 아래와 같다.
외화환산손익 : $10,000 × (1,180원 − 1,100원) = 외화환산이익 800,000원
통화선도거래손익 : $10,000 × (1,150원 − 1,180원) = 통화선도거래손실 300,000원

08 ③ 선물거래는 선물거래소에서 거래된다.

리스(K-IFRS 제1116호)

1 용어정의★★★

리스	대가와 교환하여 자산(기초자산)의 사용권을 일정 기간 이전하는 계약이나 계약의 일부
금융리스	기초자산의 소유에 따른 위험과 보상의 대부분을 리스이용자에게 이전하는 리스
운용리스	기초자산의 소유에 따른 위험과 보상의 대부분을 이전하지 않는 리스
리스약정일	리스계약일과 리스의 주요 조건에 대하여 계약당사자들이 합의한 날 중 이른 날. 리스약정일은 ① 운용리스나 금융리스의 분류기준, ② 금융리스에 있어 리스개시일에 인식할 금액의 결정기준으로 사용된다.
리스개시일	리스제공자가 리스이용자에게 기초자산을 사용할 수 있게 하는 날. 리스개시일에 리스기간을 산정하기 위해 리스이용자가 연장선택권을 행사하거나 리스 종료선택권을 행사하지 않을 것이 상당히 확실한지를 평가
리스기간	리스이용자가 기초자산 사용권을 갖는 해지불능기간과 다음 기간을 포함하는 기간 (1) 리스이용자가 리스 연장선택권을 행사할 것이 상당히 확실한 경우에 그 선택권의 대상 기간 (2) 리스이용자가 리스 종료선택권을 행사하지 않을 것이 상당히 확실한 경우에 그 선택권의 대상 기간
리스료	기초자산 사용권과 관련하여 리스기간에 리스이용자가 리스제공자에게 지급하는 금액으로 다음 항목으로 구성됨 (1) 고정리스료 : 리스기간의 기초자산 사용권에 대하여 리스이용자가 리스제공자에게 지급하는 금액에서 리스인센티브는 차감한 금액. 실질적인 고정리스료를 포함(정기리스료와 소유권이전약정가액을 포함) (2) 지수나 요율(이율)에 따라 달라지는 변동리스료 (3) 리스이용자가 매수선택권을 행사할 것이 상당히 확실한 경우에 그 매수선택권의 행사가격(염가매수선택권) (4) 리스기간이 리스이용자의 종료선택권 행사를 반영하는 경우에, 그 리스를 종료하기 위하여 부담하는 금액 (5) 잔존가치보증에 따라 리스이용자가 지급할 것으로 예상되는 금액
선택권 리스료	리스를 연장하거나 종료하는 선택권의 대상 기간(리스기간에 포함되는 기간은 제외)에 기초자산 사용권에 대하여 리스이용자가 리스제공자에게 지급하는 리스료
경제적 내용연수	하나 이상의 사용자가 자산을 경제적으로 사용할 수 있을 것으로 예상하는 기간이나 자산에서 얻을 것으로 예상하는 생산량 또는 이와 비슷한 단위 수량(일반적인 경제적 사용가능기간. 리스분류기준에만 사용)
내용연수	기업이 자산을 사용할 수 있을 것으로 예상하는 기간이나 자산에서 얻을 것으로 예상하는 생산량 또는 이와 비슷한 단위 수량(리스이용자의 예상사용기간. 감가상각기간으로 사용)

기초자산	리스제공자가 리스이용자에게 자산의 사용권을 제공하는, 리스의 대상이 되는 자산
사용권자산	리스기간에 리스이용자가 기초자산을 사용할 권리(기초자산사용권)를 나타내는 자산
잔존가치 보증	리스제공자와 특수 관계에 있지 않은 당사자가 리스제공자에게 제공한, 리스종료일의 기초자산 가치(또는 가치의 일부)가 적어도 특정 금액이 될 것이라는 보증
무보증 잔존가치	리스제공자가 실현할 수 있을지 확실하지 않거나 리스제공자의 특수관계자만이 보증한, 기초자산의 잔존가치 부분
변동리스료	리스기간에 기초자산의 사용권에 대하여 리스이용자가 리스제공자에게 지급하는 리스료의 일부로서 시간의 경과가 아닌 리스개시일 후 사실이나 상황의 변화 때문에 달라지는 부분
내재이자율	리스료 및 무보증잔존가치의 현재가치 합계액을 (가) 기초자산의 공정가치와 (나) 리스제공자의 리스개설직접원가의 합계액과 동일하게 하는 할인율
증분차입 이자율	리스이용자가 비슷한 경제적 환경에서 비슷한 기간에 걸쳐 비슷한 담보로 사용권자산과 가치가 비슷한 자산 획득에 필요한 자금을 차입한다면 지급해야 하는 이자율
리스총투자	금융리스에서 리스제공자가 받게 될 리스료와 무보증잔존가치의 합계액
리스순투자	리스총투자를 리스의 내재이자율로 할인한 금액
리스개설 직접원가	리스를 체결하지 않았더라면 부담하지 않았을 리스체결의 증분원가. 다만 금융리스와 관련하여 제조자 또는 판매자인 리스제공자가 부담하는 원가는 제외
리스 인센티브	리스와 관련하여 리스제공자가 리스이용자에게 지급하는 금액이나 리스의 원가를 리스제공자가 보상하거나 부담하는 금액

2 금융리스분류기준★

리스의 분류는 리스자산의 소유에 따른 위험과 보상이 리스제공자와 리스이용자에게 귀속되는 정도에 따라 결정(아래는 소유에 따른 위험과 보상의 대부분을 이전한 금융리스로 분류되는 사례임)

① **소유권이전약정기준** : 리스기간 종료시점 이전에 기초자산의 소유권이 리스이용자에게 이전되는 리스

② **염가매수선택권 약정기준** : 리스이용자가 선택권을 행사할 수 있는 날의 공정가치보다 충분히 낮을 것으로 예상되는 가격으로 기초자산을 매수할 수 있는 선택권을 가지고 있고, 그 선택권을 행사할 것이 리스약정일 현재 상당히 확실한 경우

③ **리스기간 기준** : 기초자산의 소유권이 이전되지는 않더라도 리스기간이 기초자산의 경제적 내용연수의 상당 부분을 차지하는 경우

④ **공정가치 회수기준** : 리스약정일 현재, 리스료의 현재가치가 적어도 기초자산 공정가치의 대부분에 해당하는 경우

⑤ **범용성 기준** : 기초자산이 특수하여 해당 리스이용자만이 주요한 변경 없이 사용할 수 있는 경우

3 운용리스료 인식 및 회계처리

- **리스제공자** : 정액 기준이나 다른 체계적인 기준으로 운용리스의 리스료를 수익으로 인식
- **리스이용자** : 운용리스와 금융리스로 분류하지 않고, 모든 리스계약에 대하여 기초자산의 사용권을 나타내는 사용권자산과 리스료 지급의무를 나타내는 리스부채를 인식. 단, 단기리스와 소액리스는 정액 기준이나 다른 체계적인 기준으로 운용리스의 리스료를 비용으로 인식

리스제공자		[리스 개시일] : 차) 운용리스자산 ×××　대) 선급리스자산 등 ××× [리스료수취일] : 차) 현금 등 ×××　대) 운용리스료수익 ××× [결 산 일] : 차) 감가상각비 ×××　대) 감가상각누계액 ×××
리스이용자	소액 및 단기 리스	리스약정전 및 리스약정일 : 회계처리없음 [리스료지급일] : 차) 운용리스료[1) ×××　대) 현금 등 ××× 1) 리스료를 다른 체계적인 인식기준이 없다면, 리스기간에 걸쳐 균등하게 배분된 금액을 비용으로 인식 결산일 : 감가상각에 대한 회계처리 없음
	그외	[리스 개시일] : 차) 사용권자산[1) ×××　대) 리스부채[2) ××× 　　　　　　　　　　　　　　　　　　현금[3) ××× 1) 사용권자산 = 리스부채의 최초 측정금액[리스료의 PV(내재이자율, 내재이자율을 산정하기 곤란한 경우 증분차입이자율로 할인)]+리스이용자가 부담하는 리스개설직접원가 2) 리스부채 = 리스료의 PV(내재이자율, 내재이자율을 산정하기 곤란한 경우 증분차입이자율로 할인). 리스부채는 다른 부채와 구분하여 표시하거나 공시 3) 리스이용자가 부담하는 리스개설직접원가 등
		[리스료지급일] : 차) 리스부채[1) ×××　대) 현금 등 ××× 　　　　　　　　　이자비용[2) ××× 1) 리스부채 원금상환액 = 리스료지급액 − 이자비용 인식액 2) 이자비용 인식액 = 기초의 리스부채 × 내재이자율(단, 내재이자율을 산정하기 곤란한 경우 증분차입이자율로 할인) [결 산 일] : 사용권자산에 대하여 아래와 같이 감가상각을 인식 이전조건 : (사용권자산원가 − 잔존가치)를 내용연수에 걸쳐 감가상각 반환조건 : 사용권자산원가를 리스기간과 내용연수 중 이른 날에 걸쳐 감가상각 차) 감가상각비 ×××　대) 감가상각누계액 ×××

예제 1

×1년초 (주)운용(리스이용자)과 (주)리스(리스회사)는 3년의 운용리스계약을 체결하였다. ×1년말 300,000원, ×2년말 500,000원, ×3년말 400,000원을 지급 및 수령하기로 하였다. 리스자산의 공정가치는 1,000,000원이다.(정액법, 내용연수 5년, 잔존가치 0원) 각 회사가 인식할 ×1년 손익은 얼마인가? (소액리스로서 정액 기준적용)

해설 매년 인식할 손익 = (300,000원 + 500,000원 + 400,000원)/3년 = 400,000원
(주)운용 : 운용리스료비용 400,000원
(주)리스 : 운용리스료수익 400,000원, 감가상각비 1,000,000원/5년 = 200,000원

4 금융리스의 인식과 회계처리★★★

- 리스제공자 : 리스개시일에 금융리스에 따라 보유하는 자산을 재무상태표에 인식하고 그 자산을 리스순투자(내재이자율을 사용)와 동일한 금액의 수취채권으로 표시. 이후 리스순투자 금액에 일정한 기간수익률을 반영하는 방식으로 리스기간에 걸쳐 금융수익을 인식
- 리스이용자 : 운용리스와 금융리스로 분류하지 않고, 모든 리스계약에 대하여 기초자산의 사용권을 나타내는 사용권자산과 리스료 지급의무를 나타내는 리스부채를 인식

리스 제공자

구분	(차) 계정	금액	(대) 계정	금액
[리스개시일이전]	선 급 리 스 자 산	×××	현 금 등	×××
[리 스 개 시 일]	리 스 채 권[1]	×××	선 급 리 스 자 산[2]	×××
			현 금 등[3]	×××

1) 리스자산의 공정가치 + 리스개설직접원가 = (리스료 + 무보증잔존가치)의 PV (내재이자율로 할인)
2) 리스자산의 공정가치
3) 리스개설직접원가

구분	(차) 계정	금액	(대) 계정	금액
[리스료수취일]	현 금 등	×××	리 스 채 권[1]	×××
			이 자 수 익[2]	×××

1) 원금회수액 = 리스료회수액 − 이자수익 인식액
2) 이자수익 인식액 = 기초의 리스채권 × 내재이자율

〈유효이자율표〉

연 월 일	① 내재 이자율 %	② 리스채권 원금회수액	③ 리스료 회수액	④ 리스채권잔액 (장부가액)
×1.01.01				
×1.12.31	이자수익 ④×①	③−①	① +②	④ − ②

[결산일] 감가상각에 대한 회계처리 없음

리스 이용자(운용리스와 동일)

구분	(차) 계정	금액	(대) 계정	금액
[리스 개시일]	사 용 권 자 산[1]	×××	리 스 부 채[2]	×××
			현 금[3]	×××

1) 사용권자산 = 리스부채의 최초 측정금액[리스료의 PV(내재이자율, 내재이자율을 산정하기 곤란한 경우 증분차입이자율로 할인)] + 리스이용자가 부담하는 리스개설직접원가등
2) 리스부채 = 리스료의 PV(내재이자율, 내재이자율을 산정하기 곤란한 경우 증분차입이자율로 할인). 리스부채는 다른 부채와 구분하여 표시하거나 공시
3) 리스이용자가 부담하는 리스개설직접원가등

구분	(차) 계정	금액	(대) 계정	금액
[리스료지급일]	리 스 부 채[1]	×××	현 금 등	×××
	이 자 비 용[2]	×××		

1) 리스부채 원금상환액 = 리스료지급액 − 이자비용 인식액
2) 이자비용 인식액 = 기초의 리스부채 ×내재이자율(단, 내재이자율을 산정하기 곤란한 경우 증분차입이자율로 할인)

[결 산 일] : 사용권자산에 대하여 아래와 같이 감가상각을 인식
이전조건 : (사용권자산원가 − 잔존가치)를 내용연수에 걸쳐 감가상각
반환조건 : 사용권자산원가를 리스기간과 내용연수 중 이른날에 걸쳐 감가상각

(차) 계정	금액	(대) 계정	금액
감 가 상 각 비	×××	감 가 상 각 누 계 액	×××

예제 2

×1년초 (주)금융(리스이용자)과 (주)리스(리스회사)는 3년의 반환조건 금융리스계약을 체결하였다. 매년말 400,000원을 지급 및 수령하기로 하였다. 리스자산의 공정가치는 960,732원이다.(정액법, 내용연수 5년, 잔존가치 0원) 내재이자율이 12%인 경우 각 회사가 인식할 ×1년 손익은 얼마인가? (연금의 현가계수(3년, 12%) 2.401831, 원미만 절사)

해설 리스채권 : 400,000원 × 2.401831 = 960,732원
리스부채, 사용권자산 : 400,000원 × 2.401831 = 960,732원
(주)운용 : 이자비용 = 960,732원 × 12% = 115,287원, 감가상각비 = 960,732원 / 3년 = 320,244원(주)리스 :
이자수익 = 960,732원 × 12% = 115,287원

수정문제

다음의 내용을 읽고 잘못된 내용을 수정하시오.

01 리스총투자는 금융리스에서 리스제공자가 수령할 리스료를 말한다.

02 내재이자율은 리스약정일 현재 리스료와 무보증잔존가치의 현재가치 합계액을, 기초자산의 공정가치와 일치시키는 할인율을 말한다.

03 리스자산의 소유에 따른 위험과 보상의 대부분을 이전하는 리스는 운용리스이다.

04 리스이용자는 리스약정일에 측정된 리스료의 현재가치(리스개설직접원가는 발생하지 않았다고 가정)와 기초자산의 공정가치 중 큰 금액을 리스기간개시일에 리스자산과 리스부채로 각각 인식한다.

05 운용리스에서 리스이용자는 리스료를 리스기간에 걸쳐 정액기준으로 비용을 인식한다.

06 리스제공자는 금융리스의 리스총투자와 동일한 금액을 리스채권으로 인식한다.

▼정답 및 해설

01 리스총투자는 리스료와 무보증잔존가치의 합계액을 말한다.

02 리스자산의 공정가치와 리스제공자의 리스개설직접원가의 합계액과 일치시키는 할인율을 말한다.

03 운용리스가 아니라 금융리스이다.

04 리스료의 현재가치를 리스자산과 리스부채로 각각 인식한다.

05 원칙적으로 사용권자산과 리스부채를 인식하고 예외적으로 단기리스와 소액리스는 효익의 기간적 형태를 더 잘 나타내는 다른 체계적인 인식기준이 없다면 리스기간에 걸쳐 정액기준으로 비용을 인식한다.

06 리스총투자가 아니라 리스순투자이다.

출제예상 문제

01 리스와 관련된 용어설명이다. 틀린 것은?

① 리스약정일은 리스계약일과 리스의 주요 조건에 대하여 계약당사자들이 합의한 날 중 이른 날을 말한다.
② 내용연수는 기업이 자산을 사용할 수 있을 것으로 예상하는 기간이나 자산에서 얻을 것으로 예상하는 생산량 또는 이와 비슷한 단위 수량을 말한다.
③ 리스총투자는 금융리스에서 리스제공자가 받게 될 리스료와 무보증잔존가치의 합계액을 말한다.
④ 내재이자율은 리스이용자가 비슷한 경제적 환경에서 비슷한 기간에 걸쳐 비슷한 담보로 사용권자산과 가치가 비슷한 자산 획득에 필요한 자금을 차입한다면 지급해야 하는 이자율을 말한다.

02 운용리스와 금융리스의 회계처리에 대한 설명이다. 틀린 것은?

① 금융리스에서 리스이용자는 리스약정일에 측정된 리스료의 현재가치를 리스기간개시일에 사용권자산과 리스부채로 각각 인식한다.(리스개설직접원가는 없음)
② 금융리스에서 리스이용자가 리스기간 종료시점까지 자산의 소유권을 획득할 것이 확실하지 않다면 리스기간과 자산의 내용연수 중 짧은 기간에 걸쳐 감가상각한다.
③ 소액리스 또는 단기리스는 운용리스에서 리스료는 리스이용자의 효익의 기간적 형태를 더 잘 나타내는 다른 체계적인 인식기준이 없다면 리스기간에 걸쳐 정액기준으로 비용을 인식할 수 있다.
④ 금융리스에서 리스제공자는 금융리스의 리스총투자와 동일한 금액을 리스채권으로 인식한다.

03 리스제공자 입장에서 리스는 계약의 형식보다는 거래의 실질에 따라 금융리스나 운용리스로 분류한다. 금융리스로 분류되는 그 예에 해당하지 않는 것은?

① 리스이용자가 선택권을 행사할 수 있는 날의 공정가치보다 충분히 낮을 것으로 예상되는 가격으로 기초자산을 매수할 수 있는 선택권을 가지고 있고, 그 선택권을 행사할 것이 리스약정일 현재 상당히 확실한 경우
② 리스기간 종료시점 이전에 기초자산의 소유권이 리스이용자에게 이전되는 경우
③ 기초자산의 소유권이 이전되지는 않더라도 리스기간이 기초자산의 내용연수의 상당부분을 차지하는 경우
④ 리스약정일 현재 리스료의 현재가치가 적어도 기초자산 공정가치의 대부분에 해당하는 경우

04 **리스에 관한 회계처리를 설명하고 있다. 틀린 것은?**

① 리스이용자가 리스료의 현재가치를 계산할 때 적용해야 할 할인율은 내재이자율이며, 만약 이를 알 수 없다면 리스이용자의 증분차입이자율을 적용한다.
② 감가상각대상인 사용권자산의 감가상각정책은 리스이용자가 소유한 다른 감가상각대상자산의 감가상각정책과 일관되어야 한다.
③ 리스이용자의 사용권자산은 이전조건일 경우 내용연수에 걸쳐 감가상각을 한다.
④ 리스이용자와 리스제공자는 운용리스와 금융리스에 따라 회계처리가 상이하다.(단기리스와 소액리스제외)

05 **리스를 통한 효익에 해당하지 않는 것은?**

① 자산취득자금의 차입효과
② 진부화 위험의 회피
③ 부외금융효과
④ 저렴한 리스료

06 **리스에 대한 설명 중 틀린 것은 어느 것인가?**

① 금융리스의 경우 감가상각은 리스이용자가 한다.
② 운용리스의 경우 감가상각은 리스제공자와 리스이용자 모두 계상한다.
③ 운용리스의 경우 리스제공자의 효익의 기간적 형태를 더 잘 나타내는 다른 체계적인 인식기준이 없다면 리스기간에 걸쳐 정률기준으로 수익을 인식한다.
④ 금융리스의 경우 리스이용자는 리스제공자의 내재이자율을 알 수 없는 경우 증분차입이자율을 적용한다.

07 **다음은 리스와 관련한 용어에 대한 설명이다. 가장 적절하지 않은 것은?**

① 사용권자산 : 리스기간에 리스이용자가 기초자산을 사용할 권리(기초자산사용권)를 나타내는 자산
② 리스개설직접원가 : 리스를 체결하지 않았더라면 부담하지 않았을 리스체결의 증분원가로서 무조건 당기비용처리한다.
③ 잔존가치보증 : 리스제공자와 특수 관계에 있지 않은 당사자가 리스제공자에게 제공한, 리스종료일의 기초자산 가치(또는 가치의 일부)가 적어도 특정 금액이 될 것이라는 보증
④ 내용연수 : 기업이 자산을 사용할 수 있을 것으로 예상하는 기간이나 자산에서 얻을 것으로 예상하는 생산량 또는 이와 비슷한 단위 수량

08 **다음 중 리스이용자의 리스료를 구성하는 항목이 아닌 것은?**

① 정기리스료
② 무보증잔존가치
③ 염가구매약정가액
④ 잔존가치보증에 따라 리스이용자가 지급할 것으로 예상되는 금액

09 **리스에 관한 회계처리를 설명하고 있다. 틀린 것은?**

① 금융리스에서 리스제공자가 적용할 할인율은 내재이자율이다.
② 금융리스에서 리스이용자가 적용할 할인율은 내재이자율이다. 단, 산정이 어려운 경우 증분차입이자율을 적용한다.
③ 운용리스에서 리스제공자는 운용리스자산을 내용연수동안 감가상각을 한다.
④ 운용리스에서 리스이용자는 사용권자산을 내용연수동안 감가상각을 한다.(반환조건임)

10 **운용리스에서 리스이용자에게서 나타날 수 있는 계정과목은?**

① 선급리스자산 ② 운용리스자산
③ 사용권자산 ④ 수입리스료

11 **다음 중 리스료가 아닌 것은?**

① 정기리스료
② 무보증잔존가치
③ 염가구매약정가액
④ 잔존가치보증에 따라 리스이용자가 지급할 것으로 예상되는 금액

12 **A회사는 2×01년 1월 1일 B리스회사와 다음과 같은 금융리스계약을 체결하였다. 리스이용자인 A회사가 상기 리스계약과 관련하여 2×01년 1월 1일에 인식할 리스부채는 얼마인가?** (단, 단일금액 1원의 현가계수(8%, 5년)는 0.68058, 정상연금 1원의 현가계수(8%, 5년)는 3.99271이다.)

- 리스기계의 공정가치는 1,000,000원, 내용연수는 6년, 잔존가치는 15,000원이다.
- 리스기간은 5년, 잔존가치보증은 100,000원, 리스기간 종료 후 리스자산을 반환한다.
- 연간 리스료는 매년 말 200,000원을 지급한다.
- 내재이자율은 8%이다.

① 680,580원 ② 798,542원
③ 858,433원 ④ 1,197,813원

13 (주)대한은 20×1년 초 기계장치를 공정가치 ₩360,478에 구입하여, (주)민국에 5년간 임대해주는 금융리스계약을 체결하였다. (주)민국은 리스료를 매년 말 ₩100,000씩 지급한다. 리스기간 종료시 동 기계장치의 잔존가치는 ₩15,000이며, 이 가운데 잔존가치보증은 ₩8,000이다. 리스계약 체결 시 (주)민국이 지출한 리스개설직접원가는 ₩5,000이다. 리스종료일에 리스자산은 반환되며, (주)대한의 내재이자율은 12%이다. (주)민국이 20×1년 초 인식할 사용권자산의 금액은? (단, 12%, 5년의 정상연금의 현재가치는 3.60478, 단일금액의 현재가치는 0.56743이다. 원미만 반올림)

① 357,478원
② 360,478원
③ 365,017원
④ 365,478원

14 정기리스료는 매년 말에 수취하며, 현가계수(3년, 연 12%)는 0.7118이고 연금현가계수(3년, 연 12%)는 2.4018이다. 이 때 (주)대한은 공정가치 ₩1,343,260인 기계장치를 (주)민국에게 3년간 금융리스로 제공하려 한다. 리스종료일에 (주)민국이 리스자산을 ₩200,000에 매수할 수 있는 선택권이 부여되어 있으며, (주)민국은 염가매수선택권을 행사할 것이 확실시 되고 있다. 리스계약체결시점의 (주)대한의 내재이자율은 연 12%인데, 이러한 내재이자율을 유지하기 위하여 (주)대한이 (주)민국으로부터 매년 수령해야 할 정기리스료는?

① 500,000원
② 600,000원
③ 700,000원
④ 800,000원

15 (주)세무리스는 (주)한국과 운용리스계약을 체결하고, 20×2년 10월 1일 생산설비(취득원가 ₩800,000, 내용연수 10년, 잔존가치 ₩0, 정액법 감가상각)를 취득과 동시에 인도하였다. 리스기간은 3년이고, 리스료는 매년 9월 30일에 수령한다. (주)세무리스가 리스료를 다음과 같이 수령한다면, 동 거래가 20×2년 (주)세무리스의 당기순이익에 미치는 영향은 얼마인가? (단, 리스와 관련된 효익의 기간적 형태를 더 잘 나타내는 다른 체계적인 인식기준은 없고, 리스료와 감가상각비는 월할 계산한다.)

일자	리스료
20×3년 9월 30일	₩100,000
20×4년 9월 30일	120,000
20×5년 9월 30일	140,000

① ₩5,000 증가
② ₩10,000 증가
③ ₩25,000 증가
④ ₩30,000 증가

[16~18] 리스제공자인 (주)리스는 20×2년 1월 1일 리스기간개시일에 아래와 같은 조건으로 금융리스계약을 체결하였다. (계산시 원미만 절사할 것)

- 리스자산의 내용연수 10년
- 정액법으로 감가상각
- 잔존가치는 없음
- 리스자산의 공정가치 1,000,000원
- 리스기간 : 9년
- 리스료는 매년말 동일한 금액을 수령
- 리스제공자의 내재이자율 10%
- 리스기간 종료시점 추정잔존가치 100,000원
- 리스이용자의 잔존가치보증 60,000원
- (주)리스의 리스개설직접원가 50,000원
- 리스기간종료시 소유권이전약정이나 염가매수선택권이 없음
- 9년, 10%의 현가계수 : 0.424098, 9년,10%의 연금의 현가계수 : 5.759024
- 정기리스료는 정액기준에 의해 매년 동일한 금액을 수령하기로 함

16 **앞의 자료를 참조하여 매년 수령하는 정기리스료를 구하면 얼마인가?**

① 165,548원 ② 170,854원
③ 174,958원 ④ 180,654원

17 **매년 지급되는 정기리스료를 165,000원이라고 가정하는 경우 20×2년 1월 1일 리스이용자가 계상하게 될 사용권자산은 얼마인가?**

① 910,089원 ② 925,457원
③ 950,238원 ④ 1,000,000원

18 **리스이용자의 사용권자산을 954,000원이라고 가정하는 경우 20×2년 12월 31일 리스이용자가 계상하게 될 감가상각비는 얼마인가?**

① 90,000원 ② 100,000원
③ 102,000원 ④ 106,000원

19 **(주)천호는 다음과 같은 조건으로 (주)암사리스와 금융리스계약을 체결하여 기계장치를 생산에 이용하고 있다.**

> ㄱ. 리스기간 : 20×1년 1월 1일 ~ 20×3년 12월 31년(3년)
> ㄴ. 리스료 : 매년 말에 500,000원씩 3회에 걸쳐 지급(리스기간종료시 잔존가치는 없음)
> ㄷ. 리스 내재이자율 : 6%
> ㄹ. 리스자산의 내용연수 : 5년(잔존가치 없음)
> ㅁ. (주)천호는 유형자산에 대해 정액법을 적용하여 감가상각비를 인식하고 있음
> ㅂ. 연금현가계수(3년, 6%) : 2.67301
> ㅅ. 리스기간 종료시 기초자산은 반환한다.

이 경우 당해 리스계약과 관련하여 20×1년 (주)천호의 감가상각비와 이자비용의 합계는 얼마인가? (원미만 반올림할 것)

① 0원 ② 80,190원
③ 445,502원 ④ 525,692원

20 **(주)천호리스는 20×1년 1월 1일에 매기말 12,000원 지급조건의 금융리스계약을 체결하고 4년간의 리스기간 종료후 소유권을 (주)암사에 이전하기로 하였다. 리스약정일 현재의 리스료의 현가는 40,000원이고, 리스자산의 내용연수 5년, 잔존가치 0원, 감가상각방법이 정액법인 경우 20×1년의 (주)암사의 감가상각비는 얼마인가?**

① 2,400원 ② 3,000원
③ 8,000원 ④ 10,000원

[redacted]

정답 및 해설

01	④	02	④	03	③	04	④	05	④	06	③	07	②	08	②	09	④	10	③
11	②	12	②	13	④	14	①	15	②	16	③	17	③	18	④	19	④	20	③

01 ④ 내재이자율이 아니라 증분차입이자율에 대한 설명이다.

02 ④ 리스총투자가 아니라 리스순투자이다.

03 ③ 경제적내용연수가 아니라 내용연수이다.

04 ④ 리스이용자는 단일모형으로 회계처리한다.

05 ④ 리스료가 감가상각비와 자본 조달비용을 합한 것보다 고액이다.

06 ③ 정률기준이 아니라 정액기준이다.

07 ② 리스개설직접원가는 원칙적으로 자산 처리한다.

08 ② 무보증잔존가치는 리스이용자가 리스회사에 지급하는 금액이 아니므로 리스료에 해당하지 아니한다.

09 ④ 내용연수와 리스기간 중 짧은 기간으로 감가상각을 한다.

10 ③ 선급리스자산, 운용리스자산, 수입리스료는 리스제공자에게서 나타날 수 있는 계정과목이다.

11 ② 무보증잔존가치는 리스이용자가 리스회사에 지급하는 금액이 아니므로 리스료에 해당하지 아니한다.

12 ② 리스부채 : 정기리스료 200,000원 × 정상연금 1원의 현가계수 3.99271 = 798,542원

13 ④ 사용권자산 : 정기리스료 100,000원 × 정상연금의 현가계수 3.60478 + 리스개설직접원가 5,000원 = 365,478원

14 ① 리스채권 : 정기리스료 × 연금의 현가계수 2.4018 + 200,000원 × 현가계수 0.7118
= 기초자산의 공정가치 1,343,260원 ∴ 정기리스료 = 500,000원

15 ② 감가상각비 : 취득원가 800,000원 / 내용연수 10년 × 3월/12월 = 20,000원
운용리스료수익 : (100,000원 + 120,000원 + 140,000원) / 3년 × 3월/12월 = 30,000원
당기순이익에 미치는 영향 : 감가상각비 (20,000원) + 운용리스료수익 30,000원 = 이익 10,000원 증가

16 ③ 기초자산의 공정가치 + 리스개설직접원가 = [리스료 + 무보증잔존가치]의 현재가치
1,000,000원 + 50,000원 = 정기리스료 A × 5.759024 + 잔존가치보증의 현재가치
60,000원 × 0.424098 + 무보증잔존가치의 현재가치 40,000원 × 0.424098
∴ 정기리스료 A = 174,958원
리스제공자 입장에서 리스료의 현재가치 계산시 잔존가치보증 60,000원으로 계산하여야 한다.

17 ③ 리스이용자의 사용권자산 = 리스료의 현재가치 + 리스이용자의 리스개설직접원가
= 165,000원 × 5.759024 = 950,238원
리스이용자 입장에서 리스료의 현재가치 계산시 잔존가치보증은 60,000원으로 추정하고 있으므로 지급할 것으로 예상되는 금액은 0원이다.

18 ④ 리스기간과 내용연수 중 짧은 기간동안 감가상각을 한다.
954,000원 / 9년 = 106,000원

19 ④ 리스부채, 사용권자산 : 500,000원 × 2.67301 = 1,336,505원
감가상각비 : 1,336,505원/3년 = 445,502원
이자비용 : 1,336,505원 × 6% = 80,190원
합계 : 445,502원 + 80,190원 = 525,692원

20 ③ 리스기간 종료일에 이전되므로 리스기간이 아니라 내용연수동안 감가상각을 한다.
사용권자산 40,000원 / 내용연수 5년 = 8,000원

CHAPTER 04 현금흐름표(K-IFRS 제1007호)

1 현금및현금성자산

① 투자자산은 취득일로부터 만기일이 3개월 이내인 경우에만 현금성자산으로 분류, 지분상품은 현금성자산에서 제외

② 금융회사의 요구에 따라 즉시 상환하여야 하는 당좌차월은 현금및현금성자산의 구성요소에 포함, 즉, 현금흐름표의 현금및현금성자산 = 재무상태표상 현금및현금성자산 − 금융회사의 요구에 따라 즉시 상환하여야 하는 당좌차월

③ 현금및현금성자산을 구성하는 항목 간 이동은 영업활동, 투자활동 및 재무활동의 일부가 아닌 현금관리의 일부이므로 이러한 항목 간의 변동은 현금흐름에서 제외

2 영업활동

기업의 주요 수익창출활동, 그리고 투자활동이나 재무활동이 아닌 기타의 활동

예 매출 및 매입활동, 종업원급여, 법인세 납부(다만 재무활동과 투자활동에 명백히 관련되는 것은 제외), 단기매매목적 계약의 취득 및 매각 등

3 투자활동

장기성자산 및 현금성자산에 속하지 않는 기타 투자자산의 취득과 처분

예 유·무형자산 및 기타 장기성 자산의 취득 및 매각활동, 단기매매목적이 아닌 지분상품, 채무상품의 취득 및 처분활동

4 재무활동

기업의 납입자본과 차입금의 크기 및 구성내용에 변동을 가져오는 활동

예 주식발행, 사채발행 및 상환, 차입금의 차입 및 상환활동

5 이자와 배당금·법인세

이자와 배당금의 수취 및 지급에 따른 현금흐름은 각각 별도로 공시한다. 각 현금흐름은 매 기간 일관성 있게 영업활동, 투자활동 또는 재무활동으로 분류

법인세로 인한 현금흐름은 별도로 공시하며, 재무활동과 투자활동에 명백히 관련되지 않는 한 영업활동 현금흐름으로 분류

6 보고방법

(1) 영업활동★★★

① 직접법 : 원천별로 구분하여 표시하는 방법

원천별 관련 I/S 항목 집계[수익(+), 비용(−)]

원천별 관련 F/P 항목 집계[(+) 자산감소, 부채증가, (−) 자산증가, 부채감소]

원천별 각각 현금흐름 계산

고객으로부터 현금유입액	공급업자에 대한 현금유출액
I/S 매출액 (+)	I/S 매출원가 (−)
대손상각비 (−)	재고자산감모손실 (−)
F/P 매출채권의 증가 (−), 감소(+)	F/P 매입채무의 증가 (+), 감소(−)
대손충당금의 증가 (+), 감소(−)	재고자산의 증가 (−), 감소(+)
선수금의 증가 (+), 감소(−)	선급금의 증가 (−), 감소(+)

② 간접법

	법인세비용차감전순손익	
+	현금의 유출이 없는 비용 (투자·재무관련 손익포함)	예 감가상각비, 사채상환손실, 유형자산처분손실 등
−	현금의 유입이 없는 수익 (투자·재무관련 손익포함)	예 사채상환이익, 유형자산처분이익 등
±	영업활동과 관련된 자산·부채의 변동액	(−) 자산의 증가, 부채의 감소 예 매출채권의 증가 (+) 자산의 감소, 부채의 증가 예 매입채무의 증가
	영업에서 창출된 현금	

이자 및 배당금수취, 이자지급 및 법인세 납부는 영업활동 현금흐름으로 분류하는 경우 직접법을 적용하여 별도로 표시

(2) 투자활동 : 원칙은 총현금유입과 총현금유출을 주요 항목별로 구분하여 표시함. 예외로 순증감액에 의한 현금흐름을 보고할 수 있음

(3) 재무활동 : 원칙은 총현금유입과 총현금유출을 주요 항목별로 구분하여 표시함. 예외로 순증감액에 의한 현금흐름을 보고할 수 있음

투자활동 현금흐름	재무활동 현금흐름
I/S 감가상각비(−) 유형자산처분손익(±) F/P 유형자산의 증가(−), 감소(+) 감가상각누계액의 증가(+), 감소(−)	I/S 사채할인발행차금상각액(−) (이자비용 해당액) F/P 사채의 증가(+), 감소(−) 사채할인발행차금의 증가(−), 감소(+)
• 순현금흐름 : 현금유출 또는 현금유입 중 하나를 계산하여 역으로 나머지 계산	• 순현금흐름 : 현금유출 또는 현금유입 중 하나를 계산하여 역으로 나머지 계산

7 주석공시[비현금거래]

① 현물출자로 인한 유형자산취득
② 유형자산의 연불구입
③ 무상증자
④ 주식배당
⑤ 전환사채의 전환

수정문제

다음의 내용을 읽고 잘못된 내용을 수정하시오.

01 투자활동 현금흐름은 총현금유입과 총현금유출을 주요 항목별로 구분하여 표시하는 방법(직접법) 또는 당기순손익에 당기순손익 조정항목을 가감하여 표시하는 방법(간접법) 중 하나의 방법으로 보고한다.

02 법인세로 인한 현금흐름은 별도로 공시하며, 영업활동에 명백히 관련되지 않는 한 투자활동 현금흐름으로 분류한다.

03 현금성자산은 투자나 다른 목적이 아닌 단기의 현금수요를 충족하기 위한 목적으로 보유한다. 투자자산이 현금성자산으로 분류되기 위해서는 확정된 금액의 현금으로 전환이 용이하고, 가치변동의 위험이 경미해야 한다. 따라서, 지분상품(상환우선주제외)도 현금성자산에 포함한다.

04 이자와 배당금의 수취 및 지급에 따른 현금흐름은 영업활동으로 분류한다.

05 총현금유입과 총현금유출을 주요 항목별로 구분하여 표시하는 방법을 간접법이라 한다.

06 단기매매목적으로 보유하는 유가증권의 취득과 판매에 따른 현금흐름은 투자활동으로 분류한다.

▼정답 및 해설

01 투자활동이 아니라 영업활동이다.

02 재무활동과 투자활동에 명백히 관련되지 않는 한 영업활동 현금흐름으로 분류한다.

03 지분상품은 현금성자산에서 제외한다. 다만 상환일이 정해져 있고 취득일로부터 상환일까지의 기간이 단기인 우선주와 같이 실질적인 현금성자산인 경우에는 예외로 한다.

04 이자와 배당금의 수취 및 지급에 따른 현금흐름은 각각 별도로 공시한다. 각 현금흐름은 매 기간 일관성 있게 영업활동, 투자활동 또는 재무활동으로 분류한다.

05 간접법이 아니라 직접법이다.

06 투자활동이 아니라 영업활동이다.

출제예상 문제

01 **현금흐름표에 대한 설명이다. 틀린 것은?**

① 이자와 배당금의 수취 및 지급에 따른 현금흐름은 각각 별도로 공시한다. 각 현금흐름은 매 기간 일관성 있게 영업활동, 투자활동 또는 재무활동으로 분류한다.

② 법인세로 인한 현금흐름은 별도로 공시하며, 재무활동과 투자활동에 명백히 관련되지 않는 한 영업활동 현금흐름으로 분류한다.

③ 단기매매목적으로 보유하는 계약에서 발생하는 현금유입과 현금유출은 투자활동에 속한다.

④ 영업활동의 현금흐름을 간접법으로 계산하는 경우 당기순손익에 영업활동과 관련된 채권·채무의 변동과 비현금항목, 투자, 재무활동 현금흐름으로 분류되는 기타 모든 항목을 가감하여 구한다.

02 **(주)광진은 당기에 현금주의에 따라 고객에게 판매한 대가로 1,000,000원을 수취하고 영업비로 600,000원을 지급하여 400,000원의 현금주의 당기순이익을 보고하였다. 관련 자산·부채 계정과목의 기초잔액과 기말잔액은 다음과 같다. 다음 자료에 의하여 (주)광진의 발생주의 당기순이익을 계산하면 얼마인가?** (모든 금액은 영업활동관련 자료임)

관련 자산·부채	기초	기말
(1) 매출채권	50,000원	60,000원
(2) 대손충당금	1,000원	2,000원
(3) 선 수 금	10,000원	15,000원
(4) 재고자산	30,000원	45,000원
(5) 매입채무	25,500원	30,000원

① 404,500원
② 410,500원
③ 414,500원
④ 420,500원

03 **다음은 매출활동과 관련된 계정자료이다. 현금주의 순유입액은 얼마인가?**

〈재무상태표상 매출관련 자료〉
- 기초 매출채권 : 10,000,000원
- 기말 매출채권 : 8,500,000원
- 기초 대손충당금 : 800,000원
- 기말 대손충당금 : 1,000,000원

※ 매출은 모두 외상매출이며, 매출채권의 회수는 모두 현금회수하였다.

〈손익계산서상 매출관련 자료〉
- 매출액 : 50,000,000원
- 대손상각비 : 1,000,000원

① 49,000,000원
② 49,700,000원
③ 50,000,000원
④ 50,700,000원

04 (주)광진은 당기 영업과 관련하여 아래와 같은 자료를 수집하였다. 아래 자료를 이용하여 발생주의 매출총손익을 구하면 얼마인가?

- 매출로 인한 현금유입액 300,000원
- 매입으로 인한 현금유출액 (250,000원)

구분	기초	기말
매출채권	50,000원	45,000원
재고자산	21,500원	18,000원
매입채무	20,000원	15,000원

① 45,000원 ② 45,500원
③ 46,000원 ④ 46,500원

[05~07] 다음 자료를 이용하여 다음 물음에 답하시오.

별도손익계산서자료		재무상태표자료	기초	기말
매출액	8,000,000원	매출채권	500,000원	350,000원
매출원가	5,000,000원	대손충당금	50,000원	20,000원
		재고자산	400,000원	450,000원
영업비용	1,850,000원	선급비용	30,000원	18,000원
기타비용	650,000원	기계장치	8,000,000원	10,000,000원
		감가상각누계액	2,000,000원	3,000,000원
당기순이익	500,000원	사채(액면가액)	5,000,000원	2,500,000원
		사채할인발행차금	200,000원	100,000원

- 영업비용에 아래 금액 포함
  대손상각비 20,000원, 사채상환손실 30,000원
  감가상각비 1,500,000원, 유형자산처분손실 300,000원
- 기타비용에 아래 금액 포함
  이자비용 중 (사채할인발행차금상각액) 50,000원 재고자산감모손실 60,000원
  당기중 기계 현금 취득 : 4,000,000원
  당기 중 사채 발행액은 없다.

05 위 자료를 참조하여 영업활동으로 인한 현금흐름을 계산하면?

① 1,298,000원 ② 1,758,000원
③ 2,188,000원 ④ 2,462,000원

06 위 자료를 참조하여 투자활동으로 인한 현금흐름을 계산하면?

① 총현금유출액 2,800,000원
② 순현금유출액 2,800,000원
③ 총현금유입액 4,000,000원
④ 순현금유입액 1,200,000원

07 위 자료를 참조하여 재무활동으로 인한 순현금유출액을 계산하면?

① 1,298,000원
② 1,758,000원
③ 2,188,000원
④ 2,480,000원

08 다음은 (주)천호의 영업활동으로 인한 현금흐름을 계산하기 위한 자료이다. (주)천호의 영업활동으로 인한 현금흐름이 (+)3,400,000원이라고 할 때 당기순이익은 얼마인가?

유형자산처분손실	200,000원	매출채권의 감소	900,000원
감가상각비	100,000원	재고자산의 증가	680,000원
매입채무의 감소	450,000원	사채상환이익	90,000원

① 3,180,000원
② 3,250,000원
③ 3,380,000원
④ 3,420,000원

09 다음은 (주)천호의 미수수익과 관련된 재무제표 자료이다. 20×2년의 이자수익에 따른 현금유입액을 구하시오.

ㄱ. 재무상태표 관련자료

구분	20×2년 12월 31일	20×1년 12월 31일
미수이자	85,000원	50,000원

ㄴ. 포괄손익계산서 관련자료

구분	20×2년	20×1년
이자수익	350,000원	200,000원

① 310,000원
② 315,000원
③ 320,000원
④ 350,000원

10 (주)천호는 기중에 다음과 같은 자금의사결정을 하였다. 아래의 의사결정으로 인한 현금흐름 중 투자활동 관련 순현금흐름은 얼마인가?

매출채권의 회수	1,500,000원	차입금의 차입	600,000원
유형자산의 처분	800,000원	AC금융자산의 취득	450,000원
유상증자	1,000,000원	급여의 지급	500,000원
배당금의 지급	500,000원		

① 350,000원 현금유출 ② 350,000원 현금유입
③ 1,100,000원 현금유출 ④ 1,100,000원 현금유입

11 다음 중 현금흐름표에 대한 설명 중 올바르지 않은 것은?

① 현금흐름표는 현금흐름을 영업활동, 투자활동 및 재무활동으로 분류하여 보고한다.
② 영업활동은 기업의 주요 수익창출활동, 그리고 투자활동이나 재무활동이 아닌 기타의 활동을 말한다.
③ 단기매매목적으로 보유하는 계약에서 발생하는 현금유입과 현금유출은 투자활동에 포함한다.
④ 법인세로 인한 현금흐름은 별도로 공시하며, 재무활동과 투자활동에 명백히 관련되지 않는 한 영업활동 현금흐름으로 분류한다.

12 다음은 (주)삼일의 매입활동과 관련된 재무상태표와 포괄손익계산서의 일부이다. (주)삼일의 모든 매입은 외상으로 이루어진다고 할 때, 20×1년 중 (주)삼일이 매입처에 지급한 현금은 얼마인가?

ㄱ. 재무상태표 일부

	20×0년 12월 31일	20×1년 12월 31일
매입채무	3,500,000원	4,800,000원

ㄴ. 당기 재고자산 매입액은 25,800,000원이다.

① 24,500,000원 ② 25,000,000원
③ 25,500,000원 ④ 26,000,000원

13 (주)삼일의 20×1년도 포괄손익계산서상 이자비용은 380,000원이다. 다음 자료를 이용하여 (주)삼일이 20×1년도에 현금으로 지급한 이자금액을 계산하면 얼마인가?

구분	20×0년 12월 31일	20×1년 12월 31일
미지급이자	55,000원	48,000원
선급이자	23,000원	32,000원
미수이자	12,000원	25,000원

① 264,000원 ② 273,000원
③ 396,000원 ④ 400,000원

[redacted]

정답 및 해설

01	③	02	③	03	④	04	④	05	④	06	②	07	④	08	④	09	②	10	②
11	③	12	①	13	③														

01 ③ 영업활동에 속한다.

02 ③

발생주의 당기순이익	A	
− 매출채권의 증가액	10,000원	
+ 대손충당금의 증가액	1,000원	
+ 선수금의 증가액	5,000원	
− 재고자산의 증가액	15,000원	
+ 매입채무의 증가액	4,500원	
현금주의 순이익	400,000원	∴ A = 414,500원

03 ④
- 손익계산서항목 : 49,000,000원 = 매출액 50,000,000원 − 대손상각비 1,000,000원
- 재무상태표항목 : 1,700,000원 = 매출채권감소 1,500,000원 + 대손충당금증가 200,000원
- 순현금유입액 : 50,700,000원(= 49,000,000원 + 1,700,000원)

04 ④

발생주의 매출액	295,000원	발생주의 매출원가	(248,500원)
가산(차감) :		가산(차감) :	
매출채권 감소	5,000원	재고자산의 감소	3,500원
		매입채무의 감소	(5,000원)
매출로 인한 현금유입액	300,000원		(250,000원)

발생주의 매출총이익 46,500원 = 295,000원 − 248,500원

05 ④ 당기순이익 500,000원
영업활동과 관련없는 비용(수익)의 가산(차감) 1,880,000원(= 사채상환손실 30,000원 + 감가상각비 1,500,000원 + 유형자산처분손실 300,000원 + 사채할인발행차금상각액 50,000원)
영업활동관련 자산 및 부채의 가감 82,000원(= 매출채권의 감소 150,000원 − 대손충당금의 감소 30,000원 − 재고자산의 증가 50,000원 + 선급비용의 감소 12,000원)
영업활동으로 인한 현금유입액 2,462,000원

06 ② I/S : (1,800,000원) = 감가상각비 (1,500,000원) + 유형자산처분손실 (300,000원)
B/S : (1,000,000원) = 기계장치의 증가 (2,000,000원) + 감가상각누계액의 증가 1,000,000원
투자활동으로 인한 순현금유출액 (2,800,000원)
투자활동으로 인한 현금유출액 (4,000,000원)(기계취득액)
투자활동으로 인한 현금유입액 1,200,000원[1)]

1) 유형자산처분손실 300,000원 = 처분가액1,200,000원 − 장부가액 1,500,000원(취득가액 2,000,000원 − 감가상각누계액 500,000원)

07 ④

I/S :	사채할인발행차금상각액	(50,000원)
	사 채 상 환 손 실	(30,000원)
B/S :	사 채 의 감 소	(2,500,000원)
	사채할인발행차금의감소	100,000원
	재무활동의 현금흐름	(2,480,000원)

08 ④

당 기 순 이 익	A
유 형 자 산 처 분 손 실	200,000원
감 가 상 각 비	100,000원
사 채 상 환 이 익	(90,000원)
매 출 채 권 의 감 소	900,000원
재 고 자 산 의 증 가	(680,000원)
매 입 채 무 의 감 소	(450,000원)
영 업 활 동 현 금 흐 름	3,400,000원
∴ 당기순이익 A =	3,420,000원

09 ② 이자수익 350,000원 + 미수이자의 증가액 (35,000원) = 315,000원

10 ② 유형자산의 처분 800,000원 − AC금융자산의 취득 450,000원 = 350,000원 현금유입

11 ③ 영업활동에 포함한다.

12 ① 기초 3,500,000원 + 당기매입액 25,800,000원 − 기말 4,800,000원 = 24,500,000원

13 ③ 이자비용 (380,000원) + 미지급이자의 감소액(7,000원) + 선급이자의 증가액(9,000원) = 유출액(396,000원)
미수이자는 이자비용과 관계없는 계정과목이다.

이패스 재경관리사 핵심서브노트&문제풀이
www.epasskorea.com

제1과목 재무회계

제2과목 세무회계

제3과목 원가관리회계

제2과목

세무회계

PART 01. 조세총론
PART 02. 국세기본법
PART 03. 법인세법
PART 04. 소득세법
PART 05. 부가가치세법

이패스 재경관리사
핵심서브노트&문제풀이

PART

01

조세총론

CHAPTER 01 조세의 개념과 분류

1 조세의 개념

조세란 “국가 또는 지방자치단체가 경비충당을 위한 재정수입을 조달할 목적으로 법률에 규정된 과세요건을 충족한 모든 자에게 직접적 반대급부없이 부과하는 금전급부”이다.

구분	내용
① 과세주체	㉠ 조세를 부과하는 주체는 국가 또는 지방자치단체임. ㉡ 공공단체가 공공사업에 필요한 경비에 충당하기 위하여 부과하는 공과금은 조세가 아님
② 과세목적	㉠ 조세는 국가 또는 지방자치단체의 경비충당을 위한 재정수입을 조달할 목적으로 부과됨 ㉡ 위법행위에 대한 제재에 그 목적을 두고 있는 벌금·과료·과태료는 조세가 아님.
③ 과세근거	㉠ 조세법률주의 ㉡ 조세의 과세요건은 법률에 정하도록 함
④ 납부방법	㉠ 조세는 금전납부가 원칙 ㉡ 상속세법에서 특수한 경우에 예외적으로 물납을 허용
⑤ 일반보상성	조세는 직접적 반대급부 없이 부과됨

2 조세의 분류

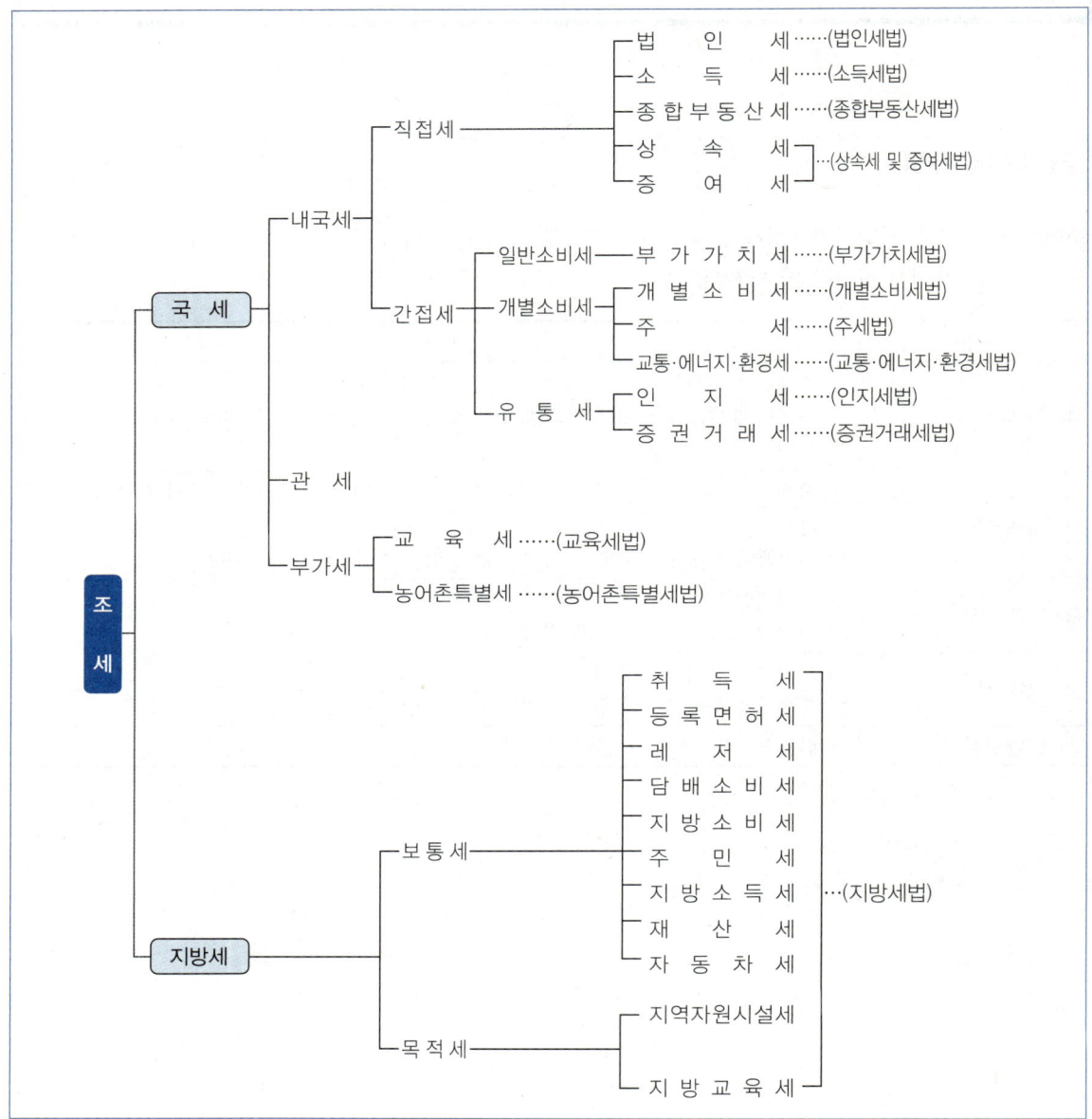

- 조세
  - 국세
    - 내국세
      - 직접세
        - 법인세 ……(법인세법)
        - 소득세 ……(소득세법)
        - 종합부동산세 ……(종합부동산세법)
        - 상속세, 증여세 …(상속세 및 증여세법)
      - 간접세
        - 일반소비세 — 부가가치세 ……(부가가치세법)
        - 개별소비세
          - 개별소비세 ……(개별소비세법)
          - 주세 ……(주세법)
          - 교통·에너지·환경세 ……(교통·에너지·환경세법)
        - 유통세
          - 인지세 ……(인지세법)
          - 증권거래세 ……(증권거래세법)
    - 관세
    - 부가세
      - 교육세 ……(교육세법)
      - 농어촌특별세 ……(농어촌특별세법)
  - 지방세 …(지방세법)
    - 보통세
      - 취득세
      - 등록면허세
      - 레저세
      - 담배소비세
      - 지방소비세
      - 주민세
      - 지방소득세
      - 재산세
      - 자동차세
    - 목적세
      - 지역자원시설세
      - 지방교육세

분류기준	내용
① 과세권자	㉠ 국 세 : 국가가 부과·징수하는 조세 → 법인세, 소득세, 부가가치세 등 ㉡ 지방세 : 지방자치단체가 부과·징수하는 조세 → 취득세, 등록면허세, 주민세 등
② 사용용도	㉠ 보통세 : 세수의 용도를 특정하지 아니하고 징수하는 조세 → 법인세, 소득세 ㉡ 목적세 : 세수의 용도를 특정하여 징수하는 조세 → (지방)교육세, 농어촌특별세 등
③ 조세부담 전가여부	㉠ 직접세 : 입법상 조세부담의 전가를 예상하지 아니한 조세(납세의무자와 담세자가 일치하는 조세) → 법인세, 소득세 등 ㉡ 간접세 : 입법상 조세부담이 전가될 것으로 예상한 조세(납세의무자와 담세자가 다른 조세) → 부가가치세, 개별소비세, 주세 등
④ 인적사항 고려	㉠ 인세(人稅) : 납세의무자의 인적사항을 고려하여 과세 → 소득세, 법인세 등 ㉡ 물세(物稅) : 납세의무자의 인적사항을 고려하지 않고 과세 → 부가가치세, 재산세
⑤ 과세물건 측정단위	㉠ 종가세 : 과세표준을 화폐단위로 측정하는 조세 → 법인세, 소득세, 주세(주정 등 제외) 등 ㉡ 종량세 : 과세표준을 화폐 이외의 단위로 측정하는 조세 → 주세(주정, 탁주 및 맥주에 한함), 인지세(단순정액세율인 경우)
⑥ 독립된 세원	㉠ 독립세 : 독립된 세원에 대하여 부과하는 조세 → 법인세, 소득세 등 ㉡ 부가세 : 다른 조세에 부가되는 조세 → 교육세, 농어촌특별세 등

예제 1

다음 중 조세의 분류기준과 이에 해당하는 조세를 연결한 것으로 가장 옳지 않은 것은?

① 국세 – 법인세, 소득세, 부가가치세
지방세 – 취득세, 등록면허세, 주민세
② 직접세 – 법인세, 소득세
간접세 – 부가가치세, 개별소비세
③ 인세 – 법인세, 소득세
물세 – 부가가치세, 재산세, 주세
④ 종가세 – 주정 · 탁주 · 맥주에 대한 주세
종량세 – 법인세, 소득세

해설 법인세, 소득세는 종가세이고, 주세는 종량세이다.
정답 ④

조세법의 기본원칙

1 조세법 기본원칙

조세법의 입법에서 적용에 걸친 전반적인 과정에서 지켜야 할 기본적인 이념을 말한다.

구분	내용
① 조세법률주의	㉠ 조세의 부과 및 징수는 법률에 의하여야 한다는 원칙을 말함 ㉡ 즉 법률에 의하지 않고서는 조세당국이 조세를 부과·징수할 수 없으며 국민은 조세를 납부할 의무가 없다는 것임
② 조세평등주의	㉠ 조세법의 입법과 조세의 부과 및 징수과정에서 모든 납세의무자는 평등하게 취급되어야 한다는 원칙을 말함 ㉡ 현행 세법상 조세평등주의에 바탕을 둔 규정으로는 실질과세의 원칙을 그 예로 들 수 있음
③ 신의성실의 원칙	납세자가 그 의무를 이행하거나 세무공무원이 그 직무를 수행함에 있어서 신의에 따라 성실히 하여야 한다는 원칙임

예제 1

다음의 조세법 기본원칙에 관한 설명 중 옳지 않은 것은?

① 조세법률주의란 조세의 부과 및 징수는 법률에 의하여야 한다는 원칙을 말한다.
② 조세평등주의란 조세법의 입법과 조세의 부과 및 징수과정에서 모든 납세의무자는 평등하게 취급되어야 한다는 원칙을 말한다.
③ 조세평등주의에 바탕을 둔 규정으로는 실질과세의 원칙을 그 예로 들 수 있다.
④ 신의성실의 원칙이란 납세자가 그 의무를 이행함에 있어서 신의에 따라 성실히 하여야 한다는 원칙으로 과세관청에는 적용되지 않는다.

해설 신의성실의 원칙이란 과세관청도 지켜야 할 원칙임
정답 ④

출제예상 문제

01 **다음 중 조세의 분류기준과 그 내용으로 틀린 것은?**

	분류기준	해당조세
①	과세권자	국세, 지방세
②	사용용도	인세, 물세
③	독립된 세원 여부	독립세, 부가세
④	과세물건 측정단위	종가세, 종량세

02 **다음 중 괄호 안에 들어갈 내용으로 가장 옳은 것은?**

> ○○도의 지난해 지방세 수입이 사상 처음으로 10조원을 돌파했다. 세목별로는 보통세가 8조 2,694억원으로 가장 많았고, 목적세가 2조 570억원이었다.
>
> 사원 : "팀장님, 목적세라는 것이 무엇인가요?"
> 팀장 : 목적세는 (　　)가 특별히 지정되어 있는 조세입니다.

① 조세의 사용용도
② 과세권자
③ 과세물건 측정단위
④ 조세부담의 전가 여부

03 **다음 중 조세법의 기본원칙에 관한 설명으로 가장 옳지 않은 것은?**

① 조세법률주의에 따르면 법률에 의하지 않고 조세당국이 조세를 부과·징수하는 경우에도 국민은 조세를 납부할 의무가 있다.
② 조세평등주의란 조세법의 입법과 조세의 부과 및 징수과정에서 모든 납세의무자는 평등하게 취급되어야 한다는 원칙을 말한다.
③ 조세평등주의에 바탕을 둔 규정으로는 실질과세의 원칙을 그 예로 들 수 있다.
④ 신의성실의 원칙이란 납세자가 그 의무를 이행하거나 세무공무원이 그 직무를 수행함에 있어서 신의에 따라 성실히 하여야 한다는 원칙을 말한다.

04 **다음 중 조세법의 기본원칙에 관한 설명으로 가장 올바르지 않은 것은?**

① 조세평등주의란 조세법의 입법과 조세의 부과 및 징수과정에서 모든 납세의무자는평등하게 취급되어야 한다는 원칙을 말한다.

② 국세기본법에서 규정하고 있는 실질과세의 원칙에 반하는 규정을 다른 세법에서 규정하고 있는 경우국세기본법에서 규정하고 있는 실질과세의 원칙을 우선하여 적용한다.

③ 신의성실의 원칙이란 납세자가 그 의무를 이행하거나 세무공무원이 그 직무를 수행함에 있어서 신의에 따라 성실히 하여야 한다는 원칙을 말한다.

④ 납세의무자가 세법에 따라 장부를 갖추어 기록하고 있는 경우에는 해당 국세 과세표준의 조사와 결정은 그 장부와 이에 관계되는 증거자료에 의하여야 한다.

05 **다음 중 조세에 관한 설명으로 가장 올바르지 않은 것은?**

① 조세는 금전납부가 원칙이다.

② 조세는 법률에 규정된 과세요건을 충족한 모든 자에게 부과된다.

③ 위법행위에 대한 제재를 목적을 두고 있는 벌금, 과태료는 조세에 해당한다.

④ 조세는 납세자가 납부한 세액에 비례하여 개별적 보상을 제공하지 않는다.

[redacted]

정답 및 해설

01	②	02	①	03	①	04	②	05	③										

01 ② 사용용도에 따른 구분은 보통세와 목적세이다.

02 ① 목적세란 조세의 사용용도가 특별히 지정된 조세이다.

03 ① 조세법률주의에 따르면 법률에 의하지 않고서는 조세당국이 조세를 부과·징수할 수 없으며 국민은 조세를 납부할 의무가 없다.

04 ② 개별 세법을 우선 적용하는 특례 존재한다. (상증법 45조의2)
권리의 이전/행사에 등기요하는 자산의 실제소유가와 명의자가 다른 경우
실제 소유자로부터 증여받은 것으로 간주한다.

05 ③ 위법행위에 대한 제재를 목적을 두고 있는 벌금, 과태료는 조세에 해당하지 않는다.

이패스 재경관리사
핵심서브노트&문제풀이

PART 02

국세기본법

총 설

1 기간과 기한

기간이란 어느 일정시점에서 다른 일정시점까지의 계속된 시간을 말하고 **기한**이란 일정한 시점의 도래로 인하여 법률효과가 발생·소멸하거나 또는 일정한 시점까지 의무를 이행하여야 하는 경우에 그 시점을 말한다.

구분	내용
① 기간의 계산	기간의 계산은 국세기본법 또는 그 세법에 특별한 규정이 있는 것을 제외하고는 민법의 역법적 계산방법에 따름
② 기간의 기산점	초일불산입원칙 : 기간을 일·주·월·연으로 정한 때에는 기간의 초일은 기간 계산시 산입하지 않음(단, 연령계산의 경우 초일을 산입)
③ 기간의 만료점	㉠ 기간을 주·월·연으로 정한 때에는 역에 의해 계산하되, 주·월·연의 처음부터 기간을 기산하지 않는 경우 최후의 주·월·연에서 기산일에 해당한 날의 전일에 만료함 ㉡ **최후의 월에 해당일이 없는 때에는 그 월의 말일로 기간이 만료함**
④ 기한의 특례	신고·신청·청구, 그 밖에 서류의 제출·통지·납부 또는 징수에 관한 기한이 「공휴일·토요일이거나 근로자의 날」일 때에는 그 다음날을 기한으로 함
⑤ 전자신고 기한	㉠ 우편으로 신고서 또는 그와 관련된 서류를 제출한 경우에는 우편법에 의한 우편날짜도장이 찍힌 날(우편날짜도장이 찍히지 아니하였거나 분명하지 아니한 경우에는 통상 걸리는 배송일수를 기준으로 발송한 날로 인정되는 날)에 신고되거나 청구된 것으로 봄(발신주의). ㉡ 신고서 등을 국세정보통신망을 이용하여 제출하는 경우에는 해당 신고서 등이 국세청장에게 전송된 때에 신고된 것으로 본다.

2 서류의 송달

서류의 송달이란 국세기본법 또는 세법에 의한 행정처분의 내용을 그 행정처분의 대상자 또는 **이해관계자에게 알리기 위하여 그 처분의 내용을 기록한 서류를 법에 정한 절차**에 따라서 전달하는 **행정관청의 행위**를 말한다.

구분	내용
① 송달장소	국세기본법 또는 세법에 규정하는 서류는 그 명의인(해당 서류의 수신인으로 지정되어 있는 자)의 주소·거소·영업소 또는 사무소(전자송달은 명의인의 전자우편주소)에 송달하는 것을 원칙으로 함
② 송달방법	㉠ 서류는 교부, 우편 또는 전자송달에 의하여 송달함을 원칙으로 함 ㉡ 다만, 주소불명 등의 사유로 서류를 송달할 수 없는 경우에는 공시송달에 의함

③ 송달의 효력 발생	서류의 송달에 대한 효력은 원칙적으로 도달주의에 의하나, 전자송달 및 공시송달 등의 경우는 특례 규정을 두고 있음 ㉠ 우편 또는 교부송달 : 도달주의*(송달받을 자의 지배권 내에 들어간 경우) ㉡ 전자송달 : 송달받을 자가 지정한 전자우편주소에 입력된 때(국세정보통신망에 저장한 경우에 저장된 때) ㉢ 공시송달 : 공시송달의 경우에는 서류의 주요 내용을 공고한 날로부터 14일이 경과함으로써 서류의 송달이 있은 것으로 봄

* 교부송달 : 행정기관의 소속공무원이 서류를 교부하는 방법
  우편송달 : 우체국을 통하여 송달하는 것
  전자송달 : 정보통신망을 이용한 송달

예제 1

다음 중 기간과 기한에 대한 설명으로 가장 옳지 않은 것은?

① 기간의 계산은 국세기본법 또는 그 세법에 특별한 규정이 있는 것을 제외하고는 민법에 따른다.
② 기간을 일·주·월·연으로 정한 때에는 기간의 초일은 기간 계산시 산입하지 않는다.
③ 신고·신청·청구, 그 밖에 서류의 제출·통지·납부 또는 징수에 관한 기한이 공휴일·토요일이거나 근로자의 날일 때에는 그 전날을 기한으로 한다.
④ 우편으로 과세표준신고서를 제출한 경우에는 우편날짜 도장이 찍힌 날에 신고한 것으로 본다.

해설 기한이 공휴일·토요일이거나 근로자의 날일 때에는 그 다음날을 기한으로 함.
정답 ③

3 특수관계인

① 세법 상 특수관계인이란 납세의무자 본인과 다음 항목 중 어느 하나에 해당하는 관계에 있는 자를 말한다.
② 이 경우 세법을 적용할 때 본인도 그 특수관계인의 특수관계인으로 본다. 즉, 특수관계인이라 함은 그 **쌍방관계**를 각각 특수관계인으로 하는 것이므로, **어느 일방을 기준으로 특수관계에 해당하기만 하면 이들 상호간은 특수관계인에 해당**하는 것이다.

구분	내용
(1) 혈족, 인척 등 친족관계 (개인인 경우만 해당)	1. 4촌 이내의 혈족 2. 3촌 이내의 인척 3. 배우자(사실상의 혼인관계에 있는 자를 포함한다) 4. 친생자로서 타인에게 친양자 입양된 자 및 그 배우자·직계비속
(2) 임원, 사용인등 경제적 연관관계	1. 임원 기타 사용인 2. 본인의 금전 기타 재산으로 생계를 유지하는 자 3. 상기 1, 2자와 생계를 함께 하는 친족

(3) 주주, 출자자 등 경영지배관계	1. 본인이 개인인 경우 가. 본인이 직접 또는 상기 (1), (2)에 해당하는 자를 통하여 어느 법인의 경영에 대하여 지배적인 영향력*을 행사하고 있는 경우 그 법인 나. 본인이 직접 또는 상기 (1), (2) 및 가목에 해당하는 자를 통하여 어느 법인의 경영에 대하여 지배적인 영향력*을 행사하고 있는 경우 그 법인 2. 본인이 법인인 경우 가. 개인 또는 법인이 직접 또는 그와 상기 (1), (2)에 해당하는 자를 통하여 본인의 경영에 대하여 지배적인 영향력을 행사하고 있는 경우 그 개인 또는 법인 나. 본인이 직접 또는 상기 (2) 또는 가목에 해당하는 자를 통하여 어느 법인의 경영에 대하여 지배적인 영향력*을 행사하고 있는 경우 그 법인 다. 본인이 직접 또는 상기 (2) 또는 가목 또는 나목에 해당하는 자를 통하여 어느 법인의 경영에 대하여 지배적인 영향력*을 행사하고 있는 경우 그 법인 라. 본인이 「독점규제 및 공정거래에 관한 법률」에 따른 기업집단에 속하는 경우 그 기업집단에 속하는 다른 계열회사 및 그 임원

지배적인 영향력 : 다음 중 어느 하나에 해당되면 해당 법인의 경영에 대하여 지배적인 영향력을 행사하는 것으로 본다.

구분	내용
영리법인의 경우	1. 본인 또는 그의 특수관계인이 그 법인의 발행주식총수 등의 100분의 30 이상을 출자한 경우 2. 본인 또는 그의 특수관계인이 임원의 임면권의 행사, 사업방침의 결정 등 그 법인의 경영에 대하여 사실상 영향력을 행사하고 있다고 인정되는 경우
비영리법인의 경우	1. 본인 또는 그의 특수관계인이 그 법인의 이사의 과반수를 차지하는 경우 2. 본인 또는 그의 특수관계인이 그 법인의 출연재산의 100분의 30 이상을 출연하고 그 중 1인이 설립자인 경우

예제 2

다음 중 국세기본법 상 특수관계인에 대한 설명으로 옳지 않은 것은?

① 본인이 개인인 경우 4촌 이내의 혈족이나 3촌 이내의 인척은 특수관계인에 해당한다.
② 법인의 임원 기타 사용인은 특수관계인에 해당한다.
③ 본인이 법인인 경우 본인의 경영에 대하여 지배적인 영향력을 행사하고 있는 개인 또는 법인은 특수관계인에 해당한다.
④ 어느 일방을 기준으로 특수관계에 해당하지만, 상대방을 기준으로 특수관계인에 해당하지 않는 경우 특수관계인에 해당하지 않는다.

해설 특수관계는 쌍방관계를 특수관계로 하므로 어느 일방을 기준으로 특수관계에 해당하면 상호간 특수관계인에 해당함.
정답 ④

CHAPTER 02

국세부과와 세법적용의 원칙

1 국세부과 원칙

국세의 부과란 납세의무를 확정시켜 당해 조세를 조세당국이 납세자에게 청구하는 것이다.

구분	내용
① 실질과세 원칙	㉠ **법적 형식이나 외관에 관계없이 실질에 따라 세법을 해석하고 과세요건사실을 인정해야 한다는 원칙** ㉡ 실질과 다른 법형식을 통해 조세부담을 회피하는 행위를 방지하고 부담능력에 따른 과세를 실현하고자 하는 것이므로 조세평등주의를 보다 구체화한 것
② 신의성실 원칙	납세자 및 세무공무원이 그 의무를 이행할 때에는 신의에 따라 성실하게 하여야 한다는 원칙
③ 근거과세 원칙	장부 등 직접적인 자료에 입각하여 납세의무를 확정하여야 한다는 원칙
④ 조세감면의 사후관리	국세를 감면한 경우에 그 감면의 취지를 성취하거나 국가정책을 수행하기 위하여 필요하다고 인정하면 세법에서 정하는 바에 따라 감면한 세액에 상당하는 자금 또는 자산의 운용범위를 정할 수 있으며, 만약 그 운용범위를 벗어난 자금 또는 자산에 상당하는 감면세액은 세법에서 정하는 바에 따라 감면을 취소하고 징수할 수 있다

실질과세 원칙

구분	내용
㉠ 사업자등록명의자와 실제 사업자가 상이한 경우	사업자등록명의자와는 별도로 사실상의 사업자가 있는 경우에는 사실상의 사업자를 납세의무자로 본다(국기통 14－0…1).
㉡ 1인 명의로 사업등록을 하고 수인이 동업하는 경우	1인 명의로 사업자등록을 하고 2인 이상이 동업하여 그 수익을 분배하는 경우에는 외관상의 사업명의인이 누구이냐에 불구하고 실질과세의 원칙에 따라 국세를 부과한다(국기통 14－0…2).
㉢ 명의상 주주에 대한 과세문제	회사의 주주로 명부상 등재되어 있더라도 회사의 대표자가 임의로 등재한 것일 뿐 회사의 주주로서 권리행사를 한 사실이 없는 경우에는 그 명의자인 주주를 세법상 주주로 보지 않는다(국기통 14－0…3).
㉣ 공부상 명의자와 실질소유자가 다른 경우	공부상 등기·등록 등이 타인의 명의로 되어있더라도 사실상 당해 사업자가 취득하여 사업에 공하였음이 확인되는 경우에는 이를 그 사실상 사업자의 사업용자산으로 본다(국기통 14－0...6).
㉤ 명의신탁자에 대한 과세	명의신탁부동산을 매각처분한 경우에는 양도의 주체 및 납세의무자는 명의수탁자가 아니고 명의신탁자이다(국기통 14－0…6).
㉥ 우회거래방식을 통한 경우	제3자를 통한 간접적인 방법이나 둘 이상의 행위 또는 거래를 거치는 방법으로 이 법 또는 세법의 혜택을 부당하게 받기 위한 것으로 인정되는 경우에는 그 경제적 실질 내용에 따라 당사자가 직접 거래를 한 것으로 보거나 연속된 하나의 행위 또는 거래를 한 것으로 보아 이 법 또는 세법을 적용한다(국기법 14조 3항).

신의성실 원칙 적용요건

① 납세자의 신뢰의 대상이 되는 **과세관청의 공적 견해표시**가 있어야 한다.
② 납세자가 **과세관청의 견해표시를 신뢰하고, 그 신뢰에 납세자의 귀책사유가 없어**야 한다.
③ 납세자가 **과세관청의 견해표시에 대한 신뢰를 기초로 하여 어떤 행위**를 하여야 한다.
④ 과세관청이 **당초의 견해표시에 반하는 적법한 행정처분**을 하여야 한다.
⑤ 과세관청의 그러한 **배신적 처분으로 인하여 납세자가 불이익**을 받아야 한다.

신의성실 원칙 효과

위의 조건이 충족되면 과세관청의 처분이 본래 적합한 것일지라도 신의성실의 원칙의 위반으로 취소될 수 있다.

2 세법적용 원칙

세법상의 법률효과발생을 목적으로 한 법의 해석·적용 과정에서 지켜야 할 원칙이다.

구분	내용
① 납세자 재산권의 부당한 침해금지	세법을 해석·적용할 때에는 "과세의 형평"과 "해당 조항의 합목적성"에 비추어 납세자의 재산권이 부당하게 침해되지 않도록 하여야 함
② 소급과세의 금지	㉠ 새로운 세법 의한 소급과세 금지 : 국세를 납부할 의무가 성립한 소득·수익·재산·행위 또는 거래에 대해서는 그 성립 후의 새로운 세법에 따라 소급하여 과세하지 아니함 ㉡ 새로운 해석 또는 관행에 의한 소급과세 금지 : 세법의 해석이나 국세행정의 관행이 일반적으로 납세자에게 받아들여진 후에는 그 해석이나 관행에 의한 행위 또는 계산은 정당한 것을 보며, 새로운 해석이나 관행에 의하여 소급하여 과세되지 아니함
③ 세무공무원의 재량의 한계	세무공무원이 재량으로 직무를 수행할 때에는 과세의 형평과 해당 세법의 목적에 비추어 일반적으로 적당하다고 인정되는 한계를 엄수하여야 함
④ 기업회계의 존중	세무공무원이 세법에 특별한 규정이 있는 경우를 제외하고는 과세표준을 조사·결정할 때에 해당 납세의무자가 계속하여 적용하고 있는 기업회계의 기준이나 관행으로서 일반적으로 공정·타당하다고 인정되는 것은 이를 존중하여야 함

예제 1

다음 중 세법적용의 원칙으로 가장 옳지 않은 것은?

① 세법을 해석·적용할 때에는 "과세의 형평"과 "해당 조항의 합목적성"에 비추어 납세자의 재산권이 부당하게 침해되지 않도록 해야 한다.
② 국세를 납부할 의무가 성립한 소득·수익·재산·행위 또는 거래에 대해서는 그 성립 후의 새로운 세법에 따라 소급하여 과세하지 아니한다.
③ 세무공무원이 재량으로 직무를 수행할 때에는 과세의 형평과 해당 세법의 목적에 비추어 일반적으로 적당하다고 인정되는 한계를 엄수하여야 한다.
④ 세무공무원은 과세표준을 조사·결정할 때에 해당 납세의무자가 계속하여 적용하고 있는 기업회계의 기준이나 관행으로서 일반적으로 공정·타당하다고 인정되는 것이 있더라도 세법을 우선 적용해야 한다.

해설 납세의무자가 계속하여 적용하고 있는 기업회계의 기준이나 관행으로서 일반적으로 공정·타당하다고 인정되는 것은 존중해야 함.

정답 ④

과세요건 및 과세와 환급

1 과세요건

납세의무의 성립에 필요한 법률상의 요건으로서 일반적으로 **납세의무자 · 과세물건 · 과세표준 · 세율** 등이 포함된다.

구분	내용
① 납세의무자	세법에 의하여 국세를 납부할 의무(국세를 징수하여 납부할 의무를 제외한다)가 있는 자
② 과세물건	조세부과의 목표가 되거나 과세의 원인이 되는 재산, 사실, 행위 등의 조세객체
③ 과세표준	법에 따라 직접적으로 세액산출의 기초가 되는 과세대상의 수량 또는 가액
④ 세율	과세의 한 단위에 대하여 징수하는 조세의 비율

2 관할관청

관할이라 함은 행정기관이 법률상 유효하게 국가 또는 공공단체의 행위를 할 수 있는 권한의 범위를 말하며, 관할관청이라 함은 관할에 관한 직권을 발동할 수 있는 국가기관을 말한다.

구분	내용
① 과세표준 신고 관할	과세표준신고서는 신고 당시 해당 국세의 납세지를 관할하는 세무서장에게 제출하여야 함
② 결정 또는 경정결정의 관할	국세의 과세표준과 세액의 결정 또는 경정결정은 처분당시 해당 국세의 납세지를 관할하는 세무서장에 있음

수정신고와 경정청구

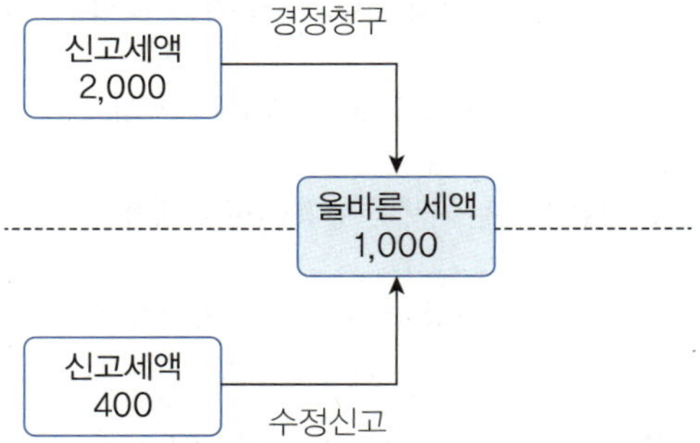

3 수정신고

그 신고한 **과세표준과 세액**이 세법에 의하여 **신고하여야 할 과세표준과 세액에 미달**하거나 **결손금액 또는 환급세액이** 세법에 따라 신고하여야 할 결손금액이나 환급세액을 **초과**할 때에 당해 **국세의 과세표준과 세액이 결정 또는 경정되어 통지되기 전까지** 정당한 과세표준과 세액을 신고하는 것을 말한다.

구분	내용
① 수정신고 요건	법정신고기한까지 과세표준과 세액을 신고한 자 및 기한 후 신고한 자가 수정신고를 할 수 있음
② 수정신고 기한	관할세무서장이 당해 국세에 대한 과세표준과 세액의 결정 또는 경정통지를 하기 전까지 할 수 있음
③ 가산세 감면	과세표준수정신고서를 법정신고기한 경과 후 2년 이내에 제출한 자는 과소신고가산세와 영세율 과세표준신고불성실가산세가 감면됨(주의 : 납부지연가산세는 감면되지 아니함)

법정신고기한 경과 후	가산세 감면 비율
1개월 이내	90%
1개월 초과 ~ 3개월 이내	75%
3개월 초과 ~ 6개월 이내	50%
6개월 초과 ~ 1년 이내	30%
1년 초과 ~ 1년 6개월 이내	20%
1년 6개월 초과 ~ 2년 이내	10%

4 경정청구

이미 신고·결정·경정된 과세표준 및 세액 등이 ① 세법에 의하여 **신고하여야 할 과세표준 및 세액에 비해 과대**하거나 ② **결손금액 또는 환급세액이 과소**하거나 ③ 세액공제 금액을 과소신고한 경우 과세관청으로 하여금 이를 정정하여 결정 또는 경정하도록 촉구하는 납세의무자의 청구

구분	내용
① 경정청구 요건	법정신고기한까지 과세표준과 세액을 신고한 자 및 기한 후 신고한 자가 경정청구를 할 수 있음
② 경정청구 기한	㉠ 법정신고기한(신고기한이 연장된 경우에는 그 연장된 기한)이 지난 후 5년 이내에 경정 등을 청구하여야 함(일반적) ㉡ 결정 또는 경정으로 인하여 증가된 과세표준 및 세액에 대하여는 해당 처분이 있음을 안 날(처분의 통지를 받은 때에는 그 받은 날)부터 3개월 이내(법정신고기한이 지난 후 5년 이내로 한정한다)에 경정을 청구할 수 있음(일반적) ㉢ 소송에 대한 판결 등 후발적 사유가 발생하였을 때에는 그것을 안 날로부터 3개월 이내 결정 또는 경정을 청구할 수 있음(후발적 경정청구)

5 기한후 신고

법정신고기한까지 세무신고를 하지 아니한 자도 세무서장이 세액을 결정하여 통지하기 전까지 기한후과세표준신고서를 제출하고 가산세와 함께 본세를 신고납부할 수 있도록 함으로써 무신고에 따른 가산세부담을 줄일 수 있는 기회를 부여한 제도이다. (주의 : **납부지연가산세는 감면되지 아니함**)

법정신고기한 경과 후	가산세 감면 비율
1개월 이내	무신고가산세 50% 감면
1개월 초과 ~ 3개월 이내	무신고가산세 30% 감면
3개월 초과 ~ 6개월 이내	무신고가산세 20% 감면

심화학습 ● 수정신고, 경정청구 및 기한후신고 비교

구분	수정신고	경정청구		기한 후 신고
		일반적인 경우	후발적 사유의 경우	
① 대상자	과세표준신고서를 법정 신고기한 내에 제출한자	좌동	① 좌동 ② 과세표준과 세액의 결정을 받은 자	법정신고기한 내에 과세표준신고서를 제출하지 아니한 자
② 신고·청구기한	세무서장이 결정·경정 통지하기 전까지	법정신고기한 경과 후 5년 이내	후발적 사유가 발생한 것을 안 날로부터 3개월 이내	세무서장이 결정하여 통지하기 전까지
③ 통지기간	-	청구를 받은 날로부터 2개월 이내		신고일로부터 3월 이내

예제 1

다음 중 수정신고와 경정청구 및 기한후신고에 대해 옳게 설명한 것을 고르면?

㉠ 국세를 기한후신고한 경우에도 수정신고나 경정청구를 할 수 있다.
㉡ 수정신고는 관할세무서장이 당해 국세에 대한 과세표준과 세액의 결정 또는 경정통지를 하기 전까지 할 수 있다.
㉢ 법정신고기한 경과 후 1개월 이내 수정신고 하는 경우 과소신고가산세의 75%를 감면한다.
㉣ 경정청구는 법정신고기한이 지난 후 5년 이내에 청구해야 한다.
㉤ 법정신고기한까지 세무신고를 하지 아니한 경우 세무서장이 세액을 고지결정해 주기 전에는 세액을 납부하는 것이 불가능하다.

① ㉠, ㉡, ㉤
② ㉡, ㉢, ㉣
③ ㉢, ㉣, ㉤
④ ㉠, ㉡, ㉣

해설 법정신고기한 경과 후 1개월 이내 수정신고 하는 경우 무신고가산세의 90%를 감면함. 법정신고기한까지 세무신고를 하지 아니한 자도 세무서장이 세액을 결정하여 통지하기 전까지 기한후과세표준신고서를 제출하고 가산세와 함께 본세를 신고납부할 수 있음.

정답 ④

6 가산세

가산세란 세법에서 규정하는 의무의 성실한 이행을 확보하기 위하여 세법에 따라 산출한 세액에 가산하여 징수하는 금액을 말한다.

① 정부는 세법이 규정하는 의무를 위반한 자에게 국세기본법 또는 세법에서 정하는 바에 따라 가산세를 부과할 수 있다.

② 가산세는 **해당 의무가 규정된 세법의 해당 국세의 세목**으로 한다.

③ 다만, 해당 **국세를 감면**하는 경우 **가산세는 그 감면대상에 포함시키지 아니한다.**

✔ 가산세의 종류 및 계산방법은 법인세, 소득세, 부가가치세 등 각 세법의 내용을 참조

7 국세의 환급

국세환급금이란 납세자로부터 국가가 수납한 세입금 중에서 오납·초과납부·이중납부 등의 사유로 납세자에게 반환하는 환급세액을 말한다.

(1) 국세환급금 처리절차

국세환급금은 다음 순서에 따라 처리한다.

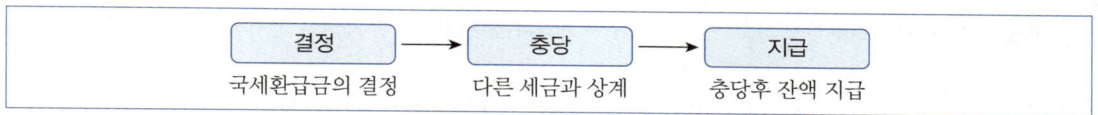

결정	→	충당	→	지급
국세환급금의 결정		다른 세금과 상계		충당후 잔액 지급

(2) 국세환급가산금

국세환급가산금이란 국세환급금을 충당 또는 지급하는 경우 그 국세환급금에 가산되는 법정이자상당액을 말한다.

국세환급가산금 = 국세환급금 × 이자율* × 이자계산일수

✔ **이자율** : 시중은행의 1년 만기 정기예금 평균 수신금리를 고려하여 기획재정부령으로 정하는 이자율

(3) 국세환급금 소멸시효

납세자의 국세환급금과 국세환급가산금에 관한 권리는 이를 "행사할 수 있는 때"로부터 5년간 행사하지 않으면 소멸시효가 완성된다.

8 납세자의 권리구제

납세자가 위법 또는 부당한 국세처분을 받을 경우, 이에 대한 권리구제제도로는 납세고지서가 나오기 전에 구제받을 수 있는 사전권리구제제도와 납세고지서를 받은 후에 구제받을 수 있는 사후권리구제제도가 있다.

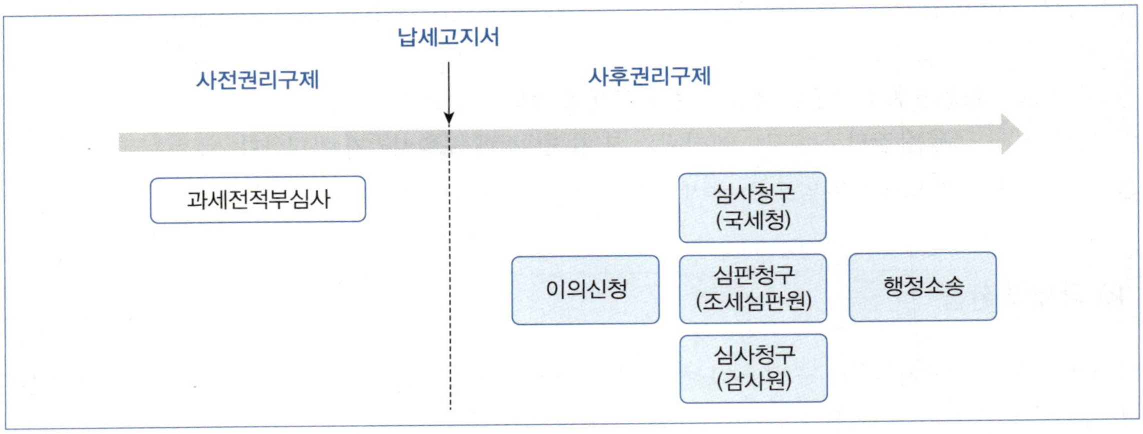

납세자의 권리구제

구분	내용
① 과세전적부심사	세무조사 후 과세할 내용을 미리 납세자에게 알려 준 뒤 과세예고의 옳고 그름에 대한 심사를 청구하게 하고, 심사결과 납세자의 주장이 타당하면 세금을 고지하기 전에 자체적으로 시정하여 주는 제도
② 이의신청	납세고지서를 받은 날로부터 90일 이내에 과세관청에 신청
③ 심사청구 심판청구	납세고지서를 받은 날 또는 이의신청의 결정통지를 받은 날로부터 90일 이내에 국세청에 심사청구를 하거나 조세심판원이나 감사원에 심판청구
④ 행정소송	심사청구·심판청구 결과통지를 받은 날로부터 90일 이내에 행정법원에 고지한 세무서장을 상대로 소송을 제기

9 소멸시효의 중단과 정지

(1) 시효의 중단

시효의 진행 중 권리의 행사로 볼 수 있는 사유가 발생하면 그때까지 진행되어 온 시효기간의 효력을 잃어버리게 되는데, 이것을 '중단(中斷)'이라고 한다.

시효중단 사유

① 납세고지
② 독촉 또는 납부최고
③ 교부청구
④ 압류

시효중단 사유 이후 부터 다시 시효를 기산하여 시효완성을 판단함.

(2) 시효의 정지

시효의 진행 중에 **권리자가 권리를 행사할 수 없는 사유**가 발생하면 관리자에게 가혹하지 않도록 하기 위해 **그 기간만큼 시효의 완성을 유예**하는 것을 의미한다.

시효정지의 사유

① 세법에 따른 분납기간,
② 징수유예기간,
③ 체납처분유예기간,
④ 연부연납(年賦延納)기간,
⑤ 세무공무원이 국세징수법에 따른 사해행위(詐害行爲) 취소소송이나 민법에 따른 채권자대위 소송을 제기하여 그 소송이 진행 중인 기간

그 사유가 종료한 후 잔여기간만의 진행에 의해 시효가 완성된다는 점에서 중단과 대조적이다.

출제예상 문제

01 **국세기본법에서 정하는 기한과 기간의 설명으로 가장 옳지 않은 것은?**

① 국세의 신고·납부에 관한 기한이 근로자의 날에 해당하는 때에는 근로자의 날의 다음날을 기한으로 한다.

② 기한이란 법률행위의 효력발생·소멸이나 특정한 행위의 이행을 위해 정해진 일시를 말한다.

③ 세법에서 규정하는 기간의 계산은 민법에 따라 초일을 산입하여 계산한다.

④ 세법상의 기간은 일·주·월·연으로 규정되어 있으므로 세법상 기간 계산은 이 역법적 계산방법에 의한다.

⑤ 신고서 등을 국세정보통신망을 이용하여 제출하는 경우에는 해당 신고서 등이 국세청장에게 전송된 때에 신고된 것으로 본다.

02 **다음 중 국세기본법상 기한에 관한 설명으로 가장 옳지 않은 것은?**

① 신고·신청·청구 그밖에 서류의 제출·통지·납부 또는 징수에 관한 기한이 공휴일에 해당하는 때에는 그 공휴일의 다음날을 기한으로 한다.

② 기간의 초일 혹은 중간에 공휴일이 있으면 그 일수만큼 기한이 연장된다.

③ 공휴일은 "관공서의 공휴일에 관한 규정"에서 규정된 공휴일을 말한다.

④ 공휴일에는 조세수납기간의 휴무일인 근로자의 날도 포함된다.

⑤ 우편으로 과세표준신고서·과세표준수정신고서 또는 이와 관련된 서류를 제출한 경우에는 우편날짜도장이 찍힌 날 신고된 것으로 본다.

03 **다음 중 세법상 기간과 기한의 규정에 대한 설명으로 가장 옳은 것은?**

① 기간을 일·주·월·연으로 정한 때에는 기간의 초일은 기간 계산시 산입하지 않는다(단, 기간이 오전 0시부터 시작하는 경우에는 초일을 산입한다).

② 기간말일이 공휴일에 해당하는 경우 그 전일이 기간 만료일이다.

③ 우편으로 과세표준신고서를 제출하는 경우 우편물이 도달하는 날에 신고된 것으로 본다.

④ 기간계산은 반드시 국세기본법 또는 세법의 규정에 따른다.

04 **다음 중 국세기본법상 서류의 송달에 관한 설명으로 가장 옳지 않은 것은?**

① 서류의 송달에 대한 효력은 원칙적으로 발송주의에 의한다.

② 전자송달의 경우에는 송달을 받을 자가 지정한 전자우편주소에 입력된 때에 송달의 효력이 발생한다.

③ 서류는 그 명의인의 주소·거소·영업소 또는 사무소에 송달하는 것을 원칙으로 한다.

④ 서류는 교부·우편 또는 전자송달에 의하여 송달함을 원칙으로 한다.

05 **다음 중 국세기본법상 서류의 송달에 관한 설명으로 가장 옳은 것은?**

① 서류의 송달에 대한 효력은 원칙적으로 발송주의에 의한다.
② 소득세 납세고지서의 송달을 우편으로 할 때는 일반우편으로 해야 한다.
③ 정보통신망의 장애로 납세고지서의 전자송달이 불가능한 경우에는 교부에 의해서만 송달할 수 있다.
④ 납세고지서를 송달받아야 할 자의 주소를 주민등록표에 의해 확인할 수 없는 경우 서류의 주요 내용을 공고한 날부터 14일이 지나면 서류송달이 된 것으로 본다.

06 **다음 중 국세기본법에서 정하는 특수관계인에 대한 설명으로 가장 옳지 않은 것을 모두 고르면?**

① 어느 일방을 기준으로 특수관계에 해당하면 이들 상호간은 특수관계인에 해당한다.
② 본인이 개인인 경우 8촌 이내의 혈족과 4촌 이내의 인척은 특수관계인에 해당한다.
③ 본인이 법인인 경우 해당 법인의 임원은 특수관계인에 해당한다.
④ 본인이 법인인 경우 해당 법인의 임원과 생계를 같이하는 친족은 법인과 특수관계인에 해당한다.
⑤ 본인이 법인인 경우 해당 법인에 지배적인 영향력을 행사하는 주주는 법인의 특수관계인에 해당한다.
⑥ 본인이 독점규제 및 공정거래에 관한 법률에 따른 기업집단에 속하는 경우 그 기업집단에 속하는 다른 계열회사도 국세기본법에서 정하는 다른 요건을 충족하는 경우에만 특수관계인에 해당한다.

07 **국세기본법에서는 명의신탁부동산을 매각처분한 경우 양도의 주체 및 납세의무자는 명의수탁자가 아니고 명의신탁자로 보고 있다. 이와 관련한 국세부과 원칙으로 가장 옳은 것은?**

① 근거과세의 원칙
② 조세감면의 사후관리
③ 실질과세의 원칙
④ 신의성실의 원칙

08 **다음의 신문기사의 (　　)에 들어갈 국세부과의 원칙으로 가장 옳은 것은?**

> 인테리어 공사 업체를 운영하던 오 씨는 지난 20×1년 인테리어 면허가 있는 직원 김 씨에게 “당장 공사를 위해 인테리어 면허가 있는 사업자등록이 필요하다”며 김씨에게 명의를 빌렸으나, 이후 김씨 앞으로 나온 매출에 따른 세금 6천 2백여만원을 부담하지 않아 사기 혐의 등으로 기소됐다.
> 대법원 재판부는“(　　)에 따라 과세관청은 타인의 명의로 사업자등록을 하고 실제로 사업을 영위한 사람에 대해 세법을 적용해 과세하는 것이 당연하다”면서… (이하 생략)

① 근거과세의 원칙
② 조세감면의 사후관리
③ 실질과세의 원칙
④ 신의성실의 원칙

09 **다음과 공통으로 관련 있는 국세부과의 원칙은?**

> 지난 2001년 론스타펀드(미국)는 벨기에에 설립한 스타홀딩스를 통해 서울 역삼동 스타타워를 인수했다가 되팔아 2,450억원의 차익을 남겼다. 스타홀딩스는 벨기에의 거주자로서 한국과 벨기에의 조세조약에 따라 주식양도로 인한 소득세 면세신청서를 제출하였다.
> 하지만, 역삼세무서는 스타홀딩스를 조세회피를 위한 회사로 보아 한-벨기에 조세조약을 적용하지 않고 론스타펀드(미국)에게 양도소득세를 부과하였다.
>
> 근로소득이 있는 김회피씨가 종합소득세의 누진세율을 피하고자 자기 아내인 이명의씨의 명의로 슈퍼마켓을 개업하였다. 이명의씨는 출자한 바도 없고 경영에도 관여한 바도 없으며 실질적인 소득은 김회피씨에게 귀속되어, 김회피씨에게 소득세가 과세되었다.

① 실질과세의 원칙
② 신의성실의 원칙
③ 조세감면의 사후관리
④ 근거과세의 원칙

10 **다음 중 과세요건이 아닌 것은?**

① 납세의무자
② 과세물건
③ 세율
④ 세법

11 **다음 중 국세기본법상 국세부과의 원칙에 대한 설명으로 옳지 않은 것을 모두 고르면?**

① 실질과세의 원칙이란 법적 형식이나 외관에 관계없이 실질에 따라 세법을 해석하고 과세요건사실을 인정해야 한다는 원칙이다.
② 신의성실의 원칙이란 납세자 및 세무공무원이 그 의무를 이행할 때에는 신의에 따라 성실하게 하여야 한다는 원칙으로 조세평등주의를 보다 구체화한 것으로 볼 수 있다.
③ 둘 이상의 거래를 거치는 방법으로 세법의 혜택을 부당하게 받는 경우에도 거래의 형식을 존중하여 세법을 적용한다.
④ 국세를 감면한 경우에 그 감면의 취지를 성취하거나 국가정책을 수행하기 위하여 필요하다고 인정하면 감면한 세액에 상당하는 자금 또는 자산의 운용범위를 정할 수 있다.
⑤ 세무서장이 종합소득 과세표준과 세액을 경정하는 경우 납세자가 추계신고를 한 경우에도 소득금액을 계산할 수 있는 장부, 기타 증빙서류를 비치, 기장하고 있는 때에는 그 장부 기타 증빙서류에 의하여 실지조사 결정하여야 한다.
⑥ 근거과세의 원칙이란 장부 등 직접적인 자료에 입각하여 납세의무를 확정하여야 한다는 원칙이다.

12 **다음 중 국세기본법상 국세부과의 원칙에 관한 설명으로 가장 올바르지 않은 것은?**

① 실질과세의 원칙은 조세평등주의를 구체화한 국세부과의 원칙이다.
② 신의성실의 원칙이란 납세자가 그 의무를 이행할 때에는 신의에 따라 성실하게 하여야 한다는 것으로, 납세자의 직무수행에만 적용된다.
③ 법적 형식이나 외관에 관계없이 실질에 따라 세법을 해석하고 과세요건사실을 인정해야 한다.
④ 근거과세의 원칙이란 장부 등 직접적인 자료에 입각하여 납세의무를 확정해야 한다는 원칙이다.

13 **다음 중 소급과세의 금지 원칙에 대한 설명으로 가장 올바르지 않은 것은?**

① 국세를 납부할 의무가 성립한 소득에 대하여 그 성립 후의 새로운 법에 따라 소급하여 과세할 수 없다.
② 국세청의 해석이 일반적으로 납세자에게 받아들여진 후에는 새로운 해석에 의하여 소급하여 과세할 수 없다.
③ 납세자에게 불리한 소급효 뿐만 아니라 유리한 소급효 역시 인정되지 않는 것이 통설이다.
④ 과세기간 중에 법률의 개정이 있는 경우 이미 진행한 과세기간분에 대해 소급과세하는 부진정 소급효는 허용된다.

14 **다음 중 신의성실의 원칙을 적용하기 위한 "과세관청의 공적인 견해표현"에 해당하는 것은?**

① 세무서담당자의 구두설명
② 국세청법규과의 서면질의회신
③ 국세상담센터의 전화안내
④ 홈택스사이트의 Q&A

15 **다음 중 국세기본법상 세법적용의 원칙에 대한 설명으로 가장 옳지 않은 것은?**

① 세법을 해석·적용할 때에는 "과세의 형평"과 "해당 조항의 합목적성"에 비추어 납세자의 재산권이 부당하게 침해되지 않도록 하여야 한다.
② 세무공무원이 재량으로 직무를 수행할 때에는 과세의 형평과 해당 세법의 목적에 비추어 일반적으로 적당하다고 인정되는 한계를 엄수하여야 한다.
③ 일반적으로 받아들여진 세법의 해석이 변경된 경우 종전의 해석에 따른 과세는 소급하여 수정되어야 한다.
④ 세무공무원이 세법에 특별한 규정이 있는 경우를 제외하고는 과세표준을 조사·결정할 때에 해당 납세의무자가 계속하여 적용하고 있는 기업회계의 기준이나 관행으로서 일반적으로 공정·타당하다고 인정되는 것은 이를 존중하여야 한다.

16 **다음 중 국세기본법상 근거과세의 원칙에 관한 설명으로 가장 올바르지 않은 것은?**

① 근거과세의 원칙이란 장부 등 직접적인 자료에 입각하여 납세의무를 확정하여야 한다는 원칙이다.

② 국세를 조사·결정할 때 장부의 기록 내용이 사실과 다르거나, 장부의 기록에 누락된 것이 있을 때에는, 장부 전체에 대하여 정부가 조사한 사실에 따라 결정할 수 있다.

③ 정부는 장부의 기록 내용과 다른 사실 또는 장부 기록에 누락된 것을 조사하여 결정하였을 때에는, 정부가 조사한 사실과 결정의 근거를 결정서에 적어야 한다.

④ 행정기관의 장은 해당 납세의무자 또는 그 대리인이 요구하면, 제 3 항의 결정서를 열람 또는 복사하게 하거나, 그 등본 또는 초본이 원본과 일치함을 확인하여야 한다.

17 **국세부과와 세법적용의 원칙에 관한 설명으로 옳지 않은 것은?**

① 둘 이상의 거래를 거치는 방법으로 세법의 혜택을 부당하게 받기 위한 것으로 인정되는 경우에는 연속된 하나의 거래를 한 것으로 보아 세법을 적용한다.

② 신의·성실의 원칙은 세무공무원뿐만 아니라 납세자에게도 적용되는 원칙이다.

③ 국세를 조사·결정할 때 납세의무자가 세법에 따라 장부를 갖추어 기록하고 있는 경우 장부의 기록 내용이 사실과 다르거나 누락된 것이 있을 때에는 그 부분에 대해서만 정부가 조사한 사실에 따라 결정할 수 있다.

④ 근거과세의 원칙에 의하면 납세자가 세법에 따른 장부를 비치·기장하고 있지 아니하여 그에 의하여 수입금액 혹은 소득금액을 계산할 수 없는 경우에도 수입금액 혹은 소득금액을 추정하여 과세할 수 없다.

⑤ 국세를 납부할 의무 혹은 징수하여 납부할 의무가 성립한 소득에 대해서는 그 성립한 후의 새로운 세법에 따라 소급하여 과세하지 아니한다.

18 **다음 중 국세기본법상 수정신고·경정청구·기한후신고 등에 대한 설명으로 가장 옳지 않은 것은?**

① 신고한 과세표준과 세액이 세법에 의하여 신고하여야 할 과세표준과 세액에 미달하는 경우 수정신고 대상에 해당한다.

② 신고한 과세표준과 세액이 세법에 의하여 신고하여야 할 과세표준 및 세액에 비해 과대한 경우 경정청구 대상에 해당한다.

③ 법정신고기한까지 세무신고를 하지 아니한 자가 세무서장이 세액을 결정하여 통지하기 전까지 기한후과세표준신고서를 제출하고 가산세와 함께 본세를 신고납부하는 것을 기한후신고라고 한다.

④ 경정청구는 과세표준신고서를 법정신고기한까지 제출한 자만이 신청할 수 있으나 수정신고는 과세표준신고서 제출여부와 무관하게 신청할 수 있다.

19 **다음 중 국세기본법상 수정신고 및 가산세의 감면에 대한 설명으로 가장 옳은 것은?**

① 국세를 감면하는 경우에 가산세는 그 감면하는 국세에 포함한다.
② 법인세 과세표준과 세액의 경정이 있을 것을 미리 알고 수정신고를 한 경우에 가산세를 감면하지 아니한다.
③ 기한후신고를 한 경우 수정신고를 할 수 없다.
④ 법정신고기한이 지난 후 3년이 되는 날에 수정신고를 한 경우 과소신고가산세의 감면을 받을 수 있다.

20 **다음 중 기한 후 신고제도에 대한 설명으로 가장 올바르지 않은 것은?**

① 법정신고기한이 3개월이 지난 후 기한후 신고를 한 경우 무신고가산세를 감면하지 않는다.
② 법정신고기한이 지난 후 1개월 이내에 기한후 신고를 한 경우 무신고가산세의 50%를 감면한다.
③ 관할세무서장이 세법에 의하여 당해 국세의 과세표준과 세액을 결정하여 통지하기 전까지 기한후과세표준신고서를 제출할 수 있다.
④ 기한후과세표준신고서를 제출한 자로서 세법에 따라 납부하여야 할 세액이 있는 자는 그 세액을 납부하여야 한다.

21 **(주)삼일은 법인세를 신고납부하면서 원천징수당한 기납부세액을 차감하지 않고 법인세를 과오납부하였음을 신고 직후에 알게 되었다. 이 경우 과오납한 세금을 환급받기 위한 조치와 관련된 다음 설명 중 타당한 것은?**

① 이의신청·심사청구 또는 심판청구를 통해서만 환급받을 수 있다.
② 법인세는 신고납부제도를 취하고 있으므로 당초의 신고를 경정하기 위하여 수정신고를 하여야 한다.
③ 당초에 신고한 과세표준과 세액의 수정신고를 통해 환급받을 수 있다.
④ 당초에 신고한 과세표준과 세액의 경정을 청구하면 환급받을 수 있다.

22 **다음은 신문기사의 일부이다 (　　) 안에 들어갈 내용으로 가장 옳은 것은?**

> 빠뜨린 연말정산 추가 환급 이렇게 신청
>
> 시간이 촉박해 소득 및 세액공제 항목 중 일부를 누락한 사람들도 많다. 국세청에서 간소화 서비스를 제공하면서 각종 영수증을 일일이 챙기는 부담은 덜었지만 1년에 한 번 하는 연말정산이다 보니 빠뜨리는 경우가 많다.
> 이럴 때 활용할 수 있는 것이 바로 (　　)라는 제도이다. (　　)는 연말정산 시 제대로 신고를 못해 세금을 환급받지 못한 사람들에게 환급 받을 수 있는 기회를 주는 제도이다.

① 경정청구　　② 수시부과
③ 수정신고　　④ 기한후신고

23 **다음 중 납세자의 권리구제제도에 관한 설명으로 가장 옳지 않은 것은?**

① 납세고지서가 나오기 전에 구제받을 수 있는 사전권리구제제도에는 과세전적부심사가 있다.
② 사후적 권리구제제도에는 이의신청, 심사청구, 심판청구, 행정소송 등이 있다.
③ 행정소송은 조세심판원에 해야 하며, 조세심판원 이외에 제기한 경우에는 행정소송에 해당하지 않는다.
④ 이의신청은 납세고지서를 받은 날로부터 90일 이내에 과세관청에 신청해야 한다.

24 **다음 중 사후적권리구제절차에 대한 설명으로 가장 옳지 않은 것은?**

① 과세처분을 한 해당 세무서나 관할지방국세청에 제기하는 것을 이의신청 이라고 한다.
② 국세청에 제기하는 것을 심판청구라고 한다.
③ 국무총리실 조세심판원에 제기하는 것을 심판청구라고 한다.
④ 감사원에 제기하는 것을 심사청구라고 한다.

25 **납세자의 권리구제는 사전적권리구제와 사후적권리구제로 나눌 수 있다. 다음 중 사후적권리구제에 해당하지 않는 것은?**

① 과세전적부심사
② 이의신청
③ 심사청구
④ 행정소송

26 **다음 중 국세기본법상 소멸시효 중단사유에 해당하는 것으로 올바르게 묶은 것은?**

㉠ 납세고지	㉡ 연부연납
㉢ 압류	㉣ 교부청구

① ㉠, ㉡
② ㉠, ㉢
③ ㉠, ㉡, ㉣
④ ㉠, ㉢, ㉣

27 **다음 중 과세표준수정신고에 관한 설명으로 가장 옳지 않은 것은?**

① 법정신고기한까지 과세표준과 세액을 신고한 자 및 기한후신고서를 제출한 자는 수정신고를 할 수 있다.
② 수정신고 시 추가 자진납부 하여야 할 세액 중 일부만을 납부한 경우에도 과소신고가산세의 감면은 모두 적용한다.
③ 과세표준수정신고서를 법정신고기한이 지난 후 2년 이내에 제출한 자에 대하여는 기간경과 정도에 따라 납부할 모든 가산세의 일정비율을 경감한다.
④ 수정신고기한은 따로 규정되어 있지 않고 관할 세무서장이 당해 국세의 과세표준과 세액을 결정 또는 경정하여 통지를 하기 전까지 과세표준수정신고서를 제출할 수 있다.

28 **다음 중 국세환급금 및 국세환급가산금에 대한 설명으로 옳은 것은?**

① 국세환급금이란 국가가 징수한 세금 중 과오납, 이중납부 등의 사유로 납세자에게 반환하는 환급세액을 말한다.

② 국세환급가산금이란 납세자가 세금을 납부기한까지 납부하지 않은 경우 납세자가 납부해야 할 세금에 추가하여 납부하는 금액을 말한다.

③ 국세환급금에 대한 권리는 행사할 수 있는 때로부터 3년간 행사하지 않으면 소멸시효가 완성한다.

④ 국세환급금이 발생하면 다른 세금과 상계하지 않고 우선적으로 환급한다.

29 **다음 중 국세환급금 및 국세환급가산금에 관한 설명으로 가장 올바르지 않은 것은?**

① 국세환급금이란 납세의무자가 국세 및 강제징수비로서 납부한 금액 중 잘못 납부하거나 초과하여 납부한 금액이 있거나 세법에 따라 환급하여야 할 환급세액이 있을 때 환급을 결정한 금액을 말한다.

② 세법에 따라 환급세액에서 공제하여야 할 세액이 있을 경우, 국세환급금은 공제한 후에 남은 금액을 말한다.

③ 국세환급가산금이란 국세환급금을 충당 또는 지급하는 경우 그 국세환급금에 가산되는 법정이자 상당액을 말한다.

④ 국세환급가산금에 대한 권리는 행사할 수 있는 때로부터 3 년간 행사하지 않으면 소멸시효가 완성된다.

30 **다음 중 가산세 부과에 관한 설명으로 가장 올바르지 않은 것은?**

① 무신고가산세는 납세의무자가 법정신고기한까지 세법에 따른 국세의 과세표준 신고를 하지 아니한 경우로서 해당 무신고가 부정행위로 인한 경우에는 무신고납부세액의 20 % 가 된다.

② 원천징수 등 납부지연가산세는 국세를 징수하여 납부할 의무를 지는 자가 징수하여야 할 세액을 세법에 따른 납부기한까지 납부하지 아니하거나 과소납부한 경우의 가산세를 말한다.

③ 납부지연가산세는 납세의무자가 세법에 따른 납부기한까지 국세를 납부하지 아니하거나 납부하여야 할 세액보다 적게 납부한 경우의 가산세를 말한다.

④ 가산세를 부과하는 경우 그 부과의 원인이 천재지변 등의 기한연장 사유 또는 납세의무자가 의무를 이행하지 않은 것에 대한 정당한 사유가 있을 때에는 해당 가산세를 부과하지 않는다.

[redacted]

정답 및 해설

01	③	02	②	03	①	04	①	05	④	06	②⑥	07	③	08	③	09	①	10	④
11	②③	12	②	13	③	14	②	15	③	16	②	17	④	18	④	19	②	20	①
21	④	22	①	23	③	24	②	25	①	26	④	27	③	28	①	29	④	30	①

01 ③ 세법에서 규정하는 기간의 계산은 민법에 따라 초일을 불산입하여 계산한다.

02 ② 법정기간을 기산하는 첫날이 공휴일인 경우에는 그 첫날부터 기산하며, 공휴일이 기간의 중간에 있는 경우에도 마찬가지이므로 그 기한이 연장되는 것이 아니다. 서류송달 효력은 도달주의에 의한다.

03 ① 기간말일이 공휴일에 해당하는 경우 그 다음날을 기간 만료일로 한다. 우편으로 과세표준신고서를 제출하는 경우 우편날짜 도장이 찍힌날 신고한 것으로 본다. 기간 계산은 국세기본법 또는 세법에 특별한 규정이 있는 것을 제외하면 민법을 따른다.

04 ① 서류송달 효력은 도달주의에 의한다.

05 ④ 서류송달은 원칙적으로 도달주의에 의한다. 우편송달의 경우 등기우편이나 일반우편으로 하되, 납세고지, 독촉, 체납처분 등은 등기우편으로 해야 한다. 정보통신망의 장애로 납세고지서의 전자송달이 불가능한 경우에는 교부 또는 우편의 방법으로 송달할 수 있다.

06 ②⑥ 본인이 개인인 경우 4촌 이내의 혈족과 3촌 이내의 인척은 특수관계인에 해당한다. 독점규제 및 공정거래에 관한 법률에 따른 기업집단에 속하는 경우 그 기업집단에 속하는 다른 계열회사는 법에서 정하는 요건에 상관 없이 특수관계인에 해당한다.

07 ③ 법적 형식이나 외관에 관계없이 실질에 따라 과세하는 것을 의미한다.

08 ③ 명의가 아닌 실질에 따라 과세하는 실질과세의 원칙에 대한 설명이다.

09 ① 명의가 아닌 실질에 따라 과세하는 실질과세의 원칙에 대한 설명이다.

10 ④ 과세요건은 납세의무자·과세물건·과세표준·세율 등이다.

11 ②③ 조세평등주의를 보다 구체화한 것은 신의성실원칙이 아니고 실질과세원칙이다. 둘 이상의 거래를 거치는 방법으로 세법의 혜택을 부당하게 받는 경우에도 거래의 실질에 따라 세법을 적용한다. ⑤, ⑥번은 옳은 설명이다. (재소득 46073-19, 2004.8.20.)

12 ② 신의성실의 원칙은 납세자 뿐만 아니라 과세관청도 지켜야할 원칙이다.

13 ③ 납세자에게 유리한 소급효는 인정된다는 것이 통설이며, 과세기간 중에 법률의 개정이 있는 경우 이미 진행한 과세기간분에 대해 소급과세하는 부진정 소급효는 허용된다.

14 ② 국세청법규과의 서면질의회신은 공적인 견해표시에 해당하나, 구두설명, 전화안내, 홈택스사이트의 Q&A는 공적인 견해표시에 해당하지 아니한다.

15 ③ 일반적으로 받아들여진 세법의 해석이 변경된 경우 종전의 해석에 따른 과세는 소급하여 과세할 수 없다(소급과세금지).

16 ② 국세를 조사·결정할 때 장부의 기록 내용이 사실과 다르거나, 장부의 기록에 누락된 것이 있을 때에는, 그 부분에 한하여 정부가 조사한 사실에 따라 결정할 수 있다.

17 ④ 근거과세의 원칙에 의하면 납세자가 세법에 따른 장부를 비치·기장하고 있지 아니하여 그에 의하여 수입금액 혹은 소득금액을 계산할 수 없는 경우에는 수입금액 혹은 소득금액을 추정하여 과세할 수 있다.

18 ④ 법정신고기한까지 과세표준신고서를 제출한 자와 기한후신고를 한 자가 수정신고, 경정청구 등을 신청할 수 있다.

19 ② ① 국세를 감면하는 경우에 가산세는 그 감면하는 국세에 포함하지 아니한다.
③ 기한후신고를 한 경우에도 수정신고를 할 수 있다.
④ 법정신고기한이 지난 후 2년 이내에 수정신고를 한 경우 과소신고·초과환급신고가산세의 감면을 받을 수 있다.

20 ① 법정신고기한이 3개월이 지나고 6개월 이내 기한후 신고를 한 경우 무신고가산세를 20% 감면한다.

21 ④ 과다하게 납부한 세금의 환급을 청구해야 하므로 경정청구 대상에 해당한다.

22 ① 과다하게 납부한 세금을 환급받기 위한 신고는 경정청구이다.

23 ③ 행정소송은 법원에 제기한다.

24 ② 좋은 유형의 문제는 아니지만 시험에 등장한 유형으로 국세청에 제기하는 것을 심판청구가 아닌 심사청구라고 한다.

25 ① 과세전적부심사는 사전적권리구제에 해당한다.

26 ④ 연부연납기간은 소멸시효 정지사유에 해당한다.

27 ③ 과세표준수정신고서를 법정신고기한이 지난 후 2년 이내에 제출한 자에 대하여는 기간경과 정도에 따라 과소신고가산세와 영세율과세표준신고불성실가산세는 감면되지만 납부지연가산세는 감면되지 않는다. 수정신고 시 추가 자진납부 하여야 할 세액 중 일부만을 납부한 경우에도 과소신고가산세의 감면은 모두 적용받을 수 있다.

28 ① 국세환급가산금이란 국세환급금에 대한 법정이자상당액을 말한다. 이는 납세자가 국세를 체납한 경우에 가산하여 징수하는 납부지연가산세와 형평을 이루기 위한 것이다. 국세환급금 및 국세환급가산금에 대한 권리는 행사할 수 있는 때로부터 5년 간 행사하지 않으면 소멸시효가 완성한다. 국세환급금 외에 납부할 세금이 있는 경우 우선적으로 상계하고 잔액을 환급한다.

29 ④ 국세환급가산금에 대한 소멸시효는 5년이다.

30 ① 무신고가산세는 납세의무자가 법정신고기한까지 세법에 따른 국세의 과세표준 신고를 하지 아니한 경우로서 해당 무신고가 부정행위로 인한 경우에는 무신고납부세액의 40%가 된다.

이패스 재경관리사
핵심서브노트&문제풀이

PART 03

법인세법

총설 및 각사업연도법인세

제2관 익금의 계산 【제15조~제18조의 3】
제15조 【익금의 범위】
제16조 【배당금 또는 분배금의 의제】
제17조 【자본거래로 인한 수익의 익금불산입】
제18조 【평가이익 등의 익금불산입】
제18조의 2 【지주회사 수입배당금액의 익금불산입】
제18조의 3 【수입배당금액의 익금불산입】

제3관 손금의 계산 【제19조~제28조】
제19조 【손금의 범위】
제19조의 2 【대손금의 손금불산입】
제20조 【자본거래 등으로 인한 손비의 손금불산입】
제21조 【세금과 공과금의 손금불산입】
제22조 【자산의 평가손실의 손금불산입】
제23조 【감가상각비의 손금불산입】
제24조 【기부금의 손금불산입】
제25조 【기업업무추진비의 손금불산입】
제26조 【과다경비 등의 손금불산입】
제27조 【업무와 관련없는 비용의 손금불산입】
제28조 【지급이자의 손금불산입】

제4관 준비금 및 충당금의 손금산입 【제29조~제39조】
제29조 【고유목적사업준비금의 손금산입】
제30조 【책임준비금 등의 손금산입】
제31조 〈계약자배당준비금의 손금산입(삭제, 2010.12.26.)〉
제32조 〈증권거래준비금의 손금산입(삭제, 2001.12.29)〉
제33조 【퇴직급여충당금의 손금산입】
제34조 【대손충당금의 손금산입】
제35조 【구상채권상각충당금의 손금산입】
제36조 【국고보조금등으로 취득한 사업용자산가액의 손금산입】
제37조 【공사부담금으로 취득한 고정자산가액의 손금산입】
제38조 【보험차익으로 취득한 고정자산가액의 손금산입】
제39조 〈토지의 재평가차액상당액의 손금산입(삭제, 2002.12.31.)〉

제1절 법인세 기본개념

1 법인의 개념

① 법인이란 법률에 의해 권리능력이 인정된 법적 인격자
② 법률상 권리·의무의 주체가 된다.

2 법인 종류별 납세의무

법인의 종류에 따라 납세의무가 다르다.

법인유형		각 사업연도 소득	청산소득	토지 등 양도소득	미환류소득
내국	영리법인	국내외원천 (모든)소득	과세	과세	과세
	비영리법인	국내외원천소득 중 수익사업소득	비과세	과세	비과세
외국	영리법인	국내원천 (모든)소득	비과세	과세	비과세
	비영리법인	국내원천소득 중 수익사업소득	비과세	과세	비과세

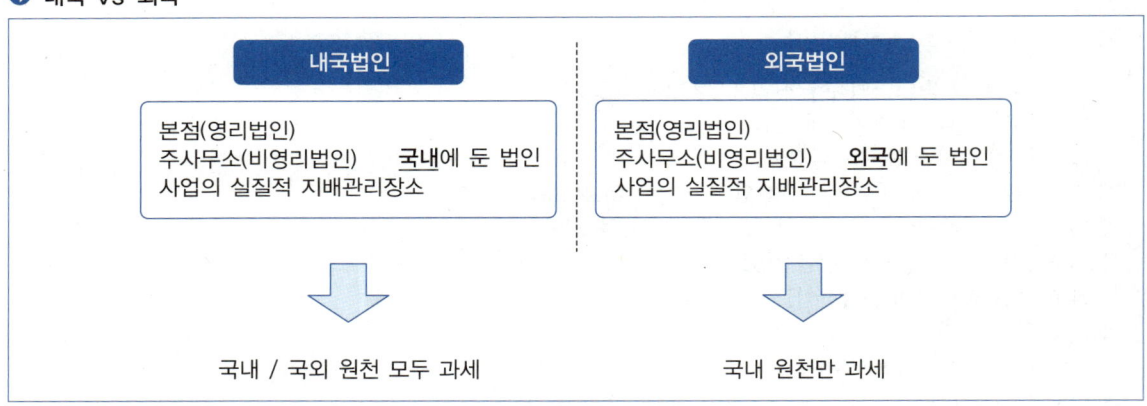

내국 vs 외국

내국법인

본점(영리법인)
주사무소(비영리법인) **국내**에 둔 법인
사업의 실질적 지배관리장소

↓

국내 / 국외 원천 모두 과세

외국법인

본점(영리법인)
주사무소(비영리법인) **외국**에 둔 법인
사업의 실질적 지배관리장소

↓

국내 원천만 과세

영리 vs 비영리

영리법인

영리추구 목적으로 하며 이익을 구성원에게 분배하는 법인

↓

모든 소득 과세

비영리법인

학술·종교·자선 기타 영리 아닌 사업을 목적으로 하는 법인

↓

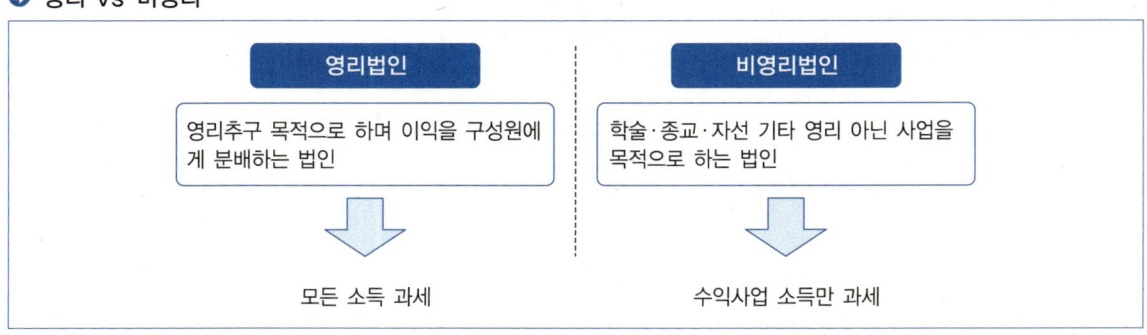

수익사업 소득만 과세

① **각사업연도 소득** : 회계학상의 계속기업의 공준 아래 매기마다 반복적으로 계산되는 소득. 일반적으로 법인세는 동 소득에 부과하는 세금을 의미함

② **청산소득** : 영리내국법인이 해산(합병 또는 분할에 의한 해산 제외)하는 경우에 발생하는 소득으로 잔여재산가액－해산등기일 현재 자기자본총액 차감한 금액에 대해 과세함

③ **토지등양도소득** : 법에서 정하고 있는 **주택, 조합원입주권, 분양권, 별장 및 비사업용 토지 등**의 양도로 발생하는 소득. 부동산 투기를 막기 위해 법인세에 추가하여 부과하는 세금

미환류소득에 대한 법인세

구분	내용
① 의의	법인의 소득을 투자·임금증가·상생협력출연금 등으로 활용하도록 하여 기업소득과 가계소득간의 선순환을 유도하고자 투자, 임금증가 또는 상생협력출연금 등으로 환류하지 아니한 소득의 20%를 과세
② 적용대상 법인	「독점규제 및 공정거래에 관한 법률」의 상호출자 제한 기업집단에 속하는 법인
③ 미환류소득	㉠, ㉡ 중 선택 ㉠ 기업소득 × 70% − (투자액 + 임금증가액 + 상생협력 위한 지출액) ㉡ 기업소득 × 15% − (임금증가액 + 상생협력 위한 지출액)
④ 차기환류와 초과환류	㉠ 차기환류 : 미환류소득의 전부(or 일부)를 다음 2개 사업연도의 투자, 임금 등으로 사용 ㉡ 초과환류 : 미환류소득이 음수(−)인 경우 초과환류 소득이라고 하며, 다음 2개 사업연도의 미환류소득에서 공제 가능
⑤ 미환류소득에 대한 법인세	미환류소득 법인세 = [미환류소득 − 차기환류적립금 − 이월된 초과환류액] × 20%

3 사업연도

법인의 소득은 계속해서 발생하므로 조세수입을 적시에 확보하기 위해 일정한 기간 단위로 소득을 구분하는데 이를 사업연도라고 한다.

① **사업연도는 법령 또는 정관 등에서 정하는 1회계기간으로 하며 그 기간은 1년을 초과하지 못한다.**

② **법령 또는 정관에 사업연도 규정이 없는 경우** 내국법인은 법인설립신고 또는 **사업자등록시 사업연도를 신고해야 한다.**

③ **사업연도를 신고하지 않은** 경우에는 **매년 1월1일부터 12월31일까지를** 그 법인의 사업연도로 한다.

④ 신설법인의 최초사업연도는 **설립등기일 ~ 사업연도 종료일**이 된다.

4 사업연도 변경

① 직전 사업연도의 종료일로부터 3개월 이내에 사업연도변경신고서를 제출해야 한다.

② 예를 들어 12월말이 사업연도 종료일인 법인의 경우 20×1년부터 변경된 사업연도를 적용하려면 20×1.3.31까지는 사업연도변경신고서를 제출해야 한다.

5 납세지

① 행정관청의 관할구역을 구분하고 납세자의 납세의무를 이행하는 장소

② 내국법인의 납세지는 등기부상의 본점 또는 주사무소의 소재지(국내에 본점 또는 주사무소가 소재하지 아니하는 경우에는 사업의 실질적 관리장소의 소재지)이다.

③ 조세포탈의 우려가 있을 경우에는 등기부상의 소재지 등에 불구하고 관할지방국세청장(또는 국세청장)이 법인의 납세지를 지정할 수 있다.

㉠ 본점 등의 소재지가 등기된 주소와 동일하지 아니하거나

㉡ 본점 등의 소재지가 자산 또는 사업장과 분리되어 있는 경우

6 납세지 변경

내국법인이 본점의 이전 등으로 인하여 법인의 납세지가 변경된 경우에는 그 변경일로부터 15일 이내에(변경 후의 납세지 관할세무서장에게) 납세지 변경신고를 하여야 한다.

예제 1

법인의 납세의무에 대한 다음 설명 중 옳지 않은 것은?

① 비영리내국법인은 각 사업연도 소득과 청산소득에 대하여 납세의무를 진다.

② 비영리법인의 경우 법인세법에서 정하는 수익사업에서 생긴 소득에 한하여 과세된다.

③ 내국법인은 국외에서 발생한 당해 법인의 소득에 대해서도 납세의무를 진다.

④ 외국법인은 국내원천소득에 대해서만 납세의무를 진다.

해설 비영리법인이 청산 시 국가나 타비영리법인에 잔여재산을기부하므로청산소득에대한납세의무없음.

정답 ①

제2절 세무조정과 소득처분

1 법인세와 소득세 과세상 차이점

① 순자산증가설이란 일정기간 동안의 순자산증가액을 과세소득으로 본다.

② 법인세법은 순자산을 증가시키는 모든 소득에 대해서 포괄적으로 과세하는 방식을 취하고 있다.

③ 소득세법은 일정기간 동안 계속적·반복적으로 발생하는 소득에 대해서만 세금을 부과하는 소득원천설의 입장을 취하고 있으며, 법에서 구체적으로 열거된 것만을 과세하는 열거주의 과세방식을 취하고 있다.

구분	소득학설	과세방식
법인세	순자산증가설	포괄주의
소득세	소득원천설	열거주의 (이자소득·배당소득은 유형별 포괄주의)

2 세무조정의 개념과 구분

- 회계상 수익, 비용과 / 세무상 익금, 손금은 일치하지 않는다.
- 세무상 익금, 손금을 별도로 계산하기 보다는 회계상 이익과의 차이를 조정하는 방법으로 계산한다.

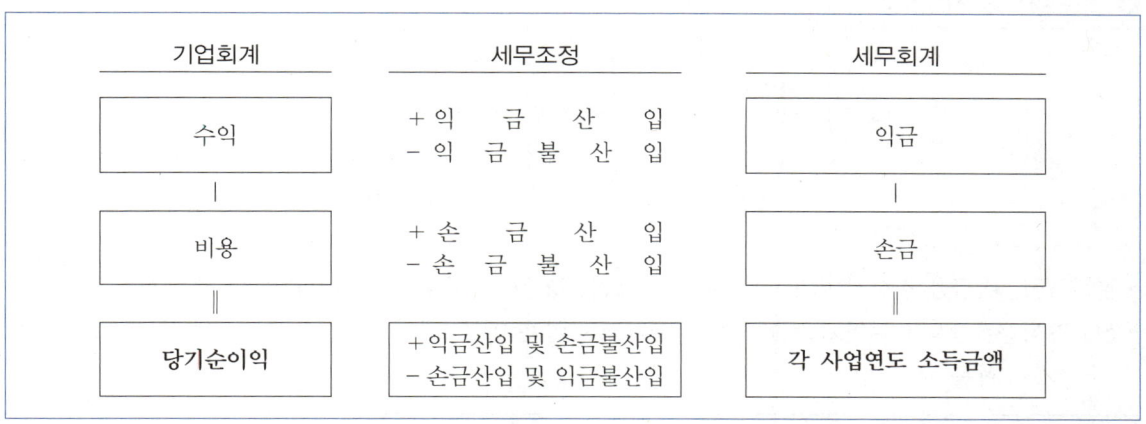

기업회계	세무조정	세무회계
수익	+ 익 금 산 입 − 익 금 불 산 입	익금
−		−
비용	+ 손 금 산 입 − 손 금 불 산 입	손금
‖		‖
당기순이익	+ 익금산입 및 손금불산입 − 손금산입 및 익금불산입	**각 사업연도 소득금액**

[별지 제3호 서식] <2016. 2. 11. 개정(안)>

사업연도	2018-01-01 2018-12-31	법인세 과세표준 및 세액조정계산서	법인명	이패스코리아
			사업자등록번호	000-00-00000

구분	항목	코드	금액
① 각사업연도소득계산	(101) 결산서상당기순손익	01	200,000,000
	소득조정금액 (102) 익금산입	02	17,500,000
	소득조정금액 (103) 손금산입	03	850,000
	(104) 차가감소득금액 (101+102−103)	04	216,650,000
	(105) 기부금한도초과액	05	
	(106) 기부금한도초과 이월액손금산입	54	
	(107) 각사업연도소득금액 {(104)+(105)-(106)}	06	216,650,000
② 과세표준계산	(108)각 사업연도 소득금액 (108=107)		216,650,000
	(109) 이월결손금	07	
	(110) 비과세소득	08	
	(111) 소득공제	09	
	(112) 과세표준 (108−109−110−111)	10	216,650,000
	(159) 선박표준이익	55	
③ 산	(113) 과세표준 (112+159)	56	216,650,000
	(114) 세율	11	
	(115) 산출세액	12	23,330,000

구분	항목	코드	금액
	(133) 감면분추가납부세액	29	
	(134) 차감납부할세액 (125−132+133)	30	23,330,000
⑤ 토지등 양도소득에 대한 법인세 계산	양도차익 (135)등기자산	31	
	양도차익 (136)미등기자산	32	
	(137) 비과세소득	33	
	(138)과세표준(135+136−137)	34	
	(139) 세율	35	
	(140) 산출세액	36	
	(141) 감면세액	37	
	(142) 차감세액 (140 − 141)	38	
	(143) 공제세액	39	
	(144) 동업기업 법인세 배분액 (가산세 제외)	58	
	(145) 가산세액 (동업기업 배분액 포함)	40	
	(146)가감계(142−143+144+145)	41	
	기납부세액 (147) 수시부과세액	42	
	기납부세액 (148)(　　) 세액	43	
	기납부세액 (149) 계 (147 + 148)	44	
	(150)차감납부할 세액(146−149)	45	

결산조정 vs 신고조정

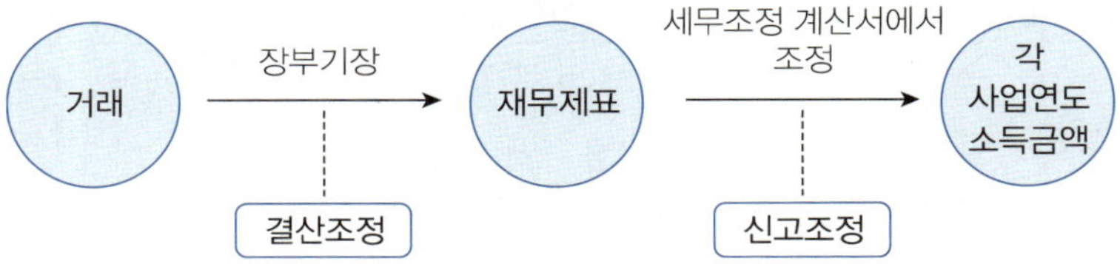

- 결산조정 : **손금을 결산시 비용으로 계상하지 않는 경우에는 손금으로 인정받을 수 없는 항목**
- 신고조정 : 결산시에 수익 또는 **비용으로 계상되지 않은** 익금 또는 손금을 **세무조정에 의하여 조정하는 항목**

구분	내용
단순신고조정사항	기업회계 결산시 기장처리하지 않은 항목에 대해서 별도의 추가적 절차없이 세무조정계산서에서 직접 조정하는 사항
잉여금처분에 의한 신고조정사항	• 기업회계 결산시 기장처리하지 않은 항목에 대해서 주주총회에서 이익잉여금을 처분할 때 일정액을 별도의 적립금으로 적립해야만 신고조정이 가능한 사항 • 고유목적사업준비금, 비상위험준비금, 조세특례제한법상 준비금 등

결산조정 vs 신고조정

결산조정	신고조정
① 손금을 결산시 비용으로 계상하지 않은 경우에는 손금으로 인정받을 수 없는 항목	① 결산시 수익 또는 비용으로 계상되지 않은 익금 또는 손금을 세무조정에 의하여 조정하는 항목 ② 익금과 결산조정 제외한 손금
㉠ **재고자산의 평가차손** ㉡ 고정자산의 평가차손	
㉢ 대손금	소멸시효 완성등 일부는 신고조정
㉣ 유·무형자산상각비	국제회계기준 도입기업의 유·무형자산 상각비는 신고조정가능
㉤ **퇴직급여충당금, 대손충당금**	퇴직연금충당금
㉥ **법인세법상 준비금**	고유목적사업준비금(외감법인), 비상위험준비금(K-IFRS), 조세특례제한법상 준비금은 신고조정 가능
② 당해 사업연도에 비용으로 계상하지 않은 금액은 그 이후 사업연도에 결산상 비용을 계상하면 손금으로 인정	당해 사업연도의 손금을 결산상 비용으로 계상하지 않고 세무조정시에도 손금산입을 누락하면 그 이후 사업연도의 손금으로 인정되지 아니함.
③ 경정청구 대상에서 제외	경정청구 대상에 해당

예제 2

다음 중 결산조정과 신고조정에 대한 설명으로 옳지 않은 것은?

① 결산조정사항이란 반드시 장부에 기장처리해야만 세무회계상 손금으로 인정받을 수 있는 항목이다.
② 신고조정사항은 결산시 비용으로 계상되지 않은 경우에도 세무조정에 의해 손금산입 가능하다.
③ 결산조정사항은 경정청구 대상에서 제외된다.
④ 신고조정사항은 당해 사업연도에 비용으로 계상하지 않은 금액은 그 이후 사업연도에 결산상 비용으로 계상하면 손금으로 인정된다.

해설 결산조정사항에 대한 설명임. 신고조정사항은 당해 사업연도의 손금을 결산상 비용으로 계상하지 않고 세무조정시에도 손금산입을 누락하면 그 이후 사업연도의 손금으로 인정되지 아니함.

정답 ④

예제 3

법인세법상 세무조정사항은 결산조정사항과 신고조정사항으로 나누어진다. 다음 중 그 성격이 다른 하나는?

① 조세특례제한법상 준비금
② 파손·부패 등으로 인한 재고자산의 감액손실
③ 퇴직급여충당금
④ 대손충당금

해설 조세특례제한법상준비금은 신고조정항목임.

정답 ①

3 법인세의 계산구조

각사업연도소득금액에서 이월결손금 비과세소득 / 소득공제 차감하면 과세표준이다.

	결산서상당기순이익	… 회계상의 소득
(+)	익금산입 · 손금불산입	… 세무조정사항
(−)	손금산입 · 익금불산입	
	차가감소득금액	
(+)	기부금한도초과액	
(−)	기부금한도초과이월액손금산입	
	각사업연도소득금액	… 법인세법상의 소득
(−)	이월결손금	… 15년 이내에 발생한 세무상 결손금(2019년말 이전 개시분 → 10년)
(−)	비과세소득	
(−)	소득공제	
	과세표준	… 과세대상 소득금액
(×)	세율	… 2억원까지는 9%, 2억원 초과 200억원까지는 19%, 200억원 초과 3,000억원까지는 21%, 3,000억원 초과분은 24%
	산출세액	

4 소득처분

세무조정사항에 대해서도 소득의 귀속자를 확인하는 절차가 필요한 바, 이러한 절차를 소득처분이라 한다.

[별지 제15호 서식] <2013. 2. 23.개정>

사업연도	소득금액조정합계표		법인명
2018-01-01 ~ 2018-12-31			이패스코리아
사업자등록번호	000-00-00000	법인등록번호	110111-1234567

익금산입 및 손금불산입				손금산입 및 익금불산입			
①과목	②금액	③소득처분		④과목	⑤금액	⑥소득처분	
		처분	코드			처분	코드
법인세비용	8,000,000	기타사외유출	500	미수이자	300,000	유보	100
접대비한도초과	5,500,000	기타사외유출	500	재고자산평가이익	550,000	유보	100
감가상각비	500,000	유보	400				
임원상여금	2,000,000	상여	100				
대손충당금	1,500,000	유보	400				
합계	17,500,000			합계	850,000		

5 소득처분의 종류와 효과

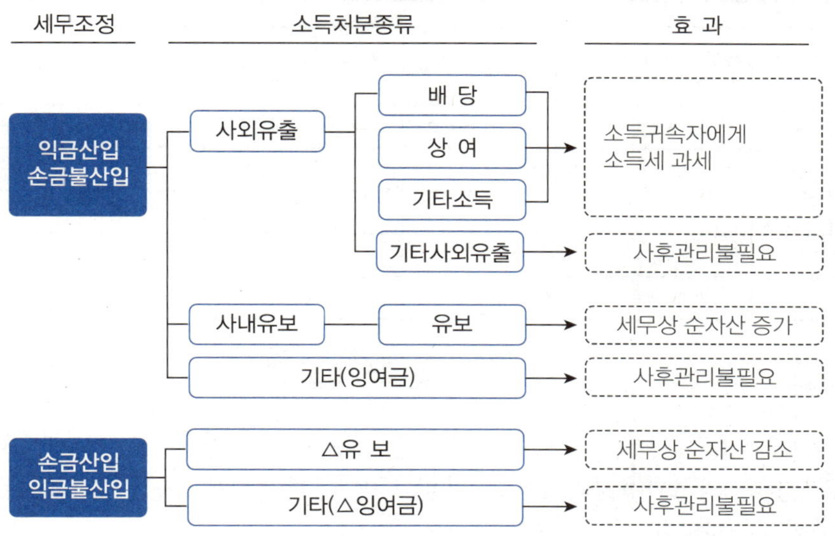

6 사외유출

익금산입·손금불산입항목 중 법인외부로 유출된 것은 그 소득의 귀속자를 파악하여 귀속자에게 소득세를 징수해야 함.

구분	귀속자	귀속자에 대한 과세	법인의 원천징수의무
배당	출자자(출자임원* 제외)	배당소득으로 과세	○
상여	임원, 사용인	근로소득으로 과세	○
기타사외유출	법인 또는 사업자**	귀속자의 소득에 포함되어 이미 과세되었음***	×
기타소득	위 외의 자	기타소득으로 과세	○

* 소득의 귀속자가 출자자이면서 임원인 출자임원의 경우 상여로 처분함.

** 소득의 귀속자가 출자자이면서 법인인 경우와 국가·지방자치단체인 경우에도 기타사외유출로 처분함.

*** 소득의 귀속자가 법인 또는 사업을 영위하는 개인인 경우 세무조정에 의해 처분된 소득이 이미 법인이나 개인사업자의 소득에 포함되어 법인세나 소득세가 과세되었으므로 이를 다시 과세하게 되면 이중과세가 됨. 따라서 기타사외유출로 처분하고 귀속자에 과세하지 않음.

**** 장부상 비용으로 계상되었으나 증빙이 없는 경우 대표자에 대한 상여로 처분한다.

[별지 제55호 서식] <2011. 2. 23. 개정>

사업연도	2018-01-01 2018-12-31	소득자료 [인정상여] [인정배당] [기타소득] 명세서	법인명	이패스코리아
			사업자등록번호	000-00-00000

①소득구분	②소득귀속연도	③배당·상여 및 기타소득금액	④원천징수할 소득세액	⑤원천징수일	⑥신고여부	소득자 ⑦성 명	소득자 ⑧주민등록번호	⑨비고
1	2016	5,000,000	0	2017.2.10	여	홍길동	xxx	원천징수필
2	2016	1,000,000	140,000		부	김갑돌	xxx	
계		6,000,000	140,000					

7 유보

① 유보란 세무조정 금액의 효과가 사외로 유출되지 않고 사내에 남아 회계상 자산·부채와 세무상 자산·부채에 차이를 가져오는 항목임.

② 유보 : 세무상 순자산을 증가시키는 효과를 가져 오는 것이다.

③ △유보 : 세무상 순자산을 감소시키는 효과를 가져 오는 것이다.

예 단기매매증권평가손익, 매도가능증권평가손익, 재고자산평가손익, 퇴직급여충당금, 대손충당금, 감가상각비, 미수이자 등

④ "자본금과 적립금조정명세서(을)"은 세무조정사항 중 소득처분이 유보인 항목들의 증감내용을 별도로 관리하는 서식이다.

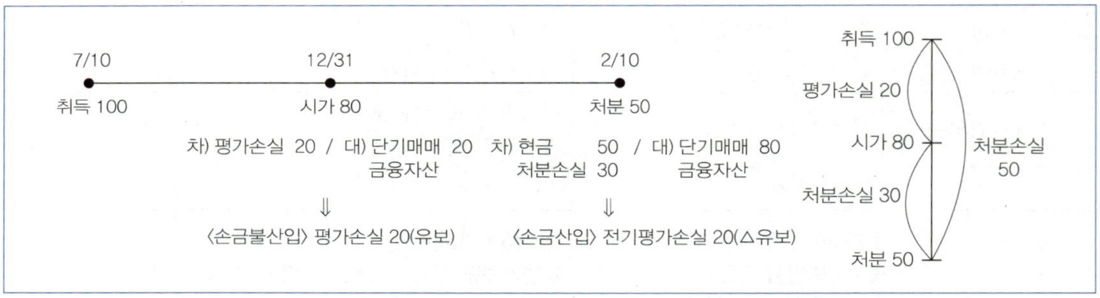

[별지 제50호 서식(을)] (99.5.24 개정)

사 업 연 도	2018-01-01 ~ 2018-12-31	자본금과 적립금조정명세서(을)	법인명	이패스코리아

※ 관리번호 [ ][ ] - [ ][ ]　　사업자등록번호 000-00-00000

※표시란은 기입하지 마십시오.

세무조정유보소득계산

①과목 또는 사항	②기초잔액	당기중증감		⑤기말잔액 (익기초현재)	비고
		③감 소	④증 가		
대손충당금			1,500,000	1,500,000	
미수이자			△300,000	△300,000	
기계장치 감가상각비	1,500,000		500,000	2,000,000	
재고자산평가이익			△550,000	△550,000	
				0	
				0	
합 계	1,500,000	0	1,150,000	2,650,000	

8 기타

세무조정의 효과가 법인 내에 남아 있으나, 회계상 순자산가액과 세법상 순자산가액이 동일한 경우 예 자기주식처분손익, 매도가능증권평가손익

① 매출 100을 차) 현금 100 / 대) 이익잉여금 100으로 처리
　〈익금산입〉 이익잉여금 100 (기타)

② 자기주식 100을 60에 처분
　차) 현금　　　　60 / 대) 자기주식　100
　　자기주식처분손실 40
　〈손금산입〉 자기주식처분손실　40 (기타)

9 무조건 기타사외유출

① 임대보증금에 대한 간주임대료
② 특례기부금 및 일반기부금 한도초과액
③ 기업업무추진비 한도초과액
④ 업무무관자산 등 관련 차입금이자
⑤ 채권자불분명 사채이자 및 지급자가 불분명한 채권·증권이자에 대한 원천징수세액 상당액(나머지는 상여)

예제 4

다음의 항목 중에서 차후연도 법인의 세무조정시 반대조정이 필요한 것은?

① 업무무관자산 등 관련 차입금이자
② 재고자산의 평가손실
③ 임원상여금한도초과액
④ 기업업무추진비한도초과액

해설 유보항목을 묻는 질문임. 업무무관자산과 기업업무추진비는 기타사외유출, 임원상여금은 상여로 소득처분 함.
정답 ②

예제 5

다음 중 소득 귀속자에 대한 추가적인 과세가 필요한 항목이 아닌 것은?

① 배당
② 상여
③ 유보
④ 기타소득

해설 유보는 사후관리가 필요한 항목임.
정답 ③

출제예상 문제

01 **다음 중 법인의 유형에 따른 법인세 납세의무에 대한 설명으로 가장 옳지 않은 것은?**

① 내국 영리법인은 각사업연도소득(국내외 원천소득)과 청산소득 및 토지등양도소득에 대해서 납세의무를 진다.

② 내국비영리법인은 각사업연도소득(국내외 원천소득 중 수익사업소득) 및 토지등양도소득에 대해서 납세의무를 지며, 청산소득에 대해서는 납세의무를 지지 않는다.

③ 외국영리법인은 각사업연도소득(국내원천소득)과 청산소득 및 토지등양도소득에 대해서 납세의무를 진다.

④ 외국비영리법인은 각사업연도소득(국내원천소득 중 수익사업소득) 및 토지등양도소득에 대해서 납세의무를 지며, 청산소득에 대해서는 납세의무를 지지 않는다.

02 **다음 중 법인세 납세의무자에 관한 설명으로 가장 올바르지 않은 것은?**

① 외국법인은 토지 등 양도소득에 대한 법인세 납세의무가 없다.

② 외국에 본점을 둔 단체로서 국내에 사업의 실질적 관리장소가 소재하지 아니한 경우에는 이를 외국법인으로 본다.

③ 외국법인은 본점이 있는 외국에서 해산을 하기 때문에 국내에서 청산소득이 발생하지 않아 청산소득에 대한 납세의무가 없다.

④ 내국법인 중 국가 또는 지방자치단체(지방자치단체조합을 포함)는 법인세 납세의무가 없다.

03 **다음 중 법인세법에 관한 설명으로 가장 옳지 않은 것은?**

① 사업연도는 법령 또는 정관 등에서 정하는 1회계기간으로 하며 그 기간은 1년을 초과하지 못한다.

② 사업연도를 변경하려는 법인은 직전 사업연도의 종료일로부터 3개월 이내에 사업연도변경신고서를 납세지 관할세무서장에게 신고하여야 한다.

③ 내국법인의 납세지는 원칙적으로 본점소재지이다.

④ 법령 또는 정관상 회계기간이 규정되지 않은 법인의 사업연도는 일률적으로 1월 1일부터 12월 31일 까지로 한다.

⑤ 신설법인의 최초사업연도 개시일은 설립등기일이며, 법인 설립 이전에 발생한 손익은 신설법인의 최초사엽연도에 귀속시켜야 한다.

04 **다음은 법인세에 대한 설명이다. 가장 잘못된 것은?**

① 법인세의 납세의무자는 법인이다.
② 법인격 없는 단체도 법인세 납세의무를 지는 경우가 있다.
③ 외국법인은 외국법에 의하여 설립된 법인을 말한다.
④ 외국법인 중 외국의 정부는 비영리외국법인에 해당된다.

05 **다음 중 법인세법상 기업의 미환류소득에 대한 법인세에 관한 설명으로 옳지 않은 것은?**

① 미환류소득에 대한 법인세 납부의무가 있는 법인은 각사업연도의 소득에 대한 법인세액에 추가하여 미환류소득에 대한 법인세를 납부해야 한다.
② 각 사업연도 종료일 현재 독점규제및공정거래에관한법률에 따른 상호출자제한기업집단에 속하는 법인은 미환류소득이 있는 경우 미환류소득에 대한 법인세를 납부해야 한다.
③ 법인의 소득을 투자, 임금증가, 배당재원으로 활용하도록 하여 기업소득과 가계소득 간의 선순환을 목적으로 한다.
④ 미환류소득 발생시 차기환류적립금을 적립하여 다음 사업연도로 이월할 수 있다.
⑤ 투자가 2개 이상의 사업연도에 걸쳐 이루어지는 경우 그 투자가 이루어지는 사업연도마다 해당 사업연도에 실제 지출한 금액을 기준으로 투자 합계액을 계산한다.

06 **다음 중 법인의 납세지에 관한 설명으로 옳지 않은 것은?**

① 내국법인의 납세지는 등기부상의 본점 또는 주사무소의 소재지이다.
② 내국법인이 실제 영업을 수행하는 장소와 등기부상의 본점소재지가 상이할 경우에는 실질과세의 원칙에 따라 실제 영업수행지를 납세지로 본다.
③ 법인이 조세를 포탈할 우려가 있을 경우에는 과세권자가 납세지를 지정할 수 있다.
④ 내국법인이 납세지를 변경하고자 할 경우에는 그 변경일로부터 15일 이내에 납세지변경신고를 해야 한다.

07 **다음 중 법인세법상 사업연도에 대한 설명으로 잘못된 것은?**

① 사업연도는 법령 또는 정관 등에서 정하는 1회계기간으로 하며 그 기간은 1년을 초과하지 못한다.
② 법령 또는 정관상에 회계기간이 규정되어 있지 않은 법인의 경우에는 법인이 관할세무서장에게 신고한 사업연도를 적용하며 신고가 없을 경우에 1월 1일에서 12월 31일까지를 사업연도로 보는 것이다.
③ 신설법인의 최초사업연도 개시일은 설립등기일이다.
④ 법인설립 이전에 발생한 손익은 발기인의 소득이므로 신설법인의 최초사업연도에 귀속시킬 수 없다.

08 **(주)삼일은 법령에 따라 사업연도가 정해진 법인은 아니며 20×2년부터 사업연도를 변경하기로 하였다. 20×2년 5월 30일에 사업연도를 변경신고를 한 경우 법인세법상 사업연도의 구분으로 가장 옳은 것은?**

> 가. 변경 전 사업연도 제10기 : 20×1년 1월 1일 ~ 20×1년 12월 31일
> 나. 변경하려는 사업연도 : 7월 1일 ~ 다음 연도 6월 30일

① 제11기 : 20×2년 1월 1일 ~ 20×2년 6월 30일
② 제11기 : 20×2년 1월 1일 ~ 20×3년 5월 30일
③ 제12기 : 20×2년 7월 1일 ~ 20×3년 6월 30일
④ 제13기 : 20×3년 7월 1일 ~ 20×4년 6월 30일

09 **다음은 법인세법상 결산조정사항과 신고조정사항을 비교한 표이다. 가장 옳지 않은 설명은 무엇인가?**

	구분	결산조정	신고조정
①	손금산입방법	회사장부에 비용으로 계상하여야만 손금으로 인정됨.	장부에 비용으로 계상하거나 세무조정을 통하여 손금산입하는 경우 모두 인정됨.
②	경정청구 가능여부	경정청구 대상에서 제외됨.	경정청구 대상에서 해당됨.
③	추후 손금인정 여부	당해 사업연도에 비용으로 계상하지 않은 금액은 그 이후 사업연도에 결산상 비용으로 계상하면 손금으로 인정	당해 사업연도의 손금을 결산상 비용으로 계상하지 않고 세무조정시에도 손금산입을 누락하면 그 이후 사업연도의 손금으로 인정되지 아니함.
④	사례	퇴직연금충당금	재고자산평가차손

10 **법인세법상 세무조정사항은 결산조정사항과 신고조정사항으로 나누어진다. 다음 중 결산조정사항에 해당하는 것을 모두 고르면?**

① 재고자산평가손실
② 퇴직연금충당금
③ 조세특례제한법상 준비금
④ 퇴직급여충당금

11 **다음 중 법인세법상 결산조정사항과 신고조정사항에 관한 설명으로 가장 올바르지 않은 것은?**

① 결산조정사항을 결산 시 손금으로 산입하지 않고 법인세 신고기한이 경과한 경우에는 경정청구를 통해 정정이 가능하다.
② 신고조정사항은 회계상 비용계상 여부와 관계 없이 법인세법 상 손금산입이 가능하다.
③ 결산조정사항은 원칙적으로 회계상 비용으로 계상한 경우에만 세무상 손금으로 인정받을 수 있는 사항이다.
④ 법인세법 상 준비금은 결산조정사항 이지만, 조세특례제한법 상 준비금은 신고조정이 가능하다.
⑤ 감가상각비는 원칙적으로 결산 시 손금에 산입하지 않은 경우 법인세 신고기한 내에 세무조정으로 손금산입할 수 없다.

12 **다음의 항목 중에서 차후연도 법인의 세무조정시 반대조정이 필요한 것은?**

① 비지정기부금 ② 재고자산평가손실
③ 임원상여금한도초과액 ④ 기업업무추진비한도초과액

13 **다음 법인세 소득처분 중 소득귀속자에게 소득세를 과세하는 항목에 해당하지 않는 것은?**

① 유보 ② 배당
③ 상여 ④ 기타소득

14 **다음 중 법인세 세무조정과 이에 대한 소득처분을 연결한 것으로 가장 옳지 않은 것은?**

① 임대보증금에 대한 간주임대료 – 기타사외유출
② 퇴직급여충당부채 한도초과액 – 유보
③ 대주주인 임원의 개인적인 경비 손금불산입 금액 – 배당
④ 경리과장 차량 취득자금 대여에 대한 인정이자 금액 – 상여

15 **다음 중 법인세 세무조정과 이에 대한 소득처분을 연결한 것으로 가장 옳지 않은 것은?**

① 비지정기부금 – 유보
② 미수수익 익금불산입 금액 – 유보
③ 임원상여금 한도초과액 – 상여
④ 기업업무추진비 한도초과액 – 기타사외유출

16 **다음 중 법인세법상 무조건 기타사외유출로 처분하는 항목으로 가장 옳지 않은 것은?**

① 기업업무추진비 한도초과액
② 대손충당금 한도초과액
③ 업무무관자산 관련 차입금이자
④ 임대보증금에 대한 간주임대료

17 **다음 중 법인세법상 소득처분에 대한 설명으로 옳지 않은 것은?**

① 출자자 및 출자임원에게 귀속되는 소득은 모두 배당으로 처분한다.
② 유보로 처분된 익금산입액은 세무상 자기자본을 증가시킨다.
③ 채권자불분명사채이자 중 원천징수분을 제외한 금액은 대표자에 대한 상여로 처분한다.
④ 익금산입액이 개인사업자에게 귀속되는 경우에는 기타사외유출로 처분한다.

18 **(주)삼일의 제22기 사업연도(20×1년 1월 1일 ~ 20×1년 12월 31일)의 법인세 계산을 위해 수행한 세무조정에 관한 내용으로 가장 올바르지 않은 것은?**

① 증빙이 없는 기업업무추진비에 대하여 손금불산입하고 대표자 상여로 소득처분하였다.
② 영업사원의 교통위반 범칙금에 대하여 손금불산입하고 상여로 소득처분하였다.
③ 법인이 비업무용 자산을 수선하고 지급하는 수선비를 손금불산입하고 기타사외유출로 소득처분하였다.
④ 임원이 사용한 업무용승용차 관련비용 중 업무사용금액에 해당하지 않는 금액을 손금불산입하고 상여로 소득처분하였다.

19 **다음 중 법인세법 별지 15호 서식인 소득금액조정합계표에 나타나는 항목이 아닌 것은?**

① 퇴직급여충당금 한도초과액
② 감가상각비 한도초과액
③ 비지정기부금
④ 특례기부금 한도초과액

20 (주)삼일의 당기 법인세세무조정 자료는 다음과 같다. 자료를 기초로 '자본금과적립금조정명세서(을)'의 〈#1〉의 값을 구하면?

〈자료 1〉 소득금액조정합계표

익금산입 및 손금불산입		손금산입 및 익금불산입	
과목	금액	과목	금액
업무무관 차입금이자	4,000,000	미수이자	1,000,000
감가상각한도초과액	30,000,000	단기매매금융자산평가이익	3,000,000
대손충당금한도초과액	14,000,000	전기대손충당금한도초과액	6,000,000
전기 미수이자	2,000,000	전기감가상각한도초과액	22,000,000
합 계	50,000,000	합 계	32,000,000

〈자료 2〉 자본금과적립금조정명세서(을)

① 과목 또는 사항	② 기초잔액	당기 중 증감		⑤ 기말잔액
		③ 감소	④ 증가	
대손충당금 한도초과	6,000,000	(?)	(?)	(?)
감가상각비 한도초과	22,000,000	(?)	(?)	(?)
미수이자	△2,000,000	(?)	(?)	(?)
단기매매금융자산평가이익	0	(?)	(?)	(?)
합 계	26,000,000	(?)	(?)	〈#1〉

① 36,000,000　② 40,000,000
③ 43,000,000　④ 55,000,000

21 다음 세무조정 중 별지 50호 『자본금과적립금조정명세서(을)』에서 관리하여야 하는 것이 아닌 것은?

① 당기손익인식 금융자산에 대한 평가이익을 수익으로 인식하여 이를 익금불산입하였다.
② 특례기부금 한도초과액을 손금불산입하였다.
③ 기계장치에 대한 감가상각비 한도초과액을 손금불산입하였다.
④ 당기말 현재 건설 중인 공장건물의 취득에 소요되는 특정차입금에 대한 지급이자를 이자비용으로 계상함에 따라 이를 손금불산입하였다.

[redacted]

정답 및 해설

01	③	02	①	03	④	04	③	05	③	06	②	07	④	08	④	09	④	10	①④
11	①	12	②	13	①	14	③	15	①	16	②	17	①	18	②	19	④	20	②
21	②																		

01 ③ 외국영리법인은 청산소득에 대해서 과세하지 않는다.

02 ① 외국법인도 토지등양도소득에 대한 법인세의 납세의무가 있다.

03 ④ 법령 또는 정관상 회계기간이 규정되지 않은 법인의 경우 법인설립신고 또는 사업자등록 시 사업연도를 신고할 수 있으며, 동 신고도 하지 않은 경우 매년 1월 1일부터 12월 31일 까지로 한다.

04 ③ 법인세법에서 말하는 외국법인이란, 외국에 본점 또는 주사무소를 둔 법인을 말한다.

05 ③ 과거에는 미환류소득 계산 시 배당을 공제했으나 현재는 투자액, 임금증가 금액, 상생협력 지출액 등만 공제 가능하다.

06 ② 실제 법인이 영업을 수행하는 장소가 등기부상의 본점소재지와 다르다고 할지라도 납세지는 등기부상의 본점소재지로 한다.

07 ④ 법인의 최초 사업연도의 개시일 전에 생긴 손익을 사실상 그 법인에 귀속시킨 것이 있는 경우 조세포탈의 우려가 없을 때에는 최초 사업연도의 기간이 1년을 초과하지 아니하는 범위 내에서 이를 당해 법인의 최초 사업연도의 손익에 산입할 수 있다.

08 ④ 직전 사업연도 종료일로부터 3개월 이내에 사업연도 변경신고를 해야 한다. 하지만, 회사가 20×2년 5월 30일에 사업연도를 변경신고를 했으므로 20×2년은 기존 사업연도를 그대로 적용하고, 20×3년부터 변경된 사업연도를 적용한다.
11기 ×2 1/1 ~ ×2 12/31
12기 ×3 1/1 ~ ×3 6/30
13기 ×3 7/1 ~ ×4 6/30

09 ④ 재고자산평가차손은 결산조정사항, 퇴직연금충당금은 신고조정사항의 사례이다.

10 ①④ 재고자산평가손실, 퇴직급여충당금은 결산조정사항이고, 나머지는 신고조정사항이다.

11 ① 결산조정사항을 결산 시 손금으로 계상하지 않은 경우 그 이후 사업연도 결산 상 비용으로 처리하면 손금으로 인정 가능하고 경정청구할 수 없다.

12 ② 유보사항을 묻는 질문이다.

13 ① 유보는 소득귀속자에게 추가적인 과세하는 항목에 해당하지 않는다.

14 ③ 출자자이면서 임원인 경우 상여로 처분한다.

15 ① 비지정기부금은 손금불산입 하고 기타사외유출 처분한다.

16 ② 대손충당금한도초과액은 유보로 처분한다.

17 ① 출자임원에게 귀속되는 소득에 대해서는 상여로 처분한다.

18 ② 교통위반 범칙금은 기타사외유출 처분한다.

19 ④ 비지정기부금은 세법상 한도금액과 비교하는 과정 없이 직접 손금불산입 되므로 15호 서식에 기재하지만, 법정 및 지정 기부금한도초과액은 법인세과세표준 및 세액조정계산서에 별도로 기재한다.

20 ② 유보항목만 가감하면 된다.
익금산입 : 업무무관차입금이자만 제외하고 모두 유보 항목임
손금산입 : 모두 유보항목임
유보 = 26,000,000(기초) + 46,000,000(가산유보) − 32,000,000(차감유보) = 40,000,000

21 ② 특례기부금한도초과액은 사외유출된 금액으로 유보사항이 아니므로 50호 「자본금과적립금조정명세서(을)」에서 관리를 하지 않는다. 당기말 현재 건설중인 공장 건물의 관련된 특정차입금이자는 자산의 취득원가를 장부에 비용처리한 것이므로 〈손금불산입〉하고 유보 처분한다.

익금의 계산

1 정 의

익금이란
① 자본 또는 출자의 납입 ② 익금불산입항목으로 규정하는 것을 제외하고 당해 법인의 순자산을 증가시키는 거래로 인하여 발생하는 수익

익금의 범위

항목	설명
① 사업수입금액	
② 자산의 양도금액	자산의 양도금액을 전액 익금에 산입하고 양도한 자산의 장부가액을 전액 손금에 산입. 고정자산이나 투자자산 등 비경상적인 양도를 의미함.
③ 자산의 임대료	임대업을 영위하지 않는 법인이 일시적으로 자산을 임대하고 받는 수입
④ 자산수증이익과 채무면제이익	㉠ 자산수증이익(국고보조금 제외)과 채무면제이익 중 이월결손금의 보전에 충당된 금액은 익금불산입 ㉡ 이 때 이월결손금이란 세무상이월결손금을 말하며, 이월결손금의 발생연도에는 제한이 없음
⑤ 손금에 산입한 금액 중 환입된 금액	단, 지출당시 손금으로 인정받지 못한 금액이 환입된 경우에는 익금불산입
⑥ 이익처분에 의하지 않고 손금으로 계상된 적립금액	적립금은 본래 잉여금 처분에 의해 적립해야 하는데, 이를 회사가 손금으로 처리한 경우 손금불산입 함
⑦ 특수관계인으로부터 자본거래에서 분여받은 이익	법인이 자본거래(증자, 감자, 합병 등)를 통해 특수관계인으로부터 분여받은 이익은 익금임
⑧ 특수관계인인 개인으로부터 저가로 매입한 유가증권의 시가와의 차액	법인이 ① 특수관계인인 개인으로부터 ② 유가증권을 ③ 시가에 미달하는 가액으로 매입하는 경우 동 매입가액과 시가의 차액은 익금
⑨ **간접외국납부세액**	외국납부세액공제를 받는 경우 외국자회사의 소득에 대하여 부과된 외국법인세액 중 그 수입배당금액에 대응하는 금액을 익금에 산입함
⑩ **임대보증금 등의 간주익금**	부동산임대업을 주업 / 차입금 과다법인이 부동산 또는 그 부동산상의 권리 등을 대여하고 받은 보증금 등에서 발생한 수입금액이 동 보증금 등에 대한 정기예금 이자상당액에 미달하는 경우
⑪ 의제배당	상법상의 이익의 배당이나 잉여금의 분배절차에 의한 것은 아니지만 법인의 이익이 주주 등에게 귀속되는 경우 배당소득으로 간주하여 익금으로 봄. – 무상주(잉여금자본전입, 주식배당) 의제배당 – 자본감소, 해산, 합병, 분할 등 의제배당

(1) 자산수증이익과 채무면제이익

×0	×1	×2	…	×15	×16
−2,000	100	100		100	300 (자산수증이익)

이월결손금 미사용잔액
−1,000

(2) 손금에 산입한 금액 중 환입한 금액

지출당시	환입	사례
손금인정	익금	재산세
손금부인	익금불산입	법인세

(3) 이익처분에 의하지 않고 손금으로 계상된 적립금액

수익 100
비용 (70)
이익 30 ⟶ 차) 비용 3 대) 이익준비금 3
이익준비금 3 〈손금불산입〉 비용 3 (기타)

(4) 특수관계인으로부터 자본거래에서 분여받은 이익

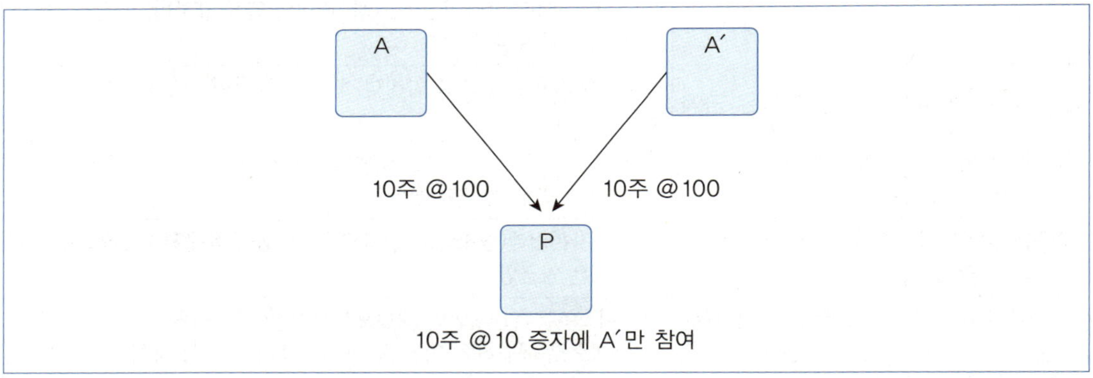

(5) 특수관계인인 개인으로부터 저가로 매입한 유가증권의 시가와의 차액

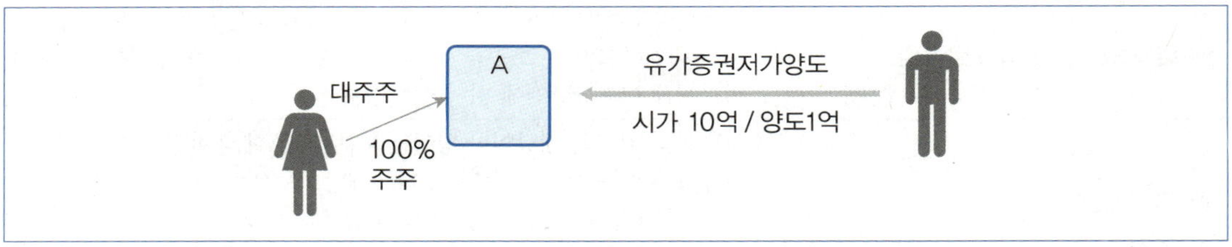

법인이 ① **특수관계인인 개인**으로부터 ② **유가증권**을 ③ **시가에 미달하는 가액**으로 매입하는 경우 동 **매입가액과 시가의 차액은 익금으로 본다**. 따라서 유가증권의 취득가액은 실제 매입가액이 아니라 시가가 되는 것이다.

여기서 주의할 것은 거래상대방이 특수관계인인 개인이어야 하므로 **특수관계가 없는 개인**이나 **특수관계에 있는 법인**으로부터 매입한 경우에는 **동 규정이 적용되지 않고** 거래대상물이 **유가증권으로서 저가매입에 한정**된다는 것이다.

구분	매입시	양도시 장부가액
특수관계인 / 개인으로부터 / 유가증권 저가 매입한 경우	저가매입액 익금산입 자산의 시가를 취득가액으로	시가
위 이외 저가매입	저가매입액 익금으로 보지 않음 실제 매입가액을 취득가액으로 함	실제 매입가액

(6) 의제배당

1) 무상주 의제배당(주식배당, 잉여금자본전입 무상주)

기업회계는 무상주는 단가를 조정할 뿐 수익으로 처리하지 않음.
하지만, 법인세법은 주식 액면가 만큼은 익금으로 봄.

2) 자본감소(감자), 해산, 합병, 분할 등 의제배당

감자, 해산, 합병, 분할 등으로 주주가 받은 대가가 소멸된 주식의 장부가액을 초과한 금액을 배당으로 봄

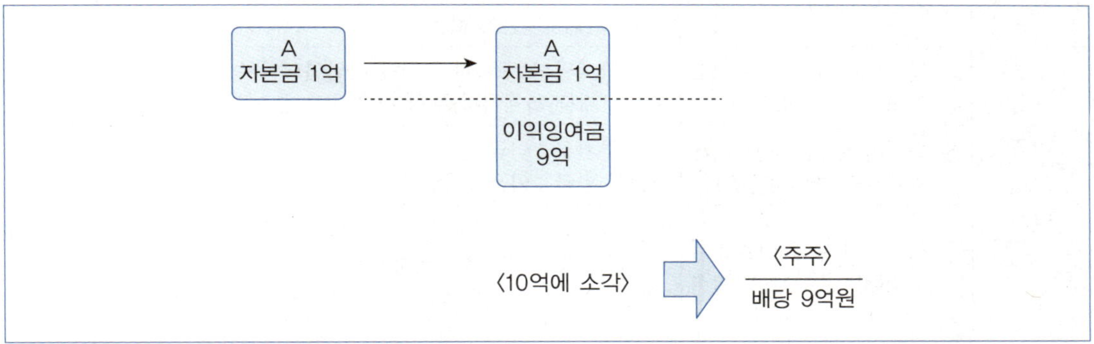

구분		의제배당
(1) 자본잉여금의 자본전입	법인세가 과세되지 않은 잉여금의 자본금 전입	
	① 일반적인 경우	×
	② 자기주식소각이익의 자본금 전입*	○
	③ 자기주식 보유상태에서의 자본금 전입으로 인한 지분비율 증가분	○
	법인세가 과세된 잉여금의 자본금 전입	
	① 주식발행액면초과액 중 출자전환시 채무면제이익의 자본금 전입	○
	② 재평가적립금 중 토지 재평가차액 상당액의 자본금 전입	○
	③ 기타자본잉여금의 자본금 전입	○
(2) 이익잉여금의 자본금 전입		○

* 소각 당시 시가가 취득가액을 초과하거나 소각일부터 2년 이내에 자본금에 전입하는 경우에만 해당한다.

2 익금불산입

법인의 순자산을 증가시키는 거래이긴 하나, 특정 목적을 위하여 익금에 산입하지 않는 항목이다.

<table>
<tr><th>분류</th><th>항목</th><th>설명</th></tr>
<tr><td rowspan="4">자본
충실화</td><td>① 주식발행액면초과액</td><td>주식을 발행한 경우 그 액면금액을 초과한 금액</td></tr>
<tr><td>② 감자차익</td><td>㉠ 자본감소의 경우로서 그 감소액이 주식의 소각, 주금의 반환에 든 금액과 결손의 보전에 충당한 금액을 초과한 경우
㉡ 감자차익도 주식발행액면초과액과 마찬가지로 회계상 자본잉여금항목이며, 법인세법상 익금불산입항목임.<table><tr><td>감자차익 / 감자차손</td><td>익금 × / 손금 ×</td></tr><tr><td>자기주식처분이익 /
자기주식처분손실</td><td>익금 ○ / 손금 ○</td></tr></table></td></tr>
<tr><td>③ 합병차익 및 분할차익</td><td>합병차익(합병법인) = 승계한 순자산가액 − 합병대가
분할차익(분할신설법인) = 승계한 순자산가액 − 분할대가
(단, 법인세법 상 익금으로 규정한 금액은 제외함)</td></tr>
<tr><td>④ 자산수증익·채무면제익 중 이월결손금의 보전에 충당된 금액</td><td>㉠ 자산수증이익(국고보조금 제외)과 채무면제이익 중 이월결손금의 보전에 충당된 금액은 익금불산입항목
㉡ 이 때, 이월결손금이란 세무상 이월결손금을 말하며, 이월결손금의 발생연도에는 제한이 없음.</td></tr>
<tr><td rowspan="3">이중
과세
방지</td><td>⑤ 각 사업연도의 소득으로 이미 과세된 소득</td><td>이미 과세된 소득을 다시 당해 사업연도의 수익으로 계상한 금액
예 외상매출 회계처리 누락 다음연도 매출로 계상한 경우</td></tr>
<tr><td>⑥ 법인세 및 동 지방소득세 소득분에 대한 환급액</td><td>재산세 환급 : 익금
법인세 환급 : 익금불산입</td></tr>
<tr><td>⑦ 지주회사 및 일반법인의 수입배당금액 중 일정액</td><td>이중과세를 방지하기 위하여 지주회사가 자회사로부터 받은 배당소득금액 중 일정금액은 익금에 산입하지 않음.
또한, 일반법인의 수입배당금 중 일정금액은 익금에 산입하지 않음.</td></tr>
<tr><td rowspan="3">기 타</td><td>⑧ 자산의 일반적인 평가차익</td><td>㉠ 권리의무 확정주의에 따라 일반적인 평가차익 인정하지 않음.
㉡ 보험업법 기타 법률규정 따른 고정자산평가차익은 인정</td></tr>
<tr><td>⑨ 국세·지방세 과오납금의 환급금에 대한 이자</td><td>국가 등이 초과징수한 것에 대한 보상의 일종이므로 정책적으로 이를 익금에서 제외<table><tr><th></th><th>납부</th><th>환급</th><th>환급이자</th></tr><tr><td>재산세</td><td>손금 ○</td><td>익금 ○</td><td rowspan="2">익금 ×</td></tr><tr><td>법인세</td><td>손금 ×</td><td>익금 ×</td></tr></table></td></tr>
<tr><td>⑩ 부가가치세 매출세액</td><td>부가가치세 매출세액은 회계상 수익이 아닌 부채(예수금)항목이므로 당연히 익금에 해당하지 않음.</td></tr>
</table>

예제 1

다음 중 법인세법상 익금에 관한 설명으로 가장 옳지 않은 것은?

① 주식을 발행한 경우 그 액면금액을 초과한 금액은 익금에 산입하지 않는다.
② 손금에 산입한 금액 중 환입된 금액은 익금에 해당한다.
③ 자산수증이익과 채무면제이익 중 이월결손금의 보전에 충당된 금액은 익금불산입 한다.
④ 국세·지방세 과오납금의 환급금에 대한 이자는 익금항목에 해당한다.

해설 국세·지방세 과오납금의 환급금에 대한 이자는 익금항목에 해당하지 않음.
정답 ④

예제 2

다음 중 법인세법상 익금에 관한 설명으로 가장 옳지 않은 것은?

① 보험업법 기타 법률 규정에 의한 고정자산평가차익은 익금에 해당한다.
② 증자를 통해 특수관계인으로부터 분여받은 이익은 자본거래로 보아 익금에 산입하지 않는다.
③ 주주가 유상감자 인해 얻는 이익은 법인의 이익에 상당하는 자산이 주주 등에게 귀속되는 것으로 보아 익금에 해당한다.
④ 부가가치세 매출세액은 익금에 해당하지 않는다.

해설 증자를 통해 특수관계인으로 부터 분여받은 이익은 익금항목에 해당함.
정답 ②

출제예상 문제

01 **법인세법상 익금불산입 항목은 법인의 순자산을 증가시키는 거래이기는 하나 세무상으로는 익금에 산입하지 않는 항목들이다. 익금불산입 항목에 대한 다음 설명 중 가장 옳지 않은 것은?**

① 자본충실화 목적으로 주식발행초과금은 익금에 산입하지 않는다.
② 의제배당은 상법상 이익의 배당이 아니므로 익금에 산입하지 않는다.
③ 부가가치세 매출세액은 회사의 수익이 아니므로 익금에 산입하지 않는다.
④ 국세·지방세 과오납금의 환급금에 대한 이자는 국가 등이 초과징수한 것에 대한 보상의 일종이므로 정책적으로 익금에 산입하지 않는다.

02 **다음 중 회계상 수익과 법인세법상 익금에 대한 다음 설명 중 옳지 않은 것은?**

① 익금은 자본 또는 출자의 납입과 익금불산입 사항을 제외한 법인의 순자산을 증가시키는 거래로 발생하는 수익이다.
② 익금항목이라도 법인이 이를 수익으로 계상하면 세무조정이 불필요하다.
③ 회계상 자본잉여금에 해당한다 하더라도 법인세법상 익금불산입 항목에 열거되어 있지 않은 경우에는 익금에 산입한다.
④ 부동산임대업을 주업으로 하지 않는 법인도 임대보증금에 일정 이자율을 곱한 금액을 익금에 산입하여야 한다.

03 **다음 중 법인세법상 익금항목 만으로 바르게 묶은 것은?**

가. 자산의 양도금액	나. 손금에 산입한 금액 중 환입한 금액
다. 임대보증금에 대한 간주익금	라. 의제배당

① 가, 다
② 나, 다, 라
③ 가, 나, 라
④ 가, 나, 다, 라

04 **다음 중 법인세법상 익금불산입항목 만으로 바르게 묶은 것은?**

가. 주식발행 액면초과액	나. 부가가치세 매출세액
다. 채무면제이익	라. 국세·지방세 과오납금의 환급금에 대한 이자
마. 자산의 임대료	

① 가, 나, 다
② 가, 나, 라
③ 나, 다, 마
④ 나, 라, 마

05 **다음 중 법인세법상 익금으로 인정되는 금액을 계산하면?**

가. 전기분 법인세 환급액	5,000,000
나. 특수관계인으로부터 자본거래로 분여받은 이익	10,000,000
다. 유형자산 양도가액	5,000,000
라. 감자차익	20,000,000
마. 사무실 임대료수입	10,000,000
바. 지방세 환급이자	1,000,000
사. 부가가치세 매출세액	10,000,000

① 15,000,000 ② 16,000,000
③ 21,000,000 ④ 25,000,000

06 **다음 자료에 의할 경우 (주)삼일의 제22기(20×2년 1월 1일 ~ 20×2년 12월 31일) 각 사업연도소득금액은 얼마인가?**

1. 제22기의 손익계산서

손익계산서

(주)삼일 20×2년 1월 1일 ~ 20×2년 12월 31일 (단위 : 원)

매출액	850,000,000
매출원가	550,000,000
(중략)	…
급여	95,000,000
세금과공과	7,000,000
이자비용	15,000,000
(중략)	…
법인세비용차감전순이익	110,000,000

2. 세무조정 관련 추가정보

가. 매출액에는 제22 거래인 매출액 10,000,000원과 매출원가 8,000,000원이 누락되어 있으며, 세법상 매출액이 아닌 금액 5,000,000원이 포함되어 있다.
나. 급여에는 세법상 임원상여금 한도초과액 15,000,000원이 포함되어 있다.
다. 세금과공과에는 세법상 손금불산입되는 2,000,000원이 포함되어 있다.
라. 이자비용에는 세법상 손금불산입되는 5,000,000원이 포함되어 있다.

① 19,000,000원 ② 24,000,000원
③ 125,000,000원 ④ 129,000,000원

07 영업외수익의 전기오류수정이익 항목이 다음과 같은 경우 필요한 세무조정은?

가. 전기분 법인세 환급액	8,000,000원
나. 전기 재산세 환급액(환부이자 ₩500,000 포함)	3,000,000원

① 익금불산입 8,500,000원
② 익금산입 8,500,000원
③ 익금불산입 8,000,000원
④ 익금산입 2,900,000원

08 (주)삼일은 제22기(20×1년 1월 1일 ~ 20×1년 12월 31일)에 채무에 대한 출자전환을 하였는데, 채무가액은 8,500원, 발행 당시 주식의 시가는 7,000원, 그리고 주식의 액면가액은 5,000원이었다. (주)삼일의 제22기 법인세법상 주식발행액면초과액과 채무면제이익은 각각 얼마인가?

	주식발행액면초과액	채무면제이익
①	1,000원	1,500원
②	1,500원	2,000원
③	1,500원	3,500원
④	2,000원	1,500원

09 다음은 (주)삼일의 분개장의 일부이다. (주)삼일의 경리부장은 각각의 분개에 대해 다음과 같은 근거로 세무조정을 해야 한다고 주장하고 있다. 경리부장의 주장 중 현행 법인세법상 가장 옳지 못한 것은?

〈분개장〉

(a)	(차)	자 본 금	1,000,000	(대)	현 금 감자차익	500,000 500,000
(b)	(차)	현 금	2,000,000	(대)	이자수익	2,000,000
(c)	(차)	기 부 금	4,000,000	(대)	미지급금	4,000,000
(d)	(차)	현 금	3,000,000	(대)	부가세예수금	3,000,000

① (a) – 감자차익을 자본잉여금으로 회계처리한 것으로 세법상으로도 타당하므로 세무조정을 할 필요가 없다.
② (b) – 지방세 과오납금에 대한 환급이자를 수령한 것으로 이는 세무상 익금에 해당하므로 세무조정을 할 필요가 없다.
③ (c) – 세법상 기부금의 손익귀속시기는 실제로 현금이 지출되는 시점이므로 연도말까지 미지급한 기부금을 손금불산입하고 유보로 소득처분해야 한다.
④ (d) – 부가가치세 매출세액을 수익이 아닌 부채항목으로 계상한 것은 세법상으로도 타당하므로 세무조정을 할 필요가 없다.

10 **다음 중 법인세법상 익금으로 인정되는 금액은 얼마인가?**

ㄱ. 부가가치세 매출세액	6,000,000원
ㄴ. 자산수증이익(이월결손금 보전에 사용되지 않음)	10,000,000원
ㄷ. 유형자산 양도가액	3,000,000원
ㄹ. 간주임대료	2,000,000원
ㅁ. 합병차익	1,000,000원

① 12,000,000원
② 15,000,000원
③ 16,000,000원
④ 21,000,000원

11 **다음은 법인세법상 익금 또는 익금불산입에 관련된 설명이다. 가장 옳지 않은 것은?**

① 유상증자 과정에서 특수관계인으로부터 분여받은 이익은 익금에 해당한다.
② 법인이 특수관계인인 개인으로부터 유가증권을 시가에 미달하는 가액으로 매입하는 경우에는 시가와 매입가액과의 차액은 익금으로 본다.
③ 2년전 손금산입 하였던 공과금 환입액을 잡이익으로 처리한 경우 익금불산입으로 세무조정을 한다.
④ 자산수증이익과 채무면제이익 중 이월결손금의 보전에 충당된 금액은 익금에 산입하지 않는다.

12 **다음 중 갑법인의 입장에서 자산매입시점에 세무조정이 필요한 경우는?**

① 갑법인이 관계회사인 을법인으로부터 시가 10억 원인 기계장치를 8억 원에 매입한 경우
② 갑법인이 대주주인 을(개인)로부터 시가 10억 원인 기계장치를 8억 원에 매입한 경우
③ 갑법인이 관계회사인 을법인으로부터 시가 10억 원인 유가증권을 8억 원에 매입한 경우
④ 갑법인이 대주주인 을(개인)로부터 시가 10억 원인 유가증권을 8억 원에 매입한 경우

13 **다음 중 익금의 세무조정에 대한 설명으로 가장 올바르지 않은 것은?**

① 법인이 최대주주인 대표이사로부터 유가증권을 시가보다 낮은 가액으로 매입하고 이를 취득가액으로 계상하는 경우 시가와 매입가액의 차액을 익금산입으로 세무조정한다.
② 전기분 법인세 환급액을 수익으로 계상하지 않은 경우 익금산입 세무조정한다.
③ 수익으로 계상한 자산수증이익 중 이월결손금보전에 충당된 금액은 익금불산입으로 세무조정한다.
④ 법인이 불공정한 유상증자를 통해 특수관계인으로부터 분여받은 이익을 수익으로 계상하지 않은 경우 분여받은 이익을 익금산입으로 세무조정한다.

[redacted]

정답 및 해설

01	②	02	④	03	④	04	②	05	④	06	④	07	①	08	④	09	②	10	②
11	③	12	④	13	②														

01 ② 의제배당이란 이익의 배당과 동일한 경제적효과를 가져오는 것을 익금에 해당한다.

02 ④ 법인의 경우 부동산임대업을 주업으로 하는 법인만 임대보증금에 대한 간주익금을 익금으로 포함한다. 회계상 자본잉여금은 주주와의 거래에서 발생한 이익으로 법인세법 에서도 대부분 이를 익금으로 보지 않지만, 자기주식처분이익은 익금으로 보아 과세한다.

03 ④ 모두 익금에 해당하는 항목이다.

04 ② 채무면제이익과 자산의임대료는 익금항목이다.

05 ④ 익금 = 특수관계인으로부터 자본거래로 분여받은 이익 + 유형자산양도가액 + 사무실임대료 = 25,000,000

06 ④ 각 사업연도소득 = 세전이익 110 − 매출(*)3 + 임원상여 15 + 세금과공과금 2 + 이자비용 5 = 129
(*) 매출 = 매출액 10 − 매출원가 8 − 세법상 매출 아닌 금액 5

07 ① 전기 법인세환급액 ₩8,000,000은 전기에 손금불산입된 금액이므로 당기에는 익금불산입해야 한다. 전기 재산세환부이자 ₩500,000은 국가 등이 초과징수한 것에 대한 보상의 일종이므로 조세정책상 익금에서 제외한다.

08 ④ 주식발행초과금 = 시가 − 액면가액 = 7,000 − 5,000 = 2,000
채무면제이익 = 채무금액 − 시가 = 8,500 − 7,000 = 1,500

09 ② 지방세 과오납환급금 이자는 익금불산입 항목이다.

10 ② ㄴ, ㄷ, ㄹ이 익금 ㄱ, ㅁ은 익금불산입

11 ③ 손금에 산입한 금액의 환입액은 익금에 해당한다.

12 ④ 법인이 특수관계가 있는 개인으로부터 유가증권을 저가매입한 경우에 적용된다. ②의 경우에는 거래상대방이 개인 특수관계인인 요건은 만족하였으나 매입자산이 유가증권이 아니므로 이 규정이 적용될 수 없다. 이 요건을 모두 만족하는 ④에 이 규정이 적용되는 것이다.

13 ② 전기분 법인세 환급액은 익금이 아니므로 익금산입으로 세무조정한 것은 옳지 않다.

CHAPTER 03 손금의 계산

1 정의

손금이란 자본 또는 지분의 환급, 잉여금의 처분 및 법에서 규정하는 것을 제외하고 당해 법인의 순자산을 감소시키는 거래에서 발생하는 손비의 금액이다.

손금의 범위

<table>
<tr><th>항목</th><th>설명</th></tr>
<tr><td>① 판매한 상품 또는 제품에 대한 재료비와 부대비용</td><td>매출원가 및 판매관리비 등으로 손금인정함.
취득세, 보험료, 운임 등 자산취득 부대비용은 자산 취득원가로 처리 후 감가상각이나 처분 등으로 손금인정됨(지출시점이 아닌 감가상각이나 처분시).</td></tr>
<tr><td>② 양도한 자산의 양도당시의 장부가액</td><td></td></tr>
<tr><td>③ 자산의 임차료</td><td>법인이 자산을 임차하고 지급하는 임차료는 손금으로 인정</td></tr>
<tr><td>④ 고정자산의 수선비</td><td>수익적 지출에 해당하는 고정자산(유형무형자산)의 수선비는 손금에 산입(refer to 유형자산)</td></tr>
<tr><td>⑤ 고정자산에 대한 감가상각비</td><td>세법상 일정한 한도범위 내에서 손금으로 인정(refer to 감가상각비)</td></tr>
<tr><td>⑥ 차입금이자</td><td>원칙적으로 손금으로 인정되나, 일부는 손금불산입됨(refer to 지급이자)</td></tr>
<tr><td>⑦ 대손금</td><td>법정 요건을 구비한 경우에만 손금인정(refer to 대손금과대손충당금)</td></tr>
<tr><td>⑧ 인건비</td><td>
<table>
<tr><th>구분</th><th>내용</th></tr>
<tr><td>급여 및 보수</td><td>원칙적으로 모두 손금이나 다음은 손금불산입.
㉠ 이익잉여금 처분에 의해 지급하는 상여금
- 합명회사 또는 합자회사의 노무출자사원에게 지급하는 보수
㉡ 비상근임원에게 지급하는 보수 중 부당행위계산부인에 해당하는 것
㉢ 지배주주 및 그와 특수관계가 있는 임직원에게 동일 직위 다른 사람보다 초과 지급한 인건비</td></tr>
<tr><td>상여금</td><td>㉠ 사용인 : 전액 손금산입
㉡ 임원 : 정관 또는 주주총회·사원총회나 이사회의 결의에 의하여 결정된 급여지급기준에 의한 상여금을 초과하여 지급하는 금액은 손금불산입</td></tr>
<tr><td>퇴직금</td><td>㉠ 사용인 : 전액 손금산입
㉡ 임원 : 한도(*) 초과하여 지급하는 금액은 손금불산입
- 퇴직금 지급규정이 ○ : 규정상의 금액
- 퇴직금 지급규정이 × : 퇴직 직전 1년간 총급여 × 1/10 × 근속연수</td></tr>
<tr><td>복리후생비</td><td>㉠ 임직원 위한 직장보육시설비, 직장체육비, 직장문화비, 직장회식비 ⇨ 손금
㉡ 사용자부담 건강보험료 및 고용보험료 등 ⇨ 손금
㉢ 근로자에게 지급하는 출산이나 양육 지원금도 근로자에게 공통적으로 적용되는 지급기준에 따라 지급하는 금액은 손금으로 인정된다.</td></tr>
</table>
</td></tr>
</table>

<table>
<tr><td>⑨ 제세공과금</td><td>원칙적으로 모두 손금이나 다음은 손금불산입
㉠ 법인세 및 법인지방소득세, 법인세 감면에 대한 농어촌특별세
㉡ 부가가치세 매입세액(본래부터 부가가치세법에 따라 공제되지 않는 매입세액은 손금 인정되나, 의무불이행, 사업과 관련없는 경우 손금불인정)
㉢ 세법에 따른 의무불이행으로 인한 세액(가산세 포함)
㉣ 법령에 따라 의무적으로 납부하는 것이 아닌 공과금 : 임의출연금 등
㉤ 법령에 따른 의무의 불이행 또는 금지·제한 등의 위반을 이유로 부과되는 공과금 : 폐수배출부담금, 장애인고용부담금 등(위반에 대한 ~~제재로서 부과되는~~)
㉥ 벌금, 과료, 과태료, 가산금 및 강제징수비 : 사계약상 의무불이행으로 인한 지체상금, 연체이자, 연체금, 연체료, 연체가산금은 손금불산입 대상인 벌금 등에 해당하지 않음.
㉦ 판매되지 않은 제품의 개별소비세·주세·교통에너지환경세(반출시 부담/판매시 회수)</td></tr>
<tr><td>⑩ 징벌적 손해배상금</td><td>손해배상금 중 실제 발생한 손해를 초과하여 지급한 금액
(실제 발생한 손해액이 불분명한 경우 지급액의 2/3 손금불산입)</td></tr>
<tr><td>⑪ 우리사주조합에 출연하는 자사주의 장부가액 또는 금품</td><td></td></tr>
<tr><td>⑫ 조합·협회에 지급한 회비</td><td>영업자가 조직한 단체로서 법인이거나 주무관청에 등록된 조합·협회가 정상적인 회비징수 방식에 의하여 경상경비 충당 등을 목적으로 조합원 또는 회원에게 부과하는 회비는 손금 인정(㉠ 특별회비나 ㉡ 임의로 조직된 조합 또는 협회에 지급한 회비는 비지정기부금으로 손금불산입)</td></tr>
<tr><td>⑬ 자산의 평가차손 중 법소정 항목</td><td>자산평가손실은 원칙적으로 손금으로 인정되지 않지만, 다음의 평가손실은 인정함
<table>
<tr><th>항목</th><th colspan="2">비고</th></tr>
<tr><td>재고자산</td><td colspan="2">㉠ 파손·부패 등으로 평가차손을 계상한 경우
㉡ 세법상 재고자산평가방법을 저가법으로 신고한 법인이 재고자산평가손실을 계상한 경우</td></tr>
<tr><td rowspan="2">주식</td><td>발행법인이
- 부도발생
- 회생계획인가 결정
- 부실징후기업된 경우</td><td>㉠ 주권상장법인이 발행한 주식
㉡ 특수관계 없는 법인이 발행한 주식
㉢ 중소기업창업투자회사 또는 신기술사업금융업자가 보유하는 주식 중 창업자 또는 신기술사업자가 발행한 주식</td></tr>
<tr><td>발행법인 파산</td><td>해당 주식</td></tr>
<tr><td>고정자산</td><td colspan="2">㉠ 천재지변, 화재, 법령에 의한 수용, 폐광으로 인해 파손되거나 멸실된 것의 평가차손
㉡ 시설의 개체 또는 기술의 낙후로 인한 생산설비 폐기손실
㉢ 사업 폐지 또는 사업장 이전으로 임차한 사업장의 원상회복을 위해 시설물을 철거하는 경우(단, ㉡, ㉢은 장부가액에서 1천원 공제한 금액)</td></tr>
</table></td></tr>
</table>

손금불산입 항목

항목	설명
① **주식할인발행차금**	**주식을 액면에 미달하는 가액으로 발행하는 경우에 액면에 미달하는 금액**
② 잉여금의 처분을 손비로 계상한 금액	잉여금처분항목은 확정된 소득의 처분사항이므로 손금으로 인정되지 않음(익금항목 참조)
③ 법령위반·의무불이행으로 인한 손금불산입항목	손금 ⑨ 제세공과금 참조
④ 재고자산 등 특정자산 이외의 자산의 평가차손	손금 ⑬ 평가차손 참조
⑤ 임원상여금한도초과액 및 임원퇴직금한도초과액	손금 ⑧ 참조
⑥ 채권자불분명사채이자 등 손금불산입되는 지급이자	지급이자는 본래 손금인정 다만, 법정 항목은 손금불산입(refer to 지급이자)
⑦ 업무무관경비	다음과 같은 업무무관 경비는 손금으로 인정되지 않음. ㉠ 업무무관부동산 및 업무무관동산의 취득·관리에 따른 비용, 유지비, 수선비 ㉡ 업무무관부동산 및 업무무관자산을 취득하기 위한 자금의 차입과 관련되는 비용(refer to 지급이자) ㉢ 법인이 직접 사용하지 않고 타인(비출자임원·소액주주인 임원 및 사용인을 제외함)이 주로 사용하는 장소·건축물·물건 등의 유지비·관리비·사용료와 이에 관련되는 지출금 ㉣ 출자자(소액주주(1% 미만) 제외)나 출연자인 임원 또는 그 친족이 사용하고 있는 사택의 유지비·사용료와 이에 관련되는 지출금 ㉤ 대표이사 동창회(향우회) 기부금 ㉥ 형법상 뇌물(외국공무원에 대한 뇌물 포함)에 해당하는 금전과 금전 이외의 자산 및 경제적 이익
⑧ 부당한 공동경비	**법인이 다른 법인 등과 공동사업 등을 운영하여 지출한 비용 중 적정한 금액 이상을 부담한 경우 적정금액 초과분은 손금으로 인정하지 않음**
⑨ 각종 한도초과액	㉠ 특례기부금·일반기부금 한도초과액 ㉡ 기업업무추진비 한도초과액 ㉢ 감가상각비 한도초과액 ㉣ 각종 충당금·준비금 한도초과액

업무무관자산손금처리

구분	세법상 처리방법	세무조정
취득단계	취득세 등은 취득부대비용이므로 자산의 취득가액에 가산	취득세 등을 비용 처리한 경우 [손금불산입] 취득세 등(유보)
보유단계	감가상각비·유지비·수선비·관리비·재산세 등은 업무무관 자산의 유지비용이므로 손금불산입	[손금불산입] 유지비·수선비·관리비 등 (기타사외유출) [손금불산입] 감가상각비(유보)
처분단계	장부가액을 손금에 산입 취득시점의 유보는 추인	취득세, 감가상각비 등 유보금액 [손금산입] 취득세 등(△유보)

업무용승용차 관련비용 손금불산입

(1) 업무용승용차 정의	개별소비세 과세대상으로 배기량 1,000cc 초과 승용차. 다음 사업에 직접 사용하는 것 제외함. ① 운수업, 자동차판매업, 운전학원업, 무인경비업, 시설대여업 등에서 사업상 수익을 얻기 위하여 직접 사용하는 승용자동차, ② 장례식장 및 장의관련서비스업 영위법인이 소유하거나 임차한 운구용 승용차, ③ 연구개발을 목적으로 사용하는 승용자동차로서 국토교통부장관의 허가를 득한 자율주행자동차
(2) 업무용승용차 관련비용	감가상각비, 임차료, 유류비, 수선비, 자동차세, 통행료, 금융리스부채에 대한 이자비용 등
(3) 업무용승용차 관련 제재	① 업무용승용차관련비용 중 업무무관비율 손금불산입 ② 감가상각 5년 정액법 강제하며, 1년에 800만원 한도 손금인정 ③ 처분손실 800만원 초과 시 연간 800만원 한도로 공제
(3-1) 업무무관비율 손금불산입	① 비적격차량 ⇨ 전액 손금불산입 (상여) ② 적격차량 ⇨ 업무사용 비율만큼 손금인정 업무사용금액 = 업무용승용차관련비용 × 업무사용비율(**) * 적격차량 : i) **업무전용자동차보험에 가입**하고 ii) **법인업무용 자동차번호판을 부착**한 자동차 (업무전용자동차보험: 해당 사업연도 전체 기간동안 법인의 임원, 사용인 및 법인의 업무상 계약관계에 있는 법인의 사용인이 해당 법인의 업무를 위해 운전하는 경우에만 보상하는 보험) ** 업무사용비율 i) 운행기록을 작성한 경우 업무사용비율 = 업무용주행거리 / 총주행거리 ii) 운행기록 작성하지 않은 경우 업무용승용차관련비용 1,5000만원 이하 ➡ 100% 업무용승용차관련비용 1,500만원 초과 ➡ 1,500만원 / 업무용승용차 관련비용 이 때, 보유기간이 1년 미만인 경우 1,500만원 × 보유월수/12 *** 업무사용 : 사업장·거래처 방문, 회의 참석, 판촉활동, 출·퇴근 등
(3-2) 감가상각비	① 감가상각 5년 정액법 강제상각하며, 다음과 같이 한도시부인함. 시부인대상 = 감가상각비 × 업무사용비율 = 감가상각비 중 3-1 시부인 후 남은 금액 한도액 = 800만원 × 사업연도월수/12 이 때, 보유기간이 1년 미만인 경우 800만원 × 보유월수/12 ② 한도초과액은 이후 사업연도의 업무사용금액 중 감가상각비가 800만원에 미달하는 경우 그 미달하는 금액 한도로 추인함.
(3-3) 처분손실 한도시부인	① 업무용승용차를 처분하여 발생한 손실로서 업무용승용차별로 800만원을 초과하는 금액은 손금불산입(기타사외유출)함. ② 다음 사업연도부터 800만원을 균등하게 손금산입(기타)하고 이월된 잔액이 800만원 미만인 사업연도에 일괄 추인
(4) 명세서 제출의무	업무용승용차 관련 비용을 손금산입하여 신고한 경우 해당 명세서를 제출하여야 하며 미제출/불성실제출 시 손금산입액(손금산입액 중 사실과 다르게 제출한 금액)의 1%를 가산세로 부과함

예제 1

다음의 항목 중에서 손금으로 인정되는 것은?

① 합자회사 노무출자사원의 보수
② 출자임원에 대한 사용자부담 건강보험료
③ 출자임원(소액주주 아님)에 대한 사택 유지비
④ 주식할인발행차금

해설 노무출자사원의 인건비, 출자임원 사택 유지비, 주식할인발행차금은 손금으로 인정되지 않음.

정답 ②

예제 2

대표이사가 사용할 업무용승용차를 당기(2025.1.1 ~ 2025.12.31) 1월 1일에 2억원에 취득하였으나 당기에 감가상각비를 계산하지 않았다. 유지비 등 감가상각비 이외 비용이 1,000만원 발생하였고, 업무사용비율이 70%인 경우 필요한 세무조정은? (단, 취득 즉시 업무전용자동차 보험에 가입함)

해설

	Book	Tax	업무사용	Dep 한도
감가상각비	0	4,000	2,800	800
감가상각비 이외	1,000	1,000	700	③
합계	1,000	5,000	3,500	

① 〈손금〉 감가상각비 4,000 (△유보)
② 〈손不〉 업무무관비용 1,500 (상여)
③ 〈손不〉 감가상각비 2,000 (유보)

출제예상 문제

01 **다음 중 법인세법상 손금으로 인정되지 않는 항목으로 올바르게 묶은 것은?**

가. 양도한 자산의 양도당시 장부가액
나. 노무출자사원에게 지급하는 보수
다. 주식할인발행차금
라. 법령 위반하여 부과된 벌금·과료·과태료
마. 임직원을 위한 직장보육시설비와 직장문화비
바. 소액주주인 임원이 사용하는 사택의 사용료

① 가, 나, 다
② 가, 나, 바
③ 나, 다, 라
④ 나, 마, 바

02 **(주)삼일은 결산 시 다음과 같은 손금을 계상하였다. 법인세법상 손금으로 인정되는 것의 개수는?**

가. 주식 발행법인이 파산하여 인식한 평가손실
나. 재고자산 평가방법을 원가법으로 신고한 법인이 유행의 경과 등으로 계상한 재고자산평가손실
다. 보유하던 상장법인 주식으로 발행법인이 부도가 발생하여 인식한 평가손실
라. 단기간 내 매매차익 목적으로 보유하던 단기매매증권에 대해 결산 시 시가하락분 만큼 인식한 평가손실
마. 홍수로 인해 파손된 공장설비에 대한 평가손실
바. 비사업용토지에 대한 재산세
사. 부가가치세법에 따라 공제되지 않는 매입세액(의무불이행이나 사업과 관련없는 경우에 해당하지 않음)

① 2개
② 3개
③ 4개
④ 5개

03 **다음 중 손금에 관한 설명으로 가장 올바르지 않은 것은?**

① 사용인에게 지급하는 퇴직금은 전액 손금에 산입된다.
② 비영업용 소형승용차의 취득 및 유지와 관련된 부가가치세 매입세액은 손금에 산입된다.
③ 임원에 대한 복리후생비는 손금에 산입된다.
④ 이사회에서 정한 임원퇴직금 지급규정이 존재하더라도 세법에 정하는 퇴직금 한도를 우선하여 적용한다.

04 **다음 중 법인세법상 손금에 대한 설명으로 가장 옳지 않은 것은?**

① 토지에 대한 취득세는 토지 취득을 위한 부대비용이므로 취득시점에 손금으로 인정되지 않고 토지의 취득금액에 포함된다.
② 잉여금처분항목은 확정된 소득의 처분사항이므로 잉여금의 처분을 손비로 계상한 경우 동 금액은 원칙적으로 손금으로 인정되지 않는다.
③ 제반 법령이나 행정명령을 위반하여 부과된 벌금, 과료, 과태료를 손금으로 인정해 주면 징벌효과가 감소되므로 손금으로 인정되지 않는다.
④ 소액주주인 임원이 사용하고 있는 사택의 유지비, 사용료와 이에 관련된 지출금은 손금에 산입하지 않는다.
⑤ 임원이 사용한 업무용승용차 관련비용 중 업무사용금액에 해당하지 않는 금액은 손금불산입하고 상여로 소득처분 한다.

05 **다음은 (주)삼일의 제10기 사업연도(20×2. 1. 1 ~ 20×2. 12. 31) 법인세 세무조정 내역의 일부이다. 가장 잘못된 세무조정 사항은 무엇인가?**

① 잡이익의 세부내역을 검토하던 중 법인세 과오납금의 환급금에 대한 이자수령액이 있어 이를 익금불산입 하였다.
② 관계회사인 (주)사일로부터 시가 10억원인 기계장치를 8억원에 매입하고 8억원을 장부가액으로 회계처리 한 것을 발견하고 2억원을 익금산입 하였다.
③ 회사가 기중에 주식을 할증 발행함에 따라, 액면가를 초과하는 납입부분을 자본잉여금 항목인 주식발행초과금으로 계상한 것은 세법상으로도 타당하므로 아무런 세무조정도 실시하지 않았다.
④ 잡손실의 세부내역을 검토하던 중 영업사원이 거래처를 방문하며 발생한 교통위반 범칙금 납입액을 발견하고 손금불산입 하였다.
⑤ 주식을 액면에 미달하는 가액으로 발행하고 동 미달액을 잡손실로 계상한 것을 손금불산입 하였다.

06 **다음은 ㈜ 삼일의 급여 및 상여에 관한 회계처리 내용이다. 세무조정이 필요한 항목은?**

① 회사의 지배주주인 A씨의 삼촌인 박득관 대리에게 정당한 사유 없이 급여 지급규정에 규정된 급여액보다 100만원이 초과 지급된 것이 발견되었다.
② 비상근 임원 B씨에게 6월에 1천만원 보수를 지급한 것을 발견하였는데 동 금액은 급여 기준상 명시되어 있는 금액과 일치하였다.
③ 사용인 C씨에게 급여지급기준에서 정한 상여금을 초과하는 특별상여금 1,000만원을 지급하였다.
④ 회사가 등기이사 D씨에게 임원상여규정에 따라 추석 상여 200만원을 지급하였다.
⑤ 회사의 임원 B씨에 대한 건강보험료와 고용보험료 사용자부담분을 납부하였다.

07 **다음은 제5기 (20×2.1.1. ~20×2.12.31.) ㈜ 삼일의 인건비 내역이다. 인건비 관련 세무조정으로 옳은 것은?** (단, 회사의 급여규정 상 상여금은 급여의 40%를 한도로 지급하도록 하고 있으며, 건설본부의 인건비는 당기말 현재 진행중인 공사와 관련된 것이다)

구분		급여	상여금
본사	임원	100,000,000원	50,000,000원
	사용인	300,000,000원	200,000,000원
건설본부	임원	200,000,000원	100,000,000원
	사용인	500,000,000원	250,000,000원

① 〈손금불산입〉 상여금한도초과 30,000,000(상여)
② 〈손금불산입〉 상여금한도초과 160,000,000(상여)
③ 〈손금산입〉 건설중인자산 20,000,000(유보)
〈손금불산입〉 상여금한도초과 30,000,000(상여)
④ 〈손금산입〉 건설중인자산 20,000,000(유보)
〈손금불산입〉 상여금한도초과 160,000,000(상여)

08 **다음 중 법인세법상 손금으로 인정되는 금액은 얼마인가?** (단, 손금인정을 위한 기타 요건은 갖추었다고 가정한다)

1. 주식할인발행차금	1,000,000원
2. 업무용승용차 관련 비용 중 사적사용비용	2,000,000원
3. 사용자로서 부담하는 임직원에 대한 국민건강보험료	3,000,000원
4. 강제징수비	4,000,000원

① 2,000,000원
② 3,000,000원
③ 7,000,000원
④ 9,000,000원

09 **다음 중 법인세법상 손금으로 인정되는 금액은 얼마인가?** (단, 손금인정을 위한 기타 요건은 갖추었다고 가정한다)

• 관세법 위반 벌금	1,000,000원
• 법인세	1,500,000원
• 법인지방소득세	800,000원
• 본사 건물 재산세	2,000,000원
• 원천징수 등 납부지연가산세	700,000원
• 업무용 건물에 대한 종합부동산세 618,000원(납부지연가산세 18,000원 포함)	

① 2,000,000원
② 2,600,000원
③ 4,180,000원
④ 6,618,000원

10 **다음 중 법인세법상의 인건비에 대한 설명 중 잘못된 것은?**

① 임원의 퇴직금은 항상 그 임원의 퇴직일로부터 소급하여 1년간 상여금을 포함한 총급여액의 1/10에 근속연수를 곱한 금액의 범위에서 손금산입한다.
② 비상근임원에게 지급한 보수는 부당행위계산부인에 해당하는 경우를 제외하고는 손금산입된다.
③ 합명회사의 노무출자사원에게 지급하는 보수는 손금불산입한다.
④ 법인이 임원 또는 직원을 위하여 지출한 직장회식비는 손금에 산입한다.

11 **다음 중 법인세법상 손금 및 손금불산입 항목에 관한 설명으로 가장 올바르지 않은 것은?**

① 업무무관 부동산의 유지비는 손금으로 인정되지 않는다.
② 출자임원에 대한 사용자부담 국민건강보험료는 손금으로 인정한다.
③ 저가법으로 신고한 법인의 재고자산평가차손은 손금으로 인정된다.
④ 출자임원(소액주주 아님)에 대한 사택의 유지비는 손금으로 인정된다.
⑤ 주식할인발행차금은 회사의 순자산을 감소시키므로 손금으로 인정되지 않는다.

12 **경리사원 허둥대는 (주)용산의 제21기 사업연도의 법인세 신고서 작성을 위하여 회계상 처리된 내역에 대하여 다음과 같이 세무조정을 하였다. 가장 잘못된 세무조정 사항은 무엇인가?**

① 잡손실 중 징벌적 손해배상금이 있어 이를 손금불산입하였다.
② 회사가 보유하고 있는 대표이사 업무용 차량에 대한 감가상각비 10백만 원을 전액 손금 산입하였다.
③ 관계회사와 공동으로 사업을 운영하면서 발생한 비용 중 회사가 부담하기로 약정한 금액을 초과하는 분을 손금불산입하였다.
④ 잡손실의 세부내역을 검토하던 중 행정명령을 위반하여 부과된 벌금납입액을 발견하고 손금불산입하였다.

13 **다음 중 법인세법상 업무용승용차 관련비용 손금불산입에 대한 설명으로 가장 옳지 않은 것은?**

① 업무용승용차란 개별소비세가 과세되는 승용자동차를 말하나 운수업, 자동차판매업 등 사업에 직접 사용하는 것은 제외한다.
② 업무용승용차 관련비용이란 감가상각비, 임차료, 유류비, 수선비, 자동차세, 통행료, 금융리스 부채에 대한 이자비용 등을 의미한다.
③ 임직원전용 자동차보험에 가입하지 않은 경우 운행기록 등으로 확인된 업무사용비율 만큼 업무용승용차 관련비용을 손금에 산입할 수 있다.
④ 업무용승용차를 처분하여 발생하는 손실로서 업무용승용차별로 800만원을 초과하는 금액은 다음 사업연도 부터 800만원 한도내에서 추인할 수 있다.

14 (주)삼일은 제10기(2025.1.1 ~ 2025.12.31) 초에 대표이사 업무용으로 승용차를 ₩100,000,000에 취득하고 임직원 전용자동차보험에 가입하였다. 해당 업무용 승용차에 관련된 다음 내역을 바탕으로 세무조정을 수행하고 해당 세무조정의 결과 제10기 사업연도 각 사업연도소득금액에 미치는 순효과를 계산하면 얼마인가?

(1) 손익계산서 상 비용계상내역	
① 감가상각비	₩10,000,000
② 차량유지비(유류비, 수선비 등)	₩12,000,000
(2) 작성·비치된 운행기록부 내용	
① 업무용 사용거리	7,500km
② 총주행거리	10,000km

① 2,000,000원 감소
② 5,000,000원 감소
③ 2,000,000원 증가
④ 5,000,000원 증가

15 (주)삼일은 제15기(20×2.1.1 ~ 20×2.12.31) 사업연도 중 법인세법상 특수관계인에 해당하는 김삼일씨로 부터 다음과 같은 자산을 취득하였다. 동 자산 취득과 관련하여 제15기에 수행해야 할 세무조정으로 옳은 것은?

취득자산	시가	취득가액
유가증권	200,000,000원	100,000,000원
건물	100,000,000원	10,000,000원

① 〈익금산입〉 저가취득액 90,000,000(유보)
② 〈익금산입〉 저가취득액 100,000,000(유보)
③ 〈익금산입〉 저가취득액 133,000,000(유보)
④ 〈익금산입〉 저가취득액 190,000,000(유보)

[redacted]

정답 및 해설

01	③	02	③	03	④	04	④	05	②	06	①	07	③	08	②	09	②	10	①
11	④	12	②	13	③	14	④	15	②										

01 ③ 노무출자사원에게 지급한 보수, 주식할인발행차금 및 벌금·과료·과태료 등은 손금으로 인정되지 않는다.

02 ③ 가, 다, 마, 사
재고자산 평가방법을 원가법으로 신고한 법인이 유행의 경과 등으로 계상한 재고자산평가손실이나, 단기간 내 매매차익 목적으로 보유하던 단기매매증권에 대해 결산 시 시가하락분 만큼 인식한 평가손실, 비사업용토지에 대한 재산세는 손금으로 인정되지 않는다. 부가가치세법에 따라 공제되지 않는 매입세액이 의무불이행이나 사업과 무관한 경우에 해당하지 않는 경우 손금으로 인정된다.

03 ④ 비영업용 소형승용차의 취득 및 유지와 관련된 부가가치세 매입세액은 부가가치세법 상 매입세액 불공제 되지만, 법인세법 상 손금으로 인정된다. 부가가치세법 상 매입세액 불공제된 항목 중 법인세법 상 손금으로 인정되지 않는 대표적인 항목은 업무무관매입세액과 세금계산서 미수취로 인한 매입세액 등 이다. 이사회에서 정한 임원퇴직금 지급규정이 존재하는 경우 법인세법 상 임원퇴직금 한도 보다 우선하여 적용한다.

04 ④ 비출자임원, 소액주주 임원, 종업원 등이 사용하는 사택의 유지비, 사용료는 손금산입이 가능하다.

05 ② 특수관계인으로 부터 기계장치를 저가로 매입한 것은 매입시점에 세무조정 하지 않는다. 처분시점에 처분손익이 증가하여 자동으로 과세가 될 것이기 때문이다.

06 ① 정당한 사유 없이 지배주주 및 그와 특수관계가 있는 임직원에게 초과 지급한 인건비는 손금불산입 항목에 해당된다. 임원이 아닌 사용인에게 급여지급기준에서 정한 금액을 초과하여 지급한 상여금은 손금으로 인정된다. 임원에 대한 건강보험료와 고용보험료 사용자부담분을 납부한 금액도 손금으로 인정된다.

07 ③ 사용인의 급여, 상여금은 손금불산입 대상이 없다.
임원에게 지급한 상여금 중 한도를 초과한 금액을 손금불산입 한다.
본사 : 50백만원 − 100백만원 × 40% = 10,000,000원
건설본부 : 100백만원 − 200백만원 × 40% = 20,000,000원
〈손금불산입〉 임원상여금 한도초과 30,000,000원 (상여)
여기서, 건설본부 임원에게 지급한 인건비는 회사가 건설중인자산으로 처리했을 것인데, 법인세법 상 부인된 10,000,000원은 자산으로 인정되지 않으므로 차감하는 세무조정을 해야한다.
〈손금산입〉 건설중인자산 10,000,000원 (△유보)

08 ② 주식할인발행차금, 업무용승용차 관련 비용 중 사적사용비용, 강제징수비는 손금불산입항목이나. 사용자로서 부담하는 임직원에 대한 국민건강보험료는 손금이다.

09 ② 관세법 위반 벌금, 법인세, 법인지방소득세, 원천징수등 납부지연가산세는 손금불산입항목이나, 본사 건물 재산세는 손금항목이다. 업무용건물에 대한 종합부동산세는 손금항목이나 가산세는 법인세법상 기타사외유출로 처분되는 손금불산입항목이다.
손금 = 건물 재산세 200만원 + 업무용건물 종부세 60만원

10 ① 임원퇴직금은 정관에 그 지급규정이 있는 경우는 정관에서 정한 금액을 한도로 손금에 산입하는 것이다.

11 ④ 출자자(소액주주 제외)나 출연자인 임원 또는 그 친족이 사용하는 사택의 유지비 등은 업무무관경비로 손금불산입한다.

12 ② 법인이 보유하고 있는 업무용승용차의 감가상각비는 관련유지비용과 합산하여 업무사용비율만큼만 손금인정하고, 손금인정된 감가상각비 중 연 8백만 원을 초과하는 금액은 손금불산입한다.

13 ③ 임직원전용 자동차보험에 가입하지 않은 경우 전액 손금불산입한다.

14 ④ (1) 감가상각시부인

① 회사계상 감가상각비 : 10,000,000

② 상각범위액 : ₩100,000,000 × 0.2 = ₩20,000,000

③ 세무조정 : 〈손금산입〉 차량감가상각비 ₩10,000,000(△유보)

(2) 사적사용비용

① 업무용승용차 관련비용 : 감가상각비 20백만 + 차량유지비 12백만 = ₩32,000,000

② 업무사용비율 : $\frac{7{,}500km}{10{,}000km} = 0.75$

③ 사적사용비용 : ₩32,000,000 × (1 − 75%) = 8,000,000

④ 세무조정 : 〈손금불산입〉 사적사용비용 8,000,000(상여)

(3) 업무사용금액 중 감가상각비 조정

① 업무사용금액 중 감가상각비 : ₩20,000,000 × 75% = 15,000,000

② 세무조정 : 〈손금불산입〉 감가상각비 7,000,000(유보)

∴ 각사업연도소득금액에 미치는 순효과

(−)₩10,000,000 + 8,000,000 + 7,000,000 = 5,000,000원 증가

15 ② 저가매입은 본래 세무조정 하지 않지만, 특수관계인으로부터 유가증권을 저가매입한 경우 취득시점에 시가와 취득가액의 차이를 익금산입 세무조정한다.

CHAPTER 04

제2과목 세무회계

이패스 재경관리사

손익의 귀속 및 자산부채 평가

제1절 손익의 귀속

1 손익 귀속시기

① 손익을 사업연도간에 어떻게 나누느냐에 따라 전체기간 동안의 소득은 변동이 없으나 어느 특정 사업연도의 소득이 달라지게 되어 귀속시기가 중요하다.

② 법인세법 상 익금과 손금은 권리나 의무가 확정된 사업연도에 인식한다.

③ 권리의무확정주의는 회계상의 발생주의 및 실현주의에 대응하는 개념으로서 회계상의 발생주의 및 실현주의가 기업의 경제활동을 파악하고 성과를 측정하기 위한 회계기술적 측면에서 생긴 것임에 대하여 권리의무확정주의는 어떠한시점에서 손금과 익금을 확실히 인식할 수 있을 것인가를 법률적 측면에서 포착하기 위한 것이다.

④ 손익의 귀속사업연도는
- 법인세법 규정을 우선적용하고
- 법인세법에 규정되지 않은 사항은 회계기준을 따른다.

손익 귀속시기

구분	법인세법	기업회계
① 상품·제품 등 판매손익	인도기준	인도기준
② 상품 등 위탁판매	수탁자가 상품 등을 판매한 때	수탁자가 상품 등을 판매한 때
③ 상품 등 외 양도손익	원칙 : 대금청산일 소유권이전등기일·인도일 또는 사용수익일 중 빠른 날(대금청산 전 등기등록, 사용수익 등의 경우)	소유권 이전 시점 (위험과 효익 이전시점)
④ 이자수익	• 원칙 : 실제로 받은 날(또는 받기로 한 날) • 특례 : 결산상 발생주의에 따라 미수수익 계상한 경우 원천징수되는 경우 인정 안 됨(*)	발생주의 (기간경과분 미수이자 인식)
⑤ 이자비용	• 원칙 : 실제로 지급한 날(또는 지급하기로 한 날) • 특례 : 결산상 발생주의에 따라 비용계상한 경우 인정함.	발생주의 (기간경과분 미지급비용 인식)
⑥ 배당소득	소득세법상 배당소득 수입시기 (잉여금처분결의일 또는 실제수령일 등)	잉여금처분결의일
⑦ 기부금	현금주의	발생주의
⑧ 임대료손익	원칙: 받기로 한 날 특례: ㉠ 기간경과분 임대수익으로 계상한 경우 인정(발생주의 수용) ㉡ 임대료지급기간이 1년을 초과하는 경우 : 기간경과분을 임대료수익으로 인식	발생주의 (기간경과분 인식)

(*) 일반법인의 경우 대부분 이자수익이 원천징수 대상이므로 미수수익 인정 안 됨.

예제 1

제조업을 영위하는 (주)삼일은 제5기 사업연도(20×1.1.1 ~ 20×1.12.31) 7월 1일에 국내은행에 1년짜리 정기예금에 가입하였다. 정기예금이자 1,000원은 만기시 일시에 지급받으며 법인세법에 의하여 법인세를 원천징수한다. (주)삼일이 제5기 사업연도의 수입이자를 회계기준에 따라 계상한 경우 제5기와 제6기의 세무조정을 수행하시오.

해설

구분	제5기	제6기
회계처리	차) 미수수익 500 / 대) 이자수익 500	차) 현금 1,000 / 대) 미수이자 500 이자수익 500
세무조정	〈익금불산입〉 미수이자 500 (△유보)	〈익금산입〉 전기미수이자 500 (유보)

예제 2

(1) (주)삼일은 당기(20×1.1.1 ~ 20×1.12.31) 9월 1일부터 1년간 상가를 임대하고 매월분 임대료 1,000만원은 다음 달 10일에 받기로 한 경우 당기 임대수익은?

(2) (주)삼일이 당기(20×1.1.1 ~ 20×1.12.31) 9월 1일부터부터 2년간 상가를 임대하고 임대료 2.4억원은 임대기간 종료시 받기로 한 경우 당기 임대수익은?

해설 (1) 원칙 : 받기로 한 금액 = 1,000만원 × 3(10/15, 11/15, 12/15) = 3,000만원
특례 : 발생주의 인정 = 1,000만원 × 4개월(9, 10, 11, 12월) = 4,000만원
즉, 상기 2가지 모두를 인정함.

(2) 임대료지급기간이 2년이므로 발생주의에 따른 수익금액 = 2.4억원 × $\frac{4개월}{24개월}$ = 4,000만원

2 장기할부판매

"장기할부조건"이라 함은 자산의 판매 또는 양도로서

① 판매금액을 월부·연부 등 **2회 이상으로 분할**하여 수입하는 것 중

② 당해 목적물 **인도일의 다음날**부터 **최종 할부금의 지급기일**까지의 기간이 **1년 이상**

구분	법인세법	기업회계
단기할부판매	인도기준	인도기준
장기할부판매	• 원칙 : 명목가치 인도기준 • 특례 : – (결산서) 현재가치 인도기준 ⇨ 인정 – (결산서) 회수기일도래기준(*) ⇨ 인정 – 중소기업은 결산서상 인도기준으로 처리한 경우에도 회수기일도래기준으로 조정가능	현재가치 인도기준 (비상장중소기업은 회수기일도래기준 가능)

✔ **회수기일도래기준** : 회수하였거나 회수할 (회수약정기준)금액과 이에 대응하는 비용을 각각 해당 사업연도에 익금과 손금으로 계상하는 것
기업회계는 비상장중소기업만 적용 가능하지만, 법인세법은 법인 종류와 무관하게 적용 가능함.

예제 ❸

중소기업인 (주)삼일은 당기(20×1.1.1 ~ 20×1.12.31) 다음과 같은 회수조건으로 기계장치를 판매하였다. 당기 법인세 신고시 세무조정할 금액은? (단, 원가에 대한 세무조정은 생략함)

① 계약일 : 3.31
② 계약금액 : ₩18,000,000
③ 대금결제조건 : 3.31 계약금 ₩3,000,000, 6개월 경과시마다 ₩3,000,000씩 5회에 분할하여 결제함
④ 9.30에 회수되어야 할부불금이 결제되지 아니함
⑤ 회사는 장기할부매출에 대해 회수기준으로 회계처리하여 3.31에 회수한 ₩3,000,000을 매출로 계상하였음

해설 회수기일도래기준은 현금회수 여부와 무관한 회수약정일(회수기일) 기준으로 수익을 인식함.
익금 = 계약금 300만원 + 1차할부금 300만원 = 600만원
세무조정금액 = 600만원 − 300만원(회사계상 매출액)
〈익금산입〉 장기할부매출 300만원(유보)

3 용역제공 등에 의한 손익의 귀속사업연도

건설·제조 기타용역(도급공사 및 예약매출 포함)의 제공으로 인한 익금과 손금은
① 그 목적물의 **착수일**이 속하는 사업연도부터 그 목적물의 **인도일**이 속하는 사업연도까지
② **건설 등을 완료한 정도(작업진행률)**를 기준으로 익금과 손금에 산입한다.

구분	법인세법	기업회계
단기건설 등 (계약기간이 1년 미만)	진행기준 (중소기업은 인도기준 적용가능 – 선택)	진행기준 (비상장중소기업은 인도기준)
장기건설 등	진행기준	진행기준

㉠ 중소기업의 단기건설계약의 경우 결산서상 진행기준으로 손익을 인식하였더라도 신고조정 통해 인도기준으로 익금과 손금에 산입할 수 있으며(K-IFRS 적용하는 중소기업이 일반기업회계기준 적용하는 중소기업에 비해 수익을 미리 인식하게 되므로)

㉡ 기업회계기준에 따라 인도기준을 적용한 것이라면 세무상 진행기준 적용을 위한 세무조정을 하지 않을 수 있다(예 분양공사 등 예약매출)

예제 4

중소기업이 아닌 (주)삼일건설의 당기(20×1.1.1 ~ 20×1.12.31) 공사내역이다. 회사가 기업회계기준에 의한 진행기준(공사원가 기준)에 따라 회계상 손익을 인식한 경우 올바른 세무조정은?

구분	공사기간	도급금액	20×1년 공사비	총공사예정비
A공사	20×1.7.1 ~ 20×3.1.10	200억	30억	150억
B공사	20×1.10.2 ~ 20×4.5.30	50억	4억	40억

① 〈익금불산입〉 공사수익 45억원 (△유보)
   〈손금불산입〉 공사원가 34억원 (유보)

② 〈익금불산입〉 공사수익 40억원 (△유보)
   〈손금불산입〉 공사원가 30억원 (유보)

③ 〈익금불산입〉 공사수익 5억원 (△유보)
   〈손금불산입〉 공사원가 4억원 (유보)

④ 세무조정 사항 없음

해설 진행기준으로 수익 인식한 경우 세무조정이 없음.

정답 ④

제2절 자산의 취득가액과 자산·부채의 평가

1 자산의 취득가액

자산의 취득과 관련하여 발생하는 비용을 A법인은 취득원가로 처리하여 이후의 감가상각으로 비용처리하고 B법인은 발생한 사업연도에 전액 손금처리한다면 동일한 거래에 대해 법인마다 자산의 취득가액도 다르게 되고 손익의 귀속연도도 달라지기 때문에 자산의 취득가액을 규정하고 있다.

매입자산	매입가액 + 부대비용(구입수수료, 운송비, 설치비)
자가건설자산	원재료비 + 노무비 + 운임, 하역비, 보험료, 수수료
	공과금(취득세, 등록면허세 등), 설치비, 기타 부대비용의 합
무상취득자산	시가

* 단기매매항목으로 분류된 금융자산은 부대비용을 취득원가에 포함하지 않는다.

2 자산 · 부채의 평가

법인세법은 원칙적으로 평가이익과 평가손실을 모두 부인하나, 다음은 예외적으로 인정한다.
- 재고자산, 유가증권의 단가결정
- 화폐성외화자산 · 부채의 환산평가
- 보험업법, 그 밖의 법률에 따른 평가이익
- 재고자산, 유가증권, 고정자산 등 평가차손

3 재고자산 평가

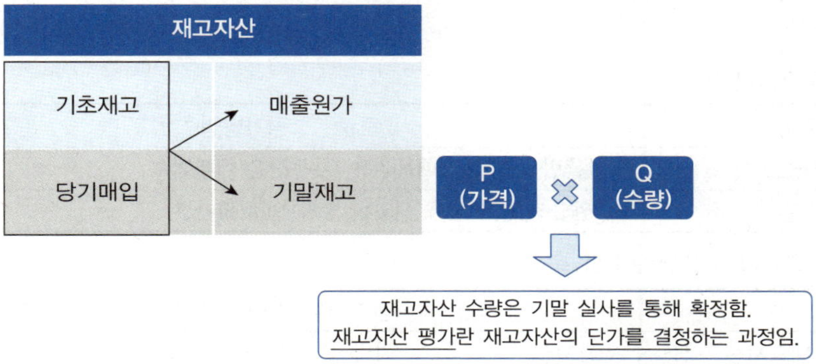

(1) 재고자산 평가방법

원가법과 **저가법** 중 **선택**하여 평가한다.

구분	평가방법
원가법	① 자산의 취득가액을 자산의 평가액으로 하는 방법 ② 개별법, 선입선출법, 후입선출법, 총평균법, 이동평균법, 매출가격환원법의 6가지
저가법	① 원가법으로 평가한 가액과 기업회계기준에 따라 시가(순실현가능가액, 현행대체원가 등)로 평가한 가액 중 낮은 가액을 평가액으로 하는 방법 ② 저가법 선택한 경우 회계상 재고자산 평가손실을 세무상 인정함(원가법을 채택하면 평가손실을 손금으로 인정하지 않음).

(2) 재고자산 평가단위

영업종목별, 영업장별, 재고자산종류별(① 제품 · 상품, ② 반제품 · 재공품, ③ 원재료, ④ 저장품)로 **각각 다른 방법에 의하여 평가할 수 있다.**

(3) 재고자산 평가방법 신고

구분	신고기한	기한경과 후 신고
신설법인	• 설립일이 속하는 사업연도의 "과세표준 신고기한"까지 신고 (20×1 2월 설립 ⇒ 20×2.3.31.까지)	• 최초신고기한이 지난 후에 신고한 경우 신고일이 속하는 사업연도까지는 무신고로 보며, 그 다음 사업연도부터 신고한 평가방법에 의함.*
변경신고	• 변경할 평가방법을 적용하고자 하는 사업연도의 종료일 이전 3개월 까지(사업연도가 매년 1.1~12.31인 법인의 20×1년 각 사업연도 소득에 귀속되는 재고자산의 평가방법 변경은 20×1년 9월 30일까지 신고하여야 함)	• 신고기한을 경과하여 평가방법을 신고한 경우에는 임의변경으로 보아 Max(선입선출법, 당초 신고한 방법) 으로 평가하고 그 다음 사업연도부터 신고한 평가방법에 의함.

* 재고자산의 평가방법을 신고하지 아니하여 무신고에 따른 평가방법을 적용받는 법인이 그 평가방법을 변경하고자 하는 경우에는 변경할 평가방법을 적용하고자 하는 사업연도의 종료일 이전 3월이 되는 날까지 변경신고를 하여야 함.

◆ 무신고 및 임의변경

구분	평가방법
무신고	선입선출법을 적용(매매목적용, 부동산은 개별법)
임의변경	Max(선입선출법, 당초 신고한 방법)으로 평가함.

◆ 재고자산 평가에 대한 세무조정

구분	당기 세무조정	차기 세무조정
세무상 재고자산 > BS상 재고자산	익금산입(유보)	손금산입(△유보)
세무상 재고자산 < BS상 재고자산	손금산입(△유보)	익금산입(유보)

예제 5

(주)삼일은 기업회계상 재고자산을 후입선출법으로 평가해 오던 중 20×1년 총평균법으로 변경하였다. 세무상 평가방법도 후입선출법 이었던 바, 재고자산평가방법 변경신고서를 20×1. 10.25 제출한 경우 20×1년과 20×2년 재고자산에 관한 세무조정은?

재고자산평가금액

평가방법	20×1년	20×2년
선입선출법	70,000,000원	55,000,000원
후입선출법	60,000,000원	45,000,000원
총평균법	65,000,000원	50,000,000원

해설
- 20×1년 : 〈익금산입〉 재고자산 5,000,000 (유보)
- 20×2년 : 〈손금산입〉 전기재고자산 5,000,000 (△유보)

4 유가증권 평가

원가법만 인정되며 채권과 주식의 평가방법 다름

- **채권 : 개별법, 총평균법, 이동평균법**
- **채권 외의 유가증권 : 총평균법, 이동평균법**

무신고 및 임의변경

구분	평가방법
무신고	총평균법을 적용
임의변경	Max(총평균법, 당초 신고한 방법)으로 평가함.

유가증권 시가평가

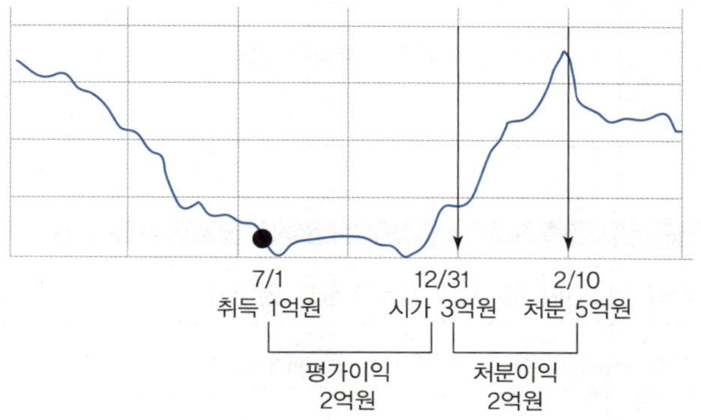

단기매매금융자산 세무조정

	Book	T/A
평가	차) 단기매매금융자산 2억원 대) 평가이익(I/S) 2억원	〈익不〉 평가이익 2억원(유보)
처분	차) 현 금 5억원 대) 단기매매금융자산 3억원 처 분 이 익 2억원	〈익금〉 전기 평가이익 2억원(유보)

┌ 시가평가가 과세소득에 미친 영향 → 없음
└ 세무조정이 과세소득에 미친 영향 → 2억원 감소

매도가능금융자산 세무조정

	Book	T/A
평 가	차) 매도가능금융자산 2억원 대) 평가이익(자본항목) 2억원	〈익금〉 평 가 이 익 2억원(기타) 〈익不〉 매도가능금융자산 2억원(△유)
처 분	차) 현 금 5억원 평가이익 2억원 대) 매도가능금융자산 3억원 처 분 이 익 4억원	〈손금〉 전기평가이익 2억원(기타) 〈익금〉 매도가능금융자산 2억원(유보)

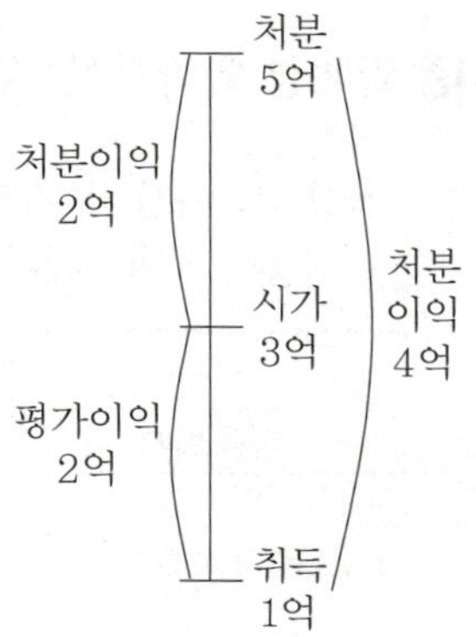

┌ 시가평가가 과세소득에 미친 영향 → 없음
└ 세무조정이 과세소득에 미친 영향 → 없음

예제 6

(주)삼일이 매도가능금융자산의 취득·평가·처분과 관련된 회계처리를 회계기준에 따라 수행하였을 경우, 매도가능금융자산의 평가가 제4기와 제5기의 과세표준에 미치는 영향을 옳게 설명한 것은?

〈제4기 : 20×1.1.1 ~ 20×1.12.31〉
3.1 매도가능금융자산 취득 – 취득원가 : 1,000,000원
12.31 매도가능금융자산 평가 – 공정가액 : 1,500,000원

〈제5기 : 20×2.1.1 ~ 20×2.12.31〉
1.15 매도가능금융자산 처분 – 처분가액 : 1,200,000원

	제4기	제5기
①	500,000원 증가	500,000원 감소
②	500,000원 감소	500,000원 증가
③	500,000원 감소	300,000원 증가
④	영향 없음	영향 없음

해설 매도가능금융자산 평가가 법인세 과세표준에 미치는 영향은 없음.

정답 ④

예제 7

다음 자료에 의하여 ㈜삼일의 제3기와 제4기의 세무조정을 행하시오.

(1) 회사는 제3기 10월 1일에 ㈜용산의 주식 100주를 특수관계인인 개인으로부터 1주당 10,000원(시가 15,000원)에 취득하고 다음과 같이 회계처리하였다.

차) 단기매매금융자산	1,000,000	대) 현금	1,000,000

(2) 회사는 ㈜용산의 주식을 시가평가하고 다음과 같이 회계처리하였다.

차) 단기매매금융자산	600,000	대) 단기매매금융자산평가이익	600,000

(3) 제4기 ㈜용산의 주식 100주를 1주당 20,000원에 전액 처분하고 다음과 같이 회계처리하였다.

차) 현금	2,000,000	대) 단기매매금융자산	1,600,000
단기매매금융자산처분이익	400,000		

해설
제3기 매입 시 : 〈익금산입〉 단기매매금융자산(저가매입액) 500,000 (유보)
제3기 평가 시 : 〈익금불산입〉 단기매매금융자산 600,000 (△유보)
제4기 처분 시 : 〈익금산입〉 전기단기매매금융자산 100,000 (유보)

5 화폐성 외화자산·부채의 평가

① 화폐성 외화자산·부채의 외화환산손익은 미실현손익이기 때문에 원칙적으로 세무상 손익으로 인정되지 않으나 세무조정 부담을 완화하기 위해 다음과 같이 평가를 인정함.

구분	평가손익 인정 여부
금융회사	인정(강제평가)
비금융회사	다음 중 선택한 방법 적용 ㉠ 취득일 또는 발생일 현재의 매매기준율(재정환율)로 평가 ㉡ 사업연도 종료일 현재의 매매기준율(재정환율)로 평가

② 비금융회사가 신고한 평가방법은 원칙적으로 그 후의 사업연도에도 계속하여 적용하여야 하나, 신고한 평가방법을 적용한 사업연도부터 5개 사업연도가 지난 후에는 다른 방법으로 신고할 수 있다.

화폐성 외화자산·부채의 구분

구분	화폐성 자산·부채	비화폐성 자산·부채
정의	지급받거나 지급할 금액이 일정 화폐단위로 고정되어 있는 자산·부채	지급받거나 지급할 금액이 일정 화폐단위로 고정되지 않은 자산·부채
사례	매출채권, 미수금, 대여금, 매입채무, 미지급금, 차입금 등	선급금, 재고자산, 유형자산 선수금 등

예제 8

다음 중 제조업을 영위하는 (주)삼일의 법인세 신고 시 세무조정이 필요 없는 것은 무엇인가?

① 보유중인 단기매매금융자산을 결산일 현재의 공정가치로 평가하여 단기매매금융자산평가이익을 계상하였다.
② 원천징수 되는 정기예금의 이자를 발생주의에 따라 미수수익을 인식하고 영업외수익으로 계상하였다.
③ 장기할부판매시 발생한 채권에 대하여 K-IFRS에서 정하는 바에 따라 현재가치로 평가하여 현재가치할인차금을 계상하였다.
④ 장기도급공사에 대하여 완성기준으로 수익을 인식하였다.

해설 단기매매금융자산평가이익은 인정되지 않으며, 제조업의 미수수익은 익금불산입
정답 ③

6 자산의 평가차손

자산평가손실은 원칙적으로 손금으로 인정되지 않음.
다만, 다음의 평가손실은 인정

항목	비고	
재고자산	㉠ 파손·부패 등으로 평가차손을 계상한 경우 ㉡ 세법상 재고자산평가방법을 저가법으로 신고한 법인이 재고자산평가손실을 계상한 경우	
주식	발행법인이 - 부도발생 - 회생계획인가 결정 - 부실징후기업된 경우	㉠ 주권상장법인이 발행한 주식 ㉡ 특수관계 없는 법인이 발행한 주식 ㉢ 중소기업창업투자회사 또는 신기술사업금융업자가 보유하는 주식 중 창업자 또는 신기술사업자가 발행한 주식
	발행법인 파산	해당 주식
고정자산	㉠ 천재지변, 화재, 법령에 의한 수용, 폐광으로 인해 파손되거나 멸실된 것의 평가차손 ㉡ 시설의 개체 또는 기술의 낙후로 인한 생산설비 폐기손실 ㉢ 사업 폐지 또는 사업장 이전으로 임차한 사업장의 원상회복을 위해 시설물을 철거하는 경우(단, ㉡, ㉢은 장부가액에서 1천원 공제한 금액)	

출제예상 문제

01 **다음 중 법인세법상 손익의 귀속시기에 관한 설명으로 가장 옳지 않은 것은?**

① 손익의 귀속사업연도는 법인세법의 규정을 우선 적용하고 법인세법에 규정되지 않은 사항에 대해서 회계기준 등을 따르도록 하고 있다.

② 법인세법상 손익은 권리·의무가 확정되는 시점에 인식한다.

③ 위탁판매의 경우 수탁자가 판매한 시점에 손익을 인식한다.

④ 법인세법 규정이 회계기준 또는 관행과 다른 경우에는 회계기준 또는 관행에 의한다.

⑤ 법인세법에서는 기업회계와의 조화를 위하여 발생주의도 인정하고 있다.

02 **다음 중 법인세법상 손익의 귀속시기에 관한 설명으로 가장 올바르지 않은 것은?**

① 제조업을 영위하는 법인이 이자지급일 이전에 기간 경과분을 이자비용으로 계상하는 경우 해당 사업연도의 손금으로 인정되지 아니한다.

② 중소기업의 단기 건설용역의 경우에는 그 목적물이 인도되는 사업연도의 익금과 손금에 산입할 수 있다.

③ 금융회사 등이 수입하는 이자 등은 원칙적으로 현금주의에 의해 수익의 귀속사업연도를 결정하되 선수입이자 등은 제외한다.

④ 중소기업이 장기할부조건으로 자산을 판매하고 결산서상 인도기준으로 손익을 인식한 경우에도 신고조정을 통해 회수기일도래기준으로 익금과 손금에 산입할 수 있다.

03 **다음 중 법인세법상 손익의 귀속시기에 관한 설명으로 올바르게 묶은 것은?**

가. 부동산의 양도손익은 소유권 이전 등기일에 상관없이 대금청산일에 인식한다.
나. 일반적인 상품판매의 경우 인도일이 속하는 날에 손익을 인식한다.
다. 법인세법 상 장기할부판매의 손익귀속시기는 현금이 회수되는 시점이다.
라. 국내 금융기관에 가입한 정기적금에 대해 사업연도말 기준으로 기간경과분 이자를 인식해야 한다.
마. 기부금은 현금주의에 따라 손익귀속시기를 판단한다.

① 가, 다　　② 나, 마
③ 다, 라　　④ 가, 라, 마

04 **다음은 건설업과 건설장비 제조업을 영위하는 (주)삼일이 제20기(20×2.1.1. ~20×2. 12.31.) 중 인식한 수익인식방법에 대한 설명이다. 법인세 계산 시 세무조정이 필요한 항목은?**

① 건설장비 A를 3개월 외상으로 판매하였으나 인도한 시점에 수익으로 처리하였다.
② 건설장비 B를 3개월 할부로 판매하였으나 인도한 시점에 수익으로 처리하였다.
③ 건설장비 C를 2년 할부로 판매하였으나 할부대금을 수령하지 못해 수익은 인식하지 않았다.
④ 건축기간 2년이 소요되는 상가 건설공사를 수주하고 당기 중 건설등을 완료한 정도에 따라 수익을 인식하였다.

05 **중소기업이 아닌 (주)삼일건설의 제15기(20×1.1.1 ~ 20×1.12.31) 공사내역이다. 제시된 공사에 대하여 회사가 모두 회계기준에 의한 진행기준으로 회계처리한 경우 올바른 세무조정은?**

구분	공사기간	도급금액	20×1년 공사비	총공사예정비
A공사	20×1. 7. 1 ~ 20×3. 1. 10	100억원	15억원	50억원
B공사	20×1. 10. 1 ~ 20×3. 5. 30	50억원	8억원	40억원

① 〈익금불산입〉 공사수익 50억원(△유보)
〈손금불산입〉 공사원가 30억원(유보)
② 〈익금불산입〉 공사수익 30억원(△유보)
〈손금불산입〉 공사원가 20억원(유보)
③ 〈익금불산입〉 공사수익 15억원(△유보)
〈손금불산입〉 공사원가 10억원(유보)
④ 세무조정 사항 없음

06 **(주)삼일의 신입사원이 제2기에 인도한 물품(매출액 100원, 매출원가 60원)에 대하여 현금을 수령한 제3기에 매출을 인식한 경우 필요한 제2기 및 제3기의 세무조정은?** (단, 회사는 재고자산실사를 통해서 매출원가 및 기말재고자산가액을 평가한다.)

① 제2기 및 제3기 모두 별도의 세무조정 필요없음
② 제2기 : 익금산입 100원(유보), 손금산입 60원(△유보)
제3기 : 익금불산입 100원(△유보), 손금불산입 60원(유보)
③ 제2기 : 세무조정 필요없음
제3기 : 익금불산입 100원(△유보)
④ 제2기 : 익금산입 100원(유보)
제3기 : 익금불산입 100원(△유보)

07 **중소기업인 (주)삼일은 다음과 같은 회수조건으로 기계장치를 판매하였다. 제10기(20×1.1.1. ~20×1.12.31) 사업연도의 법인세법상 익금은 얼마인가?** (원가에 대한 조정은 고려하지 않음)

> ① 계약일 : 20×1.3.31
> ② 계약금액 : ₩30,000,000
> ③ 대금결제조건 : 20×1.3.31 계약금 ₩10,000,000, 6개월 경과시마다 ₩5,000,000씩 4회에 분할하여 결제함.
> ④ 20×1.9.30에 회수되어야 할부불금이 결제되지 아니하였다.
> ⑤ 회사는 장기할부매출에 대해 회수기준으로 회계처리하여 20×1. 3. 31에 회수한 ₩10,000,000을 매출로 계상하였음.

① 10,000,000원
② 15,000,000원
③ 20,000,000원
④ 30,000,000원

08 **다음 중 법인세법상 손익의 귀속시기에 대한 설명으로 가장 올바르지 않은 것은?**

① 원천징수되지 아니하는 이자소득에 대해 발생주의에 따라 장부상 미수수익을 계상한 경우 익금으로 인정한다.
② 임대료 지급기간이 1 년을 초과하는 경우 이미 경과한 기간에 대응하는 임대료 상당액과 비용은 이를 각각 당해 사업연도의 익금과 손금으로 한다.
③ 부동산의 경우 대금청산일, 소유권이전등기일, 인도일, 사용수익일 중 가장 빠른날을 귀속시기로 한다.
④ 법인이 잉여금처분으로 수입하는 배당금은 실제 배당금을 지급받는 날이 속하는 사업연도의 익금에 산입한다.

09 **다음 중 법인세법상 자산·부채의 평가에 대한 설명으로 가장 옳지 않은 것은?**

① 재고자산 평가방법은 영업종목별, 영업장별로 다른 방법을 적용할 수 있다.
② 재고자산 평가방법을 변경하고자 하는 법인은 변경할 평가방법을 적용하고자 하는 사업연도의 종료일 이전 3개월이 되는 날까지 신고하여야 한다.
③ 재고자산평가방법을 신고한 평가방법 이외의 방법으로 평가한 경우 선입선출법(매매목적용 부동산은 개별법)과 당초 신고한 방법으로 평가한 금액 중 큰 금액으로 평가한다.
④ 재고자산평가방법을 신고하지 않은 경우 총평균법을 적용하여 평가한다.

10 **다음 중 영리내국법인의 자산·부채의 취득 및 평가와 손익의 귀속사업연도에 관한 설명으로 가장 올바르지 않은 것은?**

① 재고자산 평가방법을 신고하지 아니하여 무신고에 따른 평가방법을 적용하는 경우에는 총평균법을 이용한다.

② 은행법에 의한 인가를 받아 설립된 은행이 보유하는 화폐성외화자산·부채는 사업연도 종료일 현재의 기획재정부령으로 정하는 매매기준율 또는 재정된 매매기준율로 평가하여야 한다.

③ 중소기업 법인이 장기할부조건으로 자산을 판매하거나 양도한 경우에는 그 장기할부조건에 따라 각 사업연도에 회수하였거나 회수할 금액과 이에 대응하는 비용을 각각 해당 사업연도의 익금과 손금에 산입할 수 있다.

④ 중소기업 법인이 수행하는 계약기간 1 년 미만 건설용역의 경우에는 그 목적물의 인도일이 속하는 사업연도에 익금과 손금을 산입할 수 있다.

11 **(주)삼일은 후입선출법으로 평가해 오던 재고자산을 총평균법으로 변경하기로 하고 20×1. 10. 25 재고자산평가방법 변경신고서를 제출하였다. 20×1년과 20×2년 법인세 세무조정으로 옳은 것은?**

(1) 기말재고자산 평가액

구분	20×1년	20×2년
선입선출법	60,000,000원	55,000,000원
후입선출법	45,000,000원	45,000,000원
총평균법	50,000,000원	50,000,000원

(2) 20×1년, 20×2년 재고자산은 총평균법을 적용하여 평가하였다.

① 20×1년 : 익금산입 재고자산 10,000,000원 (유보)
20×2년 : 손금산입 전기재고자산 10,000,000원 (△유보)

② 20×1년 : 익금산입 재고자산 10,000,000원 (유보)
20×2년 : 없음

③ 20×1년 : 없음
20×2년 : 손금산입 전기재고자산 10,000,000원 (△유보)

④ 20×1년 : 없음
20×2년 : 없음

12 **다음 자료에 의하여 (주)삼일의 제4기 주식 처분 시 세무조정으로 옳은 것은?**

(1) 회사는 3기 10월 1일에 (주)용산의 주식 100주를 특수관계인인 개인으로부터 1주당10,000원(시가 15,000원)에 취득하고 다음과 같이 회계처리하였다.

(차) 단기매매금융자산	1,000,000	(대) 현금	1,000,000

(2) 회사는 (주)용산의 주식을 시가평가하고 다음과 같이 회계처리하였다.

(차) 단기매매금융자산	600,000	(대) 단기매매금융자산평가이익	600,000

(3) 4기 (주)용산의 주식 100주를 1주당 20,000원에 전액 처분하고 다음과 같이 회계처리하였다.

(차) 현금	2,000,000	(대) 단기매매금융자산	1,600,000
		단기매매금융자산처분이익	400,000

① 익금산입 단기매매금융자산 100,000원 (유보)
② 익금산입 단기매매금융자산 500,000원 (유보)
③ 손금산입 단기매매금융자산 100,000원 (△유보)
④ 손금산입 단기매매금융자산 500,000원 (△유보)

13 **(주)삼일이 매도가능금융자산의 취득·평가·처분과 관련된 회계처리를 회계기준에 따라 수행하였을 경우, 매도가능금융자산의 평가가 제5기와 제6기의 법인세 과세표준에 미치는 영향을 옳게 설명한 것은?**

〈제5기 : 20×2.1.1 ~ 20×2.12.31〉
3/1 매도가능금융자산 취득 – 취득원가 : 10,000,000원
12/31 매도가능금융자산 평가 – 공정가액 : 3,000,000원
〈제6기 : 20×3.1.1 ~ 20×3.12.31〉
1/15 매도가능금융자산 처분 – 처분가액 : 30,000,000원

	제5기	제6기
①	11,000,000원 증가	11,000,000원 감소
②	10,000,000원 증가	10,000,000원 감소
③	10,000,000원 감소	10,000,000원 증가
④	영향 없음	영향 없음

14 **다음 중 제조업을 영위하는 ㈜삼일의 법인세 신고시 세무조정이 필요 없는 것은 무엇인가?**

① 보유중인 단기매매금융자산을 결산일 현재의 공정가치로 평가하여 단기 매매금융자산평가이익을 계상하였다.
② 원천징수 되는 정기예금의 이자를 발생주의에 따라 미수수익을 인식하고 영업외수익으로 계상하였다.
③ 장기할부판매시 발생한 채권에 대하여 K-IFRS에서 정하는 바에 따라 현재가치로 평가하여 현재가치할인차금을 계상하였다.
④ 장기 도급공사에 대하여 완성기준으로 수익을 인식하였다.

15 **법인세법상 자산의 평가에 관한 다음의 설명 중 옳지 않은 것은?**

① 코스닥상장주식의 장부가액은 기말시점 현재 시장가격을 반영하여야 한다.
② 재고자산의 시가가 취득원가보다 작은 경우 평가손실을 장부에 반영할 수 있다.
③ 비금융회사가 보유하고 있는 화폐성외화자산은 기말 현재 매매기준율로 평가할 수 있다.
④ 천재지변, 화재 혹은 법령에 의한 수용 등의 경우에는 예외적으로 유형자산의 감액손실을 인식할 수 있다.

16 **제빵업을 영위하는 (주)삼일은 당기 결산 시 다음과 같은 평가손실을 계상하였다. 세무상 손금으로 인정되는 것으로 올바르게 묶은 것은?**

가. 장부금액이 1억원인 기계장치가 태풍으로 파손되어 처분가능한 시가인 1천만원으로 감액하고 손상차손 9천만원을 계상하였다.
나. 제품인 빵이 유통기한 경과로 부패하여 전량 폐기처분 하고 재고자산폐기손실 1억원을 계상하였다.

① 모두 인정되지 않음
② 가
③ 나
④ 가, 나

17 **다음 중 법인세법상 재고자산 및 유가증권의 평가방법에 관한 설명으로 가장 올바르지 않은 것을 모두 고르면?**

① 법인이 보유한 채권의 평가는 선입선출법, 총평균법 중 법인이 납세지 관할 세무서장에게 신고한 방법에 의한다.
② 법인의 재고자산평가는 원가법과 저가법 중 법인이 납세지 관할세무서장에게 신고한 방법에 의한다.
③ 법인의 재고자산평가는 자산과목별로 구분하여 종류별·영업장별로 각각 다른 방법으로 평가할 수 있다.
④ 법인이 제10기(사업연도 : 20×2. 1.1 ~ 20×2.12. 31)부터 재고자산평가방법을 변경하며 법인세법 상 평가방법 변경신고를 20×2년 10월 30일에 한 경우, 20×2년 재고자산은 변경 신고한 방법으로 평가하여야 한다.

[redacted]

정답 및 해설

01	④	02	①	03	②	04	③	05	④	06	④	07	②	08	④	09	④	10	①
11	①	12	①	13	④	14	③	15	①	16	④	17	①④						

01 ④ 법인세법과 회계기준의 충돌시 법인세법을 우선적으로 적용하며 법인세법에 규정이 없는 경우에 한하여 회계기준을 적용한다. 법인세법에서는 기업회계와의 조화를 위하여 대손충당금, 퇴직급여충당금 등 발생주의도 인정하고 있다.

02 ① 기간경과분 이자비용을 비용으로 계상한 경우 손금으로 인정된다.

03 ② 부동산의 양도손익은 대금청산일·소유권이전등기일·인도일 또는 사용수익일 중 빠른날에 인식한다. 장기할부판매의 경우 명목가치 인도기준으로 인식하되 장부에 현재가치 인도기준이나 회수기일도래기준을 적용한 경우 이를 인정한다. 이자에 대해 원천징수되는 금융상품에 대한 기간경과분 이자수익은 실제 수령하는 시점에 익금으로 처리한다.

04 ③ 법인세법상 장기할부판매의 손익귀속시기는 원칙적으로 인도시점이 원칙이며, 회수기일도래기준을 적용한 경우 예외적으로 인정하지만, 회수기일도래기준은 현금 수령 여부와 무관하게 회수기일의 수익으로 보므로 어느 경우에도 세무조정이 필요하다.

05 ④ 공사손익을 기업회계에 따라 진행기준으로 처리했으므로 세무조정은 없다.

06 ④ 자산의 판매손익은 인도일을 기준으로 손익을 인식해야 하므로 회계상 3기에 매출로 처리한 회계처리를 2기의 익금으로 세무조정해야 한다. 재고자산은 실사를 통해서 결정된다고 했으므로 매출원가는 적정하게 계상되었을 것이므로 매출원가와 관련한 세무조정은 없다.

07 ② 회사는 장부에 회수기준으로 처리했으므로 법인세법 상 회수기일도래기준을 적용해야 한다. 20×1 사업연도에 받기로 한 금액은 1,500만원(계약금 1,000만원 + 1차할부금 500만원)이므로 법인세법 상 익금은 1,500만원이다.

08 ④ 법인이 잉여금처분으로 수입하는 배당금은 잉여금처분결의일이 속하는 사업연도의 익금에 산입한다.

09 ④ 재고자산평가방법을 신고하지 않은 경우 선입선출법(매매목적용 부동산은 개별법)을 적용한다.

10 ① 재고자산 평가방법을 신고하지 아니하여 무신고에 따른 평가방법을 적용하는 경우에는 선입선출법을 이용한다.

11 ① 재고자산평가방법 변경 신고를 20×1년 9월 30일 이전에 했어야 하지만, 20×1년 10월 25일에 신고하여 20×1년에는 변경된 평가방법을 적용할 수 없으나, 장부에 평가방법을 변경 했으므로 임의변경에 해당한다.

20×1년 : 회계상 총평균법 적용하여 평가했으나 세무상 평가방법은 임의변경으로 보아
Max(선입선출법, 후입선출법) = 60백만원이다.
세무조정 = 60백만원 − 50백만원 =
〈익금산입〉 재고자산 10,000,000원 (유보)
동 금액은 20×2년도에 재고자산이 판매될 것이므로 추인한다.

12 ① 3기 매입시 〈익금산입〉 단기매매금융자산 500,000원 (유보)
3기 평가시 〈손금산입〉 단기매매금융자산 600,000원 (△유보)
4기 처분시 〈익금산입〉 단기매매금융자산 100,000원 (유보)
특수관계인인 개인으로부터 유가증권을 시가보다 저가로 매입한 경우 이를 익금산입하며, 기말평가 시 이를 부인한다. 또한, 유가증권 관련 유보는 처분시 소멸한다.

13 ④ 매도가능금융자산의 평가는 법인세법상 인정되지 않으므로 과세소득에 영향을 주지 않는다.

14 ③ 단기매매금융자산의 공정가치 평가는 인정되지 않으며, 제조업 법인이 계상한 기간경과분 미수수익은 익금불산입 한다. 또한, 장기 도급공사에 대해서는 진행기준에 따라 익금 계상해야 한다.

15 ① 법인세법상 유가증권의 평가방법은 원칙적으로 원가법을 적용한다.
재고자산 평가방법을 저가법으로 신고한 경우 시가가 취득원가보다 하락 시 평가손실을 계상할 수 있으며, 비금융회사가 보유하고 있는 화폐성외화자산은 회사의 선택에 따라 기말 현재 매매기준율로 평가할 수 있다. 또한, 천재지변, 화재 혹은 법령에 의한 수용 등의 경우에는 예외적으로 유형자산의 감액손실을 인식할 수 있다.

16 ④ 천재, 지변으로 인한 기계장치 손상차손과 부패로 인한 재고자산폐기손실은 세무상 손금으로 인정된다.

17 ①,④ 채권은 개별법, 총평균법, 이동평균법 중 하나로 평가한다. 재고자산평가방법을 변경한 경우 20×2년 9월 30일 까지 신고해야 하는데 20×2년 10월 30일에 신고했으므로, 임의변경에 해당하고, 이 경우 20×2년 재고자산은 Max(선입선출법, 당초 신고한 방법) 으로 평가한다.

CHAPTER 05 감가상각비 손금불산입

1 감가상각 개념 및 특징

① 감가상각이란 적정한 기간손익계산을 위하여 고정자산의 취득원가를 일정한 상각방법에 의해서 당해 자산의 내용연수에 걸쳐 동 자산의 이용이나 시간의 경과 등으로 인한 효용의 감소분을 비용으로 배분하는 회계절차이다.

② 사업용 유형자산과 무형자산 중 시간의 경과에 따라 가치가 감소하는 것이 감가상각자산이다.(업무무관자산, 시간의 경과에 따라 가치가 감소하지 않는 자산(예 토지)은 감가상각자산이 아니다.)

③ 법인세법에서는 감가상각비 계산을 위한 모든 요소를 법정하고 있다.

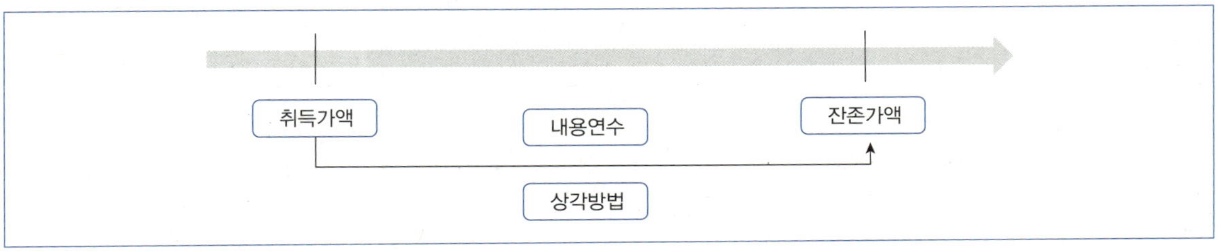

2 취득가액

① 취득가액이란 법인이 고정자산을 취득하여 법인 고유의 목적사업에 직접 사용할 때까지의 제반비용(운송비, 하역비, 보험료, 관세 등)을 포함한다.

② **수선비 지출**한 경우 아래와 같이 처리한다.

구분	개념	세무상 처리
자본적지출	고정자산의 내용연수를 연장시키거나 가치를 실질적으로 증가시키는 수선비(본래의 용도를 변경시키기 위한 개조 엘리베이터, 냉난방장치 설치 / 빌딩의 피난시설 설치 / 재해로 훼손되어 본래의 용도에 이용가치가 없는 건축물, 기계 등의 복구 / 기타 개량·확장·증설 등 위와 유사한 성질의 것)	취득원가에 가산되어 이후 감가상각과정을 통해 손금에 산입
수익적지출	고정자산의 원상을 회복하거나 능률유지를 위하여 지출한 수선비 (예 건물 또는 벽의 도장 / 재해를 입은 자산에 대한 외장의 복구 / 파손유리와 타이어튜브 교체 / 기계의 소모된 부품 교체)	지출당시에 당기비용으로 처리

3 잔존가액

① **유형·무형자산의 구분없이 잔존가액을 0(영)**으로 함.

② 다만, 정률법의 경우 상각률을 계산하는 경우에는 잔존가액을 취득가액의 5%로 하되, 그 금액은 당해 감가상각자산에 대한 미상각잔액이 최초로 취득가액의 100분의 5 이하가 되는 사업연도의 상각범위액에 가산한다.

4 내용연수

① 내용연수란 고정자산이 법인의 영업활동에 이용될 수 있는 사용연수를 의미함.

② 세법에서는 내용연수를 **구조 또는 자산별·업종별**로 기획재정부령으로 정하고 있음.

③ 이는 법인의 자의적인 내용연수 적용에 의한 감가상각범위액 계산의 왜곡여지를 제거함으로써 과세의 편리성과 통일성을 기하기 위한 것이다.

④ 내용연수는 자산의 종류에 따라

- 일정범위 내에서 선택하는 경우도 있고
- 법에서 내용연수를 특정한 경우도 있음

구분	개념
기준내용연수	자산별·업종별로 법에서 규정한 내용연수
신고내용연수	기준내용연수의 상하 25% 범위 내에서 회사가 선택한 내용연수

내용연수

구분	내용연수
① 개발비	20년 이내의 신고한 내용연수(무신고 시 5년)
② 사용수익기부자산가액	사용수익기간
③ 시험연구용자산 및 기타무형고정자산	기준내용연수
④ 위 이외의 자산 (대부분 유형자산)	자산별·업종별로 기준내용연수의 상하 25% 범위 내에서 영업개시 사업연도 과세표준 신고기한까지 신고한 내용연수(무신고 시 기준내용연수)

내용연수 신고

① 내용연수는 그 사업개시일이나 새로운 유형의 자산의 취득일이 속하는 사업연도의 법인세 과세표준 신고기한까지 관할세무서장에게 신고해야 한다.

② 내용연수를 신고하지 않은 경우에는 기준내용연수를 적용하며, 이를 이후 사업연도에도 계속 적용해야 한다.

(1) 건축물 등의 기준내용연수 및 내용연수범위표(제15조 제3항 관련)

구분	기준내용연수 및 내용연수범위(하한~상한)	구조 또는 자산명
1	5년 (4년~6년)	차량 및 운반구(운수업, 기계장비 및 소비용품 임대업에 사용되는 차량 및 운반구를 제외한다). 공구, 기구 및 비품
2	12년 (9년~15년)	선박 및 항공기(어업, 운수업, 기계장비 및 소비용품 임대업에 사용되는 선박 및 항공기를 제외한다)(2001. 3. 9. 개정)
3	20년 (15년~25년)	연와조, 블록조, 콘크리트조, 토조, 토벽조, 목조, 목골모르타르조, 기타조의 모든 건물(부속설비를 포함한다)과 구축물
4	40년 (30년~50년)	철골·철근콘크리트조, 철근콘크리트조, 석조, 연와석조, 철골조의 모든 건물(부속설비를 포함한다)과 구축물

(2) 업종별자산의 내용연수표(제15조 제3항 관련) → 일부 발췌

구분	기준내용연수 및 내용연수범위(하한~상한)	적용대상자산(해당업종에 사용되는 자산)	
		대분류	중분류
1	4년 (3년~5년)	제조업	15. 가죽, 가방 및 신발제조업
2		교육서비스업	85. 교육서비스업
3	5년 (4년~6년)	제조업	18. 인쇄 및 기록매체복제업 21. 의료용 물질 및 의약품 제조업
4		도매 및 소매업	45. 자동차 및 부품 판매업 46. 도매 및 상품중개업 47. 소매업(자동차는 제외한다)

(3) 시험연구용자산의 내용연수표(제15조 제1항 및 제2항 관련)

자산범위	자산명	내용연수
1. 새로운 지식이나 기술의 발견을 위한 실험연구 시설 2. 신제품이나 신기술을 개발할 목적으로 관련된 지식과 경험을 응용하는 연구시설 3. 신제품이나 신기술과 관련된 시제품, 원형, 모형 또는 시험설비 등의 설계, 제작 및 시설을 위한 설비 4. 새로운 기술에 수반되는 공구, 기구, 금형 등의 설계 및 시험적 제작을 위한 시설 5. 직업훈련용 시설	(1) 건물부속설비 (2) 구축물 (3) 기계장치	5년
	(4) 광학기기 (5) 시험기기 (6) 측정기기 (7) 공구 (8) 기타 시험연구용 설비	3년

(4) 무형고정자산의 내용연수표(제15조 제2항 관련)

구분	내용연수	무형고정자산
1	5년	영업권, 디자인권, 실용신안권, 상표권
2	7년	특허권
3	10년	어업권, 「해저광물자원 개발법」에 의한 채취권(생산량비례법 선택 적용), 유료도로관리권, 수리권, 전기가스공급시설이용권, 공업용수도시설이용권, 수도시설이용권, 열공급시설이용권
4	20년	광업권(생산량비례법 선택 적용), 전신전화전용시설이용권, 전용측선이용권, 하수종말처리장시설관리권, 수도시설관리권
5	50년	댐사용권

5 상각방법

① 감가상각방법은 자산별로 구분되어 있으며 이 중 하나를 선택하여 납세지 관할세무서장에게 신고하여야 한다.

② 무신고시 법에서 정한 방법을 적용한다.

구분		상각방법	무신고시 상각방법
유형자산	건축물	정액법	정액법
	위 이외 유형자산	정액법 · 정률법	정률법
	광업용 유형자산	정액법 · 정률법 · 생산량비례법	생산량비례법
	폐기물 매립시설	정액법 · 생산량비례법	생산량비례법
무형자산	개발비	20년 내 정액법	5년간 정액법
	기타 무형자산	정액법	정액법
	광업권	정액법 · 생산량비례법	생산량비례법
	사용수익기부자산가액	사용수익기간 동안 균등상각	
	주파수이용권 · 공항시설관리권 · 항만시설관리권	사용기간 동안 정액법	(좌동)

상각방법 신고

감가상각방법의 신고는 다음의 기한 내에 하여야 한다.

구분	신고기한
신설법인과 새로 수익사업을 개시한 비영리법인	영업개시일이 속하는 사업연도의 법인세 과세표준 신고기한
고정자산을 **새로이 취득**한 경우	취득일이 속하는 사업연도의 법인세 과세표준 신고기한

신고기한 정리

사업연도 변경	직전 사업연도 종료일 부터 3개월 이내	
납세지 변경	그 변경일로부터 15일 이내	
재고자산, 유가증권 평가	신설법인	설립일 속하는 과세표준 신고기한 까지
	변경신고	변경할 방법 적용하고자 하는 사업연도 종료일 이전 3개월
내용연수 신고	사업개시일(취득일)이 속하는 과세표준 신고기한	
상각방법 신고	사업개시일(취득일)이 속하는 과세표준 신고기한	

6 감가상각 시부인

구분	발생연도	이후연도
상각부인액	회사가 계상한 감가상각비가 법인세법상의 상각범위액을 초과한 경우 발생하는 것으로 그 초과액은 손금불산입(유보)처분함.	차기 이후 시인부족액이 발생하면 그 시인부족액의 범위 내에서 손금산입(△유보)으로 추인함.
시인부족액	① 회사가 계상한 감가상각비가 법인세법상 상각범위액에 미달하는 경우에는 시인부족액이 발생함. ② 감가상각비는 결산조정사항에 해당하므로 회사가 결산서에 계상하지 않은 시인부족액을 원칙적으로 손금에 산입하지 않음.	① 하지만, 전기 상각부인액 존재 시 상각부인액 범위에서 시인부족액을 손금산입함. ② 또한, 국제회계기준을 적용하는 내국법인의 경우에는 유형자산과 내용연수가 비한정인 무형고정자산의 감가상각비에 대해 일정한도 내에서 추가로 손금에 산입함.

구분	1기	2기	3기	4기
회사상각비	–	–	500	–
상각범위액	300	300	300	300
세무조정	–	–	200	△200

예제 1

회사상각비 500 / 상각범위액 1,000인 경우 다음 각각의 세무조정은?

해설

i) 전기상각부인유보 1,000	〈손금산입〉 전기상각부인 500(△유보)
ii) 전기상각부인유보 300	〈손금산입〉 전기상각부인 300(△유보)
iii) 전기시인부족액 1,000	n/a
iv) 전기상각부인/시인부족 없음	n/a

7 상각범위액

구분	상각범위액
정액법	상각범위액 = 세무상 취득가액 × 상각률
정률법	상각범위액 = 세무상 장부가액 × 상각률

① 정액법 상각범위액

취득가액 1,000, 내용연수 5년인 기계장치의 정액법 따른 상각범위액을 구하면?
(정액법 : 0.2, 정률법 : 0.451)

정액법	1차연도	2차연도	3차연도	4차연도	5차연도
회사상각액	100	400	500	–	–
상각범위액	200	200	200	200	200
한도시부인	–	200	300	△200	△200
유보잔액	–	200	500	300	100
회계상 장부가액	900	500	–	–	–
세무상 장부가액	900	700	500	300	100

② 정률법 상각범위액

취득가액 1,000, 내용연수 5년인 기계장치의 정액법 따른 상각범위액을 구하면?
(정액법 : 0.2, 정률법 : 0.451)

	1차연도	2차연도	3차연도	4차연도	5차연도
회사상각액	0	600	0	400	0
상각범위액	451	451	248	180	99
한도시부인	0	149	-149	220	-99
유보잔액		149	0	220	121
회계상 장부가액	1,000	400	400	0	0
세무상 장부가액	1,000	549	400	220	121

예제 2

(주)삼일은 전기에 취득가액 5백만원의 기계장치를 구입하였다. 이와 관련한 자료가 다음과 같다고 가정할 경우 정액법과 정률법을 적용한 세무상 상각범위액을 각각 구하시오.

구분	정액법	정률법
취득가액	5,000,000	5,000,000
전기말감가상각누계액	1,200,000	2,455,000
전기이월상각부인액누계	200,000	200,000
내용연수	5년	5년
상각률	0.2	0.451

해설 (1) 정액법 상각범위액
₩5,000,000 × 0.2 = ₩1,000,000
(2) 정률법 상각범위액
(₩5,000,000 − ₩2,455,000 + ₩200,000) × 0.451 = ₩1,237,995

8 감가상각 특징

법인세법상 감가상각제도는 다음과 같은 특징이 있다.

① 감가상각을 할 것인가의 여부는 법인의 내부의사결정에 의한다(임의상각제도).

② 법인세법 상 일정 한도를 초과하는 금액은 손금불산입 한다.

감가상각 주의사항

구분	세무상 처리방법
① 신규취득자산	㉠ 사업에 사용한 날부터 당해 사업연도 종료일까지의 월수에 따라 계산 ㉡ 월수는 역에 따라 계산하되 1개월 미만의 일수는 1개월로 함.
② 자본적지출	㉠ 기존고정자산의 장부가액에 합산하여 그 자산의 내용연수를 그대로 적용하여 감가상각함. ㉡ 즉, 자본적 지출이 발생한 이후의 월수를 고려하지 않음.
③ 사업연도 중 양도한 자산	㉠ 사업연도 개시일부터 양도일까지의 감가상각비를 계상하는 것이 원칙 ㉡ 법인세법상으로는 이를 계상하지 않더라도 감가상각비와 자산처분손익이 서로 상계되어 과세소득이 동일하게 계산됨.

✔ 7/1 신규취득 : 7/1 ~ 12/31
7/1 자본적지출 : 1/1 ~ 12/31(단, 당기 취득분은 취득일 부터)

9 감가상각 시부인 단위

① 법인의 각 사업연도 감가상각액의 시부인은 개별 감가상각자산별로 계산한 금액에 의함.

② **한 자산의 상각부인액과 다른 자산의 시인부족액은 서로 상계할 수 없으며, 각각 별도의 세무조정과정을 거쳐야 함.**

예제 3

다음은 (주)삼일이 유형자산 감가상각과 관련한 자료이다. 필요한 세무조정으로 가장 옳은 것은? (단, K-IFRS 도입에 따라 추가로 손금산입되는 감가상각비는 없는 것으로 한다)

구분	기초상각부인액	비용계상액	상각범위액	과부족액
컴퓨터	–	80	40	40
책상	–	20	30	△10
탁자	–	30	20	10
차량운반구	20	200	240	△40

① 〈손금불산입〉 감가상각비한도초과 50 (유보)
② 〈손금산입〉 전기감가상각비한도초과 20 (△유보)
③ 〈손금불산입〉 감가상각비한도초과 50 (유보)
〈손금산입〉 전기감가상각비한도초과 50 (△유보)
④ 〈손금불산입〉 감가상각비한도초과 50 (유보)
〈손금산입〉 전기감가상각비한도초과 20 (△유보)

해설 시인부족액은 전기상각부인액 범위 내에서만 손금산입 가능함.
정답 ④

10 즉시상각의제

① 고정자산의 **취득가액과 자본적 지출**에 해당하는 금액을 **비용으로 계상**한 경우
② 고정자산이 진부화·물리적 손상 등에 따라 **손상차손**을 계상한 경우(단, 천재지변, 화재 등으로 파손되거나 멸실된 경우제외)
⇨ **이를 즉시 감가상각한 것으로 간주하여 감가상각 시부인함.**

취득가액 1,000, 내용연수5년인 기계장치를 취득하며 회사가 수선비로 처리한 경우? (단, 정액법 5년 상가률은 0.2이다)

정액법	1차연도	2차연도	3차연도	4차연도	5차연도
회사상각액	1,000	–	–	–	–
상각범위액	**200**	**200**	**200**	**200**	**200**
한도시부인	800	△200	△200	△200	△200
유보잔액	800	600	400	200	–
회계상 장부가액	–	–	–	–	–
세무상 장부가액	800	600	400	200	–

11 즉시상각의제 배제

다음은 즉시상각의제를 적용하지 않고, 손금을 그대로 인정함. (자산 취득의 경우 i) 자산으로 계상한 후 감가상각을 하거나 Or ii) 발생 시 비용처리 하는 것 중 법인이 선택하여 처리할 수 있음.)

① 수선비의 지출	다음 중 어느 하나에 해당하는 수선비 ㉠ 개별자산별로 수선비로 지출한 금액이 600만원 미만인 경우 ㉡ 개별자산별로 수선비 지출한 금액이 전기말 현재 재무상태표상 자산의 장부가액 × 5%에 미달하는 경우 ㉢ 3년 미만의 기간마다 주기적인 수선을 위하여 지출하는 경우 등
② 소액자산의 취득	그 자산의 취득가액이 거래단위별로 100만원 이하인 경우로 다음을 제외한 것 ㉠ 그 고유업무의 성질상 대량으로 보유하는 자산 ㉡ 그 사업의 개시 또는 확장을 위하여 취득한 자산
③ 단기사용자산 및 소모성 자산	②에 불구하고 다음의 자산은 그 사업에 사용한 사업연도의 손금 계상시 인정 ㉠ 어업에 사용되는 어구 ㉡ 영화필름·공구·가구·전기기구·가스기기·가정용 기구 및 비품·시계·시험기기·측정기기 및 간판 ㉢ 대여사업용 비디오테이프 및 음악용 콤팩트디스크로서 개별자산의 취득가액이 30만원 미만인 것 ㉣ 전화기(휴대용 전화기 포함) 및 개인용 컴퓨터(주변기기 포함)
④ 폐기손실 및 손상차손	다음의 경우 당해 자산의 장부가액에서 1천원을 공제한 금액을 폐기일이 속하는 사업연도의 손금에 산입할 수 있음 ㉠ 시설의 개체 또는 기술의 낙후로 인하여 생산설비의 일부를 폐기하거나 ㉡ 사업 폐지 또는 사업장 이전으로 임차한 사업장의 원상회복을 위해 시설물을 철거하는 경우

12 감가상각의제

감가상각의제란 일정기간 법인세를 면제 또는 감면받는 사업을 영위하는 법인이 법인세를 면제 받거나 감면받는 경우에 감가상각비를 계상하지 아니하거나 과소계상하였더라도 법인세법상의 상각범위액까지는 손금에 산입해야 한다. 손금으로 계상하거나 손금에 산입하지 아니한 감가상각비는 상각한 것으로 보아 그 후 상각범위액을 계산하는데 이를 감가상각의제라고 한다.

✔ 법인세를 추계결정 또는 경정하는 경우 상각범위액 만큼 감가상각비를 손금에 산입한 것으로 본다.

예제 4

(주)삼일은 당기 중 사업용 고정자산에 대하여 다음과 같이 수선비를 지출하였다. (주)삼일의 담당자들 중 세법의 내용에 가장 부합하지 않게 주장하는 사람은 누구인가?

김부장 : 지난 12월에 시행된 대규모 옥외창고(A) 지붕설치 공사로 인해 다들 수고가 많았습니다. 수선비가 그 실질에 따라 자산의 취득원가를 구성하기도 하고, 혹은 당기 비용으로 처리되기도 합니다. 이번 옥외창고(A)의 신규지붕 설치 공사건에 대한 세무상의 처리가 어떻게 되는지 설명해 주실 분 계십니까?

정과장 : 통상 지붕수리 비용은 수선비로 하여 당기 비용으로 처리하면 되나, 이번 경우는 신규 설치이고 금액이 크기 때문에 자산의 취득원가로 처리하면 될 것이라고 생각합니다.

윤대리 : 자산의 취득원가로 처리한다는 것은 옥외창고(A)에 대한 자본적 지출로 처리해야 한다는 의미인 것 같은데, 제가 알기로는 결산팀에서는 이미 장부상 수선비로 하여 당기 비용처리한 것으로 알고 있습니다. 따라서, 세무조정시 해당 수선비를 자산의 취득원가에 포함하여 감가상각 범위액을 계산하고, 동시에 동 수선비를 감가상각비 계상액에 포함하여 감가상각 한도시부인을 수행하면 될 것입니다

최대리 : 한편 기존 창고(B)에 설치되어 있던 지붕이 노후화로 말미암아, 빗물이 조금씩 새고 있습니다. 따라서, 다음 달 중에 보완공사를 할 예정에 있습니다. 물론, 동 보완공사로 인해 창고의 내용연수가 연장되거나 하지는 않습니다만, 단순한 수리 같은 경우도 건물과 관련된 비용이라고 볼 수 있으므로 동 보완공사에 소요되는 비용은 이번 옥외창고(A)건과 마찬가지로 창고에 대한 자본적 지출로 처리하도록 하겠습니다.

해설 보완공사로 인해 창고의 내용연수가 연장되거나 하지는 않는 경우 수익적지출로 처리해야 함.

정답 최대리

출제예상 문제

01 **다음 중 법인세법상 감가상각 제도에 대한 설명으로 가장 옳지 않은 것은?**

① 자본적지출은 내용연수를 연장하거나 가치를 실질적으로 증가시키는 수선비이고 수익적지출은 원상회복이나 능률유지하는 수선비이다.
② 자산의 취득가액과 자본적 지출에 해당하는 금액을 비용으로 계상한 경우 감가상각한 것으로 보아 상각시부인 한다.
③ 유형자산의 잔존가액은 0, 무형자산의 잔존가액은 취득가액의 10%로 하는 것이 원칙이다.
④ 신설법인과 고정자산을 새로이 취득한 경우 감가상각방법은 법인세과세표준 신고기한까지 신고해야 한다.

02 **다음 중 법인세법상 감가상각 제도에 대한 설명으로 가장 옳지 않은 것은?**

① 사업연도 중에 취득하여 사업에 사용한 감가상각자산에 대한 상각범위액은 사업에 사용한 날부터 당해 사업연도 종료일까지의 월수에 따라 계산한다.
② 기존고정자산에 대한 자본적 지출액은 기존고정자산의 장부가액에 합산하여 그 자산의 내용연수를 그대로 적용하여 감가상각한다.
③ 한 자산의 상각부인액과 다른 자산의 시인부족액은 서로 상계하여 순액으로 세무조정한다.
④ 상각부인액은 차기 이후 시인부족액이 발생하면 그 시인부족액의 범위 내에서 손금산입(△유보)으로 추인할 수 있다.

03 **다음 중 법인세법 상 자본적지출의 예에 해당하지 않는 것은?**

① 냉난방장치의 설치
② 재해를 입은 자산에 대한 외장의 복구
③ 빌딩의 피난시설 설치
④ 재해로 훼손되어 본래의 용도에 이용가치가 없는 기계의 복구

04 **(주)삼일은 전기에 취득가액 5백만원의 기계장치를 구입하였다. 이와 관련한 자료가 다음과 같다고 가정할 경우 당기의 정률법에 의한 법인세법상 상각범위액을 각각 구하면?**

• 취득가액 = 5,000,000원	• 전기말 상각누계액 = 2,455,000원
• 전기이월 상각부인액 = 200,000원	• 내용연수 5년(상각률 0.451)

① 1,000,000원
② 1,147,795원
③ 1,237,995원
④ 2,255,000원

05 (주)삼일은 전기 이전에 취득가액 7억원의 기계장치를 구입하였다. 이와 관련한 자료가 다음과 같다고 가정할 경우 당기(20×1.1.1. ~20×1.12.31.) 정액법에 의한 법인세법상 상각범위액을 구하면?

- 취득가액 = 700,000,000원
- 전기말 상각누계액 = 280,000,000원
- 20×1.7.1. 발생한 자본적지출 = 300,000,000원
- 내용연수 5년(상각률 0.2)

① 84,000,000원
② 140,000,000원
③ 170,000,000원
④ 200,000,000원

06 (주)삼일은 기계장치를 20×1년 1월 29일에 취득하여 당기말 현재 보유중이다. 다음 자료에 의할 경우 당해 사업연도(20×2년 1월 1일 ~ 20×2년 12월 31일)의 감가상각범위액은?

ㄱ. 기계의 취득가액 : 500,000,000원
ㄴ. 신고내용연수 : 10년
ㄷ. 상각률 : 정액법 0.1, 정률법 0.259
ㄹ. 전기말 감가상각누계액 : 40,000,000원
ㅁ. 20×2년 9월 19일 기계장치에 대한 자본적 지출 : 100,000,000원
ㅂ. 신고 감가상각방법 : 무신고

① 56,000,000원
② 60,000,000원
③ 145,040,000원
④ 155,400,000원

07 다음 자료에 의한 (주)삼일의 제21기(20×1년 1월 1일 ~20×1년 12월 31일) 사업연도의 세무조정 사항이 과세표준에 미치는 영향으로 옳은 것은?

구분	건물	비품	차량운반구
신고내용연수	40년	5년	5년
회사계상 감가상각비	4,000,000원	6,000,000원	1,000,000원
세법상 상각범위액	5,000,000원	4,000,000원	3,000,000원
전기이월 상각부인액	2,000,000원	1,000,000원	-

① 1,000,000원 증가
② 2,000,000원 증가
③ 1,000,000원 감소
④ 2,000,000원 감소

08 **다음은 일반기업회계기준을 적용하고 있는 (주)삼일은 제10기(20×2.1.1. ~20×2.12.31.) 사업연도 개시일에 기계장치를 10억 원에 구입하고 아래와 같이 감가상각한다고 가정한다. 세무상 기계장치의 상각방법은 정액법, 내용연수는 5년으로 신고된 경우 감가상각비에 관한 세무조정으로 가장 옳은 것은?** (단, 회사는 감가상각의제 대상 법인이 아니다)

구 분	제10기	제11기	제12기	제13기
회사계상 감가상각비	-	1억원	9억원	-
감가상각 범위액	2억원	2억원	2억원	2억원

① 감가상각비는 결산조정사항이므로 별도의 세무조정을 할 필요가 없다.
② 제11기에 부족한 감가상각비 1억원을 손금산입한다.
③ 제12기에 과다하게 상각한 7억원을 손금불산입한다.
④ 제13기에 시인부족 이므로 별도의 세무조정이 없다.

09 **(주)삼일은 20×1년 1월 1일에 기계장치를 100,000,000원에 취득하였다. 회사는 세법상 기계장치에 대한 감가상각방법을 정액법으로, 내용연수는 5년으로 신고하였으며 잔존가치는 없다고 가정한다. 회사가 20×2년 감가상각비로 18,000,000원을 계상한 경우, 다음 각 상황에 따른 세무조정으로 가장 옳은 것은?**

상황 1. 전기 상각부인액이 2,000,000원이 있는 경우
상황 2. 전기 시인부족액이 1,000,000원이 있는 경우
상황 3. 전기 상각부인액이나 전기 시인부인액이 없는 경우

	상황 1	상황 2	상황 3
①	손금산입 2,000,000원	세무조정 없음	세무조정 없음
②	손금불산입 2,000,000원	손금산입 1,000,000원	손금불산입 2,000,000원
③	손금불산입 2,000,000원	손금불산입 1,000,000원	세무조정 없음
④	손금산입 2,000,000원	세무조정 없음	손금불산입 2,000,000원

10 **다음 중 법인세법상 감가상각비에 관한 설명으로 가장 옳은 것은?**

① 감가상각자산에 대한 자본적 지출액은 기존 고정자산의 내용연수를 그대로 적용하여 감가상각한다. 단 자본적지출이 발생한 날부터 당해 사업연도 종료일까지 월수에 따라 감가상각범위액을 계산하여야 한다.
② 유형자산의 잔존가액은 0(영), 무형자산의 잔존가액은 취득가액의 5%로 하는 것이 원칙이다.
③ 기계장치의 감가상각법을 신고하지 아니한 경우에는 정액법을 적용한다.
④ 사업연도 중에 취득하여 사업에 사용한 감가상각자산에 대한 상각범위액은 사업에 사용한 날부터 당해 사업연도 종료일까지의 월수에 따라 계산한다.

11 ㈜삼일이 10기 사업연도(20×1.1.1 ~ 20×1.12.31) 4월 15일에 건물을 최초로 취득한 경우 법인세법 상 건물에 대한 감가상각 내용연수 신고는 언제까지 해야 하는가?

① 20×1년 6월 30일
② 20×1년 9월 30일
③ 20×1년 12월 31일
④ 20×2년 3월 31일

12 다음 중 법인세법상 기준내용연수 및 신고내용연수에 관한 설명으로 가장 올바르지 않은 것은?

① 내용연수는 자산을 취득한 날이 속하는 사업연도의 법인세과세표준 신고기한까지 관할세무서장에게 신고하여야 한다.
② 내용연수를 신고하지 않은 경우에는 기준내용연수를 적용하며 이를 이후 사업연도에도 계속 적용해야 한다.
③ 신고내용연수는 기준내용연수의 상하 25 % 범위 내에서 선택하여 납세지 관할세무서장에게 신고한 경우 적용한다.
④ 개발비는 법에서 정한 기준내용연수만을 적용하여야 한다.

13 다음 중 취득 후 자산으로 계상하여 감가상각하는 방법과 사업에 사용한 연도에 비용으로 처리하는 방법 중 선택하여 회계처리할 수 있는 자산으로만 묶여진 것은?

㉠ 파손유리와 타이어 교체 ㉡ 취득가액이 100만 원 이하인 감가상각자산(고유업무의 성질상 대량보유하는 자산이 아니며, 사업의 개시, 확장을 위하여 취득하는 자산도 아님) ㉢ 취득가액이 110만 원인 개인용 컴퓨터 ㉣ 고유업무 성질상 대량보유하는 자산

① ㉠, ㉡
② ㉡, ㉢
③ ㉢, ㉣
④ ㉠, ㉣

14 **다음 중 법인세법상 감가상각 자산의 취득가액에 관한 설명으로 가장 옳은 것은?**

① 개별자산별로 수선비로 지출한 금액이 600만 원 미만인 경우 시부인 계산과정을 거치지 않고 전액 손금으로 처리할 수 있다.

② 재해로 멸실되어 자산의 본래 용도에 이용할 가치가 없는 건축물 등의 복구는 수익적지출에 해당한다.

③ 시설의 개체 또는 기술의 낙후로 인하여 생산설비의 일부를 폐기한 경우에는 당해 자산의 장부가액에서 1만 원을 공제한 금액을 폐기일이 속하는 사업연도의 손금에 산입할 수 있다.

④ 수익적 지출은 자산의 취득원가에 가산되어 이후 감가상각과정을 통해 손금에 산입되나 자본적 지출은 지출당시에 당기비용으로 처리된다.

15 **다음 중 법인세법상 감가상각비에 대한 설명으로 가장 옳지 않은 것은?**

① 사업연도 중 양도한 자산도 사업연도 개시일부터 양도일까지의 감가상각비를 계상하는 것이 원칙이다.

② 감가상각자산에 대한 자본적지출 금액은 고정자산의 장부가액에 합산하여 그 자산의 내용연수를 그대로 적용하여 감가상각한다.

③ 사업연도 중에 취득한 자산의 상각범위액은 그 사업에 사용한 날부터 사업연도 종료일 까지의 월수에 따라 계산한다.

④ 한국채택국제회계기준을 도입하여 결산상 감가상각비가 감소한 경우에도 신고조정으로 손금산입 하는 것은 불가능하다.

정답 및 해설

01	③	02	③	03	②	04	③	05	④	06	③	07	①	08	③	09	①	10	④
11	④	12	④	13	②	14	①	15	④										

01 ③ 법인세법상 잔존가액은 원칙적으로 0(영)으로 하되, 정률법의 경우 상각률 계산을 위해 취득가액의 5%로 한다.

02 ③ 한 자산의 상각부인액과 다른 자산의 시인부족액은 서로 상계할 수 없으며, 각각 별도로 세무조정한다.

03 ② 나머지는 자본적지출에 해당한다.

04 ③ 정률법 상각범위액 = (5,000,000 − 2,455,000 + 200,000) × 0.451 = 1,237,995

05 ④ 정액법 상각범위액 = (700,000,000 + 300,000,000) × 0.2 = 200,000,000원
자본적지출이 있는 경우 상각범위액 계산 시 자본적지출이 발생한 이후의 월수를 고려하지 않음에 주의해야 한다.

06 ③ 정액법 = (취득가 + 즉시상각누계) × 상각률
정률법 = (취득가 − 상각누계 + 부인액 + 당기 즉시상각) × 상각률
기계장치에 대한 상각방법을 무신고한 경우 정률법을 적용한다.
자본적지출은 취득가액에 가산되어 무조건 취득가액에 포함한다.
상각범위액 = (500 − 40 + 100)백만원 × 0.259 = 145,040,000원

07 ① 건물에 대한 시인부족액 1,000,000원을 한도로 전기 감가상각부인액을 손금추인하고, 비품에 대한 상각부인액 2,000,000원을 손금불산입하므로 과세표준에 미치는 영향은 1,000,000원이다.

08 ③ 감가상각시비는 결산조정 항목이므로 제11기, 제12기 에는 별도의 세무조정이 없다. 제12기에는 한도초과액 7억원을 손금불산입 하며, 제13기 에는 시인부족액 2억원이 발생했으나 전기이월 상각부인액이 있으므로 2억원을 손금추인 한다.

09 ① 취득가액이 1억원, 감가상각방법 정액법, 내용연수 5 년인 경우 상각범위액은 2,000만원 이다. 회사가 1,800만원을 상각하였으므로 시인부족액 200만원이 발생하였으므로 전기상각부인액이 있는 상황1의 경우에만 손금산입 가능하고 상황2, 상황3 은 세무조정이 없다.

10 ④ ① 자본적지출액은 기존 고정자산의 장부가액에 합산하여 그 자산의 내용연수를 그대로 적용하여 감가상각한다.
② 무형자산의 잔존가액도 0으로 한다. 정률법의 경우 상각률 산정을 위해 잔존가액을 5%로 하여 상각률을 계산한다.
③ 기계장치의 감가상각방법을 무신고한 경우 정률법을 적용한다.

11 ④ 자산을 취득한 날이 속하는 사업연도의 법인세 과세표준 신고기한까지 관할세무서장에게 신고하여야 한다.

12 ④ 무형자산의 내용연수는 일반적으로 선택이 불가능하지만, 개발비는 20년 이내에서 선택 가능하다.

13 ② 다음에 해당하는 자산은 자산으로 계상 후 감가상각하는 방법과 사업에 사용하는 사업연도에 비용으로 처리하는 방법 중 선택하여 회계처리할 수 있다.
① 소액자산(거래단위별로 취득가액 100만 원 이하). 단, 다음의 자산 제외
ㄱ. 고유업무의 성질상 대량으로 보유하는 자산
ㄴ. 사업의 개시 또는 확장을 위해 취득한 자산
② 대여사업용 비디오테이프와 음악용 CD(개별자산 취득가액 30만 원 미만)
③ 시험기기·영화필름·측정기기 등
④ 어업에 사용되는 어구
⑤ 전화기(휴대용 전화기 포함) 및 개인용컴퓨터(주변기기 포함)

14 ① ② 재해로 멸실되어 자산의 본래 용도에 이용할 가치가 없는 건축물 등의 복구는 자본적지출에 해당한다.
③ 시설의 개체 또는 기술의 낙후로 인하여 생산설비의 일부를 폐기한 경우에는 당해 자산의 장부가액에서 1천원을 공제한 금액을 폐기일이 속하는 사업연도의 손금에 산입할 수 있다.
④ 자본적 지출은 자산의 취득원가에 가산되어 이후 감가상각과정을 통해 손금에 산입되나 수익적 지출은 지출당시에 당기 비용으로 처리된다.

15 ④ 한국채택국제회계기준을 도입하여 결산상 감가상각비가 감소한 경우에는 일정 범위 내에서 신고조정으로 손금산입이 가능하다.

기부금 손금불산입

1 기부금

① **사업과** 직접 **관련없이** ② 무상으로 **지출하는 재산적 증여가액**을 말한다(공익성기부금은 특수관계인에 대한 것도 기부금으로 봄, 법통 24-36…6).

〈step Ⅰ〉 비지정기부금
손금불산입

⬇

〈step Ⅱ〉 특례, 일반기부금
한도 내 손금산입

2 기부금 손금산입

① 기부금은 일정 한도 이내에서 손금에 산입한다.

② 기부금의 종류별로 한도금액이 다르다.

구분	손금산입 한도
특례기부금	법정소득금액(주1) × 50%
일반기부금	(법정소득금액 − 법정·우리사주 손금액) × 10%
비지정기부금	전액 손금불산입(기타사외유출)

(주1) 법정소득금액 = 차가감소득금액 + 특례기부금지출액 + 일반기부금지출액 − 이월결손금(*)
(*) 과세표준 계산 시 80% 적용받은 경우 기준소득금액의 80% 한도)

기준소득금액

	결산서상당기순이익	… 회계상의 소득
(+)	익금산입 · 손금불산입	
(−)	손금산입 · 익금불산입	
	차가감소득금액	… 기부금조정전 소득금액
(+)	기부금한도초과액	
(−)	기부금한도초과이월액손금산입	
	각사업연도소득금액	… 법인세법상의 소득

특례기부금

구분	내용
특례기부금	① 국가·지방자치단체에 무상으로 지출하는 금품의 가액(단, 「기부금품의 모집 및 사용에 관한 법률」의 적용을 받는 것은 동법의 규정에 따라 접수하는 것에 한함) ② 국방헌금·국군장병 위문금품 ③ 천재지변으로 생긴 이재민을 위한 구호금품의 가액 ④ 사립학교, 비영리교육재단, 기능대학 등 법정교육기관에 시설비·교육비·장학금·연구비로 지출하는 기부금 ⑤ 국립대학병원, 서울대학교 병원, 사립학교가 운영하는 병원 및 의료기술협력단 등에 시설비·교육비·연구비로 지출하는 기부금 ⑥ 전문모금기관(기부금 모집·배분을 주된 목적으로 하는 비영리법인으로서 대통령령이 정하는 요건을 갖춘 법인)에 지출하는 기부금(예 사회복지공동모금회, 재단법인 바보의 나눔)

우리사주조합 기부금

지출처	내용
① 해당 법인	우리사주조합에 출연하는 자사주의 장부가액, 금품 → 전액 손금
② 다른 법인	협력업체 등 다른 법인의 우리사주조합에 지출하는 기부금은 일정한도 내에서 손금 산입(기부금 한도시부인 대상)

일반기부금

구분	일반기부금의 범위
고유목적 사업비로 지출하는 기부금	① 사회복지법인 ② 어린이집·유치원·학교 및 평생교육시설 ③ 정부로부터 인허가를 받은 학술연구단체·장학단체·문화예술단체·환경단체 등 ④ 종교단체 ⑤ 의료법에 따른 의료법인 및 의료기술협력단 ⑥ 기획재정부령이 정하는 일반기부금단체(예 국민건강보험공단, 사내근로복지기금 등) ⑦ 법률에 따라 설립된 기관으로 설립목적이나 수입금액 등이 일정한 요건을 갖춘 기관에 지출하는 기부금으로서 기획재정부령으로 정하는 것(대한적십자사, 독립기념관은 유예기간 종료되어 일반기부금 단체임)
용도가 특정된 기부금	① 유아교육법에 따른 유치원의 장·「초·중등교육법」 및 「고등교육법」에 의한 학교의 장, 「근로자직업능력 개발법」에 의한 기능대학의 장, 평생교육법에 따른 전공대학 형태의 평생교육시설 및 원격대학 형태의 평생교육시설의 장이 추천하는 개인에게 연구비·교육비·장학금으로 지출하는 기부금 ② 상속세 및 증여세법상 과세가액불산입의 요건을 갖춘 공익신탁으로 신탁하는 기부금 ③ 법인으로 보는 단체 중 단체의 수익사업에서 발생한 소득을 고유목적사업비로 지출한 금액 ④ 사회복지·문화·예술 등 공익목적으로 지출하는 기부금으로서 기획재정부령이 정하는 기부금(불우이웃돕기성금, 근로복지기금출연금 등)
그 밖의 기부금	① 사회복지시설 또는 기관 중 무료 또는 실비로 이용할 수 있는 시설 또는 기관에 기부하는 기부금(아동, 노인, 장애인 등) ② 해외일반기부금단체에 지출하는 기부금 ③ 국제기구에 지출하는 기부금

✔ **비지정기부금** : 특례기부금 및 일반기부금에 해당하지 않는 기부금
예 대표이사 동창회·향우회 및 종친회·신용협동조합·새마을금고에 지출하는 기부금 등)

예제 1

다음 자료를 이용하여 (주)삼일의 제21기(20×1.1.1~20×1.12.31) 기부금한도초과액을 계산하시오.

(1) 당기순이익 ₩4,000,000
(2) 세무조정사항(기부금관련 세무조정 반영 전)
① 익금산입·손금부산입 ₩2,000,000
② 손금산입·익금불산입 ₩1,000,000
(3) 기부금 지급내역
① 홍수 이재민돕기 성금 ₩6,000,000
(4) 세무상 이월결손금은 ₩1,000,000이며, 전액 전기에 발생한 금액이다.

해설 차가감소득금액 = (400 + 200 − 100)만원 = 500만원
법정소득금액 = 500만원 + 600만원 − 100만원 = 1,000만원
특례기부금한도 = 1,000만원 × 50% = 500만원
한도초과 = 600 − 500 = 100만원

	결산서상당기순이익	4,000,000
(+)	익금산입·손금불산입	2,000,000
(−)	손금산입·익금불산입	(1,000,000)
	차가감소득금액	5,000,000
(+)	기부금한도초과액	1,000,000
	각사업연도소득금액	6,000,000

예제 2

다음 자료를 이용하여 (주)삼일의 제21기(20×1.1.1 ~ 20×1.12.31) 기부금한도초과액을 계산하시오.

(1) 당기순이익 ₩5,000,000
(2) 세무조정사항(기부금관련 세무조정 반영 전)
① 익금산입·손금불산입 ₩1,000,000
② 손금산입·익금불산입 ₩2,000,000
(3) 기부금 지급내역
① 국방헌금 ₩4,000,000
② 불우이웃돕기성금 ₩1,000,000
③ 사내근로복지기금출연금 ₩1,000,000
④ 대표이사 향우회기부금 ₩1,000,000
(4) 세무상 이월결손금은 ₩1,000,000이며, 전액 전기에 발생한 금액이다.

해설 차가감소득금액 = (500 + 100 − 200 + 100)만원 = 500만원
법정소득금액 = 500만원 + (400만원 + 200) − 100만원 = 1,000만원

	지출액	한도액	한도초과
특례기부금	400만원	1,000만원 × 50% = 500만원	−
일반기부금	200만원	(1,000 − 100) × 10% = 60만원	140만원

	결산서상당기순이익	5,000,000
(+)	익금산입·손금불산입	2,000,000
(−)	손금산입·익금불산입	(2,000,000)
	차가감소득금액	5,000,000
(+)	기부금한도초과액	1,400,000
	각사업연도소득금액	6,400,000

3 기부금 한도초과액

특례기부금 및 일반기부금 한도초과액은 그 다음 사업연도의 개시일로부터 **10년** 이내에 종료하는 각 사업연도에 이월하여 이를 손금에 산입한다.

4 의제 기부금

특수관계 없는 자에게 정당한 사유없이 자산을 **정상가액보다 낮은 가액(시가의 70%)**으로 **양도**하거나 **정상가액보다 높은 가액(시가의 130%)**으로 **매입**함으로써

⇨ **실질적으로 증여한 것으로 인정되는 금액은 기부금으로 봄.**

- ✔ 회사가 시가 10억의 토지를 대표이사 동창회에 5억에 양도하였다면 2억(= 정상가액 7억 − 양도가액 5억)은 기부금으로 보는 것임. 이때, 대표이사동창회는 비지정기부금으로 손금불산입함.

5 현물 기부금 평가

기부금을 금전 외의 자산으로 제공하는 경우 다음과 같이 평가한다.

구분	평가방법
① 특례기부금, 특수관계인이 아닌 자에게 기부한 일반기부금	장부가액
② 특수관계인에게 기부한 일반기부금, 비지정기부금	Max[시가, 장부가액]

- ✔ 법문상 표현은 시가(시가가 장부가액 보다 낮은 경우에는 장부가액)임.

6 기부금 귀속시기

기부금은 **현금주의**에 의하여 손금을 계상하게 되므로 **법인이 실제로 지급하지 아니한 기부금을 미지급으로 하여 손금에 계상한 경우**에는 동 기부금 전액을 **손금불산입**하고 **유보**로 소득처분을 한다.

- ✔ Case1. 군부대에 20×1.12.20일 1억 기부 약정하고 20×2.1.15일에 현금지급
  Case2. 20×1.12.20일 군부대에 장부가 1억(시가2억) 제품 기부
  20×1년 법인세법상 특례기부금 금액은?
  특례기부금 = 1억원

7 기부금 영수증 수령

기부금을 지출한 법인이 손금산입하고자 하는 경우에는 기획재정부 장관이 정하는 기부금영수증을 받아서 보관해야 한다.

예제 3

(주)삼일의 연도별 법인세법상 일반기부금 세무조정내역은 다음과 같다. 20×1년도와 20×2년도의 세무조정으로 옳은 것은?

연도	일반기부금 지출액	일반기부금 한도액
20×1년	1,500만원	500만원
20×2년	2,000만원	2,400만원

① 20×1년도 : 일반기부금한도초과액 손금불산입　1,000만원
　20×2년도 : 일반기부금한도초과이월액 손금산입 1,000만원
　20×2년도 : 일반기부금한도초과액 손금불산입　600만원
② 20×1년도 : 일반기부금한도초과액 1,000만원
　20×2년도 : 일반기부금한도초과이월액 400만원
③ 20×1년도 : 일반기부금한도초과액 1,000만원
　20×2년도 : 세무조정 없음
④ 20×1년도 : 세무조정 없음
　20×2년도 : 세무조정 없음

해설 • 20×1년 : 한도액 초과해서 지출한 1,000만원 손금불산입
• 20×2년 : 전기이월 한도초과 금액 1,000만원 손금산입 / 당기 한도초과금액 600만원 손금불산입

정답 ①

출제예상 문제

01 **다음 중 법인세법상 기부금에 대한 설명으로 가장 옳지 않은 것은?**

① 기부금은 사업과 직접 관련없이 무상으로 지출하는 재산적 증여가액을 말한다.
② 특수관계가 없는 자에게 시가 10억원의 토지를 5억원에 양도하였다면 5억원은 기부금으로 본다.
③ 대표이사 동창회에 지출한 기부금은 전액 손금불산입 한다.
④ 기부금을 현물로 지급한 경우로 특례기부금과 특수관계인이 아닌 자에게 기부한 일반기부금은 장부가액을 기부금액으로 본다.
⑤ 법인세법에서 규정하고 있지 않은 기부금은 모두 비지정기부금에 해당한다.

02 **다음 중 법인세법상 기부금에 대한 설명으로 가장 옳지 않은 것은?**

① 특수관계인에게 기부한 일반기부금, 비지정기부금을 현물로 제공한 경우 장부가액과 시가 중 작은 금액을 기부금으로 본다.
② 기부금은 현금주의에 의하여 손금을 계상하게 되므로 법인이 실제로 지급하지 아니한 기부금을 미지급으로 하여 손금에 계상한 경우에는 동 기부금 전액을 손금불산입하고 유보로 소득처분을 한다.
③ 특례기부금과 일반기부금의 한도초과액은 그 다음 사업연도의 개시일로부터 10년 이내에 종료하는 각 사업연도에 이월하여 이를 손금에 산입한다.
④ 국립대학병원에 시설비 · 교육비 또는 연구비로 지출하는 기부금은 특례기부금에 해당한다.
⑤ 천재 · 지변으로 인한 이재민의 구호금품 가액은 특례기부금, 불우이웃을 돕기 위하여 지출하는 금액은 일반기부금에 해당한다.

03 **다음 중 제11기(20×2년 1월 1일 ~ 20×2년 12월 31일) (주)삼일이 행한 기부금에 대한 세무상 처리로 가장 옳은 것은?**

① 영업자가 조직한 법정단체에 대한 특별회비를 일반기부금으로 처리하였다.
② 비지정기부금을 전액 손금불산입하고 대표자상여로 소득처분하였다.
③ 기준소득금액에서 이월결손금을 차감한 금액의 50 % 를 특례기부금의 손금한도액으로 계산하였다.
④ 토지를 특례기부금 단체에 기부하고 토지의 시가를 특례기부금으로 계상하였다.

04 **다음 중 법인세법상 기부금의 분류가 다른 것은?**

① 국가·지방자치단체에 무상으로 지출하는 금품의 가액
② 사회복지시설 중 무료 또는 실비로 이용할 수 있는 시설에 기부하는 금품의 가액
③ 국방헌금·국군장병 위문금품
④ 천재지변으로 생긴 이재민을 위한 구호금품의 가액

05 **다음의 기부금 중 그 성격이 다른 하나는?**

① 사회복지법인의 고유목적사업비로 지출하는 기부금
② 평생교육시설의 장이 추천하는 개인에게 교육비·연구비 또는 장학금으로 지출하는 기부금
③ 사립학교 시설비를 위해 지출한 기부금
④ 의료법인의 고유목적사업비로 지출하는 기부금

06 **용산역에 위치한 (주)삼일은 투자목적으로 회사 주변의 건물을 소유하고 있다. (주) 삼일의 최정만대표이사는 (주)삼일의 법인세법상 특수관계인이 아닌 다른 법인으로 부터 6억원에 회사의 건물을 매각하라는 제안을 받았고 동 제안을 수락할 경우 어떤 효과가 있을지 고민하고 있다. 동 건물의 시가는 10억원이다. 건물을 위의 조건으로 매각할 경우 다음 중 올바른 세무조정은 어느 것인가?** (위 거래와 관련한 정당한 사유가 없다고 가정한다)

① 〈손금불산입〉 비지정기부금 1억원(기타사외유출)
② 〈손금불산입〉 일반기부금한도초과 1억원(상여)
③ 〈손금불산입〉 비지정기부금 4억원(기타사외유출)
④ 세무조정 없음

07 **다음은 중소기업인 (주)삼일의 제 12기 (20×2년 1월 1일 ~ 20×2년 12월 31일) 기부금 관련 자료이다. (주)삼일의 기부금 관련 손금불산입액은 얼마인가?** (단, 기부금 조정금액은 없으며, 비과세소득 및 소득공제금액은 없다)

> ㄱ. 소득 자료
> 차가감 소득금액 : 100,000,000원
> 세무상 이월결손금 : 70,000,000원
> ㄴ. 기부금 지출액
> 특례기부금 : 50,000,000원
> 일반기부금 : 20,000,000원

> 특례기부금 손금산입 한도액
> 한도액 = (차감전 소득금액 − 세무상 이월결손금) × 50%
> 일반기부금 손금산입 한도액
> 한도액 = (차감전 소득금액 − 세무상 이월결손금 − 특례기부금 손금산입액) × 10%

① 10,000,000원　② 15,000,000원
③ 60,000,000원　④ 65,000,000원

08 **다음 자료를 이용하여 중소기업인 (주)삼일의 당기(20×2.1.1 ~ 20×2.12.31) 일반기부금 한도초과액을 계산하시오.**

> (1) 당기순이익 10,000,000
> (2) 세무조정사항(기부금관련 세무조정 반영 전)
> ① 익금산입 · 손금불산입 1,000,000
> ② 손금산입 · 익금불산입 2,000,000
> (3) 기부금 지급내역
> ① 국방헌금 5,000,000
> ② 불우이웃돕기성금 4,000,000
> ③ 사내근로복지기금출연금 2,000,000
> ④ 대표이사 향우회기부금 1,000,000
> (4) 세무상 이월결손금은 1,000,000이며, 전액 전기에 발생한 금액이다

① 3,400,000　② 4,000,000
③ 4,500,000　④ 5,100,000

09 **다음은 제조업을 영위하는 (주)삼일의 제7기(20×1년 1월 1일 ~ 20×1년 12월 31일) 사업연도 기부금에 관한 자료이다. (주)삼일의 제7기 사업연도 특례기부금 한도초과액은 얼마인가?**

(1) 당기순이익 100,000,000원, 특례기부금 70,000,000원, 일반기부금 12,000,000원
(2) 기부금 외의 익금산입·손금불산입액 26,000,000원(비지정기부금 4,000,000원 포함)이며, 손금산입·익금불산입액 10,000,000원
(3) 공제가능한 이월결손금 80,000,000원(각사업연도소득의 100 % 를 한도로 이월결손금을 공제받는 법인)

① 11,000,000원　② 12,000,000원
③ 17,000,000원　④ 18,000,000원

10 **(주)삼일의 연도별 법인세법상 일반기부금 세무조정내역은 다음과 같다. 20×1년도와 20×2년도의 세무조정으로 옳은 것은?**

구분	20×1년	20×2년
일반기부금 지출액	3,000만원	1,000만원
일반기부금 한도액	1,000만원	1,500만원

① 20×1년도 : 일반기부금한도초과액 손금불산입 2,000만원
　20×2년도 : 일반기부금한도초과이월액 손금산입 1,500만원
　20×2년도 : 일반기부금한도초과액 손금불산입 1,000만원
② 20×1년도 : 일반기부금한도초과액 손금불산입 2,000만원
　20×2년도 : 일반기부금한도초과이월액 손금산입 2,000만원
③ 20×1년도 : 일반기부금한도초과액 손금불산입 2,000만원
　20×2년도 : 세무조정 없음
④ 20×1년도 : 세무조정 없음
　20×2년도 : 세무조정 없음

정답 및 해설

01	②	02	①	03	③	04	②	05	③	06	①	07	②	08	③	09	①	10	①

01 ② 특수관계가 없는 자에게 정상가액(7억원) 보다 낮게 양도한 경우 정상가액과의 차이를 기부금으로 보므로 기부금은 2억원이다.

02 ① 특수관계인에게 기부한 일반기부금, 비지정기부금을 현물로 제공한 경우 장부가액과 시가 중 큰 금액을 기부금으로 본다.

03 ③ 영업자가 조직한 법정단체에 대한 특별회비는 비지정기부금으로 손금불산입한다. 비지정기부금은 기타사외유출로 처분한다. 기부금을 현물로 지출한 경우 특례기부금은 장부가액으로 평가한다.

04 ② 사회복지시설 중 무료 또는 실비로 이용할 수 있는 시설에 기부하는 금품의 가액은 일반기부금이고 나머지는 특례기부금 이다.

05 ③ 사립학교 시설비로 지출한 기부금은 특례기부금이지만, 나머지는 모두 일반기부금에 해당된다.

06 ① 특수관계가 없는 자에게 정당한 사유없이 자산을 정상가액보다 낮은 가액으로 양도하거나 정상가액보다 높은 가액으로 매입함으로써 실질적으로 증여한 것으로 인정되는 금액은 기부금으로 본다. 여기서 정상가액이란 시가에 30%를 가감한 범위 내의 금액을 말한다. 문제의 경우 특수관계 없는 자에게 시가 10억원의 건물을 6억원에 양도하게 되면, 1억원(정상가액 7억원－거래금액 6억원)만큼을 기부금으로 보게 된다. 하지만, 상대방이 기부금단체로 열거된 단체가 아니므로 1억원은 비지정기부금으로 보아 손금불산입하고 기타사외유출로 소득처분 한다.

07 ② (단위 : 백만원)
특례기부금 한도 = 100 × 50% = 50
특례기부금 한도초과 금액 = 지출액 50 － 한도 50 = 0
일반기부금 한도 = (100 － 50) × 10% = 5
일반기부금 한도초과 금액 = 지출액 20 － 한도 5 = 15
기부금 손금불산입 금액 = 법정 0 + 지정 15 = 15

법정소득금액 = 차가감소득 100 + 법정 50 + 지정 20 － 이월결손금 70 = 100

08 ③
- 차가감소득금액 = (1,000 + 100 － 200 + 100)만원 = 1,000만원
- 법정소득금액 = 1,000만원 + (500 + 600) － 100만원 = 2,000만원

특례기부금 = 국방헌금 500만원 = 5,000,000원
일반기부금 = 불우이웃 400만원 + 사내근로복지 200만원 = 6,000,000원

(단위 : 만원)	지출액	한도	세무조정
특례기부금	500	2,000 × 50% = 1,000	n/a
일반기부금	600	(2,000 － 500)×10% = 150	〈손불〉450

09 ① 법정소득 = 116 + 82 － 80 = 118

	지출	한도	
특례기부금	70	118 8 × 50% = 59	→ 〈손불〉 11

10 ①
- 20×1년 : 한도액 초과해서 지출한 2,000만원 손금불산입
- 20×2년 : 전기 한도초과 금액 중 일반기부금 한도인 1,500만원 손금산입하고, 20×2년 비용처리한 금액은 전액 손금불산입

기업업무추진비 손금불산입

1 기업업무추진비 개념

기업업무추진비 및 교제비·사례금 그 밖에 어떠한 명목이든 상관없이 이와 **유사한 성질**의 비용으로서 **법인의 업무에 관련하여 지출**한 금액

2 증빙수취의무

건당 3만원(경조사비는 건당 20만원) 초과하는 기업업무추진비를 지출한 경우 다음 중 하나의 증빙을 수취 보관해야 한다.

- 세금계산서
- 계산서
- 신용카드매출전표
- 현금영수증

기업업무추진비 시부인

〈step Ⅰ〉 증빙수취여부	
• **증빙을 아예 수취하지 않은 경우**	손불 증빙미수취기업업무추진비 (상여)
• 건당3만원 초과 정규증명서류 미수취	손불 증빙미수취기업업무추진비 (기타사외유출)

⇩

〈step Ⅱ〉 한도시부인
나머지 기업업무추진비는 법인세법 상 한도 내에서만 인정함.

3 기업업무추진비 한도액

기업업무추진비 한도액 = 기본한도 + 수입금액 한도	
기본한도	1,200만원 (중소기업 3,600만원) × $\frac{\text{해당 사업연도 월수}}{12}$
수입금액 한도	일반수입금액 × 적용률 + 특수관계인 수입금액 × 적용률 × 10%

수입금액 한도

수입금액	적용률
100억원 이하분	0.3%
100억원 초과 500억원 이하	3천만원 + 100억원 초과분 × 0.2%
500억원 초과분	1.1억원 + 500억원 초과분 × 0.03%

한도 계산 시 수입금액은 **일반수입금액** ⇨ **특수관계인 수입금액** 순서로 발생한 것으로 봄.

✔ 수입금액은 회계상 계산한 매출액을 의미함.
- 매출에누리, 매출할인 차감한 금액
- 중단사업 매출액, 부산물, 작업폐물 등의 매각액 포함

예제 1

매출액 : ₩35,000,000,000(특수관계인간 거래 ₩5,000,000,000 포함)인 경우 수입금액기준 기업업무추진비 한도금액은?

해설 일반수입금액 = 300억원
특수관계인 매출액 = 50억원

일반금액기준 300억원 한도 먼저 계산한 뒤, 특수관계인 50억원 한도 더함.
일반 = {(100억 × 3/1,000) + (200억 × 2/1,000)} = 7,000만원
특수 = 50억 × 2/1,000 × 10% = 100만원
수입금액 기준 한도금액 = 7,100 만원

예제 2

제조업을 영위하는 (주)삼일의 제6기 사업연도(20×1.1.1 ~ 20×1.12.31)의 기업업무추진비에 관한 세무조정을 하시오.

(1) 기업업무추진비 지출액 : ₩120,000,000(기업업무추진비로 신용카드 등을 사용하지 않고 영수증을 받은 1건 ₩5,000,000 포함)
(2) 매출액 : ₩35,000,000,000(특수관계인간 거래 ₩5,000,000,000 포함)
(3) (주)삼일은 중소기업에 해당한다.

해설 〈손금불산입〉 법정증빙 미수취 기업업무추진비 500만원 (기타사외유출)
〈손금불산입〉 기업업무추진비한도초과 800만원 (기타사외유출)

지출액 = 12,000만원 – 500만원 = 11,500만원
한도액 = a + b = 10,700 만원
A = 36,000,000 × (12/12) = 36,000,000
B = 일반{(100억 × 3/1,000) + (200억 × 2/1,000)} + 특수 50억 × 2/1,000 × 10% = 7,100만원
한도초과 = 800만원

[별지 제23호 서식(갑)] (2015. 3. 13. 개정)

사업연도	2020-01-01 ~ 2020-12-31	기업업무추진비 조정명세서(갑)	법인명	이패스코리아
			사업자등록번호	000-00-00000

구분			금액
①접대비 해당 금액			120,000,000
②기준금액 초과 접대비 중 신용카드 등 미사용으로 인한 손금불산입액			5,000,000
③차감 접대비 해당 금액(①-②)			115,000,000
일반 접대비 한도	④ 1,200만원(중소기업 3,600만원) × 해당 사업연도 월수( ) / 12		36,000,000
	총수입금액 기준	100억원 이하의 금액 × 30/10,000	30,000,000
		100억원 초과 500억원 이하의 금액 × 20/10,000	50,000,000
		500억원 초과 금액 × 3/10,000	0
		⑤ 소 계	80,000,000
	일반수입금액 기준	100억원 이하의 금액 × 30/10,000	30,000,000
		100억원 초과 500억원 이하의 금액 × 20/10,000	40,000,000
		500억원 초과 금액 × 3/10,000	0
		⑥ 소 계	70,000,000
	⑦ 수입금액 기준	(⑤ − ⑥)×10/100	1,000,000
	⑧ 일반접대비 한도액(④ + ⑥ + ⑦)		107,000,000 ( )
문화 접대비 한도	⑨ 문화접대비 지출액		
	⑩ 문화접대비 한도액 (⑨과 (⑧×10/100) 중 작은 금액)		
⑪ 접대비 한도액 합계(⑧+⑩)			107,000,000
⑫ 한도초과액(③-⑪)			8,000,000
⑬ 손금산입한도내 접대비지출액 (③과 ⑪중 적은 금액)			107,000,000

4 문화기업업무추진비, 전통시장기업업무추진비

건전한 접대문화를 위해, i) 공연·전시장, 박물관 등의 입장권 구입에 지출한 기업업무추진비("문화기업업무추진비")나 ii) 전통시장에서 사용한 기업업무추진비(소비성 서비스업 사용분 제외) 등이 있는 경우 다음과 같은 금액을 기업업무추진비 한도로 한다.

$$\text{문화기업업무추진비 한도액} = \text{일반 한도액} + \min\begin{cases}\text{문화기업업무추진비 지출액}\\ \text{일반기업업무추진비 한도액} \times 20\%\end{cases}$$

$$\text{전통시장기업업무추진비 한도액} = \text{일반 한도액} + \min\begin{cases}\text{전통시장기업업무추진비 지출액}\\ \text{일반기업업무추진비 한도액} \times 10\%\end{cases}$$

5 기업업무추진비로 보는 금액

접대, 교제, 사례금 등 이외에도 다음의 지출은 세법상 기업업무추진비로 본다.

① **사용인이 조직한 조합 또는 단체(법인에 한함)에 지출한 복리시설비**

② **약정에 의하여 매출채권을 포기**한 금액

③ **기업업무추진비 관련 VAT 매입세액 불공제액**과 접대한 자산에 대한 VAT 매출세액

④ **연간 5만원**을 초과하여 **특정인**에게 기증한 **광고선전**물품(단, **개당 3만원 이하**의 물품 제공시에는 **5만원 한도를 적용하지 않음**)

➲ 사용인 단체 복리시설비

사용인이 조직한 조합, 단체에 지출한 복리시설비	법인인 경우	기업업무추진비
	법인이 아닌 경우	전액손금

6 현물기업업무추진비 평가

기업업무추진비를 **금전 외의 자산**으로 제공한 경우 이를 **제공한 때의 시가(시가가 장부가액보다 낮은 경우에는 장부가액)**로 평가한다.

⇨ 즉, Max(시가, 장부가액)

7 기업업무추진비 귀속시기

기업업무추진비의 손금귀속시기는 **발생주의**에 따라 **접대행위가 이루어진** 사업연도의 손금으로 본다.

예제❸

다음 중 기업업무추진비에 관한 설명 중 잘못된 것은?

① 기업업무추진비 및 교제비·사례금 그 밖에 어떠한 명목이든 상관없이 이와 유사한 성질의 비용으로서 법인의 업무에 관련하여 지출한 금액이다.
② 광고·선전목적으로 달력 등을 불특정다수인에게 기증한 것은 **기업업무추진비**로 보지 않는다.
③ 사용인이 조직한 조합 또는 단체(법인에 한함)에 지출한 복리시설비는 **기업업무추진비**에 포함한다.
④ **기업업무추진비**를 금전 외의 자산으로 제공한 경우 시가가 장부가액보다 낮은 경우 시가로 평가한다.

해설 기업업무추진비를 금전 외의 자산으로 제공한 경우 시가와 장부가액보다 큰 금액으로 함. 시가가 장부가액보다 낮은 경우이므로 장부가액으로 평가함.

정답 ④

유사비용 구분

종류	구분기준		세무상 처리
기업업무추진비	업무관련	특정인	한도내 손금인정
광고선전비		불특정다수	전액 손금인정
기부금	업무 관련 ×	특정인	한도내 손금인정

출제예상 문제

01 **다음은 제조업을 영위하는 중소기업인 (주)삼일의 제6기 사업연도(2025.1.1 ~ 2025.12.31)의 기업업무추진비 세무조정을 위한 자료이다. 손금불산입 되는 기업업무추진비 금액으로 가장 옳은 것은?**

(1) 기업업무추진비 지출액 : 40,000,000(기업업무추진비로 신용카드 등을 사용하지 않고 영수증을 받은 1건 2,000,000 포함)
(2) 매출액 : 400,000,000(전액 제조업에서 발생한 매출로, 특수관계인 거래분은 없음)
(3) 사업연도 중 중단된 사업부문(소매업)의 매출액 50,000,000원(손익계산서상 매출액에는 포함되어 있지 않으며, 특수관계인 거래분 없음)

① 2,000,000　② 2,500,000
③ 2,650,000　④ 5,500,000

02 **다음은 ㈜삼일의 제6기 사업연도(20×2.1.1. ~ 20×2.12.31.) 기업업무추진비 보조원장을 요약한 것이다. 법인세법상 기업업무추진비 한도금액이 20,000,000원일 경우 세무조정으로 가장 옳은 것은?**

적요	금액	비고
거래처 기업업무추진비(1건)	500,000원	증빙 미수취 기업업무추진비
거래처 기업업무추진비(1건)	8,000원	영수증 수취
거래처 기업업무추진비(30건)	25,000,000원	신용카드매출전표 수취

① 〈손금불산입〉 증빙불비기업업무추진비 500,000원 (상여)
② 〈손금불산입〉 증빙불비기업업무추진비 508,000원 (상여)
③ 〈손금불산입〉 증빙불비기업업무추진비 500,000원 (상여)
　〈손금불산입〉 기업업무추진비 한도초과 5,008,000원 (기타사외유출)
④ 〈손금불산입〉 증빙불비기업업무추진비 5,508,000원 (상여)

03 다음은 중소기업이 아닌 ㈜삼일이 제6기 사업연도(2025.1.1. ~2025.12.31.)에 작성한 기업업무추진비 조정명세서이다. 이 명세서를 고문회계사에게 제시한 결과 회사의 수입금액은 일반수입금액 100억원과 특수관계인에 대한 수입금액 25억원으로 구성되어 있으므로 이를 수정하라는 지적을 받았다. 정확하게 기업업무추진비조정명세서를 작성한다면 〈#1〉 ~ 〈#3〉에 기입할 금액은 얼마인가?

사업 연도	2025.1.1 ~ 2025.12.31	기업업무추진비 조정명세서(갑)	법인명 / 사업자 등록번호	이패스코리아 / 000-00-00000

구분			금액
① 기업업무추진비 해당 금액			50,000,000
② 기준금액 초과 기업업무추진비 중 신용카드 등 미사용으로 인한 손금불산입액			5,000,000
③ 차감 기업업무추진비 해당 금액(①-②)			45,000,000
일반 기업업무추진비 한도	④ 1,200만원(중소기업 3,600만원) × 해당 사업연도 월수 / 12		12,000,000
	총수입금액 기준	100억원 이하의 금액 × 30/10,000	30,000,000
		100억원 초과 500억원 이하의 금액 × 20/10,000	5,000,000
		500억원 초과 금액 × 3/10,000	0
		⑤ 소계	35,000,000
	일반수입금액 기준	100억원 이하의 금액 × 30/10,000	30,000,000
		100억원 초과 500억원 이하의 금액 × 20/10,000	5,000,000
		500억원 초과 금액 × 3/10,000	〈#1〉 35,000,000
		⑥ 소 계	
	⑦ 수입금액 기준	(⑤-⑥) × 10/100	0
	⑧ 일반기업업무추진비 한도액(④ + ⑥ + ⑦)		〈#2〉 47,000,000
문화기업 업무추진비 한도 (「조세특례제한법」 제136조 제3항)	⑨ 문화기업업무추진비 지출액		0
	⑩ 문화기업업무추진비 한도액 (⑨과 (⑧ × 20/100)에 해당하는 금액 중 작은 금액)		0
⑪ 기업업무추진비 한도액 합계(⑧ + ⑩)			47,000,000
⑫ 한도초과액(③ - ⑪)			〈#3〉 10,500,000
⑬ 손금산입한도내 기업업무추진비지출액 (③과 ⑪에 해당하는 금액 중 적은 금액)			34,500,000

	#1	#2	#3
①	20,000,000	32,250,000	12,750,000
②	20,000,000	40,500,000	4,500,000
③	30,000,000	32,500,000	12,500,000
④	30,000,000	42,500,000	2,500,000

04 다음은 제조업을 영위하는 중소기업인 (주)삼일의 제22기(20×2년 1월 1일～20×2년 12월 31일) 기업업무추진비 관련 자료이다. 기업업무추진비 관련 세무조정으로 인한 손금불산입액의 총합계액은 얼마인가?

> ㄱ. 기업업무추진비 지출액 : 45,000,000원
> [이 중 신용카드 등 법정증빙서류를 수취하지 못한 금액 1,000,000원(1건) 포함]
> ㄴ. 손익계산서상 매출액 : 20억 원(이 중 특수관계인에 대한 매출액 2억원 포함)
> ㄷ. 기업업무추진비 손금한도액 계산시 수입금액기준한도액 계산에 필요한 적용률은 수입금액 100억원 이하 분에 대하여 0.3%이다.
> ㄹ. 기업업무추진비 손금한도액 계산시, 중소기업의 기본한도금액은 36,000,000원이다.

① 2,000,000원 ② 2,540,000원
③ 3,000,000원 ④ 3,540,000원

05 다음 중 법인세법상 기업업무추진비에 관한 설명으로 가장 옳지 않은 것은?

① 기업업무추진비 및 교제비·사례금 그 밖에 어떠한 명목이든 상관없이 이와 유사한 성질의 비용으로서 법인의 업무에 관련하여 지출한 금액이다.
② 광고·선전목적으로 달력 등을 불특정다수인에게 기증한 것은 기업업무추진비로 보지 않는다.
③ 사용인이 조직한 조합 또는 단체(법인에 한함)에 지출한 복리시설비는 기업업무추진비에 포함한다.
④ 특정 거래처에게 광고선전물품으로 20,000원 상당의 달력과 25,000원 상당의 컵을 기증하였다면 45,000원을 기업업무추진비로 본다.
⑤ 기업업무추진비를 금전 외의 자산으로 제공한 경우(현물기업업무추진비의 경우) 시가가 장부가액보다 낮은 경우 장부가액으로 평가한다.

06 (주)삼일의 담당 회계사인 김삼일 회계사가 (주)삼일의 제7기 사업연도(20×2년 1월 1일 ～ 20×2년 12월 31일) 기업업무추진비에 대하여 자문한 다음 내용 중 가장 올바르지 않은 것은?

① 기업업무추진비를 금전이 아닌 현물로 제공한 경우에는 시가와 장부가액 중 큰 금액을 기업업무추진비로 보아야 합니다.
② 기업업무추진비와 관련된 부가가치세 매입세액은 불공제되며, 전액 손금불산입하여야 합니다.
③ 문화 관련 기업업무추진비는 일반기업업무추진비 한도액의 20 % 범위 내에서 추가로 손금에 산입합니다.
④ 20×2년 12월에 신용카드로 접대 행위를 하고, 20×3년 1월에 신용카드 대금을 결제한 경우에는 이를 20×2년의 기업업무추진비로 처리하여야 합니다.

07 **다음 중 법인세법상 기업업무추진비와 기부금에 관한 설명으로 가장 옳지 않은 것은?**

① 기업업무추진비를 금전 외의 자산으로 제공하는 경우 장부금액으로 평가한다.
② 약정에 의하여 거래처에 대한 매출채권을 포기한 금액도 기업업무추진비에 해당한다.
③ 특례기부금 및 일반기부금의 한도초과액은 그 다음 사업연도의 개시일로 부터 10년 이내 종료하는 각 사업연도에 이월하여 손금에 산입할 수 있다.
④ 기업업무추진비는 발생주의 기부금은 현금주의에 따라 귀속시기를 결정한다.
⑤ 문화기업업무추진비가 있는 경우 일반기업업무추진비 손금산입한도액의 20% 내에서 추가로 손금을 인정받을 수 있다.

08 **다음 중 법인세법상 기업업무추진비와 기부금에 관한 설명으로 가장 옳지 않은 것은?**

① 기업업무추진비와 관련한 매입세액 불공제액과 접대한 자산에 대한 매출세액은 기업업무추진비에 해당한다.
② 기부금은 현금주의에 의하여 손금을 계상하게 되므로 법인이 실제로 지급하지 아니한 기부금을 미지급으로 하여 손금에 계상한 경우에는 동 기부금 전액을 손금불산입한다.
③ 기업업무추진비를 지출하고 아무런 증빙을 수취하지 않은 경우 손금불산입하고 대표자 상여로 처분한다.
④ 특수관계인이 아닌 자에게 기부한 일반기부금은 장부가액으로 평가하되 시가가 장부가액보다 큰 경우 시가로 평가한다.

09 **(주)삼일의 담당 회계사인 김자문 회계사는 제10기(20×1.1.1. ~20×1.12.31.)의 기업업무추진비와 기부금에 대하여 다음과 같이 자문하였다. 김자문 회계사가 자문한 내용 중 가장 잘못된 것은?**

① 〈자문 1〉 기업업무추진비 지출액에 대해서는 반드시 법적 증빙을 수취하는 습관을 가지셔야 합니다. 건당 3만원 초과 기업업무추진비 지출액에 대하여 법적 증빙을 수취하지 않고 간이영수증을 수취한다면 동 금액은 세법상 전액 손금 부인되기 때문입니다.
② 〈자문 2〉 건당 20만원 이하의 경조사비의 경우에는 법정증빙서류를 수취하지 않더라도 손금불산입되지 않습니다.
③ 〈자문 3〉 불우이웃돕기를 위해 지출한 기부금은 법인세법상 소득금액을 한도로 전액 손금인정받을 수 있으므로, 기부금 지출 계획을 마련할 시에 우선적으로 고려하셔야 할 것입니다.
④ 〈자문 4〉 기부금을 지출할 경우 기부금 모금 단체가 세법상 적정한 모금단체인지 확인할 필요가 있습니다. 세법상 적정한 기부금 단체 이외의 단체에 납부한 기부금은 세법상 비지정기부금으로서 전액 손금 부인되기 때문입니다.

10 **다음 중 법인세법상 기업업무추진비에 해당하지 않는 것은?**

① 약정에 의해 거래처에 대한 매출채권을 포기한 경우
② 특수관계가 없는 자에게 시가가 10억인 기계장치를 정당한 사유없이 5억에 양도한 경우
③ 직원이 조직한 법인인 조합에 복리시설비를 지출한 경우
④ 기업업무추진비 관련 VAT매입세액 불공제액과 접대한 자산에 대한 VAT매출세액

[redacted]

정답 및 해설

01	③	02	③	03	④	04	④	05	④	06	②	07	①	08	④	09	③	10	②

01 ③ 〈손금불산입〉 법정증빙 미수취 기업업무추진비 200만원 (기타사외유출)
〈손금불산입〉 기업업무추진비 한도초과 65만원 (기타사외유출)

1) 증빙불비 기업업무추진비 : 2,000,000원
 〈손금불산입〉 증빙불비 기업업무추진비 2,000,000(기타사외유출)
2) 기업업무추진비 한도초과액
 ㄱ) 기업업무추진비 한도액 = 36,000,000 × 12/12 + 450,000,000* × 0.3%
  = 37,350,000
  * 중단사업 매출액도 한도 계산 시 포함함
  (400,000,000 + 50,000,000 = 450,000,000)
 ㄴ) 기업업무추진비 한도초과액 = (40,000,000 − 2,000,000) − 37,350,000 = 650,000
3) 손금불산입 총계 = 2,650,000

02 ③ 기업업무추진비 를 지출하고 아무런 증빙을 수취하지 않은 경우 전액 손금불산입하고 대표자에 대한 상여로 처분한다. 기업업무추진비 한도초과액의 경우 기타사외유출로 처분한다.

03 ④ #1 : 일반수입금액이 100억원이므로 한도는 3/1,000를 곱한 30,000,000원이다.
#2 : 기본한도 12,000,000 + 일반수입 100억원 × 0.3% + 특수관계 25억원 × 0.2% × 10%
 = 42,500,000원
#3 : 2,500,000(= 45,000,000 − 42,500,000)

04 ④ (단위 : 백만원)
기업업무추진비 한도 = ① + ② = 41,460,000원
① 기본한도 36
② 수입금액 한도
 − 일반수입 한도= 18억원 × 3/1,000 = 5.4
 − 특수관계인 수입 한도 = 2억원 × 3/1,000 × 10% = 0.06
기업업무추진비 한도초과 = 기업업무추진비 44 − 한도 41.46 = 3,540,000원

05 ④ 광고선전 목적으로 기증한 물품의 구입비용은 광고선전비로 본다. 다만, 특정인에게 기증한 물품의 경우에는 연간 5만 원 이내의 금액에 한정하여 광고선전비로 본다.(단, 개당 3만 원 이하의 물품은 제외한다) 문제에서 개당 3만 원 이하인 물품을 제공하였으므로 전액 기업업무추진비 로 보지 아니한다.

06 ② 부가가치세 매입세액 불공제한 금액은 항목에 따라법인세법 상 손금인정 여부가 달라진다.
손금 인정 : 기업업무추진비, 면세관련, 토지관련 매입세액
손금 불인정 : 세금계산서 미수취, 사업무관, 등록전 매입세액

07 ① 기업업무추진비 를 금전 외의 자산으로 제공한 경우 시가와 장부가액보다 큰 금액으로 한다.

08 ④ 특수관계인이 아닌 자에게 기부한 지정부금은 장부가액으로 평가한다.

09 ③ 불우이웃돕기를 위해 지출한 기부금은 법인세법상 일반기부금에 해당되므로 법에서 정한 소득금액의 10% 까지만 손금인정된다.

10 ② 특수관계가 없는 자에게 정당한 사유없이 자산을 정상가액보다 낮은 가액으로 양도할 경우에는 정상가액과 양도가액의 차액을 기부금으로 보므로 ②는 기업업무추진비 가 아니다. 이때 정상가액이란 시가에 30%를 가감한 범위 내의 금액을 말한다. 의제기부금 = 10억 × (1 − 30%) − 5억 = 2억

지급이자의 손금불산입

1 지급이자 개념

① 차입금에 대한 지급이자는 업무와 관련된 비용이므로 원칙적으로 손금으로 인정된다.

② 다만, 법인세법은 사채시장의 양성화, 금융소득종합과세의 실효성 제고 및 재무구조의 개선 유도 등의 목적으로 법에서 열거한 지급이자는 손금불산입 제도를 두고 있다.

2 지급이자 손금불산입

다음의 지급이자는 손금불산입한다.

구분		손금불산입액	소득처분
① 채권자불분명 사채이자		해당 지급이자 전액	대표자 상여*
② 지급받는 자가 불분명한 채권·증권이자		해당 지급이자 전액	대표자 상여*
③ 건설자금 이자**	특정차입금 이자	해당 지급이자 전액	유보
③ 건설자금 이자**	일반차입금 이자	일반차입금이자 × $\frac{(\text{건설비적수} - \text{특정차입금적수})}{\text{일반차입금적수}}$ (한도 : 건설기간에 실제로 발생한 일반차입금 이자)	유보
④ 업무무관자산에 대한 지급이자		지급이자 × $\frac{(\text{업무무관자산적수} + \text{업무무관가지급금 적수})}{\text{차입금적수}}$	기타사외유출

* 원천징수상당액은 기타사외유출 처리함

** 건설자금이자를 비용으로 처리한 경우 세무상 처리는 다음과 같음.

구분		세무상 처리	
		당기	차기 이후
상각자산	건설 중인 경우	손금불산입(유보)	건설완료 후 상각부인액으로 의제
상각자산	건설이 완료된 경우	즉사상각의제(감가상각비로 보아 시부인계산)	–
비상각자산		손금불산입(유보)	처분시 손금산입(△유보)

3 채권자불분명 사채이자 등 손금불산입

구분	세무상 처리방법
채권자가 불분명한 사채(私債)의 이자	금융기관에서 자금을 조달하기 어려운 경우 금융기관이 아닌 개인이나 법인으로부터 자금을 차입할 수 있는데, 이를 사채(私債)라 함. 법인이 사채이자를 지급하고 사채권자를 불분명하게 처리하면 사채권자에 대하여 제대로 과세할 수 없어 손금불산입함. ㉠ 채권자의 주소 또는 성명을 확인할 수 없는 차입금 ㉡ 채권자의 능력 및 자산상태로 보아 금전을 대여한 것으로 인정할 수 없는 차입금 ㉢ 채권자와의 금전거래사실 및 거래내용이 불분명한 차입금
지급받는 자가 불분명한 채권·증권의 이자와 할인액	채권·증권의 이자·할인액을 당해 채권·증권의 발행법인이 직접 지급하는 경우에 그 지급사실이 객관적으로 인정되지 아니하는 이자 또는 할인액은 손금으로 인정하지 않음.

4 건설자금이자

사업용 고정자산의 매입·제작·건설에 소요되는 차입금에 대한 건설기간 중의 지급이자 또는 이와 유사한 성질의 지출금은 자산의 취득원가에 가산하는 규정

구분	정의	법인세법상 처리
특정 차입금	명목여하에 불구하고 사업용 고정자산의 매입·제작·건설에 소요된 것이 분명한 차입금에 대한 지급이자	건설기간(건설개시일~준공일) 동안 발생한 이자를 자본화함. (건설개시 전 / 준공후 이자는 해당 사업연도의 손금인정)
일반 차입금	일반적인 목적으로 차입한 자금의 이자	선택(자본화 or 손금) $\text{일반차입금이자} \times \dfrac{(\text{건설비적수} - \text{특정차입금적수})}{\text{일반차입금적수}}$ (한도 : 건설기간에 실제로 발생한 일반차입금 이자)

* 건설개시일은 지출이 개시되고, 금융비용이 발생하고 취득활동이 개시된 시점을 / 준공일은 사용개시일(토지는 대금청산일, 건물은 양도소득세 기준 취득일 중 빠른날)

구분	기업회계	법인세법
대상자산	유형자산·무형자산·투자자산·재고자산 등	사업용 고정자산에 한함(유형·무형고정자산) → 투자자산, 재고자산은 ×
적용	• 국제회계기준 : 강제사항 (특정, 일반) • 일반기업회계기준 : 선택(특정, 일반)	• 특정차입금 : 강제 • 일반차입금 : 선택

5 업무무관자산이자

법인이 업무무관자산을 보유하거나 특수관계인에게 업무와 무관한 가지급금 등을 지급한 경우 이에 상당하는 지급이자는 손금불산입한다.

구분	종류
업무무관자산 (부동산과 동산)	① 법인의 업무에 직접 사용하지 아니하는 부동산 ② 골동품·서화(단, 장식·환경미화 등의 목적으로 사무실·복도 등 여러 사람이 볼 수 있는 공간에 상시 비치하는 것을 제외) ③ 업무에 직접 사용되지 않는 자동차·선박 및 항공기
업무무관가지급금	특수관계인에게 업무와 직접적인 관련이 없거나 주된 수익사업으로 볼 수 없는 대여금을 업무무관가지급금이라 함(예 임원 주택자금, 계열회사 대여금)

$$\text{손금불산입액} = \text{지급이자}^{**} \times \frac{(\text{업무무관자산적수} + \text{업무무관가지급금적수})^{*}}{\text{차입금적수}^{***}}$$

* 분자의 합계금액은 분모의 차입금적수를 한도로 함.
** 지급이자 : 선순위로 손금불산입된 지급이자는 제외
*** 차입금적수 : 선순위로 손금불산입한 차입금적수는 제외(적수 : 일별 잔액의 합계)

예제 1

(주)삼일건설은 올해 대학에 입학한 대표이사의 아들이 사용할 목적으로 취득가액 20,000,000원인 스포츠카를 20×1년 1월 1일에 구입하였다. (주)삼일건설의 지급이자는 5,000,000원이고 차입금적수가 36,500,000,000원이라 한다면 (주)삼일건설의 20×1년 세무조정시 업무무관부동산 등에 관련한 차입금의 지급이자손금불산입액은 얼마인가? (단, 1년은 365일 이며, 그 외의 지급이자 손금불산입은 없다고 가정한다)

① 〈손금불산입〉 업무무관지급이자 950,000원 (기타사외유출)
② 〈손금불산입〉 업무무관지급이자 1,000,000원 (기타사외유출)
③ 〈손금불산입〉 업무무관지급이자 1,150,000원 (기타사외유출)
④ 세무조정 필요없음

해설 지급이자 부인액 = 500만원 × (20백만원 × 365 / 36,500백만원) = 1,000,000원
정답 ②

6 지급이자 적용순서

다음과 같은 순서로 지급이자손금불산입을 적용한다.

① 채권자가 불분명한 사채이자
② 지급받는 자가 불분명한 채권·증권의 지급이자
③ 건설자금이자
④ 업무무관자산 등에 대한 지급이자

✔ 이자 100만원(채권자불분명 10, 건설자금이자 20 포함) 업무무관이자 계산시 이자비용은 70만원 기준으로 계산함.

예제 2

다음 중 지급이자 손금불산입 순서를 올바르게 나열한 것은?

㉠ 업무무관자산 등에 대한 지급이자
㉡ 채권자가 불분명한 사채이자
㉢ 건설자금이자
㉣ 지급받는 자가 불분명한 채권증권의 지급이다

① ㉠ – ㉡ – ㉢ – ㉣
② ㉡ – ㉢ – ㉣ – ㉠
③ ㉡ – ㉣ – ㉢ – ㉠
④ ㉢ – ㉣ – ㉡ – ㉠

해설 지급이자는 순서대로 부인해야 한다.

정답 ③

출제예상 문제

01 **다음 중 법인세법상 지급이자손금불산입과 그 소득처분을 연결한 것으로 가장 옳지 않은 것은?**

① 채권자불분명사채이자 – 대표자 상여(원천징수 없다고 가정)
② 지급받는 자가 불분명한 채권·증권 이자 – 대표자 상여(원천징수 없다고 가정)
③ 특정차입금에 대한 건설자금이자 – 유보
④ 업무무관자산에 대한 지급이자 – 대표자 상여

02 **다음 중 법인세법상 건설자금이자 손금불산입에 관한 설명으로 가장 올바르지 않은 것은?**

① 자본화 대상자산의 취득과 직접 관련하여 개별적으로 차입된 자금(특정차입금)에 대한 지급이자는 자본화해야 한다.
② 자본화 대상자산에는 사업용 유·무형자산뿐만 아니라 투자자산과 제조 등에 장기간이 소요되는 재고자산을 포함한다.
③ 당기말까지 건설이 완료되지 않은 상각자산의 특정차입금 이자를 비용 계상한 경우에는 당기에 손금불산입하고 차기 이후에는 건설완료 후 상각부인액으로 의제한다.
④ 건설자금이자는 업무무관자산에 관한 지급이자보다 선순위로 지급이자 손금불산입 규정을 적용한다.

03 **업무무관자산 등 관련 지급이자 손금불산입 규정에 대한 설명으로 잘못된 것은?**

① 법인이 업무와 관련이 없는 자산을 보유할 경우 이 규정을 적용한다.
② 업무무관자산가액은 시가로 평가한다.
③ 회사가 업무무관자산을 보유하는 경우 회사의 차입금은 업무유관자산 보다 업무무관자산 취득에 우선적으로 사용한 것으로 보고 관련 이자비용을 손금불산입한다.
④ 법인이 특수관계인에게 업무와 무관한 가지급금을 지급한 경우 이 규정이 적용된다.

04 **다음 중 법인세법상 업무무관자산 등 지급이자 손금불산입에 관한 설명으로 가장 올바르지 않은 것은?**

① 지급이자 손금불산입하는 가지급금은 특수관계인에 대한 업무무관가지급금을 말한다.
② 유예기간 중 업무에 사용하지 않고 양도하는 부동산은 업무무관자산에 해당한다.
③ 지급이자는 선순위로 손금불산입된 금액을 제외한다.
④ 지급이자는 타인에게서 자금을 차용하는데 대응하여 지급되는 금융비용으로서 미지급이자는 제외하되 미경과이자는 포함한다.

05 **(주)삼일건설은 올해 대학에 입학한 대표이사의 아들이 사용할 목적으로 취득가액 40,000,000원인 스포츠카를 20×1년 1월 1일에 구입하였다. (주)삼일건설의 지급이자는 10,000,000원이고 차입금 적수가 73,000,000,000원이라 한다면 (주)삼일건설의 20×1년 세무조정시 업무무관부동산 등에 관련한 차입금의 지급이자손금불산입액은 얼마인가?** (단, 그 외의 지급이자 손금불산입은 없고, 1년은 365일로 가정한다)

① 〈손금불산입〉 업무무관지급이자 950,000원 (기타사외유출)
② 〈손금불산입〉 업무무관지급이자 1,500,000원 (기타사외유출)
③ 〈손금불산입〉 업무무관지급이자 2,000,000원 (기타사외유출)
④ 세무조정 필요없음

06 **다음 중 업무무관가지급금에 관한 법인세법상 처리내용 중 옳은 것을 모두 고르면?**

ㄱ. 업무무관가지급금에 대하여 이자를 받지 않거나 또는 법인세법상 적정이자율보다 낮은 이율로 대여한 경우 적정이자율로 계산한 이자상당액 또는 이자상당액과의 차액을 익금산입한다.
ㄴ. 업무무관가지급금에 대하여 설정한 대손충당금은 손금으로 인정되지 않는다.
ㄷ. 업무무관가지급금에 대한 손금불산입 대상 지급이자는 미지급이자를 제외하고 미경과이자를 포함한다.

① ㄱ
② ㄴ
③ ㄱ, ㄴ
④ ㄱ, ㄴ, ㄷ

07 **다음 중 법인세법상 지급이자 손금불산입 순서를 올바르게 나열한 것은?**

㉠ 업무무관자산 등에 대한 지급이자
㉡ 채권자가 불분명한 사채이자
㉢ 건설자금이자
㉣ 지급받는 자가 불분명한 채권증권의 지급이자

① ㉠ – ㉡ – ㉢ – ㉣
② ㉡ – ㉢ – ㉣ – ㉠
③ ㉡ – ㉣ – ㉢ – ㉠
④ ㉢ – ㉣ – ㉡ – ㉠

08 **다음의 지급이자 중 기타사외유출로 소득처분되는 금액은 모두 얼마인가?**

(1) 채권자불분명 사채이자 : 10,000,000원
(2) 비실명 채권, 증권의 이자 중 원천징수세액 : 5,000,000원
(3) 공장건물의 취득과 관련한 특정차입금의 지급이자 : 12,000,000원
(4) 재고자산의 취득과 관련한 특정차입금의 지급이자 : 15,000,000원
(5) 토지의 취득과 관련한 일반차입금의 지급이자 : 5,000,000원
(6) 사업용이 아닌 토지(업무무관자산에 해당)의 취득과 관련한 지급이자 : 23,000,000원

① 23,000,000원
② 28,000,000원
③ 33,000,000원
④ 48,000,000원

09 **(주)삼일의 담당 회계사인 김세무 회계사가 ㈜삼일의 제9기 사업연도(2025.1.1 ~ 2025.12.31) 지급이자 손금불산입에 대하여 자문한 다음 내용 중 가장 옳은 것은?**

① 회사가 사채를 빌려다 쓰고 사채업자에게 지급하는 이자는 채권자가 누구인지 실명으로 밝히더라도 변칙적인 자금거래로 보아 전액 손금불산입한다.
② 법인세법에서는 자본화 대상자산의 취득과 직접 관련하여 개별적으로 차입된 자금(특정차입금)에 대한 이자를 자산의 취득가액으로 계상할 수도 있고, 비용처리할 수도 있다.
③ 업무에 직접 사용되지 않는 자동차를 보유하게 되면 지급이자 중 일정 금액이 손금불산입되므로 업무에 직접 사용하지 아니하는 자동차를 취득하는 것은 신중하게 검토해야 한다.
④ 건물의 건설과 직접 관련된 차입금에서 발생한 이자로 건설이 완료된 이후에 발생한 이자는 손금불산입하고 유보처분하여야 한다.

[redacted]

정답 및 해설

01	④	02	②	03	②	04	④	05	③	06	③	07	③	08	②	09	③	

01 ④ 업무무관자산에 대한 지급이자 손금불산입액은 기타사외유출 처분한다.

02 ② 자본화 대상자산에는 사업용 유·무형자산만 포함하며, 투자자산이나 제조 등에 장기간이 소요되는 재고자산은 포함되지 않는다.

03 ② 업무무관자산가액은 취득가액에 의하여 계산한다. 업무무관자산에 대한 지급이자 손금불산입 적용 시 차입금 중 업무무관자산 취득에 소요된 금액 비율만큼 부인하게 되므로, 업무무관 자산을 우선 취득했다는 가정하에 지급이자손금불산입을 적용하는 것이 된다.

04 ④ 업무무관가지급금에 대한 손금불산입 대상 지급이자는 미지급이자를 포함하고 미경과이자는 제외한다.
삼일아이 법인세법 28조 해설 : 미지급이자는 포함 / 미경과이자는 제외 (현금주의가 아닌 발생주의 금액 기준)

05 ③ 지급이자 부인액 = 1,000만원 × (40백만원 × 365 / 73,000백만원) = 2,000,000원

06 ③ 업무무관가지급금에 대한 손금불산입 대상 지급이자는 미지급이자를 포함하고 미경과이자는 제외한다.

07 ③ 지급이자는 순서대로 부인해야 한다.

08 ② (1) 채권자불분명 사채이자 : 상여
(2) 비실명 채권, 증권의 이자 중 원천징수세액 : 기타사외유출
(3) 공장건물의 취득과 관련한 특정차입금의 지급이자 : 유보
(4) 재고자산의 취득과 관련한 특정차입금의 지급이자 : 재고자산 취득 관련 지급이자는 자본화하지 않는다. 회사가 자본화 했다면 손금산입 △유보 처분될 것이다.
(5) 토지의 취득과 관련한 일반차입금의 지급이자 : 유보
(6) 사업용이 아닌 토지(업무무관자산에 해당)의 취득과 관련한 지급이자 : 기타사외유출

기타사외유출 처분 금액 = (2) + (6) = 28,000,000원

09 ③ 사채업자에게 지급하는 이자는 채권자가 누구인지 실명으로 밝히는 경우 손금으로 인정되고, 채권자의 실명이 확인되지 않는 경우 손금불산입 한다. 특정차입금이자는 무조건 취득가액에 가산해야 한다. 업무무관자동차 구입 시 업무무관자산등에 대한 지급이자손금불산입을 적용한다. 건설자금에 대한 이자는 당해 사업연도에 건설이 완료된 건물과 직접 관련된 차입금에서 발생한 이자는 당해 자산의 제조 또는 취득 완료시점까지 발생된 이자비용을 자본화하는 것이므로 당해 사업연도 중 건설이 완료된 건물에 직접 관련된 차입금에 대한 지급이자는 당기 손금으로 처리한다.

CHAPTER 09 충당금과 준비금

제1절 퇴직급여충당금

퇴직급여충당부채 손금인정 비율

구분	인정비율
2014년	15%
2015년	10%
2016년	5%
2017년 이후	0%

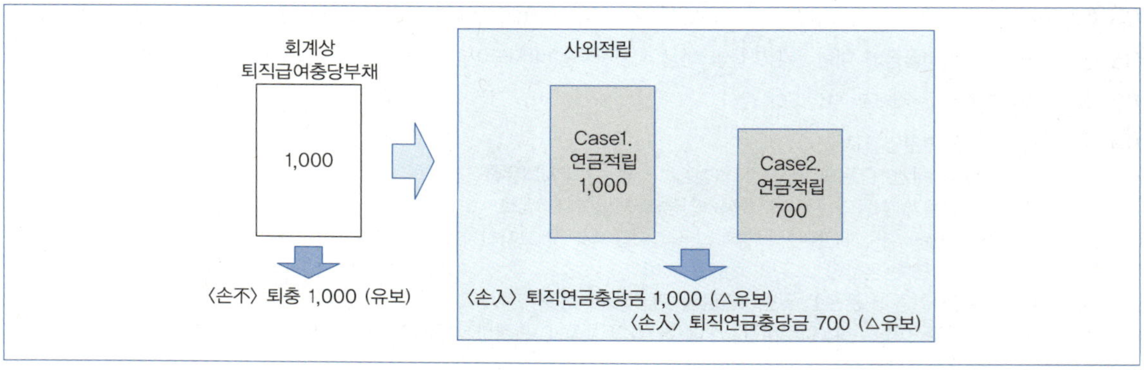

퇴직연금

구분	확정급여형 (Defined Benefit)	확정기여형 (Defined Contribution)
① 개념	근로자가 일정 연령에 달할 때에 받을 금액이 확정된 연금	회사가 부담할 기여금을 확정한 후 그 적립금을 근로자가 자기 책임으로 운용하여 그 운용결과에 기초하여 연금지급
② 기업회계상 처리	회사의 연금부담금을 퇴직연금운용자산으로 계상한 후, 퇴직급여충당금에서 차감하는 형식으로 표시(과거 퇴직보험과 처리방법 동일)	회사의 연금부담금을 퇴직급여(비용)로 처리
③ 세법상 처리	한도 내 손금인정	별도로 전액 손금인정
④ 운용책임	회사가 부담	개별 근로자가 부담
⑤ 급부	확정	운영실적에 따름

1 퇴직급여충당부채 한도

퇴직급여충당금한도액 = MIN(①, ②)

① 총급여액 기준 : 퇴직급여지급대상이 되는 임직원에게 지급한 총급여액×5%

② 퇴직금추계액기준 = 퇴직금추계액 × 0% + 퇴직금전환금(**) – 세무상 퇴직급여충당금 잔액(*)

* 세무상 퇴직급여충당금잔액 =
전기말 재무상태표상 퇴직급여충당금잔액 – 충당금부인액누계 – 당기 퇴직급여충당금감소액

** 퇴직금전환금 : 국민연금 보험료의 1/3을 퇴직금에서 대신 납부해준 금액

퇴직급여충당부채

지급	300	기초	10,000 (부인액 9,500)
기말	**11,000**	설정	1,300

* 총급여는 1,000인 경우

한도액 = MIN(①, ②)

① 총급여기준 = 1,000 × 5% = 50

② 추계액기준 = 11,000 × 0% – (10,000 – 9,500 – 300)
= –200(0보다 작은 경우 0으로 봄)

(1) 총급여의 범위

총급여 포함	총급여 제외
퇴직급여 지급대상이 되는 임원·사용인에게 지급한 총급여액(규정이 있으면 1년 미만 근속자도 설정이 가능)	확정기여형 퇴직연금 설정된 자 인건비 중도퇴사자 인건비
㉠ 근로의 제공으로 인하여 받는 봉급·상여·수당과 이와 유사한 성질의 급여 총액과 ㉡ 이익처분에 의한 상여금을 말함.	㉠ 손금불산입되는 인건비 ㉡ 인정상여 ㉢ 퇴직으로 인하여 받는 소득으로서 퇴직소득에 속하지 않는 소득

(2) 퇴직금추계액

퇴직금추계액이란 세무상손금으로 인정될 수 있는 한도금액을 의미하며 다음과 같이 구함.

퇴직금추계액 = Max (①, ②)

① **일시퇴직**기준 : 당해 사업연도말 현재 재직중인 임직원이 퇴직시 지급하여야 할 퇴직금총액

② **보험수리적 기준** : 근로자퇴직급여보장법 제12조 제5호 가목에 따라 매 사업연도 말일 현재 급여에 소요되는 비용예상액의 현재가치와 부담금 수입예상액의 현재가치를 추정하여 산정된 금액

(3) 퇴직급여충당부채 세무조정

퇴직급여충당금한도액과 당기 중 회계상 전입한 퇴직급여충당금 설정액을 비교하여 **한도초과액을손금불산입**한다.

퇴직급여충당부채

지급	300	기초	10,000
기말	11,000	**설정**	**1,300**

⇨ 설정액과 세무상 한도액 비교!

⇩

한도초과액은 손금불산입하고 유보처분함!
한도미달액은 세무조정 없음

예제 1

당기(20×1. 1. 1 ~ 20×1. 12. 31)의 퇴직급여충당금한도초과액은 얼마인가?

(1) 퇴직급여충당부채 계정

퇴직급여충당부채

지급	3,000,000	기초	100,000,000
기말	200,000,000	**설정**	**103,000,000**

(2) 기초잔액 중 손금불산입액 : ₩95,000,000

(3) 회사는 퇴직연금에 가입하지 않았으며, 당기지급액은 모두 현실적 퇴직으로 인한 것이다.

(4) 당기 종료일 현재 퇴직금추계액 : ₩200,000,000(일시퇴직기준과 보험수리적 기준에 의한 퇴직금추계액이 동일한 금액이라고 가정한다)

(5) 퇴직급여의 지급대상이 되는 임원 또는 사용인에게 지급한 급여와 상여금 : ₩600,000,000

(6) 퇴직금전환금 기말잔액은 ₩5,000,000이다.

해설 설정액 = 103,000,000
한도액 = min(①,②) = 3,000,000
① 총급여기준 = 600,000,000 × 5% = 30,000,000
② 추계액기준 = [200 × 0% + 5 − {(100 − 95) − 3}] = 3,000,000
한도초과액 = 103백만 − 3백만 = 100백만원
〈손금불산입〉 퇴직급여충당부채 100백만 (유보)

2 퇴직급여충당부채 Key Point

① **기업회계에서는 결산일 현재의 퇴직급여추계액 전액을 퇴직급여충당금으로 설정하는데 비하여 법인세법에서는 퇴직급여충당금의 손금산입에 일정한 한도를 설정하고 있다.**

② **퇴직급여충당금을 법인의 손금에 산입하기 위해서는 법인의 장부에 손금으로 계상하여야 함(결산조정). 즉 신고조정에 의하여 손금에 산입함을 원칙적으로 허용하지 않는다.**

③ **임원 또는 사용인이 현실적으로 퇴직함으로써 법인이 사용인 등에게 퇴직금을 지급할 때에는 이미 손금으로 계상된 퇴직급여충당금이 있으면 그 퇴직급여충당금에서 먼저 지급한다.**

〈퇴직급여충당부채 1,000이 있는 경우로 퇴직금 지급 시 순서〉

(Case1) 차)	퇴직급여충당부채	600	대) 현금등	600
(Case2) 차)	퇴직급여충당부채	1,000	대) 현금등	1,300
	퇴직급여	300		

④ 다만, 전기말 퇴직급여충당금 설정대상이 아닌 자에게 퇴직금을 지급하는 경우에는 법인 임의에 따라 퇴직급여충당금과 상계하거나 또는 직접 당해연도의 손금으로 처리할 수 있다.

3 현실적퇴직

① **퇴직금은 현실적퇴직을 원인으로 지급하는 경우에만 법인세법상 인정된다.**

② **현실적퇴직하지 않은 임직원에게 퇴직금을 지급한 경우 손금불산입하며 임직원에 대한 업무무관대여금으로 보아 세무상 불이익 발생한다.**

현실적인 퇴직인 경우	현실적 퇴직이 아닌 경우
㉠ 법인의 직원이 해당 법인의 임원으로 취임한 때 ㉡ 상근임원이 비상근임원이 된 경우 ㉢ 사용인에게 근로자퇴직급여보장법에 의하여 퇴직급여를 중간정산하여 지급한 경우 ㉣ 임원에게 정관 또는 정관에서 위임된 퇴직급여지급규정에 따라 장기요양 등의 사유로 그때까지의 퇴직급여를 중간정산하여 지급한 때 ㉤ 임원 또는 사용인이 그 법인의 조직변경·합병·분할 또는 사업양도에 의하여 퇴직한 경우	㉠ 임원이 연임된 경우 ㉡ 법인의 대주주 변동으로 인하여 계산의 편의, 기타 사유로 전 사용인에게 퇴직급여를 지급하는 경우 ㉢ 외국법인의 국내지점 종업원이 본점(본국)으로 전출하는 경우 ㉣ 정부투자기관 등이 민영화됨에 따라 전 종업원의 사표를 일단 수리한 후 재채용한 경우 ㉤ 근로자퇴직급여보장법에 의하여 퇴직급여를 중간정산하기로 하였으나 이를 실제로 지급하지 아니한 경우

임원에 대한 급여를 연봉제로 전환함에 따라 향후 퇴직급여를 지급하지 않는 조건으로 그때까지의 퇴직급여를 정산하여 지급하는 것은 **현실적 퇴직에 해당하지 않음**에 유의해야 한다.

4 퇴직연금충당금

➲ 퇴직연금충당금 한도액(최초 연도)

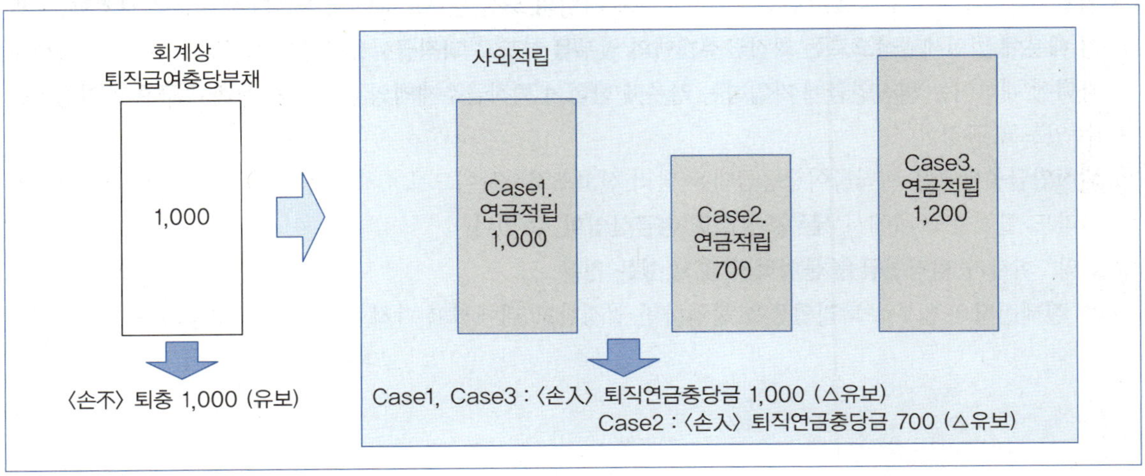

퇴직연금충당금 한도액(다음 연도)

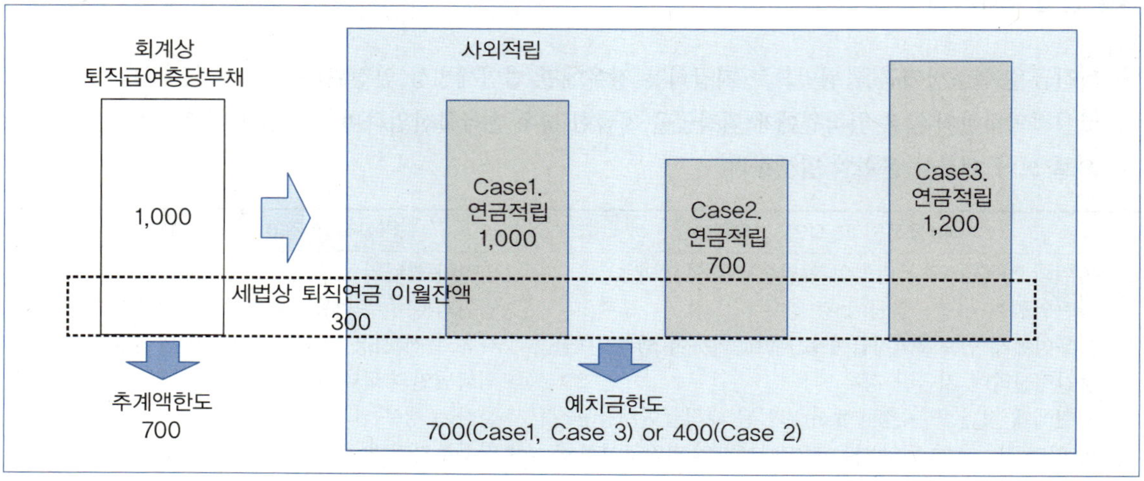

퇴직연금충당금 손금산입 한도

퇴직연금충당금 설정한도액 = Min(①, ②) − 세법상 퇴직연금충당금 이월잔액*
① 퇴직급여추계액** − 세무상 퇴직급여충당금 기말잔액(= 기말 퇴직급여충당금 부인액)
② 퇴직연금운용자산 당기말잔액

* 이월잔액 = 전기말 현재 세법상 퇴직연금충당금 잔액 − 당기중 퇴직연금충당금 감소액
** 퇴직급여추계액 = Max[일시퇴직기준 퇴직급여추계액, 보험수리적 기준에 의한 퇴직급여추계액]

5 퇴직연금충당금 Key Point

① 법인이 퇴직급여충당금을 100% 설정하더라도 **기업의 도산 등으로부터 종업원의 퇴직금을 보호할 수 없기 때문에 법인세법상으로는 퇴직금추계액의 일부를 한도로 퇴직급여충당금을 설정**하도록 하고, **나머지 차액**에 대하여는 **퇴직연금에 가입하는 경우에 한하여 퇴직금추계액의 나머지에 대해 손금으로 인정**받을 수 있도록 규정함.

② **퇴직연금충당금은** 퇴직급여충당금과는 달리 **신고조정사항**이므로 이를 결산시 비용으로 계상하지 않았더라도 일정한도 내에서 **세무조정으로 손금산입할 수 있다.**

③ 만약, 회사가 **퇴직연금을 불입하지 않고 있는 경우**
⇨ **절세전략**의 일부로 **퇴직연금을 불입하면 일정한도 내에서 추가적인 손금산입 가능하다.**

예제 2

다음 중 퇴직급여충당금에 대한 설명으로 잘못된 것은?

① 총급여액 기준 퇴직급여충당금 손금산입 한도액 계산시 총급여액에는 확정기여형 퇴직연금이 설정된 임원 또는 사용인에 대한 급여를 포함하여 계산한다.
② 퇴직연금충당금은 결산시 비용으로 계상하지 않았더라도 세무상 손금산입한도액까지는 손금산입할 수 있다.
③ 회계상 퇴직급여충당금 당기 설정액이 법인세법상 퇴직급여충당금 한도액을 초과하는 경우 그 초과액은 손금불산입(유보)으로 처리한다.
④ 총급여액 기준 퇴직급여충당금 손금한도액 계산시 총급여액의 포함대상자는 퇴직급여 지급대상이 되는 임원 및 사용인에게 지급한 총급여액이다. 따라서 회사규정에서 1년미만 근속자에게 퇴직급여를 지급하는 것으로 규정하고 있는 경우에는 1년 미만 근속자에게 지급한 총급여액도 총급여액 기준 한도계산시 총급여액에 포함한다.

해설 총급여액에는 확정기여형 퇴직연금이 설정된 자에 지급한 금액 제외하며, 손금불산입된 인건비, 인정상여, 퇴직으로 인해 받는 소득으로 퇴직소득에 속하지 않는 소득 등은 제외함.

정답 ①

제2절 대손금과 대손충당금

1 대손금

법인의 영업활동에서 발생하는 외상매출금, 미수금, 대여금 등과 같은 채권 중 사실상 회수가 불가능한 채권은 그 자산성을 상실하여 법인의 순자산을 감소시키는 손금에 해당하는데 이것을 대손금이라 한다.

신고조정사항	결산조정사항
대손요건을 구비한 사업연도 (결산에 반영하지 않더라도 신고조정 손금산입 가능)	대손요건을 구비하고 결산상 회계처리한 사업연도 (결산에 반영해야 손금 산입 가능)
㉠ 상법·민법·어음수표법에 따라 소멸시효가 완성된 채권 ㉡ 「채무자 회생 및 파산에 관한 법률」에 의한 회생계획인가의 결정 또는 법원의 면책결정에 따라 회수불능채권으로 확정된 채권 ㉢ 민사집행법의 규정에 의하여 채무자의 재산에 대한 경매가 취소된 압류채권	㉠ 채무자의 파산, 사업의 폐지*, 강제집행, 형의 집행, 사망, 실종, 행방불명으로 인하여 회수할 수 없는 채권 ㉡ 부도발생일로부터 6개월 이상 경과한 수표 또는 어음상의 채권 및 중소기업의 외상매출금(부도발생일 이전의 것에 한한다). 다만, 당해 법인이 채무자의 재산에 대해 저당권을 설정하고 있는 경우를 제외한다. ㉢ 회수기일을 6개월 이상 경과한 채권 중 채권가액이 30만원 이하(채무자별 채권가액의 합계액 기준)의 채권 ㉣ 재판상 화해 등 확정판결과 같은 효력을 가지는 것으로서 민사소송법에 따른 화해와 화해권고결정 및 민사조정법에 따른 강제조정결정에 따라 회수불능으로 확정된 채권 ㉤ 중소기업의 외상매출금 등으로서 회수기일로부터 2년이 경과한 외상매출금 및 미수금(단, 특수관계인과의 거래에서 발생금액 제외)

	㉥ 물품의 수출 또는 외국에서의 용역제공으로 발생한 채권으로서 무역에 관한 법령에 따라 기획재정부령으로 정하는 사유에 해당하여 한국무역보험공사로 부터 회수불능으로 확인된 채권

* **사업의 폐지** : 사업을 계속하지 않고 폐업을 하는 것으로서 채무자가 상법 소정의 절차에 의하여 해산하고 청산종결 후에도 회수되지 못한 채권은 대손금으로 처리할 수 있으나 **단순한 폐업으로 인한 채권에 대해서는 대손으로 처리할 수 없다.**

** **약정에 의한 채권포기액** : 약정에 의하여 채권의 일부 또는 전부를 포기한 경우 동 포기액은 대손금이 아닌 기부금 또는 기업업무추진비로 본다. 단, 특수관계 없는 자와의 거래에서 발생한 채권으로서 채무자의 부도발생 등으로 장래에 회수가 불확실한 어음·수표상의 채권 등을 조기에 회수하기 위하여 당해 채권의 일부를 불가피하게 포기한 경우 동 채권의 일부를 포기하거나 면제한 행위에 객관적으로 정당한 사유가 있는 때에는 동 채권포기액을 손금에 산입할 수 있으나, 채권포기에 대한 부득이한 또는 정당한 사유가 있었는지에 대해서는 사실판단 할 사항이다.

(1) 대손금액

① 대손요건 구비시 회수불능채권을 전액 대손처리할 수 있다.

② 다만, **부도발생일로부터 6개월이 경과한 수표 또는 어음상의 채권 중소기업의 외상매출금을** 대손처리하는 경우에는 **비망계정**(어음·수표 1매당 1천원, 외상매출금은 채무자별 1천원)을 **제외한 금액을 대손처리**하고, 비망계정은 소멸시효 등이 완성되는 사업연도에 대손처리하여야 한다.

2 대손 불가능한 채권

일반적으로 대손금은 세무상 인정되지만, 일부 채권은 대손사유 발생하더라도 손금인정 안됨.

구분	대손금액
대손처리할 수 없는 채권	① 대여시점의 특수관계인에 대한 업무무관가지급금 ② 업무무관가지급금 처분손실 ③ 보증채무 대위변제로 인한 구상채권(처분손실도 손금불산입)* ④ 대손세액공제를 받은 부가가치세 매출세액 미수금 ⑤ 대표이사 등의 횡령으로 인한 채권
대손처리할 수 있는 채권	위 이외의 모든 채권

* **법소정 건설업, 신용보증사업, 금융회사 및 「독점규제 및 공정거래에 관한 법률」에 따른 채무보증등은 제외**

3 대손금의 회수

대손금으로 처리한 금액 중 회수된 금액은 회수된 날이 속하는 사업연도에 익금산입 한다.

(대손부인된 채권 회수시는 익금불산입함)

4 대손충당금

① 장차 발생가능한 대손예상액을 추정하여 회계상 계상한 충당금을 의미한다.

② 법인세법은 권리의무 확정주의에 따르므로 충당금은 원칙적으로 손금으로 인정하지 않지만, 대손충당금은 일정 한도 내에서 손금으로 인정한다.

③ 다만, 대손추산액 산정에 대한 법인의 임의성을 배제하고 세무행정의 편의 등을 위해 대손충당금을 설정할 수 있는 채권의 범위를 일률적으로 규정하고 실제 대손율에 근거하여 대손충당금을 설정하도록 하고 있다.

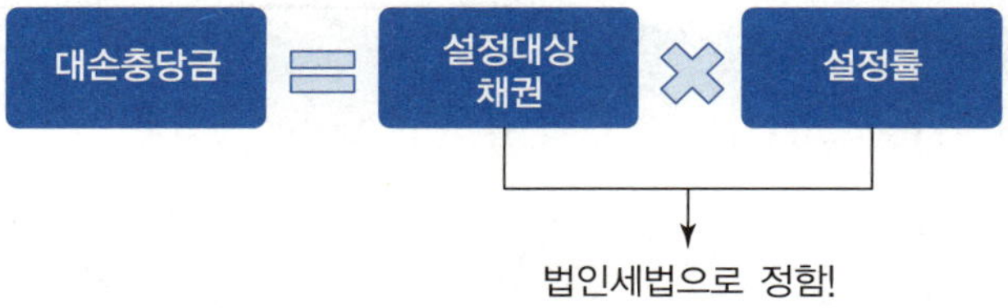

대손충당금 – 설정채권

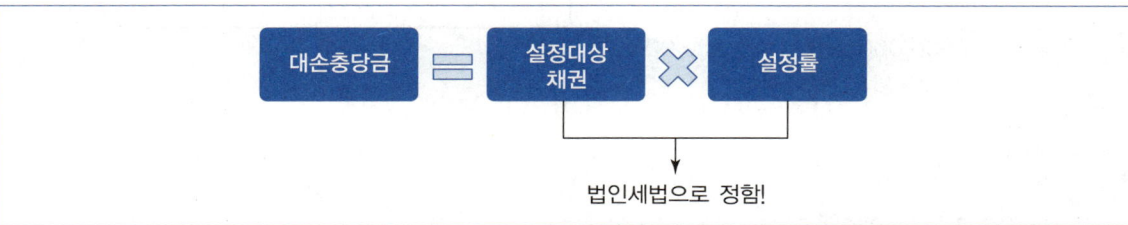

구분	범위
① 매출채권	상품·제품의 판매가격의 미수액과 가공료·용역 등의 제공에 의한 영업수익의 미수액
② 대여금	금전소비대차계약에 의하여 타인에게 대여한 금액
③ 기타 이에 준하는 채권	㉠ 어음상의 채권 및 미수금 ㉡ 기업회계기준 관행상의 대손충당금 설정대상채권

대손충당금 설정할 수 없는 채권

① **특수관계인에게 지급한 업무무관가지급금**(대손처리도 인정하지 않음)
② 채무보증으로 발생한 구상채권(대손처리도 인정하지 않음)
③ 매각거래에 해당하는 할인어음과 배서양도 어음(차입거래 해당시 설정가능)
④ 특수관계에 있는 자로부터 자산을 고가로 매입함으로써 매수한 법인에게 부당행위계산이 적용되는 경우 매도법인의 시가초과액 상당의 채권

대손충당금 – 설정률

① 대손충당금 설정률은 기본적으로 「1%」와 「대손실적률」 중 큰 비율을 적용한다.

② **중소기업에 대한 특례 없이** 모든 기업에 동일하게 적용하며 평균적으로 대손이 크게 발생하는 회사를 위해 **대손실적률을 인정**하고 있음에 유의

구분	설정률
금융기관 이외의 법인	MAX[1%, 대손실적률*]
금융기관	MAX[1%, 대손실적률*, 대손충당금적립기준]

$$* \text{대손실적률} = \frac{\text{당해 사업연도 대손금}}{\text{직전 사업연도 종료일 현재의 대손충당금 설정대상 채권의 장부가액}}$$

5 세무조정 방법

기업회계에서는 대손충당금설정전 잔액과 기말대손충당금 잔액을 비교하여 차액을 설정 또는 환입하는 방법인 보충법을 사용하고 있으나 법인세법에는 기초대손충당금 잔액을 전액 환입하고 당기 대손충당금을 새로 설정하는 총액법을 사용하고 있다.

① 당기말 재무상태표상 대손충당금 잔액을 대손충당금 손금산입한도액과 비교하여 한도초과액을 계산함.

매출채권

기초	100,000	회수등	900,000
발생	1,000,000	기말	200,000

대손충당금

대손	200	기초	400 (부인100)
기말	500	설정	300

⇩

회계상 설정액 = 300

법인세법상 설정액 = 500

② i) 대손충당금 기초부인액은 무조건 전액 손금산입하고 ii) 대손충당금 기말잔액과 세무상 한도액 비교하여 손금불산입함.

예제 3

(1) 당기(20×1. 1. 1～20×1. 12. 31) 대손충당금 계정

대손충당금

사용	6,000,000	기초	30,000,000
기말	34,000,000	전입	10,000,000

(2) 기초잔액 중 손금불산입액 : ₩7,000,000

(3) 기말 세무상 대손충당금 설정대상 채권금액 : 2,000,000,000

(4) 회사는 제조업을 영위하고 있으며 당기 대손실적률은 0.7%이다. 대손충당금 관련해서 필요한 세무조정은?

해설 〈손금산입〉 전기대손충당금 7,000,000 (△유보)
〈손금불산입〉 대손충당금 14,000,000 (유보)
설정액 = 34,000,000
한도액 = 채권잔액 × Max(1%, 실적률) = 2,000백만 × max(1%, 0.7%) = 20백만원
한도초과액 = 34백만 − 20백만 = 14백만

예제 4

다음 중 법인세법상 대손금과 대손충당금에 대한 설명으로 가장 옳지 않은 것은?

① 소멸시효가 완성된 채권을 결산상 대손금으로 비용처리 하지 않더라도 세무조정 통해 손금산입할 수 있다.
② 대손충당금은 결산상 당기 설정액과 법인세법상 한도금액을 비교하여 시부인 한다.
③ 대손금으로 처리한 채권 중 회수된 금액은 회수된 날이 속하는 사업연도에 익금에 산입한다.
④ 전기 대손충당금 한도초과액은 당기 세무조정 시 무조건 손금에 산입한다.

해설 대손충당금은 당기 설정액이 아닌 기말잔액과 한도액을 비교한다. 기초잔액은 전부 환입한다고 가정하기 때문이다(총액법).
정답 ②

제3절 준비금

1 준비금

준비금은 중소기업지원 등 조세정책적 목적에서 조세의 납부를 일정기간 유예하는 조세지원제도이다.

구분	법인세법상 준비금	조세특례제한법상 준비금
설정대상법인	• 보험업 법인 • 비영리 법인	준비금의 성격에 따라 특정한 사업을 영위하거나 특정한 업종을 영위하는 법인
설정근거	보험업법 등 타 법률 (고유목적사업준비금은 법인세법)	조세특례제한법
회계기준에서 인정여부	원칙 : 인정함(결산조정)	인정하지 아니함 → 결산조정이 원칙이나 잉여금처분에 의한 신고조정이 허용됨
사례	책임준비금(보험업), 비상위험준비금(보험업), 고유목적사업준비금(비영리)	신용회복목적회사의 손실보전준비금

출제예상 문제

01 **다음 중 법인세법상 퇴직급여충당금에 관한 설명으로 가장 올바르지 않은 것은?**

① 퇴직급여충당금은 법인의 장부에 손금으로 계상한 경우에만 손금에 산입할 수 있는 결산조정 항목이다.
② 한도 계산 시 총급여액에는 손금불산입되는 인건비, 인정상여, 퇴직으로 인하여 받는 소득으로서 퇴직소득에 속하지 않는 소득은 제외하지만, 확정기여형 퇴직연금 등이 설정된 자의 인건비는 포함한다.
③ 퇴직금추계액은 일시퇴직기준 추계액과 보험수리적 기준에 의한 추계액 중 큰 금액으로 한다.
④ 임원 또는 사용인이 현실적으로 퇴직함으로써 법인이 사용인 등에게 퇴직금을 지급할 때에는 이미 손금으로 계상된 퇴직급여충당금이 있으면 그 퇴직급여충당금에서 먼저 지급하여야 한다.

02 **다음 중 법인세법상 퇴직급여충당금에 대한 설명으로 잘못된 것은?**

① 총급여액 기준 퇴직급여충당금 손금산입 한도액 계산시 총급여액에는 확정기여형 퇴직연금이 설정된 임원 또는 사용인에 대한 급여를 포함하여 계산한다.
② 퇴직연금충당금은 결산시 비용으로 계상하지 않았더라도 세무상 손금산입한도액까지는 손금산입할 수 있다.
③ 회계상 퇴직급여충당금 당기 설정액이 법인세법상 퇴직급여충당금 한도액을 초과하는 경우 그 초과액은 손금불산입(유보)으로 처리한다.
④ 회사규정에서 1년 미만 근속자에게 퇴직급여를 지급하는 것으로 규정하고 있는 경우에는 1년 미만 근속자에게 지급한 총급여액도 총급여액 기준 한도계산시 총급여액에 포함한다.

03 **다음 중 법인세법상 현실적퇴직 사유에 해당하지 않는 것은?**

① 사용인이 임원으로 취임한 경우
② 사용인에게 근로자퇴직급여보장법에 의하여 퇴직급여를 중간정산하여 지급한 경우
③ 임원에 대한 급여를 연봉제로 전환함에 따라 향후 퇴직급여를 지급하지 않는 조건으로 그때까지의 퇴직급여를 정산하여 지급하는 경우
④ 임원 또는 사용인의 그 법인의 조직변경·합병·분할 또는 사업양도에 의하여 퇴직한 경우

04 **다음 자료에 따라 당기(2025.1.1 ~ 2025.12.31)의 법인세법 상 퇴직급여충당금한도초과액은 얼마인가?**

(1) 퇴직급여충당부채 계정(기초잔액 중 손금불산입액 : 95,000,000)

퇴직급여충당부채

지급	5,000,000	기초	100,000,000
기말	200,000,000	설정	105,000,000

(2) 회사는 퇴직연금에 가입하지 않았으며, 당기지급액은 모두 현실적 퇴직으로 인한 것이다.
(3) 당기 종료일 현재 퇴직금추계액 : 200,000,000(일시퇴직기준과 보험수리적 기준에 의한 퇴직금추계액이 동일한 금액이라고 가정한다.)
(4) 퇴직급여의 지급대상이 되는 임원 또는 사용인에게 지급한 급여와 상여금 : 500,000,000
(5) 퇴직금전환금 기말잔액은 10,000,000이다.

① 5,000,000
② 60,000,000
③ 85,000,000
④ 95,000,000

05 **(주)삼일의 제7기(20×2년 1월 1일 ~ 20×2년 12월 31일)의 퇴직급여 지급대상 임직원 총급여액 235,000,000원, 일시퇴직기준 추계액 120,000,000원, 보험수리적 기준 추계액 95,000,000원, 국민연금전환금 10,000,000원, 퇴직급여충당금 기초잔액 135,000,000원, 기중 퇴직급지급액 30,000,000원, 퇴직급여충당금부인누계액 100,000,000원이었다. 다음 중 법인세법상 퇴직급여충당금의 손금산입 한도 금액으로 가장 옳은 것은?**

① 2,000,000원
② 3,000,000원
③ 4,000,000원
④ 5,000,000원

06 다음은 (주)삼일의 제10기 퇴직금과 관련된 자료이다. 시산표상 퇴직급여충당금은 퇴직금추계액의 100%를 충당금으로 설정한 것이며, 일시퇴직기준과 보험수리적 기준에 의한 퇴직급여추계액은 동일한 금액이라고 가정한다. 한편 당기 중 퇴직자와 신규입사자는 없고, 기초 퇴직급여충당금의 부인누계액은 35,000,000원이다(단, 매출원가에 포함된 퇴직급여는 없다). 제10기 세무조정시 (주)삼일의 퇴직급여충당금 한도초과액은 얼마인가?

수정후시산표

2025.12.31

당좌자산	100,000,000원	유동부채	200,000,000원
재고자산	230,000,000원	퇴직급여충당금	100,000,000원
비유동자산	780,000,000원	자본	810,000,000원
매출원가	400,000,000원	매출	820,000,000원
급여*	300,000,000원		
퇴직급여	60,000,000원		
당기순이익	60,000,000원		
계	1,930,000,000원	계	1,930,000,000원

* 전액 퇴직급여지급대상이 되는 임직원에게 지급한 금액임.

〈퇴직급여충당금 손금산입한도액 계산〉

퇴직급여충당금한도액 = MIN(㉠, ㉡)

㉠ 총급여액 기준 : 퇴직급여지급대상이 되는 임직원에게 지급한 총급여액×5%

㉡ 퇴직금추계액기준 = 퇴직금추계액 × 0% + 퇴직금전환금 − 세무상 퇴직급여충당금 잔액

① 20,000,000원　　② 40,000,000원

③ 60,000,000원　　④ 한도초과액 없음.

07 다음은 확정급여형퇴직연금과 확정기여형퇴직연금을 비교한 표이다. 가장 옳지 않은 것은?

	구분	확정급여형	확정기여형
①	운용책임	회사가 부담	개별 근로자가 부담
②	임직원수령액	확정	운영실적 따름
③	기업회계상 처리	퇴직연금운용자산이라는 자산으로 계상	회사의 연금부담금을 퇴직급여로 비용처리
④	세법상 처리	전액 손금 인정	한도 내 손금인정

[08~09] 다음은 (주)삼일의 대손충당금 관련 자료이다. 아래 2가지 물음에 답하시오.

(1) 제5기(2025.1.1~2025.12.31) 대손충당금 계정

대손충당금			
지급	11,000,000	기초	36,000,000
기말	40,000,000	설정	15,000,000

(2) 기초잔액 중 손금불산입액 : 5,000,000
(3) 기말 세무상 대손충당금 설정대상 채권금액 : 1,000,000,000
(4) 회사는 제조업을 영위하고 있으며 당기 대손실적률은 0.7% 이다.

08 **(주)삼일의 제5기 대손충당금 세무조정이 과세표준에 미치는 효과는?**

① 5,000,000 증가
② 15,000,000 증가
③ 25,000,000 증가
④ 40,000,000 증가

09 **위의 대손충당금에 대한 세무조정결과를 자본금과 적립금조정명세서(을)에 기입하려고 한다. 다음의 빈칸에 들어갈 금액을 올바르게 짝지은 것은?**

과목	기초잔액	당기중 증감		기말잔액	비고
		감0소	증가		
대손충당금	5,000,000	(가)	(나)	(다)	
:	:	:	:	:	

	(가)	(나)	(다)
①	0	5,000,000	10,000,000
②	5,000,000	30,000,000	30,000,000
③	△5,000,000	10,000,000	10,000,000
④	△5,000,000	10,000,000	5,000,000

10 **제조업을 영위하는 (주)삼일의 제22기 사업연도(20×2년 1월 1일 ~ 20×2년 12월 31일)의 대손충당금 한도초과액은 얼마인가?**

(1) 결산서상 대손충당금 내역
　① 기초대손충당금 잔액 : 20,000,000원
　② 채권미회수에 따른 감소액 : 9,000,000원
　③ 당기 추가설정액 : 27,000,000원
　④ 기말잔액 : 38,000,000원
(2) 당기 세무상 대손충당금 설정대상채권액 : 200,000,000원
(3) 전기 세무상 대손충당금 설정대상채권액 : 300,000,000원
(4) 전기말 기준으로 대손부인된 채권은 없다고 가정한다.

① 24,000,000원　② 29,000,000원
③ 32,000,000원　④ 36,000,000원

11 **다음은 제조업을 영위하는 (주)삼일의 실무담당자들의 대화이다. 법인세법상 대손금과 대손충당금에 대하여 틀린 설명을 하고 있는 사람은 누구인가?**

강대리 : 부도발생일로부터 6개월 이상 경과한 어음·수표는 결산조정 대손사유이므로 결산에 반영하여야 손금산입이 가능하지만, 소멸시효가 완성된 채권은 신고조정 대손사유에 해당하므로 굳이 결산에 반영하지 않더라도 손금산입이 가능합니다.
이주임 : 특수관계인에 대한 가지급금은 대손충당금 설정대상에 포함되지 않으므로 자회사나 관계회사 등 특수관계인에 대한 가지급금을 잘 파악해두어야 합니다.
박과장 : 대손충당금 설정률은 1%와 대손실적률 중 큰 비율을 적용합니다. 여기서 대손실적률이란 당해 사업연도 종료일 현재의 채권잔액 대비 당해 사업연도 대손금의 비율을 의미합니다.
양과장 : 대손충당금의 설정대상채권은 매출채권뿐만 아니라 대여금, 어음상의 채권 및 미수금 등도 포함됩니다.

① 강대리　② 이주임
③ 박과장　④ 양과장

12 **다음 중 법인세법상 대손금으로 손금인정 가능한 항목만으로 올바르게 묶은 것은?**

가. 금융회사 등이 행한 채무보증으로 인한 구상채권
나. 법률에 따라 신용보증사업을 영위하는 법인이 행한 채무보증으로 인한 구상채권
다. 「건설산업기본법」에 따라 등록한 건설회사가 특수관계인 외의 자에게 건설사업과 직접 관련하여 제공한 채무보증으로 인한 구상채권
라. 전기통신업을 영위하는 법인이 특수관계인 외의 자에게 건설사업과 관련하여 제공한 채무보증으로 인한 구상채권

① 가, 다　② 나, 다, 라
③ 가, 나, 다　④ 가, 나, 다, 라

13 **다음 중 법인세법상 대손충당금 설정대상인 채권은?**

① 소비대차계약에 의하여 타인에게 대여한 금액
② 특수관계인에게 지급한 업무무관가지급금
③ 매각거래에 해당하는 할인어음과 배서양도어음
④ 보증채무를 대위변제함으로써 발생하는 구상채권

14 **다음 중 법인세법상 대손금과 대손충당금에 대한 설명으로 가장 옳은 것은?**

① 소멸시효가 완성된 채권을 결산상 대손금으로 비용처리 하지 않은 경우 세무조정 통해 손금산입 할 수 없다.
② 대손충당금은 결산상 당기 설정액과 법인세법상 한도금액을 비교하여 시부인 하며, 전기 대손충당금 한도초과액은 당기 세무조정 시 손금에 산입한다.
③ 대손금으로 손금산입한 채권 중 회수된 금액은 회수된 날이 속하는 사업연도에 익금에 산입한다.
④ 대손충당금은 매출활동을 통해 발생한 외상매출금과 받을어음에만 설정할 수 있으므로 대여금 및 미수금 등에 대해서는 대손충당금을 설정할 수 없다.
⑤ 대손충당금 한도 미달 금액은 손금산입 하고 유보로 소득처분 한다.

15 **다음 중 법인세법상 대손금 및 대손충당금에 관한 설명으로 가장 올바르지 않은 것은?**

① 대손충당금은 매출활동을 통해 발생한 외상매출금과 받을어음에만 설정할 수 있으므로 대여금, 미수금 등에 대해서는 대손충당금을 설정할 수 없다.
② 대손충당금 설정한도는 설정대상 채권금액에 1%와 대손실적률 중 큰 비율을 곱한 금액이다.
③ 법인세법상 대손금으로 인정된 금액 중 회수된 금액은 회수된 날이 속하는 사업연도의 익금이다.
④ 손금불산입된 대손충당금 한도초과액은 유보로 소득처분한다.
⑤ 대손충당금 기말잔액과 한도액을 비교하여 한도초과액을 계산한다.

16 **다음 중 중소기업인 ㈜삼일의 제5기(2025.1.1~2025.12.31) 사업연도 종료일 현재 매출채권 명세서의 일부분이다. 제5기에 신고조정으로 손금산입할 수 있는 금액은 얼마인가? (단, 모든 채권은 회수불가능하다)**

거래처명	채권금액	대손충당금	당기 변동 내용
㈜부산	2억원	0원	6.10. 소멸시효 완성됨
㈜광주	2억원	0원	부도발생일부터 5개월 경과한 어음
㈜대구	1억원	0원	8.12. 사업폐지

① 1억원
② 2억원
③ 3억원
④ 4억원

17 **다음 중 법인세법상 결산에 반영하지 않더라도 대손금의 손금처리가 가능한 것은?**

① 채무자의 파산으로 인하여 회수할 수 없는 채권
② 부도발생일로부터 6개월 이상 지난 수표 또는 어음상의 채권(다만, 채무자의 재산에 대해 저당권을 설정하고 있는 경우를 제외)
③ 회수기일을 6개월 이상 경과한 채권 중 채권가액이 30만 원 이하의 채권
④ 회생계획인가의 결정에 따라 회수불능으로 확정된 채권

18 **다음 중 법인세법상 대손처리할 수 있는 채권은?**

① 특수관계인에 대한 업무무관가지급금
② 모든 보증채무의 대위변제로 인한 구상채권
③ 대손세액공제를 받은 부가가치세 매출세액 미수금
④ 재판상 화해 및 화해권고결정에 따라 회수불능으로 확정된 채권

19 **다음 중 법인세법상 준비금에 대한 설명으로 가장 옳지 않은 것은?**

① 준비금은 조세정책적 목적에서 조세의 일부를 일정기간 유예하는 제도이다.
② 손금에 산입하는 사업연도에는 조세부담을 경감시키고 환입하거나 상계하는 연도에 조세부담을 증가시킨다.
③ 준비금은 법인세법과 조세특례제한법에서 규정하는 두가지가 있다.
④ 조세특례제한법상 준비금은 설정대상 법인에 대해 별다른 제한이 없다.

20 **다음 중 준비금에 관한 설명으로 가장 올바르지 않은 것은?**

① 비영리내국법인은 법인세법에 따라 고유목적사업준비금을 손금에 산입할 수 있다.
② 준비금은 법인세법에서만 규정하고 있고, 조세특례제한법에서 규정하는 준비금은 현재 없다.
③ 보험업을 영위하는 법인은 책임준비금을 손금에 산입할 수 있다.
④ 전입한 준비금은 일정기간이 경과한 후에 다시 익금산입하여야 한다.

21 **다음 중 법인세법상 손금으로 인정되지 않는 준비금 또는 충당금은 무엇인가?**

① 퇴직급여충당금
② 대손충당금
③ 고유목적사업준비금
④ 수선충당금

[redacted]

정답 및 해설

01	②	02	①	03	③	04	④	05	④	06	③	07	④	08	③	09	②	10	③
11	③	12	④	13	①	14	③	15	①	16	②	17	④	18	④	19	④	20	②
21	④																		

01 ② 확정기여형 퇴직연금 등이 설정된 자의 인건비는 제외한다.

02 ① 총급여액에는 확정기여형 퇴직연금이 설정되자에 지급한 금액 제외하며, 손금불산입된 인건비, 인정상여, 퇴직으로 인해 받는 소득으로 퇴직소득에 속하지 않는 소득 등은 제외한다.

03 ③ 임원에 대한 급여를 연봉제로 전환함에 따라 향후 퇴직급여를 지급하지 않는 조건으로 그때까지의 퇴직급여를 정산하여 지급하는 것은 현실적 퇴직 사유에 해당하지 않는다.

04 ④
- 설정액 = 105,000,000
- 한도액 = min(①, ②) = 10,000,000
  - ① 총급여기준 = 500,000,000 × 5% = 25,000,000
  - ② 추계액기준 = [200 × 0% + 10 − {(100 − 95) − 5}]백만원
    = 10,000,000원
- 한도초과액 = 105백만 − 10백만 = 95백만

05 ④ min (1,2) = 5
1.235 × 5% = 11.75
2. Max(120,95) × 0% + 10 − (135−100−30) = 5

06 ③ (1) 퇴직급여충당금 손금산입한도액 = MIN[㉠, ㉡] = 0원
㉠ 총급여액 기준 : 300,000,000 × 5% = 15,000,000원
㉡ 추계액 기준 : 100,000,000 × 0% − (40,000,000 − 35,000,000) = 0원
(2) 퇴직급여충당금 한도초과액 = 60,000,000−0 = 60,000,000원

07 ④ 확정급여형은 한도내 손금, 확정기여형은 전액 손금 인정한다.

08 ③ 〈손금산입〉 전기대손충당금 5,000,000 (△유보)
〈손금불산입〉 대손충당금 30,000,000(*1) (유보)
과세표준영향 = 30,000,000 − 5,000,000 = 25,000,000 증가
(*1) 한도초과액 계산
- 설정액 = 40,000,000
- 한도액 = 채권잔액 × Max(1%, 실적률)
  = 1,000백만 × max(1%,0.7%) = 10백만원
- 한도초과액 = 40백만 − 10백만 = 30백만

09 ② 감소라고 하여 △로 입력하는 것이 아니다.
△유보 항목의 경우 증가와 감소 모두 △금액으로 기재한다.

10 ③ 실적률 = 9/300 = 3%
한도액 = 200 × Max(1%,3%) = 6
한도초과액 = 38 − 6 = 32,000,000원

11 ③ 대손실적률이란 전기말 채권대비 당기 대손금의 비율을 의미한다.

12 ④ 보증채무 대위변제로 인한 구상채권은 본래 대손금으로 인정되지 않지만, 법에서 열거한 항목은 대손금으로 손금산입 가능한데, 문제에서 제시한 가, 나, 다, 라는 모두 해당 예외에 해당하여 대손금을 손금으로 인정하는 항목들이다.

13 ① 특수관계인에게 지급한 업무무관가지급금, 매각거래에 해당하는 할인어음과 배서양도어음, 보증채무를 대위변제함으로써 발생하는 구상채권은 대손충당금을 설정할 수 없다.

14 ③ 소멸시효가 완성된 채권의 경우 결산상 대손금으로 비용처리 하지 않은 경우 세무조정 통해 손금산입할 수 있다. 대손충당금은 결산상 당기 설정액이 아닌 결산상 기말잔액과 법인세법상 한도금액을 비교하여 시부인 한다. 기초잔액은 전부 환입한다고 가정하기 때문이다. (총액법) 대손충당금은 매출활동을 통해 발생한 외상매출금과 받을어음 뿐만 아니라, 대여금 및 미수금 등에 대해서도 설정할 수 있다. 대손충당금 한도 미달 금액은 별도의 세무조정 없다.

15 ① 대여금, 미수금 등에 대해서도 대손충당금을 설정할 수 있다.

16 ② 부도발생일부터 6개월 이상 경과한 어음과 사업폐지는 결산조정 대손사유이다.
본래 채권금액에 포함된 부가가치세는 부가가치세법 상 대손세액공제를 별도로 받을 것이나, 삼일회계법인에서 공개한 문제에서는 관련 언급이 없으므로 채권금액만 기재되었다는 가정하에 문제를 풀어야 한다.

17 ④ 채무자의 파산으로 인하여 회수할 수 없는 채권, 부도발생일로부터 6개월 이상 지난 수표 또는 어음상의 채권(다만, 채무자의 재산에 대해 저당권을 설정하고 있는 경우를 제외), 회수기일을 6개월 이상 경과한 채권 중 채권가액이 30만 원 이하의 채권 등은 결산조정 항목이다.

18 ④ 특수관계인에 대한 업무무관가지급금, 모든 보증채무의 대위변제로 인한 구상채권, 대손세액공제를 받은 부가가치세 매출세액 미수금 등은 법인세법 상 대손금으로 처리할 수 없다.

19 ④ 조세특례제한법상 준비금은 신용회복목적회사와 같이 설정대상 법인을 특정하고 있다.

20 ② 조세특례제한법에서 규정하는 준비금으로 손실보전준비금이 있다.

21 ④ 충당금은 일반적으로 손금으로 인정되지 않으나 예외적으로 퇴직급여충당금, 대손충당금 등을 인정한다. 수선충당금은 손금으로 인정되지 않는다. 고유목적사업준비금은 법인세법 상 준비금으로 손금으로 인정된다.

CHAPTER 10

제2과목 세무회계

부당행위계산의 부인

1 부당행위계산부인

법인이 그 특수관계인과 거래함으로써 그 법인의 소득에 대한 조세 부담을 부당히 감소시켰다고 인정되는 경우 그 법인의 행위 또는 소득금액의 계산에 불구하고 이를 부인하여 그 법인의 각 사업연도의 소득금액을 계산하는 규정이다. 부당행위계산부인의 규정이 적용되기 위해서는 다음 두 가지 요건을 동시에 만족해야 한다.

① 특수관계인과의 거래
② 법인의 부당한 행위·계산으로 조세부담이 감소되었다고 인정됨

2 특수관계인

당해 법인과 다음 중 어느 하나의 관계에 있는 자를 특수관계인 이라고 하는데, **어느 일방을 기준으로 특수관계에 해당하기만 하면 이들 상호간은 특수관계인에 해당**하는 것이다(**본인**도 **특수관계인의 특수관계인**에 해당함).

① **임원의 임면권의 행사, 사업방침의 결정 등 당해 법인의 경영에 대하여 사실상 영향력**을 행사하고 있다고 인정되는 자(상법 제401조의 2 제1항의 규정에 의하여 이사로 보는 자를 포함)와 **그 친족***
② **주주**등(주주·사원·출자자를 말하며, **소액주주(지분율 1% 미달) 등을 제외**함)과 그 친족*
③ **법인의 임원·사용인** 또는 주주 등의 사용인(주주 등이 영리법인인 경우에는 그 임원을, 비영리법인인 경우에는 그 이사 및 설립자를 말함)이나 사용인 외의 자로서 법인 또는 주주 등의 금전 기타 자산에 의하여 생계를 유지하는 자와 이들의 생계를 함께하는 친족*
④ 해당 법인이 직접 또는 그와 상기 ①~③까지의 관계있는 자를 통하여 어느 법인의 경영에 대하여 **지배적인 영향력****을 행사하고 있는 경우 그 법인
⑤ 해당 법인이 직접 또는 그와 상기 ①~④까지의 관계있는 자를 통하여 어느 법인의 경영에 대하여 **지배적인 영향력****을 행사하고 있는 경우 그 법인
⑥ 당해 법인에 **100분의 30 이상을 출자하고 있는 법인에 100분의 30 이상을 출자**하고 있는 법인이나 개인
⑦ 당해 법인이 독점규제 및 공정거래에 관한 법률에 의한 기업집단에 속하는 법인인 경우 그 기업집단에 소속된 다른 계열회사 및 그 계열회사의 임원

* 친족 : ① 4촌 이내의 혈족
② 3촌 이내의 인척
③ 배우자(사실상의 혼인관계에 있는 자를 포함한다)
④ 친생자로서 다른 사람에게 친양자 입양된 자 및 그 배우자·직계비속

** 지배적영향력 : 영리법인의 경우 발행주식총수의 30% 이상을 출자한 경우 등 의미함.

특수관계인

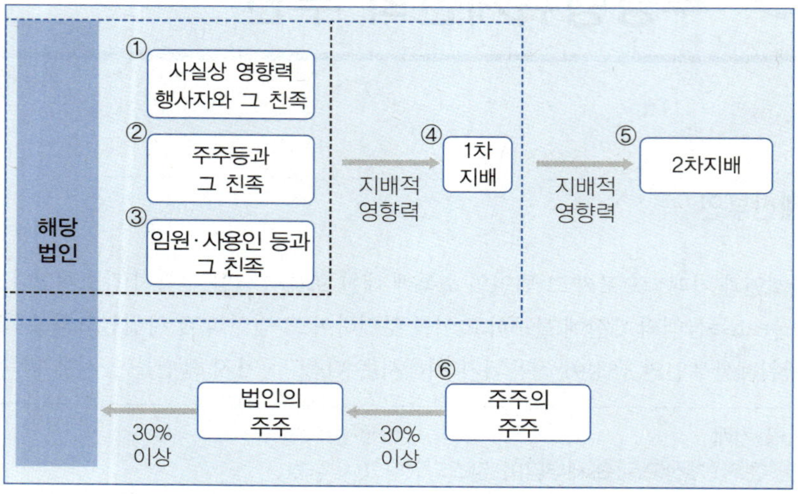

3 부당행위 유형

구분	부당행위 유형
저가양도 등	① 자산을 무상 또는 시가보다 낮게 양도 또는 현물출자한 때 ② 금전 기타 자산 또는 용역을 무상 또는 시가보다 낮은 이율·요율이나 임대료로 대부 또는 제공한 때 [단, 주주아닌 임원, 소액주주 임원, 사용인에 사택 제공하는 경우 제외]
고가양수 등	③ 자산을 시가보다 높게 매입 또는 현물출자 받았거나 그 자산을 과대상각한 때 ④ 금전 기타 자산 또는 용역을 시가보다 높은 이율·요율이나 임차료로 차용하거나 제공받은 때
무수익자산 등	⑤ 무수익자산을 매입 또는 현물출자받았거나 그 자산에 대한 비용을 부담한 때 ⑥ 불량자산을 차환하거나 불량채권을 양수한 때 ⑦ 출연금을 대신 부담한 때
자본거래	⑧ 증·감자, 합병, 분할 등 법인의 자본을 증가 또는 감소시키는 거래를 통한 이익의 분여
기타	⑨ 기타 출자자 등에게 법인이 이익을 분여하였다고 인정되는 것이 있을 때
①~④의 경우, 시가와 거래가액의 차액이 시가의 5%나 3억원 이상인 경우에만 부당행위계산부인을 적용함	

저가양도

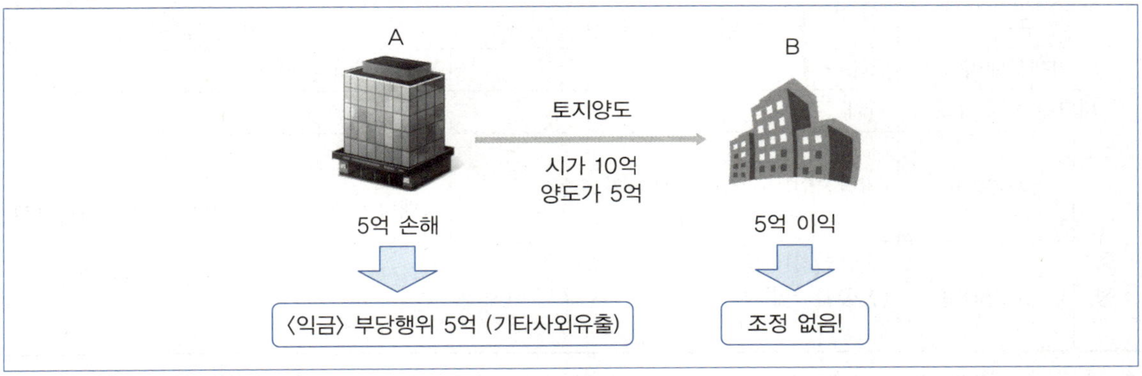

- 만약, 거래상대방이 특수관계인이 아니었다면
  ⇨ 의제기부금 = 7억 − 5억 = 2억원

고가매입

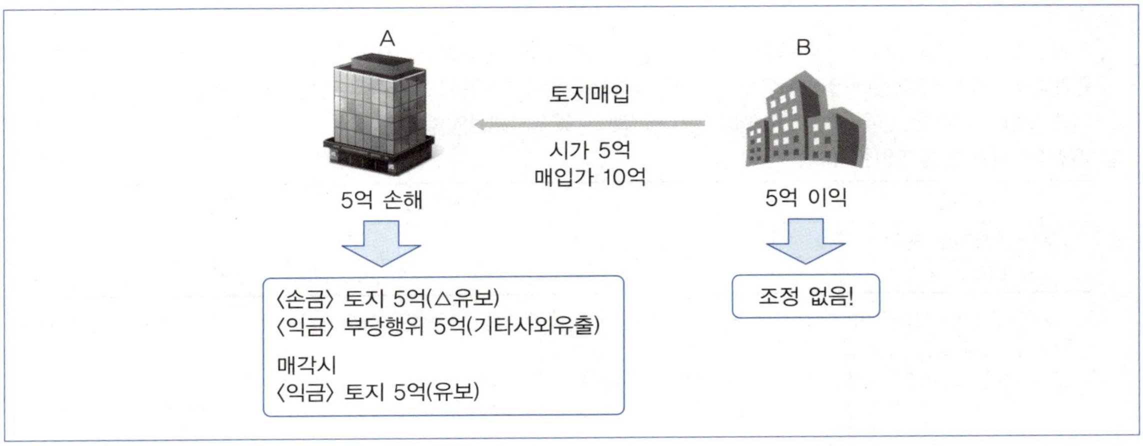

- 만약, 거래상대방이 특수관계인이 아니었다면
  ⇨ 의제기부금 = 10억 − 6.5억 = 3.5억원

저가매입

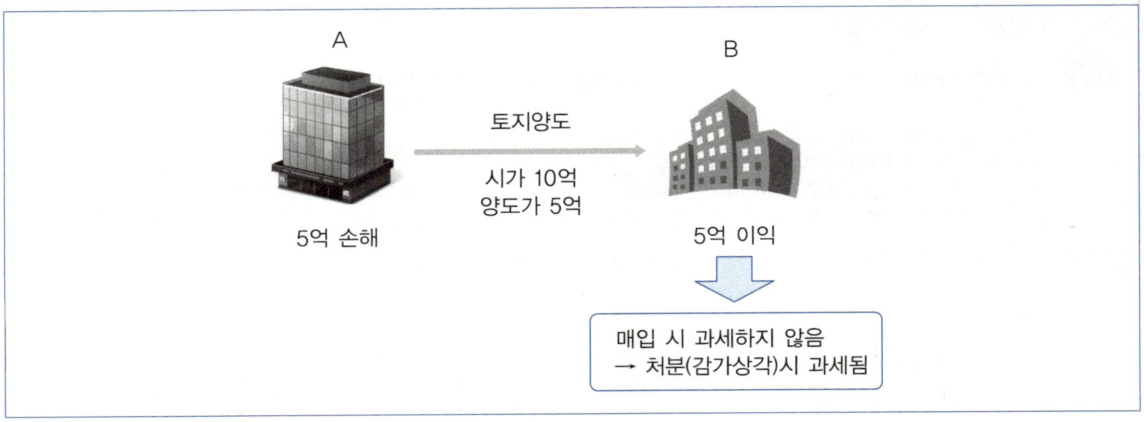

- 만약, 거래상대방이 특수관계인인 개인으로 유가증권을 저가매입한 경우?
  ⇨ 취득 시점에 익금산입함.

부당행위와 의제기부금

<table>
<tr><th colspan="2">구분</th><th>부당행위계산부인</th><th>의제기부금</th></tr>
<tr><td colspan="2">거래상대방</td><td>특수관계인</td><td>특수관계인 이외의 자</td></tr>
<tr><td colspan="2">세무상 취득가액</td><td>시가</td><td>시가 ± 30%</td></tr>
<tr><td rowspan="2">세무조정</td><td>〈저가양도〉</td><td>[익금산입] 시가 미달액(사외유출)</td><td rowspan="2">상대방이 특례기부금이나 일반기부금 단체가 아닌 경우
[손금불산입] 비지정기부금(기타사외유출)</td></tr>
<tr><td>〈고가매입〉</td><td>[손금산입] 세무상 취득가액 초과액(△유보)
[손금불산입] 세무상 취득가액 초과액(사외유출)</td></tr>
</table>

✔ 특수관계인 이외의 자로부터 고가매입하는 경우로, 그 가격이 정상가격 범위 이내인 경우 취득가격을 그대로 인정한다는 의미임

시가의 개념

① 시가

시가란 당해 거래와 유사한 상황에서 법인이 특수관계인 외의 불특정다수인과 계속적으로 거래한 가격 또는 특수관계인이 아닌 제3자간에 일반적으로 거래된 가격이 있는 경우에는 그 가격(주권상장법인이 발행한 주식을 한국거래소에서 거래한 경우에 그 거래일의 한국거래소 최종시세가액)을 말한다.

② 자산의 시가가 불분명한 경우

구분	시가판정순서
주식(출자지분 포함)	① 시가* → ② 상증세법상 평가액
위 이외의 자산	① 시가* → ② 감정평가업자의 감정가액** → ③ 상증세법상 평가액

* 시가란 건전한 사회통념 및 상관행과 특수관계인이 아닌 자간의 정상적인 거래에서 적용되거나 적용될 것으로 인정되는 가격(요율·이자율·임대료 및 교환비율)을 말한다.

** 감정가액이 2 이상인 경우에는 그 감정가액의 평균액을 말한다.

예제 1

(주)삼일은 당기에 회사의 대표이사로부터 시가 2억원인 건물을 3억원에 매입하고 동 건물의 신고내용연수(40년)에 따라 7,500,000원을 감가상각비로 계상하였다. 이 경우 당기 세무조정을 수행하시오. (단, 매입대금은 매입시점에 전액 현금으로 지급하였다.)

해설 (1) 부당행위여부 판단 : 시가와의 차이 1억원 ≥ 2억원 × 5% ⇒ 1억원 부당행위 해당

(2) 세무조정

〈손금산입〉 건물 1억원 (△유보)

〈손금불산입〉 고가매입액 1억원 (상여)

〈손금불산입〉 감가상각비 2,500,000(*) (유보)

(*) 7,500,000 (1억 / 3억) ⇒ 부인된 건물가액에 대한 감가상각비는 손금불산입 한다.

4 가지급금인정이자

법인이 **특수관계인**에게 금전을 **무상 또는 낮은 이율로 대여(업무무관가지급금 이라 함)**한 경우 법인세법상 적정이자율로 계산한 이자상당액 또는 이자상당액과의 차액을 부당행위계산부인하여 익금산입하고 그 귀속자에 따라 배당·상여 등으로 소득처분 하는 것을 의미함.

인정이자 계산

$$\text{인정이자} = \text{가지급금 적수} \times \text{적정이자율} \times \frac{1}{365} - \text{실제 이자 수령액}$$

✔ 적정이자율 : 인정이자 계산을 위한 적정이자율은 가중평균차입이자율*로 함.
다만, 다음의 경우에는 당좌대출이자율(4.6%)을 적정이자율로 한다.
– 가중평균차입이자율의 적용이 불가능한 경우(해당 사업연도에 한정)
– 당좌대출이자율을 시가로 선택한 경우(선택한 사업연도와 이후 2개 사업연도(총 3개 사업연도) 계속 적용 / 의무기간 경과 후 다시 당좌대출이자율 선택 시도 3년 의무적용)

* 가중평균차입이자율 : 법인의 자금대여시점 현재 각각의 차입금 잔액(특수관계인으로부터의 차입금 제외)에 차입 당시의 각각의 이자율을 곱한 금액의 합계액을 차입금 잔액의 총액으로 나눈 이자율

5 가지급금 예외

(1) 다음에 해당되는 자금의 대여는 가지급금으로 보지 아니함.

자기급금 제외대상
① 사용인에 대한 월정액 급여액의 범위 안에서의 일시적인 급료의 가불금
② 사용인에 대한 경조사비의 대여액
③ 사용인에 대한 학자금의 대여액
④ 중소기업에 근무하는 직원(지배주주인 직원 제외)에 대한 주택구입·전세자금 대여액
⑤ 법인이 우리사주조합 또는 그 조합원에게 당해 법인의 주식취득에 소요되는 자금을 대여한 금액
⑥ 국민연금법에 의하여 근로자가 지급받은 것으로 보는 퇴직금전환금
⑦ 미지급소득에 대한 소득세를 법인이 납부하고 이를 가지급금 등으로 계상한 금액
⑧ 소득의 귀속이 불분명하여 대표자에게 상여처분한 금액에 대한 소득세를 법인이 납부하고 이를 가지급금으로 계상한 금액
⑨ 국외투자법인에 종사하거나 종사할 자의 여비·급료기타 비용을 대신하여 부담하고 이를 가지급금 등으로 계상한 금액

(2) 동일인에 대한 가지급금과 가수금

동일인에 대한 가지급금 등과 가수금이 함께 있는 경우에는 이를 **상계한 금액**으로 하되 다음의 경우에는 상계하지 아니한다.

① 가지급금 등 및 가수금의 발생시에 상환기간, 이자율 등에 대한 약정이 있어 이를 서로 상계할 수 없는 경우

② 가지급금 등과 가수금이 사실상 동일인의 것이라고 볼 수 없는 경우

예제 ❷

(주)삼일의 제16기 사업연도(20×1.1.1 ~ 20×1.12.31) 중 특수관계인에 대한 가지급금 내역은 다음과 같다. (주)삼일의 제16기 가지급금인정이자는 얼마인가?

(1) 대표이사 홍길동에 대한 가지급금계정

일자	적요	차변	대변	잔액	비고
1. 1	전기이월	₩10,000,000		₩10,000,000	주택자금 무상대여
4. 1	회수		₩5,000,000	5,000,000	
12. 31	차기이월		5,000,000		

(2) 적정이자율은 4%로 가정하며, 회사는 이자를 받지 않았음.

해설 (1) 적수

기간	가지급금 잔액	일수	가지급금 적수
1. 1 ~ 3. 31	₩10,000,000	90	₩900,000,000
4. 1 ~ 12. 31	5,000,000	275	1,375,000,000
계	-	365	₩2,275,000,000

(2) 인정이자 = 2,275백만 × (1/365) × 4% − 0 = 249,315

〈익금산입〉 인정이자 249,315 (상여)

6 업무무관가지급금 세무상불이익

업무무관가지급금에 대해 법인세법 상 **다양한 불이익**을 주고 있다.

구분	세무상 불이익
① 대손금과 대손충당금	대손금 인정되지 않으며 대손충당금을 설정할 수 없음
② 지급이자 손금불산입	업무무관가지급금에 대한 지급이자는 손금불산입함.
③ 인정이자 익금산입	가지급금에 대한 이자상당액 익금산입함.

예제 ❸

부당행위계산 부인규정의 적용대상이 아닌 것은?

① 특수관계인에게 건물을 무상으로 임대하여 주는 경우
② 비출자자인 임원에게 사택을 무료로 제공한 경우
③ 소액주주 아닌 출자자 등으로부터 토지를 시가보다 고가매입한 경우
④ 대표이사에게 업무와 관계없이 가지급금을 지급한 경우

해설 출자임원에 대한 사택제공만 부당행위계산 부인함.

정답 ②

심화학습 ● 국외특수관계자와의 거래

거래 당사자의 일방이 국외특수관계인인 국제거래에 있어서 그 거래가격이 정상가격에 미달하거나 초과하는 경우에는 정상가격을 기준으로 거주자(내국법인과 국내사업장을 포함한다)의 과세표준 및 세액을 결정 또는 경정할 수 있다. 이 규정은 국제조세조정에 관한 법률에 규정된 내용으로 법인세법의 부당행위계산부인과 대동소이하며 국내거래와 국제거래의 차이만 있을 뿐이다. 국제거래는 국내거래보다 정상가격(부당행위계산부인의 시가) 산출이 훨씬 복잡하고 많은 세무문제가 발생하는 것으로서 다음의 방법 중 가장 합리적인 방법에 의하여 계산한 가격으로 한다.

① **비교가능 제3자 가격방법**

② **재판매가격방법**

③ **원가가산방법**

④ 기타 합리적이라고 인정되는 방법 : **이익분할방법, 거래순이익률방법**, 기타 거래의 실질 및 관행에 비추어 합리적이라고 인정되는 방법

거주자는 일정기간의 과세연도에 대하여 정상가격산출방법을 적용하고자 하는 경우에 정상가 격산출방법을 적용하고자 하는 일정기간의 과세연도 중 최초의 과세연도 종료일까지 국세청장에게 승인신청을 할 수 있으므로 사전승인을 받아 놓으면 차후에 발생할 수 있는 세무문제를 미연에 방지할 수 있다.

출제예상 문제

01 **다음 중 법인세법상 부당행위계산 부인규정의 적용대상이 아닌 것은?**

① 대주주에게 건물을 1년간 무상으로 임대한 경우
② 소액주주인 임원에게 사택을 무료로 제공한 경우
③ 임원에게 시가 10억원인 건물을 5억원에 양도한 경우
④ 대표이사에게 업무와 관계없이 1억원을 무이자 조건으로 대여한 경우
⑤ 직원인 김삼일(지배주주와 특수관계 있음)에게 사택을 무료로 제공하였다.

02 **다음 중 법인세법상 부당행위계산부인규정에 관한 설명으로 가장 올바르지 않은 것은?**

① 임원에 대한 경조사비 대여액은 인정이자 계산대상 가지급금에 해당한다.
② 법인의 임원·사용인은 법인의 특수관계인에 해당한다.
③ 법인의 대주주와 생계를 같이하는 친족은 법인의 특수관계인에 해당하지 아니한다.
④ 특수관계인이라 함은 그 쌍방관계를 각각 특수관계인으로 하는바, 어느 일방을 기준으로 특수관계에 해당하면 이들 상호간에 특수관계가 있는 것으로 본다.

03 **다음 중 법인세법상 부당행위계산부인 규정에 관한 설명으로 가장 올바르지 않은 것은?**

① 중소기업에 근무하는 직원에게 주택임차자금을 대여하는 경우에는 복리후생적 지출로 보아 부당행위계산부인 규정을 적용하지 않는다.
② 특수관계인과의 거래라고 하더라도 그 법인의 소득에 대한 조세부담이 감소하지 않은 경우 부당행위계산부인 규정이 적용되지 않는다.
③ 부당행위계산부인 규정이 적용되기 위해서는 원칙적으로 특수관계인 사이에서 이루어진 거래이어야 한다.
④ 회사가 사택을 출자임원(지분율 1%)에게 무상으로 제공하는 경우에는 부당행위계산부인 규정을 적용하지 않는다.

04 **(주)삼일은 당기(2025.1.1 ~ 2025.12.31) 중 당 회사의 대주주인 장태풍씨로부터 시가 50억원인 토지를 100억원에 매입하고 매입가액 100억원을 토지의 취득가액으로 계상하였다. 이 거래와 관련한 (주)삼일의 세무상 처리에 대하여 타당하게 기술한 것은?**

① 위 거래로 인한 회사의 당기 각사업연도소득금액의 증가액은 "0"이다.
② 회사는 대주주에 대하여 인정상여의 소득처분을 실시하고, 그에 따른 적절한 원천징수를 실시해야 한다.
③ 의제기부금규정을 적용하기 위하여 대상 여부를 판단한 결과 시가와의 차액이 30% 미만이므로 어떠한 세무조정도 필요 없다.
④ 부당행위계산부인의 경우 자산의 저가양도행위에 대해서만 규제하므로 자산의 고가매입은 어떠한 세무조정도 필요 없다.

05 **㈜삼일이 김삼일에게 정당한 사유 없이 시가 10억원의 토지를 5억원에 양도한 경우 다음 각 상황에 따른 법인세법상 처리방법에 대한 설명으로 가장 옳은 것은?**

상황1. 김삼일이 (주)삼일의 특수관계인이 아닌 경우
상황2. 김삼일이 (주)삼일의 특수관계인인 경우

	상황1	상황2
①	의제기부금 2억원	부당행위계산부인 5억원
②	의제기부금 5억원	부당행위계산부인 2억원
③	부당행위계산부인 2억원	의제기부금 5억원
④	부당행위계산부인 5억원	의제기부금 2억원

06 **다음 자료를 이용하여 제조업을 영위하는 (주)삼일의 제7기 사업연도(20×2년 1월 1일 ~ 12월 31일) 각사업연도소득금액을 계산하면 얼마인가?**

(1) (주)삼일은 제7기 사업연도 7월에 특수관계인(개인주주)으로부터 시가 1억 원인 건물을 2억 원에 매입하고 대가를 전액 지불하였다.
(2) (주)삼일은 건물의 취득가액을 장부상 2억 원으로 계상하고, 신고내용연수(20년)에 따라 5,000,000원을 감가상각비로 계상하였다.
(3) 결산서상 당기순이익은 50,000,000원이며, 위 자료 외의 다른 세무조정은 없는 것으로 가정한다.

① 52,500,000원 ② 65,000,000원
③ 152,500,000원 ④ 155,000,000원

07 **(주)삼일은 제17기에 회사의 대표이사로부터 시가 3억원인 건물을 4억원에 매입하고 동 건물의 신고내용연수(40년)에 따라 10,000,000원을 감가상각비로 계상하였다. 감가상각비 중 부당행위계산 부인에 따라 손금불산입할 금액은 얼마인가?**

① 1,000,000원
② 2,000,000원
③ 2,500,000원
④ 3,500,000원

08 **(주)삼일의 특수관계인에 대한 가지급금 내역은 다음과 같을 때 가지급금인정이자는 얼마인가?** (단, 세부담최소화를 가정하고, 소수점 첫째자리에서 반올림하며, 1년은 365일로 가정한다)

(1) 경리과장에 대한 대여금

일자	적요	차변	대변	잔액	비고
1.1.	전기이월	20,000,000		20,000,000	차량구입자금대여
4.1.	증가	10,000,000		30,000,000	
12.31.	차기이월			30,000,000	

(2) (주)삼일의 가중평균차입이자율은 5% 이며, 국세청장이 정하는 당좌대출이자율은 6%로 가정하며, 회사는 대여금에 대해 이자를 수령하지 않았다.

① 436,310원
② 895,276원
③ 1,169,278원
④ 1,376,712원

09 **제조업을 영위하는 (주)삼일의 김철수 대리는 후임을 위해 세무조정시 유의할 사항을 손익계산서 항목별로 작성하고 있다. 김대리가 작성한 다음의 내용 중 가장 올바르지 않은 것은?**

① 배당금수익 : 수입배당금 익금불산입 적용여부를 검토한다.
② 이자수익 : 미수수익을 익금불산입했는지 검토한다.
③ 퇴직금 : 임원에게 지급한 퇴직금을 전액 손금불산입했는지 검토한다.
④ 기부금 : 비지정기부금을 손금불산입했는지 검토한다.

10 **다음 중 특수관계자에 대한 업무무관가지급금에 대한 법인세법상 처리내용으로 옳은 것을 모두 고르면?**

ㄱ. 사업연도 동안 발생한 이자비용 중 특수관계자에 대한 업무무관가지급금에 상당하는 금액은 손금불산입한다.
ㄴ. 특수관계자에 대한 업무무관가지급금에 대하여 이자를 받지 않거나 또는 법인세법상 적정이자율보다 낮은 이율로 대여한 경우 적정이자율로 계산한 이자상당액 또는 이자상당액과의 차액을 익금산입한다.
ㄷ. 특수관계자에 대한 업무무관가지급금에 대하여는 대손충당금 설정대상 채권에 포함하지 않는다.

① ㄱ
② ㄱ, ㄷ
③ ㄴ, ㄷ
④ ㄱ, ㄴ, ㄷ

11 **다음 중 법인세법상 부당행위계산부인 규정에 관한 설명으로 가장 올바르지 않은 것은?**

① 부당행위계산부인 규정이 적용되기 위해서는 원칙적으로 특수관계인 사이에서 이루어진 거래이어야 한다.
② 특수관계인과의 거래라고 하더라도 그 법인의 소득에 대한 조세부담이 감소되지 않은 경우에는 부당행위계산부인 규정이 적용되지 않는다.
③ 임원에게 주택임차자금을 대여하는 경우에는 복리후생적 지출로 보아 부당행위계산부인 규정을 적용하지 않는다.
④ 회사가 주택을 직접 임차하여 직원에게 무상으로 제공하는 경우에는 부당행위계산부인 규정을 적용하지 않는다.

12 **다음 중 법인세법 상 부당행위계산부인에 관한 설명으로 옳은 것을 모두 고르면?**

가. 법인이 특수관계인으로부터 무수익자산을 5억원에 매입한 경우 부당행위계산부인 규정을 적용한다.
나. 부당행위계산부인을 적용할 때 시가가 불분명한 경우에는 부동산가격공시 및 감정평가에 관한 법률에 따른 감정평가법인이 감정한 가액과 상속세및증여세법에 따른 보충적 평가방법을 준용하여 평가한 가액 중 큰 금액을 시가로 본다.
다. 부당행위계산부인은 법인과 특수관계에 있는 자와의 거래를 전제로 하지 않는다.
라. 부당행위계산부인에서 특수관계의 존재 여부는 해당 법인과 법령이 정하는 일정한 관계에 있는 자를 말하며, 이 경우 해당 법인도 그 특수관계인의 특수관계인으로 본다.

① 가, 다
② 나, 라
③ 나, 다
④ 가, 라

13 **다음 (주)삼일은 대표이사인 홍길동씨에게 업무와 관련 없이 자금을 대여하고 있으며, 동 대여금의 제 21기 사업연도(20×1.1.1. ~20×1.12.31.)의 적수는 3,650,000,000원이다. 20×1년 중 대표이사로부터 수령한 이자가 없으며 (주)삼일의 가중평균차입이자율이 4%인 경우 필요한 세무조정으로 가장 옳은 것은?** (단, 인정이자 계산 시 가중평균차입이자율 적용하며, 1년은 365일로 계산함)

① (익금산입) 가지급금 인정이자 400,000원(상여)
② (익금산입) 가지급금 인정이자 365,000원(상여)
③ (익금산입) 가지급금 인정이자 200,000원(상여)
④ (익금산입) 가지급금 인정이자 182,500원(상여)

14 **(주)삼일은 시가 100원인 건물(장부가액은 50원)을 개인 대주주에게 양도하고 유형자산처분이익 30원을 인식하였다. 필요한 세무조정은?**

① [익금산입] 저가양도 20원(배당)
② [익금산입] 저가양도 30원(배당)
③ [익금산입] 저가양도 50원(배당)
④ 세무조정 필요없음

15 **다음 중 부당행위계산부인 대상인 가지급금에 해당하는 것은?**

① 미지급한 11월분 급여에 대한 소득세를 법인이 대납한 금액
② 직원의 골프회원권 구입을 위한 자금의 대여액
③ 직원에 대한 월정액 급여액 범위 안에서 일시적인 급료의 가불금
④ 퇴직금전환금

16 **영리내국법인 (주)삼일의 제19기(2025.1.1 ~ 2025.12.31) 거래이다. 부당행위계산의 부인과 관련하여 제19기에 세무조정이 필요하지 않은 경우는?** (단, 甲, 乙은 모두 거주자이며, (주)삼일의 가중평균차입이자율은 5%임)

① (주)삼일의 발행주식의 30%를 출자하고 있는 내국법인 (주)삼이에게 2025년 4월 1일 운영자금 10억 원을 3년간 무상으로 대여해준 경우
② 2025년 1월 1일 (주)삼일의 출자임원(지분율 2%) 甲에게 3년간 주택매입자금 3억 원을 무상으로 대여해준 경우
③ (주)삼일의 임원에 대한 임면권을 사실상 행사하는 창업주 명예회장 乙이 법인 설립 시 부터 사용하는 사택(무수익자산임)의 연간 유지비 1억 원을 (주)삼일이 2025년 말 현재까지 전액 부담하고 있는 경우
④ 2025년 3월 5일 (주)삼일과 특수관계 없는 자에게 시가 10억 원인 토지를 8억 원에 매각한 경우

17 **(주)삼일은 20×2.12.31. 당 회사의 대주주인 김용산씨로부터 시가 100억 원인 건물을 120억 원에 매입하고, 장부상 건물의 취득금액을 120억 원으로 계상하였다. 이 거래로 인한 (주)삼일의 20×2년 세무조정 내용이나 과세표준에 미치는 영향으로 가장 옳은 것은?** (단, 감가상각비에 대한 영향은 배제하고 증여세는 고려하지 않는다.)

① (주)삼일의 각사업연도소득금액은 20억 원만큼 증가한다.
② 회사는 대주주 김용산씨에 대하여 배당으로 소득처분을 해야 한다.
③ 정당한 사유없이 정상가액보다 더 지급한 20억 원은 기부금으로 의제된다.
④ 부당행위계산부인의 경우 자산의 저가양도행위에 대해서만 규제하기 때문에, 회사의 고가매입은 부당행위계산부인의 대상이 아니다.

[redacted]

정답 및 해설

01	②	02	③	03	④	04	①	05	①	06	①	07	③	08	④	09	③	10	④
11	③	12	④	13	①	14	①	15	②	16	④	17	②						

01 ② 주주가 아닌 임원이나 소액주주인 임원에게 사택을 무료로 제공한 경우 부당행위계산부인을 적용하지 않는다. 지배주주와 특수관계 있는 직원에게 사택을 무료로 제공하는 것은 부당행위계산 부인 대상에 해당한다.

02 ③ 법인의 대주주와 생계를 같이하는 친족은 법인의 특수관계인에 해당한다.

03 ④ 소액주주는 특수관계인이 범위에서 제외한다. 소액주주란 지분율 1% 미달하는 주주를 의미한다. (법령 50조 2항)

04 ① 손금산입, 익금산입 동시 조정하므로 각사업연도소득금액에 미치는 영향은 없음. 대주주이므로 인정배당 처분이며, 특수관계인이므로 의제기부금이 아닌 부당행위계산부인 적용대상이다.

05 ① 저가양도 시 상대방이 특수관계인이 아닌 경우 정상가액(시가의 70%)과 양도금액의 차이금액을 기부금으로 보며, 상대방이 특수관계인인 경우 시가와 양도금액의 차이만큼 부당행위계산부인으로 본다.

06 ① (1) 시가 1억 원인 건물을 2 억원에 매입
〈손금산입〉 건물 1억원 (△유보)
〈손금불산입〉 부당행위계산 부인 1억원 (배당)
(2) 건물 상각비 5,000,000원
고가양수에 대한 매입세액 = 5,000,000 × 1억원/2억원 = 2,500,000
〈손금불산입〉 건물 2,500,000 (유보)

각사업연도소득 = 당기순이익 50,000,000 + 감가상각비한도초과 2,500,000 = 52,500,000원

07 ③ (1) 부당행위계산규정 적용여부 판단 : 1억(4억-3억) ≥ 4억 × 5%
(2) 부당행위계산부인액의 계산 : 4억 - 3억 = 1억
(3) 세무조정
〈손금산입〉 건 물 1억(△유보)
〈손금불산입〉 고가매입액 1억(상여*)
〈손금불산입〉 감가상각비 2,500,000**(유보)
* 대표이사에게 귀속되므로 상여로 소득처분한다.
** 10,000,000 × (1억/4억). 부인된 건물가액에 해당되는 감가상각비는 손금불산입된다.

08 ④ 적수계산

기간	가지급금	일수	적수
1.1. ~ 3.31	20,000,000	90	1,800,000,000
4.1. ~ 12.31.	30,000,000	275	8,250,000,000
합계		365	10,050,000,000

인정이자 = 10,050백만 × (1/365) × 5% - 0 = 1,376,712
인정이자 계산 시 이자율은 가중평균차입이자율로 하되, 가중평균차입이자율 적용이 불가능하거나 법인이 당좌대출이자율을 시가로 선택하는 경우 당좌대출이자율을 적용한다. 세부담최소화를 가정하였으므로 이자율이 낮은 가중평균차입이자율을 적용한다.

09 ③ 임원에게 지급한 퇴직금도 회사 내부 지급규정에 따른 한도금액 까지는 손금으로 인정된다.

10 ④ 업무무관가지급금에 대해서 모두 맞는 설명이다.

11 ③ 임원에게 주택임차자금을 대여하는 것은 부당행위계산 대상이 된다. 다만, 중소기업의 직원에게 주택자금을 대여하는 경우 부당행위계산부인 규정을 적용하지 않는다. 회사가 주택을 직접 임차하여 직원에게 무상으로 제공하는 경우에는 부당행위계산부인 규정을 적용하지 않는다.

12 ④ 시가가 불분명한 경우에는 부동산가격공시 및 감정평가에 관한 법률에 따른 감정평가법인이 감정한 가액과 상속세및증여세법에 따른 보충적 평가방법을 준용하여 평가한 가액을 순서대로 적용한다. 부당행위계산부인 규정은 특수관계인 사이에서 이루어진 거래에 적용한다.

13 ① 인정이자 = 3,650,000,000 × 4% × 1/365 = 400,000원

14 ① (1) 양도가액의 계산 : ₩80
장부가액이 ₩50인 자산을 처분해서 처분이익이 ₩30이 발생했으므로 양도가액은 ₩80이 된다.
(2) 부당행위계산규정 적용여부 판단 : ₩20(₩100 − ₩80) ≥ ₩100 × 5%
(3) 저가양도액 : 100 − 80 = ₩20
(4) 세무조정 : [익금산입] 저가양도 ₩20(배당)

15 ② 미지급한 11월분 급여에 대한 소득세를 법인이 대납한 금액, 직원에 대한 월정액 급여액 범위 안에서 일시적인 급료의 가불금, 퇴직금전환금 등은 가지급금인정이자 대상에서 제외한다.

16 ④ (주)삼일이 특수관계인이 아닌 자와 거래를 한 것이므로 부당행위계산부인 규정의 적용 대상이 아니다. 만약, 시가의 70%인 7억원 보다 싸게 매각한 경우 의제기부금으로 보아 세무조정이 필요했을 것이다.

17 ② 시가 100억원의 건물을 120억원에 매입했으므로 고가매입에 해당한다. 관련하여 다음과 같은 세무조정이 발생하지만, 동일한 금액을 손금산입 / 익금산입 하여 과세소득에 미치는 영향은 없다. (참고로 12/31일에 취득했으므로 감가상각비 관련 조정은 고려하지 않는다.)
〈손금산입〉 건 물 20억(△유보)
〈손금불산입〉 고가매입액 20억(배당)

세액의 계산 및 신고납부

제1절 과세표준과 산출세액의 계산

1 과세표준 계산

회계	**결산서상당기순이익**
(+)	익금산입·손금불산입
(−)	손금산입·익금불산입
	차가감소득금액
(+)	기부금한도초과액
(−)	기부금한도초과이월액손금산입
	각사업연도소득금액
법인세	이월결손금
(−)	비과세소득
(−)	소득공제
	과세표준
(×)	세율
	산출세액

〈이월결손금〉*

㉠ 각 사업연도의 익금총액보다 손금총액이 큰 경우 동 차액을 결손금이라 하며, 동 결손금이 그 후 사업연도에 손금으로 산입되지 않았거나 과세표준계산상 공제되지 아니한 금액을 이월결손금이라 함.

㉡ 각 사업연도 개시일전 15년 이내에 개시한 사업연도에 발생한 결손금이 공제대상(2020.1.1. 이전 개시분 → 10년)

〈비과세소득〉

국가가 과세권을 포기한 소득으로 다음 사업연도로 이월되지 않고 소멸함. (예 공익신탁한 재산에서 생기는 소득)

〈소득공제〉

조세정책적 목적에서 일정한 요건에 해당하는 경우 소득금액에서 일정액을 공제하는 금액(예 유동화전문회사 등이 배당가능이익의 90% 이상을 배당한 경우 그 금액)

* 이월결손금 공제한도

구분	공제한도
중소기업	각 사업연도 소득의 100%
회생계획 이행 중인 법인	
기업개선계획 이행중 법인	
금융회사 등과 경영정상화계획 이행중 법인	
배당소득공제 대상이 되는 명목회사	
상기 이외 법인	각 사업연도 소득의 80%

✔ 회계상 당기순손익과 법인세법상 소득(결손)금액이 일반적으로 일치 하지 않음.

예제 1

다음의 자료를 이용하여 중소기업인 (주)삼일의 제22기 사업연도(2025. 1. 1 ~ 2025. 12. 31) 과세표준을 계산하시오.

(1) 각 사업연도 소득금액 : ₩100,000,000
(2) 비과세소득 : ₩10,000,000
(3) 소득공제 : ₩10,000,000
(4) 이월결손금
- 8기 발생분 : ₩15,000,000
- 9기 발생분 : ₩30,000,000
- 18기 발생분 : ₩10,000,000
- 19기 발생분 : ₩20,000,000

해설 과세표준 = 50,000,000원

각사업연도소득	100,000,000
이월결손금	30,000,000
비과세소득	10,000,000
소득공제	10,000,000
과세표준	50,000,000

이월결손금은 2020.1.1. 이전 개시하는 사업연도분은 10년간 이월공제 가능함.

예제 2

법인세법상 이월결손금에 대한 설명으로 가장 옳지 않은 것은?

① 이월결손금이란 결손금으로 그 후 사업연도에 손금으로 산입되지 않았거나 과세표준계산상 공제되지 아니한 금액이다.
② 각 사업연도 소득에서 이월결손금을 공제한 금액을 초과하는 비과세소득은 다음 사업연도로 이월되지 않고 소멸한다.
③ 과세표준계산시 이월결손금은 발생연도와 상관없이 모두 공제가 가능하다.
④ 회계상 계상한 결손금과 법인세법상 결손금이 항상 일치하는 것은 아니다.

해설 과세표준계산시 이월결손금은 각 사업연도 개시일전 15년 이내에 개시한 사업연도에 발생한 결손금이 공제대상이다.

정답 ③

〈3호〉 법인세 과세표준 및 세액조정 계산서

① 각사업연도소득계산	(101) 결 산 서 상 당 기 순 손 익	01	40,000,000
	소득조정 금액 (102) 익 금 산 입	02	370,000,000
	소득조정 금액 (103) 손 금 산 입	03	230,000,000
	(104) 차 가 감 소 득 금 액 (101+102-103)	04	180,000,000
	(105) 기 부 금 한 도 초 과 액	05	20,000,000
	(106) 기 부 금 한 도 초 과 이 월 액 손 금 산 입	54	0
	(107) 각 사 업 연 도 소 득 금 액 {(104)+(105)-(106)}	06	200,000,000

② 과세표준계산	(108)각 사업연도 소득금액 (108=107)		200,000,000
	(109) 이 월 결 손 금	07	0
	(110) 비 과 세 소 득	08	0
	(111) 소 득 공 제	09	0
	(112) 과 세 표 준 (108-109-110-111)	10	200,000,000
	(159) 선 박 표 준 이 익	55	0

〈15호〉 소득금액 조정합계표

익금산입 및 손금불산입				손금산입 및 익금불산입			
①과 목	②금 액	③소득처분		④과 목	⑤금 액	⑥소득처분	
		처분	코드			처분	코드
재고자산평가	10,000,000	유보	400	전기재고자산평가	20,000,000	유보	100
퇴지급여충당부채	200,000,000	유보	400	퇴직연금	190,000,000	유보	100
대손충당금	40,000,000	유보	400	전기대손충당금	20,000,000	유보	100
접대비한도초과	50,000,000	기타사외유출	500				
인정이자	50,000,000	상여	100				
법인세비용	20,000,000	기타사외유출	500				
합 계	370,000,000			합 계	230,000,000		

〈50호(을)〉 자본금과 적립금 조정명세서(을)

①과목 또는 사항	②기초잔액	당기중증감		⑤기말잔액 (익기초현재)
		③감 소	④증 가	
재고자산	20,000,000	20,000,000	10,000,000	10,000,000
퇴직급여충당부채	100,000,000		200,000,000	300,000,000
퇴직연금	△90,000,000		△190,000,000	△280,000,000
대손충당금	20,000,000	20,000,000	40,000,000	40,000,000
				0
합 계	50,000,000	40,000,000	60,000,000	70,000,000

산출세액

산출세액 = 과세표준 × 세율

과세표준	세율
2억원 이하	과세표준 × 9%
2억원 초과 200억원 이하	1,800만원 + 2억원을 초과하는 금액 × 19%
200억원 초과 3,000억원 이하	37억8천만원 + 200억원을 초과하는 금액 × 21%
3,000억원 초과	625억8천만원 + 3,000억원을 초과하는 금액 × 24%

사업연도가 1년 미만인 경우

$$산출세액 = (과세표준 \times \frac{12}{사업연도\ 월수}) \times 세율 \times \frac{사업연도\ 월수}{12}$$

회사를 새로 설립하여 제1기 사업연도가 20×1. 7. 1～20×1. 12. 31인 경우 과세표준이 200,000,000이라면 산출세액은 다음과 같이 계산된다.

- 사업연도 월수 : 6개월
- 1년 환산과세표준 = 200,000,000 × (12/6) = 400,000,000
- 산출세액 = (18,000,000 + 200,000,000 × 19%) × (6/12) = 28,000,000

성실신고확인대상 소규모 법인의 경우 0원~200 억원 까지 19%, 200억 초과는 동일

예제 3

중소기업인 (주)삼일의 법인세비용차감전순이익이 1,000백만원 이고 세무조정사항이 다음과 같을 때 산출세액을 구하면? (단, 사업연도는 12개월이고 법인세비용은 고려하지 않음)

- 기업업무추진비 중 한도초과액 50백만원
- 감가상각비는 30백만원이고, 세무상 상각범위액은 35백만원임
- 임원상여금 한도초과액 100백만원
- 기부금한도초과액 50백만원
- 비과세소득 100백만원
- 세무상 공제가능한 이월결손금 100백만원

상기 이외 다른 사항은 고려하지 않음.

해설

	법인세비용차감전순이익	1,000백만원
(+)	익금산입·손금불산입	150백만원
(−)	손금산입·익금불산입	
	차가감소득금액	1,150백만원
(+)	기부금한도초과액	50백만원
	각사업연도소득금액	1,200백만원
(−)	이월결손금	100백만원
(−)	비과세소득	100백만원
(−)	소득공제	
	과세표준	1,000백만원
(×)	세율	
	산출세액	170,000,000

제2절 차감납부할 세액

1 세액 계산구조

앞에서 구한 법인세 산출세액은 법인이 실제로 부담해야 할 세액은 아님. 산출세액에서 세액감면과 세액공제를 차감하고 가산세 등을 가산하면 법인이 각 사업연도 소득에 대해서 부담해야 할 총부담세액이 계산됨.

	과 세 표 준
(×)	세 율
	산 출 세 액
(−)	공 제 · 감 면 세 액
(+)	가 산 세
(+)	감면분추가납부세액
	총 부 담 세 액
(−)	기 납 부 세 액 … 원천징수세액, 중간예납세액, 수시부과세액
	차 감 납 부 할 세 액

2 세액공제

세액공제란 조세정책적 목적을 위하여 산출세액에서 일정금액을 공제하는 제도를 말한다.

구분	법인세법			조세특례제한법	
종류	외국납부세액 공제	재해손실세액 공제	사실과 다른 회계처리 경정에 따른 세액공제	통합투자세액 공제	연구 및 인력개발비세액 공제
목적	이중과세방지	재해복구지원	경정에 따른 환급의 제한	투자촉진	연구 및 인력개발비 지출촉진
이월공제	10년간	이월안됨	기간제한 없음	10년간	

✔ 이월공제기간 종료 시까지 공제되지 아니한 이월액은 공제기한 다음 사업연도에 손금산입함

(1) 외국납부세액공제

내국법인은 외국에서 얻은 소득(국외원천소득)에 대하여 국내에서 법인세를 부담해야 하며 또한 외국의 법인세도 부담해야 하는 바, 이러한 이중과세를 조정하기 위하여 외국납부세액공제제도를 두고 있다. (외국자회사 수입배당금 익금불산입 적용대상인 외국납부세액은 제외)

① 공제액 = min [외국납부세액, 한도금액]

② 외국납부세액공제한도 = 법인세 산출세액 × $\dfrac{\text{과세표준에 산입된 국외원천소득*}}{\text{과세표준}}$

* 과세표준 계산시 손금에 산입된 금액 중 국외원천소득에 직·간접 대응하는 비용 차감한 금액임

예제 4

다음의 자료를 이용하여 (주)삼일의 외국납부세액공제액을 구하시오.

(1) 각 사업연도 소득 : ₩300,000,000
(2) 법인세 과세표준 : ₩200,000,000
(3) 법인세 산출세액 : ₩20,000,000
(4) 국외원천소득자료
- 과세표준에 산입된 국외원천소득 : ₩50,000,000
- 국외원천소득에 대한 외국납부세액 :
  - case1. ₩7,000,000
  - case2. ₩3,000,000

해설 Case1. 외국납부세액공제액 = MIN(①, ②) = ₩5,000,000
① 외국납부세액 : ₩7,000,000
② 공제한도액 $= 20,000,000 \times \frac{50,000,000}{200,000,000} = 5,000,000$
Case2. 외국납부세액공제액 = MIN(①, ②) = ₩3,000,000
① 외국납부세액 : ₩3,000,000
② 공제한도액 $= 20,000,000 \times \frac{50,000,000}{200,000,000} = 5,000,000$

(2) 재해손실세액공제

사업연도 중 천재·지변 기타 **재해로 인하여 사업용 자산가액의 20% 이상을 상실하여 납세하기가 곤란하다고 인정되는 경우 그 상실된 자산의 가액을 한도로 재해손실세액공제를 받을 수 있다.** (재해상실비율이 20% 미만인 경우 적용 불가능함)

(3) 사실과 다른 회계처리에 기인한 경정에 따른 세액공제

분식결산으로 인한 경정등의 청구가 있는 경우에는 분식결산으로 인하여 발생한 환급금은 즉시 환급하지 아니하고 과다 납부한 세액의 20%를 한도로 공제하고, 공제 후 남아있는 환급세액은 이후 사업연도에 이월하여 공제한다.

(4) 통합투자세액공제

사업자가 사업용 유형자산에 투자하는 경우 투자금액의 일정비율 곱한 금액을 세액공제한다.

(5) 연구인력개발비세액공제

① 신성장동력 및 원천기술연구개발비 : 당기 발생비용 × 20%~30%
② 일반연구인력개발비(다음 중 하나를 선택)

① 초과발생액 기준 (당기 연구 및 인력개발비 – 직전 과세연도에 발생한 연구 및 인력개발비) × 25% ~ 50% ② 당기발생액 기준 연구 및 인력개발비 지출액 × 2 ~ 25%

3 세액감면

세액감면이란 특정소득에 대해 세액을 감면해 주는 제도를 말한다.

$$\text{감면세액} = \text{산출세액} \times \frac{\text{감면대상소득}}{\text{과세표준}} \times \text{감면비율}$$

(1) 창업중소기업 등에 대한 세액감면

① **면제대상** : 수도권 과밀억제권역 외의 지역에서 창업한 중소기업, 창업보육센터 사업자, 창업벤처중소기업, 에너지신기술중소기업

② **면제기간** : 최초 소득이 발생한 연도와 그 후 4년간 50% 감면

(2) 중소기업 특별세액감면

① **면제대상** : 제조업·광업·건설업·운수업·부가통신업·연구 및 개발업·방송업·엔지니어링사업·정보처리 및 컴퓨터운용관련업·의료업 등을 영위하는 중소기업

② **감면율** : 기업의 규모, 소재지 및 업종을 고려하여 각기 다른 감면율을 적용

4 최저한세

① 과다한 조세감면은 과세형평에 어긋나며 국가의 조세수입을 감소시키므로 일정한도의 세액은 납부하도록 하고 있는 바, 이러한 일정한도의 세액을 최저한세라 한다.

② 최저한세 적용대상 조세감면을 적용받은 후의 세액이 다음의 최저한세에 미달하는 경우 그 미달하는 세액은 감면을 하지 않으므로 결국 최저한세만큼은 납부해야 한다.

③ 최저한세는 조세특례제한법상 모든 조세특례·감면을 대상으로 함. 다른 법률(법인세법, 지방세법 등)에 의한 공제와 감면은 대상이 아니다.

최저한세 = 최저한세 적용대상인 비과세 등을 적용하지 않은 과세표준 × 적용률

중소기업

구분	적용률
중소기업 및 중소기업 졸업 후 4년간(유예기간)	7%
유예기간 경과 후 3년간	8%
그 후 2년간	9%

중소기업 이외

과세표준	적용률
100억원 이하분	10%
100억원 초과 1,000억원 이하분	12%
1,000억원 초과분	17%

5 기납부세액

① 중간예납, 원천징수 및 수시부과 통해 사업연도 중 법인세를 미리 징수함.

② 세수의 조기확보, 세원관리 및 납세자의 조세부담 분산 등이 목적임.

구분	설명
㉠ 중간예납 (ⓐ, ⓑ 중 선택)	각 사업연도의 기간이 6개월을 초과하는 법인은 사업연도 개시일부터 6개월간을 중간예납기간으로 하여 중간예납기간이 경과한 날로부터 2개월 이내에 그 기간에 대한 법인세를 신고·납부 ⓐ 직전사업연도 실적기준 : 직전사업년도 부담세액의 50% 중간예납세액으로 납부 ⓑ 가결산방법 : 중간예납기간을 1사업연도로 보아 세액을 계산 (단, [공정거래법]에 따른 공시대상 기업집단에 속하는 내국법인은 ⓑ 가결산방법만 적용)
㉡ 원천징수	내국법인에게 다음의 소득을 지급하는 자는 해당 원천징수세율을 적용하여 계산한 금액에 상당하는 법인세를 징수하여 그 징수일이 속하는 달의 다음달 10일까지 납세지 관할세무서장에게 납부 ① 이자소득금액 : 14%(비영업대금의 이익은 25%) ② 집합투자기구로부터의 이익 중 투자신탁의 이익 : 14%
㉢ 수시부과	법인세법에서는 법인세포탈의 우려가 있어 조세채권을 조기에 확보하여야 될 것으로 인정되는 경우 사업연도 중이라도 법인세액의 일부로서 수시로 부과

6 가산세

가산세는 세법에 규정한 의무의 성실한 이행을 확보하기 위하여 그 의무를 위반한 자에게 부과하는 행정벌이다.

국세기본법상 가산세

구분	적용요건	가산세
① 무신고가산세	납세의무자가 법정신고기한까지 과세표준을 신고하지 아니한 경우	• 일반무신고 : Max(납부세액 × 20%, 수입금액 × 0.07%) • 부정행위* 무신고 : Max(납부세액 × 40%, 수입금액 × 0.14%)
② 과소신고, 초과환급신고 가산세	납세의무자가 법정신고기한까지 • 납부세액을 신고해야 할 금액보다 적게 신고하거나 • 환급세액을 신고해야 할 금액보다 많이 신고한 경우	• 일반과소신고가산세 = (과소신고납부세액* − 부정과소신고납부세액) × 10% • 부정과소신고가산세 = Max[①, ②] ① 부정과소신고납부세액 × 40% ② 부정과소신고 수입금액 × 0.14%
③ 납부지연가산세	납세의무자가 세법에 따른 납부기한 까지 국세를 납부하지 아니하거나 납부해야할 세액보다 적게 납부한 경우	미납부세액 × 경과일수 × 2.2/10,000 (초과환급세액) + 납부고지서 미납세액 × 3%
④ 원천징수 등 납부지연가산세	법인세를 징수하여 납부할 의무를 지는 자가 징수하여야 할 세액을 세법에 따른 납부기한까지 납부하지 아니하거나 과소납부한 경우	가산세액 = MIN[①,②] ① 과소납부분 원천징수세액 × 3% + 과소납부분 원천징수세액 × 경과일수* × 2.2/10,000 ② 과소납부분 원천징수세액 × 10%

- 부정행위란 다음을 의미함
  이중장부의 작성 등 장부의 거짓 기장, 거짓 증빙 또는 거짓 문서의 작성 및 수취, 장부와 기록의 파기, 재산의 은닉, 소득·수익·행위·거래의 조작 또는 은폐, 고의적으로 장부를 작성하지 아니하거나 비치하지 아니하는 행위 또는 계산서, 세금계산서 또는 계산서합계표, 세금계산서합계표의 조작, 전사적 기업자원 관리설비의 조작 또는 전자세금계산서의 조작

법인세법상 가산세

구분	적용조건	가산세
① 무기장가산세	장부의 비치·기장의무를 이행하지 아니한 경우 • 비영리내국법인에 대해서는 적용하지 아니한다.	Max[①, ②] ① 산출세액 × 100분의 20 ② 수입금액 × 0.07%
② 주식 등의 명세서 제출 불성실 가산세	내국법인이 설립시 주주 등의 명세서를 제출하지 아니하거나 주주 등의 명세의 전부 또는 일부를 누락하여 제출한 경우와 필요적 기재사항 등이 불분명한 경우	해당 주주 등이 보유한 주식 등의 액면금액(또는 출자가액) × 0.5%
③ 지급명세서 제출 불성실가산세	내국법인이 지급명세서를 법정기한 내에 제출하지 아니하거나 제출된 지급명세서가 불분명한 경우	미제출 또는 불분명한 지급금액 × 1% (단, 기한 경과후 3월내 제출 시 0.5%
④ 주식 등 변동상황 명세서 제출불성실 가산세	주식 및 출자지분변동상황명세서를 제출하지 아니하거나 변동상황을 누락하여 제출한 경우와 필요적 기재사항 등이 불분명한 경우	미제출·누락제출·불분명하게 제출한 주식 등의 액면금액 × 1%
⑤ 계산서교부 불성실 가산세	• 교부한 계산서가 부실기재된 경우	부실기재분·합계표 미제출 해당분 공급가액 × 1%
	• 매출·매입처별계산서합계표와 매입처별 세금계산서합계표를 제출하지 않거나 부실기재한 경우	부실기재분·합계표 미제출 해당분 공급가액 × 0.5%
	재화용역의 공급없이 계산서를 교부하거나 교부받은 경우, 다른 법인의 명의로 계산서를 교부하거나 교부받은 경우	미교부·가공분 공급가액 × 2%
⑥ 지출증빙 미수취 가산세	사업자로 부터 건당 3만원 초과하는 재화·용역을 공급받고 신용카드 매출전표, 세금계산서, 계산서, 기명식선불카드, 현금영수증 등을 수취하지 않은 경우	미수취금액 × 2%
⑦ 기부금영수증 불성실가산세	기부금영수증을 사실과 다르게 발급하거나 기부법인별 발급내역을 작성·보관하지 아니한 경우	① 기부금영수증의 경우 : 기부금액 및 기부자 인적사항이 사실과 다르게 발급된 금액의 5% ② 기부법인별 발급내역의 경우 : 그 작성·보관하지 아니한 금액의 0.5%

⑧ 신용카드매출전표 및 현금영수증 발급관련 가산세	① 현금영수증가맹점으로 가입해야 할 법인이 이를 이행하지 않은 경우 ② 국세청장이 신용카드가맹점 가입대상자로 지정한 신용카드가맹점 및 현금영수증가맹점이 신용카드영수증 및 건당 5천원 이상의 거래금액에 대한 현금영수증 발급을 거부하거나 사실과 다르게 발급한 경우	① 현금영수증가맹점으로 가입하지 아니한 경우 : 가맹하지 아니한 사업연도 수입금액의 1/100 ② 신용카드영수증 및 현금영수증 발급거부액 또는 사실과 다르게 발급한 금액 × 5/100(건별로 계산한 금액이 5천원 미만인 경우 5천원으로 함)

7 신고와 납부

① 법인세 납세의무가 있는 내국법인은 **각 사업연도 종료일이 속하는 달의 말일부터 3개월** 이내에 **법인세 과세표준과 세액을 신고**하여야 함.

② **각 사업연도 소득금액이 없거나 결손금이 있는 경우에도 마찬가지임.**

③ **외부감사대상 법인이 감사가 종결되지 아니하였다는** 사유로 **신고기한의 종료일 3일전 까지** 신고기한의 연장을 신청할 경우 **1개월까지 연장을 허용**

④ **법인세는 법인세의 신고기한 내에 납부하여야 한다. 그러나 납부할 세액이 1천만원을 초과하는 때에는 다음의 금액을 납부기한이 경과한 날로부터 1월(중소기업은 2월) 내에 분납할 수 있다.**

납부세액	분납금액
납부세액이 2천만원 이하	1천만원을 초과하는 금액
납부세액이 2천만원 초과	납부세액의 50% 이하의 금액

8 신고시 첨부서류

① **법인세 과세표준 및 세액신고서**(별지 제1호 서식)는 법인세 신고법인에 대한 일반적인 사항과 세무조정을 수행한 후의 최종 결과물인 과세표준, 산출세액, 차감납부할세액 등을 하나의 표에 일목요연하게 나타낸 서식이다.

② **외부감사 대상 법인이 전자신고**를 통해 법인세 과세표준을 신고한 경우에는 본 서식에 대표자가 서명날인하여 5년간 보관하여야 한다.

③ 과세표준 신고시에는 법인세 과세표준 및 세액신고서(별지 제1호 서식)에 다음의 서류를 첨부하여 신고하여야 한다.

구분	설명
필수적 첨부서류*	㉠ 개별내국법인의 재무상태표와 포괄손익계산서 ㉡ 이익잉여금처분(결손금처리)계산서 ㉢ 세무조정계산서(법인세 과세표준 및 세액조정계산서 별지3호서식)
임의적 첨부서류	세무조정계산서 부속서류

* 법인세 과세표준 신고 시 첨부하지 않으면 무신고로 보는 서류

9 지출증명서류

① 법인은 각 사업연도에 **그 사업과 관련된 모든 거래에 대해 증명서류를 작성 또는 수취**하여 신고기한이 경과한 날부터 **5년간**(이월결손금을 공제받고자 하는 경우 해당 기간동안) **보관**하여야 한다.

② 법인이 사업과 관련하여 **사업자로부터 재화 또는 용역을 공급받고 그 대가를 지출하는 경우** 세법에서는 **적법한 증명**을 구비하도록 요구하고 있음(단, 건당 거래금액 3만원 이하 제외).

③ 정규증명서류 :

- **세금계산서(매입자발행세금계산서 포함**
- **계산서**
- **신용카드매출전표**
- **현금영수증**
- **직불전자지급수단 영수증, 기명식선불전자지급수단 영수증 또는 기명식전자화폐 영수증**

지출증명서류 미수취 불이익

수취 여부			대상	법정증명서류 이외의 증명서류 수취시 불이익	
				손금 여부	가산세
미수취			제한 없음.	손금불산입 (배당·상여 등)	–
수취	기업업무추진비		건당 3만원 초과 (경조금 20만원)	손금불산입 (기타사외유출)	–
	기업업무추진비 이외의 지출	사업자로부터 재화·용역을 공급받는 경우	건당 3만원 초과	손금산입	가산세 부과 (거래금액의 2%)
		위 이외의 경우	제한 없음.	손금산입	–

출제예상 문제

01 **다음의 자료를 이용하여 중소기업인 (주)삼일의 제22기 사업연도(2025.1.1 ~ 2025. 12.31) 법인세 과세표준을 계산하면?**

(1) 각 사업연도 소득금액 : 100,000,000
(2) 비과세소득 : 10,000,000
(3) 소득공제 : 10,000,000
(4) 이월결손금

구분	회계상 이월결손금	세무상 이월결손금
10기 발생분	25,000,000	15,000,000
11기 발생분	20,000,000	30,000,000
16기 발생분	15,000,000	10,000,000
17기 발생분	30,000,000	20,000,000

① 25,000,000
② 50,000,000
③ 70,000,000
④ 100,000,000

02 **다음 중 법인세법상 이월결손금에 대한 설명으로 가장 옳지 않은 것은?**

① 이월결손금이란 결손금으로 그 후 사업연도에 손금으로 산입되지 않았거나 과세표준계산상 공제되지 아니한 금액이다.
② 각 사업연도 소득에서 이월결손금을 공제한 금액을 초과하는 비과세소득은 다음 사업연도로 이월되지 않고 소멸한다.
③ 비과세소득과 소득공제는 이월공제가 가능하다.
④ 비과세소득은 국가가 과세권을 포기한 소득으로서 공익신탁재산에서 생기는 소득 등이 있다.

03 **법인세 과세표준과 관련된 자료가 다음과 같을 때 기부금한도초과액과 이월결손금 당기공제액의 합계는 얼마인가?**

• 당기순이익	200,000,000원
• 익금산입	50,000,000
• 손금산입	30,000,000
• 차가감소득금액	220,000,000
• 각사업연도소득금액	230,000,000(기부금한도초과이월액 손금산입액은 없다)
• 과세표준	215,000,000(비과세소득, 소득공제는 없다)

① 15,000,000
② 25,000,000
③ 35,000,000
④ 45,000,000

04 **다음 중 법인세법상 이월결손금액에 관한 설명으로 가장 올바르지 않은 것은?**

① 이월결손금이란 결손금으로 그 후 사업연도에 손금으로 산입되지 않았거나 과세표준계산상 공제되지 아니한 금액이다.

② 일반기업의 경우라도 법원결정에 의한 회생계획을 이행중인 기업은 당해 연도 소득의 100%를 이월결손금 연간 공제한도로 한다.

③ 과세표준계산시 공제받을 수 있는 이월결손금은 15년(2020.1.1. 이전 개시한 사업연도에 발생한 금액은 10년)이내에 개시한 사업연도에서 발생한 결손금 중 법정요건을 충족한 결손금이다.

④ 중소기업의 경우 당해 연도 소득의 80%를 이월결손금 연간 공제한도로 한다.

05 **중소기업인 (주)삼일의 법인세비용차감전순이익이 1,000백만원이고 세무조정사항이 다음과 같을 때 산출세액을 구하면?** (단, 사업연도는 12개월임)

- 기업업무추진비 중 한도초과액 50백만원
- 감가상각비는 30백만원이고, 세무상 상각범위액은 35백만원임
- 임원상여금 한도초과액 100백만원
- 기부금한도초과액 50백만원
- 비과세소득 100백만원
- 세무상 공제가능한 이월결손금 100백만원

① 100,000,000　　② 160,000,000
③ 170,000,000　　④ 180,000,000

06 **다음 자료를 기초로 중소기업인 (주)삼일의 제10기(20×2년 1월 1일 ~ 6월 30일) 사업연도의 법인세 산출세액을 계산하면 얼마인가?**

ㄱ. 손익계산서상의 당기순이익 : 160,000,000원
ㄴ. 제10기 사업연도의 세무조정금액
　– 익금산입·손금불산입 : 150,000,000원
　– 손금산입·익금불산입 : 100,000,000원
ㄷ. 제8기 사업연도(20×1년 1월 1일 ~ 6월 30일)에 발생한 결손금 중 미공제된 금액 : 20,000,000원
ㄹ. 제10기 사업연도의 손익계산서상 당기순이익에는 공익신탁의 신탁재산에서 생긴 소득 10,000,000원이 포함되어 있다.
ㅁ. 법인세율은 과세표준 2억원 이하에 대해서는 9%, 2억원 초과 200억원 이하분에 대해서는 19%이다.

① 18,000,000원　　② 36,000,000원
③ 24,200,000원　　④ 52,000,000원

07 **다음의 자료를 이용하여 (주)삼일의 외국납부세액공제액을 구하면?**

(1) 각 사업연도 소득 : 300,000,000
(2) 법인세 과세표준 : 200,000,000
(3) 법인세 산출세액 : 20,000,000
(4) 국외원천소득자료
- 과세표준에 산입된 국외원천소득 : 40,000,000
- 국외원천소득에 대한 외국납부세액 : 3,000,000

① 3,000,000 ② 5,000,000
③ 7,000,000 ④ 10,000,000

08 **다음 자료에 따라 계산한 (주)삼일의 제21기(20×1.1.1 ~ 20×1.12.31) 사업연도 총부담 세액은?**

(1) 과세표준 204,000,000원
(2) 외국납부세액 공제액 200,000원
(3) 중간예납세액 150,000원

① 18,410,000원 ② 20,600,000원
③ 20,800,000원 ④ 40,450,000원

09 **(주)용산의 제1기 사업연도(20×1.7.1 ~ 20×1.12.31)의 과세표준은 200,000,000원 이고 재해손실세액공제액은 9,000,000원인 경우 법인세 차가감납부세액은 구하면 얼마인가?** (기납부세액은 없으며, 법인세의 세율은 과세표준 2억 원 이하 9%, 2억 원 초과 200억 원이하 18,000,000 + 2억 원 초과분 19%이다.)

① 19,000,000원 ② 15,000,000원
③ 13,000,000원 ④ 11,000,000원

10 **다음은 소프트웨어를 제조·판매하는 중소기업인 (주)삼일의 직원들이 절세전략을 논의하기 위한 회의내용의 일부이다. 이 중에서 세법의 내용에 가장 부합하지 않게 주장하는 자는 누구인가?**

> 최부장 : 이번에 우리 회사가 출시한 제품이 시장에서 반응이 좋아 앞으로 당분간 회사는 당기순이익이 크게 증가할 것으로 예상됩니다. 하지만 이익이 늘어나는 만큼 법인세도 늘어나므로 이에 대한 적절한 대책이 필요하다고 생각됩니다.
>
> 한대리 : 지금 우리 회사가 보유하고 있는 업무무관부동산에 대하여 유지비와 수선비, 관리비가 손금불산입될 뿐 아니라 지급이자손금불산입규정을 적용받고 있습니다. 이 부동산을 처분하는 것이 어떨까요
>
> 황과장 : 재고자산 평가방법을 신고하지 않았으므로 시장에서 유행이 지난 재고에 대해 장부상 재고자산평가손실을 계상한다면 이는 세법상 손금으로 인정받을 수 있어 과세표준이 줄어들게 됩니다.
>
> 신대리 : 연구개발활동으로 인해 발생한 비용 등에 대하여는 별도의 세액공제도 받을 수 있으므로 세법에서 규정하고 있는 세액공제 요건에 대해 구체적으로 알아보고 평소에 준비해야 할 것입니다.
>
> 전주임 : 퇴직연금제도의 도입을 고려해야 합니다. 퇴직연금을 납입하면 세무상 부인된 퇴직급여충당금이 일정 한도 내에서 손금으로 인정받을 수 있어 법인세가 감소됩니다.
>
> 최부장 : 여러분의 의견을 잘 들었습니다. 앞으로 이를 고려하여 절세전략을 수립하겠습니다.

① 한대리　　② 황과장
③ 신대리　　④ 전주임

11 **다음은 서울에서 제조업을 영위하는 중소기업인 (주)삼일의 제21기 사업연도의 각사업연도소득에 대한 법인세 과세표준과 세액의 계산과 관련하여 가장 옳은 주장을 하고 있는 사람은 누구인가?**

> 김부장 : 이월결손금은 각사업연도소득금액의 60% 범위에서 공제할 수 있습니다.
>
> 이과장 : 외국납부세액공제는 최저한세 적용대상이며, 최저한세 적용으로 공제하지 못한 금액은 10년간 이월공제가 가능합니다.
>
> 박차장 : 당기에 재해로 인하여 회사가 보유하고 있는 사업용자산의 10%가 파손되었으므로 재해손실세액공제를 신청하여야 합니다.
>
> 최사원 : 재화를 100만 원에 공급받고 신용카드 매출전표 등 법정지출증명서류를 구비하지 아니한 경우에는 적격증빙서류 불성실가산세 2만 원을 납부하여야 합니다.

① 김부장　　② 이과장
③ 박차장　　④ 최사원

12 **다음 중 증빙불비가산세와 관련하여 가장 잘못된 주장을 하고 있는 사람은 누구인가?**

장과장 : 세법에서 요구하고 있는 적법한 증빙은 계산서, 세금계산서, 신용카드 매출전표 또는 기명식선불카드 및 현금영수증 등을 말합니다.
백과장 : 세법은 모든 거래에 대하여 법정증빙을 요구하고 있지는 않습니다. 예를 들어, 기업업무추진비 이외의 지출의 경우 거래 건당 금액이 3만원 이하라면 영수증을 수취하여도 가산세를 부담하지 않습니다.
전대리 : 거래상대방이 서울에 사업장이 있는 부가가치세법상 간이과세자라면 법적증빙을 수취하지 않아도 증빙불비가산세를 부담하지 않습니다.
윤대리 : 국가·지방자치단체로부터 재화 또는 용역을 공급받은 경우에는 영수증을 수취하여도 가산세를 부담하지 않습니다.

① 장과장
② 백과장
③ 전대리
④ 윤대리

13 **법인세법상 기납부세액과 관련된 다음 설명 중 가장 옳지 않은 것은?**

① 기납부세액은 중간예납, 원천징수 및 수시부과세액을 의미하며 이는 사업연도 중에 납부한 세액이므로 회사가 총부담할 세액에서 이를 차감하여 납부세액을 구한다.
② 원천징수한 세액은 징수일이 속하는 달의 다음달 10일까지 납세지 관할세무서장에게 납부하여야 한다.
③ 직전사업연도 실적기준으로 중간예납하는 경우 중간예납기간을 1사업연도로 보아 가결산을 하고 과세표준과 산출세액을 구한다.
④ 법인세법에서는 법인세포탈의 우려가 있어 조세채권을 조기에 확보하여야 될 것으로 인정되는 경우 수시로 법인세를 부과할 수 있다.

14 **다음 중 법인세법상 가산세에 대한 설명으로 가장 옳지 않은 것은?**

① 납세의무자가 법정 신고기한 내에 과세표준신고서를 제출하지 아니한 경우 무신고가산세를 부과한다.
② 납세의무자가 법정 신고기한 내에 신고한 과세표준이 세법에 신고해야 할 과세표준에 미달한 경우에는 과소신고가산세가 적용된다.
③ 원천징수한 세액을 납부기한 까지 납부하지 않은 경우 원천징수등 납부지연가산세를 부과한다.
④ 납세의무자가 세법에 따른 납부기한 내에 법인세를 납부하지 않거나 미달하게 납부한 경우 납부지연가산세가 적용되나, 환급받은 세액이 세법에 따라 환급받아야 할 세액을 초과하는 경우에는 별도의 가산세가 적용되지 않는다.

15 다음 중 법인세 신고·납부에 관한 설명으로 가장 옳은 것은?

① 법인세 납세의무가 있는 내국법인은 각 사업연도 종료일부터 4개월 이내에 법인세 과세표준과 세액을 신고하여야 한다.
② 법인세 과세표준 신고 시 개별 내국법인의 재무상태표, 포괄손익계산서 등의 첨부서류는 제출하지 않아도 된다.
③ 각 사업연도소득금액이 없거나 결손금이 있는 경우에도 법인세 신고기간 내에 과세표준과 세액을 신고하여야 한다.
④ 법인세는 신고기한 내에 납부하여야 하나 납부할 세액이 일정 금액을 초과할 경우 연부연납할 수 있다.
⑤ 직전사업연도 부담세액의 50%를 중간예납세액으로 하여 납부해야 한다.

16 다음 중 법인세의 신고와 납부에 대한 설명으로 가장 옳은 것은?

① 법인세 납세의무가 있는 모든 내국법인은 각 사업연도 종료일이 속하는 달의 말일로부터 4개월 이내에 법인세 과세표준과 세액을 신고하여야 한다.
② 법인세 과세표준 신고시 필수적 첨부서류인 개별법인의 재무상태표, 포괄손익계산서 및 합계잔액시산표를 첨부하여야 한다.
③ 각 사업연도 소득금액이 없거나 결손금이 있는 경우에도 법인세 과세표준 신고의무가 있다.
④ 중간예납시 직전사업연도 부담세액의 50%를 중간예납세액으로 납부하여야 하므로 전기 납부세액이 없는 경우 중간예납을 할 필요가 없다.

17 다음 중 법인세법상 신고·납부에 관한 설명으로 가장 옳은 것은?

① 중간예납 의무가 있는 모든 법인은 직접 사업연도의 실적을 기준으로 중간예납 세액을 계산하여 납부해야 한다.
② 법인세 과세표준 신고 시 개별 내국법인의 재무상태표, 포괄손익계산서 등의 첨부서류는 제출하지 않아도 된다.
③ 법인세 납부할 세액이 1천만원을 초과하는 경우에는 납부기한이 경과한 날로부터 1월(중소기업은 2월) 내에 분납할 수 있다.
④ 납세지 관할 세무서장은 법인이 신고기한 까지 과세표준 신고를 하지 않은 경우 법인세 과세표준 신고기한으로부터 6개월 이내에 결정해야 한다.

18 **법인세의 사업연도 중 신고납부제도에 관한 설명으로 가장 올바르지 않은 것은?**

① 각 사업연도 기간이 6개월 이하인 내국법인은 중간예납대상에서 제외된다.

② 법인세 납세의무가 있는 내국법인이라도 각 사업연도 소득금액이 없거나 결손금이 있는 경우 법인세 신고를 하지 않아도 된다.

③ 내국법인에게 이자소득금액을 지급하는 자는 지급액의 14%(비영업대금의 경우 25%)를 원천징수 하여 그 징수일이 속하는 달의 다음달 10일까지 납세지에 납부하여야 한다.

④ 법인세법에서는 법인세포탈의 우려가 있어 조세채권을 조기에 확보하여야 할 것으로 인정되는 경우에 사업연도 중이라도 법인세를 수시로 부과할 수 있다.

19 **다음은 법인세 과세표준 신고시 첨부하지 않으면 무신고로 보는 서류들을 나열한 것이다. 이 중 잘못된 것은?**

① 개별법인의 재무상태표
② 개별법인의 포괄손익계산서
③ 합계잔액시산표
④ 이익잉여금처분계산서

20 **다음 중 원천징수 의무가 있는 경우는?**

① 법인이 개인으로 부터 물품을 구입하는 경우

② 법인이 법인주주에게 배당소득을 지급하는 경우(일반배당)

③ 법인이 건물임차료를 법인에게 지급하는 경우

④ 법인인 은행이 법인에게 이자소득을 지급하는 경우

21 **중소기업인 ㈜삼일의 제10기(20×1.1.1 ~ 20×1.12.31) 사업연도의 차감납부할세액이 30,000,000원인 경우 분납 가능한 금액과 납부기한으로 옳은 것은?**

	분납 가능 금액	납부기한
①	15,000,000	20×2.4.30
②	15,000,000	20×2.5.31
③	20,000,000	20×2.4.30
④	20,000,000	20×2.5.31

22 **법인세법상 기납부세액과 관련된 다음 설명 중 가장 옳지 않은 것은?**

① 사업연도가 6개월 미만인 법인은 중간예납을 할 필요가 없다.

② 원천징수한 세액은 징수일이 속하는 달의 다음달 10일까지 납세지 관할세무서장에게 납부하여야 한다.

③ 중간예납세액은 중간예납기간을 1사업연도로 보아 가결산을 하고 과세표준과 산출세액을 구한다.

④ 법인주주에게 배당금을 지급하는 경우 원천징수를 하지 않는다.

[redacted]

정답 및 해설

01	②	02	③	03	②	04	④	05	③	06	③	07	①	08	①	09	①	10	②
11	④	12	③	13	③	14	④	15	③	16	③	17	③	18	②	19	③	20	④
21	②	22	③																

01 ② 2020.1.1. 이전에 발생한 결손금은 10년까지 이월공제가 가능하므로 10기와 11기 결손금은 과세표준 계산 시 공제가 불가능하다.
과세표준 = 100백만 − 10백만(비과세) − 10백만(소득공제) − 30백만(이월결손금) = 50,000,000

02 ③ 비과세소득과 소득공제는 이월공제가 가능하지 않다.

03 ② 아래 표와 같이 법인세 과세표준을 계산하는 구조를 생각하고 금액을 대입하면 쉽게 풀 수 있다.

	결산서상당기순이익	200,000,000
(+)	익금산입·손금불산입	50,000,000
(−)	손금산입·익금불산입	30,000,000
	차가감소득금액	220,000,000
(+)	기부금한도초과액	10,000,000
(−)	기부금한도초과이월액손금산입	n/a
	각사업연도소득금액	230,000,000
(−)	이월결손금	15,000,000
(−)	비과세소득	n/a
(−)	소득공제	n/a
	과세표준	215,000,000

04 ④ 중소기업의 경우 당해 연도 소득의 100%를 이월결손금 연간 공제한도로 한다.

05 ③ 과세표준 = (1,000 + 기업업무추진비 50 + 상여 100 + 기부금 50 − 비과세 100 − 이월결손금 100)백만원 = 1,000백만원
산출세액 = 200백만 × 9% + 800백만 × 19% = 170,000,000

06 ③ (단위 : 백만원)
6개월 과세표준 = 160 + 150 − 100 − 20 − 10 = 180
1년 과세표준 = 180 × 12/6 = 360
산출세액 (200 × 9% + 160 × 19%) × 1/2 = 24.2

07 ① 외국납부세액공제액 = MIN(①, ②) = 3,000,000
① 외국납부세액 : 3,000,000
② 공제한도액 = 20,000,000 × (40,000,000/200,000,000) = 4,000,000

08 ① 산출세액에서 세액감면과 세액공제를 차감하고 가산세 등을 가산하면 법인이 각 사업연도 소득에 대해서 부담해야 할 총부담세액이 계산되고, 여기에 법인이 사업연도 중에 납부한 법인세를 차감하여 실제 납부할 세액인 차감납부할세액이 계산된다.
산출 세액
1) 산출세액 = 18,000,000 + (204,000,000 − 200,000,000) × 19% = ₩18,760,000
2) 총부담세액 = 18,760,000 − 200,000 = ₩18,560,000
3) 차감납부세액 = 18,560,000 − 150,000 = ₩18,410,000

09 ① 산출세액 = (200,000,000 × 12/6) × 세율 × 6/12
= (18,000,000 + 200,000,000 × 19%) × 6/12
= 28,000,000
차가감납부세액 = 28,000,000 − 9,000,000 = 19,000,000

10 ② 재고자산평가손실은 파손, 부패 등으로 인한 평가차손을 계상한 경우 이거나, 저가법으로 신고한 법인의 평가손실을 인정한다. 회사는 재고자산 평가방법을 신고하지 않았으므로 시장에서 유행이 지난 재고에 대해 장부상 재고자산평가손실을 계상한다면 손금불산입 된다.

11 ④ 중소기업의 경우 이월결손금은 각사업연도소득금액을 한도로 공제한다. 외국납부세액공제는 최저한세 적용대상이 아니고, 10년간 이월공제 가능하다. 재해손실세액공제는 천재·지변·기타재해로 사업용자산가액의 20% 이상을 상실하여야 적용할 수 있다.

12 ③ 사업자가 사업자로부터 재화 또는 용역을 공급받는 경우 법에서 정한 증명서류를 수취해야 하며, 이를 받지 않는 경우 증빙불비가산세를 부담할 수 있다. 다만, 거래상대방이 읍이나 면 지역에 소재하는 부가가치세법상 간이과세자로 신용카드나 현금영수증 가맹점이 아닌 사업자라면 법적증빙을 수취하지 않아도 증빙불비가산세를 부담하지 않으며, 국가·지방자치단체로부터 재화 또는 용역을 공급받은 경우에는 영수증을 수취하여도 가산세를 부담하지 않는다.

13 ③ 중간예납기간을 1사업연도로 보아 가결산을 하고 과세표준과 산출세액을 구하는 것은 가결산기준이다.

14 ④ 환급받은 세액이 세법에 따라 환급받아야 할 세액을 초과하는 경우에도 납부지연가산세가 적용된다.

15 ③
① 법인세 납세의무가 있는 내국법인은 각 사업연도 종료일이 속하는 달의 말일부터 3개월(내국법인이 성실신고확인서를 제출하는 경우에는 4개월)이내에 법인세 과세표준과 세액을 신고하여야 한다.
② 법인세 과세표준 신고 시 개별 내국법인의 재무상태표, 포괄손익계산서 등의 첨부서류는 제출하여야 한다.
④ 법인세는 신고기한 내에 납부하여야 하나 납부할 세액이 일정 금액을 초과할 경우 분납할 수 있다.
⑤ 중간예납세액은 직전사업연도 실적기준이나 당해 사업연도 가결산 기준 중 법인이 선택하여 납부 가능하다.

16 ③ 법인세 납세의무가 있는 모든 내국법인은 각 사업연도 종료일이 속하는 달의 말일로부터 3 개월 이내에 법인세 과세표준과 세액을 신고하여야 한다. 법인세 과세표준 신고시 필수적 첨부서류인 개별법인의 재무상태표, 포괄손익계산서 및 이익잉여금처분계산서 이다. 전기 납부세액이 없는 경우 가결산 방법을 통해 중간예납을 해야한다.

17 ③ 중간예납 시 가결산 방법과 직전사업연도 실적기준 중 선택하여 적용할 수 있다. 법인세 신고 시 재무상태표 등 서류를 첨부해야 하며, 회사가 법인세 신고를 신고기한 까지 하지 않은 경우 신고기한으로부터 1년 이내에 법인세 결정을 해야 한다.(법령 103조 3항)

18 ② 법인세 납세의무가 있는 내국법인은 각 사업연도 소득금액이 없거나 결손금이 있는 경우에도 법인세 신고를 하여야 한다.

19 ③ 법인세 신고시 필수적 첨부서류는 개별법인의 재무상태표, 개별법인의 포괄손익계산서, 이익잉여금처분계산서, 세무조정계산서이다.

20 ④ 개인이 물품을 판매하는 경우 양도소득이나 사업소득을 구성할 것이므로 원천징수 의무가 없다. 개인주주에게 배당을 지급하는 경우 원천징수 의무가 있으나, 법인주주에게 배당을 지급하는 경우 원천징수 의무가 없다. 법인에게 건물임차료를 지급하는 경우 세금계산서 등을 수수하므로 원천징수 의무가 없으며, 법인에게 이자소득을 지급하는 경우 원천징수를 하여야 한다.

21 ② 납부할 세액이 1천만 원을 초과하는 경우에는 다음의 금액을 납부기한이 경과한 날로부터 1개월(중소기업은 2개월) 이내에 분납할 수 있다.
① 납부세액이 2천만 원 이하 : 1천만 원을 초과하는 금액
② 납부세액이 2천만 원 이상 : 납부세액의 50% 이하의 금액

22 ③ 중간예납세액은 직전사업연도 산출세액 기준과 해당 중간예납기간 법인세액 기준 중 한가지 방법을 선택하여 계산할 수 있다.

이패스 재경관리사
핵심서브노트&문제풀이

PART 04

소득세법

총설 및 계산구조

1 소득세 과세대상

소득세법은 열거주의에 의해 과세대상 소득을 규정하고 있다.

- 소득의 구분
  - 종합소득
    - 이자소득(분리과세이자소득 제외) / 배당소득(분리과세이자소득 제외) — 금융소득 2,000만원
    - 사업소득
    - 근로소득(일용근로소득 제외)
    - 연금소득(분리과세연금소득 제외) — 사적연금 1,500만원/선택
    - 기타소득(분리과세기타소득 제외) — 가타소득 300만원/선택
  - 퇴직소득
  - 양도소득

법인세와 소득세 세율

법인세 과세표준	세율
2억원 이하	과세표준의 9%
2억원원 초과 200억원 이하	18백만원 + 2억원 초과 19%
200억원 초과 3,000억원 이하	37.8억원 + 200억원 초과 21%
3,000억원 초과	625.8억원 + 3,000억원 초과 24%

소득세 과세표준	세율
1,400만원 이하	과세표준의 6%
1,400만원 초과 5,000만원 이하	84만원 + 1,400만원 초과금액의 15%
5,000만원 초과 8,800만원 이하	624만원 + 5,000만원 초과금액의 24%
8,800만원 초과 1.5억원 이하	1,536만원 + 8,800만원 초과금액의 35%
1.5억원 초과 3억원 이하	3,706만원 + 1.5억원 초과금액의 38%
3억원 초과 5억원 이하	9,406만원 + 3억원 초과금액의 40%
5억원 초과 10억원 이하	17,406만원 + 5억원 초과금액의 42%
10억원 초과	38,406만원 + 10억원 초과금액의 45%

2 종합소득 과세구조

종합소득(이자, 배당, 사업, 근로, 연금, 기타)은 소득을 합하여 과세함.

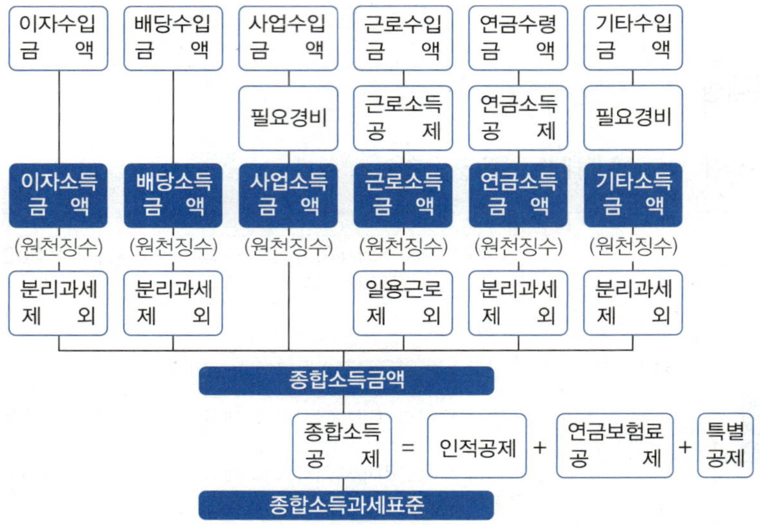

3 소득세의 특징

소득세법의 특징은 다음과 같다.

특징	내용
① 열거주의 과세	소득세법은 열거주의에 의해 과세대상소득을 규정. 다만, 이자소득·배당소득은 열거되지 않은 소득이라도 유사한 소득을 포함하는 유형별포괄주의 채택함. ㉠ 법인세 : 순자산증가설, 포괄주의 ㉡ 소득세 : 소득원천설, 열거주의(예 채권매매차익 과세하지 않음)
② 개인단위 과세	소득세법은 개인별 소득을 기준으로 과세함. (타인과 합산하여 과세하지 않음)
③ 종합과세와 분류·분리과세	㉠ 종합과세 : 이.배.사.근.연.기 6가지 소득 합산하여 과세 ㉡ 분리과세 : 기준금액 이하 금융소득, 일용근로소득, 소액연금, 복권당첨소득 등 원천징수로 납세의무 종료 ㉢ 분류과세 : 퇴직소득, 양도소득 등 장기간 거쳐 발생소득 구분하여 과세
④ 인적공제와 누진과세	㉠ 개인의 인적사항이 다르면 부담능력도 다르다는 것을 고려하여 부담능력에 따른 과세 ㉡ 과세표준 증가에 따라 더 높은 세율로 과세하는 누진과세 제도
⑤ 신고납세제도	납세의무자의 확정신고로 과세표준과 세액이 확정됨(법인세와 동일).

비례세율과 누진세율

구분	개념	사례
비례세율	과세표준의 변동과 관계없이 일정하게 고정되어 있는 세율	부가가치세
누진세율	과세표준이 커질수록 더 높아지는 세율	법인세, 소득세, 상속세 등

4 납세의무자

거주자와 비거주자

구분	개념	납세의무의 범위
거주자	국내에 주소를 두거나 183일 이상 거소를 둔 개인 (계속하여 183일 이상 거소를 둔 경우 포함)	국내외원천 모든 소득
비거주자	거주자가 아닌 개인	국내원천 소득

① 주소란 생활의 근거가 되는 장소를 의미함.
국내에 생계를 같이하는 가족 및 국내에 소재하는 자산의 유무 등 생활관계의 객관적 사실에 따라 판정함.
② 거소란 주소외의 장소로 상당 기간에 걸쳐 거주하는 장소임.
③ 국내에 거소를 둔 기간은 입국한 날의 다음 날부터 출국한 날까지로 계산함

법인 아닌 단체

① 법인으로 의제되는 경우 : 해당 단체를 법인으로 보아 법인세 과세
② 법인으로 의제되지 않는 경우 : 다음과 같이 구분하여 과세
㉠ **구성원에게 이익을 분배하지 않는 경우** : 국내에 주사무소 또는 사업의 실질적 관리장소를 둔 경우 해당 단체를 1거주자로, 그 밖의 경우에는 1비거주자로 보아 소득세법을 적용함
㉡ **모든 구성원에게 이익을 분배하는 경우** : 구성원별로 소득세 또는 법인세 과세
㉢ **일부 구성원에게만 이익이 분배되는 경우**
– 이익이 분배된 구성원 : 구성원별로 소득세 또는 법인세 과세
– 이익이 분배되지 않은 구성원 : 1거주자 또는 1비거주자로 보아 소득세 과세

5 과세기간

소득세법 상 과세기간은 **매년 1월 1일부터 12월 31일**까지임. 법인세법상 법인은 **1년 이내에서 선택**에 의해 사업연도를 임의로 정할 수 있으나 **개인은 선택이 불가능함**.

예외적 case	과세기간
사망, 출국	1월 1일~사망일(출국일)
신규사업자 or 폐업자	1월 1일~12월 31일(신규사업 전 또는 폐업 후 다른 소득이 있을 수 있기 때문)

6 납세지

세법에 의한 의무를 이행하고 권리를 행사하는 기준이 되는 장소이다.

구분	납세지
거주자	주소지 (사업소득 있는 거주자가 사업장소재지를 납세지로 신청한 때에는 "그 사업장소재지"를 납세지로 지정할 수 있음)
비거주자	국내사업장 소재지 (국내사업장이 없는 경우 국내원천소득 발생하는 장소)

예제 1

우리나라 소득세의 특징에 대한 설명이다. 가장 잘못된 것은?

① 원칙적으로 개인별로 과세하는 개인단위 과세제도이다.
② 원칙적으로 열거된 소득에 대해서 과세하는 열거주의 과세제도(단, 이자·배당소득은 유형별포괄주의)이다.
③ 공평과세를 위해 개인의 인적사항을 고려하지 않는다.
④ 소득세는 신고납세제도를 채택하고 있으므로 납세의무자의 확정신고로 과세표준과 세액이 확정된다.

해설 소득세는 개인의 인적사항이 다르면 부담능력도 다르다는 것을 고려하여 부담능력에 따른 과세를 채택하고 있다.
정답 ③

예제 2

우리나라 소득세의 과세기간에 대한 설명으로 가장 잘못된 것은?

① 소득세법상의 과세기간은 1.1부터 12.31까지를 과세기간으로 함을 원칙으로 한다.
② 거주자가 사망한 경우 1.1부터 사망한 날까지의 소득금액에 대하여 소득세를 부과한다.
③ 거주자가 주소 또는 거소의 국외이전으로 인하여 비거주자가 되는 경우에는 1.1부터 출국한 날까지의 소득금액에 대하여 소득세를 부과한다.
④ 거주자가 폐업을 하는 경우 1.1부터 폐업일까지를 과세기간으로 한다.

해설 거주자가 폐업하는 경우 과세기간은 1.1일 ~ 12.31일이다.
정답 ④

출제예상 문제

01 **다음은 소득세에 대한 내용을 서술한 것으로 옳은 것을 모두 고르면?**

① 원칙적으로 개인별로 과세하는 개인단위 과세제도이다. 다만, 가족이 공동으로 사업을 경영하는 경우는 예외없이 합산과세 한다.
② 원칙적으로 열거된 소득에 대해서 과세하는 열거주의 과세제도(단, 이자·배당소득은 유형별포괄주의)이다.
③ 공평과세를 위해 개인의 인적사항을 고려하지 않는다.
④ 소득세는 신고납세제도를 채택하고 있으므로 납세의무자의 확정신고로 과세표준과 세액이 확정된다.
⑤ 소득세는 정부부과 과세제도를 채택하고 있으므로 정부의 결정이 있어야 과세표준과 세액이 확정된다.

02 **다음 중 소득세법에 관한 설명으로 가장 옳은 것은?**

① 소득세법상 과세기간은 1월 1일부터 12월 31일까지이나 사업자인 경우에는 법인과 같이 과세기간을 정하여 신고할 수 있다.
② 개인단위로 과세하는 것이 원칙이나 부부인 경우에는 종합소득을 합산하여 과세한다.
③ 비거주자는 국내외원천소득에 대하여 소득세를 납부하여야 한다.
④ 일용근로자의 근로소득은 원천징수로 납세의무를 종결하는 분리과세 대상 소득이다.

03 **다음 중 종합소득금액 중 선택적 분리과세가 가능한 소득을 모두 고른 것은?**

가. 근로소득	나. 사적연금소득
다. 기타소득	라. 사업소득

① 가, 나　　② 나, 다
③ 가, 라　　④ 다, 라

04 **우리나라 소득세의 과세기간에 대한 설명으로 가장 잘못된 것은?**

① 소득세법상의 과세기간은 1.1부터 12.31까지를 과세기간으로 함을 원칙으로 한다.
② 거주자가 사망한 경우 1.1부터 사망한 날까지의 소득금액에 대하여 소득세를 부과한다.
③ 거주자가 주소 또는 거소의 국외이전으로 인하여 비거주자가 되는 경우에는 1.1부터 출국한 날까지의 소득금액에 대하여 소득세를 부과한다.
④ 거주자가 폐업을 하는 경우 1.1부터 폐업일 까지를 과세기간으로 한다.

05 **다음은 소득세법상 납세지에 대한 내용을 서술한 것이다. 가장 잘못된 것은?**

① 거주자의 납세지는 주소지로 한다.
② 사업소득이 있는 거주자(개인사업자)가 사업장소재지를 납세지로 신청한 때에도 그 주소지를 납세지로 한다.
③ 비거주자의 납세지는 국내사업장의 소재지이나 국내사업장이 없는 경우에는 국내원천소득이 발생하는 장소이다.
④ 비거주자의 국내사업장이 2 이상이 있는 경우에는 주된 국내사업장의 소재지를 납세지로 한다.

06 **다음 중 소득세법상 과세기간 및 납세지에 대한 설명으로 가장 올바르지 않은 것은?**

① 비거주자의 납세지는 국내원천소득이 발생하는 장소로 하는 것이 원칙이다.
② 거주자가 폐업을 하는 경우에 1월 1일부터 12월 31일까지를 과세기간으로 한다.
③ 거주자의 납세지는 주소지로 하는 것이 원칙이다.
④ 거주자가 사망한 경우 1월 1일부터 사망일까지를 과세기간으로 한다.

07 **다음 중 소득세법상 납세의무자에 대한 설명으로 가장 올바르지 않은 것은?**

① 국내에 주소를 두거나 180일 이상 거소를 둔 개인을 거주자라 하며, 국내 · 외원천소득에 대하여 소득세를 과세한다.
② 거주자가 아닌 자를 비거주자라 하며 국내원천소득에 대해서만 소득세를 과세한다.
③ 법인 아닌 단체가 구성원에게 이익을 분배하지 않는 경우에는 국내에 주사무소 또는 사업의 실질적 관리장소를 둔 경우 해당 단체를 1거주자로, 그 밖의 경우에는 1비거주자로 보아 소득세법을 적용한다.
④ 법인으로 보지 아니하는 단체의 전체 구성원 중 일부 구성원의 분배비율만 확인되거나 일부 구성원에게만 이익이 분배되는 것으로 확인되는 경우에는 확인되는 부분은 해당 구성원별로 소득세 또는 법인세에 대한 납세의무 부담하고, 확인되지 아니하는 부분은 해당 단체를 1거주자 또는 1비거주자로 보아 소득세에 대한 납세의무를 부담한다.

08 **다음 중 소득세의 납세의무자에 관한 설명으로 가장 올바르지 않은 것은?**

① 소득세의 납세의무자는 자연인인 개인에 한정된다.
② 비거주자에 대하여는 국내원천소득에 대해서만 소득세를 과세한다.
③ 1 거주자로 보는 법인 아닌 단체의 경우 그 단체의 소득을 단체구성원들의 다른 소득과 합산하여 과세한다.
④ 국내에 주소를 두거나 1 과세기간 중 183일 이상 거소를 둔 개인을 거주자라고 한다.

[redacted]

정답 및 해설

01	②④	02	④	03	②	04	④	05	②	06	①	07	①	08	③				

01 ②④ 가족이 공동으로 사업을 경영하는 경우에도 개인별로 과세하는 것이 원칙이지만, 지분 또는 손익분배비율을 허위로 정하는 등의 경우에는 합산하여 과세한다.
소득세는 개인의 인적사항이 다르면 부담능력도 다르다는 것을 고려하여 부담능력에 따른 과세를 채택하고 있으며, 신고납세제도를 채택하고 있으므로 납세의무자의 확정신고로 과세표준과 세액이 확정된다.

02 ④ ① 개인사업자인 경우에도 과세기간을 정하여 신고할 수 없다.
② 소득세는 개인단위로 과세하는 것으로 부부의 소득을 합산하여 과세하지 않는다.
③ 비거주자는 국내원천소득에 대하여 소득세 납세의무를 지므로 국외원천소득에 대한 납세의무는 없다.

03 ② 사적연금소득이 1,200만원 이하인 경우와 기타소득금액이 300만원 이하인 경우 납세의무자에 선택에 따라 종합과세하거나 분리과세 할 수 있다.

04 ④ 거주자가 폐업하는 경우 과세기간은 1.1일 ~ 12.31일이다.

05 ② 사업소득이 있는 거주자의 납세지도 주소지로 하지만, 사업장소재지를 납세지로 신청한 때에는 그 사업장소재지를 납세지로 지정할 수 있다.

06 ① 비거주자 납세지는 국내사업장소재지로 한다. (국내사업장이 없는 경우 국내원천소득이 발생하는 장소로 한다)

07 ① 국내에 주소를 두거나 1과세기간 중 183일 이상 거소를 둔 개인을 거주자라 하며, 국내외원천소득에 대하여 소득세를 과세한다.

08 ③ 1 거주자로 보는 법인 아닌 단체의 경우 그 단체를 1거주자로 보아 소득세를 과세한다.

금융소득

제1절 이자소득

1 이자소득

이자소득이란 다음의 소득을 의미한다.

구분	내용
① 예금이자	
② 채권 또는 증권의 이자	
③ 채권 또는 증권의 환매조건부 매매차익	시장 가격에 의하지 않고 사전 약정이율을 적용하여 환매수 또는 환매도 하는 것을 조건으로 매매하는 채권 또는 증권 매매차익
④ 보험기간이 10년 미만인 저축성보험의 보험차익	만기에 지급받는 금액이 계약기간 동안 납부한 보험료보다 많은 보험으로서 보험기간(최초 보험료 납입일 ~ 만기일 또는 중도해지일)이 10년 미만인 보험의 보험차익
⑤ 비영업대금이익	비영업대금이란 자금대여를 영업으로 하지 아니하고 일시적 · 우발적으로 금전을 대여하는 것을 의미함. 영업대금은 사업소득, 비영업대금은 이자소득으로 과세함.
⑥ 직장공제회초과반환금 (예 교직원공제회, 군인공제회 등)	동일직종 종사하는 근로자로 구성된 공제조합의 공제회 반환금 중 납입원금 초과하는 금액(1999.1.1. 이후 가입분 부터 과세)
⑦ 유사한 소득으로서 **금전 사용에 따른 대가**로서의 성격이 있는 것	
⑧ 소득세 과세대상인 이자소득을 발생시키는 상품과 파생상품을 결합한 복합금융거래에서 발생한 이익	

저축성보험의 보험차익

구분	개념	보험차익
보장성보험 (상해 · 질병 · 사망)	납입보험료 > 보험금(환급금)	과세 × (사업자 예외 존재)
저축성보험	납입보험료 < 보험금(환급금)	이자소득 과세(보험유지기간 10년 이상 등 요건 충족시 과세하지 않음)

* 저축성 보험차익 = 보험금 − 납입보험료
보장성 보험차익 = 보험금 − 멸실된 자산의 BV

2 이자소득금액

이자소득금액은 **필요경비 인정되지 않음**.

이자소득금액 = 총수입금액(단, 비과세소득과 분리과세소득은 제외)

이자소득 수입시기

구분	수입시기
① 예금이자 (보통예금, 정기예금 등)	실제로 이자를 지급받은 날 • 원본에 전입하는 뜻의 특약 있는 이자 : "원본에 전입된 날" • 해약으로 지급되는 이자 : "해약일" • 계약기간 연장 : "연장하는 날" • 정기예금 연결 정기적금 이자 : "해약되거나 만료되는 날" • 기일 전에 상환 : "상환일"
② 통지예금 이자	인출일
③ 단기저축성보험 보험차익	보험금 또는 환급금의 지급일(단, 기일 전 해지한 경우 해지일)
④ 채권 등 보유기간 이자	채권 등 매도일 또는 이자 지급일(예 이자지급일 사이 채권 매도)
⑤ 채권이자와 할인액	• 무기명 : 실제 지급일 • 기명 : 약정에 따른 지급일
⑥ 채권 또는 증권의 환매조건부매매차익	약정에 따른 매도(수)일 (단, 기일 전 환매도(수)한 경우 환매도(수)일)
⑦ 직장공제회 초과반환금	약정에 따른 공제회 반환금의 지급일
⑧ 비영업대금의 이익	약정에 따른 이자지급일 (단, 이자지급일 약정 없거나 / 약정일 전에 이자지급 시 ⇨ 이자지급일)
⑨ 이자소득이 발생하는 상속재산이 상속되거나 증여되는 경우	상속개시일 또는 증여일

제2절 배당소득

1 배당소득

배당소득이란 다음의 소득을 의미한다.

구분	내용
① 일반적 이익배당	
② 의제배당*	주식배당, 이익잉여금 자본전입 의제배당 감자 · 해산 · 합병 등 의제배당
③ **법인세법에 의해 배당으로 처분된 금액** (인정배당)	법인세 세무조정 과정에서 주주에게 배당으로 소득처분된 금액

④ 집합투자기구로부터의 이익**	
⑤ 조각투자상품인 투자계약증권이나 비금전신탁 수익증권으로부터의 이익	부동산·저작권·미술품 등의 권리를 투자계약증권 또는 신탁 수익증권 형태로 분할 발행하여 다수 투자자가 투자·거래할 수 있는 신종 투자상품
⑥ 공동사업에서 발생한 소득금액 중 출자공동사업자의 손익분배비율에 해당하는 금액	
⑦ 파생결합증권과 파생결합사채의 이익	
⑧ 소득세 과세대상인 배당소득을 발생시키는 상품과 파생상품을 결합한 복합금융거래에서 발생한 이익	

* 의제배당

a. 잉여금 자본전입(주식배당 or 무상주) 의제배당
   기업회계는 무상주는 단가를 조정할 뿐 수익으로 처리하지 않음.
   하지만, 소득세법은 익금으로 봄(무상주 : 액면가, 주식배당 : 발행가액).

b. 자본감소(감자), 해산, 합병, 분할 등 의제배당

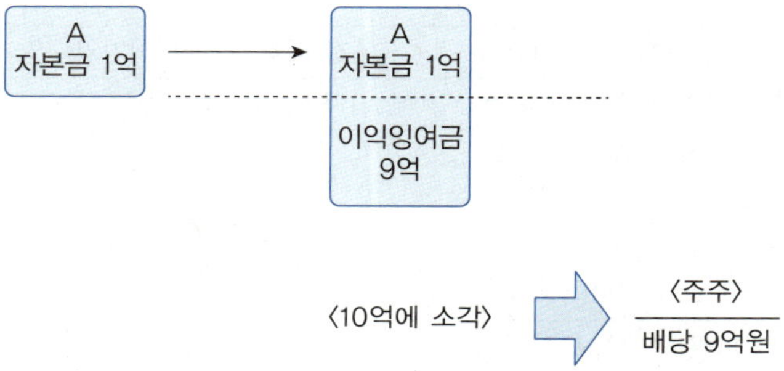

** 집합투자기구로부터의 이익

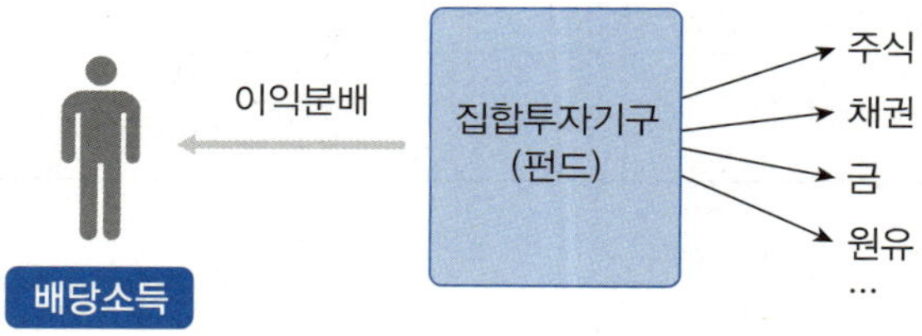

2 비과세 금융소득

① 공익신탁의 이익
② 농어가목돈마련저축에서 발생하는 이자소득
③ 개인종합자산관리계좌(ISA)에서 발생하는 금융소득 중 200만 원까지의 금액(서민형, 농어민형은 400만원까지)
④ 청년도약계좌에서 발생하는 이자소득
⑤ 그 밖의 조세특례제한법상 비과세이자소득
⑥ 비과세종합저축에서 발생한 배당소득
⑦ 소액주주에 해당하는 우리사주조합원이 우리사주조합을 통하여 취득한 후 증권금융회사에 예탁한 우리사주의 배당소득(액면가액의 개인별 합계액이 1,800만 원 이하일 것)

3 배당소득금액

① 배당소득 중 **종합과세**되는 금액은 **Gross-up을 가산하여 계산함**.
② **Gross-up 금액은 배당소득 × 10%로 계산함**.

배당소득금액 = 총수입금액 + Gross-up
(단, 총수입금액에 비과세소득과 분리과세소득은 제외)

4 Gross-up

동일한 소득에 대하여 법인 단계에서 법인세가 과세되고 이를 배당하면 개인 단계에서 소득세가 과세되는 이중과세의 문제를 해결하기 위한 제도이다.

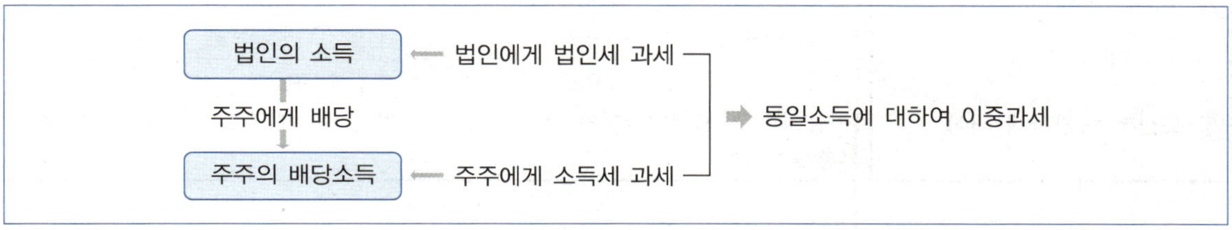

배당소득에 대하여 법인단계에서 부담한 법인세를 계산하여 이를 취소함.
10%의 법인세율을 적용한 경우 법인단계에서 부담한 법인세

$$= (\text{배당소득} \times \frac{1}{1-\text{법인세율}} \times \text{법인세율})$$

$$= 10\%$$

배당소득 수입시기

구분	수입시기
실지배당	• 무기명주식의 이익배당 : 실제지급일 • 기명주식의 이익배당 : 잉여금처분결의일
의제배당	• 감자 등 : 감자결의일, 퇴사·탈퇴일 • 잉여금 자본전입 : 자본금 전입 결정일 • 해산 : 잔여재산가액 확정일 • 합병 : 합병등기일 • 분할 : 분할등기일(또는 분할합병등기일)
인정배당	당해 사업연도의 결산확정일(재무제표 확정되는 날, 일반적 주총일)

제3절 금융소득 구분 및 과세방법

1 금융소득 구분

• 금융소득이란 이자소득과 배당소득을 의미한다.
• 금융소득은 다음과 같이 분류한다.

구분	내용
① 무조건 분리과세 대상 ⇨ 원천징수로 납입의무 종결	㉠ 비실명금융소득 (45%, 금융실명제 대상 90%) ㉡ 직장공제회 초과반환금 ㉢ 1 거주자로 보는 법인 아닌 단체가 금융기관으로 부터 받는 이자소득 및 배당소득(수익을 구성원에게 배분하지 않고, 단체명을 표기하여 금융거래 하는 경우)
② 무조건 종합과세 대상	㉠ 국외에서 받는 이자소득, 배당소득과 같이 원천징수되지 않는 금융소득 ㉡ 국내에서 지급받는 금융소득 중 원천징수가 누락된 소득 ㉢ 출자공동사업자의 배당소득
③ 조건부 종합과세 대상	①, ② 이외의 금융소득으로 원천징수가 이뤄진 금융소득 (예금이자, 비영업대금이익, 국내배당(현금배당, 주식배당 모두 포함) 등은 조건부종합과세임)

⇩

무조건종합과세대상과 조건부종합과세대상 합계금액이 2,000만원을 초과하지 않으면 조건부종합과세대상금융소득은 원천징수로 소득세 납세의무를 종결함.

2 금융소득 과세방법

금융소득은 분류별로 다음과 같이 과세한다.

Step Ⅰ. 무조건분리과세 대상은 원천징수로 과세종결

Step Ⅱ. (무조건종합과세 + 조건부 종합과세) 과세방법

구분	(무조건+조건부) ≦ 2,000만원	(무조건+조건부) > 2,000만원
무조건 종합과세	종합	종합
조건부 종합과세	분리	종합

Step Ⅲ. Gross-up 대상 배당소득의 Gross-up 합산

1. 2,000만원 초과금액을 구성하는 배당소득에 대해서만 Gross-up
(단, 국내에서 법인세 과세되지 않은 자기주식소각이익, 외국법인배당 등은 제외)

2. 이자소득 부터 2,000만원을 구성함.

예제 1

다음은 거주자 김삼일 씨의 금융소득 자료이다. 종합소득에 합산할 금융소득금액은?

내국 A 상장법인 현금배당 : 2,000만원
내국 B 비상장법인 주식배당 : 1,000만원

해설

	발생	소득금액 계산			종합소득 소득금액
		기준이내	기준초과	Gross-up	
A배당	2,000	2,000			2,000
B배당	1,000		1,000	100	1,100
합계	3,000	2,000	1,000	100	3,100

예제 2

다음은 거주자 김삼일 씨의 금융소득 자료이다. 종합소득에 합산할 금융소득금액은?

- 비실명이자소득 : 1,000만원
- 정기예금 이자소득 : 1,000만원
- 내국 A 비상장법인 현금배당 : 2,000만원

해설 비실명이자소득은 분리과세 되므로 종합과세 여부에서 고려할 필요가 없다.

	발생	소득금액 계산			종합소득 소득금액
		기준이내	기준초과	Gross-up	
정기예금	1,000	1,000			1,000
A배당	2,000	1,000	1,000	100	2,100
합계	3,000	2,000	1,000	100	3,100

3 원천징수

- 대가를 지급하는 자가 소득자의 세금을 징수하여 과세관청에 납부하는 것을 의미한다.
- 금융소득에 대한 원천징수세율은 다음과 같다.

구분	수입시기
이자소득	㉠ 일반적 : 지급액의 14% ㉡ 비영업대금의 이익 25% ㉢ 실지명의 확인되지 않는 이자소득 45%(실명위반은 90%)
배당소득	㉠ 일반적 : 지급액의 14% ㉡ 실지명의 확인되지 않는 배당소득 45%(실명위반은 90%)

예제 ❸

다음 중 금융소득에 대한 설명으로 가장 옳지 않은 것은?

① 국내 정기예금 이자소득은 조건부종합과세 대상 금융소득이다.
② 비실명이자는 무조건분리과세 대상 금융소득이다.
③ 무조건종합과세대상 금융소득과 조건부종합과세대상 금융소득의 합계액이 2,000만원 이하인 경우에는 조건부종합과세대상 금융소득은 분리과세 된다.
④ 자금대여를 영업으로 하지 않는 자가 일시적으로 자금을 대여하고 받은 이익은 사업소득으로 과세한다.

해설 자금대여를 영업으로 하지 않는 자가 일시적으로 자금을 대여하고 받은 이익은 비영업대금이익으로 이자소득에 해당한다.
비실명금융소득은 무조건분리과세하며, 무조건종합과세대상 금융소득과 조건부종합과세대상 금융소득의 합계액이 2,000만원 이하인 경우에는 조건부종합과세대상 금융소득은 분리과세 된다. 만약, 2,000만원을 초과했다면 무조건종합과세대상 금융소득과 조건부종합과세 대상 금융소득 모두 종합과세 된다.

정답 ④

예제 ❹

다음 중 금융소득에 대한 설명으로 가장 옳지 않은 것은?

① 직장공제회초과반환금과 비실명금융소득은 무조건 분리과세 한다.
② 국외에서 받는 배당과 같이 원천징수되지 않는 배당소득은 무조건 종합과세 한다.
③ 보통예금의 이자소득은 원칙적으로 실제로 지급받은 날을 수입시기로 한다.
④ 집합투자기구로부터의 이익은 이자소득에 해당한다.

해설 집합투자기구로부터의 이익은 배당소득에 해당함.

정답 ④

출제예상 문제

01 **다음은 거주자 김삼일 씨의 금융소득 자료이다. 종합소득에 합산할 금융소득금액은?**

(1) 비상장법인인 A법인의 소액주주로서 받은 현금배당금 : 10,000,000원
(2) 주권상장법인인 B법인의 소액주주로서 받은 현금배당금 : 8,000,000원
(3) C은행의 정기예금이자 : 3,000,000원
(4) 비실명이자 소득금액 : 5,000,000원

① 10,000,000원
② 11,110,000원
③ 20,000,000원
④ 21,100,000원

02 **다음 자료를 참고하여 거주자 김자경씨의 종합과세되는 배당소득금액을 계산하면?** (김자경 씨는 아래 제시된 소득 외에 총급여액 45,000,000원이 있다)

1. 2025년에 수령한 배당금의 내역은 다음과 같다.

• 배당A 주권상장법인으로부터의 배당(금전배당)	50,000,000원
• 배당B 비상장법인으로부터의 배당(주식배당)	40,000,000원
• 배당C 만기 7년인 재형저축의 배당소득(분기별 200만원 불입)	10,000,000원
• 배당D 주식발행초과금의 자본전입으로 수령한 무상주	30,000,000원

2. 배당소득 가산율은 10%이다.

① 97,000,000원
② 98,000,000원
③ 101,500,000원
④ 120,050,000원

03 **다음 자료에 의하여 거주자 김삼일씨의 소득 중 종합과세할 금융소득금액을 계산하면 얼마인가?** (배당소득 가산율은 11%이다)

ㄱ. 현금배당 : 10,000,000원
ㄴ. 주식배당 : 상장법인 30,000,000원
　　　　　　비상장법인 20,000,000원
ㄷ. 은행예금이자 : 10,000,000원
ㄹ. 직장공제회 초과반환금 : 20,000,000원

① 64,400,000원
② 75,000,000원
③ 86,600,000원
④ 97,700,000원

04 **다음 중 소득세법상 이자소득에 관한 설명으로 가장 올바르지 않은 것은?**

① 자금대여를 영업으로 하는 자가 금전을 대여하여 얻은 이익은 이자소득으로 과세된다.
② 보험기간이 10 년 미만인 저축성보험의 보험차익은 이자소득으로 과세된다.
③ 이자소득을 발생시키는 거래 · 행위와 파생상품이 결합된 경우 해당 파생상품의 거래 · 행위로부터의 이익은 이자소득으로 과세된다.
④ 동일직장이나 동일직종에 종사하는 근로자로 구성된 공제조합 또는 공제회로부터 받는 공제회 반환금 중 납입원금을 초과하는 금액은 이자소득으로 과세된다.

05 **다음 중 소득세법상 금융소득에 대한 설명으로 가장 옳지 않은 것은?**

① 국내 정기예금 이자소득은 조건부종합과세 대상 금융소득 이다.
② 비실명이자는 무조건분리과세 대상 금융소득 이다.
③ 무조건종합과세대상 금융소득과 조건부종합과세대상 금융소득의 합계액이 2,000만원 이하인 경우에는 조건부종합과세대상 금융소득은 분리과세 된다.
④ 자금대여를 영업으로 하지 않는 자가 은행에서 자금을 차입하여 일시적으로 대여하고 이자를 수령한 경우 이자소득으로 과세하며, 이자소득금액 계산 시 차입금 이자비용은 필요경비로 인정된다.

06 **다음 중 소득세법상 과세되는 배당소득이 아닌 것은?**

① 이익배당
② 인정배당
③ 의제배당(이익잉여금 자본전입)
④ 의제배당(주식발행초과금 자본전입)

07 **다음 중 소득세법상 무조건 종합과세대상이 되는 금융소득에 해당되는 것은?**

① 비상장법인의 소액주주가 받은 배당소득
② 비실명 금융소득
③ 국외에서 받은 금융소득
④ 국내의 주권상장법인으로부터 대주주가 받는 배당소득

08 **다음 중 무조건 분리과세대상 금융소득으로 가장 올바르지 않은 것은?**

① 출자공동사업자의 배당소득
② 법원보증금 등의 이자
③ 직장공제회 초과반환금
④ 법인으로 보는 단체 이외의 단체 중 수익을 구성원에게 분배하지 아니하는 단체가 단체명을 표시하여 금융거래를 함으로써 금융기관으로부터 받는 이자소득 및 배당소득

09 **다음 중 소득세법상 금융소득에 관한 설명으로 옳은 것은?**

① 법원보증금 등의 이자는 무조건 종합과세대상 금융소득에 해당한다.
② 출자공동사업자의 배당소득은 무조건 분리과세대상 금융소득에 해당한다.
③ 대금업을 사업으로 하지 않는 자가 은행에서 자금을 차입하여 이를 친구에게 대여한 경우에 발생한 이자소득의 소득금액 계산 시, 차입금 이자비용은 필요경비로 인정된다.
④ 배당소득이 종합과세 되는 경우에도 원천징수 세율(14%)이 적용되는 부분에 대하여는 Gross-up을 적용하지 않는다.

10 **다음 중 소득세법상 금융소득에 대한 설명으로 가장 옳지 않은 것은?**

① 직장공제회초과반환금과 비실명금융소득은 무조건 분리과세 한다.
② 국외에서 받는 배당과 같이 원천징수되지 않는 배당소득은 무조건 종합과세 한다.
③ 보통예금의 이자소득은 원칙적으로 실제로 지급받은 날을 수입시기로 한다.
④ 집합투자기구로부터의 이익은 이자소득에 해당한다.

11 **다음 중 금융소득의 과세방법에 관한 설명으로 가장 올바르지 않은 것은?**

① 이자, 배당소득 중 국외에서 받은 금융소득과 같이 원천징수되지 않는 금융소득은 무조건 종합과세한다.
② 비실명금융소득의 경우 종합소득에 합산하지 아니하고 원천징수로써 납세의무가 종결된다.
③ 종합과세대상 금융소득이 2,000만원 이하인 경우에는 누진세율이 적용되지 않는다.
④ 종합과세 되는 배당소득의 경우 원천징수세율의 적용여부와 관계없이 Gross-up이 적용된다.

12 **다음은 각 거주자가 얻은 금융소득에 대한 자료이다. 금융소득에 대하여 종합과세를 적용받는 사람은 누구인가?** (단, 자료 이외의 금융소득은 없다)

지수 : 비실명 이자소득	5,000,000원
제니 : 보험기간이 5년인 저축성보험의 보험차익	20,000,000원
로제 : 국외 상장주식에서 받은 배당금 수령액으로 원천징수되지 않은 금액	20,000,000원
리사 : 국내 비상장법인에서 받은 현금배당금	20,000,000원

① 지수
② 제니
③ 로제
④ 리사

13 **다음 중 금융소득에 대한 총수입금액의 수입시기로 옳은 것은?**

① 무기명 공채의 경우 : 약정에 따른 이자지급 개시일
② 보통예금·정기예금의 경우 : 지급받기로 한 날
③ 저축성보험의 보험차익 : 보험금 또는 환급금의 지급예정일
④ 잉여금처분에 의한 배당의 경우 : 잉여금처분 결의일

[redacted]

정답 및 해설

01	④	02	①	03	②	04	①	05	④	06	④	07	③	08	①	09	④	10	④
11	④	12	③	13	④														

01 ④

(단위 : 만원)

구분	발생금액	소득금액의 계산			종합소득금액
		기준이내	기준초과	Gross-up	
A배당	1,000	900	100	10	1,010
B배당	800	800			800
C이자	300	300			300
합계	2,100	2,000	100	10	2,110

비실명이자는 무조건분리과세 한다.

02 ① A와 B는 과세대상 이지만, 배당C는 비과세 소득, 배당D는 주식발행초과금의 자본전입이므로 의제배당으로 보지 않아 배당소득으로 과세되지 않는다.

(단위 : 만원)

구분	발생금액	소득금액의 계산			종합소득금액
		기준이내	기준초과	Gross-up	
A배당	5,000		5,000	500	5,500
B배당	4,000	2,000	2,000	200	4,200
합계	9,000	2,000	100	700	9,700

03 ②

	발생액	기준	기준 초과	G-up	금융소득
현금배당	10	10			10
상장 주식배당	30		30	3	33
비상장 주식배당	20		20	2	22
은행예금 이자	10	10			10
합계	70	20	50	5	75

직장공제회 초과반환금은 무조건분리과세 대상 금융소득에 해당한다.

04 ① 자금대여를 영업으로 하는 자가 금전을 대여하여 얻은 이익은 사업소득으로 과세된다.

05 ④ 비실명금융소득은 무조건분리과세하며, 무조건종합과세대상 금융소득과 조건부종합과세대상 금융소득의 합계액이 2,000만원 이하인 경우에는 조건부종합과세대상 금융소득은 분리과세 된다. 만약, 2,000만원을 초과했다면 무조건종합과세대상 금융소득과 조건부종합과세 대상 금융소득 모두 종합과세 된다.
자금대여를 영업으로 하지 않는 자가 일시적으로 자금을 대여하고 받은 이익은 비영업대금이익으로 이자소득에 해당하며, 관련 차입금의 이자는 필요경비로 인정되지 않는다.

06 ④ 주식발행초과금 자본전입은 의제배당에 해당하지 않는다. 배당의 재원이 되는 주식발행초과금은 법인세가 과세되지 않는 자본잉여금에 해당하기 때문이다.

07 ③ 국외에서 받은 금융소득은 무조건종합과세대상, 비실명금융소득은 무조건분리과세 대상 금융소득이고, 나머지는 조건부종합과세대상 금융소득이다.

08 ① 출자공동사업배당은 금융소득이 아닌 사업소득에 해당한다.

09 ④ ① 법원보증금 등의 이자는 무조건 분리과세대상 금융소득에 해당한다.
② 출자공동사업자의 배당소득은 무조건 종합과세대상 금융소득에 해당한다.(배당으로 수령했지만, 공동사업에서 발생한 소득금액을 재원으로 분배된 것이므로, 사업소득과 같이 무조건 종합소득금액에 합산하여 과세함)
③ 대금업을 사업으로 하지 않는 자가 은행에서 자금을 차입하여 이를 친구에게 대여한 경우에 발생한 이자소득의 소득금액 계산 시, 차입금 이자비용은 필요경비로 인정되지 아니한다.

10 ④ 집합투자기구로부터의 이익은 배당소득에 해당한다.

11 ④ 종합과세 되는 배당소득의 경우 원천징수세율이 적용되는 금액에 대해서는 Gross-up을 적용하지 않는다. 원천징수세율이 적용되는 금액은 2천만원 이다.

12 ③ 비실명 이자소득은 무조건분리과세 한다.
보험기간이 5 년인 저축성보험의 보험차익은 이자소득으로 과세되지만, 금융소득이 2천만원 이하에 해당하므로 원천징수로 과세가 종결된다.
국외 상장주식에서 받은 배당금은 국내에서 원천징수 되지 않았으므로 무조건 종합소득에 합산한다.
국내 비상장법인에서 받은 현금배당금 20,000,000 원은 금융소득이 2천만원 이하에 해당하므로 원천징수로 과세가 종결된다.

13 ④ ① 무기명 공채의 경우 : 그 지급을 받은 날
② 보통예금·정기예금의 경우 : 실제로 이자를 지급받는 날
③ 저축성보험의 보험차익 : 보험금 또는 환급금의 지급일

사업소득

1 사업소득 정의

사업소득이란 독립적 지위에서 수익을 얻을 목적으로 계속적 · 반복적으로 하는 사업활동에서 발생한 소득을 의미함.

2 사업소득 범위

통계청장이 고시하는 한국표준산업분류표를 기준으로 농업, 광업, 제조업 등 열거한 사업만을 과세대상으로 한다. **지역권·지상권의 설정하거나 대여**하여 발생하는 소득은 기타소득이 아닌 부동산임대와 같은 **사업소득**으로 분류한다.

사업의 범위에서 제외되어 소득세를 과세하지 않는 소득

① 작물재배업 중 곡물 및 식량작물재배업(벼, 보리, 밀, 감자, 옥수수)
② 전문 과학·기술서비스업 중 대가를 받지 않는 연구개발업
③ 교육서비스업 중 유치원·학교·직업능력개발훈련시설·노인학교 등 교육사업
④ 보건업·사회복지서비스업 중 사회복지사업 및 장기요양사업

3 비과세소득

① 논·밭을 작물생산에 이용하게 함으로 발생하는 소득
② 작물재배업(곡물 및 식량작물재배업 제외, 채소·화훼, 과실 등)에서 발생하는 소득으로서 해당 과세기간의 수입금액합계액이 10억원 이하인 것
③ 부부합산 1개 주택 소유하는 자의 주택임대소득(단, 기준시가 12억원 초과하는 고가주택과 국외에 소재하는 주택의 임대소득은 과세)
④ 2주택 이상 소유자의 주택임대소득은 과세

과세되는 주택임대 수입금액이 (고가주택, 국외주택, 2주택 이상)	2,000만원 초과 : 종합과세
	2,000만원 이하 : 분리과세 vs. 종합과세 중 선택

⑤ 농·어민이 부업으로 경영하는 ㉠ 일정규모 내의 축산에서 발생하는 소득(소 50마리, 돼지 700마리 등) ㉡ 민박, 음식물판매, 특산물제조, 전통차제조 및 이와 유사한 활동에서 발생하는 소득으로 연 3,000만원 이하의 소득금액
⑥ 수도권 밖의 읍·면 지역에서 전통주를 제조함으로써 발생하는 소득으로서 소득금액 합계액이 연 1,200만원 이하인 것
⑦ 연근해어업, 내수면어업, 양식어업 등에서 발생하는 소득으로서 해당 과세기간의 소득금액의 합계액이 5천만 원 이하인 것
⑧ 조림기간이 5년 이상인 임목의 벌채·양도소득으로 600만원 이내의 금액

4 사업소득 계산

① **법인**이 사업하면 **법인세**를, **개인**이 사업하면 사업소득에 대한 **소득세**를 부담함.

② 과세기간 총수입금액에서 필요경비를 공제하여 계산하는 바, 법인세법 각사업연도소득금액 계산구조와 기본적으로 동일함.

결산서	세무조정	사업소득
수 익 (−) 비 용	(+)총수입금액산입 (−)총수입금액불산입 (+)필요경비산입 (−)필요경비불산입	총수입금액 (−)필요경비
(=)당기순이익		(=)사업소득금액

✔ 벌과금, 업무무관경비, 부가가치세매입세액 손금불산입 등은 법인세와 소득세의 처리가 동일함.

5 세무조정 차이

총수입금액과 필요경비는 법인세법상 익금, 손금과 범위가 상이한 바, 구분이 중요하다.

구분	법인세법	소득세법
① 대표자 인건비와 퇴직급여충당금	㉠ 급여, 상여금 등 손금인정되며 ㉡ 퇴직급여 지급대상임	㉠ 급여, 상여금 등 손금부인 ㉡ 퇴직급여 지급대상 아님 ㉢ 단, 사업자 본인의 국민건강보험료와 노인장기요양보험료, 고용보험료, 산재보험료 등은 손금 인정
② 출자자 자금인출	주주가 법인자금 인출하여 사용할 수 없음	필요하면 출자금을 인출할 수 있음
③ 재고자산 자가소비	부당행위부인	자가소비액 총수입금액 산입
④ 이자소득과 배당소득	• 각사업연도소득에 포함	• 총수입금액에 포함하지 않음 (이자, 배당소득으로 별도항목으로 과세됨)
⑤ 유가증권 및 유형자산 처분손익	• 각사업연도소득에 포함	총수입·필요경비불산입 • 유가증권 → 양도소득(상장대주주, 장외거래 비상장) • 토지, 건물 → 양도소득 • 기타유형자산(기계, 차량, 공기구, 비품 등) − 복식부기 → 사업소득 − 간편장부 → 과세제외 • 무형자산 → 기타소득

예제 1

소득세법상 사업소득과 법인세법상 각사업연도소득금액의 차이점에 대한 설명으로 가장 올바르지 않은 것은?

① 유가증권처분이익이 법인세법상 각사업연도소득에 포함하나 소득세법상 사업소득 총수익금액에 포함하지 않는다.
② 이자수익은 법인세법상 각사업연도소득에 포함하나 소득세법상 사업소득 총수익금액에 포함하지 않는다.
③ 대표자에 대한 급여는 법인세법상 손금으로 인정되나 소득세법상 사업소득 필요경비로 인정되지 않는다.
④ 법인의 주주는 법인의 자금을 임의로 인출하여 사용할 수 없으며, 사업자인 개인도 자금을 인출할 수 없다.

해설 사업자인 개인은 언제든지 출자금을 인출할 수 있다.
정답 ④

예제 2

다음 자료를 보고 개인사업자 김삼일씨의 사업소득금액을 계산하면 얼마인가?

1) 손익계산서상 당기순이익	300,000,000원
2) 손익계산서에는 다음과 같은 수익과 비용이 포함되어 있다.	
- 본인에 대한 급여	50,000,000원
- 배당금수익	5,000,000원
- 매도가능금융자산처분이익	10,000,000원
- 세금과공과 중 벌금	2,000,000원
3) 이월결손금(전년도에 발생)	17,000,000원

① 287,000,000원
② 320,000,000원
③ 337,000,000원
④ 357,000,000원

해설 사업소득금액 = (300 + 50 − 5 − 10 + 2)백만원 − 17백만원 = 320,000,000원
정답 ②

6 부동산임대 사업소득

① 부동산임대 시 월세와 보증금을 수령한다.
② 소득세법은 월세는 과세대상이며, 보증금도 간주임대료로 과세한다.
(단, 주택임대의 경우 비과세 적용 등이 복잡하여 상가임대를 기준으로 설명함.)

구분	내용
① 월세	㉠ 월세는 과세 ○ ㉡ 선수임대료 수입금액 = 선세금 × $\frac{\text{당해 대여기간 월수}}{\text{계약기간 월수}}$
② 관리비	㉠ 공공요금(전기세·수도료 등) : 총수입금액 불포함(공공요금납부액 초과하여 수령한 금액은 포함) ㉡ 일반관리비 : 총수입금액 포함(청소·난방 등이 부동산임대사업과 객관적으로 구분되는 경우 청소·난방사업의 수입금액으로 함)
③ 간주임대료	보증금에 대한 이자상당액을 총수입금액에 포함함 간주임대료 = (보증금적수 − 건설비적수) × $\frac{1}{365}$ × 정기예금이자율 − 금융수익 ※ 건설비 : 토지제외, 금융수익 : 수입이자와 할인료 및 수입배당금

예제 3

다음 자료를 참고하여 20×2년 거주자 김삼일씨의 부동산임대 사업소득 총수입금액을 계산하면?

1. 사무실 임대현황
   - 임대기간 : 20×1.7.1. ~ 20×2.6.30.
   - 월임대료 : 1,000,000원
   - 월관리비 : 200,000원(청소, 난방 대가로 부동산임대와 객관적 구분되지 않음)
   - 보증금 : 100,000,000원
2. 임대기간 동안 임대보증금에서 발생한 이자수익은 400,000원이다.
3. 사무실 취득가액은 40,000,000원이다(20×1.6.30일 취득함).
4. 기획재정부령으로 정한 정기예금이자율은 2%로 가정한다.

① 6,190,137원　　② 7,395,068원
③ 12,000,000원　　④ 12,590,137원

해설 (1) 임대료 등 = 6,000,000원 + 1,200,000원 = 7,200,000원
(2) 간주임대료 = (100 − 40)백만원 × 2% × 181/365 − 400,000 = 195,068원
(3) 총수입금액 = 7,395,068

정답 ②

출제예상 문제

01 **다음 중 소득세법상 사업소득에 대한 설명으로 가장 옳지 않은 것은?**

① 소득세법상 열거된 사업만을 사업소득의 과세대상으로 한다.
② 기준시가 13억원인 주택 1채를 소유하는 자의 주택임대소득은 비과세된다.
③ 사업소득금액은 해당 과세기간의 총수입금액에서 이에 소요된 실제 필요경비를 공제하여 계산한다.
④ 사업소득금액 계산 시 전년도에 발생한 이월결손금이 있는 경우에는 이를 공제한다.

02 **다음 중 사업소득에 관한 설명으로 가장 옳은 것은?**

① 개인사업자가 재고자산을 가사용으로 소비한 경우 총수입금액에 산입한다.
② 개인사업자가 출자금을 인출하는 경우 가지급금인정이자를 계산하여 총수입금액에 산입한다.
③ 복식부기의무자의 경우 유형자산처분손익은 어떤 경우에도 사업소득에 포함하지 않는다.
④ 1 주택을 소유하는 자의 주택임대소득(기준시가 12억원을 초과하는 주택 포함)에 대해서는 비과세가 적용된다.

03 **다음 중 소득세가 과세되는 소득으로 가장 옳은 것은?**

① 논·밭을 작물 생산에 이용하게 함으로써 발생하는 소득
② 국외에 있는 1주택을 소유하는 자의 주택임대소득
③ 작물재배업(곡물 및 식량작물재배업 제외)에서 발생하는 소득으로서 해당 과세기간의 수입금액의 합계액이 10억 원 이하인 것
④ 연근해어업과 내수면어업에서 발생하는 소득으로서 해당 과세기간의 소득금액의 합계액이 5천만 원 이하인 소득

04 **소득세법상 사업소득과 법인세법상 각사업연도소득금액의 차이점에 대한 설명으로 가장 올바르지 않은 것은?**

① 법인의 주주는 법인의 자금을 임의로 인출하여 사용할 수 없으며, 개인사업자 역시 출자금을 임의대로 인출할 수 없다.

② 재고자산의 자가소비에 관하여 법인세법에서는 부당행위부인에 적용되나 소득세법에서는 개인사업자가 재고자산을 가사용으로 소비하거나 이를 사용인 또는 타인에게 지급한 경우에는 총수입금액에 산입한다.

③ 대표자에 대한 급여는 법인세법상 손금으로 인정되나, 개인사업자의 경우 필요경비에 산입되지 아니한다.

④ 수입이자와 수입배당금은 각 사업연도 소득금액의 계산에 있어서 익금으로 보나, 사업소득금액의 계산에 있어서는 총수입금액으로 보지 아니한다.

05 **다음 자료를 보고 개인사업자 김삼일씨(복식부기의무자임)의 사업소득금액을 계산하면 얼마인가?**

1) 손익계산서상 당기순이익 300,000,000
2) 손익계산서에는 다음과 같은 수익과 비용이 포함되어 있다.
  • 본인에 대한 급여 100,000,000
  • 사업용 기계장치처분이익 15,000,000
  • 유가증권처분이익 40,000,000
  • 세금과공과 중 벌금 10,000,000
3) 이월결손금(전년도 발생) 20,000,000

① 287,000,000 ② 320,000,000
③ 337,000,000 ④ 350,000,000

06 **다음 자료를 보고 개인사업자(복식부기의무자) 김삼일씨의 사업소득금액을 계산하면 얼마인가?**

ㄱ. 손익계산서상 당기순이익	400,000,000원
ㄴ. 손익계산서에는 다음과 같은 수익과 비용이 포함되어 있다.	
(아래 기술한 내용 이외에는 모두 세법상 적정하게 계상되어 있음)	
– 본인에 대한 급여	50,000,000원
– 배당금수익	5,000,000원
–유형자산(기계장치)처분이익	10,000,000원
– 세금과공과 중 벌금	2,000,000원
ㄷ. 이월결손금	70,000,000원(5년 전 발생함)

① 199,000,000원 ② 267,000,000원
③ 367,000,000원 ④ 377,000,000원

07 **다음 자료를 참고하여 20×2년 거주자 김삼일씨의 부동산임대사업소득총수입금액을 계산하면?** (단, 소수점 이하 절사한다)

1. 사무실 임대현황
   - 임대기간 : 20×1.7.1.~20×2.6.30.
   - 월임대료 : 2,000,000원
   - 월관리비 : 100,000원(청소, 난방 대가로 부동산임대와 객관적 구분되지 않음)
   - 보증금 : 100,000,000원
2. 임대기간 동안 임대보증금에서 발생한 이자수익은 1,000,000원이다.
3. 사무실 취득가액은 40,000,000원 이다(20×1.6.30일 취득함).
4. 기획재정부령으로 정한 정기예금이자율은 4%이며, 1년은 365일로 가정한다.

① 6,190,239원　② 8,590,535원
③ 12,000,000원　④ 12,790,136원

08 **다음 자료를 참고하여 2024년 거주자 이철수의 세법상 부동산임대사업소득 총수입금액은 얼마인가?** (단, 소수점 첫째자리에서 반올림한다)

1. 임대자산의 취득내역(토지가격 제외함)

구분	취득일자	취득가액
사무실	2017년 10월 10일	50,000,000원

2. 임대자산의 임대현황

구분	월임대료	임대보증금	임대기간
사무실	200,000원	100,000,000원	2024년 1월 1일 ~ 2024년 6월 30일

3. 임대보증금은 정기예금에 가입하여 이자수익 200,000원을 수령하였고 기획재정부령이 정하는 정기예금이자율은 1.2%이다.

① 97,534원　② 1,200,000원
③ 1,297,534원　④ 1,497,534원

[redacted]

정답 및 해설

01	②	02	①	03	②	04	①	05	④	06	④	07	④	08	③				

01 ② 기준시가 12억원을 초과하는 주택의 임대소득은 과세된다.

02 ① 개인사업자는 출자금을 인출할 수 있다. 복식부기의무자의 경우 유형자산 중 기계장치, 차량운반구, 공기구, 비품 등의 처분손익은 사업소득에 포함한다. 1주택을 소유하는 자의 주택임대소득에 대해서는 소득세를 비과세 하지만, 기준시가 12 억원을 초과하는 주택의 임대소득은 소득세를 과세한다.

03 ② 1주택을 소유하는 자의 주택임대소득은 비과세대상이나 기준시가 9억 원을 초과하는 주택 및 국외주택은 비과세대상이 아니다.

04 ① 개인사업자는 법정자본금이 없으며 필요하면 언제든지 출자금을 인출할 수 있다. 따라서 개인사업자가 인출하는 자금은 가지급금이 아니므로 인정이자계산 등의 규제를 받지 아니한다.

05 ④ 사업소득금액 = (당기순이익 300 + 본인급여 100 − 0 − 유가증권처분이익 40 + 벌금 10)백만원 − 이월결손금 20백만원 = 350,000,000원
복식부기의무자의 사업용 기계장치 처분이익은 총수익금액에 포함하는데 당기순이익에 처분이익이 반영되어 있으므로 별도의 조정이 필요없다.

06 ④ 사업소득금액 = 당기순이익 400 + 본인급여 50 − 배당금 5 + 벌금 2 − 이월결손금 70 = 377,000,000원

07 ④
- 임대료 등 = 12,000,000원 + 600,000원 = 12,600,000원
- 간주임대료 = (100 − 40)백만원 × 4% × 181/365 − 1,000,000 = 190,136원
- 총수입금액 = 12,790,136

08 ③ 월세 = 0.2 × 6 = 1,200,000원
관리비 = 0
간주임대료 = (100−50)백만원 × 1.2% × 181/365 − 200,000원 = 97,534원

근로소득

1 정의

① 근로자가 고용계약에 의해 종속적 지위에서 근로를 제공하고 받은 모든 금품을 의미한다.
② 다만, 근로소득으로 보지 않는 금액과 비과세근로소득은 총급여액에 포함하지 않는다.
③ 총급여액에서 근로소득공제를 차감하여 근로소득금액을 산정한다. **근로소득의 경우 실제로 소요된 필요경비를 확인하기가 어렵기 때문에 개산공제 방식을 택했다.**

총급여 — 근로소득으로 보지 않는 금액 / 비과세근로소득 제외

(−) 근로소득공제

총급여액	근로소득공제액
500만원 이하	총급여액 × 70%
500만원 초과 1,500만원 이하	350만원 + 500만원 초과액 × 40%
1,500만원 초과 4,500만원 이하	750만원 + 1,500만원 초과액 × 15%
4,500만원 초과 1억원 이하	1,200만원 + 4,500만원 초과액 × 5%
1억원 초과	1,475만원 + 1억원 × 2%

근로소득금액

근로소득의 예

① 근로의 제공으로 인하여 받는 봉급·급료·보수·임금·상여·수당
② 법인의 주주총회·이사회 등 의결기관의 결의에 의하여 받는 상여
③ 법인세법에 의해 상여로 처분된 금액(인정상여)
④ 퇴직함으로써 받는 소득으로서 퇴직소득에 속하지 아니하는 소득
⑤ 임원이 지급받는 퇴직소득으로서 법인세법에 따라 손금불산입된 임원퇴직급여 한도초과액
⑥ 업무를 위해 사용된 것이 분명하지 않은 기밀비·판공비·교제비
⑦ 종업원에게 지급하는 공로금·위로금·학자금·장학금
⑧ 가족수당·직무수당·휴가비·연구수당·시간외근무수당 등 각종 수당
⑨ 연 또는 월단위로 받는 여비
⑩ 종업원이 주택(주택에 부수된 토지를 포함한다)의 구입·임차에 소요되는 자금을 저리 또는 무상으로 대여 받음으로써 얻는 이익
⑪ 종업원등 또는 대학의 교직원이 지급받는 직무발명보상금(종업원 등 또는 대학의 교직원이 퇴직한 후에 지급받는 직무발명보상금은 기타소득으로 봄)
⑫ 공무원수당등에 관한 규정, 대법원 규칙 등에 따라 공무원에게 지급되는 직급보조비
⑬ 공무원이 국가·지자체로부터 공무 수행과 관련하여 받는 상금과 부상
⑭ 종업원등이 자사·계열사의 재화 또는 용역을 시가보다 할인하여 공급받은 경우 할인받은 금액

근로소득으로 보지 않는 금액 / 비과세소득 등

구분	내용
근로소득 보지 않는 금액	① 사내근로복지기금으로부터 근로자 또는 근로자의 자녀가 받는 장학금과 무주택 근로자가 지급받는 주택보조금 ② 근로자에게 지급한 경조금 중 사회통념상 타당하다고 인정되는 금액 ③ 종업원이 출·퇴근을 위하여 차량을 제공받는 경우의 운임 ④ 퇴직급여로 지급되기 위하여 적립되는 급여 ⑤ 사용자가 근로자의 업무능력향상 등을 위하여 연수기관 등에 위탁하여 연수를 받게 하 경우에 근로자가 지급받는 교육훈련비
비과세 근로소득	① 전액 비과세 ㉠ 국민건강보험/고용보험/노인장기요양보험에 따라 사용자가 부담하는 보험료 ㉡ 근로자 또는 그 배우자의 출산과 관련하여 자녀의 출생일 이후 2년 이내에 사용자로부터 대통령령으로 정하는 바에 따라 최대 두 차례에 걸쳐 지급받는 급여(지배주주 등에게 지급한 것 제외, 사용자별로 2회까지) ② 월 20만원 이내의 식대(식사를 제공받지 않아야 함) ③ 월 20만원 이내 자녀 보육수당 (근로자 또는 그 배우자의 6세 이하(해당 과세기간 개시일을 기준으로 판단)의 자녀의 보육과 관련하여 사용자로부터 지급받는 급여) ④ 실비변상 성질의 급여 ㉠ 월 20만원 이내의 (자가운전보조금(본인소유, 본인 명의 임차), 기자의 취재수당, 벽지수당, 초중등교육법 교원의 연구보조비, 공공기관지방이전수당 등) ㉡ 일직·숙직료 또는 여비, 선원법 따른 식료, 법령·조례에 따른 제복, 제모, 제화, 함정근무수당, 소방공무원 화재 진화수당, 광산근로자 입갱·발파수당, 천재·지변 기타 재해를 받는 급여 ⑤ 월 100만원 이내 국외근무수당(원양어업 선박, 국외건설현장 건설근로자 및 설계·감리 업무수행자는 월500만원) / 공무원이 국외근무 시 받는 수당 중 국내 초과 지급액) ⑥ 연 240만원 이내 생산직근로자의 연장·야간·휴일근로 수당(월정급여 210만원 이하로 직전 과세기간 총급여 3,000만원 이하) ⑦ 복리후생 성질의 다음 급여 ㉠ 비출자임원, 소액주주* 임원, 임원이 아닌 종업원(비영리법인 또는 개인의 종업원 포함), 국가·지방자치단체로부터 근로소득을 지급받는 사람이 사택을 제공받음으로써 얻는 이익 ㉡ 중소기업 종업원(지배주주 제외)이 주택(주택에 부수토지 포함)의 구입·임차에 소요되는 자금을 저리 또는 무상으로 대여 받음으로써 얻는 이익(단, 중소기업 임원, 비중소기업 임직원은 과세) ㉢ 영유아보육법에 따라 직장어린이집을 설치·운영하거나 위탁보육을 하는 사업주가 법령에 따라 그 비용을 부담함으로써 해당 사업장의 종업원이 얻는 이익 ㉣ 연 70만 원 이하의 단체순수보장성보험과 단체환급부보장성보험의 보험료 ㉤ 공무원이 국가(지자체)로부터 공무 수행과 관련하여 받는 상금과 부상 중 연 240만 원 이내의 금액 ㉥ 종업원 등에 대한 할인금액 중 법정 요건 충족한 일정 금액 ⑧ 산업재해보장법에 따라 받는 유족급여, 장애급여, 요양급여 등 ⑨ 고용보험법에 따라 받는 실업급여, 육아휴직급여, 육아기 근로시간 단축급여, 출산전후휴가급여, 배우자 출산휴가급여 등 ⑩ 공무원연금법 등에 따른 퇴직자·사망자의 유족이 받는 급여 ⑪ 교육기본법에 따라 받는 장학금 중 대학생이 근로를 대가로 지급받는 장학금 ⑫ 임직원, 공무원, 대학의 교직원과 고용관계 있는 학생이 지급받는 직무발명보상금 중 연 700만원 이하의 금액 ⑬ 벤처기업 임직원이 2027.12.31. 이전에 부여받은 주식매입선택권을 행사하여 얻은 이익 중 연간 2억원(누적한도 5억원) 이내 금액

* 소액주주 : 지분율 1% 미만이고, 보유주식 액면가 3억원 미만의 주식을 소유하는 주주

사택제공이익

구분	출자임원	비출자임원 소액주주임원	종업원
사택제공이익	근로소득	–	–
주택자금대여이익	근로소득	근로소득	근로소득 (중소기업 종업원 제외)

직무발명보상금의 과세방법

구분	직무발명보상금	비과세
재직자	근로소득	발명진흥법에 따른 직무발명보상금으로서 연 700만원 이하의 금액은 비과세함
퇴직자	기타소득	

종업원 할인 비과세 = Max(시가의 20%, 연240만원)

다음의 요건을 모두 충족하는 경우 비과세 적용

① 종업원이 소비목적으로 구매하고 ② 일정기간 동안 재판매가 금지되며 ③ 공통 지급기준에 따라 할인 적용

예제 1

다음 중 소득세가 과세되는 근로소득은?

① 비출자임원과 종업원이 사택을 제공받음으로 얻는 이익
② 실비변상정도의 일직료나 숙직료
③ 국민건강보험료 사용자부담분
④ 연월차수당

해설 연월차수당은 과세대상 근로소득에 해당함.

정답 ④

예제 2

다음 자료를 기초로 과세대상인 근로소득금액을 계산하면? (단, 비과세요건 충족한 것으로 가정한다)

1) 연간 급여내역

• 연간 총급여(자가운전보조금, 중식대, 자녀보육수당 포함)	5,000만원
• 자가운전보조금 월 30만원	360만원
• 중식대 월 20만원(식사는 제공받지 않음)	240만원
• 6세 이하 자녀보육수당 월 10만원	120만원
• 상여금	1,000만원

2) 근로소득공제 4,500만원 초과 1억원 이하 : 1,200만원 + 4,500만원 초과액 × 5%

① 40,410,000원　② 41,550,000원
③ 42,690,000원　④ 47,250,000원

해설 총급여 = (5,000 + 1,000 − 240 − 240 − 120)만원 = 5,400만원
근로소득공제 = 1,200만원 + (5,400 − 4,500)만원 × 5% = 1,245만원
근로소득금액 = 41,550,000

정답 ②

예제 3

(주)삼일 근로자인 김삼일씨의 급여내역이 다음과 같을 때 과세대상 근로소득을 계산하시오. (김삼일이 세법에서 정한 공제를 최대한 받는다고 가정한다)

(1) 월급여액 : ₩2,000,000
(2) 상여 : 월급여의 400%
(3) 연월차수당 : ₩2,000,000
(4) 가족수당 : ₩1,000,000
(5) 효도비 : ₩500,000
(6) 식사대 : ₩2,400,000(월 ₩200,000)(단, 식사 또는 기타 음식물을 제공받지 않음)
(7) 차량유지비 : ₩3,000,000(월 ₩250,000)
(8) (주)삼일로부터 법인세법상 상여로 처분된 금액 : ₩1,000,000

해설 과세대상 근로소득

급여	2,000,000 × 12 =	₩24,000,000
상여	2,000,000 × 4 =	8,000,000
연월차수당		2,000,000
가족수당·효도비		1,500,000
차량유지비	(250,000 − 200,000) × 12 =	600,000
인정상여		1,000,000
합계		₩37,100,000

2 근로소득금액

근로소득의 경우는 실제로 소요된 필요경비를 확인하기가 어렵기 때문에 총급여 금액에 따라 개산공제함

(1) 일반근로자

연간급여액(비과세소득은 제외)을 기준으로 다음의 금액을 공제한다(공제한도 2,000만원). 참고로 **근로소득공제액은 월할계산하지 않는다**.

총급여액	근로소득공제액
500만원 이하	총급여액 × 70%
500만원 초과 1,500만원 이하	350만원 + 500만원 초과액 × 40%
1,500만원 초과 4,500만원 이하	750만원 + 1,500만원 초과액 × 15%
4,500만원 초과 1억원 이하	1,200만원 + 4,500만원 초과액 × 5%
1억원 초과	1,475만원 + 1억원 초과금액 × 2%

(2) 일용근로자

급여액에서 1일 ₩150,000을 공제한다.

3 수입시기

근로소득의 수입시기는 다음과 같다.

구분	귀속시기
급여	근로를 제공한 날
인정상여 (법인세법에 의해 상여로 처분된 금액)	근로를 제공한 날
잉여금처분상여	잉여금처분 결의일
임원의 퇴직소득금액 중 일정한도 초과하는 금액*	지급받거나 지급받기로 한 날
주식매수선택권 행사이익	주식매수선택권 행사한 날

* 2012년 1/1 이후 근무기간의 임원퇴직소득 중 3배수, 2020년 1/1 이후 근무기간은 2배수 초과한 금액을 의미함.

예제 4

다음 자료를 기초로 거주자 김삼일씨의 20×2년 귀속 근로소득 금액은 얼마인가?

1. 주주총회에서 잉여금 처분결의에 따라 김삼일씨에게 지급된 상여금은 다음과 같다.

대상 사업연도	처분결의일	지급일	금액
20×1년도	20×2.2.15.	20×2.3.10.	1,200,000원
20×2년도	20×3.2.20.	20×3.6.20.	1,600,000원

2. (주)삼일의 법인세 신고시 김삼일씨에게 처분된 것으로 인정된 익금산입액이 발생하였는데, 그 명세서는 다음과 같다.

대상 사업연도	결산확정일	법인세 신고일	금액
20×1년도	20×2.2.15.	20×2.3.10.	2,400,000원
20×2년도	20×3.2.20.	20×3.6.20.	1,800,000원

해설 (1) 잉여금 처분에 따른 상여의 수입시기는 잉여금 처분결의일이므로, 20×2년에 잉여금 처분결의가 이루어진 120만원이 20×2년 귀속 근로소득이 된다.
(2) 인정상여의 수입시기는 근로제공일이므로, 근로를 제공한 20×2년 인정상여 180만원이 근로소득이 된다.
(3) 근로소득 = 1,200,000 + 1,800,000 = 3,000,000원

4 지급시기 의제

① 1월부터 11월까지 급여를 12월말까지 미지급한 경우 12월 31일에 지급한 것으로 본다.

② 12월분 급여액을 2월말까지 미지급한 경우 2월말에 지급한 것으로 본다.

5 근로소득 과세방법

매월 원천징수	연말정산
① 근로소득을 지급하는 자는 기본세율을 적용하여 계산한 소득세를 매월 원천징수하여 그 징수일이 속하는 달의 다음달 10일까지 납부함.	① 근로소득금액을 지급하는 자가 다음해 2월분 급여를 지급하는 때에 1년간 총급여에 대한 근로소득세액을 세법에 따라 정확하게 계산한 후 매월 급여지급시 간이세액표에 의하여 이미 원천징수납부한 세액과 비교하여 많이 징수한 세액은 돌려주고 덜 징수한 경우에는 더 징수하여 납부하는 절차를 말함.
② 매월 원천징수할 세액은 간이세액표에 의하여 계산함.	② 근로소득 외에 다른 소득이 없는 근로소득자의 경우에는 연말정산을 통해 모든 납세절차가 종결되며 과세표준확정신고를 하지 않아도 됨.

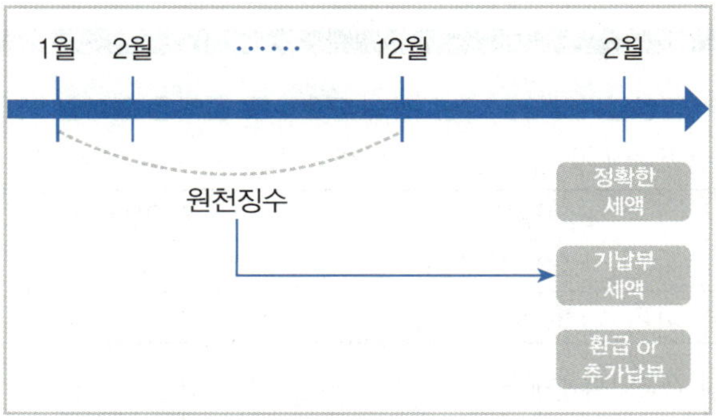

근로소득 간이세액표

월급여액(천원) [비과세및학자금제외]		공제대상가족의 수										
이상	미만	1	2	3	4	5	6	7	8	9	10	11
3,620	3,640	156,890	131,890	82,350	69,220	56,100	42,970	30,890	25,640	20,390	16,420	13,050
3,640	3,660	159,330	134,330	83,910	70,790	57,660	44,540	31,510	26,260	21,010	16,830	13,450
3,660	3,680	161,780	136,780	85,480	72,350	59,230	46,100	32,980	26,890	21,640	17,230	13,850
3,680	3,700	164,220	139,220	87,040	73,920	60,790	47,670	34,540	27,510	22,260	17,630	14,260
3,700	3,720	166,670	141,670	88,610	75,480	62,360	49,230	36,110	28,140	22,890	18,030	14,660
3,720	3,740	169,110	144,110	90,170	77,050	63,920	50,800	37,670	28,770	23,520	18,440	15,060
3,740	3,760	171,560	146,560	91,730	78,610	65,480	52,360	39,230	29,390	24,140	18,890	15,460

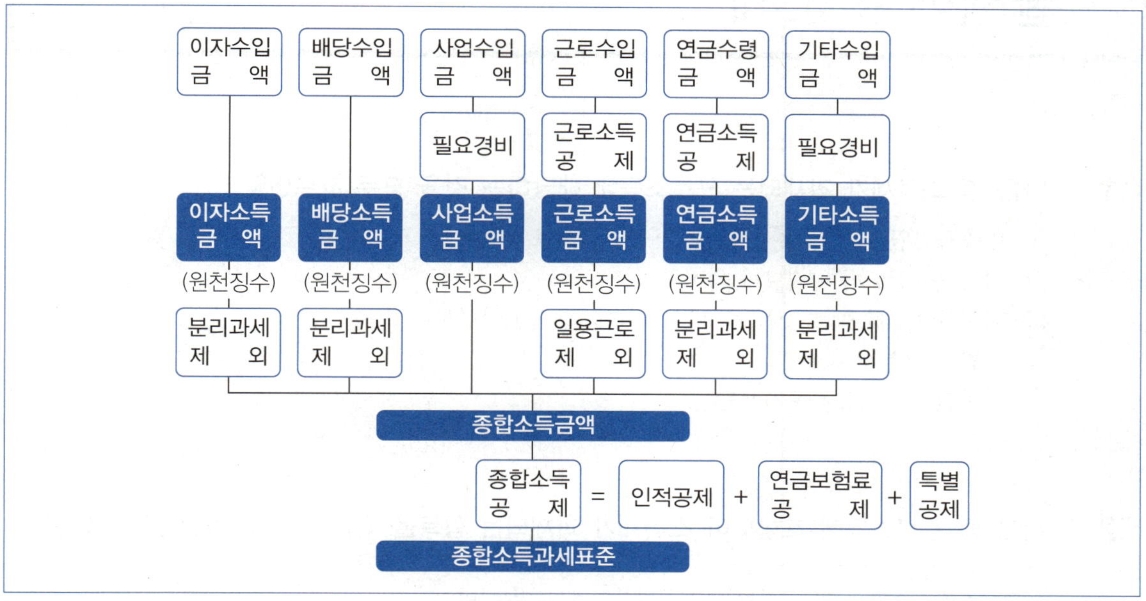

6 일용근로자

일용근로자는 소득 지급자가 **소득 지급 시 원천징수**함으로 **모든 납세의무를 종결함**.

(즉, 별도의 확정신고 필요하지 않음 ☞ 완납적원천징수)

[(일급여액 − 근로소득공제) × 세율] − 근로소득세액공제
15만원 6% 산출세액 × 55%(한도없음)

출제예상 문제

01 **다음 중 소득세가 과세되는 근로소득에 해당하는 것을 모두 고르면?**

① 비출자임원과 종업원이 사택을 제공받음으로 얻는 이익
② 실비변상정도의 일직료나 숙직료
③ 퇴직함으로써 받는 소득 중 퇴직소득에 속하지 아니하는 소득
④ 연월차수당
⑤ 국민건강보험료 사용자부담분

02 **다음 중 근로소득에 포함되어 소득세가 과세되는 항목을 묶은 것으로 가장 옳은 것은?**

ㄱ. 소액주주인 임원이 사택을 제공받음으로써 얻는 이익
ㄴ. 근로자에게 지급한 경조금 중 사회통념상 타당하다고 인정되는 금액
ㄷ. 주주총회 등의 결의에 의하여 상여로 받은 소득
ㄹ. 사내근로복지기금으로부터 근로자가 지급받은 장학금
ㅁ. 시간외근무수당 및 통근수당

① ㄱ, ㄴ　　② ㄱ, ㄹ
③ ㄴ, ㅁ　　④ ㄷ, ㅁ

03 **다음 자료를 기초로 과세대상인 근로소득금액을 계산하면?** (단, 비과세요건 충족한 것으로 가정한다)

1. 연간 급여내역
   - 연간 총급여(자가운전보조금, 중식대, 자녀보육수당 제외) 4,000만원
   - 연간 상여금 2,000만원
   - 자가운전보조금 월 40만원
   - 중식대 월 20만원(식사는 제공받지 않음)
   - 6세 이하 자녀보육수당 월 30만원
2. 근로소득공제
   4,500만원 초과 1억원 이하 : 1,200만원 + 4,500만원 초과액 × 5%

① 40,410,000원　　② 42,310,000원
③ 47,690,000원　　④ 50,670,000원

04 ㈜삼일에서 영업과장으로 근무하고 있는 김삼일씨의 소득금액이 다음과 같을 때 소득세가 비과세되는 금액은 얼마인가?

(1) 급여	40,000,000원
(2) 식대(식사제공 없으며 월 10만 원임)	1,200,000원
(3) 연장근무수당	1,200,000원
(4) 상여금	2,000,000원
(5) 일직료·숙직료(실비변상정도의 지급액임)	150,000원
(6) 천재지변으로 인하여 지급받은 급여	550,000원

① 1,900,000원 ② 2,200,000원
③ 2,500,000원 ④ 2,860,000원

05 다음 중 소득세법상 근로소득에 대한 설명으로 가장 옳지 않은 것은?

① 일직·숙직료 또는 여비로서 실비변상정도의 지급액은 소득세를 비과세 한다.
② 일용근로자의 급여는 종합소득에 합산되지 아니하고 원천징수로써 과세가 종결된다.
③ 근로소득 외에 다른 소득이 없는 근로소득자의 경우에는 연말정산을 통해 모든 납세절차가 종결되며 과세표준확정신고를 하지 않아도 된다.
④ 비출자임원과 종업원이 사택을 제공받음으로써 얻는 이익은 근로소득에 포함하여 과세된다.
⑤ 근로소득은 필요경비를 인정받을 수 없으며 무조건 근로소득공제방식만 적용 가능하며, 과세기간 중 입사한 경우라도 근로소득공제는 월할계산하지 않는다.

06 다음 중 소득세법상 근로소득에 관한 설명으로 가장 올바르지 않은 것은?

① 잉여금처분에 의한 상여의 경우 당해 법인의 잉여금처분 결의일을 근로소득의 수입시기로 한다.
② 퇴직함으로써 받는 소득으로서 퇴직소득에 속하지 아니하는 소득은 근로소득에 해당한다.
③ 종업원의 소유차량을 종업원이 직접 운전하여 사용자의 업무수행에 이용하고 시내출장 등에 소요된 실제여비를 받는 대신에 그 소요경비를 당해 사업체의 규칙 등에 의하여 정하여진 지급기준에 따라 받는 금액 중 월 20 만원 이내의 금액에 대해서는 소득세를 과세하지 아니한다.
④ 소액주주인 임원이 사택을 제공받음으로써 얻는 이익은 과세대상 근로소득에 해당한다.

07 근로소득에 대한 다음 설명 중 옳은 것은?

① 해당 과세기간 5월에 입사한 근로소득이 있는 거주자의 근로소득공제는 월할하여 공제 받는다.
② 근로자는 근로소득공제 대신 필요경비계산 방식을 선택할 수 있다.
③ 소득의 지급자는 일반근로자에 대한 소득세를 1월~11월까지는 간이세액조견표에 의하여 원천징수하고, 12월 최종급여지급시에는 연말정산에 의하여 징수하여야 한다.
④ 잉여금처분에 의한 상여의 귀속시기는 당해 법인의 잉여금처분결의일이나, 인정상여의 귀속시기는 근로를 제공한 날이 속하는 사업연도이다.

08 **다음 중 소득세법상 근로소득 수입시기에 대한 설명으로 가장 옳지 않은 것은?**

① 지급받지 못한 급여는 실제 대금 수령일을 수입시기로 한다.
② 급여의 경우 근로를 제공한 날을 수입시기로 한다.
③ 잉여금처분에 의한 상여는 법인의 잉여금처분결의일을 수입시기로 한다.
④ 인정상여는 근로를 제공한 날이 속하는 사업연도를 수입시기로 한다.

09 **다음 자료를 기초로 거주자 김삼일씨의 20×2년 귀속 근로소득 금액을 계산하면?**

1. 주주총회에서 잉여금 처분결의에 따라 김삼일씨에게 지급된 상여금은 다음과 같다.

대상 사업연도	처분결의일	지급일	금액
20×1년도	20×2.2.15.	20×2.3.10.	1,200,000원
20×2년도	20×3.2.20.	20×3.6.20.	1,600,000원

2. (주)삼일의 법인세 신고시 김삼일씨에게 처분된 것으로 인정된 익금산입액이 발생하였는데, 그 명세서는 다음과 같다.

대상 사업연도	결산확정일	법인세 신고일	금액
20×1년도	20×2.2.15.	20×2.3.10.	2,400,000원
20×2년도	20×3.2.20.	20×3.6.20.	1,800,000원

① 1,200,000원
② 2,400,000원
③ 3,000,000원
④ 4,000,000원

정답 및 해설

01	③④	02	④	03	④	04	①	05	④	06	④	07	④	08	①	09	③

01 ③④ 연월차수당은 과세대상 근로소득에 해당한다.

02 ④ ㄱ. 비출자임원과 종업원이 사택을 제공받음으로써 얻는 이익 - 비과세
ㄴ. 근로자에게 지급한 경조금 중 사회통념상 타당하다고 인정되는 금액 - 비과세
ㄷ. 주주총회 등의 결의에 의하여 상여로 받은 소득 - 과세
ㄹ. 사내근로복지기금으로부터 근로자가 지급받은 장학금 - 비과세
ㅁ. 시간외근무수당 및 통근수당 - 과세

03 ④
- 총급여 = (4,000 + 2,000 +자가운전 240 +식대 0 + 자녀보육 120)만원 = 6,360만원
- 근로소득공제 = 1,200만원 + (6,360 - 4,500)만원 × 5% = 1,293만원
- 근로소득금액 = 50,670,000

04 ① 총비과세소득 = 식대(월 10만 원 × 12월) 120만 원 + 일직료·숙직료 15만 원 + 천재지변 관련 급여분 55만 원
= 190만 원

05 ④ 비출자임원과 종업원이 사택을 제공받음으로써 얻는 이익은 근로소득으로 보지 않는다.

06 ④ 소액주주인 임원이 사택을 제공받음으로써 얻는 이익은 과세대상 근로소득에 해당하지 않는다.

07 ④ ① 기중 입사자라고 할지라도 근로소득공제는 월할계산하지 않는다.
② 근로소득자는 필요경비계산이 어려우므로 근로소득공제방식만 적용된다.
③ 연말정산은 다음해 2월 급여지급시에 수행한다.

08 ① 근로소득은 근로를 제공한 날을 수입시기로 한다. 1월부터 11월까지 급여를 12월말 까지 미지급한 경우 12월 31일에 지급한 것으로 보며, 12월분 급여를 2월말 까지 미지급한 경우 2월말에 지급한 것으로 본다.

09 ③ (1) 잉여금 처분에 따른 상여의 수입시기는 잉여금 처분결의일이므로, 20×2년에 잉여금 처분결의가 이루어진 120만원이 20×2년 귀속 근로소득이 된다.
(2) 인정상여의 수입시기는 근로제공일이므로, 근로를 제공한 20×2년 인정상여 180만원이 근로소득이 된다.
(3) 1,200,000 + 1,800,000 = 3,000,000

CHAPTER 05 연금소득과 기타소득

제1절 연금소득

1 연금소득의 범위

구분	연금소득범위
공적연금소득	국민연금법, 공무원연금법, 군인연금법, 사립학교교직원연금법 등에 따라 받는 연금
사적연금소득	연금저축*과 이연퇴직소득** 및 그 운용수익 등을 연금형태***로 수령한 금액

* 연금저축은 연말정산 시 세액공제를 받은 납입금액을 수령하는 것을 의미함.
** 이연퇴직소득이란 퇴직금을 연금계좌에 입금하여 퇴직소득세과 과세되지 않은 금액을 의미함.
*** 연금형태란 사적연금을 법정한도 내에서 수령한 금액을 의미함.

사적연금소득

이연퇴직소득 연금저축 운용수익	연금계좌에서 연금형태로 수령한 금액을 사적연금소득이라 함.

⇨ 연금계좌

2 연금소득 과세구조

연금의 불입시점과 수령시점의 세무상 처리는 다음과 같다.

구 분		불입 시	연금수령	연금외수령
공적연금		전액 소득공제	연금소득	퇴직소득
사적연금	퇴직연금	한도 내 세액공제	연금소득	퇴직소득
	연금저축	한도 내 세액공제	연금소득	기타소득(의료목적 등은 연금소득)
	운용수익	×	연금소득	기타소득(의료목적 등은 연금소득)

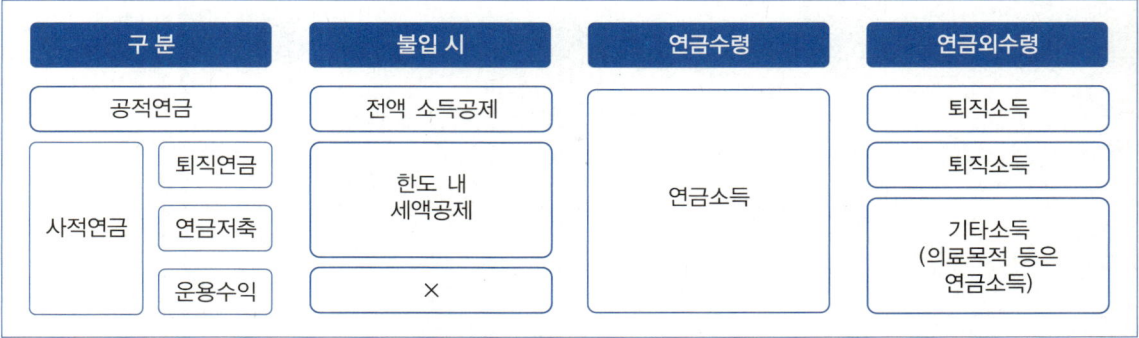

- 불입시 소득(세액)공제 받은 금액은 수령 시 과세하지만, 소득(세액)공제 받지 못한 금액은 수령시 과세하지 않음

3 연금소득 과세방법

- 국내에서 연금소득을 지급하는 자는 그에 대한 소득세를 원천징수하여 그 징수일이 속하는 달의 다음달 10일까지 정부에 납부하여야 한다.
- 연금소득 종류별 과세방법은 다음과 같다.

구분		과세방법
공적연금소득		① 간이세액표에 따라 원천징수 후 연말정산함. ② 익년 1월분 공적연금 지급할 때 수행하며 공적연금소득만 있다고 가정할 때 소득세 계산하여 정산함.
사적연금소득	이연퇴직소득	[무조건 분리과세] – 연금수령 연차 10년 이하 : 연금외수령시 70% – 연금수령 연차 10년 초과 : 연금외수령시 60%
	연금저축과 운용수익	원칙: [선택적 분리과세] 3% ~ 5%로 원천징수하고, 종합소득에 합산 ⇨ 1,500만원 이하인 경우 종합과세 / 분리과세(3~5%) 선택 ⇨ 1,500만원 초과 : 종합과세 / 분리과세(15%) 선택 예외: [무조건 분리과세] 의료목적, 천재지변 등 부득이한 사유인출* ⇨ 3% ~ 5%

* 천재지변, 본인이나 부양가족의 3개월 이상 요양, 사회재난지역에서 15일 이상 입원 및 치료, 파산선고나 개인회생절차개시 등 부득이한 사유로 연금계좌에서 인출하는 것은 연금소득으로 보고 무조건 분리과세 함.

4 비과세 연금소득

비과세하는 연금소득은 다음과 같다.

비과세 연금
① 국민연금(공무원, 군인, 사립학교교직원 등)법 등의 유족연금, 장애연금, 장해연금, 상이연금
② 산업재해보상보험법에 따라 받는 각종 연금
③ 국군포로대우 등에 관한 법률에 따른 국군포로가 받는 연금

5 연금소득금액

- 총연금액에서 연금소득공제를 차감하여 계산한다.
- 연금소득공제가 900만원을 초과하는 경우 900만원을 공제한다.

연금소득금액 = 총연금액(비과세 / 분리과세 제외) – 연금소득 공제

총연금액	연금소득공제
350만원 이하	전액공제
350만원 초과 700만원 이하	350만원 + 350만원 초과액 × 40%
700만원 초과 1,400만원 이하	490만원 + 700만원 초과액 × 20%
1,400만원 초과	630만원 + 1,400만원 초과액 × 10%

6 연금소득 수입시기

연금소득에 대한 수입시기는 연금을 지급받거나 받기로 한 날로 한다.

구분	연금소득의 수입시기(소령 50 ⑤)
① 공적연금소득	연금을 지급받기로 한 날
② 사적연금소득	연금수령한 날
③ 그 밖의 연금소득	해당 연금을 지급받은 날

예제 1

다음 중 연금소득에 대한 설명으로 옳지 않은 것은?

① 원칙적으로 연금저축의 불입 시 세액공제를 인정하는 대신 연금 수령 시 소득세를 과세한다.
② 연금소득은 종합과세하는 것이 원칙이지만, 연금계좌에서 연금 형태로 인출한 금액 중 연금소득으로 과세되는 금액이 연1,500만원 이하인 경우 납세의무자의 선택에 따라 분리과세를 적용받을 수 있다.
③ 과세이연된 퇴직소득금액을 연금외수령한 경우 퇴직소득으로 과세한다.
④ 국민연금법에 따라 받는 유족연금도 연금소득으로 과세된다.

해설 국민연금법에 따른 유족연금, 장해연금, 장애연금, 상이연금 등은 비과세함.
정답 ④

제2절 기타소득

1 기타소득 정의

기타소득은 이자소득, 배당소득, 사업소득, 근로소득, 연금소득, 퇴직소득 및 양도소득의 7가지 소득에 해당하지 않는 것으로서 다음과 같은 소득을 말한다.

① 광업권, 어업권, 산업재산권, **상표권**, 영업권 등을 **양도 또는 대여**하고 대가로 받은 금품
② **상금·현상금·포상금 등과 복권, 경품권 당첨금품과, 승마투표권 환급금**
③ 인적용역 일시적제공하고 지급받는 대가(**고용관계 없는 자가 다수인에게 강연을 하고 받는 강연료, 변호사·공인회계사등이 용역 제공하고 지급받는 대가** 등)
④ **일시적인 문예창작소득**(문예·예술·미술·음악 등의 원고료·인세 및 그 대가)
⑤ **저작권자 이외의 저작권 사용료(단, 저작자인 경우에는 사업소득에 해당된다)**
⑥ **법인세법상 기타소득으로 처분된 금액**
⑦ **계약의 위약 또는 해약으로 인하여 받는 위약금과 배상금(정신적·신체적·물질적은 비열거소득)**

⑧ 연금계좌 인출액 중 연금외수령에 해당하는 금액(세액공제 받은 연금계좌납입액과 운용실적에 따라 증가된 금액을 지급받는 경우만 해당)
⑨ 공익사업과 관련하여 지역권·지상권을 설정·대여하고 받는 소득(공익사업과 무관한 지역권·지상권 설정·대여 소득은 사업소득임)
⑩ 종업원등 또는 대학의 교직원이 퇴직한 후에 지급받는 직무발명보상금
⑪ 주식매수선택권 행사이익(고용관계 없는 상태에서 행사한 경우)
⑫ 종교인 소득(근로소득으로 원천징수하거나 확정신고한 경우 근로소득)
⑬ 서화·골동품 양도로 발생한 소득(단, 서화·골동품의 거래를 위하여 사업장 등 물적시설(인터넷 등 정보통신망을 이용한 가상의 시설을 포함)을 갖추거나 or 서화·골동품을 거래하기 위한 목적으로 사업자등록을 한 경우 ⇨ 사업소득)
⑭ 물품(유가증권 포함) 또는 장소를 일시적으로 대여하고 받는 금품
⑮ 「전자상거래등에서의 소비자보호에 관한 법률」에 따라 통신판매중개를 하는 자를 통하여 물품 또는 장소를 대여하고 받는 사용료로 연500만원 이하 금액
⑯ 사례금, 재산권에 관한 알선수수료, 영화필름·방송용테이프·필름 기타 이와 유사한 자산 또는 권리의 양도·대여·사용의 대가로 받는 금품
⑰ 가상자산을 양도하거나 대여함으로써 발생하는 소득(2027.1.1. 이후 양도·대여하는 분부터 적용)

2 비과세 기타소득

① 국가유공자 또는 보훈대상자가 받는 보훈급여금·학습보조비 및 북한이탈주민의 정착금 · 보로금과 그 밖의 금품
② 국가보안법에 따라 받는 상금과 보로금
③ 국민체육진흥법 등 상훈법에 따른 훈장과 관련하여 받는 부상
④ 종업원, 법인의 임원 등이 퇴직한 후에 지급받는 직무발명보상금으로서 연 700만 이하의 금액
⑤ 국가지정문화재로 지정된 서화·골동품의 양도로 발생하는 소득
⑥ 서화·골동품을 박물관 또는 미술관에 양도함으로써 발생하는 소득
⑦ 종교인소득 중 일정한 소득
⑧ 법령·조례에 따른 위원회 등의 보수를 받지 아니하는 위원(학술원/예술원 회원 포함) 등이 받는 수당

3 기타소득금액

기타소득금액 = 기타소득 총수입금액(비과세소득 제외) − 필요경비

① 기타소득의 필요경비에 산입할 금액은 **실제로 지출된 금액**이 원칙임. 따라서 적정한 증빙을 갖추어야만 비용으로 인정됨.
② 단, 필요경비의 증빙을 갖추기가 현실적으로 어려운 경우에는 **증빙이 없더라도 예외적으로 총수입금액의 60%~90%를 비용으로 인정**함.

제1과목 재무회계 제2과목 세무회계 제3과목 원가관리회계

필요경비 인정률	내용
① 80%(90%)	서화·골동품의 양도로 발생하는 소득 (단, 양도가액 1억원 이하분, 보유기간 10년 이상인 경우 90%)
② 80%	㉠ 공익법인이 주무관청의 승인을 받아 시상하는 상금 ㉡ 주택입주 지체상금
③ 60%	㉠ 인적용역의 일시제공으로 인한 대가(고용관계없는 자가 다수인에게 강연을 하고 받는 강연료 등) ㉡ 일시적인 문예창작소득(원작자의 원고료 등) ㉢ 공익사업과 관련된 지역권·지상권의 설정 또는 대여로 인한 금품(*) ㉣ 산업재산권 등(광업권·어업권·산업정보·산업상 비밀·상표권·어업권·점포임차권·토사석의 채취허가에 따른 권리·지하수의 개발·이용권 기타 이와 유사한 자산이나 권리)의 양도 및 대여소득 ㉤ 「전자상거래 등에서의 소비자보호에 관한 법률」에 따라 통신판매중개를 하는 자를 통하여 물품 또는 장소를 대여하고 연 500만 원 이하의 사용료로서 받은 금품
④ 실제 지출된 금액	㉠ 상금·현상금·포상금(다수 순위경쟁 제외) ㉡ 복권·경품권·추첨권 당첨금 ㉢ 계약의 위약·해약으로 인해 받는 위약금과 배상금

* 공익사업과 관련없는 지역권·지상권 설정·대여 소득은 사업소득으로 과세함

4 기타소득 과세방법

① 소득금액의 20% 원천징수 하고 종합소득에 합산하는 것이 원칙이다.
다만, 다음과 같이 분리과세하는 소득 존재한다.

> ㉠ [무조건 분리과세] 복권당첨소득은 무조건 분리과세(3억 이하 20%, 3억 초과 30%)
> ㉡ [무조건 분리과세] 연금계좌에서 연금외수령한 기타소득(15%)
> ㉢ [무조건 분리과세] 서화 및 골동품의 양도소득(20%)
> ㉣ [선택적 분리과세] **원천징수된** 기타소득 합계금액이 연 300만원 이하인 경우

② 국내에서 거주자 또는 비거주자에게 기타소득금액을 지급하는 자는 **기타소득금액의 20%**에 해당하는 세액을 원천징수하여 **그 징수일이 속하는 달의 다음달 10일까지** 원천징수세액을 납부하여야 한다.

5 기타소득 수입시기

구분	기타소득의 수입시기
① **일반적인 기타소득**	그 지급을 받은 날
② **법인세법에 따라 처분된 기타소득**	해당 법인의 해당 사업연도 결산확정일

③ 산업재산권 등을 양도하고 그 대가로 받은 금품	그 대금을 청산한 날, 자산을 인도한 날 또는 사용·수익일 중 빠른날 * 다만, 대금을 청산하기 전에 자산을 인도 또는 사용·수익하였으나 대금이 확정되지 않은 경우에는 그 대금 지급일
④ 계약의 위약·해약으로 인하여 받은 기타소득 중 계약금이 위약금·배상금으로 대체되는 경우의 기타소득	계약의 위약·해약이 확정된 날
⑤ 연금계좌에서 연금외 수령한 기타소득	연금외 수령한 날

법인세법에 따라 처분된 소득의 수입시기(20×1년 여비교통비 손금불산입한 경우)

구분	수입시기
상여(인정상여)	근로제공일 (20×1)
배당(인정배당)	결산확정일 (20×2)
기타소득	

제1과목 재무회계
제2과목 세무회계
제3과목 원가관리회계

예제 2

다음 중 기타소득에 대한 설명으로 옳지 않은 것은?

① 기타소득은 종합과세하는 것이 원칙이나 기타소득금액이 연300만원 이하인 경우 분리과세를 선택할 수 있다.
② 모든 기타소득금액은 기타소득의 80%만큼 필요경비가 인정된다.
③ 고용관계 없이 일시적으로 수령한 강사료는 기타소득에 해당한다.
④ 복권당첨소득은 무조건 분리과세되므로 종합소득금액에 합산하지 않는다.

해설 기타소득은 실제발생한 비용만 필요경비로 인정되는 항목과 60%~90% 필요경비가 인정되는 항목으로 구분할 수 있다.
정답 ②

예제 3

다음 기타소득 중 과 종합소득에 포함되는 기타소득금액과 원천징수할 세액(지방소득세 포함)을 계산하시오. (단, 법인세법상 기타로 처분된 금액은 필요경비가 없고 분리과세는 신청하지 않았다고 가정한다.)

구분	금액
복권당첨금	5,000,000
강연료	2,000,000
법인세법 상 기타소득으로 처분된 금액	1,000,000
원작자로서 받은 원고료	3,000,000

해설

구분	금액	필요경비	소득금액	원천징수액
복권당첨금	5,000,000	-	5,000,000	1,100,000
강연료	2,000,000	1,200,000	800,000	176,000
법인세법 상 기타소득 처분된 금액	1,000,000	-	1,000,000	220,000
원작자로서 받은 원고료	3,000,000	1,800,000	1,200,000	264,000

출제예상 문제

01 **다음 중 소득세법상 연금소득에 대한 설명으로 옳지 않은 것은?**

① 원칙적으로 연금저축의 불입 시 세액공제를 인정하는 대신 연금 수령 시 소득세를 과세한다.
② 연금소득은 종합과세하는 것이 원칙이지만, 연금계좌에서 연금 형태로 인출한 금액 중 연금소득으로 과세되는 금액이 연 1,500만원 이하인 경우 납세의무자의 선택에 따라 분리과세를 적용받을 수 있다.
③ 과세이연된 퇴직소득금액을 연금외수령한 경우 퇴직소득으로 과세한다.
④ 국민연금법에 따라 받는 유족연금도 연금소득으로 과세된다.
⑤ 개인이 가입한 연금상품에서 수령한 사적연금도 연금소득으로 과세한다.

02 **다음 중 소득세법상 연금소득에 대한 설명으로 옳지 않은 것은?**

① 공적연금소득은 익년 1월분 공적연금 지급할 때 연말정산을 수행한다.
② 이연퇴직소득을 연금수령하는 경우로 연금수령 연차가 10년을 초과한 경우 연금외수령시 원천징수세액의 60%를 원천징수한다.
③ 연금저축과 그 운용수익을 의료목적으로 연금외수령하는 경우 기타소득으로 과세되며, 3%~5% 세율로 분리과세 된다.
④ 산업재해보상보험법에 따라 받는 각종 연금은 연금소득으로 과세하지 않는다.

03 **다음 중 연금소득에 대한 설명으로 옳지 않은 것을 모두 고르면?**

① 연금소득이 있는 거주자에 대해서는 해당 과세기간에 받은 총연금액(분리과세연금소득제외)에서 연금소득공제를 공제하는데, 연금소득공제액이 900만 원을 초과하는 경우 900만 원을 한도로 한다.
② 이연퇴직소득을 연금으로 수령하는 경우에는 무조건 분리과세한다.
③ 사적연금소득은 연금 납입 시점에 이미 세액공제를 적용 받았으므로 연금소득 과세 시점에는 수령한 연금을 전액 연금소득 금액으로 과세한다.
④ 연금소득금액 계산 시 필요경비계산법과 연금소득공제방식 중 선택이 가능하다.
⑤ 공적연금은 지급시 연금간이세액표에 따라 원천징수하고, 다음 연도 1월분 공적연금소득을 지급할 때(해당 과세기간 중 사망한 경우에는 사람일이 속하는 달의 다음다음달 말일까지) 연말정산한다.

04 **다음 중 기타소득에 대한 설명으로 옳지 않은 것은?**

① 서화·골동품의 양도로 발생하는 소득은 무조건 분리과세 한다.
② 모든 기타소득금액은 기타소득의 80%만큼 필요경비가 인정된다.
③ 고용관계 없이 일시적으로 수령한 강사료는 기타소득에 해당한다.
④ 복권당첨소득은 무조건 분리과세 되므로 종합소득금액에 합산하지 않는다.

05 **다음 중 기타소득에 대한 설명 중 잘못된 것은?**

① 공익사업과 관련하여 지상권의 설정으로 받는 소득은 기타소득이다.
② 에어비앤비 등 통신판매중개업자를 통하여 여행자에게 방을 대여하고 얻은 연 500만 원이하의 수입금액은 기타소득이다.
③ 고용관계 없는 자가 다수인에게 강연을 하고 받는 강연료 등은 총수입금액의 80%를 필요경비로 인정한다.
④ 공적연금관련법에 따라 받는 유족연금, 장애연금, 장해연금, 상이연금은 비과세 연금소득이다.

06 **다음 중 기타소득에 대한 설명으로 가장 옳지 않은 것은?**

① 복권당첨금은 무조건 분리과세 하므로 종합소득에 합산하여 신고할 필요가 없다.
② 경품에 당첨된 경우 실제 지출된 경비만을 차감하여 소득금액을 계산한다.
③ 전문적 지식을 활용하여 일시적으로 강의를 제공하고 수령하는 대가는 기타소득이며 60%와 실제 지출된 경비 중 작은 금액을 경비로 차감하여 소득금액을 계산한다.
④ 기타소득의 수입시기는 원칙적으로 그 지급을 받는 날이다.

07 **다음 자료에 따라 종합소득에 합산할 기타소득금액은 얼마인가?** (실제발생 경비는 모두 없다고 가정한다)

㉠ 연금계좌에서 연금외수령한 금액	2,000만원
㉡ 일시적인 문예창작소득	1,000만원
㉢ 공익사업 관련 지역권 설정대가	1,000만원
㉣ 계약의 해약따른 위약금	1,000만원
㉤ 복권당첨금	1억원

① 600만원　　② 1,800만원
③ 3,800만원　　④ 1.5억원

08 **다음 중 종합소득세 신고 시 반드시 포함해야 하는 항목은?** (다른 소득은 없음)

① 편의점 운영하며 발생한 소득	10,000,000원
② 은행예금 이자수익	20,000,000원
③ 복권당첨소득	1,500,000,000원
④ 상장주식처분이익	10,000,000원

09 **다음의 대화에서 가장 옳지 않은 설명을 하고 있는 사람은 누구인가?**

> **성시욱** : 야 수림아, 너 로또 당첨됐다며? 축하한다.
> **전수림** : 고마워. 근데 세금이 엄청나네. 로또당첨금으로 1억원을 받았는데 기타소득에 해당되어 소득금액의 20%를 소득세로 납부해야 하더라.
> **성시욱** : 거기에 지방소득세 소득세분을 추가로 납부하면 실수령액이 더 적어지겠구나.
> **김성욱** : 그럼 수림이는 내년에 종합소득확정신고를 해야겠네.
> 근로소득자는 연말정산으로 납세의무가 종결되지만, 로또가 당첨되어 기타소득이 발생되었으니 종합소득을 신고해야 하거든.
> **박상표** : 복권당첨소득의 경우에는 금액이 크면 더 높은 원천징수세율이 적용될 수도 있으니 알아두렴.

① 전수림
② 성시욱
③ 김성욱
④ 박상표

[redacted]

정답 및 해설

01	④	02	③	03	③④	04	②	05	③	06	③	07	②	08	①	09	③

01 ④ 국민연금법에 따른 유족연금, 장해연금, 장애연금, 상이연금 등은 비과세한다.

02 ③ 의료비 지출, 천재지변, 본인이나 부양가족의 3개월 이상 요양, 파산선고나 개인회생절차개시, 파산선고 등 부득이한 사유로 연금계좌에서 인출하는 것은 연금소득으로 보고 무조건 분리과세 한다.

03 ③④ 사적연금소득을 종합과세하는 경우 총연금액에서 연금소득공제를 차감한 금액을 연금소득금액으로 한다. 연금소득금액 계산 시 연금소득공제를 비용으로 차감한다. 필요경비계산법은 적용할 수 없다.

04 ② 기타소득은 실제발생한 비용만 필요경비로 인정되는 항목과 최소한 60%~90% 필요경비가 인정되는 항목으로 구분할 수 있다.

05 ③ 일시적 인적용역 제공의 대가에 대한 필요경비률은 60%이다.

06 ③ 전문적 지식을 활용하여 일시적으로 강의를 제공하고 수령하는 대가는 기타소득이며 60%와 실제 지출된 경비 중 큰 금액을 경비로 차감하여 소득금액을 계산한다.

07 ② 연금계좌와 복권당청금은 무조건 분리과세하여 종합소득에 합산할 금액이 없다. 나머지 기타소득에 대한 기타소득금액은 다음과 같다.

구분	소득	필요경비	소득금액
㉡ 일시적인 문예창작소득	1,000만원	600만원	400만원
㉢ 지역권 설정 대가	1,000만원	600만원	400만원
㉤ 계약의 해약에 따른 위약금	1,000만원	-	1,000만원
합계			1,800만원

08 ① 은행예금이자는 조건부종합과세로 2천만원 이하인 경우 원천징수로 과세종결함. 복권당첨소득은 분리과세로 종결하고 상장주식처분이익은 대주주가 양도하거나 장외거래인 경우 양도소득세로 과세한다. 편의점 운영소득은 사업소득으로, 사업소득은 무조건 종합소득에 포함하여 신고해야 한다.

09 ③ 복권당청소득은 무조건 분리과세 하므로 종합소득신고의무가 없다.

CHAPTER 06 종합소득금액, 종합소득과세표준 및 종합소득결정세액

제1절 종합소득금액의 계산

1 종합소득금액

① 이자, 배당, 사업, 근로, 연금, 기타 6가지 소득금액을 합하여 계산한다.
② 분류과세(퇴직소득, 양도소득) / 비과세 / 분리과세는 제외한다.

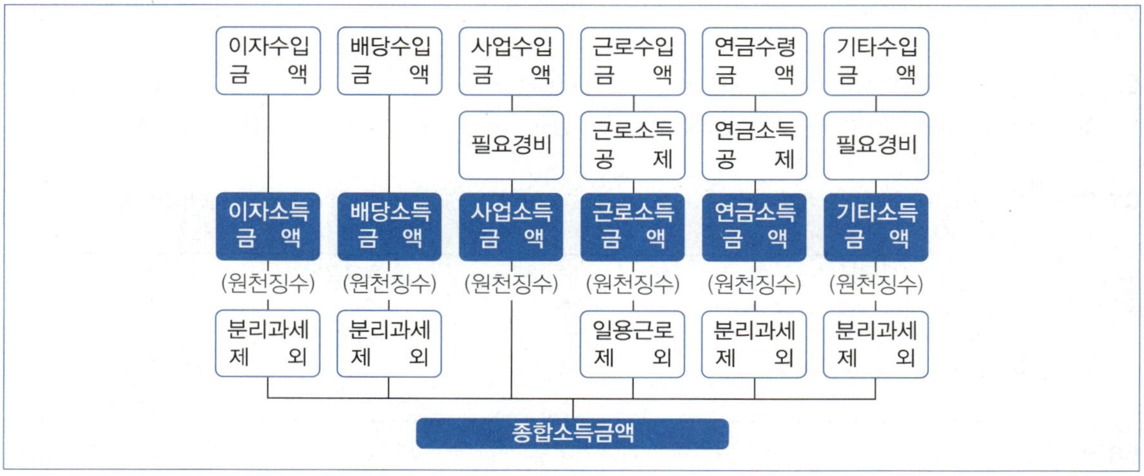

예제 1

거주자 김삼일씨의 종합소득금액을 구하시오. (다른 소득은 없다고 가정함)

• 근로소득금액	1,200만원
• 퇴직소득금액	1,300만원
• 사업소득금액	1,500만원
• 기타소득금액(강사료 수입으로 필요경비 차감한 금액)	480만원
• 이자소득금액(정기예금이자)	1,520만원

① 26,000,000원 ② 30,000,000원
③ 31,800,000원 ④ 35,000,000원

해설 종합소득금액 = (1,200 + 1,500 + 480)만원 = 31,800,000원
퇴직소득은 분류과세하며, 이자소득이 2,000만원 이하이므로 분리과세됨.

정답 ③

2 결손금의 공제

종합소득금액 중 사업소득에서만 결손금 발생 가능하다.

구분	공제방법
사업소득 결손금	근로 ⇨ 연금 ⇨ 기타 ⇨ 이자 ⇨ 배당 순서로 공제(사 − 3, 근 4 ⇨ 종소1)
부동산임대 결손금	다른소득과 공제할 수 없음(임대사 − 3, 근 4 ⇨ 종소4).

3 이월결손금의 공제

발생연도 종료일부터 15년(2019년말 이전 개시분은 10년) 내 이월하여 공제가능 / 추계신고(장부와 증명서류에 의하지 않은 신고)나 추계조사결정 시 적용 × (천재지변 등으로 장부 멸실시는 공제 ○)

구분	공제방법
사업소득 이월결손금	**사업** ⇨ 근로 ⇨ 연금 ⇨ 기타 ⇨ 이자 ⇨ 배당 순서로 공제
부동산임대 결손금	부동산임대 소득금액에서만 공제가능

공제사례

	×1	×1	×2
사업	−3	−5	2_{-2}
근로	4	2	3_{-1}
	1	−3	2

	×1	×1	×2
부동산임대	−3	−3	2_{-2}
근로	4	4	3
	4	4	3

예제 2

다음 중 소득세법 상 결손금 및 이월결손금 공제에 대한 설명으로 가장 올바르지 않은 것은?

① 부동산임대업에서 발생한 결손금은 다른 소득금액과 통산하지 않고 다음연도로 이월시킨다.
② 사업소득(부동산임대업 제외)에서 발생한 결손금은 법에서 정한 순서에 따라 다른 종합소득금액에서 공제된다.
③ 사업소득(부동산임대업 제외)의 이월결손금은 종합소득금액 내에서 우선 공제하고 공제되지 않은 금액은 퇴직소득, 양도소득의 순서로 공제한다.
④ 2018년 발생한 이월결손금은 발생연도 종료일부터 10년내 종료하는 과세기간의 소득금액계산 시 공제할 수 있다.

해설 통산은 종합소득금액 내에서만 가능함. 따라서 퇴직소득, 양도소득에서 공제한다는 것은 잘못된 설명임.
정답 ③

제2절 종합소득과세표준의 계산

1 종합소득 과세표준

종합소득금액에서 종합소득공제를 차감하여 계산한다.

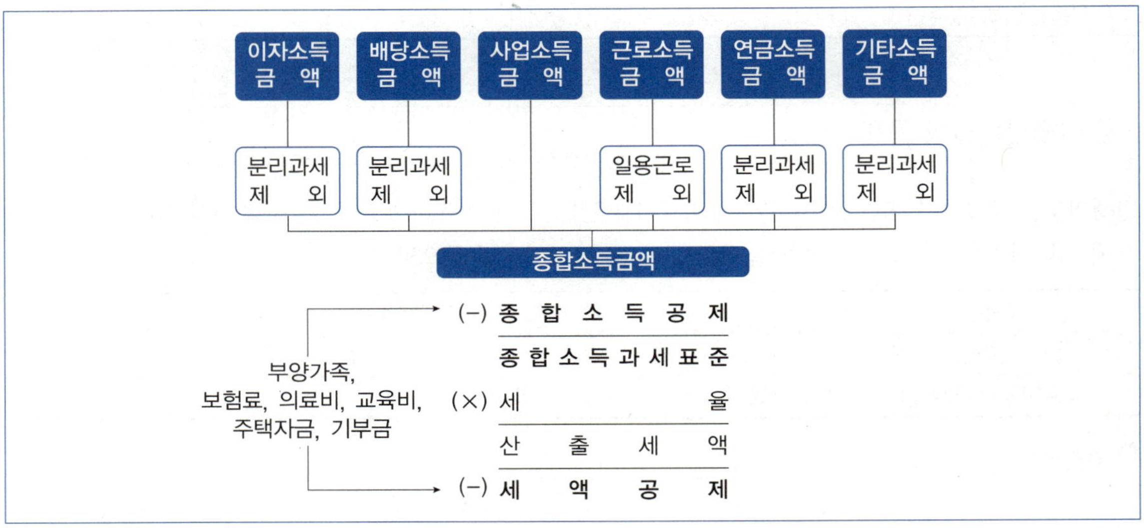

2 종합소득공제

종합소득공제는 인적공제, 연금보험료공제, 특별공제, 조특법상공제로 구성된다.

구분	소득공제	세액공제
① 인적공제	기본공제 추가공제(장애인, 경로, 부녀자, 한부모)	• 기본공제 자녀 세액공제 • 출산·입양
② 연금보험료 공제	공적연금(국민연금, 교직원연금 등)	사적연금(연금저축, 퇴직연금 등)
③ 특별공제	국민건강보험, 고용보험 등	보장성보험(사망, 질병, 상해 / 자산의 멸실 또는 손괴 대비)
	주택자금공제(저축, 전세, 저당차입)	월세
		의료비
		교육비
		기부금
④ 조특법상 공제	신용카드 소득공제	
⑤ 기타 소득세법상 공제		• 외국납부 세액공제 • 배당세액공제 • 근로소득세액공제 • 재해손실세액공제 • 기장세액공제

(1) 인적공제 – 기본공제

거주자 본인을 포함하여 생계를 같이하는 가족 1인당 연 150만원을 종합소득에서 공제한다.

구분	공제대상자	요건	
		연령	연간 소득금액 합계
① 본인	당해 거주자	제한 없음	–
② 배우자	거주자의 배우자	제한 없음	100만원 이하 (종합 + 퇴직 + 양도)
③ 부양가족	당해 거주자(배우자 포함)와 **생계를 같이하는** 부양가족 • 직계존속 • 직계비속과 입양자 및 위탁아동 • 형제자매	 만 60세 이상 만 20세 이하 20세 이하 OR 60세 이상	

- 부양가족 범위
  ㉠ 직계비속이 장애인이고 그 직계비속의 배우자가 장애인인 경우 당해 배우자도 포함
- 연령기준
  ㉠ 부양가족이 장애인에 해당하는 경우에는 연령의 제한을 받지 않는다.
  ㉡ 해당 과세기간에 만 20세 => 만21세가 된 경우 공제 불가능
- 소득금액
  ㉠ 비과세, 분리과세 소득은 제외(로또 1억원, 금융소득 1,900만원, 일용직 2,000만원) 공제 가능
  ㉡ 근로소득만 있는 경우에는 총급여 500만원 이하 공제 가능(소득세 부담 완화 위해)

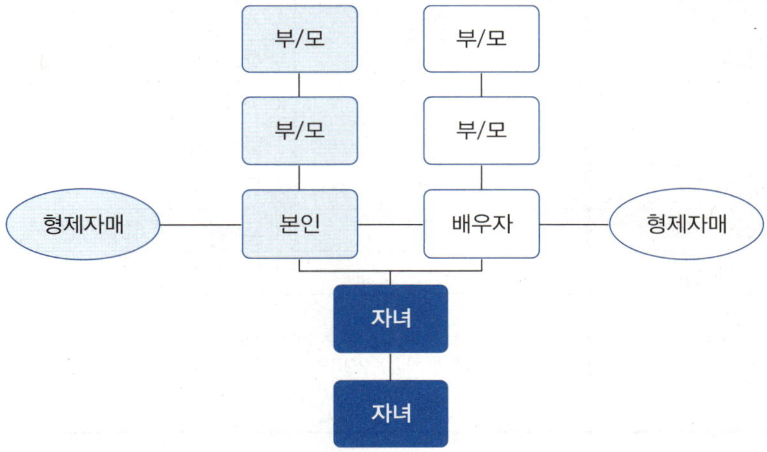

(2) 인적공제 – 추가공제

기본공제대상자가 다음의 사유에 해당되는 경우 1인당 다음 금액을 추가로 공제한다.

구분	내용	공제금액
① 장애인공제	기본공제대상자가 장애인인 경우 **만성신부전증 환자, 고엽제후유증환자, 중증 암환자** 등의 **경우 장애인 공제 가능함**	1인당 200만원
② 경로우대공제	기본공제대상자가 70세 이상인 경우	1인당 100만원

③ 한부모공제	배우자가 없는 사람으로서 기본공제대상자인 직계비속 또는 입양자가 있는 경우	1인당 100만원
④ 부녀자공제	종합소득금액 3,000만원 이하인 여성 거주자로서 • 배우자가 있는 여성이거나 • 배우자가 없는 여성으로서 기본공제대상인 부양가족이 있는 세대주인 경우	1인당 50만원

* 부녀자공제와 한부모소득공제가 동시에 적용되는 경우 한부모소득공제를 적용한다.

공제대상자의 범위

공제대상자의 범위	기본공제는 당해 과세기간 종료일 현재 현실적 생계 같이하는 동거가족에 적용함. 단, 다음의 경우 동거하지 않아도 생계를 같이하고 있는 것으로 본다. ㉠ 배우자 및 직계비속(항상 생계를 같이하는 것으로 봄) ㉡ 재학증명서, 재직증명서 등 서류에 의하여 일시퇴거자임을 입증하는 경우 ㉢ 주거의 형편에 따라 별거하고 있는 직계존속

예제 3

다음은 거주자 김삼일씨의 부양가족 현황이다. 연말정산 시 적용받을 수 있는 기본공제와 추가공제의 합계는 얼마인가?

부양가족	연령(만)	소득금액
김삼일	40세	종합소득금액 5,000만원
배우자	42세	소득 없음
부친	72세	사업소득금액 500만원
모친	71세	소득 없음
장남	5세	양도소득금액 600만원
차남(장애인)	3세	소득 없음

해설 기본공제 = 4명(김삼일, 배우자, 모친, 차남) × 150만원 = 600만원
추가공제 = 경로우대(모친) 100만원 + 장애인(차남) 200만원 = 300만원
합계 = 900만원

(3) 연금보험료 소득공제 종합소득자 & 본인 Only

종합소득이 있는 거주자 본인의 **국민연금** 등 납입금액은 전액 **소득공제**

구분	공제금액
국민연금, 공무원연금, 군인연금, 사립학교교직원연금 등	근로자 부담금 전액 소득공제
연금계좌(연금저축, DC계좌, IRP계좌)	연금계좌세액공제

➲ 소득(세액)공제 요건

구분	소득(세액)공제대상자의 공제요건 검토					본인 명의만 소득공제 되는 항목
	보험료	의료비	교육비	기부금	신용카드	
연령요건	○	×	×	×	×	근로소득자only : 주택자금 종합소득자 : 연금보험료
소득요건	○	×	○	○	○	

직계존속 × 형제자매 ×

(4) 주택담보노후연금에 대한 이자비용공제

연금소득이 있는 거주자가 주택담보노후연금을 받은 경우에는 그 받은 연금에 대해서 해당 과세기간에 발생한 이자비용 상당액(200만 원 한도)을 해당 과세기간 연금소득금액에서 공제한다.

(5) 특별소득공제 – 보험료 근로소득자 & 본인 Only

근로소득자가 **국민건강보험법, 고용보험법 또는 노인장기요양보험법에** 따라 부담하는 보험료 **전액을** 근로소득금액에서 공제한다.

구분	금액
국민건강보험료, 고용보험료, 노인장기요양보험료	전액 소득공제
보장성보험료	세액공제

예제 4

다음은 거주자 김삼일씨의 보험료 지출내역이다. 보험료소득공제 가능한 금액은 얼마인가?

ㄱ. 국민건강보험료 100만원
ㄴ. 고용보험료 50만원
ㄷ. 보장성보험료 200만원

① 500,000원 ② 1,000,000원
③ 1,500,000원 ④ 3,500,000원

해설 보험료 소득공제 = 국민건강 100만원 + 고용보험 50만원 = 150만원
보장성보험료는 2016년 부터 소득공제가 아닌 세액공제를 적용받음.

정답 ③

(6) 특별소득공제 – 주택자금 `근로소득자 & 본인 Only`

① 근로소득자(일용근로자 제외)로서 세대주는 주택자금 공제가 가능하다.
② 주택자금공제는 ㉠ 주택마련저축공제, ㉡ 월세세액공제, ㉢ 임차차입금 원리금상환액공제, ㉣ 장기주택저당차입금 이자공제 등으로 구성된다.
③ 600만원 부터 2,000만원까지 공제된다.

(7) 신용카드 소득공제 `근로소득자 / 연령 × / 소득 O`

① 근로소득이 있는 거주자에게 2025년 12월 31일까지 신용카드등 사용금액에 대해 적용함.
② 전통시장, 대중교통은 40%
③ 직불카드와 현금영수증 30%
④ 도서 · 공연 · 박물관 · 미술관 30%(영화관람료 · 수영장 · 체력단련장 사용분은 총급여 7천만원 이하만)
⑤ 신용카드 사용분은 15% 소득공제한다.

➲ 공제금액

① 총급여액의 25% 초과하여 사용한 금액에 상기 공제비율 곱한 금액
② 기본공제 한도: 300만원(총급여 7천만원 초과 시 연간 250만원)
③ 추가공제 한도: 공제금액이 기본공제한도를 초과하는 경우

구분	추가공제 한도
총급여 7,000만원 이하	min(①, ②) ① 기본공제한도 초과액 ② 전통시장 × 40% + 대중교통 × 40% + 도서등 × 30% ⇨ 한도 300만원
총급여 7,000만원 초과	min(①, ②) ① 기본공제한도 초과액 ② 전통시장 × 40% + 대중교통 × 40% ⇨ 한도 200만원

예제 5

거주자 김삼일씨의 총급여가 4,000만원이고 카드사용내역이 다음과 같은 경우 신용카드소득공제액은 얼마인가?

구분	신용카드	직불카드	현금영수증	합계
전통시장	2,150,000	120,000	800,000	3,070,000
대중교통	400,000	30,000	–	430,000
위 이외	7,800,000	1,000,000	1,550,000	10,350,000
합계	10,350,000	1,150,000	2,350,000	13,850,000

해설

구분	사용금액	기준금액	초과사용액	공제금액
전통시장	3,070,000		3,070,000	1,228,000
대중교통	430,000		430,000	172,000
직불, 현영	2,550,000	2,200,000	350,000	105,000
신용카드	7,800,000	7,800,000		
합계	13,850,000	10,000,000	3,850,000	1,505,000

공제금액이 300만원을 초과하지 않으므로 대중교통, 전통시장 추가공제 금액은 없음.

신용카드공제 제외 금액

다음은 신용카드를 사용하더라도 공제대상에 해당하지 않음.

① **보험료(국민연금, 국민건강보험법, 고용보험 등 포함)**, 교육비(초, 중, 고, 대학교, 대학원 및 유치원등)
② **국세, 지방세**, 전기료, 수도료, 가스료, 전화료, 아파트관리비 등
③ 리스료, 상품권등, 취득세가 과세되는 재산의 구입비용, 세액공제를 적용받은 월세

3 소득공제 종합한도

거주자의 종합소득에 대한 소득세 계산 시 특정 공제항목은 2,500만원을 한도로 공제한다.

2,500만원 한도 적용대상	2,500만원 한도 적용제외
신용카드 소득공제	인적공제, 연금보험료공제
주택자금 소득공제	보험료공제

제3절 종합소득결정세액의 계산

1 종합소득산출세액

다음과 같이 초과누진세율에 따라 계산한다.

소득세 과세표준	세율
1,400만원 이하	과세표준의 6%
1,400만원 초과 5,000만원 이하	84만원 + 1,400만원 초과금액의 15%
5,000만원 초과 8,800만원 이하	624만원 + 5,000만원 초과금액의 24%
8,800만원 초과 1.5억원 이하	1,536만원 + 8,800만원 초과금액의 35%
1.5억원 초과 3억원 이하	3,706만원 + 1.5억원 초과금액의 38%
3억원 초과 5억원 이하	9,406만원 + 3억원 초과금액의 40%
5억원 초과 10억원 이하	17,406만원 + 5억원 초과금액의 42%
10억원 초과	38,406만원 + 10억원 초과금액의 45%

산출세액 계산 특례

종합소득과세표준에 금융소득이 포함된 경우 산출세액은 다음과 같이 계산한다.

산출세액 = Max [①, ②]
① (과세표준 – 20,000,000원) × 기본세율 + 20,000,000 × 14%
② (과세표준 – 금융소득 합계액) × 기본세율 + 금융소득 합계액* × 원천징수세율**

* 배당소득을 Gross–up한 경우에는 Gross–up금액을 제외한 금융소득을 말함
** 원천징수세율은 14%임. 단, 비영업대금의 이익은 25%

예제 6

다음 자료는 거주자 김삼일씨의 소득금액이다. 종합소득산출세액을 계산하면?

ㄱ. 채권 이자 15,000,000원
ㄴ. 내국법인 A 이익배당 10,000,000원
ㄷ. 사업소득금액 20,000,000원
ㄹ. 종합소득공제 5,500,000원
ㅁ. 종합소득세율

과세표준	세율
1,400만원 초과 5,000만원 이하	84만원 + 1,400만원 초과금액의 15%
5,000만원 초과 8,800만원 이하	624만원 + 5,000만원 초과금액의 24%

해설 (1) 종합소득금액 = 45,550,000
이자 15,000,000 + 배당 10,500,000 + 사업 20,000,000
(2) 종합소득 과세표준 = 45,500,000 − 5,500,000 = 40,000,000
(3) 산출세액 = Max(①, ②) = 4,540,000
① (40,000,000 − 20,000,000) × 기본세율 + 20,000,000 × 14% = 4,540,000
② (40,000,000 − 25,500,000) × 기본세율 + 25,000,000 × 14% = 4,415,000

2 종합소득세액공제

(1) 자녀세액공제

종합소득이 있는 거주자의 기본공제대상자 해당하는 자녀 및 손자녀(입양자 및 위탁아동을 포함한다)가 있는 경우 다음의 금액을 세액공제한다.

구분	세액공제 금액
기본공제	8세 이상의 기본공제대상 자녀 및 손자녀가 **• 1명 : 25만원 / 2명 : 연 55만원 / 3명 이상 : 55만원 + 1인당 40만원** (첫째 25만원, 둘째 30만원, 셋째 이후 40만원)
출산, 입양	해당 과세기간에 출생·입양 신고한 공제대상 자녀가 있는 경우 **: 첫째 연 30만원 / 둘째 연 50만원 / 셋째 이상 연 70만원**

(2) 결혼 세액공제

거주자가 2026년 12월 31일 이전에 혼인신고를 한 경우에는 생애1회에 한정하여 혼인신고를 한 날이 속하는 과세기간의 종합소득산출세액에서 50만원을 공제한다.

(3) 연금계좌 세액공제 종합소득자 & 본인 Only

① 종합소득이 있는 거주자가 연금저축, 퇴직연금계좌(DC계좌, IRP계좌)에 납입한 금액은 일정한도 내에서 12%(또는 15%) 세액공제 한다.

② 연금저축 불입액은 600만원 까지, DC계좌, IRP계좌 불입액이 있는 경우 900만원 까지 공제대상 해당한다.

구분	공제대상 금액	
국민연금 등	근로자 부담금 전액 소득공제	
연금저축 등 (연금저축, DC, IRP)	공제대상 금액	min ┌ min(연금저축, 600만원) + 퇴직연금 └ 900만원 (연금저축, 퇴직연금) = (0, 1,000) = 900 (연금저축, 퇴직연금) = (200, 700) = 900 (연금저축, 퇴직연금) = (700, 200) = 800 (연금저축, 퇴직연금) = (1,000, 0) = 600
	세액공제금액	세액공제액 = 대상액 × 12%*

* 종합소득금액 4,500만원(근로소득만 있는 경우 총급여액 5,500만원 이하)인 거주자는 15%

(4) 특별 세액공제

1) 보험료 공제 근로소득자 / 연령 ○ / 소득 ○

근로소득자가(일용근로자 제외) 지출한 보장성보험료(만기에 환급되는 금액이 납입보험료를 초과하지 않는 보험)의 12%나 15% 세액공제

공제대상 금액

구분	세액공제 대상	공제대상 금액
장애인 전용 보장성보험료	기본공제대상자 중 장애인이 피보험자 또는 수익자	Min(보험료, 100만원)
일반 보장성보험료	기본공제대상자를 피보험자로 함	Min(보험료, 100만원)

세액공제 금액

구분	세액공제 금액
장애인 전용 보장성보험료	공제대상 금액 × 15%
일반 보장성보험료	공제대상 금액 × 12%

예제 7

다음 자료는 거주자 김삼일씨가 지출한 보험료 내역이다. 종합소득세 계산시 공제가능한 세액공제 금액은?

• 국민건강보험료	230만원	• 고용보험료	20만원
• 자동차보험료	120만원	• 장애인전용보장성보험료	150만원
• 저축성보험료	240만원		

① 96,000원 ② 270,000원
③ 276,000원 ④ 1,800,000원

해설

구분	공제대상 보험료	공제율	세액공제
일반	min(120,100) = 100만원	12%	12만원
장애인전용	min(150,100) = 100만원	15%	15만원
계			27만원

정답 ②

2) 의료비 공제 근로소득자 / 연령 × / 소득 ×

① 근로소득자가 기본공제대상자 위해 지출한 의료비의 15%(또는 20%) 세액공제
② 국외에서 사용한 의료비, 실손의료보험금으로 보전받은 금액, 미용·성형수술을 위한 비용, 건강증진을 위한 의약품 구입비용은 공제 불가능
③ 맞벌이부부의 경우 배우자의 의료비 지출했다면 공제가능

① 진찰·진료·질병예방을 위하여 의료법 제3조의 의료기관에 지급하는 비용
② 치료·요양을 위하여 의약품(한약 포함)을 구입하고 지급하는 비용
③ 장애인 보장구 및 의사·치과의사·한의사 등의 처방에 따라 의료기기를 직접 구입 또는 임차하기 위하여 지출한 비용
④ 시력보정용 안경 또는 콘택트렌즈 구입을 위하여 지출한 비용으로서 기본공제대상자(나이 및 소득의 제한을 받지 아니한다) 1명당 연 50만 원 이내의 금액
⑤ 보청기 구입을 위하여 지출한 비용
⑥ 노인장기요양보험법에 따른 장기요양급여에 대한 비용으로서 실제 지출한 본인일부부담금
⑦ 근로자가 모자보건법에 따른 산후조리원에 산후조리 및 요양의 대가로 지급하는 비용으로서 출산 1회당 200만 원 이내의 금액

공제대상 금액

공제대상의료비 = ① + ②
① 특례의료비: 본인, 65세 이상인 자, 6세 이하, 장애인, 중증질환자, 희귀난치성질환자, 결핵환자, 미숙아(선천성이상아) 의료비 및 난임시술비
② 일반의료비: min[(기타기본공제대상자 의료비 − 총급여 × 3%), 700만원]
총급여의 3%는 일반 → 특례 → 미숙아 등 → 난임시술비 순서로 충당

세액공제 금액

공제대상의료비 × 15%
(난임시술비는 30%, 미숙아 및 선천성이상아를 위하여 지급한 의료비는 20%)

예제 8

다음 자료를 이용하여 거주자 김삼일씨의 종합소득 신고 시 공제가능한 의료비 세액공제 금액은 얼마인가? (단, 김삼일씨의 총급여액은 5,000만원이다)

의료비 지출내역	금액
배우자 골절 수술비	100만원
23세 아들의 미국병원 질병치료비	300만원
난임시술비	300만원
70세 부모님 질병치료비	100만원

① 150,000원 ② 450,000원 ③ 775,000원 ④ 975,000원

해설

(단위 : 만원)

	지출	기준	초과	공제율	세액공제
난임	300		300	30%	90
특별	100	50	50	15%	7.5
일반	100	100			
합계	550	150	400		97.5

정답 ④

3) 교육비 공제 근로소득자 / 연령 × / 소득 ○

① 근로소득자가 기본공제대상자 위해 지출한 교육비의 15% 세액공제

② 단, **소득세 또는 증여세가 비과세되는 소득으로 지출한 교육비는 공제하지 아니한다.**

공제대상 금액

구분	교육기관의 범위	공제한도
본인	① 대학원 ⇨ **본인만 공제됨**	한도 없음
배우자, 형제자매 직계비속, 입양자 위탁아동 등 (직계존속 제외)	② 대학교, 전공대학, 원격대학, 학위취득과정 ③ 초·중·고등학교, 어린이집, 유치원 ④ 학원과 체육시설(초등학교 취학전 아동에 한함 ⑤ 학교급식비(어린이집, 유치원 초·중·고) ⑥ 체험학습비(수련활동, 수학여행 등) 초·중·고등학교 1인당 연30만원 ⑦ 수능응시료, 대학입학전형료	① 대학교 : 1인당 연 900만원 ② 초·중·고등학교 : 1인당 연 300만원 ③ 유치원·보육시설 등 : 1인당 연 300만원

장애인 재활교육을 위하여 다음 기관에 지출하는 **특수교육비는 전액** 세액공제 대상에 포함함.

- 사회복지시설 및 비영리법인
- 장애인의 기능향상과 행동발달을 위한 발달재활서비스를 제공하는 기관(과세기간 종료일 현재 18세 미만인 사람만 해당한다.)

세액공제 금액

공제대상교육비 × 15%

예제 9

다음 자료를 이용하여 거주자 김삼일씨의 교육비 세액공제가 가능한 교육비 지출액을 계산하면 얼마인가?

자녀의 연령 및 소득	교육비지출액
- 장남 : 30세, 소득금액 없음	대학원 학비 10,000,000원
- 차남 : 20세, 사업소득금액 200만원	대학교 학비 5,000,000원
- 장녀 : 19세, 정기예금이자 50만원	고등학교 학비 3,000,000원
- 차녀 : 15세, 소득금액 없음.	외국어학원비 1,000,000원

① 2,000,000원 ② 3,000,000원

③ 8,000,000원 ④ 14,000,000원

해설 세액공제대상 교육비 = 장녀 300만원
차남의 경우 소득금액이 100만원 초과하므로 교육비공제 불가능함에 주의

정답 ②

4) 기부금 공제 연령 × / 소득 ○

거주자 및 기본공제대상자가 지출한 기부금의 15%(1천만원 초과분은 30%) 세액공제

공제대상 금액

구분	공제한도
특례기부금	Min(특례기부금, 기준소득금액*)
일반기부금	Min{(일반기부금, (기준소득 – 특례) × 30%(종교단체는 10%)}

* 기준소득금액 = 종합소득금액 + 필요경비산입 기부금 – 원천징수세율적용 금융소득
** 기부금의 구분은 법인세법과 거의 동일하나 다음과 같은 차이가 존재함.

특례기부금	• 특별재난지역 자원봉사용역 가액 • 정당에 기부한 정치자금 중 10만원 초과하는 금액
일반기부금	노동조합회비, 교원단체회비, 공무원직장협의회 회비 등

세액공제 금액

공제대상 금액	세액공제 금액
1천만원 이하	15%
1천만원 초과	150만원 + (공제대상 기부금 – 1,000만원) × 30%

* 세액공제 한도를 초과하는 금액은 10년간 이월하여 공제한다.

5) 근로소득자의 월세 세액공제

과세기간 종료일 현재 주택을 소유하지 않는 세대의 세대주로서 해당 과세기간의 총급여액이 8,000만원 이하인 근로소득이 있는 거주자(종합소득금액 7,000만원을 초과하는 사람은 제외)가 국민주택 규모의 주택이나 기준시가 4억원 이하의 주택을 임차하고 월세액을 지급하는 경우 다음 금액을 해당 과세기간의 종합소득산출세액에서 공제한다.

월세 세액공제액 = MIN[월세액, 1,000만원] × 15%*

* 총급여 5,500만원(종합소득금액 4,500만원) 이하인 자는 17%

6) 세액공제 종합한도

근로소득이 있는 거주자에게 적용되는 **보장성보험료, 의료비, 교육비, 월세세액공제** 합계금액이 해당 과세기간의 근로소득에 대한 종합소득산출세액을 초과하는 경우 **그 초과하는 금액은 없는 것으로 본다**.

$$* \text{근로소득에 대한 종합소득산출세액} = \text{종합소득산출세액} \times \frac{\text{근로소득금액}}{\text{종합소득금액}}$$

7) 특별세액공제 적용방법

① '항목별 세액공제 등'이란 다음을 의미한다.
- 보험료 / 의료비 / 교육비 / 기부금 세액공제
- 건강보험료소득공제 / 주택자금소득공제(월세세액공제 포함)

② 근로소득 여부에 따른 특별세액공제 및 표준세액공제 적용은 다음과 같다.

구분		세액공제 금액
근로소득 있는 자		항목별세액공제등 / 표준세액공제 13만원 선택
근로소득 없는 자	성실사업자	〈소득세법상 성실사업자〉: 표준세액공제(12만원) + 기부금세액공제 〈조특법상 성실사업자〉: 다음 중 선택 ① 의료비 + 교육비 + 기부금 ② 표준세액공제(12만원) + 기부금세액공제
	위 이외	표준세액공제(연7만원) + 기부금세액공제

8) 연말정산 특이항목

① 국외 사용 신용카드, 의료비 지출액 공제 불가능
② 급식비, 교복구입비용 등도 교육비 공제 가능하나, **직계존속 교육비는 불가능**
③ 주택마련저축은 과세기간 종료일 현재 세대주인지 판단
④ 맞벌이부부의 연말정산
- 서로에 대한 기본공제 불가능
- 자녀에 대한 기본공제는 1인만 가능하며 기본공제 받지 않은 경우 보험료, 교육비 등 공제 받지 못한다.

⑤ 의사, 치과의사, 한의사 등의 처방에 따라 의료기기를 직접 구입 또는 임차하기 위하여 지출한 비용은 의료비 공제를 받을 수 있음
⑥ 의료법에 의한 의료기관에 지급한 보철, 틀니 비용, 임플란트 모두 공제대상임. **MRI 촬영비가 진료, 질병예방 목적으로 의료기관에 지급된 경우에는 의료비공제 대상이며, 건강진단과 관련하여 지급한 경우에도 의료비 공제 대상임.**
⑦ 장애인전용보장성보험은 보험계약 또는 보험료납입영수증에 장애인전용보험으로 표시된 것을 말함.
⑧ 장남이 부양하는 부모님에 대한 의료비를 2남, 3남이 부담한 경우 의료비공제대상 아님(부양가족이 아니기 때문임).
⑨ 동생의 대학등록금을 부담한 경우 그 동생이 주민등록표상 같이 등재된 자로서 생계를 같이 하고, 연간소득금액이 100만원 이하인 자인 경우에 한하여 교육비공제 가능함.

(5) 근로소득세액공제

① 근로소득에 대한 산출세액에서 일정금액 공제하는 제도
② 다른 소득에 비해 투명성이 높은 근로소득의 세부담 완화를 위한 세액공제

세액공제 금액

근로소득산출세액	근로소득세액공제액
130만원 이하	근로소득산출세액 × 55%
130만원 초과	min ① 715,000원 + (근로소득산출세액 − 130만원) × 30% ② 총급여 구간별 한도액

총급여 구간별 한도

총급여액	한도액
3,300만원 이하	74만원
3,300만원 초과 7,000만원 이하	Max ① 74만원 – (총급여액 – 3,300만원) × 0.8% ② 66만원
7,000만원 초과 1.2억원 이하	Max ① 66만원 – (총급여액 – 7,000만원) × 50% ② 50만원
1.2억원 초과	Max ① 50만원 – (총급여액 – 1.2억원) × 50% ② 20만원

(6) 기타세액공제

구분	공제한도
① 배당세액공제	• 종합소득에 배당소득이 합산된 경우 Gross-up 금액을 일정한도 내에서 공제
② 외국납부세액공제	• 종합소득에 국외원천소득이 포함된 경우 국외원천소득에 대해 납부한 세금을 공제하는 금액 • 공제한도 = 종합소득산출세액 × (국외원천소득금액 / 종합소득금액)
③ 기장세액공제	• 간편장부대상자가 복식부기에 따라 기장하고 재무제표를 제출한 경우 • 세액공제액 = min(①,②) ① 종합소득산출세액 × (기장된사업소득금액 / 종합소득금액) × 20% ② 100만원
④ 재해손실세액공제	• 천재지변, 기타재해로 인해 자산총액의 20% 이상을 상실한 경우 • 세액공제액 = 종합소득세액 × (사업소득금액 / 종합소득금액) × (상실자산가액 / 상실전자산가액) • 한도액 : 상실된 자산가액
⑤ 전자계산서세액공제	직전연도 사업장별 총수입금액이 3억원 미만인 개인사업자가 공급하는 재화 또는 용역에 대하여 전자계산서를 발급하고, 당해 발급명세를 국세청장에게 전송하는 경우 다음 금액을 공제(2027년 12월 31일까지 발급분) 세액공제액 = min (발급건수당 200원, 100만원)

3 종합소득 신고

종합소득이 있는 거주자는 과세기간의 다음연도 5월 1일 부터 5월 31일까지 소득세를 신고해야 한다.

4 연말정산

① 근로소득자가 근로소득금액만으로 신고하는 종합소득신고이다.
② 일반적으로 다음해 2월분 급여를 지급하는 때에 연말정산을 실시한다.
③ 퇴직하는 경우 퇴직한 달의 급여를 지급하는 때 정산한다.
④ 반기별 납부승인을 받은 경우도 2월분 급여를 지급하는 때 정산하며 2월분 급여를 2월말까지 지급하지 못한 경우에도 2월 말일에 지급한 것으로 보아 연말정산을 해야 한다.

출제예상 문제

01 **다음 중 소득세법상 결손금 및 이월결손금 공제에 대한 설명으로 가장 올바르지 않은 것은?**

① 부동산임대업에서 발생한 결손금은 다른 소득금액과 통산하지 않고 다음연도로 이월시킨다.
② 사업소득(부동산임대업 제외)에서 발생한 결손금은 법에서 정한 순서에 따라 다른 종합소득금액에서 공제된다.
③ 사업소득(부동산임대업 제외)의 이월결손금은 종합소득금액 내에서 우선 공제하고 공제되지 않은 금액은 퇴직소득, 양도소득의 순서로 공제한다.
④ 2025년 발생한 사업소득(부동산임대업 제외) 결손금은 발생연도 종료일부터 15년내 종료하는 과세기간의 소득금액계산 시 먼저 발생한 것부터 순차로 공제한다.

02 **개인사업자인 김삼일씨는 20×1년 사업부진으로 사업소득과 부동산임대소득(주거용 건물임대업 제외)에서 결손금이 발생하였다. 소득자료가 다음과 같을 때, 20×1년과 20×2년의 종합소득금액을 구하면 각각 얼마인가?** (단, 아래의 소득은 모두 종합과세 대상이며, △는 결손금을 표시함)

구분	20×1년	20×2년
ㄱ. 부동산임대소득금액	△ 3,000,000	5,000,000
ㄴ. 사업소득금액	△ 10,000,000	12,000,000
ㄷ. 근로소득금액	20,000,000	20,000,000

	20×1년	20×2년
①	7,000,000원	37,000,000원
②	10,000,000원	34,000,000원
③	17,000,000원	27,000,000원
④	20,000,000원	24,000,000원

03 **다음 중 소득세법상 결손금 및 이월결손금 공제에 대한 설명으로 가장 옳은 것은?**

① 사업소득에서 발생한 결손금은 이자소득금액 → 배당소득금액 → 근로소득금액 → 연금소득금액 → 기타소득금액에서 순서대로 공제한다.
② 주거용 건물임대업에서 발생한 결손금은 다른 부동산임대업에서 발생한 결손금과 마찬가지로 다른 소득금액에서 공제할 수 없다.
③ 부동산임대업에서 발생한 이월결손금은 다른 소득금액에서 공제할 수 있다.
④ 결손금은 발생연도 종료일로부터 15년(2020년 1월 1일 전에 개시하는 과세연도에 발생한 결손금 10년)이내에 먼저 발생한 과세기간의 이월결손금부터 순차로 공제한다.

04 **다음 중 소득세법상 인적공제의 관한 설명으로 가장 올바르지 않은 것은?**

① 부양가족이 장애인에 해당하는 경우에는 연령의 제한을 받지 않는다.
② 부양가족의 범위에는 계부 및 계모는 포함되나 의붓자녀는 포함되지 않는다.
③ 직계비속이 장애인이고 그 직계비속의 배우자가 장애인인 경우 당해 배우자도 기본공제 대상자에 포함된다.
④ 부양가족의 범위에는 아동복지법에 따라 6개월 이상 위탁양육한 위탁아동도 포함된다.

05 **다음 중 종합소득공제에 관한 설명으로 가장 옳은 것은?**

① 기본공제대상자가 아닌 경우에도 추가공제대상자가 될 수 있다.
② 생계를 같이하는 부양가족으로 75세의 장애인인 아버지(연간소득 없음)가 포함되어 있다면 아버지에 대하여 기본공제 150만원과 추가공제 중 경로우대공제 100만원, 장애인공제 200만원을 적용한다.
③ 배우자는 나이, 소득금액 제한없이 기본공제 150만원을 적용한다.
④ 직계비속이 해당 과세기간 중 19세로 대학생이 된 경우에는 기본공제대상자가 될 수 없다.

06 **다음 중 소득세법상 종합소득공제에 관한 설명으로 가장 올바르지 않은 것은?**

① 경로우대공제는 70세 이상인 경우에 적용된다.
② 기본공제대상자가 아닌 자는 추가공제대상자가 될 수 없다.
③ 거주자와 생계를 같이하는 장애인 아들은 소득과 관계없이 그 거주자의 기본공제대상자가 된다.
④ 부양가족공제시 부양가족에는 계부·계모 및 의붓자녀도 해당된다.

07 **다음 중 소득공제 대상이 아닌 것은?**

① 근로자가 부담한 국민건강보험료
② 국민연금 근로자 부담금
③ 주택담보노후연금 이자비용
④ 의료비

08 다음은 거주자 김삼일씨의 부양가족 현황과 연금 및 보험료 납부 자료이다. 연말정산 시 적용받을 수 있는 소득공제 금액의 합계는 얼마인가?

가족	연령	소득현황		비고
김삼일	40세	종합소득	50,000,000원	
배우자	42세	소득없음		
부친	72세	사업소득	5,000,000원	–
장모	71세	소득없음		
장남	5세	소득없음		–
차남	3세	소득없음		장애인

(1) 국민연금 납부액 2,000,000원(회사부담분 1,000,000원 포함)
(2) 건강보험료 납부액 1,200,000원(회사부담분 600,00원 포함)
(3) 자동차보험료 700,000원

① 6,500,000원 ② 7,100,000원
③ 10,500,000원 ④ 12,100,000원

09 다음은 거주자 김삼일씨의 보험료 지출내역이다. 보험료소득공제 가능한 금액은 얼마인가?

㉠ 국민건강보험료 200만원
㉡ 고용보험료 100만원
㉢ 보장성보험료 200만원

① 1,000,000원 ② 2,000,000원
③ 3,000,000원 ④ 5,000,000원

10 다음은 김삼일씨의 소득이다. 종합소득 과세표준을 계산하면 얼마인가?

ㄱ. 사업소득금액 60,000,000원
ㄴ. 근로소득금액 80,000,000원
ㄷ. 퇴직소득금액 10,000,000원
ㄹ. 양도소득금액 20,000,000원
ㅁ. 종합소득공제 40,000,000원

① 80,000,000원 ② 90,000,000원
③ 100,000,000원 ④ 110,000,000원

11 **다음은 거주자 김삼일씨의 소득 내역이다. 김삼일씨의 종합소득 과세표준을 계산하면 얼마인가?**

ㄱ. 비실명금융소득	20,000,000원
ㄴ. 사업소득금액	40,000,000원
ㄷ. 근로소득금액	80,000,000원
ㄹ. 퇴직소득금액	90,000,000원
ㅁ. 양도소득금액	50,000,000원
ㅂ. 종합소득공제	40,000,000원

① 80,000,000원
② 100,000,000원
③ 130,000,000원
④ 240,000,000원

12 **다음 중 소득세법상 종합소득공제에 관한 설명으로 가장 올바르지 않은 것은?**

① 근로소득이 없는 사람은 원칙적으로 특별소득공제를 적용받을 수 없다.
② 연금소득이 있는 거주자가 주택담보노후연금을 받은 경우에는 그 받은 연금에 대해서 해당 과세기간에 발생한 이자비용 상당액(200만 원 한도)을 해당 과세기간 연금소득금액에서 공제한다.
③ 부녀자공제와 한부모공제가 동시에 적용되는 경우 부녀자공제를 적용한다.
④ 종합소득이 있는 거주자가 공적연금 관련법에 따른 기여금 또는 개인부담금을 납부한 경우에는 그 과세기간에 납입한 연금보험료를 전액 공제한다.

13 **다음 중 소득세법상 신용카드소득공제에 대한 설명으로 가장 옳지 않은 것은?**

① 신용카드소득공제는 근로소득이 없는 경우 공제받을 수 없다.
② 백화점, 대형쇼핑몰, 면세점에서 사용한 신용카드금액도 소득공제대상이다.
③ 신용카드는 총급여액의 25%이상 사용해야 공제가 가능하다.
④ 국세, 지방세, 전기료, 수도료, 가스료, 아파트관리비 등의 사용금액은 신용카드 소득공제에서 제외된다.
⑤ 전통시장, 대중교통이용분, 도서, 공연, 박물관, 미술관 사용분은 소득공제 한도초과분에 대한 추가공제가 가능하다.

14 **소득세법상 종합소득산출세액 계산과 그 특례에 관한 설명으로 옳은 것은?**

① 금융소득에 대해서는 무조건 14%의 세율로 과세한다.
② 2,000만 원 이하의 정기예금 이자는 14%의 세율로 과세한다.
③ 금융소득에 원천징수세율을 곱하는 경우 국외금융소득과 비영업대금의 이익은 25% 세율을 곱한다.
④ 국외에서 받는 금융소득도 국내 금융소득과 동일하게 2,000만 원을 초과하는 경우에만 종합과세된다.

15 **다음 자료는 거주자 김삼일씨의 소득금액이다. 종합소득산출세액을 계산하면?**

ㄱ. 채권 이자	15,000,000원
ㄴ. 내국법인 A 이익배당	10,000,000원
ㄷ. 사업소득금액	20,000,000원
ㄹ. 종합소득공제	5,500,000원

ㅁ. 종합소득세율

과세표준	세율
1,400만원 초과 5,000만원 이하	84만원 + 1,400만원 초과금액의 15%
5,000만원 초과 8,800만원 이하	624만원 + 5,000만원 초과금액의 24%

① 4,540,000원 ② 5,130,000원
③ 6,240,000원 ④ 8,257,310원

16 **다음 중 소득세법상 자녀세액공제에 관한 설명으로 가장 올바르지 않은 것은?**

① 거주자의 기본공제대상자에 해당하는 자로 8세 이상인 자녀가 3명 이상인 경우 2명을 초과하는 인원부터 한 명당 40만원씩 공제된다.
② 자녀세액공제는 입양자, 위탁아동에게도 적용된다.
③ 6세 이하의 공제 대상 자녀가 2인 이상인 경우 일반공제에 추가로 1명을 초과하는 자녀 1명 당 연 15만원씩 추가공제된다.
④ 해당 과세기간에 둘째가 출생한 경우 연 50만원을 세액공제 한다.

17 **다음은 거주자 김삼일씨의 부양가족 현황이다. 연말정산 시 부양가족에 대해 적용받을 수 있는 세액공제 금액은 얼마인가?**

가족	연령	소득현황		비고
김삼일	40세	종합소득	50,000,000원	
배우자	42세	소득없음		
부친	72세	사업소득	5,000,000원	
장모	71세	소득없음		
장남	5세	소득없음		
차남	3세	소득없음		
막내	1세	소득없음(2.17 태어남)		

① 700,000원 ② 750,000원
③ 1,300,000원 ④ 1,600,000원

18 **다음 자료는 거주자 김삼일씨가 당기(2025년) 중 지출한 보험료 내역이다. 종합소득세 계산 시 공제가능한 보험료세액공제 금액은?**

- 자동차보험료 80만원
- 장애인전용보장성보험료 250만원

① 196,000원
② 216,000원
③ 246,000원
④ 396,000원

19 **다음 중 종합소득공제와 세액공제에 대한 설명으로 옳은 것은?**

① 어린이집, 유치원에서 지출한 급식비는 교육비세액공제가 불가능하다.
② 국민건강보험료 근로자 부담금은 전액 소득공제 가능하다.
③ 사업소득만 있는 거주자가 지출한 보험료도 세액공제 가능하다.
④ 연금계좌세액공제는 근로소득자만이 적용받을 수 있다.

20 **다음 중 거주자 김삼일씨의 교육비 세액공제 대상이 아닌 것은?** (단, 모든 부양가족은 소득이 없다)

① 본인의 대학원 학비
② 부친(61세)의 노인대학 학비
③ 여동생(27세)의 대학교 학비
④ 딸(5세)의 유치원비

21 **다음 자료를 이용하여 거주자 김삼일씨의 당기(2025년) 종합소득 신고 시 공제 가능한 의료비 세액공제 금액은 얼마인가?** (단, 김삼일씨의 총급여액은 4,000만원이다)

의료비 지출내역	금액
배우자 골절 수술비	220만원
23세 아들의 미국병원 질병치료비	100만원
난임시술비	300만원

① 400,000원
② 450,000원
③ 750,000원
④ 1,050,000원

22 **거주자인 근로자 갑의 자료를 기초로 의료비세액공제액을 계산하면 얼마인가?**

(1) 갑의 급여총액 50,000,000원(비과세소득 2,400,000원 제외)
(2) 본인 및 부양가족에 대한 의료비지출내역
① 본인(49세)의 건강검진비 1,000,000원
② 장남(20세)의 안경구입비 600,000원
③ 장녀(18세)의 쌍거풀수술비 1,000,000원
④ 부친(73세)의 암치료비 6,000,000원
본인 외에는 모두 소득이 없다.

① 900,000원
② 1,125,000원
③ 1,135,800원
④ 1,200,000원

23 **다음 중 소득세법상 의료비세액공제에 관한 설명으로 가장 올바르지 않은 것은?**

① 근로소득이 있는 거주자는 소득 및 연령조건을 미충족한 기본공제대상자의 의료비에 대해서도 의료비세액공제 적용이 가능하다.
② 건강증진을 위한 의약품 구입비용은 공제대상 의료비에 해당하지 않는다.
③ 의료비세액공제는 세액공제대상 금액의 30%로 한다.
④ 시력보정용 안경 또는 콘택트렌즈 구입을 위하여 지출한 비용으로서 기본공제대상자(나이 및 소득제한 없음) 1명당 50만원 이내의 금액은 공제대상 의료비에 해당한다.

24 **다음 자료를 이용하여 거주자 김삼일씨의 당기(2025년) 교육비 세액공제가 가능한 교육비 지출액을 계산하면 얼마인가?**

자녀의 연령 및 소득	교육비지출액
• 본인 : 58세	• 대학원 학비 10,000,000원
• 차남 : 20세, 사업소득금액 200만원	• 대학교 학비 8,000,000원
• 장녀 : 19세, 정기예금이자 50만원	• 고등학교 학비 2,000,000원
• 차녀 : 15세, 소득금액 없음.	• 외국어학원비 2,000,000원

① 2,000,000원
② 12,000,000원
③ 20,000,000원
④ 22,000,000원

25 **다음 자료에 의해서 근로소득자인 김삼일씨의 교육비세액공제액을 계산하면?**

교육비 지출내역	금액
• 본인의 대학원 학비	600만원
• 사업소득금액 500만 원이 있는 배우자의 대학 학비	400만원
• 15세인 장녀의 중학교 학비	250만원
• 7세인 차녀의 유치원 학비	150만원

① 900,000원 ② 1,000,000원
③ 1,500,000원 ④ 2,000,000원

26 **다음 자료를 바탕으로 근로소득자 김삼일씨의 교육비세액공제액을 계산하면 얼마인가?**

교육비 지출내역	금액
본인의 대학원 학비	600만원
총급여액이 500만원이 있는 배우자의 대학교 학비	400만원
15세인 장녀의 중학교 학비	250만원
7세인 차녀의 유치원 학비	150만원

① 900,000원 ② 1,000,000원
③ 1,500,000원 ④ 2,100,000원

27 **다음 자료를 기초로 근로자 김삼일씨의 보험료 소득공제 금액과 보험료 세액공제 금액을 계산하며 얼마인가?** (단, 장남과 장녀는 소득금액이 없다고 가정한다)

대상	지출대상	금액
본인(46세)	국민건강보험료	3,000,000원
	고용보험료	120,000원
	자동차보험료	800,000원
장남(19세)	장애인 전용 상해보험료	3,000,000원
장녀(17세)	저축성 보험료	2,400,000원

	소득공제	세액공제
①	3,000,000원	246,000원
②	3,120,000원	246,000원
③	3,000,000원	270,000원
④	3,120,000원	270,000원

28 **다음 중 소득세법상 기부금 세액공제에 관한 설명으로 가장 올바르지 않은 것은?**

① 기부금 세액공제 한도를 초과하는 금액은 10년간 이월하여 공제한다.
② 기부금 세액공제는 해당 거주자의 기본공제대상자가 지출한 기부금도 대상금액에 포함된다.
③ 기부금지출액이 1천만원을 초과하는 경우, 그 초과분에 대해서는 30 % 의 공제율이 적용된다.
④ 근로소득이 있는 거주자만이 기부금세액공제 적용이 가능하다.

29 **다음 중 소득세법상 종합소득공제와 세액공제에 대한 대화에서 가장 올바르지 않은 설명을 하고 있는 사람은 누구인가?**

김서울 : 저는 근로소득자인데요, 제가 쓴 교육비뿐만 아니라 배우자, 직계존속, 직계비속을 위한 교육비 모두가 공제대상인 줄 알았는데 그게 아니더라고요. 직계존속을 위한 교육비는 공제대상이 아니더군요.
이경기 : 아, 그렇군요. 저도 근로소득자인데요, 올해 연말정산 시 특별세액공제신청서를 제출하지 않았는데 그러면 항목별 특별세액공제 대신 표준세액공제 13만원 만 적용 받는 것이 맞나요?
박부산 : 네, 맞아요. 저는 근로소득이 없고 사업소득만 있어서 항목별 특별세액공제를 적용 받지 못해 좀 아쉽네요. 얼마 전 둘째 딸이 수술을 받아서 의료비지출이 많았거든요.
조대전 : 아, 정말 아쉽군요. 저는 둘째 아들을 위해 대학 등록금을 지출했는데 아들이 20세가 넘어 기본공제대상자가 아니기 때문에 교육비세액공제를 받을 수 없었어요.

① 김서울 ② 이경기
③ 박부산 ④ 조대전

30 **다음 중 소득세법상 종합소득공제와 세액공제에 대한 대화에서 가장 올바르지 않은 설명을 하고 있는 사람은 누구인가?**

김서울 : MRI 촬영비가 진료, 질병예방 목적으로 의료기관에 지급된 경우에는 의료비공제 대상이며, 건강진단과 관련하여 지급한 경우에도 의료비공제 대상이다.
이경기 : 자녀의 대학교 등록금을 본인의 신용카드로 납부한 경우 등록금 납부금액도 신용카드공제 대상 사용금액에 포함된다.
박부산 : 아이가 아토피성피부염 때문에 일본에 있는 병원에서 치료를 받은 경우 일본 병원에 지급한 의료비는 의료비공제를 받을 수 없다.
조대전 : 평생교육법에 의한 원격대학생(사이버대학)에 지급한 학비도 교육비 공제 대상이다.

① 김서울 ② 이경기
③ 박부산 ④ 조대전

31 **다음 중 종합소득세 계산시 차감하는 소득공제와 세액공제에 관한 설명으로 가장 옳지 않은 것은?**

① 기본공제대상에 해당하는 8세 이상인 자녀가 2명인 경우 55만원의 자녀세액공제를 받을 수 있다.
② 교육비에서 대학원 수업료는 거주자 본인을 위해 지출한 경우에만 인정되며, 학원비는 취학전 아동을 위해 지출한 경우에만 교육비 공제대상에 해당한다.
③ 신용카드소득공제와 주택자금소득공제 등의 소득공제는 공제금액 합계액이 2,500만원을 초과할 경우 그 초과하는 금액은 없는 것으로 본다.
④ 국외에서 지급한 의료비도 신용카드를 사용한 경우 세액공제대상 의료비에 포함된다.
⑤ 근로소득이 있는 자가 특별소득공제, 특별세액공제, 월세세액공제 등을 신청하지 아니한 경우 표준세액공제 13만원을 적용받을 수 있다.

32 **다음 중 종합소득세 관련 소득공제와 세액공제에 관한 설명으로 가장 옳은 것은?**

① 근로소득이 없는 거주자로서 성실사업자에 해당하지 않는 사업소득자는 특별세액공제 중 표준세액공제 12만원과 기부금세액공제를 적용받을 수 있다.
② 생계를 같이하는 아버지(72세)의 종합소득금액이 1,000만원 있는 경우 기본공제는 받을 수 없으나 70세 이상이므로 경로우대자 공제는 받을 수 있다.
③ 종합소득금액이 3,000만원인 배우자를 위해 지출한 의료비는 의료비 세액공제를 받을 수 없다.
④ 22세이고 소득이 없는 아들의 경우 기본공제는 받을 수 없으나 아들을 위해 대학교 등록금 600만원을 지출한 경우 교육비 공제는 받을 수 있다.
⑤ 의료비 세액공제는 본인 의료비 외에 지출한 의료비가 전혀 없더라도, 본인이 지출한 의료비 전액에 대해 세액공제 적용이 가능하다.

33 **다음 중 근로소득에 대한 연말정산에 관한 설명으로 가장 옳지 않은 것은?**

① 자녀의 대학교 등록금 500만원을 신용카드로 결제한 경우 신용카드소득공제를 받을 수 있다.
② 맞벌이 부부의 자녀보험료는 자녀에 대한 기본공제를 받지 않는 배우자가 공제받을 수 없다.
③ 국외 의료기관에 지출한 의료비와 국외에서 사용한 신용카드 금액은 공제대상 지출액에 해당하지 않는다.
④ 일반적으로 다음해 2월분 급여를 지급하는 때에 연말정산을 수행하지만, 퇴직한 경우 퇴직한 달의 급여를 지급하는 때 연말정산 한다.
⑤ 주택마련저축공제 요건에 해당하는 세대주 인지를 판단하려면 과세기간 종료일 현재의 상황에 의하여 판단한다.

34 **다음 중 근로소득 연말정산에 대한 설명으로 가장 옳지 않은 것은?**

① 일반적으로 다음 해 1월분 급여를 지급하는 때에 연말정산을 수행한다.
② 2월분 급여를 2월말까지 지급하지 못하거나 근로소득이 없는 경우에는 2월 말일에 2월분 급여를 지급한 것으로 보아 연말정산을 수행한다.
③ 중도퇴직한 경우에는 퇴직한 달의 급여를 지급하는 때 연말정산한다.
④ 소득공제에 필요한 서류를 제출하는 경우에 한하여 소득공제를 받을 수 있다.

35 **다음의 소득공제와 세액공제 중 개인과 법인 모두에게 적용될 수 있는 것은?**

① 외국납부세액공제
② 배당세액공제
③ 신용카드소득공제
④ 기장세액공제

[redacted]

정답 및 해설

01	③	02	②	03	④	04	②	05	②	06	③	07	④	08	④	09	③	10	③
11	①	12	③	13	②	14	②	15	①	16	③	17	①	18	③	19	②	20	②
21	④	22	①	23	③	24	②	25	③	26	④	27	②	28	④	29	④	30	②
31	④	32	④	33	①	34	①	35	①										

01 ③ 통산은 종합소득금액 내에서만 가능함. 따라서 퇴직소득, 양도소득에서 공제한다는 것은 잘못된 설명이다.

02 ② 20×1년 소득금액은 다음과 같다.
부동산임대 = 결손금 다른 소득과 통산 불가
사업소득 = 결손금 근로소득과 통산
종합소득 = 근로소득 20 − 사업 10 = 10

20×2년 소득금액은 다음과 같다.
부동산임대 = 소득 5 − 이월결손 3 = 2
사업소득 = 소득 12 − 이월결손 0 = 12
종합소득 = 부동산 2 + 사업 12 + 근로 20 = 34

03 ④ 사업소득에서 발생한 결손금은 근로소득금액 → 연금소득금액 → 기타소득금액 → 이자소득금액 → 배당소득금액에서 순서대로 공제한다. 주거용 건물임대업에서 발생한 결손금은 다른 소득금액에서 공제할 수 있다. 부동산임대업에서 발생한 이월결손금은 다른 소득금액에서 공제할 수 없다.

04 ② 부양가족의 범위에는 의붓자녀도 포함된다.

05 ② 기본공제대상자가 아닌 경우 추가공제대상자가 될 수 없다. 배우자는 소득요건만 적용한다. 직계비속이 해당 과세기간 중 19 세로 대학생이 된 경우에는 소득금액이 100만원 이하라면 기본공제대상자가 될 수 있다.

06 ③ 장애인의 경우에도 연간 소득금액이 100만원을 초과하는 경우 기본공제대상자가 될 수 없다.

07 ④ 의료비는 세액공제대상이다.

08 ④ (1) 인적공제 = 1,050만원
- 기본공제 = 5명(김삼일, 배우자, 장모, 장남, 차남) × 150만원 = 750만원
- 추가공제 = 경로우대(모친) 100만원 + 장애인(차남) 200만원 = 300만원
- 인적공제 합계 = 1,050만원

(2) 국민연금 공제 100만원 / 건강보험 공제 60만원(본인부담분만 공제가 가능하다)
(3) 소득공제 합계 = 인적공제 1,050만원 + 기타공제 160만원 = 1,210만원
자동차보험료는 세액공제 대상으로 소득공제 가능한 금액은 없다.

09 ③ 보험료 소득공제 = 국민건강 200만원 + 고용보험 100만원 = 300만원
보장성보험료는 소득공제가 아닌 세액공제를 적용받는다.

10 ③ 과세표준 = 사업 6,000만원 + 근로 8,000만원 − 소득공제 4,000만원 = 1억원
퇴직소득과 양도소득은 종합소득금액에 포함하지 아니한다.

11 ① 비실명금융소득은 무조건분리과세 한다.
과세표준 = 사업 40 + 근로 80 − 종합소득공제 40 = 80,000,000원

12 ③ 부녀자공제와 한부모공제가 동시에 적용되는 경우 한부모공제를 적용한다.

13 ② 면세점 사용금액은 소득공제 적용대상에서 제외한다.

14 ② ① 금융소득에 대해 무조건 14%의 세율로 과세하는 것은 아니다. (종합과세 되는 경우 소득세 누진세율 적용됨)
③ 금융소득에 원천징수세율을 적용하는 경우 비영업대금의 이익만 25% 세율 적용한다.
④ 국외에서 받는 금융소득은 무조건종합과세 한다.

15 ① (1) 종합소득금액 = 45,500,000원(이자 1,500 + 배당 1,050 + 사업 2,000)

(단위 : 만원)

구분	발생금액	소득금액의 계산			종합소득금액
		기준이내	기준초과	Gross-up	
채권이자	1,500	1,500			1,500
A배당	1,000	500	500	50	1,050
합계	2,500	2,000	500	50	2,550

(2) 종합소득 과세표준 = 45,500,000 − 5,500,000 = 40,000,000
(3) 산출세액 = Max(①, ②) = 4,540,000
① (40,000,000 − 20,000,000) × 기본세율 + 20,000,000 × 14% = 4,540,000
② (40,000,000 − 25,500,000) × 기본세율 + 25,000,000 × 14% = 4,415,000

16 ③ 부양가족의 범위에는 입양자, 위탁아동, 의붓자녀도 포함된다. 6세 이하 자녀에 대한 세액공제 는 세법 개정으로 삭제된 규정이다.

17 ① 세액공제 = (1) + (2) = 70만원
(1) 기본공제 = 0(8세 이상만 공제 가능하다)
(2) 출산공제 = 70만원(셋째 출산이므로)

18 ③
• 공제대상 보험료
- 일반보장성보험 = min(80,100)만원 = 80만원
- 장애인전용보장성보험 = min(250,100)만원 = 100만원

• 세액공제금액 = 80만원 × 12% + 100만원 × 15% = 246,000원

19 ② 어린이집, 유치원의 급식비도 세액공제 가능하며, 보험료세액공제는 근로소득자만 가능하다. 연금계좌세액공제는 종합소득이 있는 거주자면 세액공제 가능하다.

20 ② 직계존속을 위해 지출한 교육비는 세액공제 대상이 아니다. 부양가족의 교육비는 나이요건을 충족하지 못하더라도 공제가 가능하다.

21 ④ ㉠ 공제대상 의료비
• 난임시술비 = 300만원
• 특정의료비(본인, 장애인, 경로 등) = 0만원
• 일반의료비 = 220만원

(단위 : 만원)

구분	지출액	최소 사용액	공제대상 금액	세율	세액공제 금액
난임시술비	300	–	300	30%	90
특정의료비	0	–	–	–	–
일반의료비	220	120	100	15%	15
합계	520	120	400		105

22 ① 일반의료비 = 장남 50만원(50만원 한도 적용)
특정의료비 = 본인 100만원 + 부친 600만원 = 700만원
성형을 위한 의료비(쌍거풀수술비)는 의료비 공제대상에서 제외한다.

(단위 : 만원)

구분	지출액	최소 사용액	공제대상 금액	세율	세액공제 금액
특정의료비	700	100	600	15%	90
일반의료비	50	50	–	15%	–
합계	750	150	600		90

23 ③ 의료비세액공제는 세액공제대상 금액의 15 % 로 하되, 난임시술비는 30%, 미숙아나 선천성이상아 관련 의료비는 20%를 적용한다.

24 ② 세액공제대상 교육비 = 본인 1,000만원 + 장녀 200만원 = 1,200만원
차남의 경우 소득금액이 100만원 초과하므로 교육비공제 불가능하며, 차녀의 경우 초등학교 취학 후 학원비는 공제 불가능하다.

25 ③ 세액공제대상 교육비 = 본인 600만 원 + 장녀 250만 원 + 차녀 150만 원 = 1,000만 원
세액공제금액 = 1,000만 원 × 15% = 150만 원

26 ④ 모두 공제 대상이다. (본인의 대학원 학비는 공제 가능, 총급여액이 500만원인 경우 소득금액 100만원 이하로 보아 공제 가능)
교육비세액공제액 = 1,400 × 15% = 2,100,000원

27 ② 국민건강보험료 300만원, 고용보험료 12만원은 소득공제대상이다.
세액공제는 자동차보험료 800,000 × 12%와 장애인전용 상해보험료 MIN(3,000,000, 1,000,000) × 15%를 합산한 246,000원이다.

28 ④ 기부금세액공제는 거주자이면 적용 가능하다.

29 ④ 교육비세액공제는 나이를 제한하지 않으므로 20세가 넘는 자녀에 대한 대학등록금도 교육비세액공제대상이다.

30 ② 보험료, 교육비, 제세공과금, 리스료, 상품권 구입비, 취득세 부과 자산의 구입비용, 금융보험 지급액은 신용카드 공제대상에서 제외한다.

31 ④ 국외에서 지출한 의료비는 공제대상에 포함되지 않는다.

32 ④ 성실사업자에 해당하지 않는 사업소득자의 경우 표준세액공제 7만원 + 기부금세액공제를 적용받을 수 있다. 경로우대자공제와 같은 추가공제는 기본공제를 받은 부양가족에 한해 적용한다. 의료비세액공제는 연령요건과 소득요건을 고려하지 않으므로 종합소득금액이 100만원을 초과하는 배우자를 위해 의료비를 지출한 경우 의료비 세액공제를 적용받을 수 있다. 교육비공제의 경우 연령요건을 고려하지 않으므로 22세 아들을 위해 지출한 교육비도 공제대상에 해당한다. 의료비 세액공제는 총급여의 3%를 초과하여 지출한 금액만 세액공제 대상에 포함한다.

33 ① 고등교육법에 따른 학교 수업료 등은 소득공제 대상 신용카드 사용금액에 포함하지 않는다.
또한, 보험료공제는 기본공제를 받은 부양가족에 대해서만 공제받을 수 있다.

34 ① 일반적으로 다음 해 2월분 급여를 지급하는 때에 연말정산을 수행한다.

35 ① 외국납부세액공제는 법인과 개인 모두 가능하다.

퇴직소득

1 범 위

① **사용자 부담금을 기초로 하여 현실적인 퇴직**을 원인으로 지급받는 소득(**퇴직위로금, 퇴직공로금 포함**)
② **국민연금법**, 공무원연금법, 군인연금법, 사립학교교직원연금법 또는 별정우체국법에 따라 **받는 일시금**
③ 퇴직소득 지연지급에 따른 이자
④ 「과학기술인공제회법」 따라 받는 과학기술발전장려금
⑤ 「건설근로자의 고용개선 등에 관한 법률」 따른 퇴직공제금

임원 퇴직금의 한도초과액은 근로소득임.

① 의사결정 권한이 있는 임원이 회사의 퇴직금 지급규정 상 임원의 퇴직금 지급비율을 높게 설정하여 세부담이 낮은 퇴직소득을 과다하게 수령하는 것을 막기 위해 회사 내부 지급규정에 따라 퇴직금을 지급하더라도 세법상 한도를 초과하는 금액은 근로소득으로 보도록 함.
② 단 상기 한도규정은 2012.1.1. 이후 근무기간에 대한 퇴직금에 대해서만 적용함. 또한, 2020년부터는 배수규정이 2배수로 감소함.

즉,
- 한도초과액 = 2012.1.1. 이후 근무기간분 퇴직소득금액 – 임원퇴직금 한도액
- 임원퇴직금한도액 =

2012년~2019년 근속연수	퇴직전 3년 총급여 연평균환산액 × 10% × (2012년~2019년 근속연수) × 3배
2020년 이후 근속연수	퇴직전 3년 총급여 연평균환산액 × 10% × (2020년 이후 근속연수) × 2배

2 과세표준과 산출세액

2016년부터 과세표준과 산출세액 산출방식이 크게 변경된 바, 내용은 다음과 같음.

구분	종전규정	개정규정(2016. 1. 1 이후)
과세표준	퇴직소득금액 – 퇴직소득금액 × 40%(정률공제) – 근속연수공제	환산급여 = (퇴직소득금액 – 근속연수공제) × $\frac{12}{근속연수}$ 과세표준 = 환산급여 – 환산급여공제
산출세액	① + ② ① 2012.12.31까지 근무분 (과세표준 × $\frac{1}{근속연수}$ × 기본세율) × 근속연수 ② 2013.1.1 이후 근무분 (과세표준 × $\frac{5}{근속연수}$ × 기본세율) × $\frac{근속연수}{5}$	과세표준 × 기본세율 × $\frac{근속연수}{12}$
산출세액 경과규정	2016년~2019년까지는 다음의 비율로 가중평균하여 산출세액 계산함. • 2016년(종전 : 개정) = 8 : 2 • 2017년(종전 : 개정) = 6 : 4 • 2018년(종전 : 개정) = 4 : 6 • 2019년(종전 : 개정) = 2 : 8	2020년 이후 퇴직하는 경우 개정규정 적용

근수연속공제

근속연수	공제액
5년 이하	100만원 × 근속연수
5년 초과 10년 이하	500만원 + 200만원 × (근속연수 – 5년)
10년 초과 20년 이하	1,500만원 + 250만원 × (근속연수 –10년)
20년 초과	4,000만원 + 300만원 × (근속연수 – 20년)

* 근속연수 계산 시 1년 미만의 기간은 1년으로 본다(예 9년 3개월→10년).

환산급여공제

환산급여	환산급여공제
800만원 이하	100%
800만원 초과 ~ 7,000만원 이하	800만원 + (환산급여 – 800만원) × 60%
7,000만원 초과 ~ 1억원 이하	4,520만원 +(환산급여 – 7,000만원) × 55%
1억원 초과 ~ 3억원 이하	6,170만원 +(환산급여 – 1억원) × 45%
3억원 초과	15,170만원 +(환산급여 – 3억원) × 35%

예제 1

거주자 홍길동씨는 2021.1.1.에 입사하여 2024. 11. 30에 퇴직하며 퇴직금 ₩200,000,000을 지급받았다. 퇴직소득산출세액은 얼마인가?

근속연수	근속연수 공제
5년 이하	100만원 × 근속연수

환산급여	환산급여공제
1억원 초과 ~ 3억원 이하	6,170만원 + (환산급여 - 1억원) × 45%
3억원 초과	15,170만원 + (환산급여 - 3억원) × 35%

과세표준	세율
8,800만원 초과 ~ 1.5억원 이하	1,590만원 + 8,800만원 초과액 35%
1.5억원 초과 ~ 5억원 이하	3,760만원 + 1.5억원 초과액 38%

해설 근속연수 = 3년 11개월 = 4년

과세표준	환산급여 = (20,000만 - 100만원 × 4) × $(\frac{12}{4})$ = 58,800만원 과세표준 = 58,800만원 - {15,170만원 + (58,800만원 - 30,000만원) × 35%} = 58,800만원 - 25,250만원 = 33,550만원
산출세액	33,550만원 × 세율 × $(\frac{4}{12})$ = 108,260.000원 × $(\frac{4}{12})$ = 36,086,666원

3 수입시기

① 퇴직소득의 수입시기는 **퇴직을 한 날**임.

② 다만, **퇴직금을 연금계좌로 이체**하는 경우 **연금을 수령하는 시점까지 과세를 이연**함.

③ 단, **과세이연된 퇴직소득을 연금외수령**한 경우 **이연된 퇴직소득세 납부함**.

출제예상 문제

01 **다음 중 소득세법상 퇴직소득에 대한 설명으로 가장 옳지 않은 것은?**

① 퇴직소득이란 사용자 부담금을 기초로 하여 현실적인 퇴직을 원인으로 지급받는 소득을 의미한다.
② 국민연금법에 따라 받는 일시금도 퇴직소득에 해당한다.
③ 퇴직금을 연금계좌로 지급받는 경우 연금을 수령하는 시점까지 과세를 이연한다.
④ 퇴직소득 지급지연에 따라 수령한 이자는 이자소득으로 과세한다.

02 **다음은 퇴직소득에 관한 설명으로 가장 옳지 않은 것은?**

① 공적연금 관련법에 따라 받는 일시금은 퇴직소득에 해당한다.
② 공적연금소득과 사적연금소득을 합한 금액이 1,200만원 이하인 경우 분리과세를 선택할 수 있다.
③ 연금계좌에서 연금형태로 인출한 금액은 소득공제받지 못한 자기불입분을 제외하면 법정한도 내에서 연금소득으로 과세한다.
④ 원칙적으로 퇴직소득에 대한 총수입금액의 수입시기는 퇴직을 한 날로 한다.

03 **다음 중 퇴직소득에 관한 설명으로 가장 옳지 않은 것은?**

① 종업원이 임원이 되며 퇴직급여를 실제로 받지 않은 경우에는 퇴직으로 보지 않을 수 있다.
② 원칙적으로 퇴직소득에 대한 총수입금액의 수입시기는 퇴직을 한 날로 한다.
③ 임원의 2011. 1. 1. 이후 근무기간의 퇴직소득금액(공적연금 관련법에 따라 받는 일시 금은 제외)이 임원 퇴직소득 한도액을 초과하는 경우 그 초과금액은 근로소득으로 본다.
④ 근로자퇴직급여 보장법(제38조)」에 따라 퇴직연금제도가 폐지되어 퇴직급여를 지급받은 경우 그 지급받은 날에 퇴직한 것으로 본다.

정답 및 해설

01	④	02	②	03	③

01 ④ 퇴직소득 지급지연에 따라 수령한 이자는 퇴직소득으로 과세한다.

02 ② 사적연금소득이 1,200만원 이하인 경우 분리과세를 선택할 수 있다. 공적연금은 무조건 종합과세 하는데 이는 소득공제를 받을 수 있게 하기 위함이다.

03 ③ 좋은 유형의 기출문제는 아니지만, 2011. 1. 1 이후가 아닌 2013. 1. 1 이후 근무기간의 퇴직소득금액(공적연금 관련법에 따라 받는 일시금은 제외)이 임원 퇴직소득 한도액을 초과하는 경우 그 초과금액은 근로소득으로 본다.

양도소득

1 범 위

① 부동산, 주식 등의 양도차익에 대해 과세하는 세금이다.

② **양도란 매도, 교환, 법인에 대한 현물출자 등으로 그 자산이 유상으로 사실상 이전되는 것**을 말한다.

③ 환지처분, 양도담보 등은 양도에 해당하지 않음.

구분		과세대상
I 그룹	부동산	㉠ 토지·건물(시설물, 구축물 포함)
	부동산에 관한 권리	㉡ 지상권·전세권 ㉢ 등기된 부동산임차권 ㉣ 부동산을 취득할 수 있는 권리(예 아파트분양권)
	기타자산	㉤ 특정주식 ㉥ 시설물이용권(**골프회원권, 콘도회원권** 등) ㉦ 사업용 고정자산과 함께 양도하는 영업권 / 영업권만 양도시 기타소득임) * 사업용고정자산 : 토지, 건물, 부동산에 관한 권리
II 그룹	일반주식 (특정주식 제외)	㉠ 상장주식(주식시장 활성화위해 원칙적 과세하지 않음) – 대주주[*1]가 양도하는 것 – 유가증권시장·코스닥시장에서 거래에 의하지 아니하고 양도하는 것 ㉡ 비상장주식(소액주주가 K-OTC 시장에서 양도하는 중소·중견기업 주식은 과세제외)
III그룹	파생상품	㉠ 국내·해외 장내파생상품 ㉡ 주가지수 관련 장외파생상품
IV그룹	신탁수익권	신탁의 이익을 받을 권리의 양도로 발생하는 소득 (다만, 신탁 수익권의 양도를 통하여 신탁재산에 대한 지배·통제권이 사실상 이전되는 경우는 신탁재산 자체의 양도로 봄)

(*1) **대주주** : 지분율 또는 시가총액 기준에 해당하는 주주 및 그 특수관계인

구분	지분율	시가총액
유가증권 시장	1% 이상	50억원 이상
코스닥 시장	2% 이상	
코넥스 시장	4% 이상	

✔ 최대주주의 경우 4촌 이내 혈족, 3촌 이내 인척, 배우자 등의 보유주식을 합하여 양도소득세 과세대상 여부를 판정. 최대주주가 아닌 경우 본인의 보유주식만 가지고 판단함.

특정주식

① 부동산 과다법인의 주식

다음 요건을 모두 충족하는 주식을 양도하는 것은 기타자산으로 보아 양도소득세 계산함.

㉠ 해당 법인의 자산총액 중 토지·건물·부동산에 관한 권리의 가액(부동산과다보유법인 주식가액 포함)이 50% 이상인 법인

㉡ 주주 1인과 기타주주가 소유하고 있는 주식합계액이 50% 이상인 경우

㉢ 주주 및 특수관계인이 양도한 주식합계액이 주식총액의 50% 이상(3년내 양도한 주식 합하여 계산함)

② 골프장 등 특수업종 영위하는 부동산 과다법인의 주식

다음 요건을 모두 충족하는 주식을 양도하는 것은 기타자산으로 보아 양도소득세 계산함.

㉠ 골프장·스키장·휴양콘도미니엄 등을 건설 또는 취득하여 직접 경영하거나 분양·임대하는 사업 영위

㉡ 해당 법인의 자산총액 중 토지·건물·부동산에 관한 권리의 가액(부동산과다보유법인 주식가액 포함)이 80% 이상

㉢ 상기 요건을 충족하는 주식은 단 1주를 양도하더라도 기타자산으로 과세함.

예제 1

다음 중 양도소득세가 과세되는 것은 몇 개인가?

㉠ 토지의 현물출자
㉡ 건물의 무상이전
㉢ 임대하던 점포의 양도
㉣ 1세대 1주택(고가주택 아님)에 해당하는 주택의 양도
㉤ 비상장주식 양도
㉥ 사업용 고정자산과 함께 양도하는 영업권

① 2개　　② 3개　　③ 4개　　④ 5개

해설 ㉠, ㉢, ㉤, ㉥ 건물 무상이전은 양수자에 증여세과세되며 1세대 1주택은 비과세임.

정답 ③

계산구조

	양도금액	실지거래가액 원칙(실지거래가액 인정 또는 확인 안되면 추계결정함)
(−)	취득가액	자산의 취득에 소요된 실지거래가액
(−)	기타경비	자본적지출, 취득 및 양도시 부대비용 등
	양도차익	
(−)	장기보유특별공제	등기된 토지, 건물(보유기간 3년 이상에 한함)
	양도소득금액	
(−)	양도소득기본공제	자산그룹별 연간 250만원
	과세표준	
(×)	세율	
	양도소득산출세액	

2 장기보유특별공제

① 등기된 토지, 건물로 보유기간 3년 이상인 것 및 조합원입주권(관리처분계획인가 전 주택분 한정) **양도차익에 아래의 비율** 공제(1세대 1주택은 보유공제율 + 거주공제율)

② ㉠미등기자산, ㉡조합원으로부터 취득한 조합원입주권 등은 공제불가능
㉢조정대상지역내 소재한 1세대 2주택 이상인 자의 주택은 적용 배제했으나 2026.5.9. 까지 한시적으로 적용하며(단, 보유기간 2년 이상인 경우에 한정) 비사업용토지는 공제 가능하다.

기간 \ 보유/거주	토지, 건물	1세대1주택	
		보유공제	거주공제
3년 이상 4년 미만	6%	12%	12%(*)
4년 이상 5년 미만	8%	16%	16%
5년 이상 6년 미만	10%	20%	20%
6년 이상 7년 미만	12%	24%	24%
7년 이상 8년 미만	14%	28%	28%
8년 이상 9년 미만	16%	32%	32%
9년 이상 10년 미만	18%	36%	36%
10년 이상 11년 미만	20%	40%	40%
11년 이상 12년 미만	22%		
12년 이상 13년 미만	24%		
13년 이상 14년 미만	26%		
14년 이상 15년 미만	28%		
15년 이상	30%		

(*) 거주기간이 2년 이상 3년 미만인 경우 8%

➲ 조정대상지역(2024.01.05. 현재)

구 분	조정대상지역
서울특별시	서초구, 강남구, 송파구, 용산구

3 양도소득 기본공제

① 자산그룹별로 각각 연간 250만원 공제

② **미등기양도자산**에는 적용되지 않음에 주의

예제 2

다음 자료에 의해 등기된 토지의 양도로 인한 양도소득 과세표준을 계산하면?

취득일자	20×1.5.10.
양도일자	20×8.10.20.
양도가액	4,000만원
취득가액	1,900만원
양도비용	100만원

보유기간	장기보유특별공제
6년 이상 7년 미만	100분의 12
7년 이상 8년 미만	100분의 14

① 11,880,000원
② 13,300,000원
③ 14,700,000원
④ 15,326,000원

해설 양도차익 = (4,000 – 1,900 – 100)만원 = 2,000만원
양도소득과세표준 = 2,000만원 × 86% – 250만원 = 14,700,000원

정답 ③

4 양도소득세 세율

구분	과세대상	과세대상	세율
Ⅰ그룹	**부동산**	㉠ 토지 · 건물(시설물, 구축물 포함)	• **원칙 : 기본세율(6% ~ 45%)** – **미등기 : 70%** – **보유기간 1년 미만 : 50%(주택등* 70%)** – **보유기간 1년 이상 2년 미만 : 40%(주택등* 60%)** – 비사업용토지 : 기본세율 +10%
	부동산에 관한 권리	㉡ 지상권 · 전세권 ㉢ 등기된 부동산임차권 ㉣ 부동산을 취득할 수 있는 권리	
	기타자산	㉤ 특정주식 ㉥ 시설물이용권(**골프회원권, 콘도회원권** 등) ㉦ 영업권(사업용 고정자산과 함께 양도하는 것에 한함 / 영업권만 양도시 기타소득임)	
Ⅱ그룹	일반주식 (특정주식 제외)	㉠ **특정상장주식(대주주, 장외거래)** ㉡ **비상장주식(소액주주 K-OTC 시장 중소·중견기업 주식제외)**	주식양도시 세율 참조
Ⅲ그룹	**파생상품**	코스피200선물, 코스피200옵션 등	10%

* 조정대상지역에 있는 주택으로 1세대 2주택 이상에 해당하는 주택 양도 시 다음과 같이 중과했으나, 2026.5.9. 까지 양도하는 경우 중과세율을 적용하지 않음.

구분	세율
2주택	기본세율 + 20%
3주택 이상	기본세율 + 30%

⇨ **주택등** : 주택, 조합입주권 및 분양권 등을 의미함

주식양도시 세율

	중소기업	중소기업 이외	
대주주	20% (과세표준 3억원 초과분 25%)	1년 미만 보유	30%
		1년 이상 보유	20% (과세표준 3억원 초과분 25%)
대주주 이외	10%	20%	

미등기자산과 조정대상지역 내 주택

	미등기자산	조정대상지역 주택
장기보유특별공제	×	×
양도소득 기본공제	×	○
세율	70%	2주택 : 기본세율 + 20%
		3주택 : 기본세율 + 30%

5 예정신고

구분	과세대상	예정신고 기한
I 그룹	**부동산** 부동산에 관한 권리 기타자산	양도한 날이 속하는 달의 말일로부터 2개월 이내
II 그룹	일반주식	양도일 속하는 반기 말일부터 2개월 이내

6 확정신고

① 양도소득이 있는 경우 그 과세기간 다음연도 5.1.~5.31.까지 확정신고 해야 한다.

② 다만, 예정신고를 한 경우 확정신고를 하지 않아도 됨(2회 이상 양도한 경우로 법정사유 해당하는 경우 제외).

7 거래시기

원칙적으로 대금청산일을 취득 또는 양도시기로 본다.

구분	취득시기 / 양도시기
① 대금을 청산한 날이 분명하지 아니한 경우	등기부·등록부 또는 명부 등에 기재된 등기·등록 접수일 또는 명의개서일
② 대금청산일 전에 소유권이전등기를 한 경우	소유권이전등기 접수일
③ 장기할부조건의 경우	이전등기일, 인도일, 사용수익일 중 빠른 날

④ 자가건설 건축물의 경우	사용승인서발급일. 다만, 사용검사 전에 사실상 사용하거나 임시사용승인을 얻은 경우에는 사실상의 사용일 또는 임시사용승인일 중 빠른 날
⑤ 상속 또는 증여에 의하여 취득한 경우	상속개시일 또는 증여를 받은 날

8 비과세 양도소득

① 파산선고 처분으로 발생하는 소득
② 농지의 교환, 분합으로 발생하는 소득
③ 1세대 1주택과 그 부수토지 양도로 발생하는 소득
④ 1세대 1주택에 해당하는 조합원입주권의 양도로 발생하는 소득
⑤ 「지적재조사에 관한 특별법」 제18조에 따른 경계의 확정으로 지적공부상의 면적이 감소되어 같은 법 제20조에 따라 지급받는 조정금

1세대 1주택(삼일 교재 삭제됨)

㉠ 양도일 현재 1세대가 국내에 당해 양도주택 하나(고가주택 제외)만을 보유하고 있는 경우로 주택의 보유기간이 2년 이상인 경우 양도소득세 비과세한다.

㉡ **양도 당시 실지거래가액의 합계액이 12억원을 초과하는 주택(고가주택)은 1세대 1주택이라 하더라도 12억원을 초과하는 부분**에 대해서는 **양도소득세 과세**된다.

- **1세대** : 거주자 및 그 배우자가 그들과 동일한 주소 또는 거소에서 생계를 같이 하는 가족(거주자와 배우자의 직계존비속(그 배우자 포함) 및 형제자매) 등을 의미함.
- **보유기간** : 해당 주택의 취득일 부터 기산하되, 2주택 이상을 보유한 1세대가 1주택 외의 주택을 모두 양도, 증여, 용도변경 등을 통해 처분한 경우 1주택을 보유하게 된 날부터 보유기간 계산함.

출제예상 문제

01 **다음 중 소득세법상 양도소득세 과세대상(비과세 제외)은 몇 개인가?**

> ㉠ 토지의 현물출자
> ㉡ 직전 사업연도말 현재 상장법인의 총발행주식의 0.5%(시가 5억)를 보유한 주주가 보유주식을 전부 매각한 경우
> ㉢ 임대하던 점포의 양도
> ㉣ 1세대 1주택(고가주택 아님)에 해당하는 주택의 양도
> ㉤ 비상장주식 양도
> ㉥ 사업용 고정자산과 함께 양도하는 영업권

① 2개 ② 3개
③ 4개 ④ 5개

02 **다음 중 양도소득세가 과세되는 소득은 몇 개인가?**

> ㉠ 사업용 기계장치처분이익
> ㉡ 소액주주가 양도한 상장법인의 주식의 처분이익
> ㉢ 부동산을 취득할 수 있는 권리의 양도소득
> ㉣ 업무용승용차의 양도소득
> ㉤ 대주주 소유 상장주식 처분이익

① 2개 ② 3개
③ 4개 ④ 5개

03 **다음 중 양도소득세 비과세대상이 아닌 것은?**

① 1세대1주택의 양도로 발생하는 소득
② 농지의 대토로 발생하는 소득
③ 파산선고에 의한 처분으로 발생하는 소득
④ 「지적재조사에 관한 특별법」 제18조에 따른 경계의 확정으로 지적공부상의 면적이 감소되어 같은 법 제20조에 따라 지급받는 조정금

04 **다음 중 양도소득세 과세대상으로 가장 올바르지 않은 것은?**

① 업무용 차량의 양도
② 등기된 부동산 임차권
③ 대주주가 양도하는 상장주식
④ 특정시설물이용권의 양도

05 **다음 중 양도소득세 과세대상은 몇 개인가?**

ㄱ. 토지의 현물출자
ㄴ. 건물의 무상이전
ㄷ. 임대하던 점포를 양도한 경우
ㄹ. 1세대 1주택(고가주택)에 해당하는 주택의 양도
ㅁ. 직전 사업연도말 현재 상장법인의 총발행주식의 0.5%(시가 5억)를 보유한 주주가 보유주식을 전부 매각한 경우(단, 장외거래에 해당하지 않음)
ㅂ. 부동산상의 권리와 함께 양도하는 영업권

① 2개 ② 3개
③ 4개 ④ 5개

06 **다음 중 소득세법상 양도소득에 대한 설명으로 가장 옳지 않은 것은?**

① 양도라 함은 자산에 대한 등기·등록에 관계없이 매도·교환·법인에 대한 현물출자 등으로 인하여 그 자산이 유상으로 사실상 이전되는 것을 말한다.
② 1세대 1주택의 경우 양도소득세를 비과세 하지만, 양도당시 실지 거래가액이 12억원을 초과하는 경우에는 12억 초과분에 대해서는 과세한다.
③ 토지·건물로서 등기되고 보유기간이 3년 이상인 것을 양도하는 경우 장기보유특별공제를 적용하나, 미등기자산을 양도하는 경우에는 장기보유특별공제를 적용하지 않는다.
④ 토지 및 건물을 양도한 경우에는 양도한 날이 속하는 분기의 말일부터 2개월 이내에 예정신고를 해야 한다.

07 **다음 중 양도소득세에 관한 설명으로 가장 옳지 않은 것은?**

① 토지, 건물, 부동산에 관한 권리는 원칙적으로 실지거래가액에 의해서 양도차익을 계산한다.
② 골프장업을 영위하는 법인(자산 총액 중 부동산의 비율이 80% 이상)이 발행한 주식을 1주 이상 양도하는 경우에는 양도소득세가 과세된다.
③ 보유기간이 3년 이상인 건물(등기여부 불문)은 장기보유특별공제 적용대상이다.
④ 거주자가 토지 및 건물을 양도하는 경우에는 양도한 날이 속하는 달의 말일부터 2개월 이내에 납세지 관할세무서장에게 신고하고 그 세액을 납부하여야 한다.

08 **다음 자료에 의해 등기된 토지의 양도로 인한 양도소득 과세표준을 계산하면?**

• 취득일자	2016. 5. 10
• 양도일자	2025. 10. 20
• 토지면적	$200m^2$
• 양도당시의 실지거래가	$200,000/m^2$
• 취득당시의 실지거래가	$100,000/m^2$
• 양도비용(중개사 수수료 등)	600,000

단, 장기보유특별공제율은 16%를 적용

① 12,258,000원　② 13,796,000원
③ 15,300,000원　④ 17,326,000원

09 **거주자 최순희씨는 얼마 전 6년간 보유한 토지를 양도하였다. 토지는 등기되었으며 사업용토지이다. 다음 자료에 의해 양도소득 과세표준을 계산하면 얼마인가?** (다만, 동 토지의 실지양도비용은 3,000,000원이다.)

구분	실지거래가액	기준시가(개별공시지가)
양도가액	120,000,000원	70,000,000원
취득가액	72,000,000원	40,000,000원

단, 장기보유특별공제율은 12%를 적용한다.

① 37,100,000원　② 39,600,000원
③ 41,360,000원　④ 45,000,000원

10 **다음은 양도소득세의 세율에 관한 사항이다. 가장 높은 양도소득세율을 적용받는 것은?**

① 등기되지 않은 토지의 양도
② 2년 이상 보유한 조합원입주권의 양도
③ 보유기간이 1년 미만인 등기된 상가의 양도
④ 대주주가 보유하는 보유기간이 2년 이상인 비상장주식의 양도

정답 및 해설

01	③	02	①	03	②	04	①	05	③	06	④	07	③	08	②	09	①	10	①

01 ③ ㉠, ㉢, ㉤, ㉥ 상장법인의 총발행주식의 0.5%(시가 5억)를 보유한 주주는 소액주주에 해당하여 양도소득세가 과세되지 않으며, 1세대 1주택은 비과세한다.

02 ① 양도소득세 과세대상은 2개 (㉢, ㉤)이다.
㉠ 사업용 기계장치처분이익은 복식부기의무자의 경우 사업소득으로 과세된다.
㉡ 소액주주가 양도한 상장법인의 주식은 비과세한다.
㉢ 부동산을 취득할 수 있는 권리는 양도소득세 과세대상에 해당한다.
㉣ 업무용승용차의 양도는 복식부기의무자의 경우 사업소득으로 과세된다.
㉤ 대주주가 소유한 상장주식은 양도소득세 과세대상에 해당한다.

03 ② 농지의 교환과 분합은 양도소득세 비과세대상이나 농지의 대토는 양도소득세 비과세 대상이 아니다. (농지의 대토는 감면대상임)

04 ① 차량운반구는 양도소득세 과세대상에 해당하지 않는다.

05 ③ 과세대상 ㄱ, ㄷ, ㄹ, ㅂ
건물의 무상이전은 상대방에게 증여세가 과세된다. 직전 사업연도말 현재 상장법인의 총발행주식의 0.5%(시가 5억)를 보유한 주주는 대주주에 해당하지 않아 양도소득세가 과세되지 않는다.

06 ④ 토지 및 건물을 양도한 경우에는 양도한 날이 속하는 달의 말일부터 2개월 이내에 예정신고를 해야 한다. 주식 및 출자지분은 양도일 속하는 반기의 말일부터 2개월 이내에 예정신고해야 한다.

07 ③ 등기된 자산에 한해 장기보유특별공제를 적용한다.

08 ② 양도차익 = 200 × (200,000 − 100,000) − 600,000 = 19,400,000원
과세표준 = 19,400,000 − 19,400,000 × 16% − 2,500,000 = 13,796,000원

09 ① (단위 : 백만원)
양도차익 = 양도가 120 − 취득가 72 − 양도비용 3 = 45
과세표준 = 양도차익 45 − 장기보유 5.4 − 기본공제 2.5 = 37,100,000원

10 ① 미등기토지에 대해서는 70% 세율이 적용된다. 2년 이상 보유한 조합원입주권은 기본세율, 1년 미만 등기된 상가는 50%, 대주주가 보유하는 비상장주식은 20%~25가 적용된다.

원천징수

1 개념 및 장점

- 원천징수란 소득을 지급하는 자가 소득을 수령하는 납세의무자가 납부해야 할 세금을 미리 징수하여 정부에 납부하는 제도이다.
- 원천징수의 장점은 다음과 같다.

구분	원천징수의 장점
① 탈세의 방지	그 세원이 발생하는 원천에서 세금을 일괄 징수하므로 **세원의 탈루를 최소화**함.
② 조세수입의 조기확보와 평준화	원천징수를 통해 **조세수입을 조기확보할 수 있고 정부재원 평준화** 가능함
③ 징세비용절약과 징수사무 간소화	원천징수의무자가 정부를 대신하여 원천징수를 하게 되므로 **징세비용절약과 징수사무간소화**를 기할 수 있음.
④ 납세의무자의 세금부담 분산	납세의무자의 세금분산 가능

2 종류

① 완납적원천징수와 예납적원천징수로 나눈다.

② **완납적원천징수**는 원천징수로 **별도의 확정신고 없이 납세의무가 종결**한다.

③ **예납적원천징수**는 **원천징수 후 별도의 확정신고**절차 통해 세금을 정산해야 한다.

구분	예납적 원천징수	완납적 원천징수
㉠ 납세의무 종결	원천징수로 종결되지 않음	원천징수로 종결
㉡ 확정신고 의무	있음	없음
㉢ 조세부담	확정신고 세액	원천징수 세액
㉣ 대상소득	분리과세 이외 소득	분리과세[*1] 소득

*1 **분리과세 소득** : 2,000만원 이하의 금융소득, 일용근로소득, 소액연금, 복권당첨소득 등

3 원천징수 세율

① 지급받는 자가 **법인인 경우 법인세법**을, **개인인 경우 소득세법**을 적용하여 원천징수
② 원천징수 금액은 **징수일이 속하는 달의 다음달 10일**까지 납부해야 함.
③ **국외에서 지급하는 소득**에 대하여는 **원천징수를 하지 않음(국내에서 지급하는 경우에만 원천징수함).**

구분	세율
㉠ 이자소득, 배당소득	ⓐ 지급액 14% ⓑ 비영업대금 25% ⓒ 법원에 납부한 보증금 및 경락대금에서 발생한 이자 14% ⓓ 실지명의 확인되지 않는 소득 45%(금융실명거래 대상 90%)
㉡ 사업소득	인적용역, 의료·보건용역 등 3%, 봉사료 5%(단, 외국인 직업운동가가 프로스포츠구단과 계약에 따라 용역 제공하고 받는 소득은 20%)
㉢ 근로소득	간이세액표
㉣ 연금소득	공적연금 – 간이세액표 사적연금 – 소득유형별 3% ~ 5%
㉤ 기타소득	소득금액의 20%
㉥ 퇴직소득	소득세법에 따라 계산된 퇴직소득세 원천징수(단, 연금계좌 이체 시 과세이연)
㉦ 양도소득	원천징수 의무 없음

예제 1

다음 중 원천징수에 관한 설명으로 옳은 것은?

① 원천징수는 지급받는 자가 개인인지 법인인지 관계없이 동일하게 적용된다.
② 국외에서 지급하는 소득에 대해서는 원천징수 하지 않는다.
③ 원천징수를 하면 납세의무가 종결되므로 소득자는 어떤 경우에도 확정신고를 할 필요가 없다.
④ 원천징수의무자는 원천징수한 세액을 지급일이 속하는 달의 다음달 25일까지 납부해야 한다.

해설 국외에서 지급한 소득에 대해서는 원천징수 하지 않음.
지급받는 자가 개인이면 소득세법 법인이면 법인세법을 적용하며, 원천징수 중 예납적원천징수는 확정신고 통해 세금을 정산해야 함. 원천징수 세액은 다음달 10일까지 납부해야 함.

정답 ②

출제예상 문제

01 **다음 중 소득세법상 원천징수에 대한 설명으로 가장 옳은 것은?**

① 원천징수는 지급받는 자가 개인인지 법인인지 관계없이 동일하게 적용된다.
② 국외에서 지급하는 소득에 대해서는 원천징수 하지 않는다.
③ 원천징수를 하면 납세의무가 종결되므로 소득자는 어떤 경우에도 확정신고를 할 필요가 없다
④ 원천징수의무자는 원천징수한 세액을 지급일이 속하는 달의 다음달 25일까지 납부해야 한다.

02 **다음 중 소득세법상 원천징수에 관한 설명으로 가장 옳은 것은?**

① 실지명의가 확인되지 아니하는 배당소득에 대해서는 25%의 세율을 적용하여 원천징수한다.
② 인적용역과 의료·보건용역 등의 특정사업소득수입금액은 5%의 세율을 적용하여 원천징수한다.
③ 3억원을 초과한 복권당첨소득에 대해서는 20%의 세율을 적용하여 원천징수한다.
④ 원천징수는 국내에서 지급하는 경우에 한하여 적용된다.

03 **다음 중 소득세법 상 원천징수에 관한 설명으로 가장 옳지 않은 것은?**

① 완납적 원천징수는 원천징수로 납세의무가 종결되는 경우이다.
② 실지명의가 확인되지 아니하는 이자소득은 25% 세율로 원천징수한다.
③ 법인이 이익처분에 따른 배당을 그 처분을 결정한 날로부터 3개월이 되는 날까지 지급하지 않은 경우 그 3개월이 되는 날에 지급한 것으로 보고 원천징수한다.
④ 기타소득에 대한 원천징수세율과 이자소득에 대한 원천징수세율은 동일하지 않다.

04 **다음 중 소득세법상 원천징수에 대한 설명으로 가장 옳지 않은 것은?**

① 원천징수란 그 세원이 발생하는 원천에서 세금을 일괄징수하여 세원의 탈루를 최소화할 수 있다
② 정부에서는 소득이 발생할 때마다 원천징수를 함으로써 조세수입을 조기확보할 수 있고 정부재원조달의 평준화를 기할 수 있다
③ 원천징수의무자가 정부를 대신하여 원천징수를 하게 되므로 징세비용절약과 징수사무의 간소화를 기할 수 있다
④ 원천징수로 인해 납세의무자의 세금부담이 특정 시점에 집중되는 단점이 있다.

05 **(주)삼일은 20×2년 10월 25일 사업소득자 최영희씨의 사업소득 10,000,000원에 대해 3% (지방소득세 제외) 300,000원을 원천징수하고 나머지 금액을 지급하였다. 원천징수의무자인 (주)삼일의 원천징수 신고·납부기한으로 가장 옳은 것은?**

① 20×2년 10월 25일
② 20×2년 10월 31일
③ 20×2년 11월 10일
④ 20×2년 11월 30일

06 **다음 중 소득 종류별 원천징수세율(지방소득세 제외)로 가장 옳지 않은 것은?**

① 비영업대금이익 : 25%(다만, 온라인을 통하여 중개하는 자로서 금융위원회에 등록한 온라인투자연계금융업자를 통하여 지급받는 이자소득은 14%)
② 연금계좌로 수령하여 과세이연된 퇴직금을 연금형태로 지급받는 금액(단, 실제 수령 10년차인 경우) : 퇴직소득세의 70%
③ 일용근로자의 근로소득 : 10%
④ 실지명의가 확인되지 아니하는 소득 45%(「금융실명거래 및 비밀보장에 관한 법률」가 적용되는 경우에는 90%)

07 **다음 중 소득세법상 원천징수 의무가 있는 소득을 모두 고른 것은?**

가. 공적연금 소득
나. 배당소득
다. 국외에서 지급하는 소득
라. 비영업대금 이자소득
마. 양도소득
바. 의료·보건용역의 사업소득

① 가, 나, 다, 라
② 나, 다, 라, 마
③ 가, 나, 라, 바
④ 나, 라, 마, 바

08 **다음 중 거주자에게 소득을 지급하는 경우 다음 중 소득세법상 원천징수의무가 없는 소득은?**

① 연금소득
② 기타소득
③ 퇴직소득
④ 양도소득

09 **다음은 예납적원천징수와 완납적원천징수를 비교한 표이다. 내용 중 가장 옳지 않은 것은?**

구분	예납적 원천징수	완납적 원천징수
① 납세의무 종결	원천징수로 종결되지 않음	원천징수로 납세의무종결
② 확정신고 의무	확정신고의무 있음	확정신고 불필요
③ 조세부담	원천징수세액	확정신고시 정산하고 원천징수세액을 기납부세액으로 공제함
④ 대상소득	분리과세 이외의 소득	분리과세소득

[redacted]

정답 및 해설

01	②	02	④	03	②	04	④	05	③	06	③	07	③	08	④	09	③

01 ② 국외에서 지급한 소득에 대해서는 원천징수하지 않는다.
지급받는 자가 개인이면 소득세법, 법인이면 법인세법을 적용하며, 원천징수 중 예납적 원천징수는 확정신고 통해 세금을 정산해야 한다. 원천징수 세액은 다음달 10일까지 납부해야 한다.

02 ④ 실지명의가 확인되지 아니하는 배당소득 : 45%(실명위반 90%)
인적용역과 의료·보건용역 등의 특정사업소득수입금액 : 3%
3억원을 초과한 복권당첨소득 : 30%

03 ② 실지명의가 확인되지 아니하는 이자소득은45%(금융실명거래대상은 90%)의 세율로 원천징수한다.

04 ④ 원천징수로 인해 납세의무자의 세금부담이 분산되게 된다.

05 ③ 원천징수는 지급일이 속하는 달의 다음달 10일까지 납부해야 한다.

06 ③ 일용근로자의 근로소득에 대한 원천징수세율은 6%이다.

07 ③ 국외에서 지급하는 소득과 양도소득은 원천징수 대상에 해당하지 않는다.

08 ④ 거주자의 양도소득은 원천징수대상이 아니다.

09 ③ 예납적 원천징수는 확정신고 통해 세액이 확정된다.

신고납부 및 결정과 징수

1 확정신고 및 납부

① 해당 과세기간의 종합소득금액, 퇴직소득금액 및 양도소득금액이 있는 거주자(종합소득과세표준이 없거나 결손금이 있는 거주자를 포함한다)는 각 소득의 과세표준을 해당 과세기간의 다음연도 5월 1일부터 5월 31일까지 신고 및 납부해야 함.

② 납부할 세액이 1천만원을 초과하는 경우에는 이를 분납할 수 있다.

③ 다만, 다음에 해당하는 거주자는 확정신고하지 아니하여도 된다.

> ㉠ 근로소득만 있는 자
> ㉡ 퇴직소득만 있는 자
> ㉢ 공적연금소득만 있는 자
> ㉣ 연말정산대상인 사업소득만 있는 자
> ㉤ ㉠ 및 ㉡ / ㉡ 및 ㉢ / ㉡ 및 ㉣의 소득만 있는 자
> ㉥ 분리과세이자소득, 분리과세배당소득, 분리과세연금소득 및 분리과세기타소득만 있는 자
> ㉦ ㉠~㉤의 소득이 있는 자로 분리과세이자소득, 분리과세배당소득, 분리과세연금소득 및 분리과세기타소득이 있는 자

2 중간예납

① 종합소득이 있는 거주자 중 **사업소득이 있는 자**는 1월 1일 부터 6월 30일 까지의 소득에 대해 **중간예납 의무**가 있다.

② 중간예납 세액은 직전 과세기간 실적 기준으로 납세고지서를 발급하면 이에 따라 납부하는 것이 원칙이되, 가결산방법으로 신고납부할 수도 있다.

중간예납 세액 통지기간	중간예납 세액 납부기간
11월 1일 ~ 11월 15일	11월 16일 ~ 11월 30일

법인세법의 경우 중간예납기간 종료일 부터 2개월 이내 신고납부(직전 사업연도 실적 기준 or 해당 사업연도 가결산실적 기준) 하지만, 소득세법은 고지납부가 원칙이되, 납세의무자의 선택에 따라 가결산방법으로 신고납부 할 수 있는 것이다.

3 사업장현황신고

① 사업자(해당 과세기간 중 사업을 폐업 또는 휴업한 사업자를 포함한다)는 사업장 별로 사업실적, 시설현황 및 인건비 등 기본사항과 휴·폐업 사실 등을 기재한 현황보고서를 해당 과세기간의 다음연도 2월 10일까지 사업장 소재지 관할세무서장에게 보고하여야 한다.

② 다만, 사업자가 부가가치세법에 의한 예정신고와 확정신고를 한 때에는 신고를 하지 않아도 된다.

4 토지 등 매매차익과 자산양도차익의 예정신고와 납부

① 토지 등 매매차익 예정신고

부동산 매매업자는 토지 등 매매차익과 세액을 그 매매일이 속하는 달의 말일부터 2개월이 되는 날까지 납세지 관할세무서장에게 신고해야 하고, 그에 해당하는 세액을 납부해야 한다. 이 경우 매매차익이 없거나 매매차손이 발생한 경우에도 신고하여야 한다.

② 자산양도차익 예정신고

양도소득세 과세대상자산을 양도한 거주자(부동산을 매매한 자가 부동산 소유권이전에 관한 등기를 신청하는 날까지 신고한 경우는 제외한다)는 자산의 양도차익을 그 양도일이 속하는 달의 말일부터 2개월이 되는 날(주식과 출자지분의 경우에는 반기의 말일부터 2개월 이내)까지 납세지 관할세무서장에게 신고해야 하고, 그에 해당하는 세액을 납부해야 한다.

5 결정과 경정

① 소득세는 신고납세제도를 채택하고 있는 바, 납세의무는 과세표준과 세액의 신고에 따라 확정된다.

㉠ 결정이란, 신고를 하지 아니한 경우 정부가 과세표준과 세액을 조사·결정하는 것을 말하고

㉡ 경정이란, 신고내용에 오류·탈루 등이 있는 경우 신고내용을 수정하는 것을 말한다.

결정, 경정의 방법에는 다음과 같은 2가지 종류가 있다.

실지조사 결정	과세표준신고서 및 그 첨부서류에 의하거나, 비치·기장한 장부와 기타 증빙서류에 의하여 과세표준과 세액을 결정 또는 경정하는 것
추계조사 결정	장부와 증빙서류가 없거나 중요한 부분이 미미하거나 기장의 내용이 시설규모, 종업원수 등에 비추어 허위임이 명백하여 이를 기초로 조사할 수 없는 경우에는 단순경비율 및 기준경비율에 의한 방법 등에 따라 결정하거나 경정하는 것

출제예상 문제

01 **다음 중 소득세법상 신고·납부에 관한 설명으로 가장 옳지 않은 것은?**

① 소득세는 신고납부제도이므로 원칙적으로 과세표준과 세액의 신고에 따라 확정된다.
② 소득세법 상 중간예납대상자는 종합소득이 있는 거주자 중 사업소득이 있는 자에 국한된다.
③ 소득세법 상 중간예납을 해야 할 자는 중간예납세액을 11월 30일 까지 납부해야 한다.
④ 부가가치세법에 의한 예정신고와 확정신고를 한 사업자도 사업장현황보고서를 다음연도 3월까지 보고해야 한다.
⑤ 근로소득만이 있는 자는 연말정산으로 모든 납세절차가 종결되기 때문에 확정신고는 원칙적으로 하지 않아도 된다.

02 **다음 중 반드시 종합소득세 확정신고를 해야 하는 자는 누구인가?**

① 상가를 임대하여 임대료를 받고 있는 성부자 할머니
② 강릉상사에 근무하다가 당기에 퇴직하여 퇴직금을 수령하였고 아직까지 취직을 하지 못하고 있는 한해수씨
③ 2억 원의 정기예금에서 매년 1,000만 원씩 이자를 수령하고 이 이자소득만으로 생활을 하고 계신 이장수 할아버지
④ 삼진전자에 근무하고 있고 근로소득 이외의 소득은 없는 성지운씨

03 **다음 중 소득세 과세표준 확정신고 의무자는 누구인가?**

① 공적연금소득만 있는 자
② 연말정산대상인 사업소득만 있는 자
③ 종합소득금액만 있는 자
④ 퇴직소득만 있는 자

04 **다음의 소득세 신고납부에 관한 사항 중 옳은 것은?**

① 부동산 매매업자는 토지 등 매매차익과 세액을 그 매매일이 속하는 달의 말일부터 3개월이 되는 날까지 납세지 관할세무서장에게 신고해야 하고, 그에 해당하는 세액을 납부해야 한다.
② 성실신고확인대상자가 성실신고확인서를 제출하는 경우에는 5월 1일부터 6월 30일까지 종합소득과세표준 확정신고를 해야 한다.
③ 면세사업자는 다음 연도 2월 25일까지 사업장현황신고를 하여야 한다.
④ 양도소득세 과세대상에 해당하는 주식을 양도한 자는 양도일이 속하는 달의 말일로부터 2개월 이내에 예정신고를 하여야 한다.
⑤ 소득세의 과세기간은 개인의 임의대로 변경할 수 있다.

05 **다음 중 소득세법상 중간예납에 관한 설명으로 가장 올바르지 않은 것은?**

① 중간예납은 1년간 소득에 대한 소득세를 분할 예납하게 하여 정부의 세입 충족면에서나 납세자의 자금부담을 분산시킬 수 있어 효율적이다.

② 소득세 중간예납대상자는 종합소득이 있는 거주자 중 사업소득이 있는 자이다.

③ 중간예납이란 매년 1월 1일부터 6월 30일까지의 기간동안의 소득에 대해 소득세를 납부하는 것이며, 납부기한은 8월 30일이다.

④ 중간예납세액이 50만원 미만일 경우 중간예납세액을 징수하지 아니한다.

정답 및 해설

01	④	02	①	03	③	04	②	05	③

01 ④ 사업자는 사업장현황을 다음연도 2월 10일 까지 보고해야 하지만, 부가가치세법에 따른 예정신고와 확정신고를 한 경우에는 신고를 하지 않아도 된다.

02 ① 사업소득이 있는 거주자는 무조건 종합소득세 확정신고를 하여야 한다.
근로소득만 있는 자는 연말정산으로, 퇴직소득이 있는 자는 원천징수로 납세의무를 종결할 수 있다. 분리과세 대상 이자소득은 원천징수로 납세의무를 종결한다.

03 ③ 공적연금소득만 있는 자, 연말정산대상인 사업소득만 있는 자는 연말정산을 수행한다. 퇴직소득은 퇴직소득만으로 별도로 세액을 계산한다.

04 ② ① 부동산 매매업자는 토지 등 매매차익과 세액을 그 매매일이 속하는 달의 말일부터 2개월이 되는 날까지 납세지 관할세무서장에게 신고해야 하고, 그에 해당하는 세액을 납부해야 한다.
③ 면세사업자는 다음 연도 2월 10일까지 사업장현황신고를 하여야 한다.
④ 양도소득세 과세대상에 해당하는 주식을 양도한 자는 양도일이 속하는 반기의 말일로부터 2개월 이내에 예정신고를 하여야 한다.
⑤ 소득세의 과세기간은 개인의 임의대로 변경할 수 없다.

05 ③ 종합소득이 있는 거주자 중 사업소득이 있는 자는 1월 1일 부터 6월 30일까지의 소득에 대해 중간예납 의무가 있다. 중간예납 세액은 직전 과세기간 실적 기준으로 납세고지서를 발급하면 이에 따라 납부하는 것이 원칙이되, 가결산방법으로 신고납부할 수도 있다. 중간예납은 11/1 ~ 11/15 사이에 통지하면 11/30까지 납부해야 한다.

memo

이패스 재경관리사
핵심서브노트&문제풀이

PART

05

부가가치세법

CHAPTER 01 총설 및 기본개념

1 부가가치세

① 사업자가 창출한 부가가치의 10% 부과하는 세금이다.

② 매출세액에서 매입세액 차감하는 전단계세액공제법 사용한다.

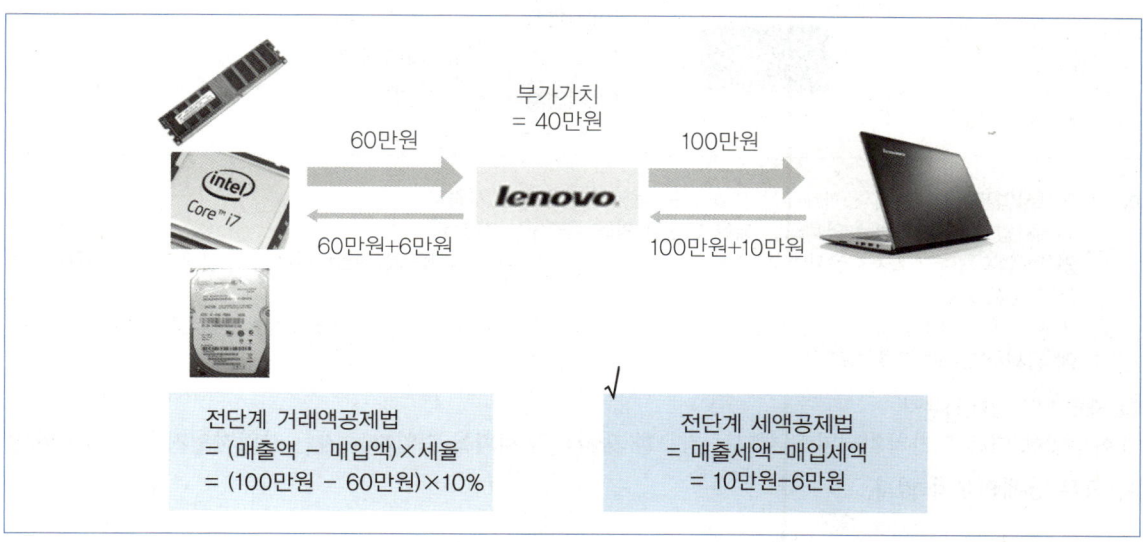

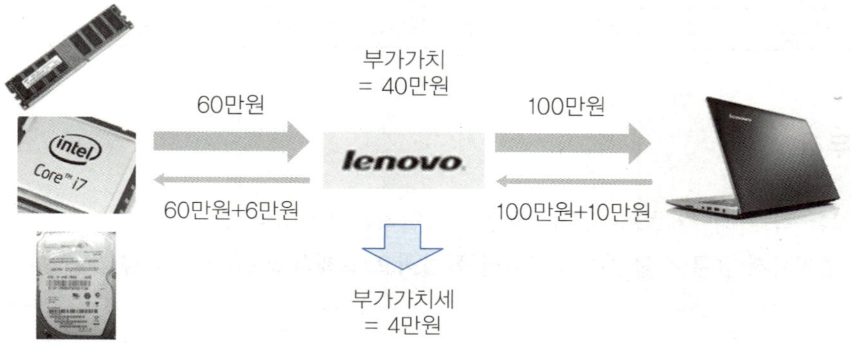

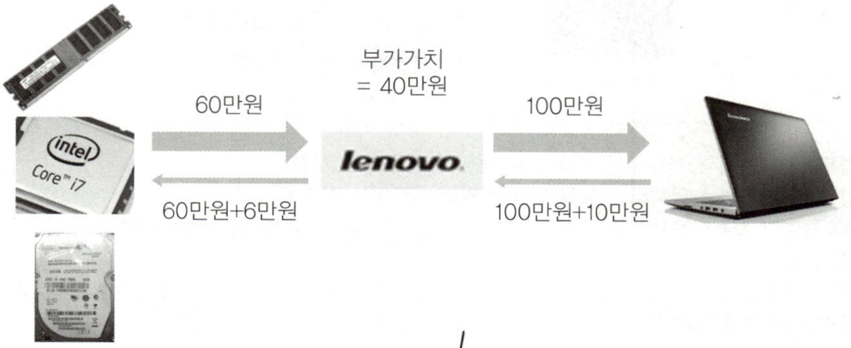

전단계 거래액공제법
= (매출액 − 매입액)×세율
= (100만원 − 60만원)×10%

√ 전단계 세액공제법
= 매출세액−매입세액
= 10만원−6만원

2 부가가치세 특징

특징	내용
① 국세	국가가 일반경비 충당하기 위해 부과하는 조세임.
② 일반소비세	부가가치세는 원칙적으로 모든 재화 또는 용역의 공급을 과세대상으로 하는 일반소비세에 해당함.
③ 간접세	법률상의 납세의무자와 실질적인 담세자가 일치하지 않는 조세임.
④ 다단계과세 (전단계세액공제법)	최종소비자에 이르기까지 모든 거래단계에서 창출된 부가가치에 대해 각 단계별로 과세하는 다단계과세방법을 따르고 있음.
⑤ 소비지국과세원칙	국제적 중복과세를 해결하기 위해 수입국에서만 간접세를 과세할 수 있도록 하는 소비지국과세원칙을 적용함. 이에, 수출재화에 대하여는 영세율을 적용함.
⑥ 조세부담 역진성	소득이 낮은 사람이 더 높은 세부담을 짐(모두에게 동일한 세율로 과세하기 때문임)

3 납세의무자

① 납세의무자는 각 거래단계별로 재화나 용역을 공급하는 사업자이다.

② 사업자란 **영리목적 유무에 불구하고 사업상 독립적으로 재화 또는 용역을 공급하는 자**이다.

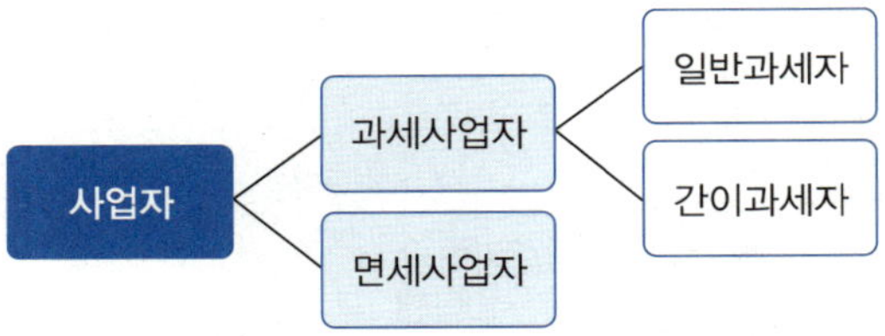

✔ ㉠ 과세사업자 : 부가가치세 과세대상 재화 또는 용역을 공급하는 사업자

㉡ 면세사업자 : 부가가치세 면세되는 재화 또는 용역을 공급하는 사업자

㉢ 면세사업자는 부가가치세상사업자가아님. 따라서, 부각치세법상 사업자등록, 세금계산서발급, 과세표준신고 등 제반의무를 지지않음.

㉣ 과세·면세 겸영사업자 : 과세사업과 면세사업을 겸영하는 자를 말한다. 경영사업자는 부가가치세 납세의무가 있기 때문에 과세사업자로 분류하고 있다

재화수입 납세의무자

재화수입에 대해 부가가치세가 면제되는 경우를 제외하면 **재화를 수입하는 자는 사업자인지 여부에 관계없이 모두 납세의무가 있다.**

4 사업자등록

① 신규로 사업을 개시하고자 하는 자는 사업장마다 관할 세무서장에게 사업자등록을 해야 함.

② **사업자등록**은 **사업개시일로 부터 20일** 내에 신청해야 함(다만, 신규로 사업을 개시하고자 하는 자는 사업개시일 전이라도 등록할 수 있다).

③ 사업개시일로 부터 20일 이내에 **사업자등록을 하지 아니한** 경우 **미등록가산세** 부과됨.

④ 등록신청을 받은 세무서장은 그 신청내용을 조사하여 적법한 경우 **신청일로부터 2일 내**에 사업자등록번호가 부여된 사업자등록증을 발급하여야 한다.

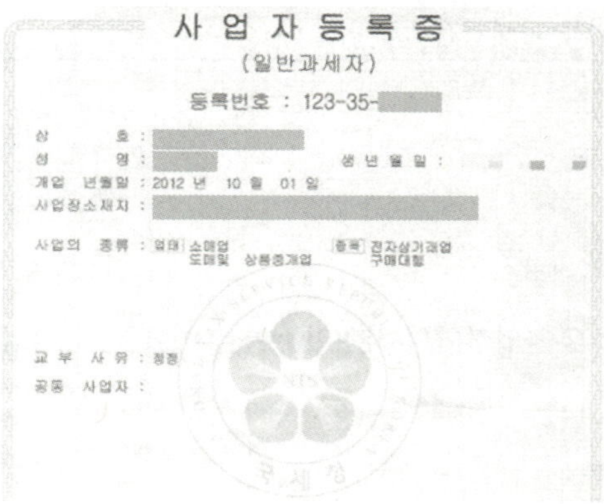
사 업 자 등 록 증
(일반과세자)
등록번호 : 123-35-[redacted]
상 호 : [redacted]
성 명 : [redacted] 생 년 월 일 :
개업 년월일 : 2012 년 10 월 01 일
사업장소재지 : [redacted]
사업의 종류 : 업태 소매업 도매및 상품중개업 종목 전자상거래업 구매대행
교 부 사 유 : 정정
공동 사업자 :
국세청

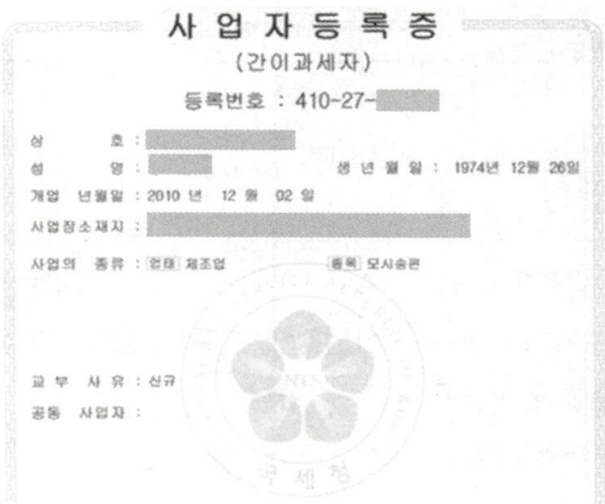
사 업 자 등 록 증
(간이과세자)
등록번호 : 410-27-[redacted]
상 호 : [redacted]
성 명 : [redacted] 생 년 월 일 : 1974년 12월 26일
개업 년월일 : 2010 년 12 월 02 일
사업장소재지 : [redacted]
사업의 종류 : 업태 제조업 종목 모시송편
교 부 사 유 : 신규
공동 사업자 :
국세청

사업자등록 정정등

㉠ 등록사항의 정정사유 발생한 경우 지체없이 사업자등록정정신고를 해야 한다.

㉡ 사업자가 휴업이나 폐업하는 경우에는 지체없이 휴업(폐업)신고를 해야 한다.

5 과세기간

과세기간이란 과세표준 및 납부세액을 계산하기 위한 단위기간을 의미한다.

구분	과세기간	신고·납부 기한
① 확정신고	제1기 : 1월 1일 ~ 6월 30일 제2기 : 7월 1일 ~ 12월 31일	과세기간 종료 후 25일
② 예정신고	1기예정 : 1월 1일 ~ 3월 31일 2기예정 : 7월 1일 ~ 9월 30일	예정신고기간 종료 후 25일

간이과세자의 과세기간은 1/1 ~ 12/31까지로, 과세기간 종료 후 25일 까지 신고함.
간이과세자의 예정신고는 직전 과세기간 1/2을 부과함. (단, 신고납부 선택 시 가능)

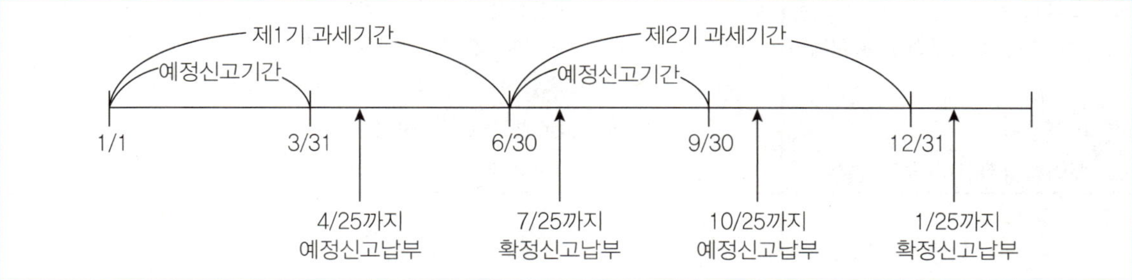

신규사업자 등 과세기간

구분	과세기간
신규사업자	사업개시일 부터 개시일이 속하는 과세기간의 종료일까지 최초 과세기간으로 함 (단, 사업개시일 전에 사업자등록을 한 경우에는 등록신청일 ~ 과세기간종료일까지가 최초 과세기간임).
폐업자	과세기간개시일 부터 폐업일까지를 최종 과세기간으로 함.

6 납세지

① 부가가치세의 납세지는 원칙적으로 각사업장이다.

② 즉, 부가가치세는 각 **사업장마다 신고, 납부**해야하며 각 **사업장마다 사업자등록**을 해야 한다(**사업자 단위로 종합해서 과세**하는 것 **아님**).

7 사업장

① 사업자 또는 사용인이 상시 주재하며 거래의 전부 또는 일부를 행하는 장소를 의미한다.

② 거래란 재화나 용역을 공급하는 것을 의미하므로 단순한 업무연락 장소 / 원재료나 중간제품 생산만을 위한 장소 / 재고자산 보관만을 위한 장소 등은 사업장이 아니다.

사업장

구분	사업장
① **제조업**	최종 제품을 완성하는 장소. 다만, 따로 제품의 포장만을 하거나 용기에 충전만을 하는 장소는 제외함.
② **광업**	광업사무소의 소재지
③ **부동산매매업, 건설업, 운수업**	• 법인 : 그 법인의 등기부상의 소재지(등기부상 지점소재지 포함) • 개인 : 업무총괄장소
④ **부동산임대업**	그 부동산의 등기부상의 소재지
⑤ 무인자동판매기	그 사업에 관한 업무총괄장소
⑥ 국가·지방자치단체 또는 지방자치단체조합이 공급하는 특정용역	부동산임대업, 도매 및 소매업, 음식점업, 숙박업, 골프장·스키장운영업, 기타스포츠시설운영업은 그 사업에 관한 업무를 총괄하는 장소(다만, 위임·위탁 또는 대리에 의하여 재화 또는 용역을 공급하는 경우에는 수임자·수탁자 또는 대리인이 그 업무를 총괄하는 장소)
⑦ 비거주자	비거주자 또는 외국법인의 국내사업장
⑧ 사업장설치하지 않은 경우	사업자의 주소 또는 거소

직매장과 하치장 등

구분	신고, 납부 기한
㉠ 직매장	자기 사업 관련하여 생산, 취득한 재화를 직접 판매하기 위한 판매시설 갖춘 장소. 직매장은 별개의 사업장으로 봄.
㉡ 하치장	재화의 보관, 관리 시설만을 갖춘 장소. 하치장은 사업장으로 보지 않음.
㉢ 임시사업장	㉠ 각종 경기대회, 박람회, 국제회의 등 행사가 개최되는 장소에서 임시로 사업장을 개설하는 경우 이는 기존사업장에 포함됨. 다만, 임시사업장 개설 및 폐쇄신고를 해야 함. ㉡ 임시사업장 설치기간이 10일 이내인 경우 별도의 임시사업장 개설 및 폐쇄신고를 하지 않을 수 있음.

8 주사업장총괄납부

① 둘 이상의 사업장이 있는 경우 본래 각 사업장별로 신고 및 납부해야 함
② 주사업장총괄납부를 신청하면 주사업장에서 다른사업장의 세액까지 총괄하여 납부(환급)할 수 있음
③ 주사업장총괄납부하는 경우에도 사업자등록/과세표준 신고 등은 각 사업장마다 해야함(주의!!).

주사업장총괄납부 신청

① 주사업장총괄납부 하고자 하는 과세기간 개시 20일 전에 제출해야 한다.
② 20×1년 제2기부터 총괄납부 하고자 하는 경우 20×1년 6월 10일까지 신청을 해야 한다.
③ 주사업장은 법인의 본점 또는 개인(일반과세자에 한함)의 주사무소로 한다. 다만, 법인은 지점 또는 분사무소를 주사업장으로 할 수 있다.

9 사업자단위과세제도

① ERP 지원으로 본사에서 모든 자원의 관리 가능해진다.
② 사업장별로 부가가치세를 신고 납부하는 것이 업무의 중복 및 비효율성을 초래한다.
③ 본사에서 총괄하여 부가가치세를 신고 및 납부할 수 있는데 이를 사업자단위과세제도라 한다.

사업자단위과세제도의 효력

- 본점 혹은 주사무소에서 부가가치세를 총괄하여 신고 및 납부할 수 있다.
  ㉠ 사업자등록 및 세금계산서를 단일화하여
  ㉡ 세금계산서의 발급과 수령을 본점 또는 주사무소에서 수행할 수 있음.

예제 1

부가가치세에 대한 다음 설명 중 잘못된 것은?

① 부가가치세는 국제적 이중과세를 방지하기 위해 소비지국과세원칙을 채택하고 있다.
② 부가가치세는 납세의무자와 담세자가 일치하지 않는 간접세에 해당한다.
③ 부가가치세는 소비지국과세원칙을 택하고 있으므로 수출하는 재화에 대하여 영세율이 적용된다.
④ 부가가치세는 매출액에서 매입액을 차감한 부가가치에 10% 세율을 곱해서 산정한다.

해설 우리나라는 매출세액에서 매입세액을 차감하는 전단계세액공제법을 사용하고 있음.
정답 ④

예제 2

부가가치세 대한 다음 설명으로 잘못된 것은?

① 제조업의 사업장은 최종 제품을 완성하는 장소이다.
② 부동산임대 법인의 사업장은 법인의 등기부상 소재지이다.
③ 주사업장총괄납부 신청한 경우에도 사업자등록, 과세표준의 신고 등은 각 사업장별로 이행해야 한다.
④ 사업자단위과세제도를 적용하는 경우 본사에서 총괄하여 부가가치세를 신고 및 납부할 수 있다.

해설 부동산임대업의 사업장은 부동산의 등기부상소재지이고, 부동산매매업의 사업장은 법인의 등기부상소재지임.
정답 ②

출제예상 문제

01 **다음 중 부가가치세에 대한 다음 설명 중 잘못된 것은?**

① 부가가치세는 매출액에서 매입액을 차감한 부가가치에 10% 세율을 곱해서 산정한다.
② 부가가치세는 납세의무자와 담세자가 일치하지 않는 간접세에 해당한다.
③ 부가가치세는 소비지국과세원칙을 택하고 있으므로 수출하는 재화에 대하여 영세율이 적용된다.
④ 부가가치세는 국제적 이중과세를 방지하기 위해 소비지국과세원칙을 채택하고 있다.
⑤ 모든 거래단계에서 창출된 부가가치세에 대하여 각 단계별로 과세하는 다단계거래세이다.

02 **다음 중 부가가치세에 대한 설명으로 가장 옳은 것은?**

① 부가가치세는 납세의무자와 담세자가 일치하지 않는 직접세에 해당한다.
② 부가가치세는 일정기간의 매출액에서 매입액을 차감하여 계산한 부가가치에 세율을 곱하는 전단계거래액공제법을 적용한다.
③ 부가가치세는 3단계 누진세율이 적용된다.
④ 부가가치세는 원칙적으로 모든 재화 또는 용역의 공급을 과세대상으로 하는 일반소비세에 해당한다.

03 **부가가치세에 대한 다음 설명 옳은 것은?**

① 집에 있는 폐품을 일시적으로 파는 경우에도 재화를 공급으로 보아 부가가치세를 납부해야 한다.
② 용역을 수입하는 것도 부가가치세 과세대상 이다.
③ 부가가치세란 재화 또는 용역이 생산되거나 유통되는 모든 단계에서 창출되는 부가가치를 과세대상으로 하는 조세이다.
④ 사업자가 아닌 자가 재화를 수입하는 경우 부가가치세가 과세되지 않는다.
⑤ 겸영사업자란 과세 사업과 영세율 적용대상 사업을 함께 영위하는 자를 말한다.

04 **원재료 생산업자가 생산한 원료를 (주)삼일에게 2,000,000원에 판매하고, (주)삼일은 제품을 생산하여 도매업자인 (주)용산에게 5,000,000원에 판매하였다. 그 후 (주)용산은 소매업자인 (주)강남에게 7,000,000원에 판매하고, (주)강남은 소비자 김삼일에게 10,000,000원에 판매한 경우 전체 거래에서 창출된 총 부가가치금액을 구하면 얼마인가?**

① 1,000,000원　　② 8,000,000원
③ 10,000,000원　　④ 24,000,000원

05 **다음 중 부가가치세 과세대상이 아닌 것은?**

① 국내에서 골프채를 소비자에게 판매하는 경우
② 사업자가 일본에서 부동산을 임대하는 경우
③ 국내에서 골프채 수리용역을 소비자에게 제공하는 경우
④ 미국으로부터 골프채를 수입하는 경우

06 **다음 중 부가가치세법상 사업자등록에 대한 설명으로 가장 옳지 않은 것은?**

① 간이사업자의 경우에도 부가가치세법 상 사업자등록 의무가 있다.
② 신규로 사업을 개시하고자 하는 자는 사업개시일 전이라도 사업자등록을 할 수 있다.
③ 간이과세자의 경우 사업자등록을 신청하지 않더라도 미등록가산세를 부과하지 않는다.
④ 사업자등록 신청을 받은 세무서장은 신청일로부터 2일 내에 사업자등록증을 발급해야 한다.

07 **다음 중 부가가치세에 대한 설명으로 가장 옳지 않은 것은?**

① 재화의 보관, 관리 시설만을 갖춘 하치장도 사업장으로 본다.
② 신규사업자는 사업개시일 부터 개시일이 속하는 과세기간의 종료일 까지를 최초 과세기간으로 한다.
③ 면세사업자는 부가가치세법상 사업자등록, 세금계산서발급, 과세표준신고 등 제반의무가 없다.
④ 신규로 사업을 개시한 경우 사업개시일로 부터 20일 이내에 사업자등록신청을 해야 한다.

08 **다음 중 부가가치세 과세기간에 대한 설명으로 옳지 않은 것을 모두 고르면?**

① 간이과세자의 일반적인 과세기간은 1월1일부터 12월 31일까지로 한다.
② 일반과세자의 일반적인 과세기간은 1기는 1월 1일부터 6월 30일 까지, 2기는 7월 1일부터 12월 31일까지로 한다.
③ 신규사업자는 사업개시일부터 개시일이 속하는 과세기간의 종료일까지를 최초 과세기간으로 한다.
④ 폐업자는 폐업일이 속하는 과세기간 개시일부터 폐업일이 속하는 과세기간 종료일 까지를 최종 과세기간으로 한다.
⑤ 일반과세자의 부가가치세 과세기간은 3개월 단위로 1기부터 4기 까지 4개의 과세기간으로 나눈다.

09 **다음 중 부가가치세에 대한 설명으로 가장 옳지 않은 것은?**

① 제조업의 사업장은 최종 제품을 완성하는 장소이다.
② 부동산을 임대하는 법인의 사업장은 법인의 등기부상 소재지이다.
③ 주사업장총괄납부 신청한 경우에도 사업자등록, 과세표준의 신고 등은 각 사업장별로 이행해야 한다.
④ 사업자단위과세제도를 적용하는 경우 본사에서 총괄하여 부가가치세를 신고 및 납부할 수 있다.

10 **다음 중 부가가치세법의 주사업장 총괄납부에 대한 설명으로 가장 옳지 않은 것은?**

① 총괄납부하려는 자는 주사업장총괄납부신청서를 총괄납부하고자 하는 과세기간 개시 20일 전에 주사업장 관할 세무서장에게 제출하여야 한다.
② 법인의 지점은 본점을 대신하여 주된 사업장이 될 수 없다.
③ 주사업장 총괄납부를 하기 위해서는 주사업장 관할 세무서장의 승인은 필요하지 않다.
④ 주사업장 총괄납부에 따라 납부하던 사업자가 총괄납부 포기신고를 하면 각 사업장에서 납부가 가능하다.
⑤ 주사업장총괄납부 사업자가 판매목적 타사업장 반출 시 세금계산서를 발급하는 경우에는 재화의 공급으로 본다.

11 **다음 중 부가가치세법상 주사업장 총괄납부에 관한 설명으로 가장 올바르지 않은 것은?**

① 법인의 지점은 본점을 대신하여 주사업장이 될 수 없다.
② 총괄납부하려는 자는 주사업장총괄납부신청서를 총괄납부하고자 하는 과세기간 개시 20 일 전에 주사업장 관할 세무서장에게 제출하여야 한다.
③ 주사업장 총괄납부는 총괄납부할 과세기간 개시일부터 적용한다.
④ 주사업장 총괄납부를 하는 경우에도 사업자등록은 각 사업장마다 이행하여야 한다.

12 **다음 중 부가가치세 납세의무자에 대한 설명으로 가장 옳지 않은 것은?**

① 사업자란 사업목적이 영리이든 비영리이든 관계없이 사업상 독립적으로 재화 또는 용역을 공급하는 자를 말한다.
② 부가가치세의 납세의무를 지는 과세사업자는 일반과세자와 간이과세자로 구분된다.
③ 면세사업자의 경우 부가가치세 납세의무는 없는 반면, 매입세액을 공제받지 못한다.
④ 과세사업자가 부가가치세 면세 대상 재화나 용역을 공급하는 경우 부가가치세를 과세한다.

13 **다음 중 부가가치세 납세의무자인 사업자에 관한 설명으로 가장 옳은 것은?**

① 영세율을 적용받는 사업자는 부가가치세법상의 사업자 등록의무가 없다.
② 과세사업자가 사업개시일로부터 25일 이내에 사업자등록을 신청하지 아니한 경우에는 미등록가산세의 적용을 받는다.
③ 사업자단위과세사업자는 본점 또는 주사무소에서 모든 사업장의 부가가치세를 총괄하여 신고 및 납부할 수 있다.
④ 사업자란 영리를 목적으로 사업상 독립적으로 재화 또는 용역을 공급하는 자를 말한다.

14 **다음 중 사업자에 대한 설명으로 올바른 것은?**

① 사업자는 크게 면세사업자와 간이과세자로 나뉜다.
② 사업자가 되기 위해서는 영리목적이 있어야 한다.
③ 단순히 한두 번 정도 재화나 용역을 공급하는 행위는 사업성이 인정될 수 없다.
④ 과세와 면세사업을 겸영하는 자를 겸영사업자라 하며 겸영사업자도 부가가치세 납세의무가 없다.

15 **다음 중 부가가치세 납세의무자인 사업자에 관한 설명으로 가장 옳은 것은?**

① 영세율을 적용받는 사업자는 부가가치세법상의 사업자 등록의무가 없다.
② 비영리사업자는 납세의무자가 아니므로 부가가치세를 거래징수하지 않아도 된다.
③ 주사업장 총괄납부 사업자는 본점 또는 주사무소에서 모든 사업장의 부가가치세를 총괄하여 신고 및 납부할 수 있다.
④ 겸영사업자는 일반과세사업과 면세사업을 함께 영위하는 자를 말한다.

16 **다음 중 부가가치세법상 사업자에 관한 설명으로 가장 올바르지 않은 것은?**

① 사업자는 면세사업자와 과세사업자로 구분한다.
② 단순히 한두 번 정도의 재화와 용역을 공급하는 행위는 사업성이 인정될 수 없다.
③ 영세율을 적용받는 사업자는 부가가치세법상의 사업자 등록의무가 없다.
④ 과세와 면세사업을 겸영하는 자를 겸영사업자라 하며 겸영사업자도 부가가치세 납세의무가 있다.

17 **다음 중 사업자등록을 이행하지 않을 경우의 불이익에 대한 설명으로 잘못된 것은?**

① 사업자로서 세금계산서를 발급할 수 없다.
② 미등록가산세의 적용을 받는다.
③ 사업자등록 전의 매입세액은 원칙적으로 매출세액에서 공제받을 수 없다.
④ 사업을 개시한 이후 사업자등록을 하기 전에 공급받은 부분에 대해 세금계산서를 발급받을 수 없고 영수증을 발급받아야 한다.

18 **다음 중 부가가치세법 상 사업자등록을 해야하는 상황을 모두 고르면?**

가. 영어학원을 개업하려 하는 경우
나. 지방에 상품보관을 위한 하치장을 개설하고자 하는 경우
다. 창고임대업을 개시하고자 하는 경우
라. 지역신문을 무료로 배포하되 광고수입을 얻고자 하는 경우

① 가, 나
② 나, 라
③ 다, 라
④ 나, 다

19 **다음 중 부가가치세 납세의무자에 관한 설명으로 가장 올바르지 않은 것은?**

① 사업목적이 영리이든 비영리이든 관계없이 납세의무를 부담하므로 국가·지방자치단체도 납세의무자가 될 수 있다.
② 계속·반복적인 의사로 재화 또는 용역을 공급하는 자에 해당하더라도 사업자등록을 하지 않은 경우에는 납세의무자에 해당하지 않는다.
③ 고용관계에 따라 근로를 제공하는 종업원은 납세의무자에 해당하지 않는다.
④ 재화를 수입하는 자는 사업자인지 여부에 관계없이 납세의무자에 해당한다.

20 **다음 중 우리나라 부가가치세에 관한 설명으로 가장 올바른 것은?**

① 면세사업을 영위하는 사업자도 부가가치세법상의 사업자 등록의무가 있다.
② 재화를 수입하는 자가 사업자가 아닌 경우에는 부가가치세 납세의무가 없다.
③ 부가가치세법상 사업자의 요건을 충족하기 위해서는 영리목적 여부는 무방하다.
④ 주된 사업이 과세이면 사업과 관련하여 일시적으로 공급되는 재화도 과세이고, 주된 사업이 면세이면 일시적으로 공급되는 재화도 면세이다.

21 **다음 중 부가가치세의 신고·납부와 관련된 내용으로 가장 옳지 않은 것은?**

① 부가가치세 신고·납부기한은 신고기간이 끝난 후 20일까지이다.
② 부가가치세 신고는 예정신고와 확정신고로 나뉜다.
③ 사업자는 예정신고에 이미 신고한 내용을 제외하고 과세표준과 납부세액을 확정신고하여야 한다.
④ 법인사업자는 부가가치세를 1년에 네 번 신고·납부한다.

22 **다음 중 부가가치세법 상 사업장에 대한 설명으로 가장 옳지 않은 것은?**

① 재화의 보관·관리만을 위한 장소는 관할세무서장에게 그 설치신고를 하였더라도 사업장에 해당하지 않는다.

② 사업자가 자기가 생산한 재화를 직접 판매하기 위하여 판매시설을 갖춘 장소는 사업장에 해당하나, 사업자가 제조장에서 직매장으로 재화를 반출하는 것은 원칙적으로 재화의 공급에 해당하지 않는다.

③ 사업자가 기존사업장 외에 임시로 사업장을 개설하는 경우에는 그 임시사업장은 기존사업장에 포함되나, 임시사업장 설치와 관련하여 세무서에 개설신고를 하는 것이 원칙이다.

④ 부동산임대업을 영위하는 법인의 사업장은 부동산의 등기부상 소재지이다.

23 **다음 중 부가가치세법상 사업장에 관한 설명으로 가장 올바르지 않은 것은?**

① 한 명의 사업자가 여러 개의 사업장을 보유하는 경우 각 사업장별로 신고·납부하여야하며 각 사업장마다 별도의 사업자등록을 해야 한다.

② 사업자가 자기의 사업과 관련하여 생산한 재화를 직접 판매하기 위해 판매시설을 갖춘 직매장은 사업장에 해당한다.

③ 재화의 보관·관리 시설을 갖춘 장소로서 사업자가 관할세무서장에게 설치 신고를 한 하치장은 사업장에 해당한다.

④ 기존사업장을 가지고 있는 사업자가 기존사업장 외의 법소정의 임시사업장을 개설하는 경우 그 임시 사업장은 원칙적으로 기존 사업장에 포함된다.

24 **다음 중 부가가치세법상 사업장에 관한 설명으로 가장 올바르지 않은 것은?**

① 제조업의 경우 최종제품을 완성하는 장소를 사업장으로 하며, 이 경우 따로 제품의 포장만을 하거나 용기에 충전만을 하는 장소를 포함한다.

② 사업자가 자기의 사업과 관련하여 생산한 재화를 직접 판매하기 위해 판매시설을 갖춘 직매장은 사업장에 해당한다.

③ 한명의 사업자가 여러 개의 사업장을 보유하는 경우 원칙적으로 각 사업장별로 신고·납부하여야 하며 각 사업장마다 별도의 사업자등록을 해야 한다.

④ 기존사업장을 가지고 있는 사업자가 기존사업장 외의 법소정의 임시사업장을 개설하는 경우 그 임시사업장은 기존사업장에 포함된다.

25 **다음 중 부가가치세법상 사업장에 관한 설명으로 가장 올바르지 않은 것은?**

① 건설업을 영위하는 법인의 경우 건설현장을 사업장으로 본다.

② 제조업의 경우 최종 제품을 완성하는 장소를 사업장으로 본다.

③ 부동산임대업의 경우 그 부동산의 등기부상의 소재지를 사업장으로 본다.

④ 사업장을 설치하지 않은 경우 해당 사업자의 주소 또는 거소를 사업장으로 본다.

[redacted]

정답 및 해설

01	①	02	④	03	③	04	③	05	②	06	③	07	①	08	④⑤	09	②	10	②
11	①	12	④	13	③	14	③	15	④	16	③	17	④	18	③	19	②	20	③
21	①	22	②	23	③	24	①	25	①										

01 ① 우리나라는 매출세액에서 매입세액을 차감하는 전단계세액공제법을 사용하고 있다.

02 ④ ① 부가가치세는 납세의무자와 담세자가 일치하지 않는 간접세에 해당한다.
② 부가가치세는 매출세액에서 매입세액을 차감하는 전단계세액공제법을 적용한다.
③ 부가가치세는 10% 단일비례세율이 적용된다.

03 ③ 사업자가 아닌 자는 재화를 공급하더라도 부가가치세 납세의무가 없다.
용역의 수입은 과세대상이 아니다. 재화를 수입하는 경우에는 사업자 여부 불문하고 부가가치세가 과세된다. 겸영사업자란 부가가치세 과세사업과 면세사업을 함께 영위하는 사업자를 말한다.

04 ③ 거래에서 창출된 총 부가가치금액은 최종소비자에게 판매한 금액이다.

05 ② 일본에서 부동산을 임대하는 경우에는 일본에서 과세하므로 우리나라에서는 과세하지 아니한다.

06 ③ 간이과세자인 경우에도 사업자등록을 신청하지 않는 경우 미등록가산세를 부과한다.

07 ① 하치장은 사업장으로 보지 않는다.
면세사업자는 부가가치세법상 제반 의무가 없다.

08 ④⑤ 폐업자는 폐업일이 속하는 과세기간 개시일부터 폐업일까지를 최종 과세기간으로 한다. 일반과세자의 부가가치세 과세기간은 제1기와 제2기로 6개월 단위이다.

09 ② 부동산임대업의 사업장은 부동산의 등기부상소재지이고, 부동산매매업의 사업장은 법인의 등기부상 소재지이다.

10 ② 법인의 지점도 본점을 대신하여 주된 사업장이 될 수 있다. 주사업장 총괄납부는 사업자가 신청하는 것으로 족하고 세무서장의 승인이 필요하지 않다. 주사업장 총괄납부에 따라 납부하던 사업자가 총괄납부 포기신고를 하면 각 사업장에서 납부가 가능하다.

11 ① 법인의 지점은 본점을 대신하여 주사업장이 될 수 있다.

12 ④ 부가가치세 면세대상 재화용역의 경우 누가 공급하더라도 부가가치세가 면제된다. 예를 들어, 과세사업자가 면세대상인 토지를 매각하는 경우 토지가 부가가치세 면세대상 이므로 부가가치세가 과세되지 않는다.

13 ③ ① 영세율을 적용받는 사업자도 부가가치세법상의 사업자 등록의무가 있다.
② 과세사업자가 사업개시일로부터 20일 이내에 사업자등록을 신청하지 아니한 경우에는 미등록가산세의 적용을 받는다.
④ 사업자란 사업 목적이 영리이든 비영리이든 관계없이 사업상 독립적으로 재화 또는 용역을 공급하는 자를 말한다.

14 ③ 부가가치세는 영리목적의 유무에 불구하고, 사업상 독립적으로 재화 또는 용역을 공급하는 것에 과세한다. 여기서 사업성이란 계속, 반복성을 의미하므로 일회적인 공급에 대해서는 과세하지 않는다.
① 사업자는 크게 과세사업자와 면세사업자로 나뉜다.
② 사업자란 영리목적의 유무에 불구하고 사업상 독립적으로 재화 또는 용역을 공급하는 자이다.
④ 겸영사업자도 부가가치세 납세의무가 있으므로 과세사업자로 분류된다.

15 ④ 영세율을 적용받는 사업자도 사업자등록을 해야한다. 비영리사업자도 재화나 용역 공급시 부가가치세를 거래징수 해야한다. 주사업장총괄납부 하더라도 신고는 사업장별로 해야한다.

16 ③ 영세율을 적용받는 사업자도 사업자등록을 해야한다.

17 ④ 사업을 개시한 이후 사업자등록을 하기 전이라도 주민등록번호 등을 기재하여 세금계산서를 발급받을 수 있다.

18 ③ 영어학원은 면세사업으로 부가가치세 과세대상 사업이 아니므로 부가가치세법 상 사업자등록 의무가 없다. 물품의 보관만을 위한 하치장은 사업장에 해당하지 않아 사업자등록 의무가 없다.

19 ② 사업자는 사업자등록을 하지 않아도 납세의무자에 해당한다.

20 ③ ① 면세사업을 영위하는 사업자는 부가가치세법상의 사업자등록 의무가 없다.
② 재화를 수입하는 자는 사업자 여부와 상관없이 부가가치세 납세의무가 있다.
④ 주된 사업과 관련하여 우연히 또는 일시적으로 공급되는 재화나 용역의 경우 해당 재화나 용역이 면세대상인 경우에는 주된 사업과 무관하게 면세로 본다.

21 ① 부가가치세 신고·납부기한은 신고기간이 끝난 후 25일까지이다.

22 ② 직매장 반출은 재화의 공급에 해당한다. 다만, 사업자단위과세사업자와 주사업장총괄납부를 하는 사업자는 재화의 공급으로 보지 아니한다.

23 ③ 하치장은 사업장으로 보지 않는다.

24 ① 제품의 포장만을 하거나 용기에 충전만을 하는 장소는 사업장에 해당하지 않는다.

25 ① 건설업의 사업장은 법인의 등기부상 소재지이고 개인은 업무총괄장소를 사업장으로 한다.

부가가치세 과세대상 거래

1 과세대상 거래

- 부가가치세는 다음에 대해 과세한다.
  - 재화의 공급 **(화폐, 수표, 어음, 주식, 채권, 상품권 등은 재화의 범위에서 제외됨)**
  - 용역의 공급
  - 재화의 수입 (용역의 수입은 과세대상 아님에 주의!)

재화와 용역의 구분

① **재화** : 재산 가치가 있는 물건 및 권리로서 상품, 제품, 원료, 기계, 건물 등 모든 유체물(有體物)과 광업권, 특허권, 저작권 등의 권리가 포함된다.
② **용역** : 재산 가치가 있는 모든 역무(役務)와 그 밖의 행위를 말하며, 건설업, 숙박 및 음식점업, 부동산입대업, 금융 및 보험업, 보건업 및 사회복지 서비스업 등을 열거하고 있음.

2 재화의 공급

- 재화의 공급이란 계약상 또는 법률상 모든 원인에 의해 재화를 인도 or 양도하는 것을 의미
- 실질공급과 간주공급으로 구분한다.

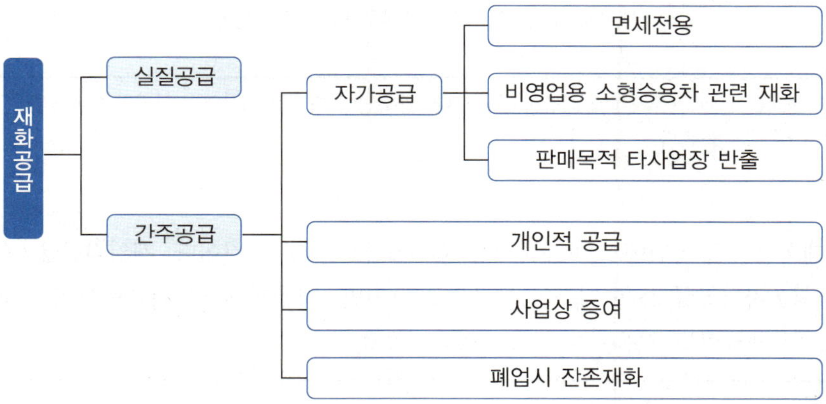

(1) 실질적 공급

재화의 인도 또는 양도인 경우 원인을 불문하고 부가세 과세대상이다.

구분	대상
① 매매계약	현금판매, 외상판매, 장기할부판매, 조건부판매, 위탁판매 등
② 교환계약	교환계약에 의해 재화의 인도대가로 다른 재화를 받는 것은 재화공급임.
③ 가공계약	㉠ 주요자재의 전부 또는 일부를 부담하고 상대방으로 부터 인도받은 재화에 공작을 가하여 새로운 재화를 만드는 경우 재화의 공급으로 봄. ㉡ 주요자재를 부담하지 아니하고 가공만 하는 경우 용역의 공급으로 봄.
④ 기타	경매, 수용, 현물출자, 대물변제 기타 계약·법률상 원인에 의해 재화를 인도 또는 양도하는 것은 재화공급임.

➡ 재화공급 아닌 거래

구분	내용
① 담보제공	㉠ 재화를 담보로 제공하는 것은 재화의 공급으로 보지 않음 ㉡ 담보의 제공이란 질권, 저당권 또는 양도담보의 목적으로 동산·부동산 및 부동산상의 권리를 제공하는 것을 말한다.
② 사업의 양도*	사업장별 그 사업에 관한 모든 권리와 의무를 포괄적으로 승계시키는 것
③ 조세의 물납, 법률에 따른 공매, 경매, 수용	
④ 신탁재산을 위탁자로부터 수탁자 또는 수탁자로부터 위탁자로 이전하거나 수탁자가 변경되어 신수탁자에게 이전하는 경우	
⑤ 자기의 과세사업을 위하여 사용	㉠ 자기의 다른 사업장에서 원료·자재 등으로 사용하거나 소비하기 위하여 반출하는 경우 ㉡ 자기사업상의 기술개발을 위하여 시험용으로 사용하거나 소비하는 경우 ㉢ 수선비 등에 대체하여 사용하거나 소비하는 경우 ㉣ 사후무료 서비스 제공을 위하여 사용하거나 소비하는 경우 ㉤ 불량품 교환 또는 광고선전을 위한 상품진열 등의 목적으로 자기의 다른 사업장으로 반출하는 경우

* 사업양수도 거래는 본래 과세거래에 해당하지 않으나, 양수인이 대가를 지급하며 부가가치세를 대리 납부한 경우에는 이를 재화의 공급으로 본다.

(2) 간주공급

실질적인 재화공급이 아님에도 과세목적상 재화공급으로 보는 것이다. **개인적공급 / 사업상증여 / 폐업시잔존재화 / 자가공급** 등을 재화의 공급으로 보지만, **세금계산서 발급의무는 없다**(단, 판매목적타사업장반출은 발급의무 있음. 아래 세부내역 참조).

구분	내용
① 개인적공급	자기 사업 관련해 생산, 취득한 재화를 자기나 사용인의 개인적목적 위해 사용하는 것으로 그 대가를 받지 않거나 시가보다 낮은 대가를 받은 경우. 단, 다음은 예외 ㉠ 매입세액이 공제되지 않은 재화 ㉡ 작업복, 작업모, 작업화, 직장체육비, 직장연예비 관련된 재화 ㉢ (ⓐ 경조사, ⓑ 명절, ⓒ 창립기념일, 생일 등) 각각 1인당 연간 10만원 이내의 재화

<table>
<tr><td>② 사업상증여</td><td>자기 사업 관련해 생산, 취득한 재화를 고객이나 불특정다수에게 증여하는 것. 단, 다음은 제외함.
㉠ 매입세액 공제되지 않은 재화
㉡ 사업 위해 대가를 받지 아니하고 다른 사업자에게 인도하거나 양도하는 견본품
㉢ 광고선전 목적으로 불특정 다수인에게 무상으로 제공하는 견본품
㉣ 증여한 재화의 대가가 주된 재화의 공급대가에 포함
㉤ 자기적립마일리지등으로만 전부를 결제받고 공급하는 재화
㉥ 「재난 및 안전관리 기본법」의 적용을 받아 특별재난지역에 공급하는 물품</td></tr>
<tr><td>③ 폐업시 잔존재화</td><td>폐업시 남은 재화(단, 폐업시 잔존재화로 과세된 재화를 이후 판매하는 경우 재화의 공급에 해당하지 않음)</td></tr>
<tr><td>④ 자가공급</td><td>자기 사업 관련해 생산, 취득한 재화를 자기 사업위해 사용, 소비하는 것. 본래 과세하지 않지만, 예외적으로 3가지 과세함.
<table>
<tr><th>구분</th><th>내용</th></tr>
<tr><td>㉠ 면세전용</td><td>과세사업을 위해 생산, 취득한 재화를 부가가치세 면세사업을 위해 사용, 소비하는 것</td></tr>
<tr><td>㉡ 비영업용소형승용차와 그 유지위한 재화(*)</td><td>과세사업을 위해 생산, 취득한 재화를 비영업용소형승용차로 사용하거나 그 승용차의 유지를 위해 사용하는 것</td></tr>
<tr><td>㉢ 판매목적 타사업장 반출</td><td>과세사업을 위해 생산, 취득한 재화를 타인에게 직접 판매할 목적으로 다른 사업장에 반출하는 것(단, 총괄납부/사업자단위과세 적용되는 경우 재화의 공급으로 보지 않음)*</td></tr>
</table></td></tr>
</table>

* 「개별소비세법」에 따른 자동차로 정원 8인 이하로 배기량 1,000cc 이상인 승용자동차

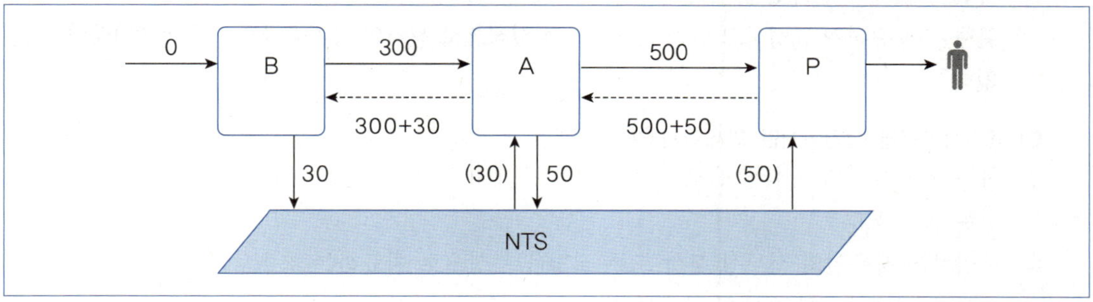

➲ 판매목적 타사업장 반출

구분	내용
일반적인 경우	공급의제 ○ → 세금계산서 발급 ○
주사업장총괄납부나 사업자단위과세	i) 원칙 : 공급의제 × → 세금계산서 발급 × ii) 주사업장총괄납부사업자가 ① 세금계산서 발급하고 ② 예정 또는 확정신고한 경우 → 공급의제 ○

➲ 판매장려금 등의 부가가치세법 상 처리방법

구분	부가가치세법에 따른 취급
(1) 판매장려금	사업자가 자기재화의 판매촉진을 위하여 거래상대자의 판매실적에 따라 일정률의 장려금품을 지급 또는 공급하는 경우 ① 금전으로 지급하는 장려금은 과세표준에서 공제하지 않으며 ② 재화로 공급하는 것을 사업상 증여에 해당하므로 과세한다(부기통 10-0-5).

(2) 기증품	사업자가 자기의 제품 또는 상품을 구입하는 자에게 구입 당시 그 구입액의 비율에 따라 증여하는 기증품 등은 주된 재화의 공급에 포함하므로 과세되는 재화의 공급으로 보지 않는다. 다만, 당사자간의 약정에 따라 일정기간의 판매비율에 따라 장려금품으로 공급하는 재화는 그렇지 않다(부기통 10-0-6 (1))
(3) 경품	사업자가 자기의 고객 중 추첨을 통하여 당첨된 자에게 재화를 경품으로 제공하는 경우에는 과세되는 재화의 공급으로 본다. 다만, 해당 경품이 자기생산 · 취득재화에 해당하지 아니하는 것은 그렇지 않다(부기통 10-0-6 (2))

3 용역의 공급

(1) 용역 공급의 범위

① 용역의 공급이란 계약상 또는 법률상 모든 원인에 의해 역무를 제공하거나 재화, 시설물, 또는 권리를 사용하게 하는 것이다.

② 다음의 경우 용역의 공급으로 본다.

내용
㉠ 건설업에 있어 건설자재의 전부 또는 일부를 부담하는 경우에도 용역의 공급으로 봄.
㉡ 제조가공업자가 주요자재를 전혀 부담하지 않고 단순히 가공만 하는 경우 용역의 공급으로 봄.
㉢ 산업상, 상업상, 과학상 지식, 경험 또는 숙련에 관한 정보를 제공하는 것은 용역의공급임.

(2) 용역의 자가공급

① 사업자가 자기의 사업을 위하여 직접 용역을 공급하는 것을 용역의 자가공급이라고 한다.

② 현재 이에 관하여 규정하고 있지 않으므로 실질적으로 용역의 자가공급으로서 과세대상이 되는 것은 없다.

용역자가공급 성격이지만 과세되지 않는 사례

㉠ 사업자가 자기의 사업과 관련하여 사업장 내에서 그 사용인에게 음식용역을 무상으로 제공하는 경우

㉡ 사업자가 사용인의 직무상 부상 또는 질병을 무상으로 치료하는 경우

㉢ 사업장이 각각 다른 수개의 사업을 겸영하는 사업자가 그 중 한 사업장의 재화 또는 용역의 공급에 필수적으로 부수되는 용역을 자기의 다른 사업장에서 공급하는 경우

(3) 용역의 공급 아닌 것

다음은 용역의 공급으로 보지 않는다.

구분	내용
용역의 무상공급	① 대가를 받지 않고 타인에게 용역을 공급하는 것은 용역의 공급으로 보지 않음. ② 다만, 특수관계 있는 자에게 사업용 부동산을 임대하고 대가를 받지 않은 경우 용역의 공급으로 보아 과세함.
고용관계 근로제공	고용관계에 의한 근로의 제공은 용역의 공급으로 보지 않음.

4 재화의 수입

① 재화를 수입하는 자는 **사업자인지 여부와 관계없이 납세의무 있음.(용역의 수입은 과세X)**
② 수입하는 재화에 대하여는 세관장이 당해 재화의 수입 시 관세징수의 예에 따라 부가가치세를 징수함.
③ **수출신고를 하고 선적이 완료된 물품**은 외국물품으로 간주되는 것이므로, 당해 물품이 계약취소 등의 사유로 수출되지 않고 **다시 국내로 재반입**되는 경우에 부가가치세 **과세대상**임.
④ **수출신고를 한 재화로서 선적되지 아니한 것**을 보세구역에서 반입하는 것은 **재화의 수입으로 보지 아니한다.**

5 위탁매매, 대리인에 의한 매매

위탁매매 또는 대리인에 의한 매매를 할 때에는 위탁자 또는 본인이 직접 재화를 공급하거나 공급받은 것으로 본다. 해당 거래 또는 재화의 특성 상 또는 보관·관리상 위탁자 또는 본인을 알 수 없는 경우에는 수탁자 또는 대리인이 공급하거나 공급받은 것으로 본다.

6 부수 재화·용역의 공급

(1) 주된 거래에 부수하는 경우

① 해당 대가가 주된 재화나 용역의 공급대가에 통상적으로 포함되거나,
② 거래 관행상 통상적으로 주된 재화나 용역에 부수하는 공급하는 것을 의미한다.

주된 재화·용역의 공급에 부수하여 공급하는 재화 또는 용역은 주된 재화 또는 용역의 공급에 포함되는 것으로 본다.

> 따라서, 주된 거래에 부수되는 재화·용역은
> ㉠ 공급시기를 별도로 판단할 필요가 없고,
> ㉡ 세금계산서를 별도로 발급할 필요가 없으며
> ㉢ 부가가치세 과세·면세 여부도 주된 거래에 따른다.

주된 재화·용역의 공급	부수 재화·용역의 공급	과세여부	사례
과세대상	과세대상	과세	피아노 + 의자
	면세대상	과세	조경공사 + 화초
면세대상	과세대상	면세	교육 + 실습도구
	면세대상	면세	생선 + 소금

(2) 주된 사업에 부수하는 경우

① 주된 사업과 관련하여 우연히 또는 일시적으로 공급되는 재화 또는 용역

② 주된 사업과 관련하여 주된 재화의 생산에 필연적으로 부수하여 생산되는 재화 등을 의미한다.

> 주된 사업에 부수하는 재화·용역의 공급은
> ㉠ 별도의 공급으로 보되,
> ㉡ 과세 및 면세 여부 등은 주된 사업을 따른다.

주된 사업	부수 재화·용역	과세여부	사례
과세사업	과세대상	과세	의류업 → 사업용건물
	면세대상	면세	의류업 → 토지
면세사업	과세대상	면세	은행업 → 사업용건물
	면세대상	면세	은행업 → 토지

예제 1

부가가치세 과세대상에 대한 설명으로 잘못된 것은?

① 주요자재의 일부를 부담하고 상대방으로 부터 인도받은 재화를 가공하는 것은 재화의 공급으로 본다.

② 교환계약에 따라 재화를 인도하는 것은 재화의 공급으로 본다.

③ 건설업자가 건설자재의 일부를 부담하는 경우에는 재화의 공급으로 본다.

④ 특수관계인에게 사업용 부동산 임대용역을 무상으로 제공한 경우 용역의 공급으로 본다.

해설 건설업자가 건설자재의 일부를 부담하는 경우에도 용역의 공급으로 봄.

정답 ③

예제 2

부가가치세 과세대상에 대한 설명으로 잘못된 것은?

① 과세사업 위해 취득한 재화를 부가가치세 면세사업을 위해 사용하는 경우 부가가치세가 과세된다.

② 자기사업과 관련해 생산한 재화를 타인에게 판매할 목적으로 타사업장에 반출하는 것은 재화의 공급으로 본다.

③ 자기 사업과 관련하여 취득한 재화를 직장체육비 목적으로 사용하는 경우 재화의 공급으로 본다.

④ 광고선전 목적으로 불특정다수인에게 무상으로 견본품을 공급하는 것은 재화의 공급이 아니다.

해설 자기 사업과 관련하여 취득한 재화를 직장체육비 목적으로 사용하는 것은 재화의 공급으로 보지 않음.

정답 ③

출제예상 문제

01 **부가가치세 과세대상에 대한 설명으로 가장 옳지 않은 것은?**

① 주요자재의 일부를 부담하고 상대방으로 부터 인도받은 재화를 가공하는 것은 재화의 공급으로 본다.
② 교환계약에 따라 재화를 인도하는 것은 재화의 공급으로 본다.
③ 사업 양도 계약에 의해 해당 사업장의 권리와 의무를 일괄 승계하는 계약은 재화의 공급에 해당한다.
④ 특수관계인에게 사업용 부동산 임대용역을 무상으로 제공한 경우 용역의 공급으로 본다.
⑤ 현물출자에 의해 재화를 공급하는 경우 부가가치세 과세대상에 해당한다.

02 **부가가치세 과세대상에 대한 설명으로 가장 옳지 않은 것은?**

① 과세사업 위해 취득한 재화를 부가가치세 면세사업을 위해 사용하는 경우 부가가치세가 과세된다.
② 자기사업과 관련해 생산한 재화를 타인에게 판매할 목적으로 타사업장에 반출하는 것은 재화의 공급으로 본다.
③ 자기 사업과 관련하여 취득한 재화를 직장체육비 목적으로 사용하는 경우 재화의 공급으로 본다.
④ 광고선전 목적으로 불특정다수인에게 무상으로 견본품을 공급하는 것은 재화의 공급으로 보지 않는다.
⑤ 과세사업을 위해 취득한 소모품을 비영업용 소형승용차의 유지를 위하여 사용하는 경우 재화의 공급으로 본다.

03 **다음 중 부가가치세 과세대상에 해당하는 것은?**

① 재화를 담보로 제공한 경우
② 사업자가 아닌 자가 재화를 수입하는 경우
③ 사업을 포괄적으로 양도한 경우
④ 토지를 양도하는 경우

04 **다음 중 부가가치세 과세대상인 것은?**

① 자녀에게 임대용 상가를 무료로 임대하는 경우
② 조세를 물납하는 경우
③ 타인에게 무료로 청소용역을 제공하는 경우
④ 고용관계에 의해서 근로를 제공하는 경우

05 **다음 중 부가가치세법상 재화의 공급에 해당하지 않는 것은?**

① 사업을 폐지하는 때에 잔존하는 재화
② 종업원에게 무상공급하는 것으로서 구입시 매입세액공제를 받지 못한 재화
③ 교환계약에 의하여 인도하는 재화
④ 구입시 매입세액공제를 받지 못한 과세 재화를 현금판매 하는 경우

06 **다음 중 부가가치세법상 재화의 공급에 해당하지 않는 것은?**

① 사업을 위해 착용하는 작업복, 작업모 및 작업화를 제공하는 경우
② 사업을 폐업하는 때에 잔존하는 재화
③ 교환계약에 의하여 인도하는 재화
④ 현금판매하는 것으로서 구입시 매입세액공제를 받지 못한 재화

07 **다음 중 부가가치세법상 재화의 공급에 관한 설명으로 가장 올바르지 않은 것은?** (단, 해당 재화는 매입세액공제를 받았음을 가정한다)

① 사업자단위 과세를 적용받는 사업자가 자기 사업과 관련하여 생산 또는 취득한 재화를 타인에게 직접 판매할 목적으로 다른 사업장에 반출하는 경우에는 재화의 공급으로 본다.
② 사업자가 생산·취득한 재화를 비영업용소형승용차의 유지를 위하여 사용 또는 소비하는 경우에는 재화의 공급으로 본다.
③ 사업자가 생산·취득한 재화를 사업과 직접 관련없이 자기의 개인적인 목적으로 사용하는 경우에는 재화의 공급으로 본다.
④ 사업자가 생산·취득한 재화를 자기의 부가가치세 면세사업을 위하여 사용·소비하는 경우에는 재화의 공급으로 본다.

08 **다음 중 부가가치세법상 재화의 공급에 관한 설명으로 가장 올바르지 않은 것은?**

① 사업자 단위과세를 적용받는 사업자가 자기사업과 관련하여 생산 또는 취득한 재화를 타인에게 직접 판매할 목적으로 다른 사업장에 반출하는 경우에는 재화의 공급으로 보지 아니한다.
② 사업자가 자기의 과세사업과 관련하여 취득한 재화(매입세액을 공제받음)를 자기의 면세사업에 전용한 경우에는 재화의 공급으로 본다.
③ 주사업장총괄납부 신청을 한 사업자가 판매목적으로 타사업장에 반출하는 경우에는 이를 재화의 공급으로 보지 아니한다.
④ 사업자가 자기의 사업과 관련하여 취득한 재화(매입세액공제를 받음)를 직장 연예 및 직장 문화 관련으로 사용한 경우에는 재화의 공급으로 본다.

09 다음 중 간주공급에 관한 설명으로 가장 올바르지 않은 것은?

① 면세전용의 경우 해당 재화를 사용하는 때 세금계산서를 발급해야 한다.
② 개인적공급의 공급시기는 당해 용도에 사용한 때이며, 폐업시 잔존재화의 간주공급시기는 폐업일이 된다.
③ 사업을 위하여 무상으로 다른 사업자에게 인도 또는 양도하는 견본품은 사업상 증여에 해당하지 않는다.
④ 주사업장총괄납부사업자가 판매목적 타사업장 반출시 세금계산서를 발급하는 경우에는 재화의 공급으로 본다.

10 다음 중 간주공급의 한 유형인 사업상 증여에 관한 설명으로 가장 올바르지 않은 것은?

① 부가가치세법에서는 과세의 형평을 위하여 자기사업과 관련하여 생산 또는 취득한 재화를 고객에게 증여시 이를 공급으로 보도록 하고 있다.
② 사업자가 제품을 구매하는 고객에게 구입액의 비율에 따라 기증품을 증여하는 것은 사업상 증여에 해당하지 않는다.
③ 매입세액이 공제되지 아니한 재화라도 고객에게 증여하는 것은 사업상 증여에 해당된다.
④ 사업상 증여시 세금계산서를 발급할 필요가 없다.

11 다음 중 부가가치세가 과세되지 않는 것은?

① 회사창립 기념품으로 1개당 시가 20만원인 제품을 종업원에게 1개씩 무상으로 공급하는 경우
② 사업자가 자기의 사업을 위하여 직접 용역을 공급하는 경우
③ 사업자가 고객에게 물품을 판매하는 경우
④ 사업을 폐지할 경우의 잔존재화

12 다음 중 부가가치세법에 따른 재화의 공급에 대한 설명으로 가장 올바르지 않은 것은?

① 재화의 공급은 계약상 또는 법률상의 모든 원인에 의해 재화를 인도 또는 양도하는 것으로 한다.
② 위탁매매 또는 대리인에 의한 매매를 할 때에는 위탁자 또는 본인이 직접 재화를 공급하거나 공급받은 것으로 본다. 다만, 위탁자 또는 본인을 알 수 없는 경우에는 그렇지 않다.
③ 질권·저당권 또는 양도담보의 목적으로 동산·부동산 및 부동산상의 권리를 제공하는 경우 재화의 공급으로 본다.
④ 세금계산서를 발급받지 않아 매입세액을 공제받지 못한 재화를 면세사업에 사용하는 경우에는 재화의 공급에 해당하지 않는다.

13 **다음 중 부가가치세법상 용역의 공급에 대한 설명으로 가장 옳지 않은 것은?**

① 고용관계에 의하여 근로를 제공하는 것은 용역의 공급이다.
② 사업자가 사업을 폐업할 때 취득한 재화 중 남아있는 재화는 자기에게 공급한 것으로 본다.
③ 용역의 공급이란 계약상 또는 법률상의 모든 원인에 의하여 역무를 제공하거나 재화, 시설물 또는 권리를 사용하게 하는 것을 말한다.
④ 건설업에 있어서는 건설업자가 건설자재의 전부 또는 일부를 부담하는 경우에도 용역의 공급으로 본다.
⑤ 주사업장총괄납부를 신청한 사업자가 제품을 판매할 목적으로 타사업장으로 반출한 경우 재화의 공급으로 보지 않는다.

14 **다음 사실과 가장 관계가 깊은 부가가치세법상 규정은 무엇인가?**

> 사무용으로 임대하기 위해 오피스텔을 구입하고 매입세액 공제를 받았으나 몇 년 후 해당 오피스텔을 사무용이 아닌 주거용으로 임대하기 시작하는 시점에 세무서로부터 해당 오피스텔을 공급한 것으로 보아 부가가치세를 납부하라는 연락을 받았다.

① 자가 공급
② 개인적 공급
③ 사업상 증여
④ 폐업시 잔존재화

[redacted]

정답 및 해설

01	③	02	③	03	②	04	①	05	②	06	①	07	①	08	④	09	①	10	③
11	②	12	③	13	①	14	①												

01 ③ 사업양도계약에 의해 해당 사업장의 권리와 의무를 일괄승계하는 계약은 재화의 공급에 해당하지 않는다. 주요자재를 부담하지 않고 임가공 용역을 제공하는 경우 용역의 공급이지만, 주요자재를 부담하는 경우 재화의 공급으로 본다. 용역의 무상공급은 일반적으로 과세하지 않지만, 특수관계인에게 사업용 부동산을 무상으로 임대한 경우에는 용역의 공급으로 본다.

02 ③ 자기 사업과 관련하여 취득한 재화를 직장체육비 목적으로 사용하는 것은 재화의 공급으로 보지 않는다.

03 ② 재화를 수입하는 경우 사업자 여부와 무관하게 부가가치세 과세대상에 해당한다.

04 ① 특수관계 있는 자에게 사업용 부동산의 임대용역을 무상으로 제공하는 경우에는 용역의 공급으로 본다.

05 ② 매입세액 불공제된 재화를 개인적공급 하는 경우 과세거래로 보지 아니하나 실질공급의 경우에는 매입세액공제 여부에 관계없이 과세대상이 된다. 공급하는 재화가 부가가치세 과세대상이라면 매입세액 공제 여부와 무관하게 부가가치세가 과세된다.

06 ① 사업을 위해 착용하는 작업복, 작업모 및 작업화를 제공하는 것은 재화의 공급으로 보지 않는다.

07 ① 판매 목적 타사업장 반출은 일반적으로 공급으로 의제하지만, 주사업장총괄납부나 사업자단위과세제도를 적용받는 사업자의 경우 재화의 공급으로 보지 않는다.

08 ④ 사업자가 자기의 사업과 관련하여 취득한 재화(매입세액공제를 받음)를 직장 연예 및 직장 문화 관련으로 사용한 경우에는 재화의 공급으로 보지 않는다.

09 ① 면세전용은 세금계산서 발급대상이 아니다. 주사업장총괄납부사업자가 판매 목적으로 타사업장에 반출하는 것은 재화의 공급으로 보지 않지만, 해당 거래에 대해 세금계산서를 발급한 경우에는 재화의 공급으로 본다.

10 ③ 매입세액이 공제되지 아니한 재화를 고객에게 증여하는 경우 사업상 증여에 해당되지 않는다.

11 ② 사업자가 자기 사업을 위하여 직접 용역을 공급하는 것을 용역의 자가공급이라고 하는데, 현재 용역의 자가공급으로서 과세대상으로 규정한 것이 없다. 참고로, 자기의 사업과 관련하여 생산/취득한 재화를 개인적공급한 경우 부가가치세를 과세하지만, 경조사나 명절/창립기념일/생일 등을 위해 1인당 10만원 이내의 범위에서 제공한 재화는 과세하지 않는다.

12 ③ 질권·저당권 또는 양도담보의 목적으로 동산·부동산 및 부동산상의 권리를 제공하는 경우 재화의 공급으로 보지 아니한다

13 ① 고용관계에 의하여 근로를 제공하는 것은 용역의 공급에 해당하지 않는다.

14 ① 오피스텔 임대라는 과세사업에 사용하던 건물을 주택임대라는 면세사업에 사용한 것은 면세전용으로 자가공급에 관한 설명이다.

재화와 용역의 공급시기

1 재화의 공급시기

• 개별 거래에 대하여 어느 과세기간에 속하는 지정하는 시간적 기준
• 일반적인 공급시기는 다음과 같다.

구분	내용
① 재화 이동이 필요한 경우	재화가 인도되는 때(일반적인 상품이나 제품)
② 재화 이동이 필요하지 않은 경우	재화가 이용가능하게 되는 때(예 부동산)
③ 상기 2가지 적용할 수 없는 경우	재화의 공급이 확정되는 때

✔ 이용가능하게 되는 때 공급받는 자가 배타적으로 재화를 실지로 사용수익 할 수 있게 되는 때(대법 2007두 9900, 2010.9.11.)

➲ 거래형태별 공급시기

구분	내용
① 현금판매 외상판매	당해 재화가 인도되거나 이용가능하게 되는 때
② 할부판매 장기할부판매	할부판매 : 인도일 장기할부판매 : 대가의 각 부분을 받기로 한 때
③ 완성도기준 중간지급조건부 계속적공급	대가의 각 부분을 받기로 한 때
④ 조건부판매	조건이 성취되거나 기한이 경과되어 판매가 확정되는 때
⑤ 위탁판매	수탁자 또는 대리인의 공급시기를 위탁자의 공급시기로 봄.
⑥ 간주공급	아래 내용 참조
⑦ 무인판매기	현금을 인취하는 때
⑧ 수출재화	• 수출재화 선적일(위탁판매수출은 공급가액이 확정되는 때, 외국인도수출 및 위탁가공수출은 국외인도시점) • 내국신용장에 의하여 공급하는 재화의 공급시기는 재화를 인도하는 때이다.

✔ ㉠ 장기할부판매 : a. 2회 이상으로 대가를 분할해서 받고
b. 인도일의 다음날부터 최종할부금 지급기일까지의 기간이 1년 이상인 할부판매
㉡ 완성도기준 : 재화나 용역의 완성도에 따라 기성청구하고, 대금을 지급받는 경우(기간과 관계없음)
㉢ 중간지급조건 : a. 계약금을 받기로 한 날의 다음 날부터 재화를 인도하는 날(용역의 제공을 완료하는 날)까지의 기간이 6개월 이상인 경우로서
b. 그 기간 이내에 계약금 외의 대가를 분할하여 받는 경우
㉣ 계속적공급 : 전력, 도시가스 기타 공급단위를 구획할 수 없는 재화를 계속적으로 공급하는 경우

개인적공급 / 사업상증여 / 폐업시잔존재화 / 자가공급 등 공급시기

구분		재화의 공급시기
① 자기생산·취득 재화의 공급의제	㉠ 면세사업에의 전용	• 재화의 사용·소비하는 때
	㉡ 소형승용자동차 등의 비영업용에의 전용	
	㉢ 개인적 공급	
	㉣ 사업상 증여	• 재화를 증여하는 때
	㉤ 폐업시 잔존재화의 자가공급	• 폐업일
② 판매목적 타사업장 반출재화의 공급의제		• 재화를 반출하는 때

2 용역의 공급시기

일반적으로 역무가 제공되거나 재화·시설물·권리가 사용되는 때

구분	내용
① 완성도기준 중간지급조건부 계속적공급	대가의 각 부분을 받기로 한 때
② 부동산임대용역	부동산 임대용역은 계속적 공급이므로 대가의 각 부분을 받기로 한 때를 공급시기로 함 (단, 2과세기간 이상에 걸쳐 부동산 임대용역을 제공하고 그 대가를 선불 또는 후불로 받는 경우 ⇨ 당해 금액을 월수로 안분한 금액을 공급가액으로 하며, 이 경우 그 공급시기는 예정신고기간 또는 과세기간의 종료일로 함)
③ 간주임대료(*)	예정신고기간 또는 과세기간의 종료일
④ 2 이상 과세기간 걸쳐 계속적 용역 제공하고 그 대가 선불로 받은 경우	예정신고기간 또는 과세기간 종료일 (헬스클럽등 스포츠센터, 상표권 사용계약)
⑤ 상기 이외	용역제공 완료되고 공급가액 확정되는 때

(*) 전세금이나 임대보증금의 이자에 상당하는 금액을 간주임대료라 함.

예제 1

부가가치세 공급시기에 대한 설명으로 잘못된 것은?

① 현금판매와 외상판매의 공급시기는 재화가 인도되거나 이용가능하게 되는 때이다.
② 장기할부판매의 공급시기는 대가의 각 부분을 받기로 한 때이다.
③ 수출재화의 공급시기는 선적일이다.
④ 조건부판매의 공급시기는 재화의 인도일이다.

해설 조건부판매의 공급시기는 조건이 성취되거나 기한이 경과되어 판매가 확정되는 때

정답 ④

예제 2

다음 자료를 기초로 (주)삼일의 제10기(20×1.1.1 ~ 20×1.12.31) 부가가치세 1기 예정신고 시 과세표준을 계산하면?

1월 1일 : 기계장치를 240,000,000원에 판매하고 대가는 매월 1일에 10,000,000원씩 24개월 동안 받기로 했다. 3월 1일 : 제품을 20,000,000원에 판매하였으나 대금은 5월 1일에 받기로 하였다.

① 20,000,000원
② 50,000,000원
③ 240,000,000원
④ 260,000,000원

해설 장기할부판매는 대가의 각 부분을 받기로 한 때 공급시기이므로 3천만원이고, 외상판매의 경우 재화를 인도하는 시점이 공급시기 이므로 2천만원임. 따라서, 과세표준은 5천만원임.

정답 ②

출제예상 문제

01 **부가가치세 공급시기에 대한 설명으로 가장 옳지 않은 것은?**

① 현금판매와 외상판매의 공급시기는 재화가 인도되거나 이용가능하게 되는 때이다.
② 장기할부판매의 공급시기는 대가의 각 부분을 받기로 한 때이다.
③ 수출재화의 공급시기는 선적일이다.
④ 조건부판매의 공급시기는 재화의 인도일이다.

02 **다음 중 부가가치세법상 공급시기에 관한 설명으로 가장 옳은 것은?**

① 반환조건부판매, 동의조건부판매 그 밖의 조건부 및 기한부판매의 경우 실제로 대가를 수령하는 때를 공급시기로 한다.
② 2 과세기간 이상에 걸쳐 부동산임대용역을 제공하고 그 대가를 선·후불로 받는 경우 예정신고기간 또는 과세기간의 종료일을 공급시기로 한다.
③ 내국신용장에 의하여 공급하는 재화의 공급시기는 수출재화의 선(기)적일로 한다.
④ 위탁판매 또는 대리인에 의한 매매의 경우 위탁자 또는 대리인의 공급을 기준으로 하여 공급시기 규정을 적용한다.

03 **다음 중 부가가치세법상 공급시기에 관한 설명으로 올바른 것의 개수는?**

가. 내국신용장에 의해 공급하는 재화의 공급시기는 재화를 인도하는 때 이다.
나. 공급단위를 구획할 수 없는 재화를 계속적으로 공급하는 경우에는 대가의 각 부분을 받기로 한 때 이다.
다. 폐업시 잔존재화의 공급시기는 원칙적으로 폐업일이다.
라. 수출재화의 공급시기는 선적일이다.
마. 재화의 공급으로 보는 가공의 경우 가공된 재화를 인도하는 때 이다.

① 2개
② 3개
③ 4개
④ 5개

04 **다음 중 부가가치세법상 공급시기에 관한 설명으로 올바른 것의 개수는?**

가. 현금판매·외상판매에 의한 재화의 공급 : 재화가 인도되거나 이용 가능하게 되는 때
나. 조건부 판매 : 조건이 성취되거나 기한이 경과되어 판매가 확정되는 때
다. 장기할부판매 : 대가의 각 부분을 받기로 한 때
라. 무인판매기를 이용하여 재화를 공급하는 경우 : 재화가 인도되는 때

① 1개
② 2개
③ 3개
④ 4개

05 **(주)삼일은 20×1년 11월 10일 상품을 3개월 할부로 인도하고 판매대금 120,000원은 아래와 같이 회수하기로 약정하였다. 할부대금의 실제 회수액이 다음과 같을 때 20×1년 제2기 확정신고기간(20×1년 10월 1일 ~ 20×1년 12월 31일)에 동 할부판매와 관련하여 신고할 과세표준은 얼마인가?** (단, 회수약정액과 회수액은 부가가치세를 포함하지 않는 금액이다)

일자	회수약정액	회수액
20×1년 11월 10일	40,000	-
20×1년 12월 10일	40,000	40,000
20×2년 1월 10일	40,000	30,000
합계	120,000	70,000

① 40,000원 ② 70,000원
③ 80,000원 ④ 120,000원

06 **다음 중 용역의 공급시기와 공급가액에 관한 설명으로 가장 옳지 않은 것은?**

① 통상적으로 용역의 공급시기는 역무의 제공이 완료되는 때이다.
② 완성도기준지급 · 중간지급 · 장기할부 등의 공급시기는 계약에 따라 대가의 각 부분을 받기로 한 때이다.
③ 2 이상의 과세기간에 걸쳐 부동산임대용역을 공급하고 그 대가를 선불로 받는 경우에는 그 대가를 받은 날을 공급시기로 본다.
④ 부동산임대용역의 경우 임대보증금에 대한 간주임대료의 공급시기는 예정신고기간 또는 과세기간의 종료일이다.

[redacted]

정답 및 해설

01	④	02	②	03	④	04	③	05	④	06	③

01 ④ 조건부판매의 공급시기는 조건이 성취되거나 기한이 경과되어 판매가 확정되는 때이다.

02 ② 반환조건부판매, 동의조건부판매의 경우 조건이 성취되거나 기한이 경과되어 판매가 확정되는 때를 공급시기로 한다. 내국신용장에 의하여 공급하는 재화의 공급시기는 재화의 인도한 때를 공급시기로 한다. 위탁판매 또는 대리인에 의한 매매의 경우 수탁자 또는 대리인의 공급을 기준으로 공급시기 적용한다.

03 ④ 모두 맞는 설명이다.

04 ③ 가, 나, 다는 옳고 라는 옳지 않다. 무인판매기를 이용하여 재화를 공급하는 경우에는 해당 사업자가 무인판매기에서 현금을 꺼내는 때를 공급시기로 한다.

05 ④ 단기할부판매의 경우 재화의 인도일이 공급시기이다.

06 ③ 부동산 임대용역을 제공하고 그 대가를 선불로 받는 경우 예정신고기간 혹은 과세기간 종료일을 공급시기로 본다.

CHAPTER 04

제2과목 세무회계

이패스 재경관리사

영세율과 면세

제1절 영세율

1 영세율

① 수출의 경우에는 **소비지국과세원칙**에 따라 **부가가치세를 과세하지 않아야 한다**.

② 수출국에서 부가가치세 과세하는 경우 **생산수출국과 수입소비국에서 각각 부가가치세를 과세**하게 되어 동일 재화의 부가가치에 대하여 **국가간 이중과세 문제가 발생**하기 때문이다.

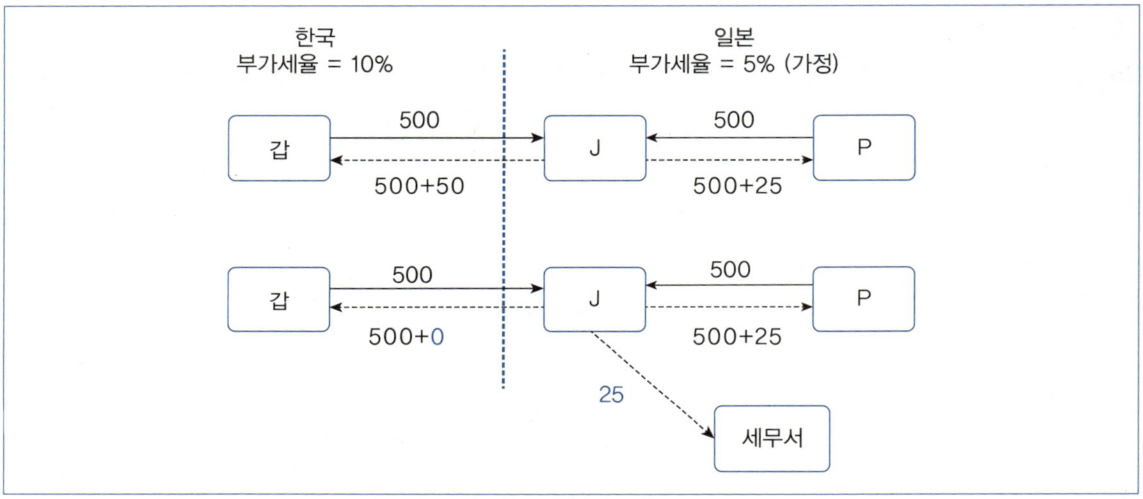

2 영세율 효과

영세율 적용하면 **매출세액이 발생하지 않는 반면 매입세액은 전액 환급**받게 되어 **부가가치세 부담을 완전히 면제**된다.

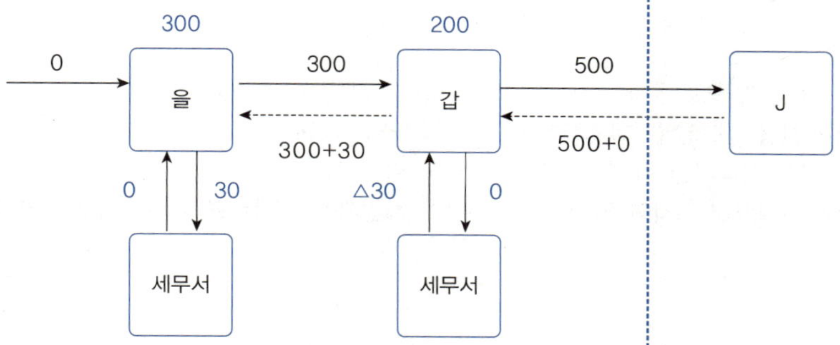

매출세액	30
매입세액	-
납부	30

매출세액	0
매입세액	(30)
납부	△30

3 영세율 대상거래

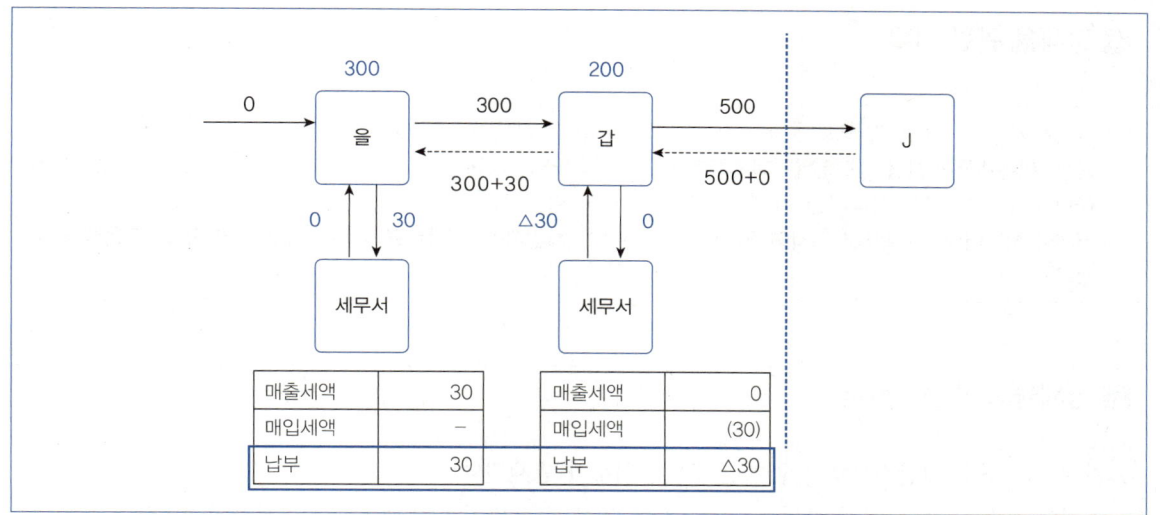

① 수출하는 재화
② 국외에서 제공하는 용역
③ 선박, 항공기 외국항행 용역
④ 기타 외화획득사업

구분	내용
① 수출하는 재화	㉠ 내국물품을 외국으로 반출하는 것. 다만, 대행수출의 경우에는 수출품생산업자가 영세율의 적용을 받는 것이며, 무역업자가 지급받는 수출대행수수료는 용역의 제공에 해당하여 영세율 적용대상이 아님. ㉡ 외국인도수출, 중계무역수출, 위탁판매수출, 위탁가공무역수출 ㉢ 내국신용장과 구매확인서에 의하여 공급하는 재화. 다만, 내국신용장 등은 재화의 공급시기가 속하는 과세기간 종료일 후 25일 이내에 개설·발급받는 것이어야 함. ㉣ 공해상에서 우리나라 선박에 의하여 채포된 수산물을 외국으로 반출하는 것
② 국외에서 제공하는 용역	㉠ 국외에서 제공하는 용역은 소비지과세원칙에 따라 과세대상에서 제외하는 것이 타당함. 단, 사업장이 국내에 소재하는 경우 영세율로 과세함(해외건설용역). ㉡ 국외건설공사를 내국법인으로부터 재도급받아 국외에서 건설용역을 제공하고 대가를 국내에서 원화로 받는 경우에도 영세율을 적용받는다.
③ 선박, 항공기 외국항행 용역	여객이나 화물을 국내에서 국외로, 국외에서 국내로 또는 국외에서 국외로 수송하는 것
④ 기타 외화획득사업	㉠ 법소정 수출재화 임가공용역(수출업자와 직접 도급계약에 의한 임가공용역/내국신용장 또는 구매확인서 의해 공급하는 수출재화임가공용역) ㉡ 외국을 항행하는 선박 및 항공기 또는 원양어선에 공급하는 재화 또는 용역 ㉢ 우리나라에 상주하는 외교공관, 영사기관, 국제연합과 이에 준하는 국제기구, 국제연합군 또는 미국군에게 공급하는 재화 또는 용역 ㉣ 국내에서 비거주자 또는 외국법인에게 공급하는 법소정 재화용역(그 대금을 외국환은행에서 원화로 받거나 외화로 받아 은행에 매각한 경우)

4 영세율 관련 의무

① 영세율 제도는 세율을 "0"으로 한다는 것이지 부가가치세의 납세의무 자체가 면제되는 것이 아니기 때문에 사업자 등록·세금계산서 발급, 신고납부, 매출처별합계표, 매입처별합계표 등 납세의무자로서의 모든 의무를 이행하여야 하며 이를 이행하지 아니하면 가산세 등의 불이익이 발생함.

② 영세율 적용대상자는 과세사업자이어야 함. 따라서, 면세사업자는 면세를 포기하지 않는 한 영세율을 적용받을 수 없음.

5 영세율과 세금계산서

① 영세율의 경우 일반적으로 세금계산서 발급의무가 면제된다.

② 하지만, 국내거래에 대해 영세율을 적용하는 경우 0의 세율로 세금계산서 교부해야 한다.

구분	영세율 적용대상
세금계산서 발급	㉠ 내국신용장 또는 구매확인서에 의한 수출재화 ㉡ 수출재화임가공용역
세금계산서 발급의무 면제	㉠ 직수출하는 재화 ㉡ 국외에서 제공하는 용역 ㉢ 항공기의 외국항행용역 등

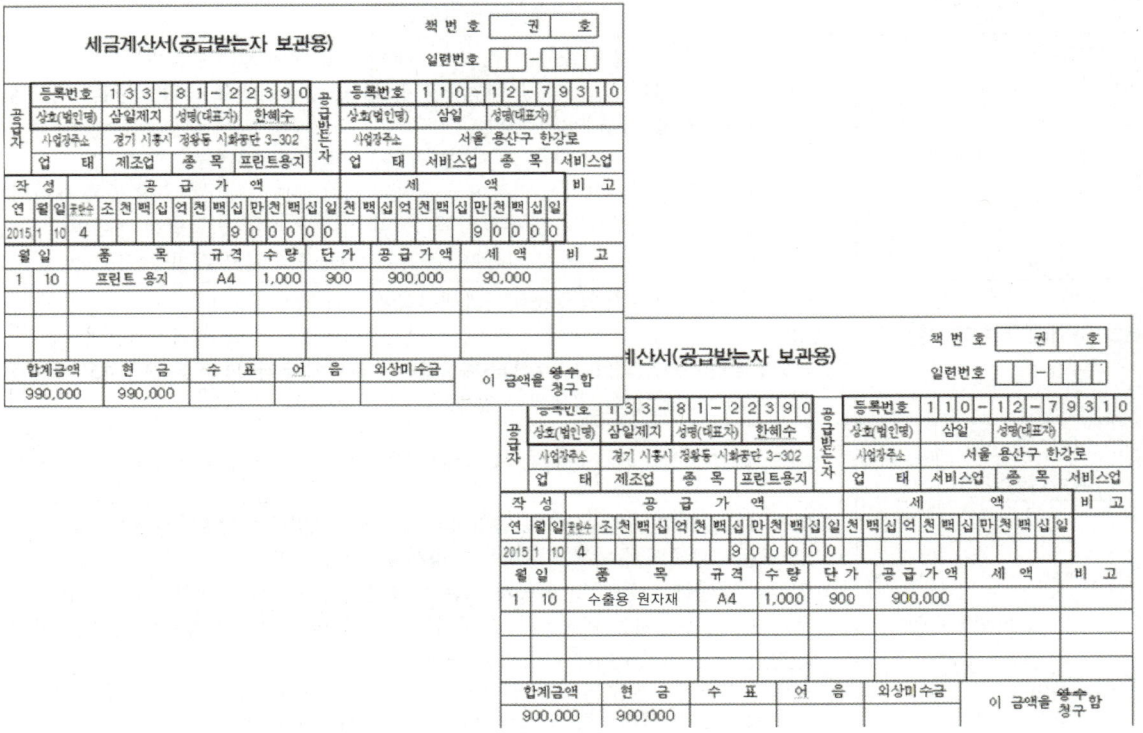

세금계산서

세금계산서(공급받는자 보관용) 책 번 호: 권 호 / 일련번호: -

구분	항목	내용	항목	내용
공급자	등록번호	133-81-22390		
공급자	상호(법인명)	삼일제지	성명(대표자)	한혜수
공급자	사업장주소	경기 시흥시 정왕동 시화공단 3-302		
공급자	업태	제조업	종목	프린트용지
공급받는자	등록번호	110-12-79310		
공급받는자	상호(법인명)	삼일	성명(대표자)	
공급받는자	사업장주소	서울 용산구 한강로		
공급받는자	업태	서비스업	종목	서비스업

작성 연	월	일	공란수	공급가액	세액	비고
2015	1	10	4	9 0 0 0 0 0	9 0 0 0 0	

월	일	품목	규격	수량	단가	공급가액	세액	비고
1	10	프린트 용지	A4	1,000	900	900,000	90,000	

합계금액	현금	수표	어음	외상미수금	이 금액을 영수/청구 함
990,000	990,000				

…계산서(공급받는자 보관용) 책 번 호: 권 호 / 일련번호: -

구분	항목	내용	항목	내용
공급자	등록번호	133-81-22390		
공급자	상호(법인명)	삼일제지	성명(대표자)	한혜수
공급자	사업장주소	경기 시흥시 정왕동 시화공단 3-302		
공급자	업태	제조업	종목	프린트용지
공급받는자	등록번호	110-12-79310		
공급받는자	상호(법인명)	삼일	성명(대표자)	
공급받는자	사업장주소	서울 용산구 한강로		
공급받는자	업태	서비스업	종목	서비스업

작성 연	월	일	공란수	공급가액	세액	비고
2015	1	10	4	9 0 0 0 0 0		

월	일	품목	규격	수량	단가	공급가액	세액	비고
1	10	수출용 원자재	A4	1,000	900	900,000		

합계금액	현금	수표	어음	외상미수금	이 금액을 영수/청구 함
900,000	900,000				

6 영세율 첨부서류

① 영세율이 적용되는 경우 부가가치세 예정, 확정신고 시 영세율임을 증명하는 서류를 제출해야 한다.
② 영세율 첨부서류를 제출하지 않는 경우 영세율과세표준신고불성실가산세 적용된다.

영세율 첨부서류

구분	영세율 첨부서류
① 재화의 수출	수출실적명세서(소포우편으로 수출한 경우에는 소포수령증), 수출계약서사본 또는 외화입금증명서 등
② 용역의 국외공급	외화입금증명서(외국환은행이 발급) 또는 국외에서 제공하는 용역에 관한 계약서
③ 선박·항공기의 외국항행용역의 공급	• 선박 : 외국환은행이 발급하는 외화입금증명서 • 항공기 : 공급가액확정명세서

제2절 면세

1 면세

① 주로 국민생활 안정과 관련한 재화 및 용역의 공급 등에 대해 부가가치세를 면제함
② **부가가치세 과세사업자가 면세로 열거된 재화나 용역을 공급하는 경우 부가가치세 면세함.**

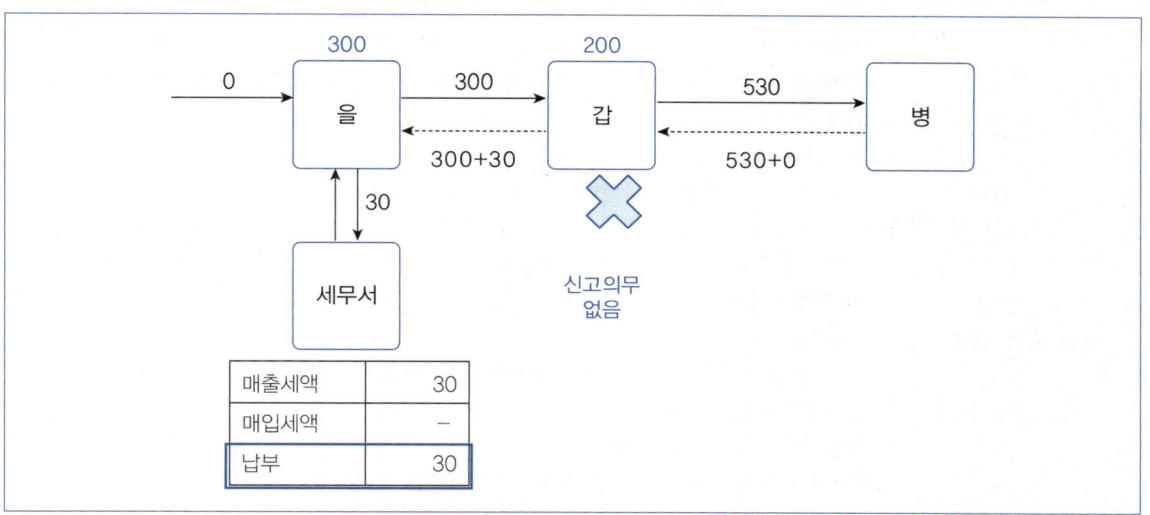

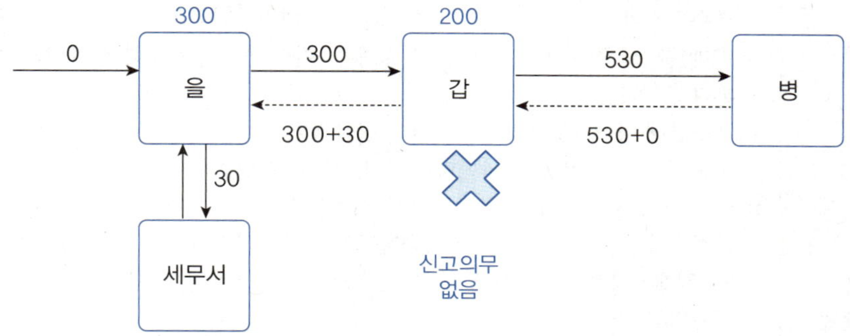

매출세액	30
매입세액	–
납부	30

면세 대상거래

구분	내용
생활필수 재화와 용역	① 가공되지 아니한 식료품(식용으로 제공되는 농·축·수·임산물 포함) ② 우리나라에서 생산된 비식용 농·축·수·임산물 ③ 수돗물 ④ 연탄과 무연탄 ⑤ 여객운송용역(다만, 항공기, 우등고속버스, 전세버스, 택시, 자동차대여사업, 특수선박 또는 고속철도, 삭도·관광유람선업·관광순환버스업· 관광궤도업에 의한 운송용역은 제외함) ⑥ 영·유아 기저귀와 분유, 여성용 생리처리 위생용품
의료보건용역과 혈액	의사(미용목적 성형수술, 피부시술 등은 과세), 간호사, 한의사, 수의사(애완동물 예방접종과 일정 범위 내 질병 치료 용역 포함), 장의사 등이 제공하는 용역, 화장, 묘지분양 및 관리업, 응급환자이송용역, 산후조리원에서 분만 직후의 임산부나 영유아에게 제공하는 급식·요양 등의 용역, 사회적기업이 직접 제공하는 간병, 산후조리, 보육용역 등
교육, 문화, 종교 관련 재화와 용역	① 정부의 인·허가를 받은 교육용역 ⇨ 무도학원, 자동차운전학원은 과세 ② 도서, 신문, 잡지, 관보, 통신(광고는 제외함) ③ 예술창작품, 비영리 예술행사, 비영리 문화행사와 아마추어운동경기(비직업운동경기) ④ 도서관, 과학관, 박물관, 미술관, 동물원, 식물원에의 입장 ⑤ 종교, 자선, 학술, 구호 기타 공익을 목적으로 하는 단체가 공급하는 재화 또는 용역 ⑥ 도서대여용역
부가가치 생산요소	① 금융·보험용역 ② 토지의 공급 ③ 저술가, 작곡가 등이 제공하는 인적용역
기타 면세 재화 또는 용역	① 주택과 이에 부수되는 토지의 임대용역 : 부동산의 임대는 원칙적으로 과세이나 주택과 그 부수토지의 임대는 면세임. 부수토지란 주택정착면적의 5배(도시계획구역밖의 토지는 10배)를 초과하지 아니하는 것을 말하며, 이를 초과하는 부분은 과세되는 토지의 임대로 본다. ② 제조담배 중 일부(갑당 200 이하, 군용담배) ③ 우표(수집용 우표를 제외한다), 인지, 증지, 복권, 공중전화 ④ 국가, 지방자치단체, 지방자치단체조합이 공급하는 재화 또는 용역(단, 소포우편물을 방문접수하여 배달하는 용역과 고속철도에 의한 여객운송용역 군인·공무원 및 이들의 배우자·직계존비속에게 제공하는 부동산 임대업, 도·소매업, 음식점업, 숙박업 기타 스포츠 시설운영업 등은 제외) ⑤ 국가, 지방자치단체, 지방자치단체조합, 공익단체에 무상으로 공급하는 재화 또는 용역 ⑥ 국민주택과 당해 주택의 건설용역 ⑦ 공동주택 어린이집의 임대용역 ⑧ 국민주택에 공급하는 일반관리용역·경비용역·청소용역 ⑨ 국민주택을 제외한 주택으로 다음의 주택에 공급하는 일반관리용역·경비용역·청소용역 ㉠ 수도권 외의 읍·면 지역의 주택 ㉡ 이외 주택으로 1호 또는 1세대당 주거전용 면적인 135m^2 이하 ⑩ 온실가스 배출권(2025년 12월 31일 까지)

2 부동산 공급과 임대

부동산공급과 부동산임대의 부가가치세 과세여부는 다음과 같다.

부동산의 공급(재화의 공급)	부동산의 임대(용역의 제공)
① 토지의 공급 : 면세 ② 건물의 공급 : 과세 (예외 : 국민주택의 공급은 면세)	① 토지의 임대 : 과세 (예외 : 주택부속토지의 임대는 면세) ② 건물의 임대 : 과세 (예외 : 주택의 임대는 면세)

3 면세포기

① 면세사업자는 매입세액을 공제받지 못하므로 당해 매입세액을 원가에 산입하기 때문에 가격경쟁력 측면에서 불리함.
② 면세사업자의 경우 선택에 따라 면세를 포기하고 과세사업자로 적용받을 수 있도록 하는 제도를 마련한 바, 이를 면세포기라고 함.
③ 면세제도는 최종소비자의 세부담경감에 그 취지가 있으므로 모든 면세사업자에게 면세포기를 인정해 주는 것은 아닌 바, 다음의 경우에만 면세포기가 가능함.
  ㉠ 영세율 적용대상인 재화·용역
  ㉡ 공익단체 중 학술연구단체 또는 기술연구단체가 공급하는 재화 또는 용역
④ 한번 면세포기를 하면 3년간은 다시 면세적용을 받을 수 없음.

영세율과 면세 비교

구분		영세율	면세
① 목적		**국제적인 이중과세방지**	**부가가치세의 역진성 완화**
② 대상		수출 등 외화획득거래	생활필수품 등
③ 성격		완전면세제도	부분면세제도
④ 기본원리	매출시	과세표준에 0%의 세율을 적용하므로 거래징수할 세액은 없음	거래징수의무가 없음
	매입시	**환급받음 (매입세액공제)**	**환급되지 아니함 (매입세액 불공제)**
⑤ 부가가치세법상 의무	사업자등록의무	있음	없음
	세금계산서발급	있음	없음
	신고납부의무	있음	없음
	매출처별세금계산서합계표제출	있음	없음
	매입처별세금계산서합계표제출	있음	있음

4 과세거래와 면세거래

① 부가가치세는 **공급자** 기준으로 **과세여부를 판단**함.

② 예를들어, 현대자동차(과세)가 학원사업자(면세) 자동차를 판매하는 경우에도 부가가치세를 징수해야 함. 또한, 학원사업자(면세)가 현대자동차(과세)에 교육용역을 제공하는 경우에는 부가가치세가 면세되는 것임.

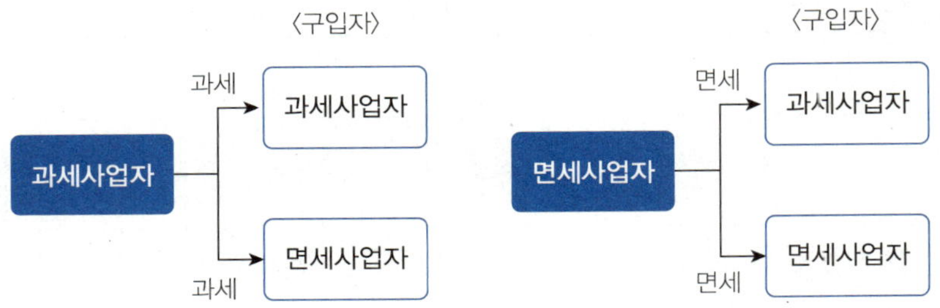

예제 1

다음 중 영세율과 면세에 관한 설명으로 틀린 것은?

① 면세를 포기하면 일반과세자와 마찬가지로 부가가치세 신고의무가 생긴다.
② 영세율은 매입·매출처별세금계산서합계표 제출의무가 있으나, 면세는 매출처별세금계산서합계표 제출의무가 없다.
③ 영세율 적용대상자는 매입세액을 전액 공제받지만, 면세사업자는 매입세액을 공제받지 못한다.
④ 영세율의 목적이 부가가치세의 역진성 완화에 있다면 면세의 목적은 소비지국 과세에 있다.

해설 영세율의 목적이 소비지국 과세에 있다면 면세의 목적은 부가가치세의 역진성 완화에 있다. 설명이 반대로 되어 있음.
정답 ④

예제 2

다음 중 영세율 적용대상이 아닌 것은?

① 수출하는 재화
② 토지의 공급
③ 내국법인이 제공하는 국외건설공사
④ 선박·항공기의 외국항행용역

해설 토지의 공급은 면세대상 거래임.
정답 ②

출제예상 문제

01 다음 중 부가가치세 영세율과 면세에 관한 설명으로 가장 옳지 않은 것은?

① 면세를 포기하면 일반과세자와 마찬가지로 부가가치세 신고의무가 생긴다.
② 영세율은 매입·매출처별세금계산서합계표 제출의무가 있으나, 면세는 매출처별세금계산서합계표 제출의무가 없다.
③ 영세율 적용대상자는 매입세액을 전액 공제받지만, 면세사업자는 매입세액을 공제받지 못한다.
④ 영세율의 목적이 부가가치세의 역진성 완화에 있다면 면세의 목적은 소비지국 과세에 있다.

02 다음 중 부가가치세법상 영세율에 관한 설명으로 가장 올바르지 않은 것은?

① 영세율은 국제적 이중과세를 해소하고 소비지국과세원칙을 구현하기 위해 제정된 제도이다.
② 영세율을 적용할 경우 모든 거래단계에 대한 완전면세가 가능하다.
③ 면세사업자가 영세율을 적용받기 위해서는 면세를 포기해야만 한다.
④ 영세율이 적용되는 직수출 거래에 대해서도 세금계산서는 발급하여야 한다.

03 다음 중 부가가치세에 대한 설명으로 가장 옳지 않은 것은?

① 재화의 수입에 대한 납세의무자가 재화의 수입에 대하여 관세법에 따라 관세를 세관장에게 신고하고 납부하는 경우에는 재화의 수입에 대한 부가가치세를 함께 신고하고 납부해야 한다.
② 사업자가 아닌 자가 재화를 수입하는 경우 부가가치세가 과세되지 않는다.
③ 수출신고를 마치고 선적이 완료된 물품을 국내로 다시 반입하는 경우 재화의 수입에 해당한다.
④ 수출신고를 한 재화로서 선적되지 아니한 것을 보세구역에서 반입하는 것은 재화의 수입으로 보지 않는다.

04 다음 중 부가가치세 면세포기제도와 관련된 설명으로 옳지 않은 것을 모두 고르면?

① 모든 면세사업자는 면세를 포기하고 과세로 전환할 수 있다.
② 면세를 포기하면 일반과세자와 마찬가지로 부가가치세 신고의무가 발생한다.
③ 면세포기를 하고 난 후 5년간은 다시 면세적용을 받을 수 없다.
④ 면세를 포기하면 매입세액을 매출세액에서 공제받을 수 있다.
⑤ 면세사업만을 영위하는 사업자는 부가가치세법상의 사업자등록 의무가 없다.

05 **다음 중 부가가치세 과세와 면세에 대한 설명으로 옳지 않은 것은?**

① 어제 여자친구와 한강에 위치한 레스토랑에서 근사한 저녁식사를 하였는데, 지불한 음식값에 부가가치세가 포함되어 있다.
② 우리 아이가 이번 중간고사 전교 1등을 해서, 선물로 스마트폰을 사주었는데 스마트폰 가격 안에는 부가가치세가 포함되어 있다.
③ 어제 저녁 늦게 마트에 가니 수박을 저렴한 가격에 판매하고 있어서 수박을 샀는데, 그 수박 가격에도 부가가치세가 포함되어 있다.
④ 이번 주말에 식구들과 프로야구 경기를 관람하여 하는데, 프로야구 입장권 가격에도 부가가치세가 포함되어 있다.

06 **다음 중 부가가치세법상 면세대상으로 가장 올바르지 않은 것은?**

① 생리대, 연탄, 무연탄 등 기초생필품
② 쌀 등 미가공식료품
③ 의료보건용역
④ 항공기, 택시 등 여객운송용역

07 **다음 중 부가가치세 영세율이 적용되는 거래에 해당하는 것은?**

㉠ 재화의 수출 ㉡ 가공되지 아니한 식료품의 국내판매 ㉢ 선박·항공기의 외국항행 용역 ㉣ 내국신용장에 의하여 공급하는 재화

① ㉠
② ㉠, ㉡
③ ㉠, ㉡, ㉣
④ ㉠, ㉢, ㉣

08 **산업용 절삭공구를 제조하는 ㈜삼일은 일본사업자로부터 원재료를 500만원에 구입하고 대가를 지급하려고 한다. 한국의 부가가치세율이 10%, 일본의 부가가치세율이 5%인 경우 원재료 구입대금 지급방법에 대한 설명으로 가장 옳은 것은?**

① 원재료대가 500만원에 일본의 부가가치세율에 따른 부가가치세 25만원을 지급해야 한다.
② 원재료대가 500만원에 한국의 부가가치세율에 따른 부가가치세 50만원을 지급해야 한다.
③ 원재료대가 500만원만 지급하고 부가가치세는 한국의 세관장에게 50만원을 납부한다.
④ 원재료대가 500만원만 지급하고 부가가치세는 일본의 세관장에게 25만원을 납부한다.

09 **반도체라인 생산설비를 제조하는 ㈜삼일은 2/4분기(20×2년 4월 1일~20×2년 6월 30일) 중 다음과 같이 2대의 기계장치를 수출하였다. 동 기간 중 회사의 매입세액이 200,000,000원일 때, (주)삼일이 1기 확정신고 시 납부 또는 환급받을 부가가치세 금액은 얼마인가?** (단, 매입세액은 모두 공제가능한 금액이며, 조기환급신고는 하지 않았다고 가정한다)

제품명	수량	공급가액
웨이퍼 가공설비A	1	2,000,000,000원
웨이퍼 가공설비B	1	1,000,000,000원

① 납부(환급)세액 없음
② 100,000,000원 납부
③ 100,000,000원 환급
④ 200,000,000원 환급

10 **다음은 신문기사의 일부를 발췌한 것이다. 다음 기사의 내용과 가장 밀접한 부가가치세의 특성은 무엇인가?**

한·중 합자회사 북한에서 버스 조립생산

한국의 P그룹은 중국 H자동차와 오는 5월부터 북한에서 버스를 합작 생산하기로 합의했다. 신화통신은 두 회사가 최근 중국 선양에 소재한 H자동차에서 생산한 부품을 북한 남포에 소재한 P그룹의 공장으로 가져가 버스를 조립·생산하기로 했다며 생산된 제품은 국제시장에서 판매하기로 합의했다고 보도했다.
P그룹의 남포공장은 차량을 한국에 수출할 경우 영세율 혜택을 보게 된다고 신화통신은 밝혔다.

① 소비지국과세원칙
② 직접세
③ 생산지국과세원칙
④ 다단계과세(전단계세액공제법)

11 **다음은 김삼일씨의 가계부 지출내역이다. 지출금액 안에 포함된 부가가치세의 합계는 얼마인가?** (단, 공급자는 부가가치세법에 따라 적정하게 부가가치세를 거래징수 하였다고 가정함)

일자	적요	금액
2월 14일	주택월세	550,000
5월 18일	수도요금 납입	22,000
6월 21일	프로야구 입장권	33,000
9월 27일	시내버스 이용	11,000

① 2,000
② 3,000
③ 32,000
④ 34,000

12 **다음의 부가가치세 면세에 관한 대화에서 가장 옳지 않은 설명을 하고 있는 사람은 누구인가?**

> 한혜수 : 모든 물품에 대해 부가가치세가 과세되는 줄 알았는데 부가가치세가 면제되는 면세제도라는 것이 있더라. 오늘 오후에 마트에서 장을 봤는데 쌀이 부가가치세 면세재화더라고.
> 강대욱 : 응. 면세제도는 주로 기초생필품 또는 국민후생용역과 관련하여 최종소비자의 세부담을 줄이기 위해 운용되고 있어. 쌀 뿐만 아니라 밀가루, 과일 등 미가공식료품은 부가가치세가 과세되지 않지.
> 장미현 : 그런데 그거 아니? 복숭아는 미가공 식료품이기 때문에 면세인데 복숭아 통조림은 부가가치세가 과세돼. 재미있지?
> 김병헌 : 아, 그러니? 토지는 매매를 해도 임대를 해도 모두 면세되는데.

① 한혜수 ② 강대욱
③ 장미현 ④ 김병헌

13 **다음은 산후조리원 이용요금의 부가가치세 면세에 관한 신문기사의 일부를 발췌한 것이다. 대화 내용 중 가장 올바르지 않은 설명을 하고 있는 사람은?**

> • 서울시, 산후조리원 이용요금 공개한다.
> • 서울시 김갑동 복지건강실장은 "앞으로 산후조리원에 대한 지속적인 점검을 실시해 산후조리원 부가가치세 면세금의 혜택을 서울시 산모들에게 돌아갈 수 있도록 적극적으로 노력할 것이며 부가가치세 면세 후 요금 인하 불이행 산후조리원은 세무조사를 의뢰하고 향후 저소득 산모도 산후조리원을 이용할 수 있는 방안을 강구하겠다"고 밝혔다.

① 철수 : 산후조리원이 면세사업자가 되었으니 부가가치세법상 세금계산서 발급, 과세표준 신고 등 의무를 부담하지 않는다.
② 영희 : 산후조리원이 매입한 재화 또는 용역에 대해 부담한 매입세액은 공제받을 수 없다.
③ 영수 : 산후조리원이 부담한 매입세액을 공제받기 위해 면세를 포기할 경우 5 년간은 면세적용을 받을 수 없다.
④ 순희 : 산후조리원도 부가가치세가 과세되는 재화 또는 용역을 공급 받는 때에는 그에 대한 부가가치세를 부담해야 한다.

14 **다음 중 부가가치세법상 면세에 관한 설명으로 옳지 않은 것은?**

① 수의사의 애완견에 대한 의료용역에 대해서는 모두 부가가치세를 과세한다.
② 예술창작품의 공급에 대해서는 부가가치세를 면제한다.
③ 자동차 운전학원이 공급하는 교육용역에 대해서는 부가가치세를 과세한다.
④ 미용목적의 피부 노화방지 예방 의료용역에 대해서는 부가가치세를 과세한다.

15 **다음 중 부가가치세법 면세와 영세율에 관한 설명으로 옳지 않은 것은?**

① 영세율이 적용되는 경우 매입세액 공제가 가능하나, 면세사업자는 매입세액을 공제받을 수 없다.
② 면세사업자도 세금계산서 발급 등 부가가치세법에서 규정하는 의무를 준수해야 한다.
③ 영세율제도가 국제적 이중과세 방지하는 효과가 있다면, 면세 제도는 부가가치세의 역진성을 완화하는 효과가 있다.
④ 사업자가 토지를 공급하는 경우 부가가치세를 면세하지만, 상가 건물과 그 부속토지를 임대하는 경우 부가가치세를 과세한다.

16 **다음 자료를 바탕으로 회사 입장에서 영세율 제도와 면세 제도에 따라 부가가치세 납부 또는 환급세액을 계산할 경우 어떤 제도가 얼마나 유리한지 알맞게 짝지어진 것을 고르시오.**

구분	영세율	면세
매출액	20,000,000원(수출)	20,000,000원(면세－국내 매출)
매입액	10,000,000원(과세)	10,000,000원(과세)
부가가치(매출액－매입액)	10,000,000원	10,000,000원

① 영세율 제도가 1,000,000원 유리함
② 영세율 제도가 2,000,000원 유리함
③ 면세 제도가 1,000,000원 유리함
④ 면세 제도가 2,000,000원 유리함

17 **다음 중 부가가치세법상 영세율에 관한 설명으로 옳은 것은?**

① 내국법인과 거주자뿐만 아니라 외국법인과 비거주자에게도 항상 영세율을 적용할 수 있다.
② 면세사업자는 면세를 포기하더라도 영세율을 적용받을 수 없다.
③ 영세율을 적용받는 사업자는 부가가치세율이 0이므로 부가가치세법상 제반 의무를 이행할 필요가 없다.
④ 영세율을 적용받는 사업자가 사업과 관련하여 부담한 매입세액은 부가가치세 납부세액계산 시 공제된다.

18 **다음 중 부가가치세에 대한 설명으로 가장 옳은 것은?**

① 겸영사업자는 일반과세사업과 영세율과세사업을 함께 영위하는 자를 의미한다.
② 비영리사업자는 납세의무자가 아니므로 부가가치세를 거래징수할 필요가 없다.
③ 면세사업자는 매출세액을 거래징수할 필요는 없으나 매입세액공제는 가능하다.
④ 면세사업자는 부가가치세법상 사업자등록, 세금계산서 발급, 과세표준 신고 등의 제반의무가 없다.

[redacted]

정답 및 해설

01	④	02	④	03	②	04	①③	05	③	06	④	07	④	08	③	09	④	10	①
11	②	12	④	13	③	14	④	15	②	16	①	17	④	18	④				

01 ④ 영세율의 목적이 소비지국 과세에 있다면 면세의 목적은 부가가치세의 역진성 완화에 있다. 설명이 반대로 되어 있다.

02 ④ 직수출 거래에 대해서는 세금계산서 발급의무가 없다.

03 ② 재화를 수입하는 경우 사업자 여부와 무관하게 부가가치세가 과세된다.

04 ①③ 면세제도는 부가가치세의 역진성을 완화하기 위한 제도이므로 그 취지상 면세를 포기하여도 최종소비자에게 조세부담이 전가되지 아니하는 몇 가지 경우에 한해서 면세포기를 허용하고 있다. 면세포기를 하고 난 후 3년간은 다시 면세적용을 받을 수 없다.

05 ③ 수박은 미가공식료품으로 부가가치세 면세되는 재화이다.

06 ④ 항공기, 택시 등 여객운송용역은 부가가치세 과세대상 이다.

07 ④ 가공되지 않은 식료품은 면세대상 항목이다.

08 ③ 재화를 수입하는 경우 세관장에게 부가가치세를 납부해야 한다. 이 때 세율은 수입국의 부가가치세율을 적용한다.

09 ④ 수출의 경우 영세율이 적용되어 매출세액은 0인데 매입세액이 2억원 이므로 2억원을 환급받는다.

10 ① 수출에 대해 영세율을 적용하는 것은 소비지국과세원칙 구현을 위함이다.

11 ② 프로야구입장권은 부가가치세 과세대상이고 나머지는 부가가치세 면세항목이다. 따라서, 부가가치세는 3,000원이다.

12 ④ 토지의 매매는 면세이지만, 토지의 임대는 과세한다.

13 ③ 면세제도는 최종소비자의 세부담 완화 등 정책적 목표에서 운영하는 제도로 부가가치세가 면세되는 재화나 용역을 공급하는 경우 면세사업자에 해당하며 사업자 선택으로 면세를 포기할 수 없다. 다만, 예외적으로 영세율이 적용되거나 학술연구단체 등에 한해서 면세를 포기할 수 있도록 하고 있다.

14 ④ 수의사가 애완견에 대해 제공하는 의료용역은 일부는 과세, 일부는 면세한다.

15 ② 면세사업자는 세금계산서 발급 등 부가가치세법 상 의무를 부담하지 않는다.

16 ① 매출세액 : 동일. (영세율과 면세 모두 매출세액 발생하지 않음)
매입세액 : 영세율이 1백만원 유리(면세는 매입세액 불공제)
따라서, 영세율이 1백만원 유리하다.

17 ④ 외국에서 우리나라 거주자 또는 내국법인에 대하여 동일한 면세를 하는 경우에 한하여 그 외국의 비거주자 또는 외국법인에 대하여 영세율을 적용한다. 면세사업자는 면세를 포기하면 영세율을 적용받을 수 있으며, 영세율을 적용받는 경우 과세사업자에 해당하여 부가가치세법 상 제반 의무를 준수해야 한다.

18 ④ 겸영사업자는 과세사업과 면세사업을 함께 영위하는 자를 의미한다. 부가가치세는 영리목적 유무에 불구하고 사업상 독립적으로 재화나 용역을 공급하는 경우 부가가치세를 거래징수하여 납부해야 한다. 면세사업자는 매출세액을 거래징수할 필요는 없으나 매입세액공제도 불가능하다.

CHAPTER 05 과세표준과 매출세액

1 과세표준

재화나 용역의 공급에 대한 과세표준은 다음 금액을 합한 금액으로 한다.

구분	과세표준
① 금전수령	그 대가
② 금전 외 수령	자기가 공급한 재화 또는 용역의 시가
③ **특수관계인에 ㉠ 재화 공급하고 부당하게 낮은 대가 수령 / 대가 미수령 ㉡ 용역 공급하고 부당하게 낮은 대가 수령 ㉢ 사업용부동산 임대용역을 무상으로 공급**	자기가 공급한 재화 또는 용역의 시가
④ **폐업**	폐업시 남아있는 재화의 시가

2 유형별 과세표준

재화 또는 용역의 공급형태별 과세표준은 다음과 같다.

구분	과세표준
① 외상판매, 할부판매	공급한 가액
② 장기할부판매	대가의 각 부분을 받기로 한 부분
③ 완성도기준 중간지급 계속적공급	대가의 각 부분을 받기로 한 부분
④ 마일리지로 결제받은 금액	자기적립 마일리지 : 제외 자기적립마일리지 외 마일리지 : 보전받거나 보전받을 금액 포함
⑤ 재화의 수입	관세의 과세가격 + 관세 +교통·에너지·환경세 +주세 +교육세 +농어촌특별세
⑥ 기부채납	기부채납된 가액

✔ ㉠ 장기할부판매 : a. 2회 이상으로 대가를 분할해서 받고
b. 인도일의 다음날부터 최종할부금 지급기일까지의 기간이 1년 이상인 할부판매
㉡ 완성도기준 : 재화나 용역의 완성도에 따라 기성청구하고, 대금을 지급받는 경우(기간과 관계없음)
㉢ 중간지급조건 : a. 계약금을 받기로 한 날의 다음 날부터 재화를 인도하는 날(용역의 제공을 완료하는 날) 까지의 기간이 6개월 이상인 경우로서
b. 그 기간 이내에 계약금 외의 대가를 분할하여 받는 경우
㉣ 계속적공급 : 전력, 도시가스 기타 공급단위를 구획할 수 없는 재화를 계속적으로 공급하는 경우

✔ 마일리지 : 재화 또는 용역의 구입실적에 따라 마일리지, 포인트 등을 별도의 대가 없이 적립받은 후 다른 재화 또는 용역 구입 시 결제수단으로 사용할 수 있는 것.

×1년 : 100만원 제품 현금판매하며 A사포인트 10만원 적립해줌. ⇒ 과세표준 100만원
×2년 : 100만원 제품 판매하며 A사포인트 10만원과 현금90만원 받음 ⇒ 과세표준 90만원

예제 1

(주)삼일은 할부판매를 실시하고 있으며 20×1.7.10 상품을 할부로 ₩40,000에 판매하였다. 동 매출의 회수약정금액(VAT 제외)과 실제 회수액(VAT 제외)이 다음과 같을 때 20×1년 제2기 예정신고기간(20×1.7.1 ~ 9.30)의 과세표준은?

일자	회수약정액	회수액
7. 10	₩10,000	₩10,000
8. 10	10,000	–
9. 10	10,000	8,000
10. 10	10,000	10,000
계	₩40,000	₩28,000

① 18,000　② 28,000
③ 30,000　④ 40,000

해설 단기할부판매이므로 인도가액인 40,000원임.
정답 ④

3 과세표준 제외

① 매출에누리와 매출환입, 매출할인(공급에 대한 대가를 약정기일 전에 받았다는 이유로 사업자가 당초의 공급가액에서 할인해 준 금액)
② 재화 또는 용역을 공급한 후의 그 공급가액에 대한 할인액
③ 공급받는 자에게 도달하기 전에 공급자의 부주의로 인한 파손, 훼손 또는 멸실된 재화의 가액
④ 재화 또는 용역의 공급과 직접 관련되지 않은 국고보조금과 공공보조금
⑤ 반환의무가 있는 보증금이나 입회금을 받거나 위약금, 손해배상금 등을 받은 것은 과세표준에 포함되지 않음.
⑥ 공급대가의 지급이 지연되어 받는 연체이자(계약 등에 의해 확정된 대가의 지급지연으로 받는 것)
⑦ 음식·숙박용역 등 개인서비스용역을 공급하고 그 대가와 함께 받는 종업원의 봉사료로서 당해 종업원에게 지급한 사실이 확인되는 경우
⑧ 법률에 따른 공매, 경매, 수용 등으로 인해 재화를 인도, 양도하는 것은 과세표준 포함되지 않음.
⑨ 재화 또는 용역을 공급하고 마일리지 등을 적립(다른 사업자를 통하여 적립하여 준 경우를 포함한다)하여 준 사업자에게 사용한 마일리지

4 과세표준 포함

① 대손금
② 거래수량이나 거래금액에 따라 지급하는 판매장려금
  – 장려금을 금전으로 지급하는 경우 과세표준에서 공제하지 않고, 재화로 지급 시 사업상증여로 과세함.
③ 하자보증을 위하여 공급받는 자에게 공급대가의 일부를 보관시키는 하자보증금
④ 할부판매 이자상당액

예제 2

다음 중 부가가치세 과세표준에서 제외해야 할 항목을 묶은 것으로 가장 옳은 것은?

㉠ 매출에누리와 매출환입, 매출할인
㉡ 대손금
㉢ 거래수량에 따라 금전으로 지급한 판매장려금
㉣ 공급대가의 지급지연으로 받은 이자
㉤ 공급받는 자에게 도달하기 전에 공급자의 부주의로 인해 파손된 재화의 가액

① ㉡, ㉣ ② ㉡, ㉢, ㉣ ③ ㉠, ㉢, ㉣ ④ ㉠, ㉣, ㉤

해설 대손금과 판매장려금은 과세표준에서 차감하지 않음(즉, 포함함).
정답 ④

예제 3

다음은 제조업과 건설업을 영위하는 (주)삼일의 제7기 예정신고기간(20×1.7.1 ~ 20×1. 9.30)에 발생한 거래이다. 예정신고기간의 과세표준은 얼마인가?

(1) 특수관계인 매출액 ₩5,000,000(시가 ₩10,000,000)
(2) 특수관계인 이외의 매출액 ₩50,000,000(매출에누리 ₩3,000,000과 매출할인액 ₩1,000,000이 차감된 금액임)
(3) 재화 공급과 관련되지 않은 국고보조금 ₩20,000,000
(4) 외상매출금의 지급지연으로 인하여 추가로 받은 연체이자 ₩2,000,000

① 51,000,000 ② 60,000,000
③ 71,000,000 ④ 82,000,000

해설 과세표준 = (10 + 50)백만원 = 60,000,000원
특수관계인 매출액의 공급대가는 시가에 의해 계산됨. 매출에누리와 매출할인은 과세표준에 포함되지 않음. 국고보조금과 공급대가의 지급이 지연되어 받는 연체이자는 과세표준에 포함되지 않음.
정답 ②

5 간주공급 과세표준

① **자가공급, 개인적공급, 사업상증여, 폐업시잔존재화** 등은 **원칙적시가**
② **감가상각 자산의 경우** 다음과 같은 **간주시가** 사용함.

구분	과세표준
㉠ 건물, 구축물	당해 재화의 취득가액 × (1 − 5/100 × 경과된 과세기간의 수*)
㉡ 기타 감가상각자산	당해 재화의 취득가액 × (1 − 25/100 × 경과된 과세기간의 수*)

✔ 경과된과세기간의 수 : 과세기간 개시일 이후에 감가상각자산을 취득·간주공급한 경우에는 그 과세기간 개시일에 당해 재화를 취득·간주공급한 것으로 보아 경과기간을 계산함.
⇨ 20×1.2.10일 취득하여 20×3.3.10 간주공급한 경우 경과된 과세기간 = 4

예제 4

과세사업을 영위하던 제조업자 김삼일씨는 20×5.10.10 당해 사업을 폐지하였다. 다음 자료는 폐업당시 잔존재화이다. 자료를 보고 부가가치세 과세표준을 계산하면?

자산종류	취득일	취득원가	시가
제품	20×2.8.30	15,000,000	20,000,000
토지	20×2.7.16	200,000,000	200,000,000
건물	20×1.4.15	100,000,000	80,000,000
기계장치	20×3.9.10	50,000,000	20,000,000

해설 과세표준 = (20 + 0 + 55 + 0)만원 = 75,000,000원
토지의 공급은 부가가치세 면세대상이므로 과세제외함.
건물 = 100,000,000 × (1 − 5% × 9) = 55,000,000원
기계장치 = 50,000,000 × (1 − 25% × 4) = 0

정답 75,000,000원

6 부동산임대 과세표준

구분	과세표준
① 임대료	당해 과세기간에 수입할 임대료. 2과세기간 이상 용역 공급하고 선불이나 후불 시 다음으로 계산함. 선불 또는 후불로 받는 임대료 × $\frac{\text{과세대상기간의 월수}}{\text{계약기간의 월수}}$
② 관리비	관리비도 과세표준에 포함.(단, 공공요금 별도 구분 징수한 금액은 제외)
③ 간주임대료	당해 과세기간 임대보증금 또는 전세금 × 정기예금이자율 × $\frac{\text{과세대상기간의 일수}}{\text{365(윤년 366)}}$

예제 5

다음 자료는 부동산임대업을 영위하는 김임대씨의 20×1년 제2기 예정신고기간의 거래내역이다. 김임대씨의 20×1년 제2기 예정신고기간의 부가가치세 과세표준은 얼마인가?

① 임대부동산 : 상가
② 임대기간 : 20×1.1.1~20×1.12.31
③ 임대보증금 : ₩100,000,000
④ 1월에 1년 임대료 선급받음 : ₩24,000,000
⑤ 관리비 : 월 ₩150,000
⑥ 국세청장 고시 1년 만기 정기예금이자율 : 1.6% 가정

해설 ① 임대료 : ₩24,000,000 × 3/12 = ₩6,000,000
② 관리비 : ₩150,000 × 3 = ₩450,000
③ 간주임대료 : ₩100,000,000 × 1.6% × 92/365 = ₩403,287
④ 과세표준 : ₩6,853,287

7 대손세액공제

① 매출채권이 대손되어 이에 포함된 부가가치세를 회수할 수 없는 경우 확정된 과세기간의 확정신고시 매출세액에서 차감함.
② 대손세액공제는 공급일로부터 10년이 경과된 날이 속하는 과세기간에 대한 확정신고기한까지 대손세액공제요건이 확정되는 것에 한함.
③ 확정신고시에만 대손세액공제를 적용하고 예정신고시에는 적용하지 않음.

대손사유

㉠ 소득세법 및 법인세법에 따라 대손금으로 인정되는 경우
㉡ 회생계획인가결정에 따라 채권을 출자전환하는 경우, 이 경우 대손되어 회수할 수 없는 금액은 출자전환하는 시점의 출자전환된 매출채권 장부가액과 출자전환으로 취득한 주식 또는 출자지분의 시가와의 차액으로 한다.

대손세액공제

㉠ 대손금액 × 10/110 을 공제하되
㉡ 대손세액공제는 과세표준에서 차감하는 것이 아니라 매출세액에서 직접 차감함
㉢ 부가가치세확정신고서에 대손세액 공제신고서와 대손사실을 입증할 수 있는 서류를 첨부하여 관할세무서장에게 제출하여야 한다.

<table>
<tr><th colspan="7">❶ 신고내용</th></tr>
<tr><th colspan="4">구분</th><th>금액</th><th>세율</th><th>세액</th></tr>
<tr><td rowspan="9">과세표준및매출세액</td><td rowspan="4">과세</td><td>세금계산서발급분</td><td>(1)</td><td></td><td>10/100</td><td></td></tr>
<tr><td>매입자발행세금계산서</td><td>(2)</td><td></td><td>10/100</td><td></td></tr>
<tr><td>신용카드 · 현금영수증발행분</td><td>(3)</td><td></td><td rowspan="2">10/100</td><td></td></tr>
<tr><td>기타(정규영수증외매출분)</td><td>(4)</td><td></td><td></td></tr>
<tr><td rowspan="2">영세율</td><td>세금계산서발급분</td><td>(5)</td><td></td><td>0/100</td><td></td></tr>
<tr><td>기타</td><td>(6)</td><td></td><td>0/100</td><td></td></tr>
<tr><td colspan="2">예정신고누락분</td><td>(7)</td><td></td><td></td><td></td></tr>
<tr><td colspan="2">대손세액가감</td><td>(8)</td><td></td><td></td><td></td></tr>
<tr><td colspan="2">합계</td><td>(9)</td><td></td><td>㉮</td><td></td></tr>
</table>

심화학습 ● 토지 건물 일괄공급

① 토지와 건물 등을 일괄 양도한 경우 토지는 면세, 건물은 과세됨.

② 토지와 건물 등의 일괄양도시 ㉠ 토지의 가액과 건물 등의 가액 구분이 불분명하거나 ㉡ 사업자가 실지거래 가액으로 구분한 토지와 건물 등의 가액이 기준시가에 따라 안분계산한 금액과 30% 이상 차이가 있는 경우 (단, ⓐ 다른 법령에서 토지/건물 가액을 정하거나, ⓑ 건물이 있는 토지를 취득하여 건물 철거 후 토지만 사용하는 경우 제외)에는 다음의 방법으로 안분계산함.

㉠ 감정가액이 있는 경우에는 감정가액에 비례하여 안분계산함.

㉡ 감정가액이 없는 경우에는 다음 순서에 의한다.

a. 기준시가가 있는 경우에는 공급계약일 현재의 기준시가에 따라 안분계산함.

b. 기준시가가 없는 경우에는 장부가액에 따라 안분계산한 후(1차 안분계산) 기준시가가 있는 자산에 대하여는 그 합계액을 다시 기준시가에 의하여 안분계산함(2차 안분계산).

〈예제〉

과세사업자인 (주)삼일은 토지 건물 및 구축물을 10억(부가가치세 별도)에 일괄양도하였다. 공급계약일 현재 처분한 부동산의 가액이 다음과 같을 경우 과세표준을 계산하라.

구분	토지	건물	구축물
취득가액	200,000,000	300,000,000	100,000,000
장부가액	200,000,000	240,000,000	60,000,000
기준시가	150,000,000	150,000,000	
감정가액			

정답

〈1차 안분〉

	1차 배분기준(장부가액)	비율	1차 배분금액
토 지	200,000,000	88%	880,000,000
건 물	240,000,000		
구축물	60,000,000	12%	120,000,000
계	500,000,000	100%	1,000,000,000

〈2차 안분〉

	1차 배분금액	2차 배분기준(기준시가)	비율	2차 배분금액
토 지	880,000,000	150,000,000	50%	440,000,000
건 물		150,000,000	50%	440,000,000
구축물	120,000,000			120,000,000
계	1,000,000,000	300,000,000	100%	1,000,000,000

과세표준 = 건물 440백만원 + 구축물 120백만원 = 560,000,000

심화학습 ● 공통사용재화 공급

① 과세사업과 면세사업을 겸영하는 사업자가 두 사업에 공통으로 사용되는 재화를 공급하는 경우
② 과세사업분와 면세사업분은 실지귀속에 따라 구분하여야 하며 실지귀속이 불분명한 경우에는 다음 방법에 따라 공급가액을 안분계산함.

$$\text{과세표준} = \text{당해 재화의 공급가액} \times \frac{\text{공급일이 속하는 과세기간 직전과세기간의 과세공급가액}}{\text{공급일이 속하는 과세기간 직전과세기간의 총공급가액}}$$

〈예제〉
과세사업과 면세사업을 겸영하고 있는 (주)삼일은 두 사업에서 공통으로 사용하고 있던 재화를 매각하였다. 다음 자료를 보고 (주)삼일이 20×1년 제2기 확정신고시 공통사용재화와 관련된 매출세액을 계산하시오.
(1) 공통사용재화 취득일 : 20×0. 10. 2
(2) 공통사용재화 공급일 : 20×1. 12. 28
(3) 공통사용재화 공급가액 : 15,000,000
(4) 공급가액

구분	20×1년 1기	20×1년 2기
과세	2억	1억
면세	3억	3억
합계	5억	4억

정답
① 과세사업분 과세표준 : 15,000,000 × 2억/5억= 6,000,000
② 매출세액 : 6,000,000 × 10% = 600,000

심화학습 ● 겸용주택 임대

겸용주택에 부가가치세가 과세되는 사업용 건물과 면세되는 주택이 함께 설치되어 있는 경우에는 다음과 같이 과세·면세여부를 판정한다.

구분	건물	주택부수토지
주택면적 > 주택 이외의 건물면적	전부를 주택으로 보아 면세	주택부수토지는 다음 중 작은 것으로 한다. • 토지면적 • MAX[건물의 연면적, 주택정착면적 × 5(또는 10)]
주택면적 ≤ 주택 이외의 건물면적	주택부분만 주택으로 보아 면세	주택부수토지는 다음 중 작은 것으로 한다. • 토지면적 × $\frac{\text{주택연면적}}{\text{건물연면적}}$ • MAX[주택의 연면적, 주택정착면적 × 5(또는 10)]

출제예상 문제

01 **다음 자료를 기초로 (주)삼일의 당기(2025.1.1 ~ 2025.12.31) 부가가치세 1기 예정신고시 과세표준을 계산하면?**

- 1.1 : 기계장치를 180,000,000원에 판매하고 대가는 1.1부터 매월 1일에 10,000,000원씩 18개월 동안 받기로 했다.
- 3.1 : 제품을 50,000,000원에 판매하였으나 대금은 5월 1일에 받기로 하였다.

① 30,000,000원　② 80,000,000원
③ 110,000,000원　④ 230,000,000원

02 **다음 중 20×1년 1기 예정신고 시 부가가치세 과세표준 금액이 다른 회사는?** (단, 보기 이외의 다른 거래는 없으며 세금계산서는 부가가치세법상 원칙적인 교부시기에 발급했다고 가정한다)

① (주)서울 20×1.1.20에 기계장치 1대를 300만원에 현금판매 하였다.
② (주)대구 20×1.2.5 기계장치 1대를 300만원에 할부판매 하고, 대금은 당월부터 3개월 동안 100만원씩 받기로 하였다.
③ (주)광주 20×1.1.1 기계장치 1대를 300만원에 할부판매 하고 대금은 30개월에 걸쳐 매월말 10만원씩 수령하기로 하였다.
④ (주)제주 20×1.3.15 매출 부진으로 폐업하였으며 폐업 시 남아있던 재고자산의 시가는 300만원이다.

03 **다음 자료를 이용하여 부가가치세 과세표준을 계산하면 얼마인가?**

ㄱ. 외상매출액(매출에누리 1,000,000원이 차감된 금액) 370,000,000원
ㄴ. 거래처 파산으로 인한 대손금 10,000,000원
ㄷ. 금전으로 지급한 판매장려금 5,000,000원
ㄹ. 외상매출금의 지급지연으로 인해 수령한 연체이자 2,000,000원

① 160,000,000원　② 360,000,000원
③ 370,000,000원　④ 385,000,000원

04 **(주)삼일은 할부판매를 실시하고 있으며 20×1.7.10. 상품을 할부로 200,000에 판매하였다. 동 매출의 회수약정금액(VAT 제외)과 실제 회수액(VAT 제외)이 다음과 같을 때 20×1년 제2기 예정신고기간(7.1. ~9.30.)의 과세표준은?**

일자	회수약정액	회수액
7월 10일	50,000원	50,000원
8월 10일	50,000원	–
9월 10일	50,000원	40,000원
10월 10일	50,000원	50,000원
합계	200,000원	140,000원

① 50,000원
② 140,000원
③ 180,000원
④ 200,000원

05 **다음 중 부가가치세 과세표준에 대한 설명으로 가장 옳지 않은 것은?**

① 특수관계인에게 부당하게 낮은 대가를 받거나 받지 않은 경우에는 자기가 공급한 재화 또는 용역의 시가를 과세표준으로 한다.
② 폐업하는 경우의 재고 재화는 시가를 과세표준으로 한다.
③ 금전 이외의 대가를 받는 경우에는 대가로 받은 재화 또는 용역의 시가를 과세표준으로 한다.
④ 손해배상금, 위약금, 장려금 등은 일반적으로 과세표준에 포함하지 않는다.

06 **다음 중 부가가치세 과세표준에 관한 설명으로 가장 올바르지 않은 것은?**

① 과세표준이란 세액산출의 기초가 되는 과세대상의 수량 또는 가액을 말한다.
② 재화를 공급하고 금전 이외의 대가를 받는 경우에는 자기가 받은 재화의 시가를 과세표준으로 한다.
③ 대손금의 경우 과세표준에서 공제하지 아니한다.
④ 공급받는 자에게 도달하기 전에 공급자의 부주의로 인한 파손, 훼손, 멸실된 재화의 가액은 과세표준에 포함하지 아니한다.

07 **다음 중 부가가치세 과세표준에 관한 설명으로 가장 올바르지 않은 것은?**

① 거래처의 자금악화로 이번 달 제품공급에 대한 대가를 해당 거래처가 제작한 제품으로 받은 경우 거래처가 제공한 제품의 시가를 과세표준으로 한다.
② 임대사업자인 아버지가 자신의 아들에게 소유중인 상가의 임대서비스를 제공하는 경우 통상의 임대료 시가액을 과세표준으로 한다.
③ 대손금과 판매촉진을 위해 거래처에 지급하는 장려금은 과세표준에서 공제하지 아니한다.
④ 폐업시 잔존재화는 시가를 과세표준으로 한다.

08 **다음 중 부가가치세 과세표준 계산 특례에 관한 설명으로 가장 옳은 것은?**

① 재화의 자가공급 등 간주공급에 대한 과세표준은 당해 재화의 장부가액에 의한다.
② 간주공급 재화가 감가상각자산일 경우에는 중고재화로서 일반적인 거래대상이 아니기 때문에 객관적인 정상가격을 산정하기 어려우므로 재화의 취득가액을 당해 재화의 시가로 본다.
③ 부동산임대용역을 제공하고 임대보증금이나 전세금을 받는 경우에는 임대보증금 등을 운용하여 발생하리라고 예상되는 이자상당액을 임대료로 간주하여 과세표준에 산입한다.
④ 부가가치세가 면세되는 토지와 과세되는 건물을 일괄 양도하였다면 건물 등의 공급가액은 실지거래가액이 있더라도 기준시가에 따라 안분 계산한다.

09 **다음 중 부가가치세 과세표준에서 제외하거나 포함하지 않는 항목을 묶은 것으로 가장 옳은 것은?**

㉠ 매출에누리와 매출환입, 매출할인 ㉡ 대손금 ㉢ 거래수량에 따라 금전으로 지급한 판매장려금 ㉣ 공급대가의 지급지연으로 받은 이자 ㉤ 공급받는 자에게 도달하기 전에 공급자의 부주의로 인해 파손된 재화의 가액 ㉥ 자기적립마일리지로 결제받은 금액

① ㉡, ㉢
② ㉡, ㉢, ㉣, ㉥
③ ㉠, ㉣, ㉤, ㉥
④ ㉡, ㉣, ㉤

10 **다음은 제조업과 건설업을 영위하는 (주)삼일의 제6기 예정신고기간(20×2.7.1. ~20×2.9.30.)에 발생한 거래이다. 예정신고기간의 과세표준은 얼마인가?**

(1) 특수관계인 매출액 5,000,000(시가 10,000,000) (2) 특수관계인 이외의 매출액 30,000,000(매출에누리 3,000,000과 매출할인액 1,000,000이 차감된 금액임) (3) 면세사업자에게 판매한 매출액 10,000,000 (4) 과세사업자에게 판매한 매출액 10,000,000 (5) 재화 공급과 관련되지 않은 국고보조금 20,000,000 (6) 외상매출금의 지급지연으로 인하여 추가로 받은 연체이자 2,000,000

① 50,000,000원
② 60,000,000원
③ 71,000,000원
④ 73,000,000원

11 **다음은 제조업을 영위하는 (주)삼일의 거래내역이다. 20×2년 제1기 예정신고기간(20×2년 1월 1일 ~ 20×2년 3월 31일)의 과세표준은 얼마인가?**

(1) 20×1년 12월 5일에 제품을 반환조건부로 판매(인도)하고, 그 대금 1,500,000원을 수령함. 20×2년 1월 5일에 반환기간이 종료되어 판매가 확정됨.
(2) 20×2년 1월 5일에 제품을 장기할부판매하고 그 대금을 1월 5일부터 20회에 걸쳐 매월 1,000,000원씩 회수하기로 약정함.
(3) 20×2년 1월 5일에 제품을 다음의 조건으로 판매함.

가. 계약금 2,000,000원을 20×2년 1월 5일에 수령
나. 중도금 3,000,000원을 20×2년 3월 5일에 수령
다. 잔금 5,000,000원을 20×2년 6월 5일에 수령하고 제품을 인도

① 3,000,000원
② 4,500,000원
③ 8,000,000원
④ 9,500,000원

12 **과세사업을 영위하던 제조업자 김삼일씨는 20×5.10.10. 당해 사업을 폐지하였다. 다음 자료는 폐업당시 잔존재화이다. 자료를 보고 부가가치세 과세표준을 계산하면?**

자산종류	취득일	취득원가	시가
제품	20×2.8.30	30,000,000원	40,000,000원
토지	20×2.7.16	100,000,000원	100,000,000원
건물	20×3.4.15	200,000,000원	100,000,000원
기계장치	20×4.2.10	100,000,000원	50,000,000원

① 150,000,000원
② 200,000,000원
③ 215,000,000원
④ 290,000,000원

13 **다음 자료를 기초로 부동산임대업을 영위하는 김삼일씨의 20×1년 제2기 예정신고기간부가가치세 과세표준은 얼마인가?** (단, 소수점 첫째자리에서 반올림한다)

① 임대부동산 : 상가
② 임대기간 : 20×1.1.1 ~ 20×1.12.31
③ 임대보증금 : 200,000,000원
④ 1월에 1년 임대료 선급받음 : 12,000,000원
⑤ 관리비 : 월 100,000원
⑥ 국세청장 고시 1년 만기 정기예금이자율 : 2% 가정

① 4,308,219원
② 7,608,219원
③ 13,457,923원
④ 19,000,000원

14 **개인사업자인 김철수와 김영희의 아래 거래내용을 보고 가장 옳게 설명한 것을 고르면?**

(1) 김철수는 20×1년 3월 1일 부가가치세 과세재화를 김영희에게 공급한 후 공급대가로 220백만원(부가가치세 포함)의 어음을 수령하였다. 하지만 20×1년 9월 1일 김영희의 부도로 인해 매출채권을 회수하지 못하였다.
(2) 대손세액공제는 공제가능한 가장 빠른 시기에 적법하게 신청한 것으로 가정한다.

① 김철수는 20×2년 제1기 부가가치세 확정신고시 20백만원의 대손세액공제를 받을 수 있다.
② 김철수는 20×2년 제1기 부가가치세 예정신고시 220백만원을 공급가액으로 신고해야 한다.
③ 김철수는 20×2년 제2기 부가가치세 확정신고시 20백만원을 공급가액에서 차감하여 매출세액을 신고해야 한다.
④ 김철수는 20×1년 제2기 부가가치세 예정신고시 220백만원의 대손세액공제를 받을 수 있다.

15 **농산물 및 수산물을 수출 및 국내판매하고 있는 (주)삼일이 20×1년 9월 20일 농산물 포장에 사용하던 포장기계를 30,000,000원에 매각하였다. 다음 자료에 의거하여 동 기계매출에 대한 20×1년 제2기 부가가치세 과세표준을 계산하면 얼마인가?**

(1) 포장용 기계의 매매일자 : 20×1. 9. 20
(2) 20×1년 제1기 농산물의 공급가액
- 수출(영세율) : 250,000,000원
- 국내판매(면세) : 250,000,000원

(3) 20×1년 제1기 수산물의 공급가액
- 수출(영세율) : 10,000,000원
- 국내판매(면세) : 90,000,000원

① 0원
② 15,000,000원
③ 12,000,000원
④ 30,000,000원

16 **다음 중 부가가치세법상의 대손세액공제에 관한 설명으로 가장 올바르지 않은 것은?**

① 대손세액은 대손금액(부가가치세가 포함된 금액)의 110분의 10으로 한다.
② 대손세액공제를 받고자 하는 사업자는 부가가치세 확정신고서에 대손세액공제신고서와 대손사실을 증명하는 서류를 첨부하여 관할세무서장에게 제출하여야 한다.
③ 대손세액공제는 재화의 공급일로부터 10년이 지난 날이 속하는 과세기간에 대한 확정신고기한까지 대손세액공제요건이 확정된 대손액에 한한다.
④ 「채무자 회생 및 파산에 관한 법률」에 따른 법원의 회생계획인가 결정에 따라 채무를 출자전환하는 경우에는 대손세액공제를 적용받을 수 없다.

17 **다음 자료는 (주)삼일의 재화 및 용역의 제공 내역이다. 이 자료를 기초로 (주)삼일의 20×1년 제1기 예정신고 및 확정신고시의 부가가치세 과세표준을 계산하면?**

(1) 20×1. 1. 17 노트북 1대를 1,000,000원에 현금 판매하였다. 판매시 매출에누리 100,000원이 발생하였다.
(2) 20×1. 1. 30 노트북 2대를 2,000,000원에 외상으로 판매하였는데, 20×1. 2. 20 외상 판매대금을 기일보다 일찍 회수하여 200,000원을 할인해 주었다.
(3) 20×1. 3. 1 노트북 10대를 총액 10,000,000원에 할부판매하고 대금을 당월부터 매월 1,000,000원씩 회수하기로 하였으며 실제로 회수기일은 정확히 지켜졌다.
(4) 20×1. 3. 10 노트북 10대를 총액 10,000,000원에 할부판매하고 대금을 당월부터 매월 500,000원씩 회수하기로 하였으며 실제로 회수기일은 정확히 지켜졌다.

	예정신고 시 과세표준	확정신고 시 과세표준
①	13,200,000원	1,500,000원
②	13,400,000원	1,500,000원
③	23,200,000원	-
④	23,400,000원	1,000,000원

정답 및 해설

01	②	02	③	03	③	04	④	05	③	06	②	07	①	08	③	09	③	10	②
11	②	12	③	13	①	14	①	15	②	16	④	17	①						

01 ② 장기할부판매는 대가의 각 부분을 받기로 한 때 공급시기이므로 3천만원이고, 외상판매의 경우 재화를 인도하는 시점이 공급시기 이므로 5천만원이다. 따라서, 과세표준은 8천만원이다.

02 ③ 장기할부의 경우 대가의 각 부분을 받기로 한 때가 공급시기이므로 30만원이 과세표준이다.

03 ③ 과세표준 = 외상매출 370백만 + 대손금 0 + 판매장려금 0 + 연체이자 0 = 370,000,000원

04 ④ 단기할부판이므로 인도가액인 200,000원이다.

05 ③ 금전 이외의 대가를 받는 경우에는 자기가 공급한 재화 또는 용역의 시가를 과세표준으로 한다. 장려금의 경우 통상 일정기간의 구매 수량이나 구매 금액에 따라 수령하게 되는데 회사가 재화나 용역을 공급하고 수령하는 금액이 아니므로 과세표준에 포함하지 않는다. 회사가 지급하는 판매장려금은 과세표준에서 차감하지 않고, 물건으로 지급한 장려금은 그 시가를 과세표준에 포함하는 것과 비교해서 학습할 필요가 있겠다.

06 ② 재화를 공급하고 금전 이외의 대가를 받는 경우에는 자기가 공급한 재화의 시가를 과세표준으로 한다.

07 ① 재화를 공급하고 금전 이외의 대가를 받는 경우에는 자기가 공급한 재화의 시가를 과세표준으로 한다.

08 ③ 재화의 자가공급 등 간주공급에 대한 과세표준은 당해 재화의 시가에 의한다.간주공급 재화가 감가상각자산일 경우에는 취득가액에 법정 감가상각을 고려한 의제시가에 의한다. 부가가치세가 면세되는 토지와 과세되는 건물을 일괄 양도하였다면 건물 등의 공급가액은 원칙적으로 실지거래가액에 따라 안분한다.

09 ③ 대손금과 판매장려금은 과세표준에서 차감하지 않는다.(즉, 포함함) 자기적립마일리지로 결제한 금액은 과세표준에 포함하지 않는다. 예를들어, A대리점에서 100만원 짜리 TV를 구입하며 과거 A대리점 구매금액에 따라 적립받은 마일리지 20만원을 사용하여 결제하는 경우 부가가치세 과세표준은 80만원이 되는 것이다.

10 ② 과세표준 = (10 + 30 + 10 + 10)백만원 = 60,000,000원
특수관계인 매출액의 공급대가는 시가에 의한다. 매출에누리와 매출할인은 과세표준에 포함되지 않는다. 재화나 용역을 공급하는 경우 상대방이 과세사업자이든 면세사업자이든 모두 과세표준 계산 시 포함한다. (공급자 기준 과세하는 것임) 재화 공급과 관련되지 않은 국고보조금과 공급대가의 지급이 지연되어 받는 연체이자는 과세표준에 포함되지 않는다.

11 ② 반환조건부 판매 : 1,500,000원
장기할부 : 3,000,000원 (1/5, 2/5, 3/5 수령할 1백만원이 과세표준임)
제품판매 : 계약금의 다음날(1/6) ~ 인도일(6/5) 기간이 6개월 이상이 아니므로 제품을 인도하는 6/5일이 속하는 신고기간의 과세표준에 포함해야 함.

12 ③
- 과세표준 = (제품 40 + 0 + 건물 150 + 기계 25)백만원 = 215,000,000원
  토지의 공급은 부가가치세 면세대상이므로 과세제외함.
- 건물 = 200,000,000 × (1 − 5% × 5) = 150,000,000원
- 기계장치 = 100,000,000 × (1 − 25% × 3) = 25,000,000

13 ①
① 임대료 : 12,000,000 × 3/12 = 3,000,000
② 관리비 : 100,000 × 3 = 300,000
③ 간주임대료 : 200,000,000 × 2% × 92/365 = 1,008,219
④ 과세표준 : 4,308,219

14 ① 부도발생의 경우 부도발생일로 부터 6개월이 경과한 날이 속하는 과세기간의 확정신고 시에 대손세액공제 신청 가능하다.

15 ② 과세표준 = 30,000,000 × 250,000,000/(250,000,000 + 250,000,000) = 15,000,000원
농산물포장에 사용하던 포장기계를 매각한 것이므로 공통사용재화에 대한 과세표준 안분 시 수산물 매출액은 고려하지 않는다.

16 ④ 「채무자 회생 및 파산에 관한 법률」에 따른 법원의 회생계획인가 결정에 따라 채무를 출자전환하는 경우 대손세액공제를 받을 수 있다. 이 경우 대손되어 회수할 수 없는 금액은 출자전환하는 시점의 출자전환된 매출채권 장부가액과 출자전환으로 취득한 주식 또는 출자지분의 시가와의 차액으로 한다.

17 ① 매출에누리는 과세표준에 포함되지 않으며 할인액 역시 과표에서 제외되는 항목이다. 또한 운송 용역에 따른 비용은 과세표준에 추가로 포함된다.

구분	예정신고 시 과세표준	확정신고 시 과세표준
현금판매분	900,000	
외상판매분	1,800,000	
단기할부판매분	10,000,000	
장기할부판매분	500,000	1,500,000
합 계	13,200,000	1,500,000

매입세액

1 매입세액

① 부가가치세는 전단계세액공제법을 적용하므로 재화 또는 용역의 매입시 거래징수당한 매입세액 또는 재화를 수입할 때 징수당한 매입세액은 납부세액계산시 공제

② 매입세액은 사업자가 자기의 사업을 위하여 사용하였거나 사용할 목적으로 공급받은 재화 또는 용역에 대한 부가가치세액을 의미한다.

③ 당해 재화의 사용·소비여부나 당해 세액의 실제 지급여부와 관계없이 공제한다. 따라서 매입한 재화를 사용하지 못하였다 하더라도 매입이 발생한 과세기간에 매입세액을 공제받을 수 있다.

2 공제대상

① 세금계산서
② 매입자발행세금계산서
③ 신용카드매출전표, 현금영수증(이하 "신용카드매출전표 등)을 수령해야 함.

㉠ 사업자가 다른 사업자로부터 재화 또는 용역을 공급받고 부가가치세액이 별도로 구분가능한 신용카드매출전표 등을 발급받은 경우로서
㉡ 신용카드매출전표 등 수령명세서를 제출하고,
㉢ 신용카드매출전표 등을 보관한 경우로
㉣ 간이과세자가 영수증을 발급하여야 하는 기간에 발급한 신용카드매출전표 등이 아니면
⇨ 부가가치세액을 매입세액으로 공제받을 수 있음.

3 불공제 매입세액

매입세액은 자기의 사업과 관련한 것으로 세금계산서에 의하여 입증되는 경우에 한하여 공제가 가능한 바, 다음의 경우 매입세액공제 불가능하다.

구분	내용
① 세금계산서 미수령 또는 부실·허위기재 매입세액	세금계산서를 발급받지 않은 경우. 발급받은 세금계산서의 필요적 기재사항이 누락되어 있거나 사실과 다르게 적힌 경우(*)
② 매입처별세금계산서합계표의 미제출 또는 부실·허위기재 매입세액	제출하지 않은 경우 또는 제출한 매입처별 세금계산서합계표의 기재사항 중 거래처별 등록번호 또는 공급가액의 전부 또는 일부가 적히지 아니하였거나 사실과 다르게 적힌 경우
③ 사업과 직접 관련이 없는 지출에 대한 매입세액	업무무관비용/공통경비 중 분담비율 초과분

④ 개별소비세 과세대상 승용차의 구입과 유지 및 임차비용에 관한 매입세액	정원8인 이하, 배기량 1,000cc 초과하는 승용자동차 운수업, 자동차임대업, 운전학원업, 기계경비업 등은 공제 가능
⑤ 기업업무추진비 및 이와 유사한 비용의 지출에 관련된 매입세액	
⑥ 면세사업 관련 및 토지관련 매입세액	면세사업(비과세사업 포함)관련 매입세액과 토지의 조성 등을 위한 자본적 지출에 관련된 매입세액 (건축물 있는 토지 매입 후 철거비용과 건축물 관련 매입세액)
⑦ 사업자등록 전 매입세액	단, 공급시기가 속하는 과세기간이 끝난 후 20일 이내에 등록 신청한 경우 그 과세기간 개시일(1/1, 7/1)까지 역산한 기간 내의 매입세액은 공제를 받을 수 있음

* 필요적 기재사항이 누락되거나 사실과 다르더라도 다음은 매입세액 공제 가능

㉠ 재화·용역 공급시기 이후
　ⓐ 공급시기가 속하는 과세기간에 대한 확정신고기한까지 발급받은 경우
　ⓑ 확정신고기한이 지난 후 1년 이내 받은 다음 중 어느 하나에 해당하는 경우
　　– 과세표준수정신고서와 경정청구서를 세금계산서와 함께 제출
　　– 해당 거래사실이 확인되어 세무서장 등의 결정·경정한 경우
㉡ 재화·용역 공급시기 이전 : 세금계산서 교부일부터 30일 이내에 공급시기가 도래하고 거래사실이 확인되어 세무서장 등이 결정·경정하는 경우

4 매입세액공제 신고서식

매입세액 공제 위한 신고서식은 다음과 같다.

❶ 신고내용						
구분				금액	세율	세액
매입세액	세금계산서 수취분	일반매입	(10)			
		수출기업 수입분 납부유예	(10-1)			
		고정자산매입	(11)			
	예정신고누락분		(12)			
	매입자발행세금계산서		(13)			
	기타공제매입세액		(14)			
	합계(10)+(11)+(12)+(13)+(14)-(10-1)		(15)			
	공제받지못할매입세액		(16)			
	차감계(15)-(16)				㉯	
납부(환급)세액(매출세액 ㉮-매입세액 ㉯)					㉰	

(10) 세금계산서 일반 매입분
(11) 세금계산서 고정자산 매입분
(12) 예정신고 누락분 중 확정신고 포함금액
(13) 매입자가 발행한 세금계산서
(14) 신용카드매출전표등의 매입세액, 의제매입세액, 재고매입세액 등
(16) 기업업무추진비, 비영업용소형승용차, 사업무관, 토지관련 매입세액 등

예제 1

다음의 부가가치세 매입세액 중 공제가능한 매입세액은?

① 거래처에 선물하기 위한 물품의 매입세액
② 세금계산서를 발급받지 않았으나 계약서에 의해 분명하게 확인되는 매입세액
③ 비영업용 소형승용차의 구입 및 유지와 관련된 매입세액
④ 복리후생비와 관련한 매입세액

해설 거래처 선물은 기업업무추진비이므로 불공제함. 복리후생비는 공제 가능함.
정답 ④

예제 2

다음은 제조업을 영위하는 일반과세자 (주)삼일의 제2기 예정신고기간의 매입내역이다. 제2기 예정신고기간의 매입세액 공제액은 얼마인가? (단, 세금계산서 등은 적정하게 수령했다고 가정함)

매입내역	매입가액	매입세액
기계장치 구입	200,000,000원	20,000,000원
업무무관 자산 구입	100,000,000원	10,000,000원
원재료 구입	50,000,000원	5,000,000원
비품 구입	50,000,000원	5,000,000원

① 25,000,000
② 30,000,000
③ 35,000,000
④ 40,000,000

해설 매입세액 공제액 = (기계 20 + 원재료 5 + 비품 5)백만원 = 30,000,000원
정답 ②

심화학습 ● 의제매입세액

① 부가가치세 일반과세자가 면세되는 농·축·수·임산물을 구입하여 제조·가공한 재화 또는 용역이 부가가치세 과세대상에 해당하는 경우에 면세로 구입한 농산물 등의 매입가액에 소정의 율을 곱한 금액을 매입세액으로 의제하여 매출세액에서 공제하도록 하고 있는데, 이를 의제매입세액공제라 함.
② 의제매입세액공제제도는 중간단계에서 면세를 적용하고 그 후의 단계에서 과세를 적용함으로써 발생하는 면세의 중복효과를 해소하고, 소비자들의 세부담을 경감시키기 위해서 도입됨.

㉠ 일반과세자일 것
㉡ 면세로 농·축·수·임산물을 공급받아야 할 것
㉢ 면세로 공급받은 농·축·수·임산물을 제조·가공한 재화 또는 용역이 과세대상일 것
㉣ 면세농산물 등을 공급받은 사실을 증명하는 서류를 제출할 것

의제매입세액 계산

면세로 구입한 농·축·수·임산물의 매입가액 × 공제율

① 공제율

구분		공제율	
음식점업	개인	2억 이하	9/109('23말까지)
		2억 초과	8/108
	법인	6/106	
음식점업외	제조업(*)(개인, 중소기업)	4/104	
	과세유흥장소, 기타	2/102	

② 공제한도(음식점업 기준이고 일반은 별도로 표시함)

구분	의제매입세액 공제한도	
법인사업자	[해당 과세기간의 과세표준 × 40%] × 공제율	
개인사업자	해당 과세기간의 과세표준	2억원 초과 : [과세표준 × 45%] × 공제율(음식점 50%)
		2억원 이하 : [과세표준 × 55%] × 공제율(음식점 60%)
		1억원 이하 : [과세표준 × 55%] × 공제율(음식점 65%)

의제매입세액 공제시기

의제매입세액은 면세농산물 등을 공급받거나 구입한 날이 속하는 과세기간의 매출세액에서 공제함. 즉, 구입시점에서 공제하므로 사용시점을 기준으로 공제하는 것은 아니다.

심화학습 ● 재활용폐자원매입세액

① 재활용폐자원 및 중고자동차를 수집하는 사업자가 국가 등과 부가가치세 과세사업을 영위하지 않는 자(과세·면세 겸영사업자 포함) 또는 간이과세자로부터 재활용폐자원 등을 취득하여 제조·가공하거나 이를 공급하는 경우에는 다음의 금액을 매입세액으로 공제한다

$$\text{재활용폐자원 매입가액} \times \frac{3}{103}\left(\text{중고자동차는 } \frac{10}{110}\right)$$

② 한도

$$\left(\begin{array}{c}\text{당해 과세기간에 공급한}\\ \text{재활용폐자원 관련 과세표준}\end{array} \times 80\% - \begin{array}{c}\text{세금계산서 수취한}\\ \text{재활용폐자원 매입가액}\end{array}\right)\frac{3}{103}$$

공통매입세액

심화학습

① 과세사업과 면세사업에 공통으로 사용되는 재화나 용역에 있어서는 면세사업에 대한 매입세액은 공제받지 못함.

② 원칙적으로 과세·면세비율을 실지귀속에 따라 계산하여야 하나 실지귀속이 불분명한 경우에는 다음과 같이 안분하여 불공제액 계산함

$$\text{면세사업 관련 매입세액} = \text{공통매입세액} \times \frac{\text{당해 과세기간 면세공급가액}}{\text{당해 과세기간 총공급가액}}$$

③ 예정신고기간의 공통매입세액은 예정신고기간 동안의 총공급가액에 대한 면세공급가액의 비율로 안분계산하고 확정신고를 하는 때에 정산함.

〈예제〉

택시사업과 시내버스사업을 운영하는 (주)삼일운수는 두 사업에 공통으로 사용할 목적으로 기계장비를 20×1. 9.15 15,000,000(부가가치세 제외)에 매입하였다. (주)삼일운수의 공급가액의 내역이 다음과 같을 때 제2기 예정신고 및 확정신고에 있어서 이 기계장비의 매입세액 중 불공제되는 금액을 계산하시오.

구분	20×1.7.1 ~ 20×1.9.30	20×1.10.1 ~ 20×1.12.31.	합계
택시사업	3억	2억	5억
시내버스사업	7억	8억	15억
합계	10억	10억	20억

정답

① 제2기 예정신고시 불공제매입세액 : 1,500,000 × 7억 / 10억 = 1,050,000

② 제2기 확정신고시 불공제매입세액 : 1,500,000 × 15억 / 20억 – 1,050,000 = 75,000

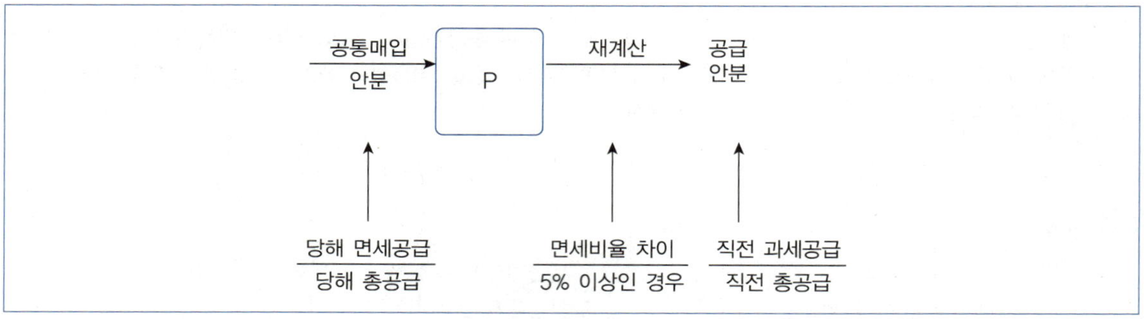

출제예상 문제

01 다음의 부가가치세 매입세액 중 공제가능한 매입세액은?

① 거래처에 선물하기 위한 물품의 매입세액
② 세금계산서를 발급받지 않았으나 계약서에 의해 분명하게 확인되는 매입세액
③ 비영업용 소형승용차의 구입 및 유지와 관련된 매입세액
④ 복리후생비와 관련한 매입세액

02 다음 중 부가가치세법상 매입세액공제에 관한 설명으로 가장 올바르지 않은 것은?

① 사업자로부터 재화를 공급받고 세금계산서 대신 부가가치세액이 별도로 구분가능한 신용카드 매출전표 등을 발급 받은 경우 일정한 요건을 구비하면 매입세액 공제를 받을 수 있다.
② 재화를 공급받은 자가 발행한 매입자발행세금계산서도 매입세액 공제가 가능하다.
③ 당해 재화를 사용하는 시점에 매입세액공제를 받는 것이며, 단순히 매입한 시점에 속하는 예정신고기간 또는 확정신고기간에 매입세액 공제를 받을 수 없다.
④ 사업자등록 전의 매입세액은 원칙적으로 공제되지 않는다.
⑤ 재화를 수입하고 세관장으로부터 세금계산서를 발급받은 경우 매입세액은 공제가 가능하다.

03 다음은 음식업을 영위하지 않는 일반과세자 (주)삼일의 제2기 예정신고기간의 매입내역이다. 제2기 예정신고기간의 매입세액 공제액은 얼마인가? (단, 의제매입세액은 면세로 구입한 농·축·수·임산물 매입가액의 102분의 2이며, 의제매입세액은 공제한도를 초과하지 않았다고 가정한다. 소수점 첫째 자리에서 반올림하시오)

매입내역	매입가액	매입세액
기계장치 구입	250,000,000원	25,000,000원
기업업무추진비 관련 매입	100,000,000원	10,000,000원
면세농산물 구입	10,200,000원	-
공구와 기구 구입	50,000,000원	5,000,000원

① 25,400,000원
② 30,000,000원
③ 30,200,000원
④ 40,400,000원

04 **다음은 제조업을 영위하는 과세사업자인 (주)삼일의 20×1년 10월 1일부터 12월 31일까지의 매입내역이다. 20×1년 제2기 확정신고시 공제받을 수 있는 매입세액은 얼마인가?** (단, 필요한 경우 적정하게 세금계산서를 수령하였다)

매입내역	매입가액	매입세액
원재료 매입	500,000,000원	50,000,000원
기업업무추진비	60,000,000원	6,000,000원
토지 조성을 위한 자본적 지출	30,000,000원	3,000,000원
기계장치 (세금계산서의 필요적 기재사항 누락)	60,000,000원	6,000,000원

① 50,000,000원
② 56,000,000원
③ 57,000,000원
④ 59,000,000원

05 **다음 중 부가가치세 신고 시 매입세액공제가 불가능한 항목을 묶은 것으로 가장 옳은 것은?**

㉠ 업무무관지출에 대한 매입세액
㉡ 기업업무추진비 관련 매입세액
㉢ 비영업용소형승용차 유지 관련 매입세액
㉣ 상품구입 관련 매입세액
㉤ 복리후생비 지출 관련 매입세액
㉥ 화물운반용 트럭 구입 관련 매입세액

① ㉠, ㉡, ㉢
② ㉠, ㉢, ㉣
③ ㉡, ㉢, ㉣
④ ㉡, ㉣, ㉤

06 **다음 중 부가가치세법상 매입세액공제에 대한 설명으로 가장 옳지 않은 것은?**

① 사업자가 일반과세자로부터 재화 또는 용역을 공급 받고 부가가치세액이 별도로 구분 가능한 신용카드매출전표를 교부받은 경우로 신용카드매출전표등 수취명세서를 제출하고 신용카드매출전표 등을 보관한 경우 매입세액으로 공제받을 수 있다.
② 재화를 공급받는 자가 발행한 매입자발행세금계산서는 공제받을 수 있는 세금계산서에 해당되지 않는다.
③ 사업자등록 전의 매입세액은 원칙적으로 공제되지 않는다.
④ 의제매입세액은 해당 면세농산물 등의 사용시점이 아닌 구입시점에 공제한다.
⑤ 간이과세자가 영수증을 발급하여야 하는 기간에 발급한 신용카드매출전표는 매입세액 공제대상이 아니다.

07 **다음 중 부가가치세법상 매입세액에 관한 설명으로 가장 올바르지 않은 것은?**

① 의제매입세액은 해당 면세 농산물 등의 사용시점이 아닌 구입시점에 공제한다.
② 기업업무추진비 및 이와 유사한 비용의 지출에 관련된 매입세액은 매출세액에서 공제되지 않는다.
③ 의제매입세액은 국내 농산물 등을 매입하는 경우에만 적용된다.
④ 토지의 조성 등을 위한 자본적 지출과 관련하여 발생한 매입세액은 공제되지 않는다.

08 **다음 중 의제매입세액에 관한 설명으로 가장 옳은 것은?**

① 의제매입세액공제는 면세 농산물 등을 매입하는 모든 사업자에 대해서 적용한다.
② 국내 농산물 등을 매입하는 경우에만 적용하고, 해외 농산물 등을 수입하는 경우에는 적용하지 않는다.
③ 면세농산물을 예정신고기간에 구입하였으나 공제받지 못한 경우에는 확정신고시 공제를 받을 수 없고, 경정청구를 하여야 한다.
④ 공제시기는 면세농산물 등을 실제로 공급받는 때가 속하는 예정신고시 또는 확정신고시에 공제한다.

09 **다음 자료에서 제조업을 영위하는 중소기업인 ㈜삼일의 20×1년 1기 확정신고시 매출세액에서 공제할 매입세액은 얼마인가?** (단, 의제매입세액은 공제한도를 초과하지 않는다고 가정한다)

(1) 세금계산서 수취 매입가액 : 33,000,000원(부가가치세 포함)
(2) 세금계산서 수취분 중 기업업무추진비 관련 매입액 : 1,100,000원(부가가치세 포함)
(3) 계산서 수취분 면세농산물(원재료) : 3,120,000원(의제매입세액 공제율 4/104)
(4) 영수증 수취 매입가액 : 2,200,000원(부가가치세 포함)

① 3,320,000원
② 3,220,000원
③ 3,120,000원
④ 3,020,000원

10 **다음은 겸영사업자인 (주)삼일의 20×1년 제2기 확정신고기간(20×1년 10월 1일 ~ 20×1년 12월 31일)의 매입 및 공급과 관련된 자료이다. (주)삼일이 20×1년 제2기 확정신고시 공제받을 수 있는 매입세액은 얼마인가?**

(1) 매입세액
가. 과세사업에 사용할 부품 : 5,000,000원
나. 면세사업에 사용할 부품 : 4,000,000원
다. 과세사업과 면세사업에 공통으로 사용할 부품 : 3,000,000원
(2) 공급가액
가. 20×1 년 제2기 과세공급가액 : 200,000,000원
나. 20×1 년 제2기 면세공급가액 : 100,000,000원
(3) 과세사업과 면세사업에 공통으로 사용된 재화의 실지귀속은 불분명하며, 예정신고기간의 공통매입세액은 없다.

① 5,000,000원 ② 6,000,000원
③ 7,000,000원 ④ 8,000,000원

11 **다음 자료에 따라 20×2년 제1기 예정신고시 (주)삼일의 부가가치세 환급세액을 계산하면 얼마인가?**

다음은 20×2년 중 발생한 거래로 부가가치세가 제외된 금액이다.
- 1월 10일 기계장치 매입 및 설치 : 100,000,000원(10개월 할부)
- 2월 15일 상품 매입 : 10,000,000원(세금계산서에 거래처 사업자등록번호 및 상호 누락)
- 2월 25일 상품 매출 : 25,000,000원(매출에누리 2,000,000 원 포함)
- 3월 5일 비영업용 승용차 매입 : 40,000,000원(일시불)

① 700,000원 ② 7,700,000원
③ 8,700,000원 ④ 12,700,000원

[redacted]

정답 및 해설

01	④	02	③	03	③	04	①	05	①	06	②	07	③	08	④	09	④	10	③
11	②																		

01 ④ 거래처 선물은 기업업무추진비이므로 불공제하고, 복리후생비는 공제 가능하다.

02 ③ 매입세액공제는 사용여부와 무관하게 매입한 시점이 속하는 예정신고기간 또는 확정신고기간에 공제 받을 수 있다. 사업자등록 전의 매입세액은 매입세액 공제가 불가능하지만, 주민등록번호로 발급받은 세금계산서를 통해 공제도 가능하다. 지문에서 원칙적으로 매입세액 공제가 불가능하다고 했으므로 옳은 설명에 해당한다.

03 ③ 매입세액 공제액 = (기계 25 + 농산물(*) 0.2 + 공구와기구 5)백만원 = 30,200,000원
(*) 의제매입세액 = 10.2백만원 *(2/102) = 200,000원

04 ① 공제가능한 매입세액 = 원재료 50
불공제 매입세액 = 기업업무추진비, 토지의 자본적지출 관련, 세금계산서 필요적 기재사항 누락한 매입세액

05 ① 매입세액 중 불공제하는 항목을 법에서 열거하고 있으므로 중요하다.
㉠, ㉡, ㉢이 불공제 대상이다. 화물운반용 트럭 구입 관련 매입세액은 비영업용소형승용차 관련 매입세액이 아니므로 공제 가능하다.

06 ② 매입자발행세금계산서도 매입세액 공제가 가능하다.

07 ③ 의제매입세액은 국내외 농산물 모두 적용 가능하다.

08 ④ 의제매입세액공제는 면세농산물 등을 공급받거나 수입하고, 이를 원재료로 하여 제조가공한 재화 또는 창출한 용역의 공급에 대하여 부가가치세가 과세되는 경우 적용한다. 의제매입세액공제는 국내 농산물 등을 매입하는 경우 뿐만 아니라 해외 농산물 등을 수입하는 경우에도 적용한다. 예정신고시 공제받지 못 한 경우에는 확정신고시 공제받을 수 있다.

09 ④ 매입세액공제액 = 세금계산서 3,000,000 − 기업업무추진비 불공제 100,000 + 의제매입세액 3,120,000 × 4/104 + 영수증 불공제 = 3,020,000원

10 ③ 과세사업의 매입세액 : 5,000,000
공통매입세액 중 과세사업분 : 3,000,000 × (200/300) = 2,000,000
합계 : 7,000,000

11 ② 매출세액 = 상품매출 2.3
매입세액 = 기계장치 10 + 상품 0(필요적 기재사항 누락) + 비영업용 4(불공제) = 10
환급세액 = 2.3 − 10 = △7,700,000원

세금계산서

1 발 급

① 과세대상이 되는 재화 또는 용역을 공급하는 경우 세금계산서를 발급하여야 하나, **미등록사업자는 세금계산서를 발급할 수 없다.**

② 간이과세자는 세금계산서를 발급할 수 없었으나, 2021.7.1.부터 간이과세자도 원칙적으로 세금계산서를 발급하여야 한다.

③ 다만, 간이과세자 중 신규사업자와 직전 연도의 공급대가 합계액이 4,800만 원 미만인 사업자는 다음 기간은 영수증을 발급하여야 하는 기간이므로 세금계산서를 발급할 수 없다.

- 신규사업자 : 사업개시일부터 사업을 시작한 해의 다음 해의 6월 30일까지
- 1역년 공급대가 4,800만원 미만 : 그 다음 해의 7월 1일부터 그 다음다음 해의 6월 30일까지

④ 세금계산서는 **재화와 용역의 공급시기를 작성일자**로 하여 발급함이 **원칙이나 다음과 같은 예외 존재**

선교부	후교부 재화 또는 용역의 공급일이 속하는 달의 다음달 10일까지 세금계산서를 발급
㉠ 사업자가 공급시기가 되기 전에 재화 또는 용역에 대한 대가의 전부 또는 일부를 받고, 받은 대가에 대하여 세금계산서(영수증 포함)를 발급하는 경우 ㉡ 사업자가 공급시기 이전에 세금계산서를 발급하고 그 세금계산서 발급일로부터 7일 이내에 대가를 받은 경우 ㉢ 세금계산서를 발급하고 7일 경과 후 대가를 지급받더라도 다음 중 하나에 해당하는 경우 ⓐ 거래 당사자간의 계약서·약정서 등에 대금청구시기와 지급시기가 별도로 기재되고 / 대금청구시기와 지급시기 사이의 기간이 30일 이내이거나 ⓑ 세금계산서 발급일이 속하는 과세기간에 재화나 용역의 공급시기가 도래하는 경우 ㉣ 다음 중 하나에 해당하는 경우 • 장기할부조건부 재화·용역의 공급 • 전력이나 기타 공급단위를 구획할 수 없는 재화·용역의 계속적 공급	㉠ 거래처별 1일부터 말일까지의 공급가액을 합계하여 당해 월의 말일자를 작성연월일로 하여 세금계산서를 발급하는 경우 ㉡ 거래처별로 1일부터 말일까지의 기간 이내에서 사업자가 임의로 정한 기간의 공급가액을 합하여 그 기간의 종료일자를 작성연월일로 하여 세금계산서를 발급하는 경우 ㉢ 관계증빙서류 등에 의하여 실제 거래사실이 확인되는 경우로서 당해 거래일자를 작성연월일로 하여 세금계산서를 발급하는 경우

2 필요적기재사항

필요적 기재사항은 그 전부 또는 일부가 적히지 아니하거나 사실과 다른 경우에는 적법한 세금계산서로 보지 아니하며, 가산세 등의 불이익이 있음.

필요적기재사항	임의적기재사항
① 공급하는 사업자의 등록번호와 성명 또는 명칭 ② 공급받는 자의 등록번호 ③ 공급가액과 부가가치세액 ④ 작성연월일	① 공급하는 자의 주소 ② 공급받는 자의 상호, 성명, 주소 ③ 공급하는 자와 공급받는 자의 업태와 종목 ④ 공급품목 ⑤ 단가와 수량 ⑥ 공급연월일 ⑦ 거래의 종류

세금계산서(공급자보관용)

책 번 호 권 호

일 련 번 호 -

공급자	등록번호	133-81-22390			공급받는자	등록번호	110-12-79310	
	상호(법인명)	삼일공업	성명(대표자)	김경태		상호(법인명)	영일화학	성명(대표자) 정영일
	사업장 주소	경기도 시흥시 정왕동 시화공단				사업장 주소	서울시 영등포구 문래동	
	업태	제조업	종목	화학약품		업태	제조업	종목 화학약품

작성				공급가액													세액												비고
연	월	일	공란수	조	천	백	십	억	천	백	십	만	천	백	십	일	천	백	십	억	천	백	십	만	천	백	십	일	
2017	3	5									3	0	0	0	0	0								3	0	0	0	0	

월	일	품목	규격	수량	단가	공급가액	세액	비고
3	5	화학약품	kℓ	2	150,000	300,000	30,000	

합계금액	현금	수표	어음	외상 미수금	이 금액을 영수/청구 함
330,000				330,000	

210mm×148.5mm (인쇄용지(특급) 34g/m²)

세금계산서발급 특례

구분	내용
① 위탁판매	위탁판매의 경우 수탁자가 재화를 인도하는 때에는 수탁자가 위탁자를 공급자로 하여 세금계산서를 발급함.
② 리스자산	납세의무가 있는 사업자가 여신전문금융업법에 의하여 등록한 시설대여업자로부터 시설 등을 임차하고 당해 시설 등을 공급자 또는 세관장으로부터 직접 인도받는 경우에는 공급자 또는 세관장이 당해 사업자에게 직접 세금계산서를 발급할 수 있음.
③ 공동매입	전력을 공급받는 명의자와 전력을 실지로 소비하는 자가 다른 경우, 전기사업자는 명의자를 공급받는 자로 하여 세금계산서를 발급하고 당해 명의자는 그 발급받은 세금계산서에 기재된 공급가액의 범위 내에서 실지 소비자를 공급받는 자로 하여 세금계산서를 발급한 때에는 당해 전기사업자가 실지 소비자를 공급받는 자로 하여 세금계산서를 발급한 것으로 봄.
④ 세금계산서 분실	공급자 보관용 세금계산서를 분실한 경우에는 기장 및 제증빙에 의하여 공급자 보관용 세금계산서를 사본으로 작성하여 보관하여야 하며, 공급받는 자 보관용 세금계산서를 분실한 경우에는 공급자가 확인한 사본을 발급받아 보관하여야 함.

기타

구분	내용
전자세금계산서	법인 사업자 및 직전연도의 사업장별 공급가액(과세＋면세)이 8천만원 이상인 개인사업자는 전자세금계산서를 발급하고 발급일의 다음날까지 국세청에 전송해야 함.
수입세금계산서	수입재화에 대하여는 세관장이 부가가치세를 징수하는 때에 세금계산서에 관한 규정을 준용하여 발행하는 세금계산서

3 세금계산서 발급의무 면제

사업자가 다음의 재화 또는 용역을 공급하는 경우에는 세금계산서의 발급의무가 면제됨.

① 택시운송, 노점, 행상, 무인판매기를 이용한 재화의 공급
② 소매업* 또는 목욕·이발·미용업을 영위하는 자가 공급하는 재화 또는 용역* 소매업은 공급받는 자가 세금계산서의 발급을 요구하지 않는 경우에 한정함.
③ 공인인증기관이 전자서명법에 따른 공인인증서를 발급하는 용역. 다만, 법인에게 용도를 제한하여 발급하거나 개인에게 발급하는 경우에 한한다.
④ 자가공급·개인적공급·사업상증여·폐업시 잔존재화(다만, 판매목적사업장반출은 세금계산서 발급대상)
⑤ 부동산 임대용역 중 간주임대료가 적용되는 부분
⑥ 영세율 적용대상 중 다음의 재화 또는 용역
　㉠ 수출하는 재화. 다만, 내국신용장 또는 구매확인서에 의하여 공급하는 재화는 제외한다.
　㉡ 국외에서 제공하는 용역(용역을 제공받는 자가 국내에 사업장이 없는 비거주자 또는 외국법인인 경우에 한한다)
　㉢ 선박 또는 항공기의 외국항행용역(선박에 의한 외국항행용역은 공급받는 자가 국내에 사업장이 없는 비거주자 또는 외국법인인 경우에 한한다)
⑦ 기타 국내사업장이 없는 비거주자 또는 외국법인에게 공급하는 재화 또는 용역. 다만, 사업자임을 증명하는 서류를 제시하고 세금계산서의 발급을 요구하는 경우를 제외한다.
⑧ 법정 사업을 하는 사업자가 신용카드매출전표 등을 발급하는 경우에는 세금계산서를 발급하지 아니한다.

4 수정세금계산서

세금계산서를 발급한 후 그 기재사항에 착오 또는 정정사유가 발생한 경우에는 정부의 경정통지가 있기 전까지 수정세금계산서를 발급할 수 있다. 당초 계약의 해지 등에 따라 공급가액에 증감되는 금액이 발생한 경우 그 증감사유가 발생한 일자를 작성연월일로 하여 추가되는 금액은 검은색 글씨로, 차감되는 금액은 붉은색 글씨로 수정세금계산서를 작성·발급한다.

① 기재사항에 착오 또는 정정사유가 발생한 경우
　당초에 발급한 세금계산서는 붉은색 글씨로, 수정발급하는 세금계산서는 검은색글씨로 각각 작성하여 함께 발급한다.
② 수정세금계산서는 당초에 세금계산서를 발급한 경우에만 적용되는 것이다. 따라서 거래시기에 면세로 판단하여 계산서를 발급한 경우에는 수정세금계산서를 발급할 수 없다.
③ 폐업한 사업자는 폐업 전 거래에 대하여 수정세금계산서를 발급하거나 발급받을 수 없다.

5 매입자발행 세금계산서

① **세금계산서 발급의무가 있는 사업자**(간이과세자는 제외하며 영수증 발급대상사업자 중 세금계산서 발급 요구시 발급의무가 있는 자 포함)가 **재화 또는 용역을 공급하고 거래시기에 세금계산서를 발급하지 않은 경우 그 재화 또는 용역을 공급받은 자(면세사업자 포함)는 관할 세무서장의 확인을 받아 세금계산서를 발행할 수 있는데 이것을 '매입자발행세금계산서'**라 한다.

② 사업자의 부도·폐업 등으로 사업자가 수정(전자)세금계산서를 발급하지 아니한 경우에도 매입자발행 세금계산서를 발행할 수 있다.

③ 신청인은 재화 또는 용역의 공급시기가 속하는 과세기간 종료일부터 1년 이내에 거래사실확인신청서에 거래사실을 객관적으로 입증할 수 있는 서류를 첨부하여 신청인의 관할 세무서장에게 거래사실의 확인을 신청하여야 한다.

6 영수증

세금계산서의 필요적 기재사항 중 공급받는 자와 부가가치세액을 따로 기재하지 아니한 약식 계산서를 말하며 다음에 예시되는 것은 모두 영수증에 해당한다.

영수증 사례
① 금전등록기계산서
② 신용카드매출전표
③ 여객운송업자가 발급하는 승차권, 승선권, 항공권
④ 전기사업법에 의한 전기사업자 또는 가스사업법에 의한 가스사업자가 가계소비자에게 발급하는 전력 또는 가스요금의 영수증
⑤ 기타 위와 유사한 영수증
* 단, 최종 소비자를 대상으로 하는 모든 일반과세자는 영수증 발급시 부가가치세액과 공급가액을 구분하여 표시하여야 함.

영수증 발급의무자

① 소매업
② 음식점업(다과점업 포함)
③ 숙박업
④ 목욕, 이발, 미용업
⑤ 여객운송업
⑥ 입장권을 발행하여 영위하는 사업
⑦ 변호사, 공인회계사, 변리사 등 전문적 인적용역을 공급하는 사업사업자에게 공급하는 것은 제외)
⑧ 주로 사업자가 아닌 소비자에게 재화 또는 용역을 공급하는 사업자로서 도정업, 양복점업 등의 사업
⑨ 간이과세자로서 다음 중 어느 하나에 해당하는 자
　㉠ 직전 연도의 공급대가의 합계액이 4,800만 원 미만인 자
　㉡ 신규로 사업을 시작하는 개인사업자로서 간이과세자로 하는 최초의 과세기간 중에 있는 자

7 세금계산서합계표 - 과세사업자

① 사업자가 세금계산서를 발급하였거나 발급받은 때에는 매출·매입처별세금계산서합계표를 당해 예정신고 또는 확정신고와 함께 제출하여야 한다.

② 다만, 전자세금계산서를 발급하거나 발급받고 발급명세를 전송한 경우 제출하지 않을 수 있다.

매출처별 세금계산서합계표(을)

2018 년 제 1 기 (1 월 1 일 ~ 3 월 31 일)

사업자등록번호	123-45-67890

⑪ 번호	⑫ 사업자 등록번호	⑬ 상호 (법인명)	⑭ 매수	⑮ 공급가액 조	십억	백만	천	일	⑯ 세액 조	십억	백만	천	일	비고
1	123-45-12345	㈜ 삼영화학	2				200	000				20	000	
2	213-45-45123	㈜ 한일물류	5				100	000				10	000	
3	110-41-12135	㈜영진상사	3				250	000				25	000	

매입처별 세금계산서합계표(을)

2018 년 제 1 기 (1 월 1 일 ~ 3 월 31 일)

사업자등록번호	123-45-67890

⑪ 번호	⑫ 사업자 등록번호	⑬ 상호 (법인명)	⑭ 매수	⑮ 공급가액 조	십억	백만	천	일	⑯ 세액 조	십억	백만	천	일	비고
1	118-31-16415	㈜ 안진물류	1				100	000				10	000	
2	110-40-21415	㈜ 정인전자	3				80	000				8	000	
3	113-25-44152	㈜광교산업	6				200	000				20	000	

8 세금계산서합계표 - 납세의무 없는 자

① 세금계산서를 발급한 세관장은 과세사업자의 규정을 준용하여 매출처별세금계산서합계표를 사업장 관할세무서장에게 제출하여야 한다.

② 세금계산서를 발급받은 국가, 지방자치단체, 지방자치단체조합, 그 밖에 대통령령으로 정하는 자는 부가가치세의 납세의무가 없는 경우에도 매입처별세금계산서합계표를 해당 과세기간이 끝난 후 5일 이내에 사업장 관할 세무서장에게 제출하여야 한다.

예제 1

세금계산서와 관련된 다음의 설명 중 틀린 것은?

① 필요적 기재사항이 일부라도 기재되지 아니하거나 기재된 사항이 사실과 다를 때에는 정당한 세금계산서로 인정되지 않는다.
② 법인사업자는 전자세금계산서를 발행해야 한다.
③ 한번 발행된 세금계산서라도 기재사항에 착오나 오류가 있었다면 수정세금계산서를 발행할 수 있다.
④ 모든 영세율 적용대상거래는 세금계산서의 발급의무가 면제된다.

해설 영세율 적용대상 거래 중 세금계산서 발급의무가 있는 것이 있음.
정답 ④

예제 2

세금계산서의 발급과 관련된 설명으로 틀린 것은?

① 세금계산서는 재화 또는 용역을 실제로 공급한 때에 발급하는 것이 원칙이다.
② 위탁판매의 경우 수탁자가 재화를 인도하는 때에 수탁자가 위탁자를 공급자로 하여 세금계산서를 발급한다.
③ 부동산 임대용역 중 간주임대료에 대해서도 세금계산서를 교부해야 한다.
④ 거래처별 1일부터 말일까지의 공급가액을 합계하여 당해 월의 말일자를 작성연월일로 하여 세금계산서를 발급할 수 있다.

해설 부동산 임대용역 중 간주임대료에 대해서는 세금계산서를 교부의무가 없음.
정답 ③

출제예상 문제

01 **다음 중 부가가치세법상 세금계산서에 대한 설명 중 가장 옳지 않은 것은?**

① 필요적 기재사항이 일부라도 기재되지 아니하거나 기재된 사항이 사실과 다를 때에는 정당한 세금계산서로 인정되지 않는다.
② 간이과세자도 원칙적으로 세금계산서를 발행해야 한다.
③ 한번 발행된 세금계산서라도 기재사항에 착오나 오류가 있었다면 수정세금계산서를 발행할 수 있다.
④ 모든 영세율 적용대상거래는 세금계산서의 발급의무가 면제된다.
⑤ 부동산임대용역 중 간주임대료가 적용되는 부분에 대해서는 세금계산서 발급의무가 면제된다.

02 **다음 중 부가가치세법상 세금계산서에 관한 설명으로 가장 올바르지 않은 것은?**

① 사업자의 편의를 위하여 일정기간의 거래액을 합계하여 한 번에 세금계산서를 발급할 수 있다.
② 부동산임대용역은 실제임대료와 간주임대료 모두 세금계산서 발급 의무가 면제된다.
③ 재화나 용역의 공급 전에 세금계산서를 발행하고 7 일 이내에 대가를 지급받은 경우 공급받는 자는 발급받은 세금계산서로서 매입세액을 공제받을 수 있다.
④ 수정세금계산서는 당초에 세금계산서를 발급한 경우에만 적용되는 것이다.

03 **다음 중 부가가치세법상 세금계산서에 관한 설명으로 가장 옳은 것은?**

① 간이과세자는 공급받는 자의 요청이 있더라도 세금계산서를 발행할 수 없다.
② 부동산임대용역은 실제임대료와 간주임대료 모두 세금계산서 교부 의무가 면제된다.
③ 세금계산서는 재화 또는 용역의 공급시기에 발급하는 것이 원칙이나 공급시기가 도래하기 전에 대가의 전부 또는 일부를 받은 경우 그 받은 대가에 대하여 세금계산서를 발급할 수 있다.
④ 주사업장 총괄납부 또는 사업자단위 신고•납부 승인을 얻은 사업자도 직매장 반출 등 타인에게 직접 판매할 목적으로 다른 사업장에 재화를 반출하는 경우 세금계산서를 교부해야 한다.

04 **다음 중 세금계산서의 기능이 아닌 것은?**

① 재화 및 용역의 공급계약서
② 청구서 또는 영수증
③ 거래여부를 확인하는 거래증빙자료 또는 기장의 기초자료
④ 부가가치세를 징수하였음을 증명하는 세금영수증

05 **다음 중 부가가치세법상 세금계산서의 발급과 관련된 설명으로 가장 옳지 않은 것은?**

① 세금계산서는 재화 또는 용역을 실제로 공급한 때에 발급하는 것이 원칙이다.
② 위탁판매의 경우 수탁자가 재화를 인도하는 때에 수탁자가 위탁자를 공급자로 하여 세금계산서를 발급한다.
③ 주사업장총괄납부 또는 사업자단위신고납부 승인을 받은 사업자도 타인에게 직접 판매할 목적으로 다른 사업장에 재화를 반출하는 경우 세금계산서를 발급해야 한다.
④ 거래처별 1일부터 말일까지의 공급가액을 합계하여 당해 월의 말일자를 작성연월일로 하여 세금계산서를 발급할 수 있다.
⑤ 재화나 용역의 공급 전에 세금계산서를 발행하고 7일 이내에 대가를 지급받는 경우 공급받는 자는 발급받은 세금계산서로 매입세액공제를 받을 수 있다.

06 **다음은 김삼일회계사가 거래처 담당자에게 제공한 부가가치세법 관련한 자문내용이다. 가장 옳지 않은 것은?**

① 사업자등록을 하지 않더라도 세금계산서를 발급할 수 있다.
② 세금계산서 발급의무가 있는 사업자가 재화 또는 용역을 공급하고 거래시기에 세금계산서를 발급하지 않는 경우 그 재화 또는 용역을 공급받은 자는 관할 세무서장의 확인을 받아 매입자발행세금계산서를 발행할 수 있습니다.
③ 재화나 용역의 공급시기가 도래하기 전에 대가의 전부나 일부를 받고 그 받은 대가에 대하여 세금계산서를 발급할 수 있습니다.
④ 과세대상 수입재화에 대해서는 세관장이 부가가치세를 징수하는 때에 수입세금계산서를 발급한다.
⑤ 사업자의 편의를 위하여 일정기간의 거래액을 합계하여 한번에 세금계산서를 발급할 수 있다.

07 **다음 중 부가가치세법상 세금계산서에 관한 설명으로 가장 옳지 않은 것은?**

① 공급하는 사업자의 등록번호와 성명 또는 명칭, 공급받는 자의 등록번호, 공급가액과 부가가치세액, 작성연월일은 세금계산서의 필요적 기재사항이다.
② 사업상 증여에 대해서는 간주공급으로 과세되는 경우에도 세금계산서 발급의무는 면제된다.
③ 세금계산서는 재화 또는 용역의 공급시기에 발급하는 것이 원칙이나 공급시기가 도래하기 전에 대가의 전부 또는 일부를 받은 경우 그 받은 대가에 대하여 세금계산서를 발급할 수 있다.
④ 부동산임대용역을 공급한 경우 임대료는 물론 간주임대료에 대해서도 세금계산서를 발급하여야 한다.

08 **다음 중 전자세금계산서에 대한 설명으로 가장 올바르지 않은 것은?**

① 전자세금계산서 의무발급대상자가 아닌 사업자도 전자세금계산서를 발급할 수 있다.
② 전자세금계산서를 발급하고 전자세금계산서 발급명세를 국세청에 전송하지 않거나 지연전송하면 가산세를 부과한다.
③ 전자세금계산서는 법인사업자만이 발급 가능하다.
④ 전자세금계산서를 발급하거나 발급받고 전자세금계산서 발급명세를 해당 재화 또는 용역의 공급시기가 속하는 과세기간 마지막 날의 다음 달 11 일까지 국세청장에게 전송한 경우에는 해당 예정신고 또는 확정신고시 매출·매입처별 세금계산서합계표를 제출하지 아니할 수 있다.

[redacted]

정답 및 해설

01	④	02	②	03	③	04	①	05	③	06	①	07	④	08	③				

01 ④ 영세율 적용대상 거래 중 내국신용장이나 구매확인서 통한 거래, 수출재화임가공용역 등의 경우에는 세금계산서 발급의무가 있다. 간이과세자도 원칙적으로 세금계산서를 발행해야 한다.

02 ② 부동산임대용역은 간주임대료에 대해서만 세금계산서 발급 의무가 면제된다.

03 ③ 간이과세자도 원칙적으로 세금계산서를 발행할 수 있다. 부동산임대용역은 간주임대료에 대해서만 세금계산서 발급 의무가 면제된다. 주사업장 총괄납부 또는 사업자단위 신고·납부 승인을 얻은 사업자가 직매장 반출 등 타인에게 직접 판매할 목적으로 다른 사업장에 재화를 반출하는 경우 원칙적으로 세금계산서를 교부의무가 없다.

04 ① 세금계산서는 세금영수증으로서의 역할 외에도 일반거래에 있어서 송장의 역할, 외상거래에 있어서 청구서 역할, 현금거래에 있어서 대금영수증의 역할 등으로 사용된다. 그러나 세금계산서가 재화나 용역의 공급계약서의 역할을 할 수는 없다.

05 ③ 주사업장총괄납부 또는 사업자단위신고납부 승인을 받은 경우로 타인에게 직접 판매할 목적으로 다른 사업장에 재화를 반출하는 경우 세금계산서 발급의무가 없다.

06 ① 사업자등록을 하지 않은 경우 세금계산서를 발급할 수 없다.

07 ④ 사업상증여의 경우 세금계산서를 발급하기 어렵거나 세금계산서의 발급이 불필요한 경우로 보아 세금계산서를 발급하지 아니할 수 있다. 간주임대료에 대해서는 세금계산서 발급의무가 면제된다.

08 ③ 개인사업자도 전자세금계산서를 발급할 수 있다.

부가가치세 신고 및 납부

1 예정신고와 확정신고

① 부가가치세 과세기간은 원칙적으로 6개월이다.

② 그러나 정부에서는 세금의 조기징수를 위하여 6개월을 다시 3개월 단위로 구분하여 예정신고기간으로 정하고, 거래내용을 예정신고한 후 다시 6개월을 정산하여 확정신고한다.

구분	신고기간	특이사항
㉠ 예정신고	1기예정 : 1월 1일~3월 31일 2기예정 : 7월 1일~9월 30일	대손세액공제와 가산세는 제외하고 신용카드발행세액공제는 포함
㉡ 확정신고	제1기 : 1월 1일~6월 30일 제2기 : 7월 1일~12월 31일	예정신고분은 제외
㉢ 신고, 납부 기한	예정신고 : 예정신고기간 종료 후 25일 확정신고 : 과세기간 종료 후 25일	

❶ 신고내용

구분				금액	세율	세액
과세표준 및 매출세액	과세	세금계산서발급분	(1)		10/100	
		매입자발행세금계산서	(2)		10/100	
		신용카드 · 현금영수증발행분	(3)		10/100	
		기타(정규영수증외매출분)	(4)			
	영세율	세금계산서발급분	(5)		0/100	
		기타	(6)		0/100	
	예정신고누락분		(7)			
	대손세액가감		(8)			
	합계		(9)		㉮	
매입세액	세금계산서 수취분	일반매입	(10)			
		수출기업수입분납부유예	(10-1)			
		고정자산매입	(11)			
	예정신고누락분		(12)			
	매입자발행세금계산서		(13)			
	기타공제매입세액		(14)			
	합계(10) + (11) + (12) + (13) + (14) − (10 − 1)		(15)			
	공제받지못할매입세액		(16)			
	차감계(15) − (16)		(17)		㉯	
납부(환급)세액(매출세액㉮ − 매입세액㉯)					㉰	

2 과세표준 및 매출세액

❶ 신고내용						
구분				금액	세율	세액
과세표준및매출세액	과세	세금계산서발급분	(1)		10/100	
		매입자발행세금계산서	(2)		10/100	
		신용카드 · 현금영수증발행분	(3)		10/100	
		기타(정규영수증외매출분)	(4)			
	영세율	세금계산서발급분	(5)		0/100	
		기타	(6)		0/100	
	예정신고누락분		(7)			
	대손세액가감		(8)			
	합계		(9)		㉮	

(1) 세금계산서 매출분
(2) 매입자발행세금계산서
(3) 신용카드, 현금영수증 발행분
(4) 영수증 등 발행 매출
(5) 내국신용장, 구매확인서/수출재화임가공용역
(6) 직수출 재화, 국외에서 제공하는 용역, 항공기 외국항행용역 등
(7) 예정신고 누락분 중 확정신고 포함금액
(8) 대손세액(세액만 기재함)

예제 1

다음은 컴퓨터 제조업을 영위하는 (주)삼일의 2023년 제1기 확정신고를 위한 자료이다. 20×1년 제1기 부가가치세 확정신고서를 완성하시오.

국내판매	세금계산서 발행 매출액(VAT 미포함)	₩500,000,000
	신용카드매출전표 발행분(VAT 미포함)	₩300,000,000
	현금영수증 발행(VAT 포함)	₩ 22,000,000
수출분	내국신용장에 의한 공급분(Local 수출분)	₩400,000,000
	직수출분	₩600,000,000

① 20×1년 1기 예정신고 누락분 매출내역 : 국내매출세금계산서 발급분, VAT 미포함) ₩20,000,000
② 대손발생내역 : 20×1. 5. 3 거래처 파산으로 인하여 발생한 대손금액 ₩77,000,000(VAT 포함, 2년 전 발생한 매출채권)

❶ 신고내용						
구분				금액	세율	세액
과세표준및매출세액	과세	세금계산서발급분	(1)		10/100	
		매입자발행세금계산서	(2)		10/100	
		신용카드 · 현금영수증발행분	(3)		10/100	
		기타(정규영수증외매출분)	(4)			
	영세율	세금계산서발급분	(5)		0/100	
		기타	(6)		0/100	
	예정신고누락분		(7)			
	대손세액가감		(8)			
	합계		(9)		㉮	

해설

❶ 신고내용							
구분				금액	세율	세액
과세표준및매출세액	과세	세금계산서발급분	(1)	500,000,000	10/100	50,000,000
		매입자발행세금계산서	(2)		10/100	
		신용카드 · 현금영수증발행분	(3)	320,000,000	10/100	32,000,000
		기타(정규영수증외매출분)	(4)			
	영세율	세금계산서발급분	(5)	400,000,000	0/100	-
		기타	(6)	600,000,000	0/100	-
	예정신고누락분		(7)	20,000,000		2,000,000
	대손세액가감		(8)			△7,000,000
	합계		(9)	1,840,000,000	㉮	77,000,000

3 매입세액

❶ 신고내용							
구분				금액	세율	세액
매입세액	세금계산서 수취분	일반매입	(10)			
		수출기업수입분납부유예	(10-1)			
		고정자산매입	(11)			
	예정신고누락분		(12)			
	매입자발행세금계산서		(13)			
	기타공제매입세액		(14)			
	합계(10)+(11)+(12)+(13)+(14)-(10-1)		(15)			
	공제받지못할매입세액		(16)			
	차감계 (15) - (16)		(17)		㉯	
납부(환급)세액(매출세액㉮ - 매입세액㉯)					㉰	

(10) 세금계산서 일반 매입분
(11) 세금계산서 고정자산 매입분
(12) 예정신고 누락분 중 확정신고 포함금액
(13) 매입자가 발행한 세금계산서
(14) 신용카드매출전표등의 매입세액, 의제매입세액, 재고매입세액 등
(16) 기업업무추진비, 비영업용소형승용차, 사업무관, 토지관련 매입세액 등

예제 2

다음은 컴퓨터 제조업을 영위하는 (주)삼일의 20×1년 제1기 확정신고를 위한 자료이다. 20×1년 제1기 부가가치세 확정신고서를 완성하시오.

원재료 매입	세금계산서 수령분(VAT 미포함)	₩500,000,000
	신용카드매출전표 수령분(VAT 미포함)	₩300,000,000
	영수증 수령분(VAT 포함)	₩22,000,000
기업업무추진비지출	세금계산서 수령분(VAT 미포함)	₩50,000,000
기 계 구 입	세금계산서 수령분(VAT 미포함)	₩400,000,000

신용카드매출전표 수령분은 매출전표에 공급받는 자와 부가가치세액을 별도로 기재하고 공제요건 충족하였다.

❶ 신고내용

구분				금액	세율	세액
매입세액	세금계산서 수취분	일반매입	(10)			
		수출기업수입분납부유예	(10-1)			
		고정자산매입	(11)			
	예정신고누락분		(12)			
	매입자발행세금계산서		(13)			
	기타공제매입세액		(14)			
	합계(10)+(11)+(12)+(13)+(14)-(10-1)		(15)			
	공제받지못할매입세액		(16)			
	차감계(15)-(16)		(17)		㉯	
납부(환급)세액(매출세액 ㉮ - 매입세액 ㉯)					㉰	

해설

❶ 신고내용

구분				금액	세율	세액
매입세액	세금계산서 수취분	일반매입	(10)	550,000,000		55,000,000
		수출기업수입분납부유예	(10-1)			
		고정자산매입	(11)	400,000,000		40,000,000
	예정신고누락분		(12)			
	매입자발행세금계산서		(13)			
	기타공제매입세액		(14)	300,000,000		30,000,000
	합계(10)+(11)+(12)+(13)+(14)-(10-1)		(15)	1,250,000,000		125,000,000
	공제받지못할매입세액		(16)	50,000,000		5,000,000
	차감계(15)-(16)		(17)	1,200,000,000	㉯	120,000,000

4 신고 및 결정

부가가치세는 신고주의 국세로서 납세의무자의 신고에 의하여 세액이 확정되는 것이나, 확정신고를 하지 아니한 경우에는 정부가 결정한다.

5 환 급

- 매입세액이 매출세액을 초과하는 경우에 발생한다.
- 일반환급의 경우에는 각 과세기간단위로 확정신고기한 경과후 30일 내에 환급한다.
- 환급은 예정신고시에는 환급세액이 발생하여도 이를 환급하지 아니하고 확정신고시 납부할 세액에서 차감한다.

조기환급

① 다음의 경우에는 수출과 설비투자에 대한 지원을 위하여 조기환급 신고기한 경과후 15일 이내에 환급세액을 환급받을 수 있다.

① 영세율 적용대상인 때
② 사업설비(감가상각자산)를 신설·취득·확장·증축하는 때
③ 사업자가 재무구조개선계획을 이행 중인 경우(회생계획인가, 기업개선계획 이행 등)

② 조기환급기간의 환급세액을 조기환급받고자 하는 사업자는 조기환급기간 종료일로부터 25일 이내에 조기환급기간에 대한 과세표준과 환급세액을 신고하여야 한다.

③ 조기환급기간이란 예정신고기간 또는 확정신고기간 중 매월 또는 매 2월을 의미한다. 따라서 제1기 과세기간의 경우 1월, 2월, 4월, 5월 또는 1·2월, 4·5월이 조기환급기간이 될 수 있다

6 가산세

① 가산세란 세법에서 정하는 각종 의무의 성실한 이행을 확보하기 위하여 산출세액에 가산하여 징수하는 금액을 의미한다.

② 신고 및 납부와 관련된 가산세는 국세기본법에서 정하고 기타 부가가치세 관련 가산세는 부가가치세법에서 다룬다.

신고 / 납부 관련 가산세

신고 및 납부와 관련된 가산세는 국세기본법에서 규정하는 바 내용은 다음과 같다.

구분	가산세액
① 무신고가산세	납부세액 × 20%* + 영세율과세표준** × 0.5%
② 과소신고, 초과환급신고가산세	(과소신고분 납부세액 + 초과신고분 환급세액) × 10%* + 영세율과세표준** × 0.5%
③ 납부지연가산세	미납부세액(초과환급세액) × 경과일수*** × 2.2/10,000 + 납부고지서 미납세액 × 3%

* 부정행위(장부의 거짓 작성 / 거짓 증빙·문서의 작성·수취 / 재산의 은닉 및 소득·수익·행위·거래의 조작·은폐 등)의 경우 40%
** 부가가치세법 등에 따른 영세율이 적용되는 과세표준을 신고하지 않거나 과소신고한 경우
*** 납부기한의 다음날부터 자진납부일 또는 납세고지일까지의 기간임

신고불성실 가산세 감면(단, 납부지연가산세는 감면되지 않음)

구분	감면기준	감면금액	
① 무신고가산세	법정신고기한이 지난 후 다음 기한 내에 수정신고한 경우	• 1개월 이내 : 50% • 1개월 ~ 3개월 : 30%	• 3개월 ~ 6개월 : 20%
② 과소신고가산세 초과환급신고가산세		• 1개월 이내 : 90% • 1개월 ~ 3개월 : 75% • 3개월 ~ 6개월 : 50%	• 6개월 ~ 1년 : 30% • 1년 ~ 1년 6개월 : 20% • 1년 6개월 ~ 2년 : 10%

부가가치세법상 가산세

(1) 미등록가산세	사업자가 사업개시일부터 20일 이내에 사업자등록을 신청하지 아니한 경우	사업개시일로부터 등록신청일의 직전일까지의 공급가액에 대하여 1%
(2) 위장등록가산세	타인의 명의로 사업자 등록을 하거나 타인 명의의 사업자등록을 이용하여 사업을 하는 것으로 확인된 경우	사업개시일 ~ 실제 사업 확인된 날 직전일까지의 공급가액에 대하여 2%
(3) 세금계산서 불성실가산세	① 〈가공 발급(수취), 비사업자의 발급〉 : 3% ㉠ (가공) 재화나 용역을 공급하지 않고 세금계산서나 신용카드매출전표(이하 "세금계산서등")를 발급 및 수령한 경우 ㉡ 사업자가 아닌 자가 재화·용역을 공급하지 아니하고 세금계산서를 발급하거나 재화·용역을 공급받지 않고 세금계산서를 발급받은 경우 ② 〈미발급, 허위 발급(수취), 과다기재〉 : 2% ㉠ (미발급) 세금계산서를 그 발급시기가 지난 후 공급시기가 속하는 과세기간에 대한 확정신고기한 내에 발급하지 않은 경우 ㉡ (위장) 재화 또는 용역을 공급하고 실제로 공급하는 자가 아닌 자 또는 실제로 공급받는 자가 아닌 자의 명의로 세금계산서 등을 발급하거나 받은 경우 ㉢ 재화 또는 용역을 공급하거나 공급받고 세금계산서 등의 공급가액을 과다하게 기재하여 발급하거나 받은 경우 ③ 〈지연발급·부실기재 등〉 : 1% ㉠ (지연발급) 세금계산서를 그 발급시기가 지난 후 공급시기가 속하는 과세기간에 대한 확정신고기한 내에 발급하거나 ㉡ (부실기재)발급한 세금계산서의 필요적 기재사항의 전부 또는 일부가 적혀 있지 아니하거나 사실과 다른 경우 ㉢ 전자세금계산서 발급 의무자가 발급기간 내 전자세금계산서 외의 세금계산서를 발급	가공 공급가액 × 3% 미발급등 공급가액 × 2% 지연발급등 공급가액 × 1%
(4) 세금계산서 발급명세 지연(미)전송 가산세	① 〈지연전송〉 전자세금계산서 발급명세를 재화 또는 용역의 공급시기가 속하는 과세기간에 대한 확정신고기한까지 국세청장에게 전송한 경우 ② 〈미전송〉 전자세금계산서 발급명세를 재화 또는 용역의 공급시기가 속하는 과세기간에 대한 확정신고기한까지 국세청장에게 전송하지 아니한 경우	지연전송 : 0.3% 미전송 : 0.5%

(5) 매출처별 세금계산서 합계표제출 불성실 가산세	① 〈미제출·부실기재〉 ㉠ 〈미제출〉 매출처별세금계산서합계표를 제출하지 아니한 때 ㉡ 〈부실기재〉 제출한 매출처별세금계산서합계표의 기재사항 중 거래처별 등록번호 또는 공급가액의 전부 또는 일부가 적혀 있지 아니하거나 사실과 다르게 적혀 있는 경우 ② 〈지연제출〉 예정신고시 제출하지 아니한 매출처별세금계산서합계표를 확정신고시 지연제출한 경우	미제출·부실기재분 공급가액 × 0.5% 지연제출분 공급가액 × 0.3%
(6) 매입처별 세금계산서 합계표제출 불성실 가산세	① 〈세금계산서 지연수취〉 재화·용역의 공급시기까지는 세금계산서를 발급받지 아니하였으나 ㉠ 해당 공급시기가 속하는 과세기간에 대한 확정신고기한까지 발급받아 매입세액을 공제받는 경우 ㉡ 확정신고기한 다음날부터 1년 이내에 발급받은 것 중 다음 하나 해당하는 경우 – 과세표준 수정신고서와 경정청구서를 세금계산서와 함께 제출 – 해당 거래사실이 확인되어 세무서장 등이 결정·경정 ② 〈과다기재〉 제출한 매입처별세금계산서의 기재사항 중 공급가액을 사실과 다르게 과다하게 적어 신고한 때 ③ 〈경정시 제출〉 매입처별세금계산서합계표를 제출하지 않거나 제출한 매입처별세금계산서합계표의 기재사항 중 거래처별 등록번호 또는 공급가액의 전부 또는 일부가 적혀있지 않아 세금계산서에 따라 공제받은 경우	공급가액 × 0.5%
(7) 신용카드매출전표 등 불성실 가산세	신용카드매출전표 등 수령명세서를 예정신고 또는 확정신고 할 때에 제출하여 매입세액을 공제받지 않고 경정 시 경정기관의 확인을 받고 제출하여 매입세액을 공제받은 경우	공급가액 × 0.5%
(8) 현금매출명세서 및 부동산임대공급가액명세서 제출불성실가산세	사업서비스업 중 해당 업종의 특성 및 세원관리를 고려하여 대통령령으로 정하는 사업을 영위하는 사업자*는 현금매출명세서를, 부동산 임대사업자는 부동산임대공급가액명세서를 예정신고 또는 확정신고와 함께 제출하지 않거나 사실과 다르게 제출된 경우	공급가액 × 1%

✔ 2022.1.1. 사업개시 ⇨ 사업자등록을 2023.7.1. 신청한 경우로 등록신청일 직전까지 공급가액이 500만원인 경우 미등록가산세는?
⇨ 500만 × 1% = 5만원

가산세 중복적용 배제

<table>
<tr><th colspan="2">우선 적용</th><th>중복적용 배제</th></tr>
<tr><td colspan="2">미등록가산세</td><td>세금계산서 불성실가산세(미발급 제외)
신용카드매출전표 등 미제출가산세(매입자)
매출처별세금계산서합계표 불성실가산세</td></tr>
<tr><td colspan="2">세금계산서 불성실가산세(미발급 제외)
신용카드매출전표 등 미제출가산세(매입자)</td><td>매출처별세금계산서합계표 불성실가산세</td></tr>
<tr><td colspan="2">세금계산서 불성실가산세(미발급 경우)
가공세금계산서가산세</td><td>미등록가산세
매출처별세금계산서합계표 불성실가산세
매입처별세금계산서합계표 불성실가산세</td></tr>
<tr><td colspan="2">가공세금계산서가산세(발급한 경우만)</td><td>세금계산서 불성실가산세(미발급 경우)</td></tr>
<tr><td rowspan="4">세금계산서
불성실가산세
(발급)</td><td>지연발급</td><td rowspan="3">전자세금계산서 발급명세 지연·미전송 부실기재</td></tr>
<tr><td>미발급</td></tr>
<tr><td>전산세금계산서 이외 발급</td></tr>
<tr><td>부실기재</td><td>전자세금계산서 발급명세 지연·미전송</td></tr>
</table>

예제 3

다음 중 부가가치세 가산세에 대한 설명으로 가장 옳지 않은 것은?

① 신고불성실가산세와 납부지연가산세가 동시에 적용되는 경우 각각 가산세를 적용한다.

② 사업 개시 후 20일 이내에 사업자등록을 하지 아니한 경우 사업개시일 부터 등록신청일의 직전일까지의 공급가액에 1%를 미등록가산세로 부과한다.

③ 매출처별세금계산서합계표를 제출하지 않은 경우에는 공급가액의 0.5%를, 예정신고분을 확정신고 시 매출세액에 포함하여 신고한 경우 공급가액의 0.3%를 가산세로 부과한다.

④ 세금계산서미교부가산세가 적용되는 경우 매출처별세금계산서합계표 제출불성실가산세가 동시에 적용된다.

해설 무신고, 과소신고한 경우 납부지연가산세가 함께 과세됨. 사업자등록 미등록시 사업개시일 부터 등록신청일 전일까지 공급가액의 1%가 가산세로 부과되며, 매출처별세금계산서합계표 미제출은 0.5%, 지연제출은 0.3%의 가산세 부과됨. 세금계산서미교부가산세 적용되는 경우 매출처별세금계산서합계표가산세가 적용되지 않음.

정답 ④

출제예상 문제

01 **다음은 컴퓨터 제조업을 영위하는 (주)삼일의 20×1년 제1기 확정신고를 위한 자료이다. 20×1년 제1기 부가가치세 확정신고서를 완성하시오.**

국내판매	세금계산서 발행 매출액(VAT 미포함)	500,000,000
	신용카드매출전표 발행분(VAT 미포함)	300,000,000
	현금영수증 발행(VAT 포함)	22,000,000
수출	내국신용장에 의한 공급분(Local 수출분)	400,000,000
	직수출분	600,000,000

① 20×1년 1기 예정신고 누락분 매출내역 :
국내매출(세금계산서 발급분, VAT 미포함) 20,000,000
② 대손발생내역 : 20×1.5.3 거래처 파산으로 인하여 발생한 대손금액 77,000,000
(VAT 포함, 20×0년 12월 매출분)

❶ 신고내용

구분				금액	세율	세액
과세표준 및 매출세액	과세	세금계산서 발급분	(1)		10 / 100	
		매입자발행 세금계산서	(2)		10 / 100	
		신용카드 · 현금영수증 발행분	(3)		10 / 100	
		기타(정규영수증 외 매출분)	(4)			
	영세율	세금계산서 발급분	(5)		0 / 100	
		기타	(6)		0 / 100	
	예정신고누락분		(7)			
	대손세액가감		(8)			
	합계		(9)		㉮	

02 **다음은 컴퓨터 제조업을 영위하는 (주)삼일의 20×1년 제1기 확정신고를 위한 자료이다. 20×1년 제1기 부가가치세 확정신고서를 완성하시오.**

원재료	세금계산서 수령분(VAT 미포함) 신용카드매출전표 수령분(VAT 미포함) 영수증 수령분(VAT 포함)	500,000,000 300,000,000 22,000,000
기업업무추진비	세금계산서 수령분(VAT 미포함)	50,000,000
기계장치	세금계산서 수령분(VAT 미포함)	400,000,000

신용카드매출전표 수령분은 매출전표에 공급받는 자와 부가가치세액을 별도로 기재하고 공제요건 충족하였다

매입세액	세금계산서 수취분	일반매입	(10)			
		수출기업 수입분 납부유예	(10-1)			
		고정자산 매입	(11)			
	예정신고 누락분		(12)			
	매입자발행 세금계산서		(13)			
	그 밖의 공제매입세액		(14)			
	합계(10)+(11)+(12)+(13)+(14)		(15)			
	공제받지 못할 매입세액		(16)			
	차 감 계 (15)-(16)		(17)		㉯	

03 **다음은 부가가치세 일반과세자인 (주)삼일의 20×1.4.1. ~20×1.6.30일까지의 거래내역이다. 20×1년 제1기 부가가치세 확정신고 시 납부세액은 얼마인가?** (단, 별도의 언급이 없으면 거래금액에는 부가가치세가 포함되지 않았고 세금계산서는 적정하게 발급하고 수령했다고 가정한다)

〈매출자료〉
- 일본 수출매출 : 1,000만원
- 국내 세금계산서 발행 매출 : 600만원
- 국내 간이영수증 발행매출 : 400만원
- 광고선전 목적으로 불특정다수인에 견본품공급 : 500만원
- 20×1.6.10.일에 거래처 파산으로 대손된 금액 : 110만원(부가가치세 포함된 금액으로, 2년 전 매출 발생한 금액임)

〈매입자료〉
- 원재료 매입액 : 800만원(세금계산서 수취함)
- 비품 구입액 : 50만원(간이영수증 수령함)

① 100,000원　　② 200,000원
③ 250,000원　　④ 300,000원

04 **다음 중 부가가치세 가산세에 대한 설명으로 가장 옳지 않은 것은?**

① 신고불성실가산세와 납부지연가산세가 동시에 적용되는 경우 각각 가산세를 적용한다.
② 사업 개시 후 20일 이내에 사업자등록을 하지 아니한 경우 사업개시일 부터 등록신청일의 직전일까지의 공급가액에 1%를 미등록가산세로 부과한다.
③ 매출처별세금계산서합계표를 제출하지 않은 경우에는 공급가액의 0.5%를, 예정신고분을 확정신고 시 매출세액에 포함하여 신고한 경우 공급가액의 0.3%를 가산세로 부과한다.
④ 세금계산서미교부가산세가 적용되는 경우 매출처별세금계산서합계표 제출 불성실 가산세가 동시에 적용된다.

05 **다음 중 부가가치세에 대한 가산세가 부과되는 경우가 아닌 것은?**

① 예정신고시 매입처별세금계산서 합계표를 제출하지 않고 확정신고시 제출한 경우
② 가공세금계산서를 발행한 경우
③ 재화를 공급받고 타인 명의로 세금계산서를 발급받은 경우
④ 사업자등록을 하지 않은 경우

06 **다음 중 부가가치세 예정신고 시 첨부할 서류가 아닌 것은?**

① 매출·매입처별세금계산서합계표
② 대손세액공제신고서
③ 영세율 첨부서류
④ 신용카드매출전표수령명세서

07 **다음 중 부가가치세 가산세에 대한 설명으로 가장 옳지 않은 것은?**

① 신규로 사업을 개시한 사업자가 기한 내에 사업자등록을 신청하지 않은 경우 사업개시일로부터 등록신청일의 직전일까지의 공급가액의 1%를 가산세로 납부한다.
② 전자세금계산서 발급명세를 공급시기가 속하는 과세기간 확정신고기한까지 지연전송한 경우 지연 전송한 금액의 0.3%를 가산세로 납부한다.
③ 현금매출명세서 불성실가산세는 미달신고액의 0.5%이다.
④ 재화 또는 용역을 공급하지 아니하고 세금계산서 등을 발급하는 경우, 해당 공급가액의 3%를 가산세로 납부한다.
⑤ 재화 또는 용역을 공급받고 타인 명의로 세금계산서를 발급받은 경우에는 공급가액의 2%를 가산세로 부과한다.

08 **다음 중 부가가치세의 신고 및 납부, 환급에 관한 설명으로 가장 올바르지 않은 것은?**

① 사업자는 각 예정신고기간 또는 과세기간이 끝난 후 25일 이내에 사업장 관할 세무서장에게 과세표준을 신고하고 세액을 자진납부하여야 한다.
② 일반환급세액은 각 예정 및 확정신고기한 경과 후 30일 이내에 환급한다.
③ 매월 또는 매 2월마다 조기환급받고자 하는 자는 조기환급기간 경과 후 25일 이내에 조기환급신고서를 제출하여야 한다.
④ 당해 과세기간 중 대손이 발생하였거나 대손금이 회수되었을 경우 확정신고 시에 대손세액을 가감한다.

09 **부가가치세법상 일반과세자인 김삼일씨는 20×1년 7월 10일에 사업을 개시하였으나 20×1년 9월 1일에 사업자등록을 신청하였다. 20×1년 공급가액이 다음과 같을 때 20×1년 2기 확정신고 시 납부해야 하는 미등록가산세는?**

- 20×1. 7.10.~20×1. 7.31. : 10,000,000원
- 20×1. 8. 1.~20×1. 8.31. : 10,000,000원
- 20×1. 9. 1.~20×1. 9.30. : 15,000,000원
- 20×1.10. 1.~20×1.10.31. : 20,000,000원
- 20×1.11. 1.~20×1.11.30. : 20,000,000원
- 20×1.12. 1.~20×1.12.31. : 40,000,000원

① 100,000원
② 200,000원
③ 350,000원
④ 1,150,000원

10 **다음은 전자제품을 제조하는 (주)삼일의 20×1년 4월 1일부터 20×1년 6월 30일까지의 거래내역이다. 20×1년 제1기 확정신고와 관련한 설명으로 가장 올바르지 않은 것은?**

〈매출내역〉
과세사업자에게 판매한 금액 : 50,000,000원(부가가치세 별도)
면세사업자에게 판매한 금액 : 30,000,000원(부가가치세 별도)
〈매입내역〉
원재료 매입금액(세금계산서 수령) : 44,000,000원(부가가치세 포함)
기업업무추진비 지출액(세금계산서 수령) : 1,100,000원(부가가치세 포함)

① 과세사업자에게 판매한 50,000,000원은 과세표준에 포함해야 한다.
② 면세사업자에게 판매한 30,000,000원은 과세표준에 포함하지 않는다.
③ 원재료 매입시 부담한 부가가치세 4,000,000원은 매입세액으로 공제한다.
④ 기업업무추진비 지출액에 대한 부가가치세 100,000원은 매입세액으로 공제하지 아니한다.

11 **제조업을 영위하는 (주)삼일의 제1기 부가가치세 확정신고(20×1. 4. 1 ~ 20×1. 6. 30)와 관련된 자료이다. 확정신고시 (주)삼일의 차가감납부세액은 얼마인가?** (단, 아래의 금액에는 부가가치세가 제외되어 있다)

ㄱ) 확정신고기간 중 (주)삼일의 제품공급가액	100,000,000원
ㄴ) 확정신고기간 중 (주)삼일의 매입세액 (매입세액 불공제 대상인 매입세액은 1,000,000원이다)	8,000,000원
ㄷ) 확정신고시 세금계산서를 발행하지 않은 금액(공급가액) (동 금액은 ㄱ)에 포함되어 있지 않음)	5,000,000원
ㄹ) 세금계산서 관련 가산세는 미발급금액의 2%를 적용한다.	

① 3,000,000원　② 3,050,000원
③ 3,100,000원　④ 3,600,000원

12 **다음의 자료를 통해서 부가가치세 차가감납부세액을 계산하면 얼마인가?** (단, 면세로 매입한 금액 중 의제매입세액공제대상은 없다고 가정한다)

(1) 공급가액 : 12,000,000원(면세공급가액 2,000,000 원 포함)
(2) 매입가액 : 5,000,000원(면세 매입금액 500,000 원, 비영업용 소형승용차 매입금액 1,000,000원 포함)
(3) 세금계산서 불성실가산세 : 5,000원
(단, 위의 공급가액과 매입가액은 모두 부가가치세가 포함되지 않은 금액이다.)

① 505,000원　② 605,000원
③ 655,000원　④ 705,000원

[redacted]

정답 및 해설

01		02		03	①	04	④	05	①	06	②	07	③	08	②	09	②	10	②
11	④	12	③																

01

❶ 신고내용

구분				금액	세율	세액
과세표준 및 매출세액	과세	세금계산서 발급분	(1)	500,000,000	10 / 100	50,000,000
		매입자발행 세금계산서	(2)		10 / 100	
		신용카드 · 현금영수증 발행분	(3)	320,000,000	10 / 100	32,000,000
		기타(정규영수증 외 매출분)	(4)			
	영세율	세금계산서 발급분	(5)	400,000,000	0 / 100	
		기 타	(6)	600,000,000	0 / 100	
	예정신고 누락분		(7)	20,000,000		2,000,000
	대손세액 가감		(8)			-7,000,000
	합계		(9)	1,840,000,000	㉮	77,000,000

02

매입세액	세금계산서 수 취 분	일반매입	(10)	550,000,000		55,000,000
		수출기업 수입분 납부유예	(10-1)			
		고정자산 매입	(11)	400,000,000		40,000,000
	예정신고 누락분		(12)			
	매입자발행 세금계산서		(13)			
	그 밖의 공제매입세액		(14)	300,000,000		30,000,000
	합계 (10)+(11)+(12)+(13)+(14)		(15)	1,250,000,000		125,000,000
	공제받지 못할 매입세액		(16)	50,000,000		5,000,000
	차 감 계 (15)-(16)		(17)	1,200,000,000	㉯	120,000,000

03 ① 매출세액은 세금계산서 교부 여부와 무관하게 부가가치세 과세되고, 매입세액은 세금계산서나 신용카드전표 등을 수취한 경우에만 공제가 가능하다. 수출매출의 경우 영세율 적용되어 매출세액이 발생하지 않는다.
매출세액 = {600만원(국내T/I) + 400만원(국내 간이)} × 10% – 대손 10만원 = 90만원
매입세액 = (80만원)
납부세액 = 10만원

04 ④ 무신고, 과소신고한 경우 납부지연가산세가 함께 과세된다. 사업자등록 미등록시 사업개시일 부터 등록신청일 전일까지 공급가액의 1%가 가산세로 부과되며, 매출처별세금계산서합계표 미제출은 0.5%, 지연제출은 0.3%의 가산세 부과된다. 세금계산서미교부가산세 적용되는 경우 매출처별세금계산서합계표가산세가 적용되지 않는다.

05 ① 매입처별세금계산서 합계표를 예정신고시 제출하지 않고 확정신고시 제출하는 경우 가산세가 부과되지 않는다. 사업자가 매입세액 공제 혜택을 늦게 받는 것에 불과하기 때문이다.

06 ② 대손세액공제는 확정신고시만 받을 수 있으므로 대손세액공제신고서는 확정신고시만 제출한다.

07 ③ 현금매출명세서 불성실가산세는 미달신고액의 1%이다.

08 ② 일반환급의 경우 각 과세기간단위로 확정신고기한 경과후 30일 내에 환급한다. 따라서 예정신고시에 환급세액이 발생하여도 이를 환급하지 아니하고 확정신고시 납부할 세액에서 차감한다.

09 ② 사업개시일로부터 등록신청일의 직전일까지의 공급가액의 1%를 가산세로 납부한다.
미등록가산세 = 20,000,000 × 1% = 200,000

10 ② 면세사업자에게 판매한 경우에도 당연히 부가가치세 납세의무가 있다.

11 ④ 자진납부세액 = 매출세액 − 매입세액 + 가산세
매출세액 = (100,000,000 + 5,000,000) × 10% = 10,500,000
매입세액 = 8,000,000 − 1,000,000 = 7,000,000
세금계산서 미발급 가산세 = 5,000,000 × 2% = 100,000
= 3,600,000원

12 ③ 매출세액 = 10 × 10% = 1
매입세액 = 3.5 × 10% = 0.35
가산세 = 0.005
차가감납부세액 = 1,000,000 − 350,000 + 5,000 = 655,000원

간이과세

1 간이과세 개념

직전 연도 공급대가 합계액이 8,000만원 미달하는 개인사업자를 의미한다(법인은 불가능).

납부세액 계산

	납부세액	공급대가(부가가치세 포함) × 업종별 부가가치율 × 10%
(−)	공제세액	매입세금계산서 등의 세액공제, 신용카드세액공제 등
(+)	가산세	세금계산서 가산세, 미등록가산세, 신고불성실 / 납부지연가산세 등
	차가감납부세액	

신규로 사업을 시작하는 개인사업자가 사업개시일이 속하는 연도의 공급대가의 합계액이 8천만원(부동산임대업 또는 과세유흥장소를 경영하는 사업자는 4,800만 원)에 미달될 것으로 예상된다면 사업자등록신청서와 함께 간이과세적용신고서를 제출할 수 있다. 다만, 이 경우에도 사업자가 간이과세 배제대상에 해당하는 경우에는 간이과세를 적용할 수 없다.

2 납부세액

① 간이과세자의 납부세액은 공급대가(부가가치세 포함)에 업종별 부가가치율을 곱한 것에 10%의 세율을 적용해서 계산한다.

② 업종별 부가가치율은 다음과 같다.

구분	업종별 부가가치율
소매업, 재생용재료수집 및 판매업, 음식점업	15%
제조업, 농업·임업 및 어업, 소화물 전문 운송업	20%
숙박업	25%
건설업, 그 밖의 운수업, 창고업, 정보통신업, 그 밖의 서비스업	30%
금융 및 보험 관련 서비스업, 전문·과학 및 기술서비스업(인물사진 및 행사용 영상 촬영업 제외), 사업시설관리·사업지원 및 임대서비스업, 부동산 관련 서비스업, 부동산임대업	40%

3 공제세액

구분	내용	세액공제 금액
① 매입세금계산서 세액공제	간이과세자가 다른 사업자로부터 발급받은 세금계산서 등(세금계산서 또는 법소정 신용카드매출전표 포함)을 발급받아 매입처별세금계산서합계표 또는 신용카드 매출전표 등 수령명세서를 사업장 관할세무서장에게 제출한 경우	세금계산서 등을 발급받은 공급대가 × 0.5%
② 신용카드매출 전표등 발행 세액공제	영수증 발급대상 간이과세자(*)가 부가세 과세되는 재화나 용역을 공급하고 신용카드매출전표, 직불카드매출전표 또는 기명식 선불카드, 법소정의 현금영수증 등을 발급하는 경우	결제금액 × 1.3%(한도 연1,000만원) (2027년 이후 1% / 한도 연 500만원)

4 가산세

① 간이과세자도 원칙적으로 세금계산서를 발급해야 하며 ㉠ 세금계산서등 발급 관련 가산세, ㉡ 매출처별 세금계산서 합계표 관련 가산세, ㉢ 세금계산서 미수취 가산세 등을 적용한다. (단, 직전연도 공급대가 합계액의 4,800만원 미만인 사업자 제외)

② 간이과세자에 적용되는 가산세는 다음과 같다.

구분	적용대상
① 미등록가산세	일반과세자 규정을 준용하되, 공급대가의 0.5%를 미등록가산세율로 적용
② 세금계산서 등 발급 관련 가산세	세금계산서 미발급가산세 등 일반과세자 규정 준용
③ 매입세금계산서 가산세	재화 또는 용역을 공급받고 세금계산서를 발급받지 아니한 경우 공급대가의 0.5%를 가산세로 함
	세금계산서 등을 발급받고 공제받지 아니한 경우로서 결정·경정기관의 확인을 거쳐 납부세액을 계산할 때 매입세액으로 공제받는 경우에는 공급가액의 0.5%를 가산세로 함
④ 신고불성실 / 납부지연가산세	일반과세자 규정 준용

5 간이과세 배제

간이과세가 적용되지 않는 다른 사업장을 보유하고 있거나 사업자가 다음의 사업을 영위하면 간이과세를 적용받지 못한다.
① 광업, 제조업/건설업*, 도매업, 부동산매매업, 전기·가스·증기 및 수도 사업
② 특별시, 광역시 등에 소재한 개별소비세법에서 정하는 과세유흥장소 영위업
③ 특정 부동산임대업
④ 변호사업, 변리사업, 공인회계사업, 세무사업, 건축사업, 약사, 한약사, 수의사, 공인노무사 등 전문직 사업서비스업
⑤ 소득세법상 복식부기의무자
* 주로 최종소비자에게 직접 재화 또는 용역을 공급하는 사업으로서 기획재정부령으로 정하는 것은 제외함

6 신고와 납부

① 간이과세자는 1월 1일부터 12월 31일까지를 과세기간으로 하여 과세기간이 끝난 후 25일(폐업하는 경우에는 폐업일이 속한 달의 다음달 25일) 이내에 사업장 관할세무서장에게 신고하고 납부하여야 한다.
② 직전 과세기간에 대한 납부세액의 1/2을 1월 1일부터 6월 30일(이하 "예정부과기간")까지의 납부세액으로 하여 부과한다.
③ 단, 휴업 또는 사업부진 등으로 인하여 예정부과기간의 공급가액 또는 납부세액이 직전예정부과기간의 공급가액 또는 납부세액의 3분의 1에 미달하는 경우 예정기간에 대한 부가가치세를 신고납부 할 수 있다.

7 납부의무 면제

해당 과세기간(1/1 ~ 12/31) 공급대가 합계가 4,800만원 미만인 경우 납부의무 면제함.

8 간이과세 포기

간이과세자는 간이과세를 포기함으로써 일반과세자가 될 수 있다.
그 적용을 받고자 하는 달의 전달 마지막날까지 간이과세포기신고서를 제출하여야 하며, 간이과세를 포기한 자는 적용받고자 하는 달의 1일부터 3년이 되는 날이 속하는 과세기간까지는 간이과세의 적용을 받지 못한다.

9 세금계산서 교부

간이과세자는 원칙적으로 세금계산서를 발급해야 하나, 간이과세자 중 신규사업자 및 직전연도 공급대가 합계액이 4,800만원 미만인 사업자와 주로 사업자가 아닌 자에게 재화·용역을 공급하는 사업자는 영수증을 발급한다.

간이과세 vs 일반과세

구분	일반과세자	간이과세자
① 적용대상	간이과세자 이외의 사업자	직전 1역년의 공급대가가 8,000만원 미만인 개인사업자
② 배제업종	일반과세배제대상은 없음.	광업 · 제조업 · 도매업 등 간이과세배제 대상이 있음.
③ 포기제도	포기제도 없음	간이과세자를 포기하고 일반과세자가 될 수 있음.
④ 매출세액	공급가액 × 세율	공급대가 × 부가가치율 × 세율
⑤ 매입세액공제	매입세액 전액공제	매입 시 공급대가 × 0.5%
⑥ 의제매입세액 공제	적용 가능	적용배제
⑦ 세금계산서 발급	세금계산서 발급 원칙	세금계산서 발급 원칙(단, 특정사업자는 영수증 발급)

예제 1

다음 중 부가가치세법상 간이과세자에 대한 설명으로 가장 옳지 않은 것은?

① 간이과세는 개인사업자를 대상으로 하므로 법인사업자는 간이과세를 적용받지 못한다.

② 직전연도 공급대가 합계금액이 4,800만원 미만인 개인사업자는 영수증을 교부한다.

③ 간이과세와 일반과세자는 과세유형의 변경이 가능하다.

④ 간이과세자는 확정신고를 할 필요가 없고 세무서에서 고지한 세액을 납부하는 것으로 모든 납세의무가 종결된다.

해설 간이과세자라 하더라도 과세기간 단위로 부가가치세 신고를 해야 함.

정답 ④

출제예상 문제

01 **다음 중 잘못된 상황을 고르시오.**

① 공인회계사 A는 회계법인을 신규 설립하며 사업개시일이 속하는 1역년의 공급대가가 8,000만원에 미달할 것으로 예상되어 간이과세 적용 신고서를 제출하였다.
② 음식점업을 영위하는 간이과세자 B는 면세로 수입쌀 10가마를 구입하여 음식의 원재료로 사용하였으나 의제매입세액 공제를 신청하지 아니하였다.
③ 숙박업을 영위하는 간이과세자 C는 1월 1일부터 12월 31일까지를 과세기간으로 하여 부가가치세를 신고하였다.
④ 양복점업을 영위하는 D는 내년의 매출 신장을 예상하여 내년(20×2년)에는 일반과세자가 되려고 20×1년 12월 10일 간이과세포기신고서를 제출하였다.

02 **다음 중 일반과세자와 간이과세자를 비교한 것으로 옳지 않은 것은?**

구분	일반과세자	간이과세자
① 적용대상	간이과세자 이외의 사업자	직전 1역년의 공급대가가 8,000만원 미만인 개인사업자
② 포기제도	포기제도 없음	간이과세자를 포기하고 일반과세자가 될 수 있음
③ 매입세액공제	매입세액 전액공제	매입액 × 0.5%
④ 세금계산서 발급	세금계산서 발급 원칙	세금계산서를 발급할 수 없음

03 **다음 중 부가가치세법상 일반과세자와 간이과세자에 관한 설명으로 가장 올바르지 않은 것은?**

① 간이과세자의 납부세액은 공급대가에 업종별 부가가치율을 곱한 것에 10%의 세율을 적용해서 계산한다.
② 간이과세는 개인사업자를 대상으로 하므로 법인사업자는 간이과세를 적용받지 못한다.
③ 간이과세자는 확정신고를 할 필요가 없고 세무서에서 고지한 세액을 납부하는 것으로 모든 납세의무가 종결된다.
④ 간이과세자는 간이과세를 포기함으로써 일반과세자가 될 수 있다.

04 **다음 중 부가가치세법상 과세기간에 관한 설명으로 가장 옳은 것은?**

① 간이과세자의 과세기간은 1년을 2과세기간으로 나누어 6개월마다 신고·납부하도록 하고 있다.

② 폐업자는 폐업일이 속하는 과세기간 개시일부터 폐업일이 속하는 과세기간 종료일까지를 최종 과세기간으로 한다.

③ 신규사업자가 사업개시일 전에 사업자등록을 신청한 경우에는 사업개시일부터 신청일이 속하는 과세기간의 종료일까지를 최초 과세기간으로 한다.

④ 간이과세자가 간이과세를 포기함으로써 일반과세자로 되는 경우 그 적용을 받고자 하는 달의 전달 마지막 날까지 간이과세 포기신고를 해야한다.

[redacted]

정답 및 해설

01	①	02	④	03	③	04	④

01 ① ① 공인회계사업은 간이과세 배제업종으로 틀린 설명이다.
② 간이과세자는 의제매입세액 공제를 적용받을 수 없다.
③ 간이과세자는 1월 1일부터 12월 31일까지를 과세기간으로 하여 부가가치세를 신고한다.
④ 간이과세자는 간이과세자를 포기하고 일반과세자가 될 수 있다. 간이과세 포기 신고는 이를 적용받으려는 달의 전달의 마지막 날까지 신고하면 된다.

02 ④ 간이과세자도 원칙적으로 세금계산서를 교부해야 한다. 다만, 간이과세자 중 신규사업자와 직전연도 공급대가가 4,800만 원 미만인 사업자 등은 영수증을 발급한다.

03 ③ 간이과세자도 확정신고를 해야 한다.

04 ④ 간이과세자의 과세기간은 1/1~12/31이다. 폐업자는 폐업일이 속하는 과세기간 개시일부터 폐업일 까지를 과세기간으로 한다. 신규사업자가 사업개시일 전에 사업자등록을 신청한 경우에는 등록신청일부터 신청일이 속하는 과세기간의 종료일까지를 최초 과세기간으로 한다.

이패스 재경관리사 핵심서브노트&문제풀이
www.epasskorea.com

제1과목 재무회계

제2과목 세무회계

제3과목 원가관리회계

제3과목

원가관리 회계

PART 01. 원가회계
PART 02. 관리회계

이패스 재경관리사
핵심서브노트&문제풀이

PART 01

원가회계

CHAPTER 01 원가의 기본개념 및 흐름

1 회계의 체계

<table>
<tr><td>회계
정의</td><td>회계란 기업의 경제적 활동을 화폐단위로 측정, 기록, 분류하여 전달함으로써 정보이용자들이 합리적인 의사결정을 할 수 있도록 하는 서비스 활동이다. 이와 같은 회계는 정보이용자가 요구하는 정보의 유형에 따라 재무회계와 관리회계로 분류된다.</td></tr>
<tr><td>재무
회계와
비교</td><td>
<table>
<tr><th>구분</th><th>재무 회계</th><th>관리 회계</th></tr>
<tr><td>목적</td><td>외부보고</td><td>내부보고</td></tr>
<tr><td>주된
정보이용자</td><td>외부정보이용자의 경제적 의사결정
(주주, 채권자, 국세청 등)</td><td>내부정보이용자인 경영자의 의사결정에 유용한 정보(계획, 의사결정 등)</td></tr>
<tr><td>준거기준</td><td>일반기업회계기준
한국채택국제회계기준</td><td>일정한 기준이 없음</td></tr>
<tr><td>성격</td><td>객관성 강조</td><td>주관적, 목적에 적합한 정보를 강조</td></tr>
<tr><td>보고수단</td><td>재무제표</td><td>특수목적의 재무제표 및 기타 보고서</td></tr>
<tr><td>시간적관점</td><td>과거지향적</td><td>미래지향적</td></tr>
<tr><td>회계가
제공하는
정보(목적)</td><td>재고자산 및 매출원가에 대한 정보(재무제표 작성)</td><td>• 계획과 통제를 위한 원가정보
• 의사결정을 위한 원가정보</td></tr>
</table>
</td></tr>
<tr><td>원가회계
의 영역
관리회계
의 관계</td><td>
최근에는 거의 원가회계와 관리회계를 구분하지 않고 동의어로 사용
<table>
<tr><th>구분</th><th>내용</th></tr>
<tr><td>원가회계 파트</td><td>제품원가의 계산(재무상태표, 손익계산서)</td></tr>
<tr><td rowspan="2">관리회계 파트</td><td>계획과 통제(손익분기점 판매량, 종업원의 성과평가 등)</td></tr>
<tr><td>의사결정(제품의 수익성 분석, 공장의 확장 등)</td></tr>
</table>
</td></tr>
<tr><td>원가정보
한계</td><td>
<table>
<tr><th>구분</th><th>내용</th></tr>
<tr><td>원가정보의 한계</td><td>계량정보만 제공</td></tr>
<tr><td>회계절차 적용의 어려움</td><td>경영자의 목적에 따라 다름, 회사마다 다름</td></tr>
<tr><td>다양한 상황에 적합한 정보 제공 한계</td><td>특정시점 경영자가 원하는 정보 얻기 어려움</td></tr>
<tr><td>비용과 효익</td><td>원가를 상세하게 구분하면 비용이 많이 소요됨</td></tr>
</table>
</td></tr>
</table>

2 원가의 의의와 개념

<table>
<tr><td>사례</td><td>→ 제품(연필) → 생산판매(P/L 매출원가) / 재고(B/S 재고자산)
원재료 : 원재료비
노동 : 인건비(근로자)
공장임차 : 임차료
기계가동 : 감가상각비
전기 가동 : 전기요금</td></tr>
<tr><td>원가의 개념★</td><td>특정 목적을 달성(연필 제조에 기여를 해야 함, 나무를 잘못 보관하여 썩어서 버리는 것은 특정 목적을 달성하지 못함)하기 위하여 소멸된 경제적 자원의 희생(지출)을 화폐가치로 측정한 것
<table><tr><th>구분</th><th>내용</th></tr><tr><td>특정 목적 달성</td><td>연필 제조에 기여함</td></tr><tr><td>소멸된 경제적 자원의 희생</td><td>지출</td></tr><tr><td>화폐가치 측정</td><td>금액으로 측정</td></tr></table></td></tr>
<tr><td>원가의 특성★★</td><td><table><tr><th>구분</th><th>내용</th></tr><tr><td>경제적가치</td><td>교환대가 있음
(제조과정에서 자연적 요소인 공기, 바람은 원가 ×)</td></tr><tr><td>정상적인 소비액</td><td>정상적인 경제활동에서 소비된 것만 포함
(비정상적인 감모손실 등 ×)</td></tr><tr><td>물품이나 서비스의 소비액</td><td>구입했다고 바로 원가가 되는 것 아님(기계의 감가상각비)</td></tr><tr><td>기업의 경제활동에서 발생</td><td>제조활동 및 판매활동(자금 조달 관련 이자비용 ×)</td></tr></table></td></tr>
</table>

3 원가와 관련된 기본용어★★★

공장

→ 일반연필
- 원재료 : 참나무와 A흑연(100)
- 노동 : 일반 제조 인건비(200)

→ 고급연필
- 원재료 : 느티나무와 B흑연(200)
- 노동 : 고급 제조 인건비(300)

〈공통으로 사용하거나 이용〉

페인트 : 100(일반과 고급에 사용)

감독관 : 200(일반과 고급 근로자 감시)

공장임차료 : 1,000

기계 감가상각비 : 1,000(일반, 고급)

전기료 : 500(일반, 고급 연필 제조 기계 가동)

원가의 3요소★★★
- 직접재료원가(DM) : 300
- 직접노무원가(DL) : 500
- 제조간접원가(OH) : 100 + 200 + 1,000 + 1,000 + 500 = 2,800

제조간접원가를 배분하는 순서

① 추적불가능 제조간접원가를 집계

② 원가집합(직접 추적할 수 없는 간접원가 모아둔 것)

③ 원가배분(일정한 기준에 따라 배분)

용어	내용
원가대상	원가를 측정할 필요가 있는 활동이나 항목(일반연필과 고급연필) 〈다양한 원가 대상〉 제품 또는 용역(가장 일반적) : 컴퓨터, 복사기, 여객 수송 프로젝트 : 월드컵경기장 건설, 인천국제공항 건설 등 부문 : 전력부문, 수선부문, 조립부문 등 활동 또는 작업 : 조립활동, 절삭 활동, 품질검사 활동 등
원가집계	원가자료를 모으는 것. 직접재료원가, 직접노무원가, 제조간접원가(추적가능성에 따라 집계)
원가집합	직접 추적하기 어려운 제조간접원가의 집합(페인트, 감독관, 임차료, 전기료, 감가상각비)
원가배분	원가집합에 집계된 제조간접원가를 배분하는 과정
조업도	보유한 자원의 활용정도(원재료 사용량, 인건비 노동시간, 전기료 기계가동시간 등)
원가동인	원가대상의 총원가에 변화를 유발시키는 요인(사용량, 노동시간 등) 〈다양한 원가대상과 원가요인〉 제품 : 원재료 사용용량, 작업시간 등 구매부서 : 구매주문서의 수, 운송시간 등 광고부서 : 출연모델 수, 광고시간 등
관련범위	변동원가와 고정원가의 구분이 타당한 조업도의 구간(원가와 조업도 간에 일정한 관계가 유지되는 조업도의 범위)

4 원가의분류***

구분	내용		
원가행태[1]에 따른 분류	순수 변동원가	조업도의 변동에 따라 총원가가 비례하여 변동하는 원가. 단, 단위당 원가는 일정함	직접재료원가, 직접노무원가 등
	준변동 원가	조업도의 변동에 관계없이 총원가가 일정한 고정원가와 조업도의 변동에 따라 총원가가 비례하여 변동하는 변동원가가 혼합(혼합원가)	전화료, 휴대폰 등
	순수 고정원가	조업도의 변동에 관계없이 총원가가 일정함. 단, 단위당 원가는 감소함.	지급임차료, 감가상각비, 보험료 등
	준고정 원가	일정범위의 조업도 내에서는 총원가가 일정하지만, 조업도가 일정 수준을 벗어나면 총원가가 증가 또는 감소하는 원가(계단원가)	종업원을 감독하는 감독자 급여 등
추적가능성에 따른 분류	직접원가	원가대상에 직접 추적이 가능한 원가	직접재료원가, 직접노무원가
	간접원가	원가대상에 직접 추적이 불가능한 원가	제조간접원가(전력비, 지급임차료, 감독관급여 등)

조업도가 증가하는 경우	총원가	단위당 원가
변동원가	증가	일정
고정원가	일정	감소

<table>
<tr><td rowspan="5">제조활동에 따른 분류</td><td colspan="2">1. 제조원가</td></tr>
<tr><td>직접재료원가
(기초원가)</td><td>제품을 생산하기 위하여 사용되는 원재료의 원가로서 특정제품에 직접 추적할 수 있는 원가(Direct Materials : DM)</td></tr>
<tr><td>직접노무원가
(기초원가 또는 가공원가)</td><td>노동의 대가로 지급되는 원가로서 특정제품에 직접 추적할 수 있는 원가(Direct Labor : DL)</td></tr>
<tr><td>제조간접원가
(가공원가)</td><td>직접재료원가와 직접노무원가 이외의 모든 제조원가로서 직접 추적이 불가능한 원가(Over Head Costs : OH)</td></tr>
<tr><td colspan="2">2. 비제조원가 : 제조활동 이외의 활동(판매 및 관리활동)에서 발생하는 원가
(판매비와 관리비)</td></tr>
<tr><td rowspan="9">의사결정의 관련성에 따른 분류</td><td>관련원가</td><td>의사결정 대안 간에 차이가 발생하는 원가로서 의사결정에 직접적으로 관련되는 원가</td></tr>
<tr><td>매몰원가</td><td>과거의 의사결정으로 인하여 이미 발생한 원가로서 의사결정 대안 간에 차이가 발생하지 않는 원가, 미래 의사결정에 고려할 필요가 없는 이미 과거에 발생한 원가</td></tr>
<tr><td>회피가능원가</td><td>특정대안을 선택하지 않음으로써 회피할 수 있는 원가</td></tr>
<tr><td>회피불능원가</td><td>특정대안을 선택하지 않더라도 계속 발생되는 원가</td></tr>
<tr><td>기회원가</td><td>포기된 대안 중 최선대안의 이익 또는 비용(장부에 계상하지 않음)</td></tr>
<tr><td>현금지출원가</td><td>특정대안을 선택함으로써 발생되는 실제 현금지출원가(장부에 계상함)</td></tr>
<tr><td colspan="2">〈의사결정관리 회계〉</td></tr>
<tr><td>의사결정관련원가</td><td>변동원가, 회피원가, 기회비용</td></tr>
<tr><td>의사결정비관련원가</td><td>고정원가, 회피불능원가, 매몰원가</td></tr>
<tr><td rowspan="2">수익과 대응에 따른 분류</td><td>제품원가</td><td>제품에 부과하는 원가(판매시점에 비용)</td></tr>
<tr><td>기간원가</td><td>제품원가 이외의 원가(발생즉시 비용, 판매관리비 등)</td></tr>
<tr><td rowspan="2">자산과의 관련성에 따른 분류</td><td>미소멸원가</td><td>용역잠재력이 소멸되지 않은 원가(재고자산, 유형자산)</td></tr>
<tr><td>소멸원가</td><td>용역잠재력이 소멸된 원가(매출원가, 감가상각비)</td></tr>
<tr><td rowspan="2">통제가능성에 따른 분류</td><td>통제가능원가</td><td>경영자가 통제를 할 수 있는 원가</td></tr>
<tr><td>통제불능원가</td><td>경영자가 통제할 수 없는 원가</td></tr>
<tr><td rowspan="2">시점에 따른 분류</td><td>역사적원가</td><td>과거에 발생한 원가</td></tr>
<tr><td>예정원가</td><td>미래에 발생될 것으로 예측되는 원가</td></tr>
</table>

참고 **원가행태에 따른 분류**

변동원가와 고정원가의 분류는 다음과 같은 가정 아래 이루어진다.

① 조업도만이 유일한 원가동인이다.
② 조업도의 변동에 대한 관련범위가 제시된다.
③ 원가함수는 선형이다.
④ 시간의 범위가 제시된다.

1. 변동원가

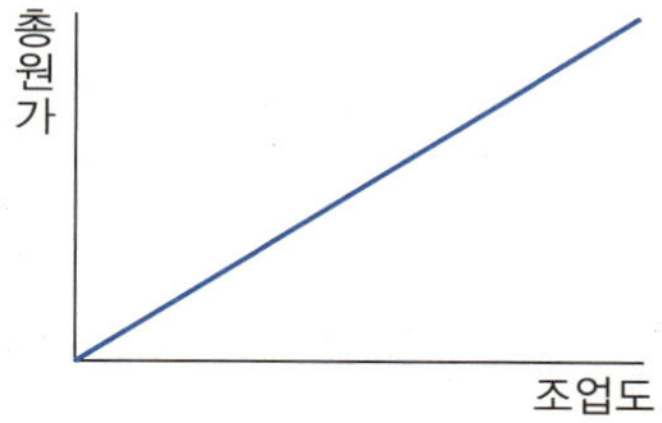

[총변동원가]

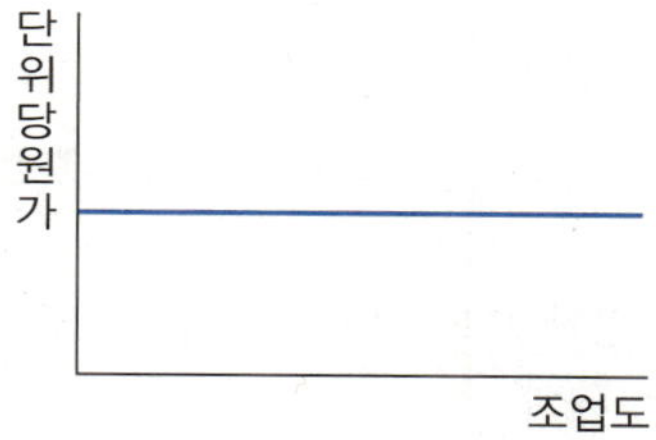

[단위당변동원가]

2. 고정원가

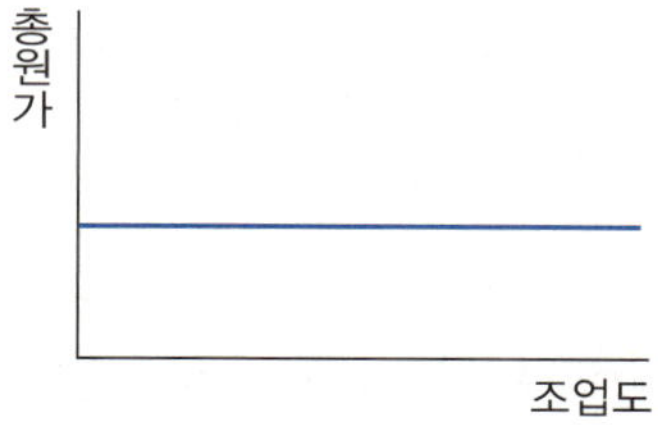

[총고정원가]

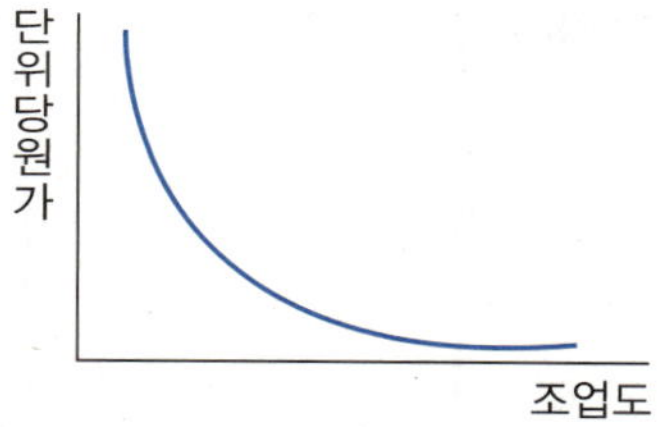

[단위당고정원가]

3. 준변동원가와 준고정원가

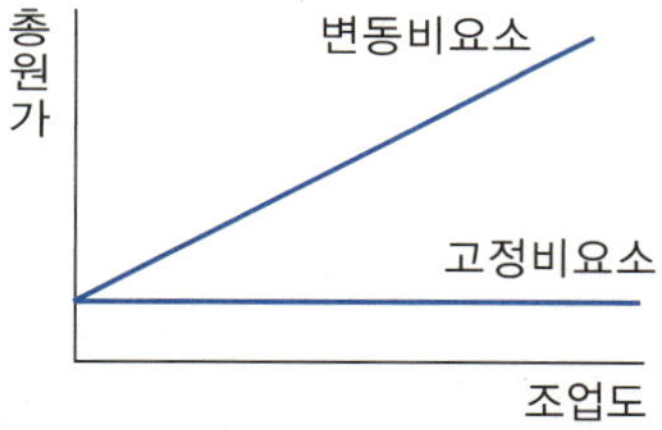

[준변동원가]

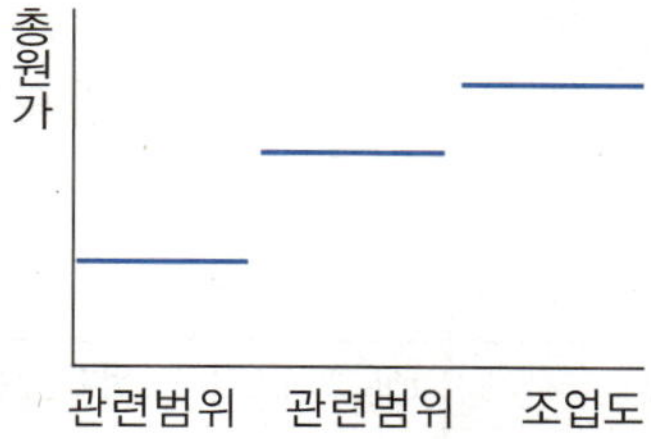

[준고정원가]

5 원가회계의 흐름★★★

제조기업의 경영활동 과정

〈외부〉 구매 ⟶ 〈내부〉 제조(사용) ⟶ 〈외부〉판매/재고

- 〈외부〉 구매
  - 원재료 구입
  - 직원 채용
  - 공장 임차
  - 기계 구입
  - 한전 계약
- 〈내부〉 제조(사용)
  - 원재료 사용
  - 인건비 발생
  - 임차료 발생
  - 감가상각비 발생
  - 전기료 발생
  - ↓ 재공품 / 제품
- 〈외부〉판매/재고
  - 매출원가(P/L)
  - 기말제품(B/S) (미판매)

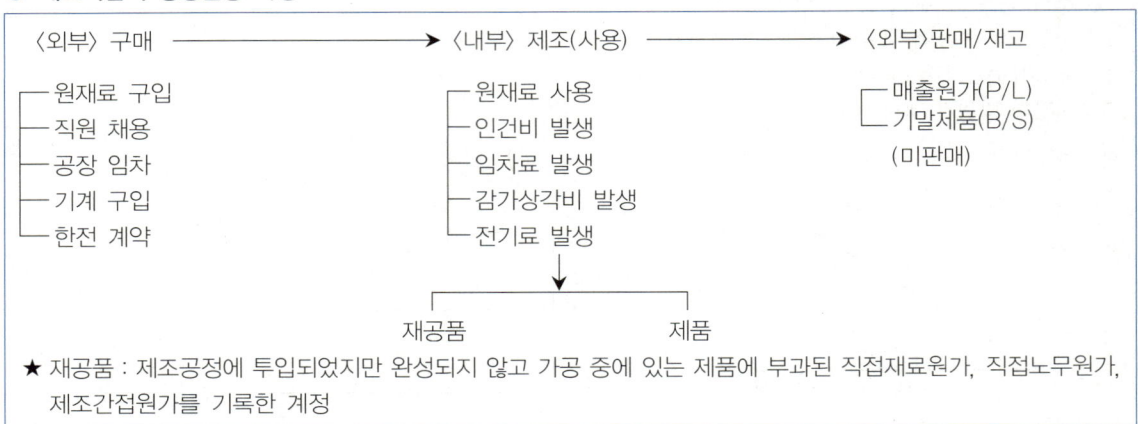

★ 재공품 : 제조공정에 투입되었지만 완성되지 않고 가공 중에 있는 제품에 부과된 직접재료원가, 직접노무원가, 제조간접원가를 기록한 계정

공장 ⟶ 일반연필

- 원재료 : 참나무와 흑연(100)
- 노동 : 인건비(200)

공장임차료 : 1,000
기계 감가상각비 : 1,000
전기료 : 500

당기 원재료 기초재고 : 200
당기 원재료 구입액 : 200
당기 원재료 기말재고 : 300

- 직접재료원가 : 100
- 직접노무원가 : 200
- 제조간접원가 : 1,000 + 1,000 + 500 = 2,500

기초재공품 : 0
기말재공품 : 800
기초제품 : 0
기말제품 : 500

(1) 직접재료원가

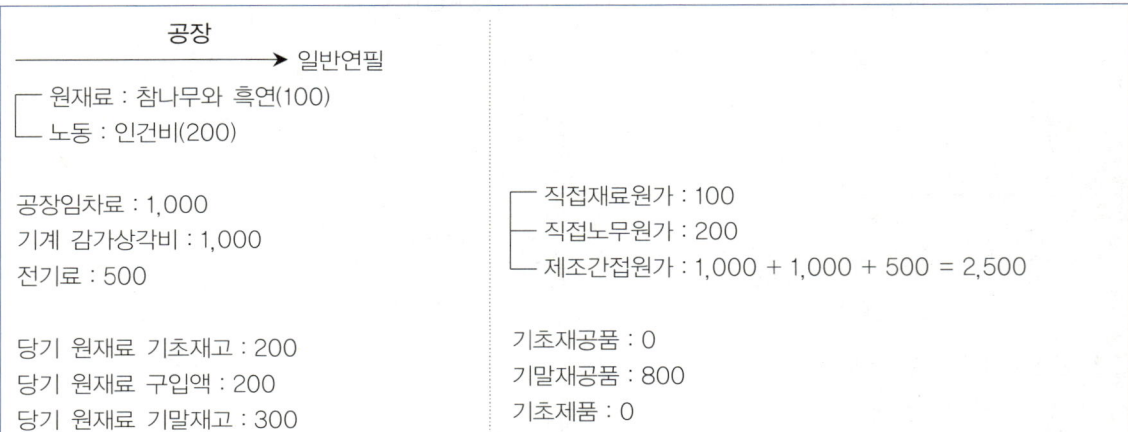

당기에 투입된 직접재료원가 산정 방식(정적 성격)
구입 시 회계처리 : 원재료 200 / 현 금 200 직접재료원가 = 기초재료재고액 + 당기재료매입액 − 기말재료재고액 100 = 200 + 200 − 300

직접원재료

기초	200	사용(재공품)	100
현금(구입)	200	기말	300

원재료 구입시는 차변에 기록
원재료 사용시에는 대변에 재공품을 기록

(2) 직접노무원가

제조현장에서 직접 제조활동에 참여하는 종업원의 발생 원가(동적 성격)
당기 발생한 직접노무원가 : 노무원가 200 / 현 금 200

직접노무원가

현금 (발생)	200	재공품	200

당기에 직접노무원가 발생시 차변에 기록

(3) 제조간접원가

직접재료원가와 직접노무원가 이외의 모든 제조원가	
당기 발생한 제조간접원가 : 임차료 1,000	/ 현 금 1,000
감가상각비 : 1,000	/ 감가상각누계액 : 1,000
전기료 : 500	/ 현 금 500
제조간접원가의 집계 : 제조간접원가 2,500	/ 임차료 1,000 감가상각비 1,000 전기료 500

임차료

현금 (임차료)	1000	OH	100

감가상각비

누계액	1000	OH	1000

전기료

현금 (전기료)	500	OH	500

제조간접원가

임차료	1000	재공품	2500
감가비	1000		
전기료	500		

(4) 당기총제조원가

완성여부에 관계없이 당기에 재공품으로 투입된 모든 제조원가
당기총제조원가 : 직접재료원가 + 직접노무원가 + 제조간접원가 100 + 200 + 2,500 = 2,800
재공품 대체 시 : 재공품 100 / 원재료 100
재공품 대체 시 : 재공품 200 / 노무원가 200
재공품 대체 : 재공품 2,500 / 제조간접원가 2,500

재공품

기초재공품	0		
직접재료원가	100		
직접노무원가	200		
제조간접원가	2,500		

(5) 당기제품제조원가

당기의 완성된 재공품의 원가(제품으로 대체)
당기제품제조원가 : 기초재공품 + 당기총제조원가 − 기말재공품 0 + 2,800 − 800 = 2,000 재품 대체 시 : 제품 2,000 / 재공품 2,000

재공품

기초재공품	0	제품 (당기제품제조원가)	2,000
직접재료원가	100		
직접노무원가	200		
제조간접원가	2,500	기말재공품	800

(6) 매출원가

당기의 판매된 제품의 원가
매출원가 : 기초제품 + 당기제품제조원가 − 기말제품 0 + 2,000 − 500 = 1,500 매출원가 대체 시 : 매출원가 1,500 / 제품 1,500

제품

기초 제품	0	매출원가	1,500
당기제품제조원가	2,000	기말 제품	500

매출원가

제품(매출원가)	1,500	

(7) 재무제표 작성

1) 제조원가명세서

재공품 계정을 요약함
특정기간의 제조활동과 관련하여 발생한 모든 원가를 요약한 보고서

Ⅰ. 직접재료원가	100
Ⅱ. 직접노무원가	200
Ⅲ. 제조간접원가	2,500
Ⅳ. 당기총제조원가(Ⅰ + Ⅱ + Ⅲ)	2,800
Ⅴ. 기초재공품재고액	0
Ⅵ. 합계(Ⅳ + Ⅴ)	2,800
Ⅶ. 기말재공품재고액	800
Ⅷ. 당기제품제조원가(Ⅵ − Ⅶ)	2,000

2) 손익계산서

당기 매출액 : 2,000

Ⅰ. 매 출 액		2,000
Ⅱ. 매 출 원 가		1,500
기초 제품원가	0	
당기제품제조원가	2,000	
기말제품원가	(500)	
Ⅲ. 매 출 총 이 익		500

....

3) 재무상태표

12/31 기말 기준

재고자산		
원재료	300	
재공품	800	
제품	500	

수정문제

01 재무회계는 내부이용자를 위한 회계이다. (○, ×)

02 원가대상이란 원가를 따로 측정하고자 하는 활동이나 항목이다. (○, ×)

03 원가집합에 집계된 간접원가를 일정한 배분기준에 따라 원가대상에 배분하는 과정을 원가배분이라 한다. (○, ×)

04 원가동인이란 원가대상의 총원가에 변화를 유발시키는 요인을 말하는 것으로 원가동인은 원가대상에 따라 그 수가 극히 제한되어 있다. (○, ×)

05 조업도란 기업이 보유한 자원의 활용 정도를 나타내는 수치로서 산출량인 생산량, 판매량 등이 조업도가 될 수 있으며, 투입량인 직접노동시간이나 기계가동시간 역시 조업도가 될 수 있다. (○, ×)

06 조업도에 관계없이 크기가 일정한 원가를 변동원가라고 한다. (○, ×)

07 원가대상별로 분리 또는 추적이 불가능한 원가를 간접원가라고 한다. (○, ×)

▼정답 및 해설

01 (×) 재무회계는 외부이용자를 위한 회계이다.

02 (○) 원가대상이란 원가를 따로 측정하고자 하는 활동이나 항목이다. 가령 측정항목이 기업에서 생산하여 판매하고자 하는 제품이라면 원가대상이 될 수 있다.

03 (○)

04 (×) 원가동인은 그 수가 다양하다.

05 (○)

06 (×) 조업도에 관계없이 크기가 일정한 원가를 고정원가라고 한다.

07 (○)

08 수익획득에 기여를 하고 소멸된 원가는 재무상태표에 자산으로 계산된다. (○, ×)

09 고정원가는 조업도 단위당 원가가 일정하다. (○, ×)

10 변동원가는 조업도 단위당 원가가 감소한다. (○, ×)

11 매몰원가란 경영자가 통제할 수 없는 과거의 의사결정으로부터 발생한 원가다. (○, ×)

12 기간원가는 제품원가 이외의 모든 원가로서 판매비와 관리비는 이에 해당된다. (○, ×)

13 간접원가란 특정한 원가대상에 직접 추적할 수 없는 원가다. (○, ×)

14 기회비용이란 자원을 다른 대체적인 용도에 사용할 경우 얻을 수 있는 최대금액으로 회계장부에 기록되어야 한다. (○, ×)

▼정답 및 해설

08 (×) 손익계산서에 비용(매출원가, 기간원가)으로 계상된다
09 (×) 고정원가는 조업도 단위당 원가가 감소한다.
10 (×) 변동원가는 조업도 단위당 원가가 일정하다.
11 (○) 매몰원가란 경영자가 통제할 수 없는 과거의 의사결정으로부터 발생한 원가다.
12 (○)
13 (○)
14 (×) 기회비용이란 자원을 다른 대체적인 용도에 사용할 경우 얻을 수 있는 최대금액으로 회계장부에 기록하지 않는다.

출제예상 문제

01 **다음 중 원가회계 및 관리회계에 대한 설명이다. 잘못된 것은?**

① 원가는 경제적 가치를 지니고 있다.
② 원가회계는 제품원가계산을 위한 원가자료를 제공한다.
③ 관리회계는 기업회계기준에 따라 외부 공시목적의 원가자료를 제공한다.
④ 관리회계는 기업의 내부정보이용자에게 정보제공을 목적으로 한다.

02 **다음 중 원가의 대한 설명 중 가장 잘못된 것은?**

① 경제적 가치를 지니고 있는 것만 원가가 될 수 있다.
② 기업의 정상적인 경제활동에서 소비된 가치만을 포함하고 비정상적인 상황에서 발생한 가치의 감소분은 포함하지 않는다.
③ 기업에서 제조활동에 필요한 구입한 물품이나 서비스의 소비액이다.
④ 자금조달과 관련된 이자비용은 원가이다.

03 **다음 중 원가의 기본용어에 대한 설명이다. 잘못된 것은?**

① 원가대상이란 원가를 따로 측정하고자 하는 활동이나 항목이다.
② 원가집합이란 원가대상에 직접적으로 추적할 수 있는 원가들을 모아둔 집합이다.
③ 원가배분이란 원가집합에 집계된 간접원가를 일정한 배분기준에 따라 원가대상에 배분하는 과정이다.
④ 원가동인이란 원가대상의 총원가에 변화를 유발시키는 요인이다.

04 **원가와 일정한 관계가 유지되는 관련범위 내에서 단위당 변동원가의 행태를 올바르게 설명한 것은?**

① 생산량이 증가함에 따라 증가한다.
② 각 생산수준에서 다르다.
③ 생산량이 감소함에 따라 감소한다.
④ 각 생산수준에서 일정하다.

05 **다음 중 원가에 대한 설명이 틀린 것은?**

① 원가대상별로 분리 또는 추적이 불가능한 원가를 간접원가라고 한다.
② 조업도에 관계없이 크기가 일정한 원가를 고정원가라고 한다.
③ 이미 발생하여 변경될 수 없는 원가를 기회원가라고 한다.
④ 의사결정과 관련된 원가를 관련원가라고 한다.

06 **제조원가명세서에서 산출된 당기제품제조원가는 손익계산서 작성 시 어떤 항목을 계산하는데 사용되는가?**

① 영업외수익
② 매출원가
③ 매출액
④ 판매비와관리비

07 **다음 중 원가의 집계를 위한 원가흐름이 옳은 것은?**

① 재료비 → 재공품 → 제품 → 매출원가
② 재료비 → 재공품 → 매출원가 → 제품
③ 노무비 → 제품 → 재공품 → 매출원가
④ 재료비 → 제품 → 재공품 → 매출원가

08 **다음 내용은 고정원가와 변동원가에 대한 설명이다. 다음 내용 중 옳지 않은 것은?**

① 관련범위내에서 고정원가는 조업도의 증감에 불구하고 원가총액이 일정하다.
② 관련범위내에서 변동원가는 조업도의 증감에 따라 원가총액이 비례한다.
③ 관련범위내에서 변동원가는 조업도의 증감에도 단위당원가가 일정한 것이다.
④ 관련범위내에서 고정원가는 조업도의 증가에 따라 단위당원가가 비례하여 증가한다.

09 **다음 중 원가의 분류에 관한 설명 중 틀린 것은?**

① 간접원가는 원가의 추적가능성에 따른 분류 방법이다.
② 원가는 원가행태에 따라 고정원가와 변동원가로 분류할 수 있다.
③ 매몰원가는 과거에 발생한 원가로서 의사결정대안 고려시 영향을 미치지 않는다.
④ 기초원가는 직접재료원가와 제조간접원가의 합을 말한다.

10 (주)이패스의 직접노무원가는 기초원가의 60%이고, 가공원가의 40%이다. 직접재료원가가 100,000원 이라고 할 때, 제조간접원가는 얼마인가?

① 100,000원
② 150,000원
③ 225,000원
④ 375,000원

11 다음은 (주)이패스의 당기 제품생산과 관련한 자료이다. 당기제품제조원가는 얼마인가?

구분	기초금액	기말금액
원재료	40,000원	45,000원
재공품	60,000원	65,000원
제품	100,000원	120,000원
원재료 매입액	480,000원	
당기 가공원가	470,000원	

① 940,000원
② 960,000원
③ 1,020,000원
④ 1,040,000원

12 다음 중 기초원가와 가공원가의 합은 얼마인가?

• 직접재료원가 : 50,000원
공장설비 재산세 : 20,000원
공장설비 화재보험료 : 30,000원
• 공장감독자급여 : 60,000원
공장 기계의 소모품비 : 10,000원
• 제조 기계의 윤활류 : 60,000원
직접노무원가 : 100,000원
간접노무원가 : 20,000원
공장설비 감가상각비 : 30,000원

① 480,000원
② 380,000원
③ 410,000원
④ 460,000원

13 다음은 (주)이패스의 한 해 동안의 제조원가 자료이다. 상기자료를 바탕으로 (주)이패스의 제조원가명세서상의 당기제품제조원가는 얼마인가?

	기 초	기 말
〈재고자산〉		
직접재료	₩1,000	₩1,500
재 공 품	₩1,600	₩1,350
제 품	₩1,500	₩2,000
직접재료 매입액	₩2,000	
직접노무원가 발생액	₩1,500	
제조간접원가 발생액	₩1,750	

① 3,450원
② 4,950원
③ 4,500원
④ 5,000원

14 다음의 (주)이패스의 당기 기초 및 기말 재고자산 자료를 바탕으로 당기 중 (주)이패스의 원재료 매입액은 1,500,000원 이었으며, 제조간접원가는 가공원가의 50%인 2,500,000원이 발생하였다. (주)이패스의 당기 매출액이 5,000,000원이고, 이는 매출원가의 125%에 해당한다. 기말 제품재고액은 얼마인가?

구분	기초	기말
원재료	200,000원	500,000원
재공품	200,000원	400,000원
제품	500,000원	?

① 2,500,000원
② 3,000,000원
③ 3,500,000원
④ 4,000,000원

15 다음은 (주)이패스의 제조활동과 관련된 자료이다.

당기총제조원가	400,000
당기제품제조원가	200,000
제조간접원가	300,000
기초재공품	기말재공품의 40%
기초원재료	10,000
기말원재료	50,000
당기 사용액	직접노무원가 발생액의 25%

기말재공품은 얼마인가?

① 222,222원
② 333,333원
③ 444,444원
④ 349,123원

16 다음 (주)이패스의 제조활동자료에 의하면 기말재공품재고액은 얼마인가?

기초직접재료재고액 : 54,000원	당기 직접재료 매입액 : 125,000원
기말직접재료재고액 : 48,000원	당기 직접노무원가 발생액 : 110,000원
당기제조간접원가 발생액 : 170,000원	기초재공품재고액 : 88,000원
기초제품재고액 : 102,000원	당기제품매출원가 : 325,000원
기말제품재고액 : 114,000원	

① 160,000원 ② 162,000원
③ 172,000원 ④ 175,000원

17 회사가 보유하고 있는 재고자산의 원가는 보유하고 있는 동안에는 미소멸원가이다. 그러나 판매되면 (㉠)라는 비용이 되고, 화재나 천재지변 등으로 소실되면 (㉡)이 된다. ㉠, ㉡에 들어갈 말을 순서대로 나열한 것은?

① 재고자산평가손실, 재고자산감모손실
② 매출원가, 손실
③ 손실, 매출원가
④ 매출원가, 매출원가

18 (주)이패스의 제품 제조에 관한 자료는 다음과 같을 때 재무상태표에 표시될 원재료, 재공품, 제품의 합계 금액은 얼마인가?

- 당기총제조원가 : 10,000,000원
- 당기제품제조원가 : 8,500,000원
- 기말 원재료 재고액 : 1,000,000원
- 당기 매출원가 : 7,500,000원
- 기초 재고자산은 없다.

① 3,000,000원 ② 3,500,000원
③ 4,000,000원 ④ 4,500,000원

19 다음 중 당기제품제조원가와 매출원가가 동일해지는 경우는?

① 기초제품재고액과 기말제품재고액이 동일한 경우
② 기말제품재고액과 기초재공품재고액이 동일한 경우
③ 기초재공품재고액과 기말재공품재고액이 동일한 경우
④ 기초제품재고액과 기말재공품재고액이 동일한 경우

20 다음 제조원가명세서를 통해 재무상태표에 표시되는 자산가액의 합계액을 구하면 얼마인가?

제조원가명세서		(단위 : 원)
1. 직접재료원가		10,000,000
기초원재료재고	0	
당기매입액	13,000,000	
기말원재료재고	(?)	
2. 직접노무원가		5,000,000
3. 제조간접원가		8,000,000
4. 당기총제조원가		(?)
5. ( )		1,000,000
6. 합계		(?)
7. ( )		(?)
8. 당기제품제조원가		20,000,000

① 3,000,000원
② 7,000,000원
③ 10,000,000원
④ 13,000,000원

21 (주)이패스의 자료는 다음과 같다. 매출총이익은 얼마인가?

구분	기초재고	기말재고
원재료	330,000원	280,000원
재공품	650,000원	800,000원
제품	500,000원	930,000원

• 당기총제조원가 : 5,630,000원
• 매출총이익률 : 20%

① 1,161,500원
② 1,262,500원
③ 1,362,500원
④ 1,462,500원

22 다음에 설명하는 용어로 가장 옳은 것은?

(A) 당기에 완성되어 제품으로 대체된 완성품의 제조원가
(B) 당기 중 판매된 제품의 제조원가

	(A)	(B)
①	당기총제조원가	당기제품제조원가
②	당기제품제조원가	당기총제조원가
③	당기총제조원가	매출원가
④	당기제품제조원가	매출원가

23 다음은 (주)이패스의 20×1년 제조원가명세서 중 일부이다. 다음 자료를 이용하여 (a)기초원가와 (b)가공원가를 계산하면 얼마인가?

제조원가명세서

20×1년 1월 1일~20×1년 12월 31 일

Ⅰ. 직접재료원가	400,000원
Ⅱ. 직접노무원가	500,000원
Ⅲ. 제조간접원가	240,000원
Ⅳ. 당기총제조원가	1,140,000원

	(a)기초원가	(b)가공원가
①	740,000원	580,000원
②	740,000원	600,000원
③	900,000원	740,000원
④	900,000원	840,000원

24 (주)이패스통신은 매월 기본요금 13,000원과 10초당 19원의 통화료를 사용자에게 부과하고 있다. 이 경우 사용자에게 부과되는 매월 통화료의 원가행태로 가장 옳은 것은?

① 준고정원가
② 순수고정원가
③ 준변동원가
④ 순수변동원가

[redacted]

정답 및 해설

01	③	02	④	03	②	04	④	05	③	06	②	07	①	08	④	09	④	10	③
11	①	12	①	13	④	14	①	15	②	16	②	17	②	18	②	19	①	20	②
21	②	22	④	23	③	24	③												

01 ③ 재무회계는 기업회계기준에 따라 외부 공시목적의 원가자료를 제공한다.

02 ④ 제품의 제조 및 판매활동과 관계없이 발생하는 자금조달과 관련하여 발생하는 이자는 원가가 아니다.

03 ② 원가집합이란 원가대상에 직접적으로 추정할 수 없는 원가들을 모아둔 집합이다.

04 ④ 관련범위 내에서 원가의 행태는 선형이고 단위당 변동원가는 일정하다.

05 ③ 이미 발생하여 변경될 수 없는 원가를 매몰원가라고 한다.

06 ② 당기제품제조원가는 손익계산서 작성시 매출원가 산정에 이용된다.

07 ① 제조기업의 제조원가 흐름은 직접재료원가, 직접노무원가, 제조간접원가에서 시작하여 재공품, 제품, 매출원가의 순으로 작성된다.

08 ④ 조업도 증가에 따라 고정비의 단위당원가는 반비례한다.

09 ④ 기초원가는 직접재료원가와 직접노무원가의 합이다.

10 ③ 직접노무원가(A) : (100,000 + A) × 60% = A, A = 150,000원
제조간접비(B) : 150,000 = (150,000 + B) × 40%, B = 225,000원

11 ①

직접원재료

기	초	40,000원	사	용	475,000원
구	입	480,000원	기	말	45,000원

재공품

기	초	60,000	당기제품제조원가	940,000
D	M	475,000	기 말	65,000
가공원가		470,000		

12 ① 기초원가 = 직접재료원가 50,000원 + 직접노무원가 100,000원 = 150,000원
가공원가 = 직접노무원가 100,000원 + 제조간접원가 230,000원(20,000원 + 30,000원 + 60,000원 + 10,000원 + 60,000원 + 20,000원 + 30,000원) = 330,000원

13 ④ 당기제품제조원가 = 기초재공품원가 + 당기총제조원가 − 기말재공품원가
당기총제조원가 = 당기직접재료비투입액 + 당기직접노무원가 + 당기제조간접원가
당기직접재료비투입액 = 기초재료비 + 당기재료 매입액 − 기말재료비 = 1,0000 + 2,000 − 1,500 = 1,500
당기총제조원가 = 1,500 + 1,500 + 1,750 = 4,750
당기제품제조원가 = 1,600 + 4,750 − 1,350 = 5,000

직접원재료

기	초	1,000	사	용	1,500
구	입	2,000	기	말	1,500

재공품

기	초	1,600	당기제품제조원가	5,000
D	M	1,500	기 말	1,350
D	L	1,500		
O	H	1,750		

14 ① 직접재료원가 : 200,000원 + 1,500,000원 − 500,000원 = 1,200,000원
당기총제조원가 : 1,200,000원(직접재료원가) + 2,500,000원(직접노무원가) + 2,500,000원 (가공원가의 50%, 제조간접원가) = 6,200,000원
당기제품제조원가 : 200,000원 + 6,200,000원 − 400,000원 = 6,000,000원
매출원가 = 500,000원(기초제품) + 6,000,000원(당기제품제조원가) − 기말제품
= 5,000,000원/1.25 = 4,000,000원
기말제품 = 2,500,000원

15 ② 0.4A + 400,000원 = 200,000원 + A
A = 333,333원

재공품

기초	0.4A	당기제품제조원가	200,000
당기총제조원가	400,000	기말	A

16 ② 직접재료비발생액 : 기초(54,000원) + 당기매입(125,000원) − 기말(48,000원) = 131,000원
당기총제조원가 : 직접재료비(131,000원) + 직접노무비(110,000원) + 제조간접비(170,000원) = 411,000원
당기제품제조원가 : 매출원가(325,000원) + 기말제품(114,000원) − 기초제품(102,000원) = 337,000원
기말재공품재고액 : 기초재공품(88,000원) + 당기총제조비용(411,000원) − 당기제품제조원가(337,000원)
= 162,000원

17 ② 수익창출에 기여했는지에 따라 매출원가와 손실이 된다.

18 ②
- 기말 재공품=10,000,000원 − 8,500,000원 = 1,500,000원
- 기말 제품=8,500,000원 − 7,500,000원 = 1,000,000원
- 기말 원재료=1,000,000원

∴ 재무상태표에 표시될 원재료, 재공품, 제품 금액의 합은 3,500,000원이다.

19 ① 기초제품재고액과 기말제품재고액이 동일한 경우 기초제품재고액 + 당기제품제조원가 = 매출원가 + 기말제품재고액이므로, 기초기말제품재고액이 동일하면 매출원가와 당기제품제조원가는 동일해진다.

20 ② 제조원가명세서상 금액 중 기말원재료재고액과 기말재공품재고액만이 재무상태표에 표시된다. 3,000,000원 + 4,000,000원 = 7,000,000원

21 ②

재공품

기초	650,000원	당기제품제조원가	5,480,000원
당기총제조원가	5,630,000원	말기	800,000원
합계	6,280,000원	합계	6,280,000원

제 품

기초	550,000원	매출원가	5,050,000원
당기제품제조원가	5,480,000원	기말	930,000원
합계	5,980,000원	합계	5,980,000원

5,050,000원/0.8 − 5,050,000원=1,262,500원

22 ④ 당기총제조원가 : 당기에 투입된 직접재료원가, 직접노무원가, 제조간접원가의 합계
당기제품제조원가 : 당기에 완성되어 제품으로 대체된 완성품의 제조원가
매출원가 : 당기 중 판매된 제품의 제조원가

23 ③ 기초원가는 직접재료원가와 직접노무원가의 합이다. 가공원가는 직접노무원가와 제조간접원가의 합이다.

24 ③ 고정원가와 조업도의 변동에 따라 총원가가 비례하여 변동하는 변동원가가 혼합된 원가이다.

02 원가의 배분

1 개요

구분	내용
원가배분의 의의 및 과정	직접재료원가(DM) ⟶ 제품(일반연필) 직접노무원가(DL) ⟶ 제품(고급연필) 제조간접원가(OH) – 원가집계 - 원가집합 - 원가배분 〈원가배분절차〉 1단계 : 원가배분대상의 결정(최종적인 원가대상은 제품인 경우가 일반적) 2단계 : 배분할 원가의 집계(직접원가는 직접대응) 3단계 : 공통원가는 원가집합을 산정 4단계 : 원가집합을 일정한 배분기준에 의해 제품에 원가배분 〈원가배분의 의의〉 공통원가를 일정한 배부기준에 따라 원가대상에 합리적으로 대응시키는 과정
원가배분의 목적	① 매출원가 및 재고자산의 측정 ② 제품가격 결정 및 제품 선택 의사결정 : 제품원가, 제품판매가격, 제품생산여부결정 ③ 경영자와 종업원의 동기부여 및 성과평가(실제와 예산을 비교해서 원가 좋으면 성과 평가, 동기부여, 종업원의 행동에 영향) ④ 미래계획수립 및 자원배분의 경제적 의사결정 : 간접원가 포함된 원가정보를 파악해야만 제품관련 계획 등 수립할 수 있음
원가배분 기준	① 인과관계 : 작업시간 등 인과관계에 의하여 배분(가장 이상적, 원가관리준칙) ② 수혜기준 : 제공받은 효익에 비례하여 배분 ③ 부담능력 : 수익성 기준에 의해 배분(상대적 판매가치법 또는 순실현가치법) ④ 공정성과 공평성 : 정부와 계약 등
원가배분 절차	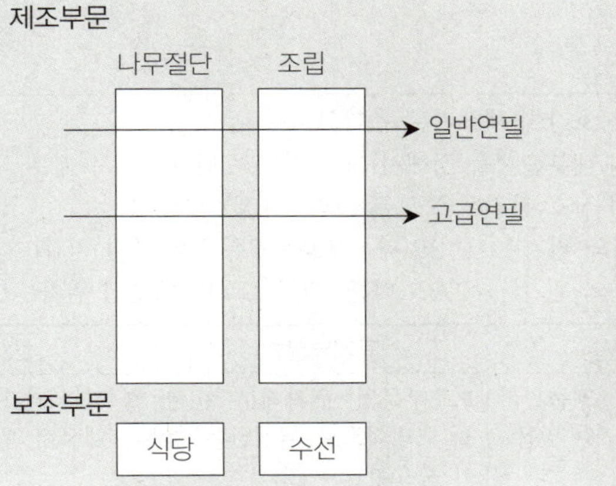 일반연필 • 원재료 : 참나무와 흑연 A(100) • 노동 : 인건비(200) 고급연필 • 원재료 : 느티나무와 흑연 B(200) • 노동 : 인건비(300) 공통원가 • 제조부문 나무절단공정 : 1,000 • 제조부문 조립공정 : 2,000 • 보조부문 식당 : 500 • 보조부문 수선 : 700

	• 1단계 : 부문별(제조공정)직접원가의 집계 • 2단계 : 부문별간접원가의 집계(나무절단, 조립, 식당, 수선) • 3단계 : 보조부문 원가를 제조부문에 배분(식당과 수선을 절단과 조립공정에 배부, 3가지) • 4단계 : 제조부문에 집계된 원가를 각 제품에 배부 • 5단계 : 매출원가와 재고자산가액을 산출

배분 방식

	제조부문		보조부문	
	나무절단	조립	식당	수선
각 부분발생원가(배분전)	1,000	2,000	500	700
보조부문원가배분				
식당	200	300	(500)	
수선	400	300		(700)
합계(배분후)	1,600	2,600	0	0

2 보조부문의 원가배분

구분	내용
배분 근거	① 보조부문의 과도한 소비 통제 : 식당원가를 신경 쓰지 않으면 제품제조와 관련 없다고 생각하여 통제가 곤란함 ② 비능률적 운영 방지 : 제조부문과 관련된 보조부문 신경 쓰지 않으면 비능률적으로 운영함 ③ 자가공급여부 의사결정 : 제품과 관련된 식당원가 파악해야만 제품생산 때 외부 아웃소싱할지 자가 운영할지 결정함
배분 기준	건설관리부분 : 면적 전력부분 : 사용한 전력량 수선유지부 : 수선횟수 식당부분 : 제조부분의 종업원 수 구매부분 : 주문횟수 창고부분 : 재료의 사용량 인사관리부 : 종업원 수 시설유지부 : 점유면적
배분 방법★★★	① 직접배분법 : 보조부문 상호간에 행해지는 용역의 수수 무시 ② 단계배분법 : 보조부문의 배분순서를 정해서 그 순서대로 단계적으로 배분 ③ 상호배분법 : 보조부문의 상호 관련성을 모두 고려. 가장 이상적 A = 100,000(자기부문의 원가) + 0.2B(다른부문으로부터 배분된 원가) B = 300,000(자기부문의 원가) + 0.3A(다른부문으로부터 배분된 원가)

구분	직접배분법	단계배분법	상호배분법
특징	계산이 단순하나 제품원가의 왜곡이 발생할 수 있음	보조부문의 원가배분 순서를 합리적으로 결정하는 것이 중요함	정확한 원가배분이 가능하나 계산이 복잡함

<table>
<tr><td>보조부문의
원가행태에
의한 배분방법★</td><td>① 단일배분율법 : 실제용역사용량 등 하나의 기준을 단일 배분(변동과 고정을 구분하지 않음)
② 이중배분율법
• 변동원가 : 실제 용역사용량 기준으로 배분
• 고정원가 : 최대사용량 기준으로 배분(쉽게 투자 할 수 있는 것이 아니므로 최대사용량 기준으로 배분)</td></tr>
<tr><td>조합</td><td>〈보조부문 상호간의 용역수수의 배부방법과 원가행태에 따른 배부방법의 조합〉
<table>
<tr><th>구분</th><th>직접배분법</th><th>단계배분법</th><th>상호배분법</th></tr>
<tr><td>단일배분율법</td><td>○</td><td>○</td><td>○</td></tr>
<tr><td>이중배분율법</td><td>○</td><td>○</td><td>○</td></tr>
</table></td></tr>
</table>

수정문제

01 보조부문의 원가를 배분하는 목적은 최종제품의 원가를 계산하기 위함이 아니다. (○, ×)

02 원가배분이란 직접원가 일정한 기준에 따라 원가대상에 합리적으로 배부하는 것이다. (○, ×)

03 직접배분법은 보조부문의 자가용역을 고려하지 않는다. (○, ×)

04 제조간접원가 배부 기준을 공장전체배분율법을 사용하는 것이 부문별 배분율법을 사용하는 것보다 더 정확한 원가계산을 할 수 있다. (○, ×)

05 건물 감가상각비를 배분하는 기준은 각 제조부문과 보조무문의 면적이 합리적이다. (○, ×)

06 직접배분법, 상호배분법, 단계배분법 중 상호배분법이 가장 간편하다. (○, ×)

▼정답 및 해설

01 (×) 보조부문의 원가를 배분하는 목적은 최종제품의 원가를 계산하기 위함이다.
02 (×) 원가배분이란 공통원가 일정한 기준에 따라 원가대상에 합리적으로 배부하는 것이다.
03 (○) 직접배분법은 보조부문의 자가용역을 고려하지 않고 배분한다.
04 (×) 이론적으로 부문별배부방법이 더 정확하게 계산할 수 있다.
05 (○) 건물의 감가상각비는 면적이 인과관계에 적합하다.
06 (×) 상호배분법이 가장 복잡하다.

출제예상 문제

01 보조부문을 제조부문에 배부하는 방법 중 상호배분법에 대한 설명이다. 옳지 않은 것은?

① 가장 공정한 원가배분방법이다.
② 보조부문간의 상호 관련성을 모두 고려하는 방법이다.
③ 시간과 비용이 많이 든다.
④ 보조부문의 배부순서에 따라 배부되는 금액이 다르게 된다.

02 (주)이패스는 직접배분법을 이용하여 보조부문 제조간접원가를 제조부문에 배부하고자 한다. 각 부문별 원가발생액과 보조부문의 용역공급이 다음과 같은 경우 전력부문에서 절단부문으로 배부될 제조간접원가는 얼마인가?

구분	제조부문		보조부문	
	조립부문	절단부문	전력부문	수선부문
자기부문원가(원)	200,000	320,000	90,000	45,000
동력부문 동력공급(kw)	300	150	–	150
수선부문 수선공급(시간)	24	24	24	–

① 30,000원 ② 40,000원
③ 50,000원 ④ 60,000원

03 두 개의 제조부문과 두 개의 보조부문으로 이루어진 (주)이패스의 부문 간 용역제공에 관련된 자료이다.

구분	제조부문		보조부문	
	A	B	C	D
C	40%	30%	–	30%
D	50%	20%	30%	–
발생원가	200,000원	150,000원	67,000원	80,000원

보조부문 C를 먼저 배분하는 단계배분법을 사용할 경우 배분 후 제조부문 A의 집계되는 총원가(자기부문 + 보조부문 배분)는 얼마인가?

① 288,000원 ② 298,300원
③ 398,300원 ④ 400,300원

04 **상호배분법을 사용할 경우 제조부문 B에 배분되는 보조부문원가의 총액을 계산하면 얼마인가?**

구분	제조부문		보조부문	
	A	B	C	D
C	40%	30%	–	30%
D	50%	20%	30%	–
발생원가	200,000원	150,000원	67,000원	80,000원

① 52,000원
② 53,000원
③ 54,000원
④ 55,000원

05 **다음 중 보조부문원가 배분법의 설명으로 틀린 것은?**

① 단계배분법은 보조부문의 우선순위가 결정되어야 한다.
② 직접배분법은 보조부문의 자가용역을 고려하지 않는다.
③ 일반적으로 동력부는 마력수×운전시간을 기준으로 배분하는 것이 합리적이다.
④ 직접배분법이 가장 시간과 비용이 가장 많이 소요된다.

06 **재고가 없다는 가정하에서 보조부문의 원가배분에 관한 설명 중 옳은 것은?**

① 보조부문 원가배분의 유일한 목적은 회사의 자원배분과 관련된 합리적인 의사결정을 위한 것이다.
② 보조부문원가를 배분할 때 부담능력기준이 우선 고려되어야 한다.
③ 보조부문원가를 제조부문에 배부하지 않아도 제품원가에 영향을 미치지 않는다.
④ 보조부문의 원가를 어떻게 배분한다 하더라도 회사의 궁극적인 총이익은 변하지 않는다.

07 **다음 자료를 보고 직접재료원가를 기준으로 하여 A제품에 배부되어야 할 제조간접원가 금액은 얼마인가?**

• 제조간접원가 예산 총액	300,000원
• 직접재료원가 예산 총액	1,000,000원
• A제품 직접재료원가	300,000원

① 60,000원
② 70,000원
③ 80,000원
④ 90,000원

08 (주)이패스 보조부문과 제조부문을 통해 제품을 제조하고 있다. 올해에 보조부문 A에서 발생한 변동원가는 500,000원이고, 고정비는 300,000원이다. 보조부문의 원가를 변동원가는 실제사용비율로, 고정원가는 최대사용가능비율로 배분한다면 X부문에 집계될 보조부문원가로서 올바른 것은?

부문 / 용역제공비율	보조부문	제조부문	
	A	X	Y
최대 사용 가능 비율	–	40%	60%
실제 사용 비율	–	80%	20%

① 440,000원　② 480,000원
③ 520,000원　④ 560,000원

09 다음 자료에 의하여 직접배분법으로 보조부문의 원가를 제조부문에 배부할 경우, 제1제조 부문과 제2제조 부문에 집계된 원가의 차액으로 옳은 것은?

구분	제조부문		보조부문	
	제1제조	제2제조	동력부	수선부
배부 전 금액(원)	24,000	17,000	8,000	6,000
〈배부기준〉				
Kw/h	2,600	1,400	1,000	800
수선시간(시간)	800	1,200	500	200

① 7,600원　② 8,200원
③ 8,800원　④ 9,400원

10 다음 중 보조부분의 원가배분 방법에 관한 설명으로 가장 올바르지 않는 것은?

① 직접배분법이란 보조부분 상호간에 행해지는 용역의 수수를 안전히 무시하고 보조부문의 원가를 배분하는 방법이다.
② 단계배분법이란 보조부문원가의 배분순서를 정하여 그 순서에 따라 단계적으로 보조부문의 원가를 보조부문과 제조부문에 배분하는 방법이다.
③ 직접배분법의 경우 각 제조부문이 사용한 용역의 상대적인 비율에 따라 각 보조부문 원가가 다른 보조부문으로 배분된다.
④ 단계배분법의 경우에도 보조부문의 용역수수관계를 일부 인식하며, 보조부분의 배분 순위 결정에 따라 원가가 왜곡될 수 있다.

정답 및 해설

01	④	02	①	03	②	04	①	05	④	06	④	07	④	08	③	09	②	10	③

01 ④ 상호배분법은 보조부문의 배부순서를 고려하지 않는다.

02 ① 90,000원 × 150kw ÷ (300kw + 150kw) = 30,000원

03 ②

구분	제조부분		보조부문	
	A	B	C	D
배분전	200,000원	150,000원	67,000원	80,000원
C	26,800원	20,100원	(67,000)원	20,100원

구분	제조부분		보조부문	
	A	B	C	D
D	71,500원	28,600원		(100,100)
배분후	298,300원	198,700원	0	0

04 ① C = 67,000원 + 0.3 × D ··①
D = 80,000원 + 0.3 × C ··②
①과 ②를 연립하여 풀면
C = 100,000원, D = 110,000원
B에 배분되는 보조부문비 = 0.3 × C + 0.2 × D
= 0.3 × 100,000원 + 0.2 × 110,000원
= 52,000원

05 ④ 직접배분법이 가장 시간과 비용이 가장 적게 소요된다.

06 ④ 기초와 기말의 재고가 없으므로 당기 생산은 전부 매출원가로 비용 처리되므로 보조부문의 원가를 어떻게 배분한다 하더라도 회사의 궁극적인 총이익은 변하지 않는다.

07 ④ 300,000원 ÷ 1,000,000원 = 0.3(예정배부율)
300,000원(A제품의 실제 직접재료비발생액) × 0.3 = 90,000원

08 ③ X부문에 집계될 보조부문원가 520,000원 = 변동비의 배분액 500,000원 × 80% + 고정비의 배분액 300,000원 × 40%

09 ②

구분	제1제조	제2제조	동력부	수선부
배부 전 금액	24,000원	17,000원	8,000원	6,000원
배부액(동력부)	5,200원	2,800원		
배부액(수선부)	2,400원	3,600원		
합계	31,600원	23,400원		

10 ③ 직접배분법은 다른 보조부문으로 배분되지 않는다.

개별원가의 계산

1 개별원가 계산의 사례와 의의

구분	내용
의의	제품의 원가를 개별 작업별로 구분하여 계산하는 방법
개별원가의 사례	공장(연간 각각 1개씩 주문생산) 나무절단공정 조립공정 황금연필 루비연필 **황금연필** 원재료 : 황금, 참나무와 흑연 A(100) 노동 : 인건비(200) **루비연필** 원재료 : 루비, 느티나무와 흑연 B(200) 노동 : 인건비(400) **공통원가(직접원가와 간접원가 구분중요)** **고객이 주문한 제품이 다르므로 공통원가를 배분해야 함** • 페인트 : 1,000 • 감독관 : 200 • 공장임차료 : 1,000 • 기계 감가상각비 : 1,000 • 전기료 : 500
종합원가의 사례	공장(연간 1억 개 대량 생산) 나무절단공정 조립공정 일반연필 **일반연필의 총제조원가 100억원 발생함** **동일제품이 1억 개 생산함** 완성된 것은 직접재료원가, 직접노무원가 제조간접원가 모두 동일한 것이다. 1억개 전부 DM, DL 직접 추적 필요없다. 직접원가와 간접원가의 구분이 필요없다. 왜냐하면 동일제품이므로 모두 제품원가(DM, DL, OH)가 동일한 것이다. 다만, 모든 제조원가가 균등하게 투입되고 완성품이 100원 이라면 재공품은 얼마일까? 50% 완성되었다면 50원 추정
개별원가의 생산형태	고객의 주문에 따라 개별적으로 제품을 생산(주문생산형태 : 주문에 따라 판매지시서를 제조부문에 전달하고 이를 기초로 제조부문에서는 제조지시서를 작성하여 작업이 지시되고 이 과정에서 작업원가표가 작성된다.)
개별원가의 특징	제품주문별 수량, 규격, 품질 등이 달라 원가를 개별작업별로 집계 (직접원가와 간접원가의 구분이 중요 : 간접원가의 배부문제 발생)
개별원가 업종	조선업, 건설업

2 개별원가계산과 종합원가계산과의 비교★★

	개별원가계산	종합원가계산
생산방식	다품종소량생산	소품종대량생산
성격	주문생산(PULL)	대량생산(PUSH)
업종	조선업(배, 잠수함), 건설업(아파트제외) 등	식품업(라면), 제조업(계산기)
적용생산 형태의 특징	① 개별다른제품이므로 제조과정에서 다른 제품과 구분되어 가공됨 ② 동일한 제품이 재생산되는 경우가 없거나 예측이 어려움	① 동일규격제품이므로 제조과정에서 동일하게 가공됨 ② 동일규격의 제품이 반복 생산
원가배분	직접제조원가와 제조간접원가의 구분 (제조간접원가 배부 문제가 중요함)	완성품과 기말재공품 배분문제가 중요함 (제조간접원가 배부 문제가 중요하지 않음, 제품이 동일하기 때문에 배부도 동일함)
원가계산 방법	① 주문을 받은 개별제품별로 작성된 작업원가표에 집계함 ② 제품당 단위당 원가는 작업원가표에 집계된 제조원가를 작업한 수량으로 나누어 계산됨 ③ 재고자산평가에 있어 작업이 완성된 것은 제품계정으로 대체되고, 미완성된 것은 재공품이 됨	① 발생한 원가는 공정별 부문별로 재공품 계정에 집계됨 ② 총원가를 총생산량으로 나누어 단위당 평균제조원가를 계산함 ③ 재품은 완성수량에 재공품은 기말재공품완성품환산량에 단위당 평균제조원가를 곱함
원가보고서의 작성	각 작업별로 작성함 작업지시서(주문제품별로 제작 지시함) 작업원가표(주문제품별로 계산한 원가표)	각 공정별로 작성함 생산보고서(몇 개 생산했다는 보고서)

3 원가의 계산

원가요소	내용
직접 재료원가	생산 현장 책임자는 작업별로 필요한 원재료를 청구서에 작성하여 창고에 청구를 하게 되는데 직접재료원가는 직접비로서 이를 기초로 하여 작업별로 직접배분하여 작업원가표에 기록한다.(원재료출고청구서)
직접 노무원가	보통 임금은 작업시간을 기준으로 지급되므로 작업별로 작업한 시간을 기록하게 되는데 직접노무원가는 직접비로서 작업별로 이를 기초로 하여 작업별로 직접배분하여 작업원가표에 기록한다.(작업시간보고서)
제조 간접원가	• 합리적인 배부기준을 찾아 배부해주는 절차를 거침. 공장전체제조간접원가 배분율, 부분별제조간접원가 배분율을 사용하여 제조간접원가를 배분함. • 제조간접원가는 배부기준을 정하는 것이 매우 중요하며 잘못된 배분기준은 제품의 원가를 왜곡시킬 수 있음

4 제조간접원가의 배부★★★

구분	내용
사례	(아래 참조)
공장전체 제조간접원가 배분율 사용	(아래 참조)

사례

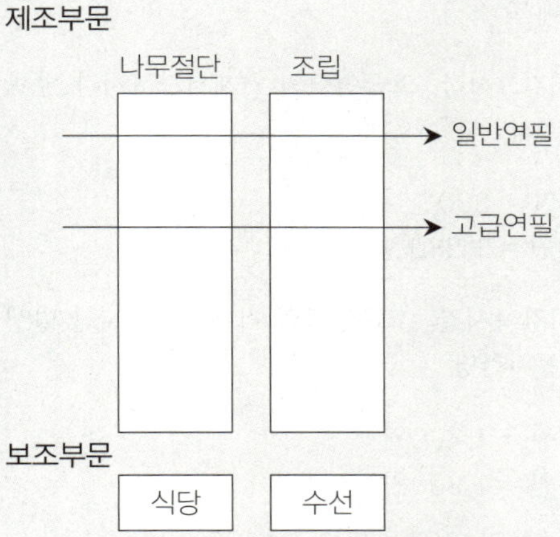

일반연필
- 원재료 : 참나무와 흑연 A(100)
- 노동 : 인건비(200)

고급연필
- 원재료 : 느티나무와 흑연 B(200)
- 노동 : 인건비(300)

공통원가
- 제조부문 나무절단공정 : 1,000
- 제조부문 조립공정 : 2,000
- 보조부문 식당 : 500
- 보조부문 수선 : 700

보조부분 배분후
- 제조부문 나무절단공정 : 1,600
- 제조부문 조립공정 : 2,600

공장전체 제조간접원가 배분율 사용

현재 공장에는 두 개의 공정이 있고, 두 종류의 제품만 생산을 한다.

구분	나무절단 공정	조립 공정	합계
제조간접원가	1,600	2,600	4,200
일반연필	1시간	4시간	5시간
고급연필	4시간	4시간	8시간

(1) 공장전체 제조간접비 배분율

공장전체 제조간접원가 배분율 = 공장전체 제조간접원가 / 공장전체 배분기준
배부된 제조간접원가 = 배부기준 × 배분율
4,200 / 13기계시간 = 323.07 / 기계시간당
일반연필의 기계시간 5시간, 고급연필의 기계시간 8시간 발생
일반연필 OH배부 : 5 × 323.07원 = 1,615원
고급연필 OH배부 : 8 × 323.07원 = 2,585원

일반연필의 원가 : 100 + 200 + 1,615 = 1,915
DM : 100　DL : 200　OH : 1,615
고급연필의 원가 : 200 + 300 + 2,585 = 3,085
DM : 200　DL : 300　OH : 2,585

(2) 특징

보조부문원가가 어떻게 배분되는지 관계없다. 어떻게 배분되는지 공장전체제조 간접원가는 동일하다. 계산이 단순하나 원가배분의 왜곡이 발생할 수 있음

부문별 제조간접원가 배분율 사용	(1) 부문별 제조간접원가 배분율 부문별 제조간접원가 배분율 : 각 부문별 제조간접원가 / 부문별 배부기준 배부된 제조간접원가 = 부문별 배부기준 × 부문별 배분율 절단공정은 기계시간(인과)으로 배부 조립공정은 기계시간(인과)으로 배부 ① 절단공정 : 일반연필의 기계시간 1시간, 고급연필의 기계시간 4시간 발생 1,600/5기계시간 = 320/기계시간당 일반연필 OH배부 : 1 × 320원 = 320원 고급연필 OH배부 : 4 × 320원 = 1,280원 ② 조립공정 : 일반연필의 기계시간 4시간, 고급연필의 기계시간 4시간 발생 2,600/8노동시간 = 325/노동시간당 일반연필 OH배부 : 4 × 325원 = 1,300원 고급연필 OH배부 : 4 × 325원 = 1,300원 일반연필의 원가 : 100 + 200 + 1,620 = 1,920 DM : 100 DL : 200 OH : 320 + 1,300 고급연필의 원가 : 200 + 300 + 2,580 = 3,080 DM : 200 DL : 300 OH : 1,280 + 1,300 (2) 특징 계산이 복잡하나 원가배분의 배분이 보다 정확함

수정문제

01 개별원가는 주문제작하는 기업에 적합한 원가계산방법이다. (○, ×)

02 특정제품을 주문 생산하는 업종인 건설업, 조선업 등에 적절한 제품원가계산방법은 종합원가이다. (○, ×)

03 제품별로 원가계산을 하는 원가계산방법은 개별원가계산이다. (○, ×)

04 종합원가는 주문제작하는 기업에 적합한 원가계산방법이다. (○, ×)

05 특정제품을 주문 생산하는 업종에 적절한 제품원가계산방법은 개별원가이다. (○, ×)

06 제조간접원가를 공장 전체 배분율 방식으로 하면 보다 정확한 원가 계산을 할 수 있다. (○, ×)

▼정답 및 해설

01 (○) 개별원가는 선박 등 주문제작하는 기업에 적합한 원가계산방법이다.
02 (×) 개별원가는 주문제작하는 기업에 적합한 원가계산방법이다.
03 (○) 개별원가는 종합원가와는 달리 주문제작하는 기업에 적합한 원가계산방법이다.
04 (×) 종합원가는 대량생산하는 기업에 적합한 원가계산방법이다.
05 (○) 개별원가는 주문제작하는 기업에 적합한 원가계산방법이다.
06 (×) 제조간접원가를 부문별제조간접원가배분율 방식으로 하면 보다 정확한 원가 계산을 할 수 있다.

출제예상 문제

01 **(주)이패스는 개별원가계산제도를 채택하고 있다. 다음의 자료를 토대로 당기에 발생한 제품의 직접재료원가는 얼마인가?**

- 당기제품제조원가 : 4,900,000원
- 당기총제조원가 : 8,000,000원
- 제조간접원가는 직접노무원가의 50%가 배부되었다.
- 제조간접원가는 당기총제조원가의 25%에 해당한다.

① 2,000,000원
② 2,500,000원
③ 3,000,000원
④ 3,500,000원

02 **다음 중 개별원가계산의 특징으로 볼 수 없는 것은?**

① 작업원가표를 사용한다.
② 모든 제조원가를 공정별로 직접 추적한다.
③ 제조간접원가는 주로 배분율을 계산하여 사용한다.
④ 실제원가나 표준원가를 사용할 수 있다.

03 **개별원가계산에 대한 설명으로 옳지 않은 것은?**

① 개별 작업에 대한 작업원가표가 기초가 된다.
② 조선업, 건설업 등에 적합하다.
③ 제조원가는 각 공정별로 집계되며 그 공정을 통과한 제품단위에 원가를 배분한다.
④ 주문에 따라 제품을 생산하는 주문생산 업종에 적합하다.

04 **제조간접원가 발생액은 5,000원이고 직접재료원가 10,000원, 직접노무원가 5,000원인 경우 직접노무원가를 기준으로 제조간접원가를 배부할 때 제조간접원가 배분율은?**

① 직접노무원가의 100%
② 직접노무원가의 50%
③ 직접재료원가의 100%
④ 직접재료원가의 50%

05 **다음 중 개별원가계산에 대한 설명으로 틀린 것은?**

① 조선업, 특수기계제작업 등과 같이 수요자의 주문에 기초하여 제품을 생산하는 업종에서 주로 사용한다.
② 종합원가계산에 비해 각 제품별로 원가를 집계하기 때문에 직접원가와 간접원가의 구분이 아주 중요한 의미를 갖는다.
③ 개별원가계산은 제조간접원가의 배부절차가 반드시 필요하므로, 개별원가 계산을 사용하면서 변동원가계산제도를 채택하는 것은 불가능하다.
④ 다양한 제품을 주문에 의해 생산하거나 동종의 제품을 일정 간격을 두고 비반복적으로 생산하는 업종에 적합한 원가계산제도이다.

06 **개별원가계산제도를 채택하고 있으며, 제품 값과 관련된 자료가 다음과 같을 때 제조원가는 얼마인가?**

직접재료 투입액	60,000원
직접노동시간	300시간
직접노무원가 임률	200원/시간
전력사용시간	150시간
제조간접비 실제배분율(전력사용시간당)	650원

① 150,000원 ② 210,000원
③ 217,500원 ④ 335,000원

07 **(주)이패스는 개별원가제도를 채택하고 있으며, 직접노무원가를 기준으로 제조간접원가를 배부한다. 당기의 제조간접원가배분율은 조립부문에 대해서는 80%, 절단부문에 대해서는 40%이다. 작업지시서 No.1은 당기에 완성되었다. 총제조원가는 얼마인가?**

작업지시서 No.1	조립부문	절단부문
직접재료원가	30,000원	20,000원
직접노무원가	70,000원	?
제조간접원가	?	10,000원

① 211,000원 ② 221,000원
③ 231,000원 ④ 241,000원

08 **다음 중 제조간접원가의 배부와 관련된 설명으로 가장 올바르지 않는 것은?**

① 제조부문에서 발생하는 감독자의 급료, 공장 건물에 대한 재산세 및 감가상각비 등과 같이 제품과의 직접적인 관련성을 찾기가 어려운 제조간접원가는 제품원가로 부과하기 위한 배부절차가 필요하다.

② 모든 제조간접원가를 하나의 원가집합(공장전체)에 집계하고 단일의 배부기준을 사용하여 배부하는 방법을 "공장전체 제조간접원가 배부율"이라고 한다.

③ 제조간접원가를 복수의 원가집합(제조부문)에 집계하고, 제조부문별로 서로 다른 배부기준을 사용하여 각각 배부하는 방법을 "부문별 제조간접원가 배부율"이라고 한다.

④ 공장전체 제조간접원가 배부율은 공장전체 제조간접원가를 부문별 배부기준으로 나눠서 구하며 배부된 제조간접원가는 부문별 배부기준을 공장전체배부율로 곱하여 구한다.

09 **다음의 자료를 보고, 부문별 제조간접원가 배부율을 사용할 경우 일반연필의 가공원가는 얼마인가?**

(주)이패스는 두 개의 제조부문(A, B)가 있다. 다음은 당기의 자료이다.

구분	A부문	B부문	합계
제조간접원가	400,000원	800,000원	1,200,000원
직접기계시간	2,000시간	8,000시간	10,000시간

당기 중 착수하여 일반연필의 원가자료는 다음과 같다.

구분	A부문	B부문	합계
직접재료원가	30,000원	10,000원	40,000원
직접노무원가	20,000원	30,000원	50,000원
직접기계시간	120시간	240시간	360시간

회사는 직접기계시간을 기준으로 제조간접원가를 배부하고 있다.

① 98,000원
② 100,000원
③ 102,000원
④ 104,000원

10 **(주)이패스는 일반연필과 고급연필 두 종류의 제품을 생산하고 있다. 4월 한 달 동안 생산한 두 제품의 작업원가표는 아래와 같다.**

구분	일반연필	고급연필
직접재료원가 발생액	400,000원	600,000원
직접노동시간	100시간	200시간
직접노무원가 임률	1,000원/시간	2,000원/시간

(주)이패스는 실제 발생한 제조간접원가를 실제조업도에 의해 배부하는 원가계산방식을 채택하고 있다. 동 기간 동안 발생한 회사의 총제조간접원가는 3,000,000원이며, 제조간접원가를 직접노동시간 기준으로 배부할 경우와 직접노무원가 기준으로 배부할 경우 4월 한 달 동안 생산한 고급연필의 제조간접원가 차이는 얼마인가?

① 0원
② 400,000원
③ 1,200,000원
④ 1,900,000원

11 **다음 중 개별원가계산에 관한 설명으로 가장 올바르지 않은 것은?**

① 개별원가계산은 제조간접원가의 구분이 아주 중요하다.
② 여러 종류의 제품을 주문에 의해 생산하거나 또는 동종의 제품을 일정 간격을 두고 비반복적으로 생산하는 업종에 적합한 원가계산제도이다.
③ 개별원가계산은 제조간접원가의 배부절차가 반드시 필요하므로, 개별원가계산을 사용하면서 변동원가계산제도를 채택할 수 있다.
④ 제조과정에서 발생한 원가는 공정별로 집계를 하므로 동종의 제품을 대량생산하는 제품에 적합한 원가 계산 방식이다.

정답 및 해설

01	①	02	②	03	③	04	①	05	③	06	③	07	①	08	④	09	①	10	②
11	④																		

01 ① 제조간접원가 = 8,000,000 × 25% = 2,000,000원
제조간접원가 = 직접노무비 × 50%
직접노무원가 = 2,000,000원 ÷ 50% = 4,000,000원
직접재료원가 = 8,000,000원 − 4,000,000원 − 2,000,000원 = 2,000,000원

02 ② 모든 제조원가를 작업별로 계산한다.

03 ③ 제조원가는 각 공정별로 집계되며 그 공정을 통과한 제품단위에 원가를 배분하는 방법은 종합원가에 대한 설명이다.

04 ① 5,000원 ÷ 5,000원 = 100%

05 ③ 개별원가계산은 생산형태 종류에 따른 원가계산방법이고 변동원가계산은 원가의 범위에 따른 원가계산방법이므로 두 원가계산방법은 양립가능한 방법이다.

06 ③

직접재료비	60,000원	
직접노무비	60,000원	(300시간 × 200원)
제조간접비	97,500원	(150시간 × 650원)
합계	217,500원	

07 ① 조립부문 제조간접비 : 70,000원 × 80% = 56,000원
절단부문 직접노무비 : 10,000원 / 0.4 = 25,000원
총 제조원가 : 156,000원 + 55,000원 = 211,000원

08 ④ 공장전체 제조간접원가 배부율은 공장전체 제조간접원가를 공장전체 배부기준으로 나눠서 구한다.

09 ① (1) 부문별 제조간접원가 배부율
A부문 : 400,000원 ÷ 2,000시간 = 200원/시간
B부문 : 800,000원 ÷ 8,000시간 = 100원/시간
(2) 일반연필의 가공원가
= (20,000원 + 120시간 × 200원) + (30,000원 + 240시간 × 100원)
= 98,000원

10 ② (1) 직접노동시간 기준
제조간접원가 배부율 = 3,000,000원 ÷ (100시간 + 200시간) = 10,000원/시간
고급연필 제조간접원가 배부액 = 200시간 × 10,000원 = 2,000,000원
(2) 직접노무원가 기준
제조간접원가 배부율 = 3,000,000원 ÷ (100,000원 + 400,000원)
= 6원/직접노무원가
고급연필 제조간접원가 배부액 = 400,000원 × 6원 = 2,400,000원
∴ 2,400,000원 − 2,000,000원 = 400,000원 차이

11 ④ 종합원가계산 방식은 공정별로 집계를 하므로 동종의 제품을 대량생산하는 제품에 적합한 원가 계산 방식이다.

종합원가의 계산

1 종합원가 계산의 특징★★

구분	내용
소품종대량생산	제품원가가 동일함
공정별로 원가를 집계함	작업지시서 불필요, 공정에서 집계한 원가/총산출물 = 단위당 원가 (만약 공정이 1개이면 총원가를 생산량으로 나누어 단위당 원가를 구할 수 있음)
기말시점에 재공품이 존재함	일정한 기말 시점에는 미완성된 제품인 재공품이 존재함
원가통제와 성과평가	원가통제와 성과평가를 공정별로 수행함

2 개별원가계산과 종합원가계산의 흐름

(1) 개별원가

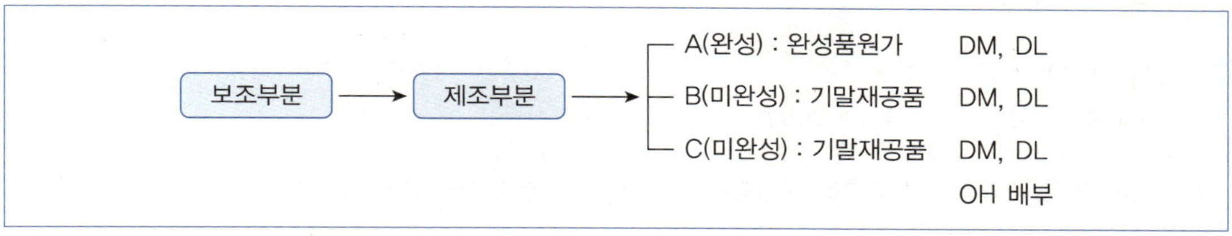

(2) 종합원가

➲ 제조공정이 하나

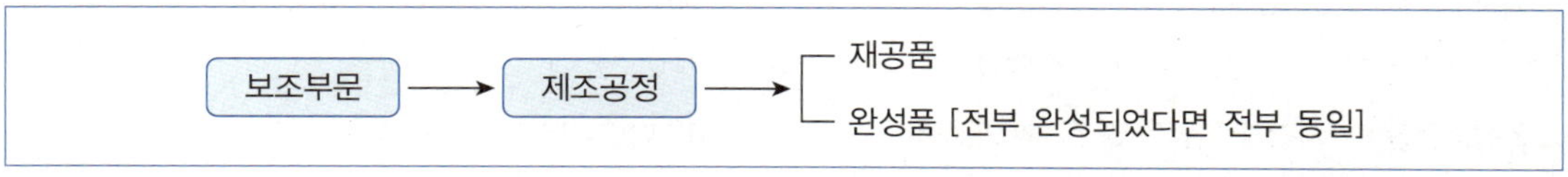

➲ 제조공정이 둘

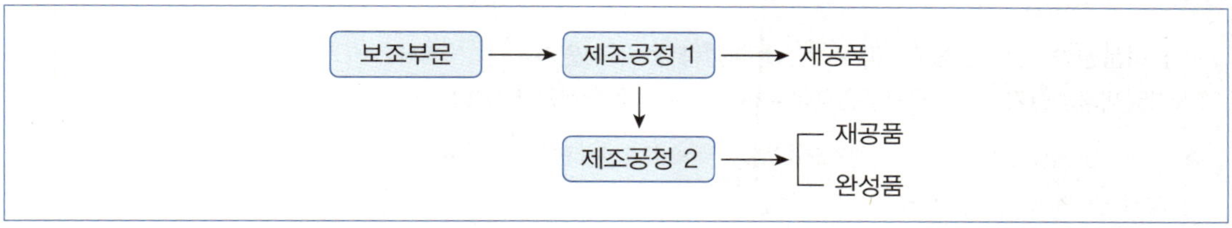

3 사례를 통한 완성품 환산량의 이해

공장(연간 100개 제품 생산)

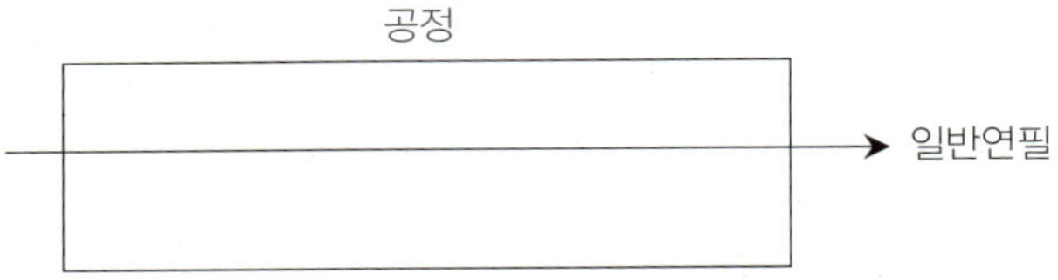

일반연필
- 총제조원가 : 6,000

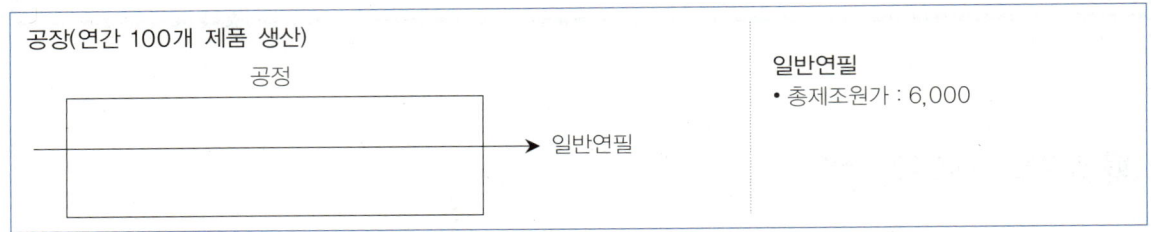

모든 제조원가가 진행도에 따라 균등하게 주입되고 제조공정 하나만 있고 전부 완성되었다면 아래와 같이 단위당 제품원가를 계산한다.

$$\frac{\text{총제조원가}}{\text{N개}} \quad \frac{DM + DL + OH}{100\text{개}} = 6{,}000\text{원} \quad = @60$$

개당 60원을 제품원가로 계산하면 된다. 즉, 배부문제가 발생하지 않는다. N개 100개 똑같아야 한다.

CASE ●

Case1. 만약, 3개를 생산했으며 완성도가 아래와 같고 총 제조원가가 900이라면

완성도 100% 100% 100%

직관적으로 300 : 300 : 300 900/3개 = @300(배부율 개념)

1개 × 300원 1개 × 300원 1개 × 300원

Case2. 만약, 3개를 생산했으며 완성도가 아래와 같고 총 제조원가가 900이라면

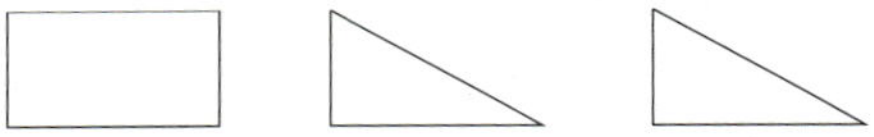

완성도 100% 50% 50%

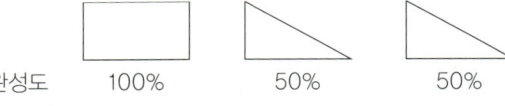

직관적으로 450 : 225 : 225 900/2개 : @450(배부율 개념)

1개 × 450 = 450, 0.5개 × 450 = 225, 0.5개 × 450 = 225

완성품환산량 : 기간에 투입된 모든 재료 및 비용이 완성품화되었다면 생산되었을 완성품의 수량
(물량 × 완성도) 즉, 완성품으로 환산하면 몇 개가 되었을까

종합원가에서는 제조원가를 완성품과 기말재공품으로 배분하는데 초점

완성품원가 : 당기완성품수량 × 완성품환산량 단위당 원가
기말재공품원가 : 기말재공품완성품환산량 × 완성품환산량 단위당 원가

◈ 완성품환산량 단위당 원가 : 원가요소별로 완성되었다면 단위당 원가(배부율과 동일 개념)

총제조원가 900원을 아래와 같이 안분

완성품원가 : 1개 × @450 = 450원
기말재공품 : 1개(0.5개 + 0.5개) × @450 = 450원

4 사례를 통한 종합원가계산의 절차

0% 100%

총제조원가 : 900 (직접재료비 300, 가공원가 600)

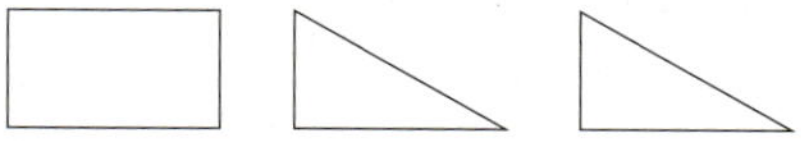

➡ 투입되는 양상이 다르므로 마치 부분별 OH배부율의 논리처럼 재료원가와 가공원가로 분리해서 배분한다.

재료비 : 300원 직관적으로 100 : 100 : 100

(공정초기에 전액 투입)

$\frac{300}{3개}$ = @100(완성되었다면 재료비 기준 단위당 원가)

1개 × 100 = 100, 1개 × 100 = 100, 1개 × 100 = 100

- 완성품원가 : 1개 × @100 = 100원
- 기말재공품 : 2개(1개 + 1개) × @100 = 200원

가공원가 : 600원 직관적으로 300 : 150 : 150

(진행도에 따라 균등하게 투입)

$\frac{600}{2개}$ = @300(완성되었다면 가공비 기준 단위당 원가)

1개 × 100 = 300, 0.5개 × 300 = 150, 0.5개 × 300 = 150

- 완성품원가 : 1개 × @300 = 300원
- 기말재공품 : 1개(0.5개 + 0.5개) × @300 = 300원

체계적으로 5단계 프로세스로 한다면 아래와 같이 제조원가보고서를 작성할 수 있다.

1단계 : 물량의 흐름(겉모습)		2단계 : 완성품 환산량(완성화 되었다면 몇 개)	
기초재공품	0개	재료원가	가공원가
당기투입량	3개		
합계	3개		
당기완성량	1개	1개	1개
기말재공품(50%)	2개	2개	1개
합 계	3개	3개	2개
3단계(원가배분대상)			
당기투입원가	900	300	600
4단계			
완성품환산량		3개(배부기준개념)	2개(배부기준개념)
완성품단위당원가		@100(배부율개념)	@300(배부율개념
5단계 : 원가배분			
완성품원가	400	100 (1개 × @100)	300 (1개 × @300)
기말재공품원가	500	200 (2개 × @100)	300 (1개 × @300)

〈종합원가계산의 절차〉

- 1단계 : 물량흐름의 파악
- 2단계 : 원가요소별 완성품환산량 계산
- 3단계 : 원가요소별 원가배분대상액 파악
- 4단계 : 원가요소별 완성품환산량 단위당 원가계산
- 5단계 : 완성품원가와 기말재공품 계산

5 종합원가계산의 절차 및 장단점

<table>
<tr><th>원가요소</th><th>내용</th></tr>
<tr><td>종합원가 계산의 절차</td><td>1단계 : 물량흐름의 파악
2단계 : 원가요소별 완성품환산량 계산
3단계 : 원가요소별 원가배분대상액 파악
4단계 : 원가요소별 완성품환산량 단위당 원가계산
5단계 : 완성품원가와 기말재공품 계산</td></tr>
<tr><td>장점</td><td>시간 비용 절약 : 제조간접원가의 배부문제가 없어 기장절차가 간단
원가관리 및 책임중심점 명확 : 통제가 제품별이 아닌 공정별로 수행됨</td></tr>
<tr><td>단점</td><td>상세한 정보 상실 : 전공정을 대상으로 원가정보를 요약
원가계산의 문제 : 종료까지 기다림
가정문제 : 생산제품원가가 모두 동일
원가배분문제 : 다양한 제품을 생산하는 경우 원가배분 필요</td></tr>
<tr><td>종합원가 계산의 방법</td><td>
평균법

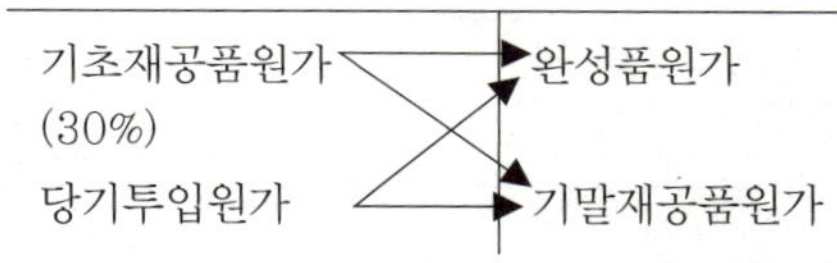

완성품원가 : 총완성품수량 × @단가
기말재공품 : 총기말재공품완성품환산량 × @단가

선입선출법

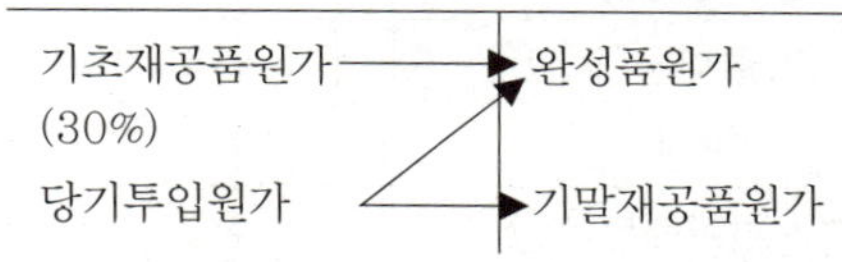

완성품원가 : 기초재공품원가 + 당기완성품수량 × @단가
기말재공품 : 당기기말재공품완성품환산량 × @단가

(@단가는 완성품환산량 단위당 원가)
선입선출법에서는 당기투입원가로만 구성되어 있고 단가도 당기 완성품환산량 단위당 원가
✔ 결론적으로 선입선출법과 평균법의 차이는 기초재공품의 유무에 있다.

<table>
<tr><th>평균법</th><th>선입선출법</th></tr>
<tr><td>기초재공품원가와 당기발생원가를 합한 총원가를 평균적으로 완성품과 기말재공품에 배분하는 방법</td><td>기초재공품이 먼저 완성된다고 가정하여 기초재공품원가를 모두 완성품에 배분하고 당기발생원가를 완성품과 기말재공품에 배분하는 방법</td></tr>
<tr><td>기초재공품원가
+ 당기발생원가
총원가
÷ 총완성품환산량
(총)완성품환산량단위당원가</td><td>–
당기발생원가

÷ 당기투입완성품환산량
(당기)완성품환산량단위당원가</td></tr>
</table>
</td></tr>
</table>

6 평균법에 의한 제조원가보고서 작성

종합원가계산을 채택하고 있다. 물량의 흐름과 원가관련정보는 아래와 같다. 직접재료는 공정착수시점에 전량 투입되며 가공원가는 전공정을 통하여 균등하게 발생한다. 평균에 의한 완성품원가와 기말 재공품 원가를 구하시오

- 기초재공품 2,000개(완성도는 80%이다.)
- 당기착수량 18,000개
- 당기완성량 15,000개
- 기말재공품 5,000개(완성도는 60%이다)
- 당기발생원가 : 재료원가 245,000원, 가공원가 186,000원
- 기초재공품원가 : 재료원가 15,000원, 가공원가 30,000원

1단계 : 물량의 흐름		2단계 : 완성품 환산량(전기 + 당기)	
기초재공품	2,000개(80%)	재료원가	가공원가
당기착수	18,000개		
합계	20,000개		
당기완성량	15,000개	15,000개	15,000개
기말재공품	5,000개(60%)	5,000개	3,000개
합계	20,000개	20,000개(전기 + 당기)	18,000개(전기 + 당기)
3단계 : 원가배분대상액			
기초재공품원가		15,000원	30,000원
당기발생원가		245,000원	186,000원
계		260,000원(전기 + 당기)	216,000원(전기 + 당기)
4단계			
완성품환산량		20,000개	18,000개
완성품단위당원가	총완성품환산량 단위당 원가의 개념	@13 (260,000원/20,000개)	@12 (216,000원/18,000개)
5단계 : 원가배분			
완성품원가	375,000원	195,000원 (15,000개 × @13)	180,000원 (15,000개 × @12)
기말재공품원가	101,000원	65,000원 (5,000개 × @13)	36,000원 (3,000개 × @12)
합계	476,000원		

7 선입선출법에 의한 제조원가보고서 작성

종합원가계산을 채택하고 있다. 물량의 흐름과 원가관련정보는 아래와 같다. 직접재료는 공정착수시점에 전량 투입되며 가공원가는 전공정을 통하여 균등하게 발생한다. 선입선출법에 의한 완성품 원가와 기말재공품 원가를 구하시오.

- 기초재공품　200개(완성도는 60%이다)
- 당기착수량　2,400개
- 당기완성량　2,000개
- 기말재공품　600개(완성도는 70%이다)
- 당기발생원가 : 재료원가　480,000원, 가공원가　345,000원
- 기초재공품원가 : 재료원가　180,000원, 가공원가　70,000원

1단계 : 물량의 흐름		2단계 : 완성품 환산량(당기 것만)	
기초재공품	200개(60%)	재료원가	가공원가
당기착수	2,400개		
합계	2,600개		
당기완성량	2,000개		
기초재공품	200개(60%)	0개	80개
당기착수	1,800개	1,800개	1,800개
기말재공품	600개(70%)	600개	420개
합계	2,600개	2,400개	2,300개
3단계			
기초재공품원가	250,000원		
당기발생원가	825,000원	480,000원	345,000원
계	1,075,000원		
4단계			
완성품환산량		2,400개	2,300개
완성품단위당원가	당기 완성품환산량 단위당 원가의 개념	@200 (480,000원 / 2,400개)	@150 (345,000원 / 2,300개)
5단계 : 원가배분			
완성품원가	892,000원 (250,000기초재공품 + 360,000 + 282,000)	360,000원 (1,800개 × @200)	282,000원 (1,880개 × @150)
기말재공품원가	183,000원	120,000원 (600개 × @200)	63,000원 (420개 × @150)
합계	1,075,000원		

수정문제

01 종합원가는 단일 종류의 제품을 연속적으로 대량생산하는 업종에 적합한 원가계산방식이다. (○, ×)

02 종합원가는 개별원가와는 달리 개별제품별로 원가를 집계한다. (○, ×)

03 종합원가계산의 원가보고서는 각 작업별로 작성을 한다. (○, ×)

04 선입선출법에서 완성품 환산량 구할 때 당기투입원가 및 기초재공품원가의 합으로 구성된다. (○, ×)

05 종합원가계산은 작업 원가표에 의해 효율성을 통제할 수 있다. (○, ×)

06 조선업 업종에는 종합원가계산방식이 적합하다. (○, ×)

07 선입선출법은 당기투입원가만을 고려하여 완성품 환산량을 계산한다. (○, ×)

▼정답 및 해설

01 (○) 단일 종류의 제품을 연속적으로 대량생산하는 업종에 종합원가계산이 적합하다.
02 (×) 종합원가는 공정별, 부분별로 집계한다.
03 (×) 종합원가계산의 원가보고서는 공정별로 작성을 한다.
04 (×) 선입선출법에서 완성품 환산량 구할 때 당기투입원가로만 구성된다.
05 (×) 종합원가계산은 생산보고서에 의해 효율성을 통제할 수 있다.
06 (×) 조선업 업종에는 개별원가계산방식이 적합하다.
07 (○) 선입선출법은 당기투입원가만을 고려한다.

출제예상 문제

01 **다음 중 종합원가계산 방법에 대한 설명으로 틀린 것은?**

① 하나의 제품만을 하나의 공정에서 제조하는 경우 종합원가계산을 사용한다.
② 동일한 재료를 투입하여 동일한 공정에서 같은 종류의 제품을 생산하는 경우 종합원가계산을 사용한다.
③ 동일한 재료를 투입하여 동일한 공정에서 서로 다른 등급의 동종제품을 생산하는 경우 종합원가계산을 사용한다.
④ 다른 종류의 제품들을 생산하는 주문제작하여 생산하는 경우 종합원가계산을 사용한다.

02 **다음은 종합원가계산에 대한 설명이다. 틀린 것은?**

① 조선업 같은 주문생산에 유리하다.
② 원가를 재료비와 가공비로 구분하여 계산한다.
③ 원가계산을 하기 위해 완성품 환산량의 개념이 필요하다.
④ 연속하여 반복적으로 생산하는 제품형태에 적합하다.

03 **기초재공품수량은 없고 가공원가의 기말재공품 완성도가 30%일 경우 가공원가의 완성품 환산량은?**

① 당기완성량과 같다.
② 당기착수량과 같다.
③ 당기착수량보다 작다.
④ 당기착수량보다 크다.

04 **종합원가계산과 개별원가계산의 장점에 대한 설명이다. 바르게 연결되지 못한 것은?**

① 종합원가계산 – 복잡하지 않아 보다 경제적이다.
② 개별원가계산 – 제품별로 손익분석 및 계산이 용이하다.
③ 종합원가계산 – 작업 원가표에 의해 효율성을 통제할 수 있다.
④ 개별원가계산 – 원가계산에 시간과 비용이 많이 든다.

05 **다음 중 종합원가계산이 적합하지 않은 업종은?**

① 건축용 자재인 시멘트를 대량생산하는 시멘트업
② 사무용품인 A4 종이를 생산하는 제지업
③ 고객의 주문에 의하여 건물을 신축하는 건설업
④ 인스턴트 라면을 생산하는 식품업

06 **종합원가계산 시 재공품에 대한 설명 중 옳은 것은?**

① 기초재공품이 없는 경우 선입선출법에 의한 경우가 평균법에 의한 완성품 환산량 보다 크다.
② 평균법에 의한 원가계산 시 기초재공품의 완성도는 반드시 필요하다.
③ 선입선출법에 의하여 계산된 완성품 환산량이 평균법에 의한 것보다 같거나 많다.
④ 선입선출법에 의할 경우 기말 재공품, 완성품 환산량, 단위당 원가는 당기에 투입된 원가만으로 구성된다.

07 **기말재공품의 완성도가 70%임에도 25%로 잘못 파악하여 종합원가계산을 수행한다면 어떤 결과가 발생하는가?**

① 기말재공품의 완성품환산량이 과대 계상된다.
② 당기완성품의 완성품환산량이 과대 계상된다.
③ 완성품환산량 단위당 원가가 과소계상된다.
④ 기말재공품의 원가가 과소계상된다.

08 **종합원가계산제도의 선입선출법과 평균법에 대한 설명이다. 옳은 것은?**

① 선입선출법은 기말재공품 환산량을 고려하나, 평균법은 고려하지 않는다.
② 선입선출법은 당기투입원가만을 고려하여 완성품 환산량을 계산한다.
③ 평균법은 당기투입원가만을 고려하여 완성품 환산량을 계산한다.
④ 정답 없음

09 **선입선출법에 의하여 완성품환산량을 계산한다. 재료는 공정초기에 전량투입되며, 가공비는 공정전반에 거쳐 발생한다.**

수량			
기초재공품	200개 (50%)	완성품	800개
착수량	1,000개	기말재공품	400(70%)

원가	재료비	가공비
기초재공품원가	350,000원	100,000원
당기발생원가	630,000원	890,000원

당기완성품원가와 기말재공품원가는 얼마인가?

	당기완성품원가	기말재공품원가
①	1,210,000원	730,000원
②	1,220,000원	350,000원
③	1,370,000원	400,000원
④	1,463,670원	506,268원

10 (주)이패스는 종합원가계산제도를 채택하고 있다. 기말재공품의 평가에는 평균법을 사용하며, 모든 원가는 공정 전체를 통하여 균등하게 발생한다. 당기의 제조활동에 관한 자료는 다음과 같다. 완성품의 원가는 얼마인가?

- 기초재공품 : 200단위, 원가 409,250원, 완성도 60%
- 당기투입원가 : 2,500,000원
- 당기완성품수량 : 600단위
- 기말재공품수량 : 150단위, 완성도 50%

① 2,586,000원 ② 2,686,000원
③ 2,786,000원 ④ 2,886,000원

11 (주)이패스는 종합원가계산제도를 채택하고 있다. 원재료는 공정의 초기에 전량 투입되며, 가공원가는공정 전반에 걸쳐서 진척도에 따라 균등하게 발생한다. 기초재공품의 진척도는 30%이다. 재료비의 경우 평균법에 의한 완성품환산량은 78,000단위이고, 선입선출법에 의한 완성품환산량은 68,000단위이다. 가공원가의 경우 선입선출법에 의한 완성품환산량이 52,000단위라면 가공원가의 경우 평균법에의한 완성품환산량은 몇 단위인가?

① 45,000단위 ② 55,000단위
③ 56,000단위 ④ 59,000단위

12 다음은 종합원가계산에 필요한 가공비의 자료이다. 완성품환산량을 구할 경우, 평균법과 선입선출법 각각 완성품환산량의 차이는?

- 기초재공품수량 : 200개(완성도 40%)
- 당기착수량 : 1,200개
- 기말재공품수량 : 300개(완성도 30%)
- 가공비는 전공정에 걸쳐 균등하게 발생한다.

① 50개 ② 60개
③ 80개 ④ 100개

13 **종합원가계산의 특징 및 장단점에 대한 설명 중 올바른 것을 모두 고르시오**

ㄱ. 특정기간 동안 특정 공정에서 생산된 제품은 원가측면에서 서로가 동일하다고 가정한다. 즉 제품원가를 평균개념에 의해서 산출한다.
ㄴ. 원가의 집계가 공정별로 이루어지는 것이 아니기 때문에 개별작업별로 작업지시서를 작성해야 한다.
ㄷ. 동일제품을 연속적으로 대량생산하지만 일반적으로 어떤 공정에 있어서든지 기말시점에서는 부분적으로 가공이 완료되지 않은 재공품이 존재하게 된다.
ㄹ. 원가통제와 성과평가가 공정별로 이루어지는 것이 아니라 개별작업별로 이루어진다.
ㅁ. 기장절차가 간단한 편이므로 시간과 비용이 절약된다.

① ㄱ, ㄴ, ㄷ　　② ㄱ, ㄷ, ㅁ
③ ㄴ, ㄷ, ㄹ　　④ ㄷ, ㄹ, ㅁ

14 **(주)이패스는 종합원가계산을 채택하고 있다. 원재료는 공정시작시점에서 전량 투입되며 가공원가는 공정전반에 걸쳐서 균등하게 발생한다. 기말재공품 수량은 250개이며, 가공원가의 완성도는 30%이다. 완성품환산량 단위당 직접재료원가와 가공원가가 각각 130원, 90원이라면 기말재공품 원가는 얼마인가?**

① 23,400원　　② 34,740원
③ 39,250원　　④ 39,600원

15 **다음은 (주)이패스의 당기 생산활동과 관련된 자료이다.**

기초재공품 : 없음
당기투입량 : 1,600개(당기투입원가 240,000원)
완성품수량 : 800개

모든 제조원가는 공정 진척정도에 따라 투입되는 것으로 가정할 때 완성품환산량 단위당 원가가 200원이면 기말재공품의 완성도는 얼마인가?

① 30%　　② 40%
③ 50%　　④ 60%

16 **(주)이패스는 종합원가계산을 채택하고 있으며, 기말재공품에 대한 완성도가 실제보다 과대평가되있다면 이 오류가 각 항목에 끼치는 영향으로 가장 올바르지 않은 것은? (기초재공품은 없다고 가정한다.)**

① 기말재공품 완성품환산량은 실제보다 과대평가 되어 있을 것이다.
② 완성품환산량 단위당 원가는 실제보다 과소평가 되어 있을 것이다.
③ 완성품원가는 실제보다 과소평가되어 있을 것이다.
④ 기말재공품 원가는 실제보다 과소평가 되어 있을 것이다.

[redacted]

정답 및 해설

01	④	02	①	03	③	04	③	05	③	06	④	07	④	08	②	09	④	10	①
11	②	12	③	13	②	14	③	15	③	16	④								

01 ④ 다른 종류의 제품들을 생산하는 주문제작하여 생산해 내는 경우 개별원가계산을 사용한다.

02 ① ①은 개별원가계산에 대한 설명이다.

03 ③ 기초재공품수량이 없기 때문에 완성품 환산량은 당기착수량보다 작을 수밖에 없다. 그 이유는 기말재공품이 30%로 차감되어지기 때문이다.

04 ③ ③은 개별원가계산의 장점이다.

05 ③ ③은 개별원가계산에 적합하다.

06 ④ 선입선출법은 당기투입원가에 대해서만 완성품과 기말 재공품에 안분하는 방법이다.

07 ④ 기말재공품의 완성도가 적으므로 기말재공품의 완성품 환산량이 적어지게 되므로 기말재공품에 배부되는 가공비의 원가가 과소 계상되게 된다.

08 ② 선입선출법은 당기투입원가만을 고려하여 완성품 환산량을 계산한다.

09 ④

1단계 : 물량의 흐름		2단계 : 완성품 환산량	
기초재공품	200개(50%)	직접재료원가	가공원가
당기착수	1,000개		
합계	1,200개		
당기완성량			
기초재공품	200	0	100
당기착수	600	600	600
기말재공품	400(70%)	400	280
합계	1,200개	1,000	980
3단계			
기초재공품원가	450,000	350,000	100,000
당기발생원가	1,520,000	630,000	890,000
계			
4단계			
완성품환산량			
완성품단위당원가		@630 (630,000원 / 1,000개)	@908.1 (890,000원 / 980개)
5단계 : 원가배분			
완성품원가	1,463,670원	350,000 + 378,000원 (600개 × @630) = 728,000	100,000 + 635,670원 (700개 × @908.1) = 735,670
기말재공품원가	506,268원	252,000 (400개 × @630)	254,268 (280개 × @908.1)

10 ① 완성품원가 : (409,250원 + 2,500,000원) × 600개 ÷ 675개 = 2,586,000원

	물량의 흐름	완성품환산량
기 초	200개(60%)	
당 기 투 입	550개	
합 계	750개	
완 성 품	600개	600개
기 말 재 공 품	150개(50%)	75개
합 계	750개	675개

11 ② 평균법 완성품환산량과 선입선출법 완성품환산량은 기초재공품의 완성품환산량만큼 차이가 난다.
- 기초재공품의 재료원가 완성품환산량 : 78,000단위 − 68,000단위 = 10,000단위
  10,000단위 × 30% = 3,000단위
- 기초재공품의 가공원가 완성품환산량 = x − 52,000단위 = 3,000단위

∴ x = 55,000단위

12 ③ 평균법과 선입선출법의 차이는 기초재공품의 완성품환산량이 된다.
기초재공품 완성품환산량 : 200 × 40% = 80개

13 ② ㄴ, ㄹ : 개별원가계산에 관한 설명이다.

14 ③ 기말재공품원가 = 250개 × 130원 + 250개 × 30% × 90원 = 39,250원

15 ③

	1단계 물량의 흐름	2단계 완성품환산량 재료원가 + 가공원가
완 성 품	800개	800개(100%)
기 말 재 공 품	800개	400개(x X%)
합 계	1,600개	1,200개

(3단계) 배분할 원가
당기투입원가 ₩240,000
(4단계) 완성품환산량 단위당 원가
완성품환산량 ÷ 1,200단위*
완성품환산량 단위당 원가 ₩200
* 역산하면 X = 50%

16 ④ 기말재공품 원가는 실제보다 과대평가 되어 있을 것이다

정상원가와 표준원가의 계산

제1절 정상원가

1 개요

정상원가계산은 직접재료원가, 직접노무원가는 실제원가로 측정하지만 제조간접원가는 사전에 정해 놓은 제조간접원가 예정배부율에 의해 배부된 원가로 측정하는 방법이다.

2 사 례

(DM : 실제, DL : 실제, OH : 실제조업도 × 예정배부율)

가 정

회사는 사업연도를 1년 이내에서 선택할 수 있으므로 1사업년도를 2개월을 선택함. 회사는 제품 11개를 생산하는 회사임. 첫째월은 1개를 생산하고 둘째월은 10개를 생산했음.
1회계년도 직접원가 발생액(개당 직접재료비는 100원, 직접노무비는 100원) : 총 200원 × 11개 = 2,200원
1회계년도 제조간접원가 발생액[월 임차료(1,000원), 현실은 안 그렇지만 월말에 확정되는 것으로 가정] : 총 1,000원 × 2개월 = 2,000원, 제조간접원가의 배부는 기계작업시간을 기준으로 배부한다고 가정함
1회계년도 동안 회사는 매월 재무상태표와 손익계산서를 작성한다고 함.(실무에서는 월 또는 분기별로 작성함)
판매가격은 500원 가정함

(1) 내용

첫째월의 개당 제품제조원가 : 100 + 100 + 1,000 = 1,200원
기계시간 기준으로 배부한 한다고 가정. 첫째 월의 실제 발생한 기계시간 1시간
DM : 100원(개당)
DL : 100원(개당)
OH : 1,000/1시간(개당) = 1,000원
둘째월의 개당 제품제조원가 : 100 + 100 + 100 = 300원
기계시간 기준으로 배부한 한다고 가정. 둘째 월의 실제 발생한 기계시간 10시간
(개당 1시간씩 발생해서 10개 제품 10시간 발생)
DM : 100원(개당)
DL : 100원(개당)
OH : 1,000원/10시간(개당) = 100원

(2) 문제점

① 동일제품이므로 판매가격은 500원인데, 계절별(또는 월별)로 제품의 원가가 상이함
② 제품원가 정보의 지연성 : 월말에 임차료 통지를 받아야 알 수 있음. 실무상은 임차료 외 여러가지가 있을 수 있음.

(3) 해결방안(정상원가를 적용)

예정배부율 = 회계년도 제조간접원가 예산/회계년도 예상조업도
실제 제품 생산 : 예정배부율 × 실제조업도를 곱하여 단가 산정

상기 기업의 회계년도 제조간접원가 예산 : 2,200원 가정
제조간접원가 배부를 각 제품의 기계작업시간기준으로 배부한다고 가정
회계년도 예상 조업도 : 11시간 가정함
예정배부율 : 2,200/11시간 = 200/시간당

첫째 월의 개당 제품제조원가 : 100 + 100 + 200 = 400원
총 제품제조원가 : 100 + 100 + 200 = 400원
기계시간 기준으로 배부한다고 가정 첫째월의 실제 발생한 기계시간 1시간
DM : 100원(개당)
DL : 100원(개당)
OH : 200원 × 1시간(개당) = 200원(개당)

둘째 월의 개당 제품제조원가 : 100 + 100 + 200 = 400원
총 제품제조원가 : 1,000 + 1,000 + 2,000 = 4,000원
기계시간 기준으로 배부한다고 가정 둘째월의 실제 발생한 기계시간 10시간
(개당 1시간씩 발생해서 10개 제품 10시간 발생)
DM : 100원(개당)
DL : 100원(개당)
OH : 200원 × 1시간(개당) = 200원(개당)

제조간접원가 정상원가배부액 2,200원(첫째 월의 제품 생산 1개, 둘째 월의 제품 생산 10개에 대한 배부액)과 실제 제조간접원가 발생액 2,000원은 매출원가 또는 영업외비용 등을 통해서 반영하여 실제발생액과 배부액을 일치시킴

예제 1

X, Y 두 개의 제조부문을 이용하여 제품을 생산한다. 당기의 예산과 원가발생자료는 다음과 같다.

구분	X부문	Y부문	합계
OH예산	3,000,000	2,500,000	5,500,000
기계시간 예산	1,000H	1,000H	2,000H

당기 중 착수되어 완성된 제품 A와 제품 B의 기계시간은 다음과 같다

구분	X부문	Y부문	합계
A제품	25H	10H	35H
B제품	30H	20H	50H

1. 공장전체 제조간접원가 배부율을 사용하여 제조간접원가를 배부한다고 할 때 제품 A과 B에 배부되는 제조간접원가를 계산하시오.
2. 부문별 제조간접원가 배부율을 사용하여 제조간접원가를 배부한다고 할 때 제품 A과 B에 배부되는 제조간접원가를 계산하시오.

해설 1. 공장전체 제조간접원가 예정배부율 이용
5,500,000/2,000H = 2,750
제품 A : 35H(실제) × 2,750 = 96,250
제품 B : 50(실제) × 2,750 = 137,500
2. 부분별 제조간접원가 예정배부율 이용

구분	X부문	Y부문	합계
예정배부율	3,000,000/1,000H = 3,000	2,500,000/1,000H = 2,500	
A제품	3,000 × 25H = 75,000	2,500 × 10H = 25,000	100,000
B제품	3,000 × 30H = 90,000	2,500 × 20H = 50,000	140,000

제2절 표준원가

1 개요

원가측정방법

	실제원가계산	정상원가계산	표준원가계산
DM	실제원가 실제수량 × 실제가격	실제원가 실제수량 × 실제가격	표준원가 표준수량 × 표준가격
DL	실제원가 실제시간 × 실제임률	실제원가 실제시간 × 실제임률	표준원가 표준시간 × 표준임률

OH	실제원가 실제조업도 × 실제배부율 $배부율 = \frac{실제제조간접원가}{실제조업도}$	예정원가 실제조업도 × 예정배부율 $배부율 = \frac{예정제조간접원가}{예정조업도}$ *전기세 등 시간 걸림 나와야 안다	표준원가 표준조업도 × 표준배부율
목적		(1) 원가계산지연 (2) 계절별상이 (조업도 다름)	(1) 원가관리와 통제/성과 (2) 예산편성 (3) 재무제표 작성 (4) 회계업무의 간소화 및 원가보고의 신속성
특징	비능률, 외부요인확인 불가능		과학적, 통계적 사전설정

2 표준원가계산의 목적 ★

- 원가관리와 통제/성과평가
- 예산편성
- 재무제표 작성
- 회계업무의 간소화 및 원가보고의 신속성(기장 시간이 줄면 인건비 발생이 적음. 즉, 원가회계담당자의 인원이 많이 필요하지 않아 인건비 절감의 효과가 있음)

3 표준원가계산의 한계

- 객관성보장 힘들고 및 비용(객관적인 표준원가 설정이 어려움)
- **사후관리 필요** : 수시로 변화를 반영
- **비계량적인 정보 무시** : 싸게 구입 강조 – 거래처와 관계 악화
- 질적인관계 무시
- **동기부여 무시** : 중요한 예외에 의한 관리를 하다보면 절감된 본인의 성과 누락 가능성 존재, 동기부여 감소

4 표준원가의 종류

- **이상적표준** : 정상적 기계고장과 휴식 등 전혀 고려하지 않음. 최적조건, 항상 불리, 동기부여 악화, 출발점의 의미
- **정상적표준** : 우발적 상황을 제거
- **현실적표준** : 열심히 노력하면 기대, 표준원가의 의미★

5 표준원가의 목적(성과평가 측면과 원가계산 측면)

● 성과평가측면을 강조(차이분석)****

	실제 ②	변동예산 ④	변동예산 ③	고정예산 ①
	실제생산량 : 900개	실제생산량 : 900개 실제투입량(실제 노동시간, 실제조업도)에 허용된 변동예산	실제생산량 : 900개 실제생산량(산출량)에 허용된 표준 수량(표준노동시간, 표준조업도) 변동예산	예상생산량 : 1,000개
DM	실제생산량 × 단위당 실제사용량 × 실제가격 = 실제투입량 × 실제가격 900 × 2.1 × 11 : 20,790(1,890 × 11)	실제생산량 × 단위당 실제사용량 × 표준가격 = 실제투입량 × 표준가격 900 × 2.1 × 10 : 18,900(1,890 × 10)	실제생산량 × 단위당 표준수량 × 표준가격 900 × 2 × 10 : 18,000 (1,800 × 10)	예상생산량 × 단위당 표준수량 × 표준가격 1,000 × 2 × 10 : 20,000
DL	실제생산량 × 단위당 실제작업시간 × 실제임률 = 실제작업시간 × 실제임률 900 × 4.1 × 5.1 : 18,819 (3,690 × 5.1)	실제생산량 × 단위당 실제작업시간 × 표준임률 = 실제작업시간 × 표준임률 900 × 4.1 × 5 : 18,450(3,690 × 5)	실제생산량 × 단위당 표준작업시간 × 표준임률 900 × 4 × 5 : 18,000(3,600 × 5)	예상생산량 × 단위당 표준작업시간 × 표준임률 1,000 × 4 × 5 : 20,000
VOH	실제생산량 × 단위당 실제 조업도 × 실제배부률 = 실제조업도 × 실제배부률 900 × 4.1 × 11 : 40,590 (3,690 × 11)	실제생산량 × 단위당 실제조업도 × 표준배부율 = 실제조업도 × 표준배부율 900 × 4.1 × 10 : 36,900 (3,690 × 10)	실제생산량 × 단위당 표준조업도 × 표준배부율 (노동시간 기준) 900 × 4 × 10 : 36,000 (3,600 × 10)	예상생산량 × 단위당 표준조업도 × 표준배부율 1,000 × 4 × 10 : 40,000
FOH (총액)	실제발생액 110,000	고정제조간접비 예산 100,000	고정제조간접비 예산 100,000	고정제조간접비 예산 100,000

변동예산 ③과 실제원가 ②을 비교하는 목적

고정예산과 실제원가를 비교하면 적게 생산할수록 원가가 적으므로 일을 잘 한 것처럼 보인다. 즉, 격투기의 선수의 주먹 세기를 비교할 때 100킬로그램의 선수의 주먹과 50킬로그램의 선수 주먹을 비교해선 알 될 것이다. 동일한 체급 선수의 주먹을 비교하는 것이 합리적이다.

〈원가계산 측면을 강조, 제품에 배부〉★★★★

	실제 : AQ × AP	변동예산 : AQ × SP	변동예산 : SQ × SP	원가배부
	실제생산량 : 900개	실제생산량 : 900개 실제투입량(실제 노동시간, 실제조업도)에 허용된 변동예산	실제생산량 : 900개 실제생산량(산출량)에 허용된 표준 수량(표준노동시간, 표준조업도) 변동예산	
DM	실제생산량 × 단위당 실제사용량 × 실제가격 = 실제투입량 × 실제가격 900 × 2.1 × 11 : 20,790	실제생산량 × 단위당 실제사용량 × 표준가격 = 실제투입량 × 표준가격 900 × 2.1 × 10 : 18,900	실제생산량 × 단위당 표준수량 × 표준가격 900 × 2 × 10 = 18,000	좌동(변동비)
DL	실제생산량 × 단위당 실제작업시간 × 실제임률 = 실제작업시간 × 실제임률 900 × 4.1 × 5.1 : 18,819	실제생산량 × 단위당 실제작업시간 × 표준임률 = 실제작업시간 × 표준임률 900 × 4.1 × 5 : 18,450	실제생산량 × 단위당 표준작업시간 × 표준임률 900 × 4 × 5 = 18,000	좌동(변동비)
VOH	실제생산량 × 단위당 실제 조업도 × 실제배부율 = 실제조업도 × 실제배부율 900 × 4.1 × 11 : 40,590	실제생산량 × 단위당 실제조업도 × 표준배부율 = 실제조업도 × 표준배부율 900 × 4.1 × 10 : 36,900	실제생산량 × 단위당 표준조업도 × 표준배부율 900 × 4 × 10 = 36,000	좌동(변동비)

	실 제	변동예산 = 고정예산		원가 배부
FOH	실제발생액 110,000원	고정제조간접비 예산 (변동예산 = 고정예산) 100,000	고정제조간접비 예산 100,000 $\frac{\text{FOH고정예산}}{\text{기준조업도}}$ * 100,000원/4,000시간 = @25 (1,000개 × 4h =4,000시간)	실제생산량 × 단위당표준조업도 × 예정배부율(고정예산/기준조업도) 변동비처럼 배부 조업도차이 발생함 900 × 4 × @25 = 90,000원

사전에 설정 제품 단위당 원가 [180원/개] 표준원가를 설정한다.

- DM : 20원
- DL : 20원
- VOH : 40원
- FOH : 100원

제조간접원가의 분석(변동제조간접원가와 고정제조간접원가를 합쳐서 설정)

OH 예산(고정예산) : FOH(100,000) + VOH(40,000) / 예정시간 4,000시간 = @35

OH 배부 : 실제생산량 × 표준조업도 × 표준배부율 : 900개 × 4시간 × @35 = 126,000
정상원가와 비교 : 실제조업도(실제생산량 × 실제단위조업도) × 예정배부율

제조간접원가의 분석(변동제조간접원가와 고정제조간접원가를 따로 설정)

VOH 고정예산 : 40,000 / 예정시간 4,000시간 = @10

FOH 고정예산 : 100,000 / 예정시간 4,000시간 = @25

VOH 배부 : 900 × 4시간 × @10 = 36,000
FOH 배부 : 900 × 4시간 × @25 = 90,000
VOH배부 + FOH배부 = 900 × 4h × (@10 + @25) = 126,000
900 × 4시간 VOH, FOH 같은 이유는 둘 다 같은 직접노동시간 기준으로 배부하기 때문임

6 표준원가계산과 차이분석 개요

(1) DM, DL, VOH 차이분석의 기초

실제수량 × 실제가격 (AQ × AP)	실제투입량 × 표준가격 (AQ × SP)	표준투입량 × 표준가격 (SQ × SP)

AQ × (AP − SP)	(AQ − SQ) × SP
DM 가격차이	능률차이(수량)
DL 가격차이(임률)	능률차이
VOH 소비차이	능률차이

(2) FOH 차이 분석의 기초

실제원가	변동예산(고정예산)	배 부

실제 − 예산	예산 − 배부
FOH 예산차이	조업도차이

7 직접재료비원가 차이

	AQ × AP	AQ × SP	SQ × SP
		실제생산량 실제투입량에 허용된 변동예산	실제생산량 실제생산량(산출량)에 허용된 표준투입량 변동예산
사용시	실제생산량 × 단위실제사용량 × 실제가격	실제생산량 × 단위실제사용량 × 표준가격	실제생산량 × 단위표준수량 × 표준가격

	AQ' × AP	AQ' × SP
구입시	실제구입량 × 실제가격	실제구입량 × 표준가격

구입시 가격차이를 분석하면 가격차이를 사용 때까지 기다리지 않으므로 구입시점에 차이를 파악할 수 있음. 따라서 가격차이에 대한 관리를 즉시 반영할 수 있음.

예제 2

(주)이패스는 표준원가계산제도를 채택하고 있으며, 당기의 예산생산량은 1,300개이나 실제생산량은 1,200개이다. 당기 중 직접재료 3,000ℓ 를 ₩60,000에 외상으로 구입하여 2,500ℓ 를 사용하였다. 직접재료의 기초재고는 없으며, 제품 단위당 표준직접재료원가는 아래와 같다.

직접재료원가 : 2ℓ × ₩18 = ₩36

1. **직접재료원가 가격차이를 재료의 사용시점에 분리한다고 가정하고 직접재료원가의 가격차이와 능률차이를 계산하시오**
2. **직접재료원가 가격차이를 구입시점에 분리한다고 가정하고 직접재료원가의 가격차이와 능률차이를 계산하시오.**

해설 1. 직접재료원가 가격차이를 사용시점에 분리하는 경우

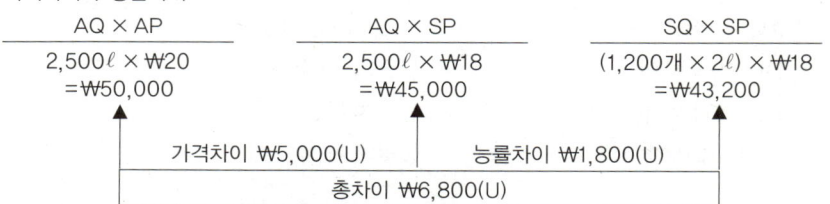

(1) 가격차이와 능률차이

AQ × AP	AQ × SP	SQ × SP
2,500ℓ × ₩20 =₩50,000	2,500ℓ × ₩18 =₩45,000	(1,200개 × 2ℓ) × ₩18 =₩43,200

가격차이 ₩5,000(U) 능률차이 ₩1,800(U)

총차이 ₩6,800(U)

2. 직접재료원가 가격차이를 구입시점에 분리하는 경우

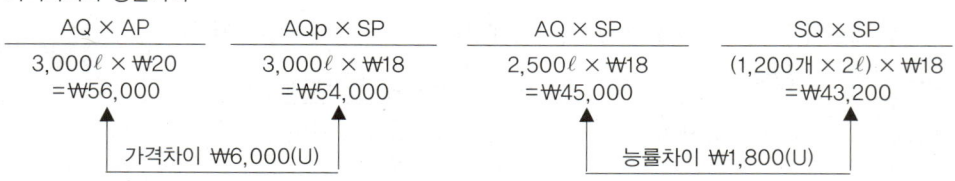

(1) 가격차이와 능률차이

AQ × AP	AQp × SP	AQ × SP	SQ × SP
3,000ℓ × ₩20 =₩56,000	3,000ℓ × ₩18 =₩54,000	2,500ℓ × ₩18 =₩45,000	(1,200개 × 2ℓ) × ₩18 =₩43,200

가격차이 ₩6,000(U) 능률차이 ₩1,800(U)

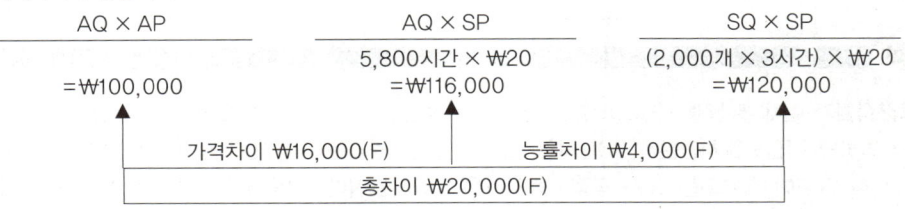

가격차이와 능률차이가 발생하는 이유

1) 직접재료원가 가격차이
   ① 가격차이는 원재료 시장의 수요와 공급 상황에 따라 발생할 수 있다.
   ② 원재료 구매담당자의 업무능력에 따라 유리하거나 불리한 가격차이가 발생할 수 있다.
   ③ 표준을 설정할 때 고려한 품질수준과 상이한 품질의 원재료를 구입함에 따라 가격차이가 발생할 수 있다.
   ④ 표준을 설정할 때와 다른 경기 변동에 따라 가격차이가 발생할 수 있다.
2) 직접재료원가 능률차이
   ① 생산과정에서 원재료를 효율적으로 사용하지 못함으로써 능률차이가 발생할 수 있다.
   ② 표준을 설정할 때와 다른 품질의 원재료를 사용함으로써 능률차이가 발생할 수 있다.
   ③ 점진적인 기술혁신에 의하여 능률차이가 발생할 수 있다.

일반적으로 직접재료원가 가격차이는 원재료 구매담당자가, 능률차이는 생산부문 담당자가 책임을 지지만 가격차이와 능률차이 사이에는 상호작용이 존재한다는 사실에 주의해야 한다.

8 직접노무원가차이

AQ × AP	AQ × SP	SQ × SP
실제생산량	실제생산량 실제작업시간에 허용된 변동예산	실제생산량 실제생산량(산출량)에 허용된 표준노동시간 변동예산
실제생산량 × 단위실제작업시간 × 실제임률	실제생산량 × 단위실제작업시간 × 표준임률	실제생산량 × 단위표준작업시간 × 표준임률

예제 3

(주)이패스는 당기에 제품 2,000개를 생산하였다. (주)이패스의 한 개 제품 생산에는 3시간의 직접노동시간이 소요되며 시간당 표준임률은 ₩20이다. 그러나 실제로 제품 2,000개를 생산하는데 5,800시간이 소요되었으며, 실제 발생한 직접노무원가는 ₩100,000이다. 직접노무원가 가격차이와 능률차이를 계산하시오.

해설 1. 가격차이와 능률차이

AQ × AP	AQ × SP	SQ × SP
	5,800시간 × ₩20	(2,000개 × 3시간) × ₩20
=₩100,000	=₩116,000	=₩120,000

가격차이 ₩16,000(F)　　능률차이 ₩4,000(F)

총차이 ₩20,000(F)

가격차이와 능률차이가 발생하는 이유

1) 직접노무원가 가격차이
   ① 가격차이는 생산에 투입되는 노동력의 질에 따라 발생할 수 있다. 예를 들어, 저임률의 미숙련 노동자가 투입되어도 될 작업에 고임률의 숙련노동자를 투입할 경우 가격차이가 발생하게 된다.
   ② 생산부문에서 작업량의 증가에 따라 초과근무수당을 지급할 경우 가격차이가 발생할 수 있다.
   ③ 노사협상 등에 의하여 임금이 상승하여 가격차이가 발생할 수 있다.
2) 직접노무원가 능률차이
   ① 노동의 비능률적인 사용으로 인하여 능률차이가 발생할 수 있다. 예를 들어, 기술수준이 높은 근로자에 비해 기술수준이 낮은 근로자는 작업수행에 보다 많은 시간을 필요로 할 것이므로 능률차이가 발생하게 된다.
   ② 생산에 투입되는 원재료의 품질정도에 따라 투입되는 노동시간이 영향을 받으므로, 이에 의해서도 능률차이가 발생할 수 있다.
   ③ 생산부문 책임자의 감독소홀이나 일정계획 등의 차질로 인하여 능률차이가 발생할 수 있다.

일반적으로 직접노무원가 가격차이는 인사부문의 담당자가, 능률차이는 생산부문 담당자가 책임을 지지만 직접재료원가차이 분석의 경우와 마찬가지로 직접노무원가차이를 분석할 때도 가격차이와 능률차이 사이의 상호작용에 주의해야 한다. 예를 들어, 노동의 비효율적인 사용에 의하여 직접노무원가 가격차이가 발생하였다면 생산부문 담당자도 자신의 통제영역에 해당되는 차이에 대하여 책임을 져야 한다는 것이다. 반대로 인사부문에서 작업수준이 낮은 노동력을 생산부문에 공급함으로써 직접노무원가 능률차이를 발생시켰다면, 당해 차이에 대하여 인사부문 담당자가 책임을 져야 할 것이다.

9 변동제조간접원가 차이

AQ × AP	AQ × SP	SQ × SP
실제생산량	실제생산량 실제조업도에 허용된 변동예산	실제생산량 실제생산량(산출량)에 허용된 표준조업도 변동예산
실제생산량 × 단위실제조업도 × 실제배부율	실제생산량 × 단위실제조업도 × 표준배부율	실제생산량 × 단위표준조업도 × 표준배부율

$$\text{표준배부율} = \frac{\text{VOH 예산}}{\text{예상조업도}}$$

예제 4

변동제조간접원가 실제 발생액 19,000원, 실제 제품 생산량 300단위, 실제 직접노동시간 1,200시간, 설정한 예산의 의하면 직접노동시간은 1,500시간, 변동제조간접원가는 30,000원이다. 배부기준은 직접노동시간이며, 제품 한 단위에 소요되는 표준 직접노동시간은 3.5시간이다. 변동제조간접원가 소비차이와 능률차이를 분석하시오.

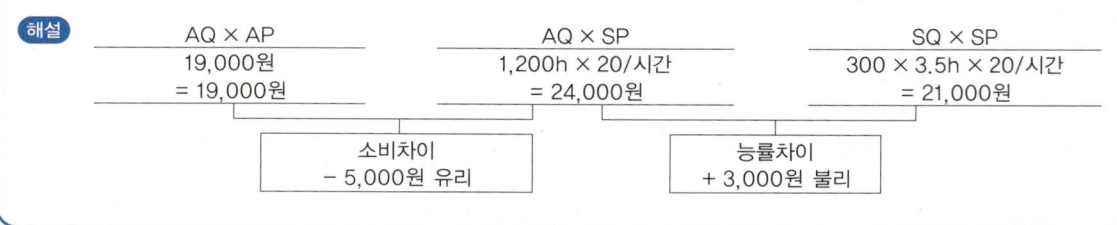

해설

AQ × AP	AQ × SP	SQ × SP
19,000원 = 19,000원	1,200h × 20/시간 = 24,000원	300 × 3.5h × 20/시간 = 21,000원

소비차이: − 5,000원 유리

능률차이: + 3,000원 불리

10 고정제조간접원가차이 분석

실제	변동예산 = 고정예산	배부
실제발생액	예산	실제생산량 × 단위당표준조업도 × 예정배부율(고정예산/기준조업도)변동비처럼 배부

$$\frac{\text{FOH 예산}}{\text{기준조업도}} = \text{고정제조간접원가 예정배부율}$$

실제원가　　　　변동예산(고정예산)　　　　배 부

실제 − 예산 / FOH 예산차이　　　　예산 − 배부 / 조업도차이

고정제조간접원가는 생산과정에서의 능률적인 관리를 통하여 그 발생액을 변화시킬 수 없으므로 고정제조간접원가 능률차이는 발생하지 않는다. 따라서 고정제조간접원가차이는 원가통제 목적상 실제 고정제조간접원가 발생액과 고정제조간접원가 예산을 비교하여 그 차이를 예산차이로 관리하게 된다. 또한, 고정제조간접원가 예정배부율에 의한 고정제조간접원가 배부액과 예산의 차이는 실제 생산량에 허용된 표준조업도와 기준조업도의 차이로 인하여 발생하는 것으로 이를 조업도차이로 관리한다.

예제 5

실제발생 고정제조간접원가는 27,000원이고, 실제 제품 생산량 300단위, 실제 직접노동시간 1,200시간, 설정한 예산의 의하면 직접노동시간은 1,500시간, 고정제조간접원가는 37,500원이다. 배부기준은 직접노동시간이며, 제품 한 단위에 소요되는 표준 직접노동시간은 3.5시간이다. 예산차이와 조업도차이를 분석하시오.

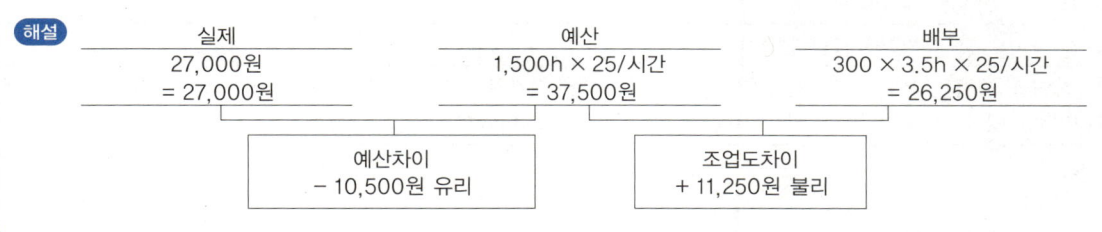

해설

실제	예산	배부
27,000원 = 27,000원	1,500h × 25/시간 = 37,500원	300 × 3.5h × 25/시간 = 26,250원

예산차이 − 10,500원 유리

조업도차이 + 11,250원 불리

11 제조간접비원가차이의 분석방법

(1) 4분법

소비, 능률, 예산, 조업도차이

4분법은 총제조간접원가를 변동제조간접원가와 고정제조간접원가로 나누어서 차이를 계산하는 방법이다.

(2) 3분법

3분법은 제조간접원가를 임의로 변동원가부분과 고정원가 부분을 구분하지 않고 제조간접원가 발생 총액을 그대로 이용하는 방법이다. 제조간접원가가 변동원가 부분과 고정원가 부분으로 구분되어 있지 않으면 4분법을 사용할 수 없다.

- 실제제조간접원가와 실제투입량에 근거한 변동예산 차이 : 소비차이
- 실제투입량에 근거한 변동예산과 실제산출량에 근거한 변동예산 차이 : 능률차이
- 실제산출량에 근거한 변동예산과 배부액 차이 : 조업도 차이

(3) 2분법

- 실제제조간접원가와 실제산출량에 근거한 변동예산 차이 : 예산차이
- 실제산출량에 근거한 변동예산과 배부액 차이 : 조업도차이

12 원가차이배분

- 비배분법 : 매출원가조정법, 기타손익법
- 비례배분법 : 총원가기준법, 원가요소기준법

구분	매출원가조정	기타손익법
유리	매출원가(−) 실제가 적게 발생했으니 비용에 차감	기타수익
불리	매출원가(+) 실제가 많이 발생했으니 비용에 가산	기타비용

총원가기준법	원가요소기준법
원가차이를 매출원가와 재고자산금액에 있는 원가요소를 구별하지 않고 총액을 기준으로 원가차이를 배분하는 방법	원가차이를 각 계정의 총원가에 포함된 원가요소별 금액의 비율로 배분하는 방법

수정문제

01 표준원가의 목적은 원가관리와 통제를 하기 위해서다. (○, ×)

02 직접재료원가차이는 실제원가와 표준원가의 차이를 비교하는 것이다. (○, ×)

03 표준원가를 이용하는 목적 중에 하나는 예산편성을 위한 것이다. (○, ×)

04 직접재료원가의 가격 차이는 생산팀에서 책임지는 것이 바람직하다. (○, ×)

05 고정 제조간접원가는 능률적인 사용으로 원가를 절감할 수 있다. (○, ×)

06 직접재료원가의 가격차이는 원재료를 효율적으로 사용하지 못함으로써 발생한다. (○, ×)

07 공장노무자의 비능률적 업무수행으로 인해 직접노무원가에 있어 불리한 능률차이가 발생할 수 있다. (○, ×)

08 기존의 설비와 제조공정에서 정상적인 기계고장, 정상감손 및 근로자의 휴식시간 등을 고려하지 않고 최선의 조건하에서만 달성할 수 있는 이상적인 목표하의 최저목표원가를 의미는 현실적 표준에 대한 설명이다. (○, ×)

▼정답 및 해설

01 (○) 기업에서 표준원가를 이용하는 것은 원가의 관리와 효율적인 통제를 위함이다.

02 (○) 직접재료원가차이는 실제원가와 표준원가의 차이를 비교하는 것이다.

03 (○) 표준원가 자체가 예산편성에 이용할 수 있다.

04 (×) 원재료는 구입은 생산팀에서 하지 않으므로 구매팀에서 책임지는 것이 바람직하다.

05 (×) 고정 제조간접원가 생산과정에서 능률적인 사용으로 절감할 수 있는 원가가 아니다.

06 (×) 직접재료원가 능률차이에 대한 설명이다.

07 (○) 공장노무자의 비능률적 업무수행으로 인해 직접노무원가에 있어 불리한 능률차이가 발생할 수 있다.

08 (×) 기존의 설비와 제조공정에서 정상적인 기계고장, 정상감손 및 근로자의 휴식시간 등을 고려하지 않고 최선의 조건하에서만 달성할 수 있는 이상적인 목표하의 최저목표원가를 의미는 이상적 표준에 대한 설명이다.

출제예상 문제

01 **동일종류의 제품을 연속적으로 대량 생산하는 회사에서 원가관리와 통제목적으로 가장 유용하게 이용할 수 있는 원가계산방법은 무엇인가?**

① 실제 종합원가계산
② 표준 종합원가계산
③ 표준 전부원가계산
④ 표준 개별원가계산

02 **다음 중 표준원가제도와 관련된 설명으로 옳지 않은 것은?**

① 표준원가계산이란 원가발생의 예외를 관리하여 통제하기에 적절한 원가계산방법이다.
② 종합원가계산과 결합하여 표준종합원가계산을 적용할 수 있다.
③ 표준원가계산방법을 적용함에 있어서 제품제조기술을 향상시키고자 함은 아니다.
④ 표준원가에서 사용하는 원가는 정상적표준을 설정한다.

03 **다음의 표준원가계산에 의한 차이분석에 있어서 구입시점에서 즉시 차이를 분석할 수 있는 것은?**

① 직접재료원가 차이분석
② 직접노무원가 차이분석
③ 변동제조간접비 차이분석
④ 고정제조간접비 차이분석

04 **표준원가계산의 유용성으로 볼 수 없는 것은?**

① 예산을 선정하는데 있어 기초자료로 활용할 수 있다.
② 표준원가와 실제원가가 차이가 나는 경우 원가통제를 할 수 없다.
③ 원가계산이 신속하고 간편해 진다.
④ 단위당 표준원가가 선정되어 있기 때문에 원가흐름의 가정이 필요 없고 단지 재고자산의 물량만 파악하면 된다.

05 **표준원가의 가격차이 중 조업도 차이가 발생하는 것은?**

① 직접재료원가 차이분석
② 직접노무원가 차이분석
③ 변동제조간접원가 차이분석
④ 고정제조간접원가 차이분석

06 3분법의 차이분석이 다음 중 올바른 것은?

① 가격차이와 능률차이, 조업도차이
② 가격차이와 조업도차이, 소비차이
③ 소비차이와 능률차이, 조업도차이
④ 조업도차이와 능률차이, 예산차이

07 단일제품을 생산하고 있는데 회사가 생산하는 제품의 단위당 표준원가는 아래와 같다. 회사는 2014년 중 제품 5,000개를 생산하였으며, 실제 발생된 제조원가는 다음과 같았다. 직접재료비 가격차이와 수량차이를 맞게 표시한 것은? (실제 직접재료비 12,000kg × 27.5원 = 330,000원)

	표준수량	표준가격	표준원가
직접재료비	2kg	25원/kg	50원

가격차이 능률차이로 올바른 것은?

① 가격차이 30,000불리
② 능률차이 30,000불리
③ 가격차이 30,000유리
④ 능률차이 50,000유리

08 다음 자료에 의하여 직접재료비의 가격차이를 분석하려 한다. 구입시점의 가격차이를 분석할 경우 직접재료의 단위당 실제원가로 올바른 것은?

• 실제 직접재료 사용량	1,300단위
• 직접재료 기말재고량	100단위
• 직접재료 기초재고량	200단위
• 직접재료의 단위당 표준가격	100원
• 직접재료의 구입가격차이	12,000원(유리)

① 90원
② 100원
③ 110원
④ 120원

09 직접노무원가는 다음과 같다. 실제 발생한 직접노무원가는 얼마인가?

표준직접노동시간	1,500시간
실제직접노동시간	1,800시간
직접노무원가 가격차이	₩13,800불리
표준임률	₩100/시간

① 191,000원
② 193,800원
③ 222,000원
④ 234,000원

10 다음 자료에 의하여 고정제조간접비예산은 얼마인가?

• 고정제조간접비예정배부율	@1,000원 / 작업시간
• 제품생산량	20,000단위
• 제품단위당 표준조업도	2시간
• 고정제조간접비의 실제원가와 표준원가의 총차이	4,000,000원 (불리)
• 고정제조간접비 예산차이	6,000,000원 (유리)

① 40,000,000원　② 44,000,000원
③ 46,000,000원　④ 50,000,000원

11 변동제조간접원가 실제 발생액 19,000원, 실제 제품 생산량 300단위, 실제 직접노동시간 1,200시간, 설정한 예산의 의하면 직접노동시간은 1,500시간, 변동제조간접원가는 30,000원이다. 배부기준은 직접노동시간이며, 제품 한 단위에 소요되는 표준 직접노동시간은 3.5시간이다. 변동제조간접원가 소비차이와 능률차이를 분석 중 올바른 것은?

① 소비차이 5,000원 불리　② 능률차이 5,000원 유리
③ 소비차이 4,000원 불리　④ 능률차이 3,000원 불리

12 3분법을 사용하여 제조간접원가를 소비, 능률, 조업도차이로 분리하고 있다. 자료는 다음과 같다. 제품생산에 허용된 표준시간은?

• 총제조간접원가 실제발생액 : 1,000,000원
• 제조간접원가 예정배부율 : 8원
• 능률차이 : 40,000원 불리
• 조업도차이 : 100,000원 유리
• 제조간접원가 추정방정식 Y = 500,000원 + x × 시간당 4원

① 120,000시간　② 130,000시간
③ 140,000시간　④ 150,000시간

13 (주)이패스는 직접노무시간을 기준으로 제조간접원가를 예정배부하고 있다. 20×1년도의 제조간접원가 예산은 3,600,000원이고, 예정직접노무시간은 18,000시간이었다. 또한 제조간접원가 실제발생액은 4,500,000원이고, 실제직접노무시간은 25,000시간이었다. 20×1년도의 제조간접원가 예정배부액은 얼마인가?

① 3,600,000원　② 4,500,000원
③ 5,000,000원　④ 6,000,000원

14 **(주)이패스는 정상원가계산을 적용하고 있으며 기계시간을 기준으로 제조간접원가를 예정배부하고 있다. 20×1년도 제조간접원가 예산은 600,000원이고, 예정기계시간은 12,000시간이었다. 한편, 20×1년 실제 발생한 제조간접원가는 500,000원이고, 실제기계시간은 9,000시간이었다. 20×1년의 제조간접원가 배부차이는 얼마인가?**

① 40,000원 과소배부
② 50,000원 과소배부
③ 40,000원 과대배부
④ 50,000원 과대배부

15 **(주)이패스의 표준원가계산제도는 제조간접원가의 배부에 있어서 직접작업시간을 배부기준으로 사용한다. 다음은 이 회사의 원가차이분석에 필요한 자료이다.**

제조간접비 실제발생액	₩15,000
고정제조간접비 실제발생액	₩7,200
실제작업시간	3,500시간
표준작업시간	3,800시간
변동제조간접비 표준배부율	작업시간당 ₩2.5

변동제조간접비 소비차이는 얼마인가?

① ₩950 불리
② ₩750 불리
③ ₩750 유리
④ ₩950 유리

16 **다음 중 표준원가계산에서 원가차이의 처리방법인 매출원가조정법에 관한 설명으로 가장 올바르지 않은 것은?**

① 매출원가조정법을 사용하면 비례배분법을 사용하는 경우보다 당기순이익이 크게 나타난다.
② 유리한 원가차이는 매출원가에서 차감하며 불리한 원가차이는 매출원가에 가산한다.
③ 매출원가조정법은 모든 원가차이를 매출원가에 가감하여 차이를 조정한다.
④ 매출원가조정법에서는 재공품과 제품 계정은 모두 표준원가로 기록된다.

17 **(주)이패스는 표준원가계산제도를 사용하고 있다. 제품 단위당 직접노무원가 수량표준은 3시간, 임률표준은 20원이다. 제품 실제생산량은 1,500개이며, 이와 관련하여 실제로 직접노무시간 4,600시간, 직접노무원가 91,000원이 발생하였다고 할 때, 직접노무원가 가격차이는 얼마인가?**

① 1,000원 불리
② 1,000원 유리
③ 2,000원 불리
④ 2,000원 유리

18 **아래 내용은 표준원가에 대한 설명이다. 차이분석에 관한 설명으로 올바르지 않은 것은 모두 몇 개인가?**

> 가. 차이분석이란 표준원가와 실제원가를 비교하여 그 차이를 분석하는 것으로서, 일종의 투입-산출 분석이다.
> 나. 직접재료원가 차이분석 시 표준투입량은 사전에 미리 설정해 놓은 최대 조업도에 대한 표준투입량이다.
> 다. 가격차이는 실제원가와 실제투입량에 대한 표준원가와의 차이이다.
> 라. 능률차이는 실제투입량에 대한 표준원가와 표준투입량에 대한 표준원가와의 차이이다.

① 1개　　② 2개
③ 3개　　④ 4개

19 **(주)이패스는 표준원가제도를 사용하고 있다. 표준노무시간은 제품 한 단위당 5시간이다. 제품의 실제생산량은 2,200단위이고 고정제조간접원가 실제발생액은 24,920,000원이다. (주)삼일의 고정제조간접원가는 노무시간을 기준으로 배부되며 기준조업도는 10,000노무시간이다. 고정제조간접원가 예산차이가 4,360,000원 불리하다면 조업도차이는 얼마인가?**

① 2,056,000원 유리　　② 2,056,000원 불리
③ 2,928,000원 유리　　④ 2,928,000원 불리

[redacted]

정답 및 해설

01	②	02	④	03	①	04	②	05	④	06	③	07	①	08	①	09	②	10	④
11	④	12	④	13	③	14	②	15	④	16	①	17	②	18	①	19	①		

01 ② 생산형태가 연속적으로 대량생산하는 경우에는 종합원가계산이 적합하고 통제목적상으로는 표준원가계산이 적합하다.

02 ④ 표준원가에서 사용하는 원가는 현실적 표준을 설정한다.

03 ① 직접재료원가는 가격차이를 원재료 구입시점에 차이를 분석할 수 있다.

04 ② 표준원가와 실제원가가 차이가 나는 경우 왜 차이가 나는지 이유를 밝혀서 원가통제를 할 수 있다.

05 ④ 고정제조간접원가 차이분석만이 조업도차이가 있다.

06 ③ 소비차이와 능률차이와 조업도차이로 분석하는 것이 3분법이다.

07 ①

AQ × AP	AQ × SP	SQ × SP
12,000kg × 27.5원 / kg = 330,000원	12,000kg × 25원 / kg = 300,000원	5,000개 × 2kg × 25원 / kg = 250,000원

가격차이 + 30,000원 불리

능률차이 + 50,000원 불리

	AQ' × AP	AQ' × SP
구입시	실제구입량 × 실제가격	실제구입량 × 표준가격

구입시 가격차이를 분석하면 가격차이를 사용 때까지 기다리지 않으므로 구입시점에 차이를 파악할 수 있음. 따라서 가격차이에 대한 관리를 즉시에 반영할 수 있음.

08 ①

- 직접재료구입량 : 사용량 1,300단위 + 기말100단위 − 기초200단위 = 1,200단위
- (실제가격 − 표준가격 100원) × 실제수량 1,200단위 = 12,000원(유리)

∴ 실제가격 90원

09 ②

- 직접노무원가 가격차이 = 실제시간 × 실제임률 − 실제시간 × 표준임률
  = 실제노무원가 − 1,800 × 100 = 13,800
- 실제노무원가 = 193,800

10 ④

- 고정제조간접비실제발생액 44,000,000원 = @1,000원 × 20,000단위 × 2시간 + 4,000,000원 (불리)
- 고정제조간접비 예산 50,000,000원 = 44,000,000원 + 6,000,000원(유리)

11 ④

AQ × AP	AQ × SP	SQ × SP
19,000원 = 19,000원	12,000h × 20/시간 = 24,000원	300 × 3.5h × 20/시간 = 21,000원

소비차이 − 5,000원 유리

능률차이 + 3,000원 불리

12 ④ 허용된 표준시간을 x라고 하면, 500,000원과 '시간당 4원 × x' 사이에 유리한 조업도차이가 100,000원이 있다. @4원 × x − 100,000원 = 500,000원이므로 x는 150,000시간이다.
제조간접원가 추정방정식에서의 500,000원은 고정제조간접원가이다.

시간당 4원은 변동제조간접비 예정배부율이며, 고정제조간접비 예정배부율은 4원(= 8원 − 4원)이다.
배부액은 500,000원보다 100,000원(유리한 조업도차이)이 많은 600,000원이 된다.
따라서 배부액은 150,000시간 × 4원 = 600,000원임을 알 수 있다.
◈ 제품생산에 허용된 표준 시간 : 150,000h

13 ③ 제조간접원가 예정배부율 = 3,600,000원÷18,000시간 = 200원/시간
제조간접원가 예정배부액 = 25,000시간×200원 = 5,000,000원

14 ② 제조간접원가 예정배부율 = 600,000원 ÷ 12,000시간 = 50원/시간
제조간접원가 배부차이 = 500,000원 − 9,000시간×50원 = 50,000원 과소배부

15 ④

AQ × AP	AQ × SP	SQ × SP
₩7,800*	3,500시간 × ₩2.5 = ₩8,750	3,800시간 × ₩2.5 = ₩9,500

₩950(F)

* ₩15,000 − ₩7,200 = ₩7,800

16 ① 매출원가조정법에서 유리한 원가차이는 매출원가에서 차감하며, 불리한 원가차이는 매출원가에 가산하므로 비례배분법을 사용하는 경우보다 당기순이익이 항상 크게 나타나지는 않는다.

17 ② AQ × AP : 91,000원
AQ × SP : 92,000원(4,600h × 20)
유리한 가격차이 1,000원이다.

18 ① 나. 직접재료원가 차이분석시 표준투입량은 사전에 미리 설정해 놓은 실제조업도(실제생산량)에 대한 표준투입량이다.

19 ① 실제 : 24,920,000원
예산 : 20,560,000원(10,000h × 2,056)
배부 : 22,616,000원
(2,200개 × 5h × 2,056)
유리한 조업도차이 2,056,000원이다.

변동원가의 계산

1 개요★★★

(1) 원가계산의 범위

원가계산의 범위

구 분	전부원가계산	변동원가계산	초변동원가계산
DM	제품원가	제품원가	제품원가
DL	제품원가	제품원가	당기비용(기간원가)
VOH	제품원가	제품원가	당기비용(기간원가)
FOH	제품원가	당기비용(기간원가)	당기비용(기간원가)

CASE

Case1. 〈100개 생산 제품이 하나도 판매 안 된 경우〉〈다른 비용 없음〉〈당기에 영업시작〉
100개가 하나도 판매 안되었으므로 매출액은 0원이다

구 분	전부원가계산	변동원가계산	초변동원가계산
매출액	0원	0원	0원
DM	100개 × 10원	100개 × 10원	100개 × 10원
DL	100개 × 10원	100개 × 10원	100개 × 10원
VOH	100개 × 10원	100개 × 10원	100개 × 10원
FOH	100개 × 10원	100개 × 10원	100개 × 10원
비용	0원	(1,000원)	(3,000원)
이익	0원	(1,000원)	(3,000원)

Case2. 〈100개 생산한 제품 모두 판매됨〉〈다른 비용 없음〉〈당기에 영업시작〉
100개 전부 판매를 가정하면 매출액은 100개 × 50원 = 5,000원

구 분	전부원가계산	변동원가계산	초변동원가계산
매출액	5,000원	5,000원	5,000원
DM	100개 × 10원	100개 × 10원	100개 × 10원
DL	100개 × 10원	100개 × 10원	100개 × 10원
VOH	100개 × 10원	100개 × 10원	100개 × 10원
FOH	100개 × 10원	100개 × 10원	100개 × 10원
비용	(4,000원)	(4,000원)	(4,000원)
이익	1,000원	1,000원	1,000원

(2) 변동원가계산의 개념

원가회피개념 : 고정제조간접원가는 관련범위 내에서 회피불능원가이므로 기간원가로 처리한다. 즉, 고정제조간접원가를 제품원가에 배부하지 않는다.

(3) 초변동원가의 개념

초변동원가계산의 개념 : 공장의 공정이 자동화됨에 따라 기계가 제품을 만든다. 인건비 중 직접노무원가는 거의 없고 주로 기계설비의 운영과 유지 보수비 성격인 생산량과 무관하게 발생하는 고정원가 성격의 인건비가 대부분이다. 제조간접원가도 고가의 장비들 대부분이므로 생산량과 무관하게 발생하는 감가상각비인 고정제조간접원가의 성격이 대부분이다. 즉, 초변동원가 개념하에서는 직접노무원가와 제조간접원가는 고정비의 성격으로 보아 제품원가에 배부하지 않는다. 직접재료원가를 제외하고 나머지 모든 원가를 기간원가(운영비용)로 처리를 한다.

전부원가계산 흐름

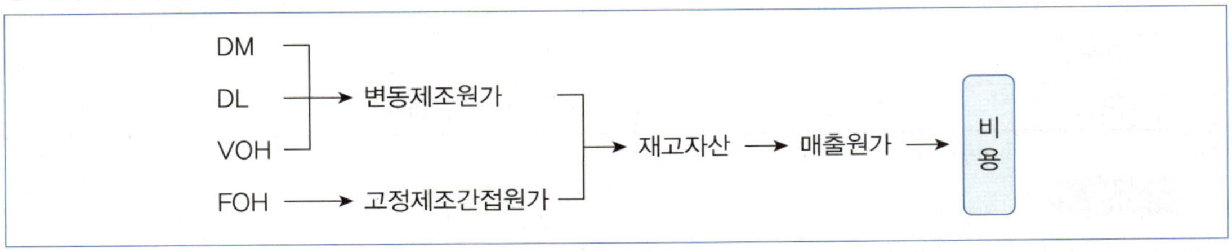

변동원가계산 흐름

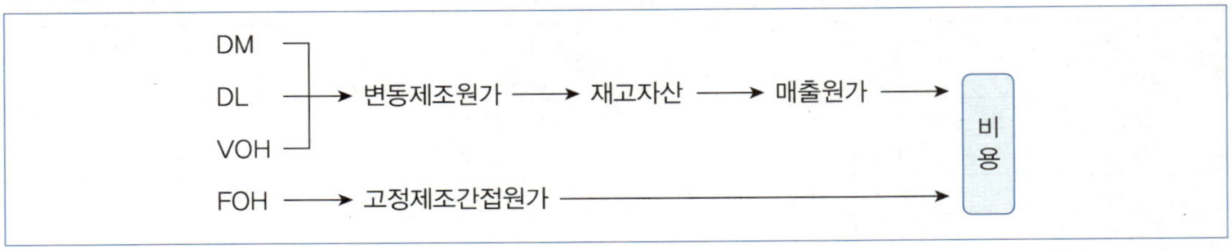

초변동원가계산 흐름

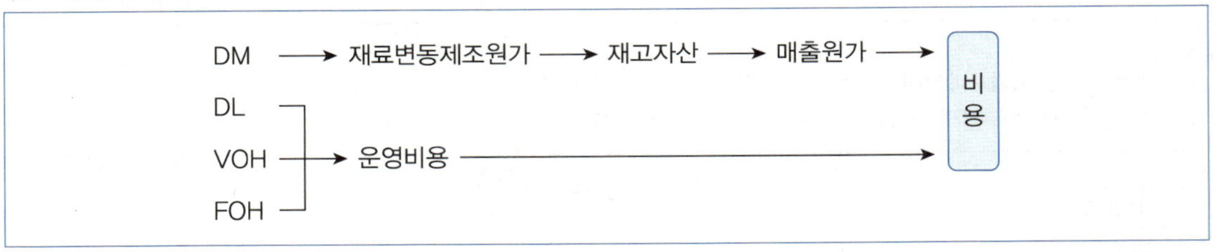

2 손익계산서 비교(***공헌이익의 계산이 아주 중요함)

전부원가계산	변동원가계산	초변동원가계산
Ⅰ. 매출액 Ⅱ. 매출원가(DM, DL, VOH, FOH) 1. 기초 2. 당기제조 3. 기말 Ⅲ. 매출총이익 Ⅳ. 판매관리비 1. 변동판매관리비 2. 고정판매관리비 Ⅴ. 영업이익	Ⅰ. 매출액 Ⅱ. 변동비 1. 변동매출원가(DM, DL, VOH) 1) 기초 2) 당기제조 3) 기말 2. 변동판매관리비 Ⅲ. 공헌이익 Ⅳ. 고정비 1. 고정제조간접원가(FOH) 2. 고정판매관리비 Ⅴ. 영업이익	Ⅰ. 매출액 Ⅱ. 재료매출원가(DM) 1. 기초 2. 당기제조 3. 기말 Ⅲ. 재료처리량 공헌이익 Ⅳ. 운영비용 1. 직접노무원가(DL) 2. 변동제조간접원가(VOH) 3. 고정제조간접원가(FOH) 4. 변동판매관리비 5. 고정판매관리비 Ⅴ. 영업이익

판매관리비는 생산수량과 관계없이 발생한다. 즉, 발생시점에 비용 처리하는 기간원가이다. 상기의 원가계산 방법에 따라 각각의 영업이익이 차이가 날 수 있다. 왜 영업이익 차이가 발생하는지 원인을 분석할 수 있어야 한다.

3 실제 사례를 통한 전부원가계산, 변동원가계산, 초변동원가계산 손익계산서 작성

- 판매가격 : 7원
- 제조원가(제조시에 발생함) : 개당 DM : 1원, 개당 DL : 1원, 개당 VOH : 1원, 총 FOH : 1원
- 판매관리비(판매시에만 발생하는 것으로 가정함) : 개당 변동판관비 : 1원, 총 고정판관비 : 1원

CASE

Case1. 기초재고 : 0개, 제조(생산) 1개, 판매 0개, 기말재고 1개

전부원가계산	변동원가계산	초변동원가계산
Ⅰ. 매출액 0원 Ⅱ. 매출원가(DM, DL, VOH, FOH) 0원 1. 기초 2. 당기제조 1개 × 4원 3. 기말 (1개 × 4원) Ⅲ. 매출총이익 0원 Ⅳ. 판매관리비 0원 1. 변동판매관리비 0원 2. 고정판매관리비 0원 Ⅴ. 영업이익 0원	Ⅰ. 매출액 0원 Ⅱ. 변동비 1. 변동매출원가(DM, DL, VOH) 0원 1) 기초 2) 당기제조 1개 × 3원 3) 기말 (1개 × 3원) 2. 변동판매관리비 0원 Ⅲ. 공헌이익 0원 Ⅳ. 고정비 1원 1. 고정제조간접원가(FOH) 1원 2. 고정판매관리비 0원 Ⅴ. 영업이익 (1원)	Ⅰ. 매출액 0원 Ⅱ. 재료매출원가(DM) 0원 1. 기초 2. 당기제조 1개 × 1원 3. 기말 (1개 × 1원) Ⅲ. 재료처리량 공헌이익 0원 Ⅳ. 운영비용 3원 1. 직접노무원가(DL) 1개 × 1원 2. 변동제조간접원가(VOH) 1개 × 1원 3. 고정제조간접원가(FOH) 1원 4. 변동판매관리비 0원 5. 고정판매관리비 0원 Ⅴ. 영업이익 (3원)

세 방법 모두 판매관리비는 동일하다.

Case2 기초재고 : 1개, 제조(생산) 1개, 판매 2개, 기말재고 0개

- 판매가격 : 7원
- 제조원가(제조시에 발생함) : 개당 DM : 1원, 개당 DL : 1원, 개당 VOH : 1원, 총 FOH : 1원
- 판매관리비(판매시에만 발생하는 것으로 가정함) : 개당 변동판관비 : 1원, 총 고정판관비 : 2원

전부원가계산	변동원가계산	초변동원가계산
Ⅰ. 매출액 14원 Ⅱ. 매출원가(DM, DL, VOH, FOH) 8원 1. 기초 1개 × 4원 2. 당기제조 1개 × 4원 3. 기말 Ⅲ. 매출총이익 6원 Ⅳ. 판매관리비 4원 1. 변동판매관리비 2개 × 1원 2. 고정판매관리비 2원 Ⅴ. 영업이익 2원	Ⅰ. 매출액 14원 Ⅱ. 변동비 8원 1. 변동매출원가(DM, DL, VOH) 6원 1) 기초 1개 × 3원 2) 당기제조 1개 × 3원 3) 기말 2. 변동판매관리비 2개 × 1원 2원 Ⅲ. 공헌이익 6원 Ⅳ. 고정비 3원 1. 고정제조간접원가(FOH) 1원 2. 고정판매관리비 2원 Ⅴ. 영업이익 3원	Ⅰ. 매출액 14원 Ⅱ. 재료매출원가(DM) 2원 1. 기초 1개 × 1원 2. 당기제조 1개 × 1원 3. 기말 Ⅲ. 재료처리량 공헌이익 12원 Ⅳ. 운영비용 7원 1. 직접노무원가(DL) 1개 × 1원 2. 변동제조간접원가(VOH) 1개 × 1원 3. 고정제조간접원가(FOH) 1원 4. 변동판매관리비 2개 × 1원 5. 고정판매관리비 2원 Ⅴ. 영업이익 5원

세 방법 모두 판매관리비는 동일하다.

4 이익의 전환 계산구조***

※ 가정 : 선입선출법, 영업외수익과 비용은 없는 것으로 가정함

변동원가계산에서 전부원가계산의 전환	초변동원가계산에서 변동원가계산 전환	초변동원가계산에서 전부원가계산 전환
변동원가계산 순이익 (−) 기초재고의 FOH (+) 기말재고의 FOH = 전부원가계산 순이익	초변동원가계산 순이익 (−) 기초재고의 변동가공원가 (+) 기말재고의 변동가공원가 = 변동원가계산의 순이익	초변동원가계산의 순이익 (−) 기초재고의 운용비용 (+) 기말재고의 운용비용 = 전부원가계산의 순이익
고정제조간접원가	직접노무원가 변동제조간접원가	직접노무원가 변동제조간접원가 고정제조간접원가

상기 산식에서 판매관리비는 세 방법 모두 동일하므로 고려할 필요가 없음

CASE

Case1. 〈재고가 늘어남〉 기초재고 : 0개, 제조(생산) 1개, 판매 0개, 기말재고 1개

변동원가계산에서 전부원가계산의 전환	초변동원가계산에서 변동원가계산 전환	초변동원가계산에서 전부원가계산 전환
변동원가계산 순이익 (1) (−) 기초재고의 FOH 0 (+) 기말재고의 FOH 1 = 전부원가계산 순이익 0	초변동원가계산 순이익 (3) (−) 기초재고의 변동가공원가 0 (+) 기말재고의 변동가공원가 2 = 변동원가계산의 순이익 (1)	초변동원가계산의 순이익 (3) (−) 기초재고의 운용비용 0 (+) 기말재고의 운용비용 3 = 전부원가계산의 순이익 0
고정제조간접원가	직접노무원가 변동제조간접원가	직접노무원가 변동제조간접원가 고정제조간접원가

Case2. 〈재고가 감소함〉 기초재고 : 1개, 제조(생산) 1개, 판매 2개, 기말재고 0개

변동원가계산에서 전부원가계산의 전환	초변동원가계산에서 변동원가계산 전환	초변동원가계산에서 전부원가계산 전환
변동원가계산 순이익 3 (−) 기초재고의 FOH (1) (+) 기말재고의 FOH 0 = 전부원가계산 순이익 2	초변동원가계산 순이익 5 (−) 기초재고의 변동가공원가 (2) (+) 기말재고의 변동가공원가 0 = 변동원가계산의 순이익 3	초변동원가계산의 순이익 5 (−) 기초재고의 운용비용 (3) (+) 기말재고의 운용비용 0 = 전부원가계산의 순이익 2
고정제조간접원가	직접노무원가 변동제조간접원가	직접노무원가 변동제조간접원가 고정제조간접원가

5 장단점

원가계산방법	장점	단점
전부원가	• 외부보고 목적으로 적용 • 장기적인 의사결정에 유용	• 생산량에 따라 단위당원가가 변동 • 불필요한 재고자산의 보유
변동원가	• 판매량에 따라 이익이 변동 • 단기적인 의사결정에 유용	• 외부보고 목적으로 불인정 • 행태별 원가분류가 어려움
초변동원가	• 불필요한 재고를 최소화 • 행태별 원가분류가 쉬움	• 외부보고 목적으로 불인정 • 장기적 의사결정에 유용하지 않음

6 판매량이 일정할 때 생산량 변동과 영업이익의 비교

(주)이패스의 원가구조는 다음과 같다. 20×0년, 20×1년, 20×2년의 원가변동은 다음과 같을 때 전부원가계산에 의한 영업이익을 구하시오. 제품에는 선입선출법이 적용된다고 가정하고 각 연도별 영업이익의 차이에 대해서 분석하시오.

구분	변동원가	고정원가
단위당 판매가격	100원	
단위당 직접재료원가	30원	
단위당 직접노무원가	20원	
단위당 변동제조간접원가	15원	
고정제조간접원가 총액	–	600,000원
단위당 변동판매비와 관리비	10원	–
고정판매비와 관리비 총액	–	400,000원

구분	20×0년	20×1년	20×2년
기초제품수량	0개	10,000개	10,000개
당기 생산량	50,000개	40,000개	30,000개
당기 판매량	40,000개	40,000개	40,000개
기말제품수량	10,000개	10,000개	0개

1. 전부원가계산

	20×0년	20×1년	20×2년
매출액	₩4,000,000	₩4,000,000	₩4,000,000
매출원가*	3,080,000	3,170,000	3,350,000
매출총이익	920,000	830,000	650,000
판매비와관리비			
변동판매비와관리비	400,000	400,000	400,000
고정판매비와관리비	400,000	400,000	400,000
영업이익(손실)	₩120,000	₩30,000	₩(150,000)

* 매출원가

20×0년	
기초제품재고액	0
당기제품제조원가(50,000개 × 77**)	3,850,000
기말제품재고액(10,000개 × 77**)	770,000
매출원가	3,080,000

** 고정제조간접원가 배부율 = ₩600,000 ÷ 50,000개 = ₩12
단위당 제품제조원가 = ₩65(단위당 변동제조원가) + ₩12 = ₩77

20×1년	
기초제품재고액	770,000
당기제품제조원가(40,000개 × 80***)	3,200,000
기말제품재고액(10,000개 × 80***)	800,000
매출원가	3,170,000

*** 고정제조간접원가 배부율 = ₩600,000 ÷ 40,000개 = ₩15
단위당 제품제조원가 = ₩65(단위당 변동제조원가) + ₩15 = ₩80

20×2년	
기초제품재고액	800,000
당기제품제조원가(30,000개 × 85****)	2,550,000
기말제품재고액	0
매출원가	3,350,000

**** 고정제조간접원가 배부율 = ₩600,000 ÷ 30,000개 = ₩20
단위당 제품제조원가 = ₩65(단위당 변동제조원가) + ₩20 = ₩85

2. 변동원가계산

	20×0년	20×1년	20×2년
매출액	₩4,000,000	₩4,000,000	₩4,000,000
매출원가			
변동매출원가*	2,600,000	2,600,000	2,600,000
변동판매비와 관리비	400,000	400,000	400,000
공헌이익	₩1,000,000	₩1,000,000	₩1,000,000
고정원가			
고정제조간접원가	600,000	600,000	600,000
고정판매비와관리비	400,000	400,000	400,000
영업이익(손실)	₩0	₩0	₩0

* 변동매출원가 = ₩65(단위당 변동제조원가) × 40,000개 = ₩2,600,000

3. 초변동원가계산

	20×0년	20×1년	20×2년
매출액	₩4,000,000	₩4,000,000	₩4,000,000
직접재료원가*	1,200,000	1,200,000	₩1,200,000
재료처리량 공헌이익	2,800,000	2,800,000	2,800,000
고정원가			
변동가공원가	1,750,000	1,400,000	1,050,000
변동판매비와 관리비	400,000	400,000	400,000
고정제조간접원가	600,000	600,000	600,000
고정판매비와 관리비	400,000	400,000	400,000
영업이익(손실)	₩(350,000)	₩0	₩350,000

* 직접재료원가 = ₩30(단위당 직접재료원가) × 40,000개 = ₩1,200,000

구분	20×0년	20×1년	20×2년
단위당고정제조간접원가	600,000/50,000개 =@12	600,000/40,000개 =@15	600,000/30,000개 =@20

구분	생산량	판매량	기초	기말	전부원가	변동원가	초변동원가
20×0년	50,000개	40,000개	0개	10,000개	120,000	0	(350,000)
20×1년	40,000개	40,000개	10,000개	10,000개	30,000	0	0
20×2년	30,000개	40,000개	10,000개	0개	(150,000)	0	350,000

전부원가계산은 고정제조간접원가를 제품에 배부하므로 생산량이 많을수록 고정제조간접원가 배부율이 낮아지며, 이로 인해 제품의 단위당 제조원가가 낮아진다. 반대로 생산량이 적을수록 고정제조간접원가 배부율이 높아지고, 이로 인해 제품의 단위당 제조원가가 높아진다. 따라서 상기의 사례에서 연도별 판매량이 동일하더라도 생산량이 많아 재고가 늘어날수록 영업이익은 증가한다.

수정문제

01 전부원가 계산방식은 직접재료원가만을 제품원가에 포함시키는 방법이다. (○, ×)

02 초변동원가와 변동원가계산은 원가회피개념에 근거를 두고 있다. (○, ×)

03 변동원가 계산방식은 제조원가를 변동원가와 고정원가로 구분하여 변동원가만을 제품원가에 포함시키는 방법이다. (○, ×)

04 변동원가계산과 전부원가계산의 이익의 차이는 변동제조간접원가 때문에 발생한다. (○, ×)

05 초변동원가계산 방식은 제조원가를 변동원가와 고정원가로 구분하여 변동원가만을 제품원가에 포함시키는 방법이다. (○, ×)

06 전부원가 계산 방식하에서 판매량이 연도별로 동일할 경우 생산량을 증가 시키면 영업이익은 감소한다. (○, ×)

▼정답 및 해설

01 (×) 직접재료원가만을 제품원가에 포함시키는 방법은 초변동원가 계산방식이다.

02 (○) 초변동원가와 변동원가계산은 회피 가능한 원가만 제품원가에 포함시키자는 원가회피개념에 근거를 두고 있다.

03 (○) 변동원가만을 제품원가에 포함시키는 방법이 변동원가계산방법이다.

04 (×) 변동원가계산과 전부원가계산의 이익의 차이는 기초 및 기말 재고자산에 포함된 고정제조간접원가 때문에 발생한다.

05 (×) 상기 설명은 변동원가계산에 대한 설명이다. 즉, 변동원가만이 제품원가에 포함시키는 방법이 변동원가계산방법이다.

06 (×) 전부원가계산 방식하에서 판매량이 연도별로 동일할 경우 생산량을 증가 시키면 영업이익은 증가한다.

출제예상 문제

01 **다음 중 변동원가계산 시 제품원가에 포함되는 항목이 아닌 것은?**

① 직접재료원가 ② 직접노무원가
③ 변동제조간접원가 ④ 고정제조간접원가

02 **변동원가계산에서 공장임차료 및 감독관임금은 어떻게 분류되는가?**

① 기간원가 ② 변동원가
③ 제품원가 ④ 매출원가

03 **전부원가계산과 변동원가계산에 대한 설명 중 옳지 않은 것은?**

① 재고수준이 감소한 경우에는 변동원가계산에 의한 이익이 전부원가계산에 의한 이익보다 크다.
② 전부원가계산의 의한 이익이 판매량뿐만 아니라 생산량에 의하여 영향을 받지만, 변동원가계산에 의한 이익은 생산량에 영향을 받지 않는다.
③ 전부원가계산에 의한 기말재고자산이 변동원가계산에 의한 기말재고자산보다 작다.
④ 변동원가계산하에서는 고정제조간접비 조업도차이가 발생하지 않는다.

04 **다음 원가계산방식에 대한 설명으로 틀린 것을 모두 나열한 것은?**

1. 변동원가계산에서는 전부원가계산과는 달리 변동판매관리비와 고정판매관리비를 제품원가에 포함하지 않는다.
2. 전부원가계산방식과 변동원가계산방식의 손익계산서는 고정제조간접비의 제품 계정의 재고 유무와 관계없이 이익이 동일하다.
3. 변동원가계산방식에 의한 손익계산서를 전부원가계산방식으로 전환이 가능하다.
4. 변동원가계산방식에 의한 손익계산서로 제품의 생산 여부의 손익계산을 할 수 있다.

① 1, 2 ② 2, 3
③ 3, 4 ④ 모두 해당

05 **다음 중 변동원가계산과 전부원가계산에 관한 내용으로 틀린 것은?**

① 전부원가계산이 내부계획과 통제 등 경영관리에 더 적합하다.
② 변동원가계산은 공헌이익접근법 손익계산서를 사용한다.
③ 전부원가계산은 외부보고용목적을 위한 재무제표에 적합하다.
④ 변동원가계산은 고정제조간접원가를 제품원가에 포함시키지 않는다.

06 (주)이패스의 자료는 아래와 같다.

(1) 개당 판매가격	45원
개당 변동제조원가	24원
연간 총고정제조원가	75,000원
개당 변동판매비	9원
연간 총고정판매비와 관리비	45,000원
(2) 기초재고자산은 없다.	
(3) 기간중의 생산량은 12,500개이고 판매량은 10,000이다.	

전부원가계산방법을 채택할 경우에 당기에 비용화된 총고정원가는 얼마인가?

① 30,000원　② 105,000원
③ 45,000원　④ 120,000원

07 (주)이패스는 단일제품을 생산·판매하고 있다. 2015년 생산량은 1,000단위이고 판매량은 700단위이며, 연간 단위당 변동제조원가는 23,000원이고, 연간 단위당 변동판매관리비는 5,000원이며, 고정제조간접원가는 2,000,000원이고 고정판매관리비는 500,000원이다. 다음 중 전부원가계산과 변동원가계산에 대한 설명으로 옳은 것은? (단, 기초재고수량은 없으며, 단위당 판매가격은 50,000원임)

① 전부원가계산이 변동원가계산에 비해 영업이익이 600,000원만큼 크다.
② 전부원가계산이 변동원가계산에 비해 영업이익이 600,000원만큼 작다.
③ 전부원가계산이 변동원가계산에 비해 영업이익이 400,000원만큼 크다.
④ 전부원가계산이 변동원가계산에 비해 영업이익이 400,000원만큼 작다.

08 다음은 (주)이패스의 새로운 제품라인에 자료이다.

(1) 개당 판매가격	45원
개당 변동제조원가	24원
연 총고정제조원가	75,000원
개당 변동판매비	9원
연 총고정판매비와 관리비	45,000원
(2) 기초재고자산은 없다.	
(3) 기간 중의 생산량은 12,500개이고 판매량은 10,000이다.	

변동원가계산방법을 채택할 경우에 기말 재고액은 얼마인가?

① 45,000원　② 60,000원
③ 75,000원　④ 82,500원

09 (주)이패스는 올해 영업을 개시하였으며, 단일의 제품을 생산하여 개당 1,000원에 판매하고 있다. (주)이패스는 실제원가시스템으로 원가를 계산하고 있으며, 올해 동안 100,000개의 제품을 생산하여 80,000개의 제품을 판매하였다. 올해말 재공품계정의 잔액은 없으며, 올해의 제조원가와 기간비용에 관한 자료는 다음과 같다.

구분	고정비	변동비
직접재료원가	–	개당 200원
직접노무원가	–	개당 125원
제조간접원가	12,000,000원	개당 75원
판매관리비	7,000,000원	개당 100원

(주)이패스의 변동원가계산방법에 의한 영업이익은?

① 3,000,000원
② 11,000,000원
③ 11,400,000원
④ 21,000,000원

10 다음 중 초변동원가계산방법에 대한 해설로 옳지 않은 것은?

① 매출액에서 판매된 제품의 직접재료원가를 차감하여 재료처리량 공헌이익을 계산한다.
② 직접노무원가와 변동제조간접원가도 운영비용에 포함하여 당기비용으로 처리한다.
③ 초변동원가계산방법은 외부보고목적과 법인세신고목적으로 이용되기 곤란하다.
④ 초변동원가계산방법이 변동원가계산방법보다 불필요한 재고누적 방지효과가 작다.

11 당사의 제조원가와 관련된 자료는 다음과 같다. 전부원가계산과 변동원가계산상의 영업이익의 차이로 올바른 것은?

- 기초재공품재고액 : 3,000,000원 (고정제조간접원가 1,200,000원 포함)
- 기말재공품재고액 : 2,500,000원 (고정제조간접원가 900,000원 포함)
- 기초제품재고액 : 2,000,000원 (고정제조간접원가 900,000원 포함)
- 기말제품재고액 : 1,200,000원 (고정제조간접원가 400,000원 포함)
- 직접재료원가 : 3,500,000원
- 직접노무원가 : 4,200,000원
- 제조간접원가 : 3,300,000원

① 600,000원
② 700,000원
③ 800,000원
④ 900,000원

12 **(주)이패스는 20×1년에 사업을 개시하였다. 20×1년 변동원가계산에 의한 순이익이 200,000원일 때, 다음 자료를 이용하여 전부원가계산에 의한 순이익을 구하면?**

구분	제조간접원가배부액	
	변동제조간접원가	고정제조간접원가
제공품	20,000원	40,000원
제 품	60,000원	60,000원
매출원가	200,000원	100,000원

① 300,000원
② 430,000원
③ 470,000원
④ 500,000원

13 **다음 중 전부원가계산과 변동원가계산에 관한 설명으로 가장 올바르지 않은 것은?**

① 당기 생산량이 판매량보다 많으면, 전부원가계산의 영업이익이 변동원가계산의 영업이익보다 항상 크다.
② 변동원가계산의 영업이익은 판매량에 따라 달라진다.
③ 변동원가계산에서는 고정제조간접원가를 기간비용으로 처리한다.
④ 전부원가계산에서는 과잉생산의 유인이 있다.

14 **(주)이패스의 8월 한달 간 변동원가계산에 대한 자료이다. 8월의 총매출액은 얼마인가?**

제품 단위당 판매가격	7,000원
단위당 변동원가	4,500원
총고정원가	2,300,000원
영업이익	8,750,000원

① 19,890,000원
② 30,940,000원
③ 38,590,000원
④ 42,500,000원

15 **다음 중 변동원가계산제도의 특징에 관한 설명으로 옳은 것으로만 짝지은 것은?**

가. 변동원가계산제도만 기업회계기준에서 인정하는 원가계산제도이다.
나. 특정기간의 이익이 재고자산 수량의 변동에 영향을 받지 않는다.
다. 고정제조간접비를 기간비용으로 처리한다.

① 가, 나
② 가, 다
③ 나, 다
④ 가, 나, 다

[redacted]

정답 및 해설

01	④	02	①	03	③	04	①	05	①	06	②	07	①	08	②	09	④	10	④
11	③	12	①	13	①	14	②	15	③										

01 ④ 고정제조간접원가는 변동원가계산 시 제품원가에 포함되지 아니한다.

02 ① 고정제조간접원가는 기간원가로 처리한다.

03 ③ 일반적으로 전부원가계산에 의한 재고자산이 변동원가계산에 의한 재고자산보다 크다.

04 ① 두 방법 모두 변동판매관리비와 고정판매관리비를 제품원가에 포함하지 않는다.
변동원가계산방식에서는 고정제조간접원가는 발생즉시 당기 비용처리되므로 재고금액으로 계상될 수 없다.

05 ① 변동원가계산이 내부계획과 통제 등 경영관리에 더 적합하다.

06 ②

고정제조간접원가	75,000원 × (10,000개/12,500개) =	60,000원
고정판매비와 관리비		45,000원
	계 :	105,000원

07 ①
- 단위당 고정제조간접원가 : 2,000,000원 ÷ 1,000단위 = @2,000원
- 전부원가계산과 변동원가계산의 차이 : 300단위(기말재고) × @2,000원 = 600,000원
- 전부원가계산이 변동원가계산보다 600,000원만큼 크다.

08 ② (12,500개 − 10,000개) × 24원 = 60,000원

09 ④
(1) 단위당 공헌이익 = 단위당 판매가격 − 단위당 변동원가
= 1,000원 − (200원 + 125원 + 75원 + 100원)
= 500원
(2) 총공헌이익 = 단위당 공헌이익 × 판매수량
= 500원 × 80,000개
= 40,000,000원
(3) 총고정원가 = 고정제조간접원가 + 고정판매비
= 12,000,000원 + 7,000,000원
= 19,000,000원
(4) 변동원가계산에 의한 영업이익 = 총공헌이익 − 총고정원가
= 40,000,000원 − 19,000,000원
= 21,000,000원

10 ④ 초변동원가계산방법이 변동원가계산방법보다 불필요한 재고누적 방지효과가 크다.

11 ③

변동원가계산하의 영업이익	×××
(−) 기 초 재 공 품 재 고 액	(−) 1,200,000원
(−) 기 초 제 품 재 고 액	(−) 900,000원
(+) 기 말 재 공 품 재 고 액	(+) 900,000원
(+) 기 말 제 품 재 고 액	(+) 400,000원
전부원가계산하의 영업이익	× × ×

12 ①

변동원가계산의 순이익	200,000원
(+) 기말재고의 고정제조간접원가	40,000원 + 60,000원 = 100,000원
(−) 기초재고의 고정제조간접원가	(0원)
전부원가계산의 순이익	300,000원

13 ① 당기 생산량이 판매량보다 많아도 단위당 고정제조간접원가가 다르다면(가령, 기초재고에 포함된 고정제조간접원가가 기말재고에 포함된 고정제조간접원가보다 큰 경우), 전부원가계산의 영업이익이 변동원가계산의 영업이익보다 작을 수 있다.

14 ② 7,000원 × Q(판매량)
− 4,500원 × Q(판매량)
− 2,300,000원(총고정원가)
= 8,750,000원(영업이익)
Q(판매량)은 4,420개이다.
매출액은 7,000 × 4,420개 = 30,940,000원이다.

15 ③ 변동원가계산제도는 기업회계기준에서 인정하지 않는 원가계산제도이다.

CHAPTER 07 활동기준원가계산

1 활동기준원가계산★★★

참고 활동기준원가계산

정의 : 기업의 여러 가지 활동들을 원가대상으로 삼아 원가를 집계하고 원가대상에 대한 원가계산도 소비된 활동 별로 파악된 원가에 의해서 계산

2 도입배경★★★

공장

→ 일반연필

• 원재료 : 참나무와 A흑연(100)
• 노동 : 일반 제조 인건비(200)

→ 고급연필

• 원재료 : 느티나무와 B흑연(200)
• 노동 : 고급 제조 인건비(300)

〈공통으로 사용하거나 이용〉
페인트 : 100(일반과 고급에 사용)
감독관 : 200(일반과 고급 근로자 감시
건물임차료 : 1,000(일반과 고급 생산 공장)
기계 감가상각비 : 1,000(일반, 고급)
전기료 : 500(일반, 고급 연필 제조 기계 가동)

원가의 3요소★★★
• 직접재료원가(DM) : 300
• 직접노무원가(DL) : 500
• 제조간접원가(OH) : 100 + 200 + 1,000 + 1,000 + 500 = 2,800

제조간접원가를 배분하는 순서
① 추적불가능 제조간접원가를 집계
② 원가집합(직접추적할 수 없는 간접원가 모아둔 것)
③ 원가배분(일정한 배부기준에 따라 배부)

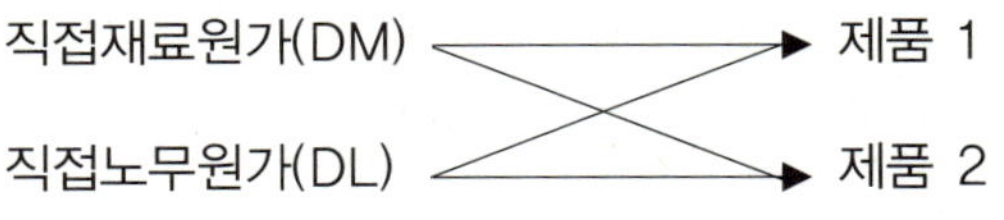

제조간접원가(OH) – 원가집계 – 원가집합 – 원가배분(보조부분 배분 후 제조부분 배부, 공장전체 또는 부분별 배부기준에 따라 배부)
상기의 사례에서 일반연필은 페인트(제조간접원가)를 20원정도 사용하였다고 가정을 하고 고급연필은 80원

정도 사용을 하였다고 가정을 해보자(물론 페인트는 제조간접원가이므로 정확히 각각 제품에 추적할 수 없는 경우임). 그런데 제조간접원가의 배부 기준이 직접노동시간으로 하고 일반연필과 고급연필 제조하는 데 각각 직접노동시간이 각각 1h가 발생하였다고 가정을 하면 페인트(제조간접원가)는 각각 제품에 50원씩 배분될 것이다. 즉, 전통적인 원가계산방법으로 하면 원가 왜곡이 발생할 수 있다.

(1) 전통적인 배부기준에 대한 비판 : 원가왜곡이 발생

전통적 원가계산은 제조간접원가가 조업에 비례한다는 가정을 한다. 통상 직접노동시간, 기계시간 등으로 조업도 또는 생산량에 비례관계에 있는 단일 배부기준으로 제조간접원가를 배분하면 조업도(또는 생산량)가 적은 제품에는 상대적으로 제조간접원가가 과소 배분되는 문제가 발생할 수 있다. 일반적으로 제조간접원가의 비중이 높은 다품종소량생산제품에서 원가왜곡이 발생할 수 있다.

(2) 직접노무원가의 감소, 제조간접원가의 증대

제조간접원가가의 비중이 증대함으로써 과거배부기준(노동시간, 기계시간 등)으로 배부하면 정확한 제품원가를 계산이 어려움이 발생한다.

(3) 원가개념의 확대 : 제품수명주기 원가계산의 등장

연구개발, 제품설계, 유통, 마케팅 등 기타원가 제품원가내에 큰 비중을 차지하나 제품원가에 배부되지 않아 실제 제품원가가 과소배부되어 원가계산, 의사결정, 성과평가 등을 정확히 할 수 없음. 제조원가만 제품원가에 포함하는 것이 아니라 연구개발, 제품설계 등 기타원가도 제품과 관련된 원가로 인식할 필요성이 대두되었다.

(4) 정보수집기술의 발달

적은 비용으로 자료를 수집할 수 있다. 즉, 활동에 대한 분석을 하기 위한 정보수집기술이 발달했다.

ABC원가의 결론

> 결론적으로 활동기준원가계산은 제조간접원가를 활동 별로 세분화 하여 최대한 세부적으로 활동별 배분기준을 찾아내어 활동별로 제조간접원가를 배분하자는 것이다.

3 활동기준원가계산 흐름

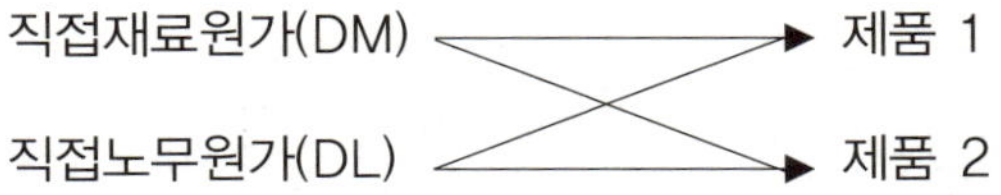

제조간접원가(OH) – 원가집계 – 원가집합 – 원가배분(보조부분 배분후 제조부분 배부)
각 활동별로 배부 활동 1, 2, 3, ……, 10번

4 활동기준원가계산의 절차 (**1단계가 중요함)

〈1단계〉 활동분석(제조원가의 발생 성격별로 구분함)

- 단위 : 생산량에 따라 비례하는 활동
- 배치 : 일정량(묶음)에 대한 생산이 이루어질 때 마다 수행되는 활동
- 제품유지 : 제품 종류에 따라 특정 제품을 회사의 품목으로 유지하는 활동
- 설비유지 : 다양한 제품 생산을 위해서 설비유지를 위한 활동
  - 단위수준 : A제품 1개, B제품 1개 : 직접재료투입원가, 동력소비, 직접노무활동, 기계활동 등
  - 배치수준 : A제품 10개 묶음, B제품 10개 묶음 : 주문비용, 준비작업활동, 금형교환활동 등
  - 제품유지수준 : A제품군 전체 : 제품설계비(갤럭시), 연구개발(갤럭시노트), 제품검사 등
  - 설비유지수준 : A, B, C 공장전체 : 공장관리, 건물임차, 안전유지활동 등

〈2단계〉 각 활동별로 제조간접원가를 집계

〈3단계〉 활동별로 원가동인(배부기준)을 파악

〈4단계〉 활동별 제조간접원가 배부율 결정

〈5단계〉 배부

상기의 활동기준원가계산은 개별원가, 종합원가, 제조업, 서비스업 다양하게 접목하여 사용가능함

5 전통적인 방법과 비교***

	전통적원가계산제도	활동기준원가계산제도
원가집합과 배부기준의 수	공장전체율 또는 부분별 등 하나 또는 소수 배부율 존재	다수의 제조간접원가 집합 및 배부율 존재
배부기준과 원가요인	제조간접원가 배부기준이 원가동인일 수 있고 아닐 수도 있음	활동별 원가동인을 제조간접원가 배부기준으로 함
배부기준의 성격	주로 직접노무비 등 재무적인 측정치	주로 부품의 수, 검사횟수, 작업준비시간 등 비재무적인 측정치

6 활동기준원가계산의 장·단점***

장점	단점
원가계산 정확	비용과 시간이 큼
효율적인 원가 절감 : 비부가치활동 줄임	설비유지활동은 전통적 배부기간에 의함
의사결정과 성과평가에 유용함	활동을 명확히 구분하는 것이 힘듦
회사전체의 효율성 증대	기존체제 익숙한 직원들의 반발
관리회계적인 정보 제공	주문회수를 줄이면 대량생산 가능 유인 제공

예제 1

20×2년 제품 20개가 생산되었다. 각 단위에는 10개의 부품과 5시간의 기계시간이 소요된다. 완성된 단위당 직접재료원가는 50,000원이며, 다른 모든 원가는 가공원가로 분류되는 것으로 가정한다. 20×2년에 생산된 제품 20개의 총제조원가는 얼마인가?

제조관련활동	배분기준	배분기준 단위당 가공원가
기계	기계사용시간	@400원
조립	부품의 수	@10,000원
검사	완성단위의 수	@5,000원

해설 1. 직접재료원가 : 50,000원 × 20개 = 1,000,000원
2. 가공원가 :
기계 : 400 × 5시간 × 20개 = 40,000원
조립 : 10,000 × 10개 × 20개 = 2,000,000원
검사 : 5,000 × 20개 = 100,000원
합계 : 3,140,000원

수정문제

01 활동기준원가계산은 원가의 발생에 있어서 다양한 원가유발 요인을 인식하므로 보다 정확한 원가계산을 할 수 있다. (○, ×)

02 신제품의 출시기간이 단축되면서 제품의 수명이 줄어들고, 제조기술적인 진화속도 또한 빨라지게 됨에 따라 수명주기원가계산이 도입되었다. (○, ×)

03 활동기준원가계산은 직접원가만을 제품에 배분한다. (○, ×)

04 활동기준원가계산제도는 제조원가 중에서 제조간접원가의 비중이 낮은 기업에 적용할 경우 보다 정확한 원가를 도출할 수 있다. (○, ×)

▼정답 및 해설

01 (○) 활동기준원가계산은 원가의 발생에 있어서 다양한 원가유발 요인을 인식하여 원가 계산을 하므로 보다 정확한 원가계산을 할 수 있다.

02 (○) 신제품의 출시기간이 단축되면서 제품의 수명이 줄어들고, 제조기술적인 진화속도 또한 빨라지게 됨에 따라 제품 전과정을 검토하는 수명주기원가계산이 도입되었다.

03 (×) 활동기준원가계산은 간접원가를 활동별로 배부하는 방식이다.

04 (×) 제조원가 중에서 제조간접원가의 비중이 높은 기업에 적용할 경우 보다 정확한 원가를 도출할 수 있다.

출제예상 문제

01 **다음 중 활동기준원가계산(ABC)에 대한 해설 중 틀린 것은?**

① 원가의 발생에 있어서 다양한 원가유발 요인을 인식하므로 보다 적정한 가격결정에 이용할 수 있다.

② 활동기준원가계산제도는 제조원가 중에서 제조간접원가의 비중이 높은 기업에 적용할 경우 보다 정확한 원가를 도출할 수 있다.

③ 활동분석을 통하여 비부가가치 활동을 제거하거나 감소시킴으로써 생산시간을 단축할 수 있다.

④ 전통적인 원가배분방법과 비교하여 원가집합과 원가동인의 수가 감소되므로 보다 효율적으로 원가를 구할 수 있다.

02 **다음은 활동기준원가회계에 대한 설명이다. 틀린 내용을 모두 나열한 것은?**

1. 제조간접원가의 비중이 높은 기업에 보다 유용하다.
2. 제조업에서만 적용이 가능하다.
3. 다품종소량생산의 형태보다는 소품종대량생산 형태에 적합하다.
4. 적정한 가격결정에 적용할 수 있다.
5. 모든 원가를 변동비로 보는 경향이 있다.

① 1, 2　　② 2, 3
③ 3, 4　　④ 2, 4

03 **작업 활동별 예산자료와 생산 관련 자료는 다음과 같다.**

작업 활동별 예산자료

작업 활동	배부기준	배부기준당 예정원가
재료처리	처리 횟수	25
절삭	부 품 의 수	30
조립	직접작업시간	100
포장	포장된 제품수	300

생산 관련 자료

제품	A형	B형
생산수량	6,000개	3,000개
직접재료원가	₩9,000,000	₩6,000,000
직접작업시간	6,000시간	6,000시간
직접노무원가	₩6,000,000	₩3,000,000
처리횟수	30,000회	90,000회
부품의수	60,000개	30,000개

A형과 B형 제품의 단위당 제조원가는 얼마인가?

	A형	B형
①	₩1,220	₩2,110
②	₩1,780	₩2,650
③	₩2,110	₩4,210
④	₩3,325	₩4,550

04 **(주)이패스는 활동기준원가계산을 채택하고 있다. 제품A와 제품B의 연간 생산량은 각각 600단위와 400단위이다. 활동구분, 원가동인, 활동별원가 및 활동사용에 대한 자료는 다음과 같다. 위의 자료에 기초하여 제품A의 단위당 제조간접원가를 계산하면 얼마인가?**

활동구분(원가동인)	활동별원가	활동사용		
		제품A	제품B	합계
작업준비활동(작업준비 횟수)	24,000원	10회	6회	16회
절삭작업활동(기계작업시간)	60,000원	24시간	36시간	60시간
품질검사활동(검사시간)	54,000원	6시간	12시간	18시간

① 95원　　② 105원
③ 125원　　④ 245원

정답 및 해설

01	④	02	②	03	③	04	①

01 ④ 활동기준원가계산은 원가를 활동별로 구분하므로 전통적인 원가계산방법에 비해 더 많은 원가동인이 필요하다.

02 ② 서비스업에도 적용가능
소품종대량생산의 형태보다는 다품종소량생산 형태에 적합하다.

03 ④

		A형		B형
직접재료원가		₩9,000,000		₩6,000,000
직접노무원가		6,000,000		3,000,000
재료처리	30,000회 × ₩25	750,000	90,000회 × ₩25	2,250,000
절삭	60,000개 × ₩30	1,800,000	30,000개 × ₩30	900,000
조립	6,000시간 × ₩100	600,000	6,000시간×₩100	600,000
포장	6,000개 × ₩300	1,800,000	3,000개 × ₩300	900,000
총제조원가		19,950,000		13,650,000
생산수량		6,000개		3,000개
단위당제조원가		₩3,325		₩4,550

04 ①
- 작업준비활동 : 24,000원 / 16회 = 1,500원/회
- 절삭작업활동 : 60,000원 / 60시간 = 1,000원/시간
- 품질검사활동 : 54,000원 / 18시간 = 3,000원/시간
- 제품A의 단위당 원가 : (10회 × 1,500원 + 24시간 × 1,000원 + 6시간 × 3,000원) / 600개 = 95원

이패스 재경관리사
핵심서브노트&문제풀이

PART 02

관리회계

CVP 분석

1 개요

제품원가계산 ┌ 매출원가(P/L)
└ 재고

↓

내부적 원가정보활용

↓

원가추정 : 원가함수 수익함수 Y = P × Q 비용함수 Y = V × Q + FC
(직선, 선형을 가정함)

$$\frac{\text{총원가} - \text{총원가}}{\text{최고조업도} - \text{최저조업도}}$$

원가함수 추정
고저점법
산포도법
회귀분석법 등

↓

계획 및 의사결정
통제 및 성과평가

2 CVP 분석의 가정

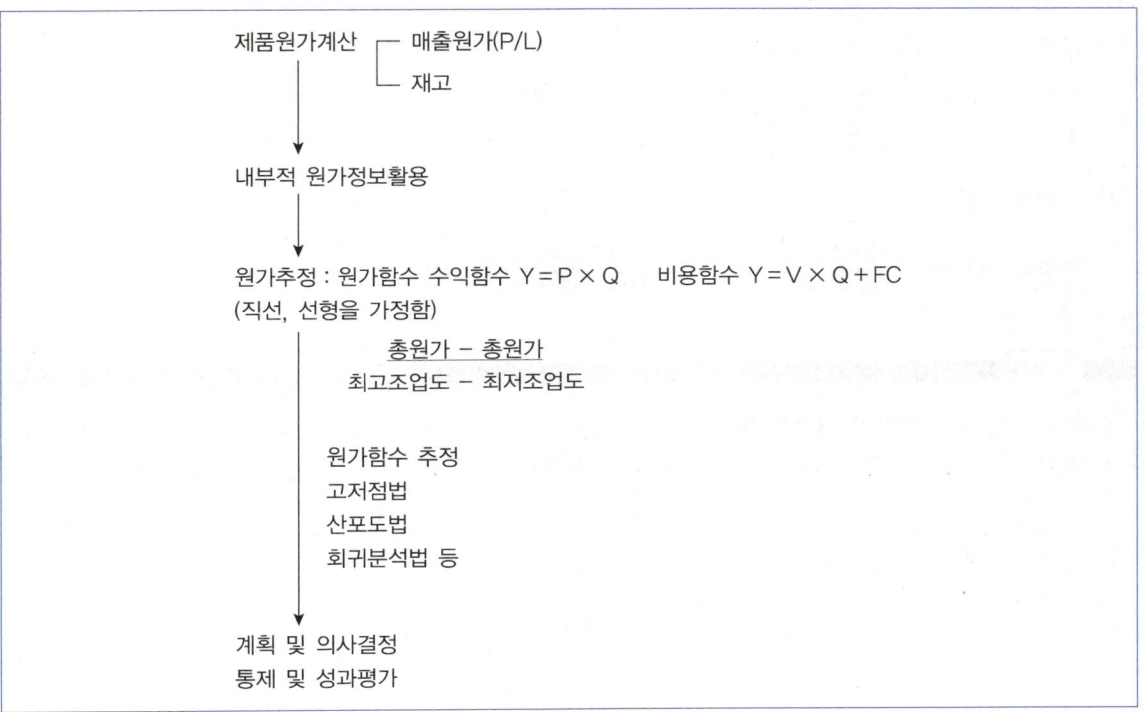

- 모든원가는 변동원가와 고정원가로 구분
- 수익과 원가의 행태는 관련범위 내에서 선형
- 생산량과 판매량은 동일
- 복수제품인 경우 매출배합이 일정
- 화폐의 시간가치 고려 ×

3 CVP 분석의 기본개념

매출액(S) − 변동원가(VC) − 고정원가(FC) = 이익(I)
매출액(S) − 변동원가(VC) = 이익(I) + 고정원가(FC)
100 − 60 = 10 + 30
• S : 총 매출액 • VC : 총 변동비 • FC : 총 고정비

(1) 공헌이익 : 고정원가를 회수하고 이익의 획득에 이바지 하는 금액

공헌이익(K × Q) = 매출액(P × Q) − 변동원가(V × Q) ➡ 양변을 모두 Q로 나누면….
단위당공헌이익(K) = 단위당 판매가격(P) − 단위당 변동원가(V)
(P : 단위당 판매가격, V : 단위당 변동원가, K : 단위당 공헌이익, Q : 판매량)

(2) 공헌이익률 : 매출액 중 공헌이익이 차지하는 비율

$$\text{공헌이익률} = \frac{\text{공헌이익}(K \times Q)}{\text{매출액}(P \times Q)} = \frac{\text{단위당 공헌이익}(K)}{\text{단위당 판매가격}(P)}$$

예제 1

단위당 판매가격이 @50인 제품을 생산하고 있다. 회사는 제품 10,000개를 생산하여 판매한다는 목표로 아래와 같은 예산을 수립했다. 아래 자료를 바탕으로 공헌이익과 단위당 공헌이익, 공헌이익률을 구하시오.

Ⅰ. 매출액	500,000원
Ⅱ. 매출원가(DM, DL, VOH, FOH)	390,000원
1. DM	100,000원
2. DL	140,000원
3. VOH	70,000원
4. FOH	80,000원
Ⅲ. 매출총이익	110,000원
Ⅳ. 판매관리비	35,000원
1. 변동판매관리비	15,000원
2. 고정판매관리비	20,000원
Ⅴ. 영업이익	75,000원

해설 1. 공헌이익
500,000 − 325,000 = 175,000원
2. 단위당 공헌이익
50(500,000 / 10,000개) − 32.5(325,000 / 10,000개) = 17.5원
3. 공헌이익률
공헌이익 / 매출액 = 175,000/500,000 = 35%
단위당공헌이익 / 단위당판매가격 = 17.5/50 = 35%

4 CVP 분석★★★

(1) 손익분기점 : 이익이 0되는 판매량 또는 매출액

1) 손익분기점 판매량

$S - VC - FC = 0$

$P \times Q - V \times Q - FC = 0$

$P \times Q - V \times Q = FC$

$Q \times (P - V) = FC$

$$Q = \frac{FC}{(P - V)} = \frac{\text{고정원가}}{\text{단위당 공헌이익}}$$

2) 손익분기점 매출액

$S - VC - FC = 0$

매출액 − 변동원가 − 고정원가 = 0

공헌이익 − 고정원가 = 0

매출액 × 공헌이익률 − 고정원가 = 0

$$\text{매출액} \times \frac{\text{공헌이익}}{\text{매출액}} - \text{고정원가} = 0$$

매출액 × 공헌이익률 = 고정원가

$$\text{(BEP)매출액} = \frac{\text{고정원가}}{\text{공헌이익률}}$$

예제 2

단위당 판매가격이 @50원이고 단위당 변동원가가 @30원인 제품을 생산하여 판매하고 있다. 연간 고정원가는 20,000원이다. 연간 손익분기점 판매량과 매출액을 구하시오.

해설
1. 손익분기점 판매량
   고정원가 / 단위당 공헌이익 = 20,000 / (50 − 30) = 1,000개
2. 손익분기점 매출액
   고정원가 / 공헌이익률 = 20,000 / 40% = 50,000원

(2) 도표

1) 수익함수, 비용함수 각각 따로

수익함수 $Y = P \times Q$ 비용함수 $Y = V \times Q + FC$

2) 이익함수 : Y = K(단위당공헌이익) × Q(판매량) − FC

Y = 공헌이익률 × S(매출액) − FC

(3) 목표이익

1) 목표판매량

$S - VC - FC = I$

$P \times Q - V \times Q - FC = I$(목표이익)

$Q \times (P - V) = FC +$ 목표이익

$$Q = \frac{FC + \text{목표이익}}{(P - V)} = \frac{\text{고정원가} + \text{목표이익}}{\text{단위당 공헌이익}}$$

2) 목표매출액

$S - VC - FC = I$

공헌이익 − 고정원가 = 목표이익

매출액 × 공헌이익률 − 고정원가 = 목표이익

$$\text{매출액} \times \frac{\text{공헌이익}}{\text{매출액}} - \text{고정원가} = \text{목표이익}$$

매출액 × 공헌이익률 = 고정원가 + 목표이익

$$\text{매출액} = \frac{\text{고정원가} + \text{목표이익}}{\text{공헌이익률}}$$

예제 3

단위당 판매가격이 @30이고 단위당 변동원가가 @15인 제품을 생산하여 판매하고 있다. 연간 고정원가는 15,000원이다. 목표이익 7,500원을 달성하기 위한 연간 판매량은?

해설

$$\text{판매량} = \frac{\text{고정원가} + \text{목표이익}}{\text{단위당 공헌이익}}$$

= (15,000 + 7,500) / (30 − 15) = 1,500개

(4) 안전한계 : 실제매출액이 손익분기점 매출액을 초과하는 정도

안전한계 = 매출액 − 손익분기점 매출액

$$\text{안전한계율} = \frac{\text{매출액} - \text{손익분기점 매출액}}{\text{매출액}} = (100 - 50)/100 = 50\%$$

예제 4

단위당 판매가격 @500이고 단위당 변동원가가 @350인 제품을 생산하여 판매하고 있다. 회사는 제품 2,000개를 판매한다는 목표로 예산을 다음과 같이 수립하고 있다.

다음 자료를 바탕으로 안전한계와 안전한계율을 구하시오.

- 매출액 : 1,000,000
- 변동원가 : 700,000
- 공헌이익 : 300,000
- 고정원가 : 150,000
- 영업이익 : 150,000

해설 1. 손익분기점 매출액 : 고정원가/공헌이익률 = 150,000/30% = 500,000
2. 안전한계 : 매출액 − 손익분기점 매출액 = 1,000,000 − 500,000 = 500,000
3. 안전한계율 : 안전한계/매출액 = 500,000/1,000,000 = 50%

(5) 영업레버리지

영업이익의 변화율 / 매출액의 변화율

$$= \frac{\frac{\triangle 영업이익}{영업이익}}{\frac{\triangle 매출액}{매출액}} = \frac{매출액}{영업이익} \times \frac{\triangle 영업이익}{\triangle 매출액} = \frac{매출액}{영업이익} \times 공헌이익률 = \frac{공헌이익}{영업이익}$$

$S \times K = F + I$ (K는 공헌이익율)

$(S + \triangle S) \times K = F + (I + \triangle I)$

$S \times K + \triangle S \times K = F + I + \triangle I$

$\triangle S \times K = \triangle I$

$K = \triangle I / \triangle S$

* 공헌이익률 = 이익증감액 / 매출액증감액

영업이익의 변화률 = 매출액의 변화율 × 영업레버리지

60% = 20% × 3

예제 5

다음 자료를 바탕으로 현재 수준의 영업레버리지를 구하시오.

- 매출액 : 1,000,000
- 변동원가 : 700,000
- 공헌이익 : 300,000
- 고정원가 : 150,000
- 영업이익 : 150,000

해설 공헌이익 / 영업이익 = 300,000 / 150,000 = 2
매출액이 20% 변화한다면 영업이익은 20% × 2 = 40% 변화한다는 의미이다.

수정문제

01 CVP 분석은 회사의 제품원가를 계산하는 과정이다. (○, ×)

02 공헌이익은 매출액에서 변동원가를 차감한 금액이다. (○, ×)

03 CVP 분석에서는 수익과 원가의 형태가 선형이라고 가정한다. (○, ×)

04 안전한계는 실제 이익이 손익분기점 매출액을 초과하는 정도이다. (○, ×)

05 단위당 공헌이익은 단위당 판매가액에서 단위당 변동원가를 차감한 금액이다. (○, ×)

▼정답 및 해설

01 (×) CVP 분석은 조업도변동에 따라 수익, 원가 및 이익을 분석하는 과정이다.
02 (○) 매출액에서 변동원가를 차감한 금액이 공헌이익이다.
03 (○) CVP분석에서는 수익과 원가의 형태가 선형이라고 가정하고 수익, 원가, 이익을 분석한다.
04 (×) 안전한계는 실제매출액이 손익분기점 매출액을 초과하는 정도이다.
05 (○) 단위당 판매가액에서 단위당 변동원가를 차감한 금액이 단위당 공헌이익이다.

출제예상 문제

01 **다음 중 CVP 분석의 목적을 가장 잘 표현한 것은?**

① 다양한 조업도수준에서 원가와 이익의 관계를 분석하는 방법이다.
② 목표이익의 조업도수준만을 파악하는데 필요한 기법이다.
③ 변동원가를 보상하는데 필요한 매출액을 파악하는데 유용하다
④ 주로 장기투자의사결정에 유용한 분석방법이다.

02 **다음 산식 중 옳지 않은 것은?**

① 손익분기점에서 공헌이익 = 고정비
② 영업레버리지도 = 영업이익 / 공헌이익
③ 목표이익 판매량 = $\frac{\text{고정비 + 목표이익}}{\text{단위당 공헌이익}}$
④ 안전한계 = 매출액 − 손익분기매출액

03 **(주)이패스의 매출액과 변동원가는 변하지 않는 것으로 가정을 하고 고정원가만 감소하면 공헌이익은 어떻게 변화하는가?**

① 감소　② 불변
③ 증가　④ 정답 없음

04 **다음 중 고정원가와 일치하는 항목은?**

① 손익분기점 변동원가　② 손익분기점 공헌이익
③ 손익분기점 매출액　④ 손익분기점 이익

05 **(주)이패스의 올해 매출액은 ₩250,000, 손익분기점 매출액은 ₩100,000, 공헌이익률은 25%이다. (주)이패스 올해의 순이익은 얼마인가?**

① 31,000원　② 21,500원
③ 32,000원　④ 37,500원

06 (주)이패스는 제품 20,000개를 판매하여 ₩1,000,000의 세전 영업이익을 목표로 하고 있다. 이때 고정원가는 ₩4,000,000이고 공헌이익률은 40%이다. (주)이패스의 제품단위당 판매가격은 얼마인가?

① 500원 ② 600원
③ 625원 ④ 650원

07 다음 자료를 바탕으로 단위당 변동원가는 얼마인가?

- 손익분기점매출액 : 240,000원
- 제품단위당 판매가격 : 120원
- 총고정원가 : 168,000원

① 32원 ② 34원
③ 36원 ④ 40원

08 단위당 판매가격이 @100원이고 단위당 변동원가가 @60원인 제품을 생산하여 판매하고 있다. 연간 고정원가는 400,000원이다. 연간 손익분기점 판매량은?

① 10,000개 ② 20,000개
③ 30,000개 ④ 40,000개

09 (주)이패스는 지난해에 제품 18,000단위를 판매하여 ₩1,000,000의 이익을 보고하였으며 손익분기점은 8,000단위였다. 만약 15,000단위를 판매한다면 이익은 얼마인가?

① 700,000원 ② 800,000원
③ 920,000원 ④ 1,300,000원

10 A, B, C회사의 올해 영업활동에 관한 자료가 다음과 같다면, 다음 자료를 통한 설명 중 틀린 것은?

구분	A회사	B회사	C회사
매출액 변동 원가	1,000,000원 400,000원	1,000,000원 600,000원	1,000,000원 800,000원
공헌이익 고정 원가	600,000원 400,000원	400,000원 200,000원	200,000원 –
영업이익	200,000원	200,000원	200,000원

① A회사의 영업레버리지도는 3이다.
② B회사의 안전한계율은 50%이다.
③ 공헌이익률이 가장 큰 회사는 A회사이다.
④ 매출액변화에 영업이익이 가장 크게 변하는 회사는 C회사이다.

11 다음은 A, B, C회사의 영업활동에 관한 자료이다. 다음 설명 중 틀린 것은?

구분	A회사	B회사	C회사
매 출 액 변동원가	2,000,000원 1,500,000원	4,000,000원 2,000,000원	300,000원 120,000원
공헌이익 고정원가	500,000원 300,000원	2,000,000원 1,500,000원	180,000원 0원
영업이익	200,000원	500,000원	180,000원

① A회사의 손익분기점매출액은 1,200,000원이다.
② 영업레버리지도가 가장 큰 회사는 A회사이다.
③ C회사의 영업레버리지도는 1이다.
④ B회사의 안전한계는 1,000,000원이다.

12 다음은 (주)이패스의 차기 예산자료이다. (주)이패스의 안전한계율은 얼마인가?

매출액	2,000,000원
공헌이익률	30%
고정원가	450,000원

① 20% ② 25%
③ 30% ④ 35%

13 **(주)이패스의 과거 원가자료를 바탕으로 총제조간접원가를 추정한 원가함수는 다음과 같다. 이에 관한 설명으로 가장 올바르지 않은 것은? (단, 조업도는 기계시간이다.)**

$$y = 200,000 + 38x$$

① 200,000은 기계시간당 고정제조간접원가를 의미한다.
② x는 기계시간을 의미한다.
③ 38은 기계시간당 변동제조간접원가를 의미한다.
④ 조업도가 1,000 기계시간일 경우 총제조간접비는 238,000원으로 추정된다.

14 **(주)이패스는 제품 판매의 손익 분익을 하고 있다. 손익분기점 매출액은 15,000원, 변동원가율은 60%이다. (주)이패스가 2,000원의 세전이익을 획득하기 위한 매출액은 얼마인가?**

① 15,000원
② 20,000원
③ 25,000원
④ 42,500원

정답 및 해설

01	①	02	②	03	②	04	②	05	④	06	③	07	③	08	①	09	①	10	④
11	②	12	②	13	①	14	②												

01 ① ② 손익분기점의 조업도 수준만이 아니라 다양한 조업도 수준에서의 원가와 이익의 관계를 분석하는 기법이다.
③ 변동원가가 아닌 고정원가를 보상하는데 필요한 매출액을 파악하는데 유용하다.
④ CVP 분석은 1년 이내의 단기투자의사결정에 유용한 분석방법이다.

02 ② 영업레버리지도 = 공헌이익 / 영업이익

03 ② 공헌이익은 매출액에서 변동원가를 차감한 금액이다. 따라서 고정원가만 감소를 하면 공헌이익은 변화하지 않는다.

04 ② 손익분기점 공헌이익은 공헌이익과 일치한다.

05 ④ 손익분기점매출액 × 공헌이익률 = 고정원가
고정원가 = 100,000 × 25% = 25,000
2013년 순이익 = 매출액 × 공헌이익률 − 고정원가
= 250,000 × 25% − 25,000 = 37,500

06 ③ 매출액 × 공헌이익률 − 고정원가 = 목표이익
20,000 × P × 40% − 4,000,000 = 1,000,000
P = 625원

07 ③ • 손익분기점매출액 240,000원
= 총고정원가 168,000원/(1 − 단위당변동원가/단위당 판매가격 120원)
∴ 단위당 변동원가 36원

08 ① 400,000/40 = 10,000개

09 ① P × Q − V × Q − FC = I
18,000개 × K − FC = 1,000,000
8,000 × K = FC
K : 100 FC : 800,000
15,000개 × 100 − 800,000 = 700,000

10 ④ • A회사 영업레버리지도 3 = 600,000원 / 200,000원
• B회사 영업레버리지도 2 = 400,000원 / 200,000원
• C회사 영업레버리지도 1 = 200,000원 / 200,000원
• A회사 영업이익변화율 = 매출액변화율 × 3
• B회사 영업이익변화율 = 매출액변화율 × 2
• C회사 영업이익변화율 = 매출액변화율 × 1
∴ A회사의 영업이익변화율이 가장 크다.

11 ② ① A회사의 손익분기점매출액 = $\frac{300,000원}{0.25}$ = 1,200,000원
② A의 영업레버리지도 = $\frac{500,000원}{200,000원}$
B의 영업레버리지도 = $\frac{2,000,000원}{500,000원}$ = 4 B회사의 영업레버리지도가 가장 크다.
③ C회사의 영업레버리지도 = $\frac{180,000원}{180,000원}$

④ B회사의 손익분기점매출액 = $\frac{1,500,000원}{0.5}$ = 3,000,000원

안전한계 = 4,000,000원 − 3,000,000원 = 1,000,000원

12 ② 손익분기점 = ₩450,000 ÷ 30% = ₩1,500,000
안전한계율 = (₩2,000,000 − ₩1,500,000) ÷ ₩2,000,000 = 25%

13 ① 200,000은 총고정제조간접원가를 의미한다.

14 ② 공헌이익률은 40%(1 − 60%)이다.
15,000원(손익분기점 매출액) × 40% − 총고정원가 = 0원이다. 총고정원가는 6,000원이다.
목표이익을 얻기 위한 매출액 × 40% − 6,000원 = 2,000원
목표이익을 얻기 위한 매출액은 20,000원이다.

CHAPTER 02 분권화와 성과평가

1 책임회계제도의 의의

(부문장에 초첨)

각 책임중심별 계획과 실적을 측정하여 통제함으로써 책임중심점 관리자에 대한 성과평가

- **책임중심점 :** 경영관리자가 특정활동에 대해 통제할 책임을 지는 조직의 부분
- **성과평가 :** 책임중심점에 대한 계획과 실적의 차이를 분석하는 과정

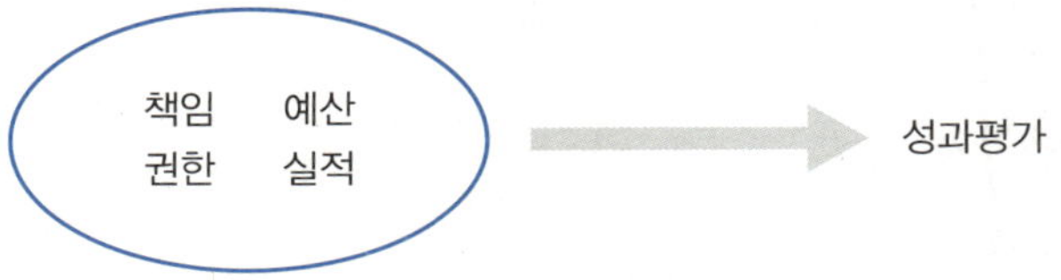

2 책임회계의 전제조건

명확, 통제권행사가능, 예산자료(비교하기 위해서)

3 책임회계의 장점

- 권한과 책임의 위임(신속한 의사결정)
- 개인 및 조직별 경영계획과 통제
- 책임자로 하여금 원가와 수익의 관리를 효율적 수행
- 예산과 실제를 파악하여 예외에 의한 관리

4 원가의 통제가능성과 책임범위

- **통제가능원가 :** 성과평가 고려 ○
- **통제불가능원가 :** 성과평가 고려 ×

5 고정예산과 변동예산★★

(1) 고정예산

특정조업도(가령 1,000개)를 기준으로 하여 사전에 수립되는 예산. 특정기간동안의 조업도(생산량)의 변화여부를 고려하지 않고 하나의 조업도 수준에서 편성하는 예산

(2) 변동예산

일정범위의 조업도 변동에 따라 조정되어 작성되는 예산(가령 900개 ~ 1,100개)

6 책임중심점의 종류★★★

매출액	수익중심
변동원가	원가중심
공헌이익	이익중심점
고정원가	원가중심
영업이익	이익중심
투자액	투자중심점

- **수익중심점** : 매출액에 대해서 책임(판매부서). 매출액만 하면 불량채권 등 문제점
- **원가중심점** : 통제가능한 원가에 대해 책임(통제가능한 제조원가는 제조부문)
- **이익중심점** : 원가와 수익에 대해서 모두 책임(공헌이익이 바람직)
- **투자중심점** : 원가 및 수익과 투자에 대해서 책임, 투자한 자산에 활용도까지도 책임(ROI, RI, EVA)

7 성과평가

(1) 의 의

예산과 실제 비교

(2) 성과보고서

예산과 실제 차이 보고서

(3) 고려사항

목표일치성(기업전체이익 극대화, 준최적화 ×), 오차최소화(성과측정시), 적시성과 경제성(신속보고, 수익 비용 효익 고려)

(4) 사업부별성과평가★

- 매출액
- 변동제조원가
- 제조공헌이익
- 변동판매관리비
- 공헌이익
- 통제가능고정원가
- 사업부경영자 공헌이익(성과평가목적으로 가장 적합)
- 통제불능고정원가(통제불능, 추적가능, 가령, 반도체 사업부에서만 사용하는 공장 감가비 등)
- 사업부공헌이익(사업부 자체의 수익성 평가)
- 배분된 공통원가(통제불능, 추적불가능, 가령 본사 건물 감가비, 최고 CEO급여 등)
- 법인세차감전순이익
- 법인세 비용
- 순이익

원가종류	통제가능성	추적가능성
통제가능고정	통제가능	추적가능
통제불능고정	통제불능	추적가능
공통고정원가	통제불능	추적불능

제1절 분권화와 성과평가

1 분권화의 의의

책임과 권한이 위임

2 분권화의 효익

- 민첩하게 시장기회 대응
- 신속한 의사결정
- 능력개발 촉진(책임감, 주인의식)
- 동기부여
- 최고경영자는 조직 전체의 전략적 계획에 집중

3 분권화의 문제점

- 준최적화(자기 사업부만 고려하므로)
- 동일한 활동이 중복 가능(회계, 노무, 구매 등)
- 사업부간 협력 저해 가능

4 대리이론과 경영자 보상계획(분권화의 문제점 및 해결방안)

- 문제점 : 대리이론(감시비용, 확인비용)
- 해결방안 : 경영자보상계획(기업전체이익의 극대화, 스탁옵션 등 동기부여)

5 판매부서의 성과평가<판매부서 : 이익중심점 분석, 공헌이익으로 분석 고정원가는 전부통제불가능으로 가정> ★★★(매출배합과 수량차이까지는 숙달함)

- 매출총차이
  - 매출가격차이
  - 매출조업도차이
    - 매출배합차이
    - 매출수량차이
      - 시장점유율차이
      - 시장규모차이

- AQ : 실제판매수량, BQ : 예산판매수량, AP : 실제판매가격, BP : 예산판매가격,
  SV : 표준변동원가, AV : 실제 변동원가
- AQ(A) : 10개, AQ(B) : 5개, BQ(A) : 6개, BQ(B) : 4개
- AP(A) : 570, AP(B) : 650, BP(A) : 500, BP(B) : 700
- SV(A) : 300, SV(B) : 400

고정원가는 전부 통제불가능으로 가정함 그래서 공헌이익으로 비교 분석함

매출가격차이와 매출조업도차이

구분	실제 실제매출수량 × 실제단위당공헌이익 AQ × (AP − SV)	변동예산 : 실제매출수량 × 예산단위당 공헌이익 AQ × (BP − SV) * 고정제조간접원가, 고정판관비 : 고정	고정(종합)예산 : 예산매출수량 × 예산단위당 공헌이익 BQ × (BP − SV) * 고정제조간접원가, 고정판관비 : 고정
A B	15개 10개 × (570 − 300) = 2,700 5개 × (650 − 400) = 1,250	15개 10개 × (500 − 300) = 2,000 5개 × (700 − 400) = 1,500	10개 6개 × (500 − 300) = 1,200 4개 × (700 − 400) = 1,200

매출배합차이와 매출수량차이

AM : 실제배합, BM : 예산배합

구분	변동예산(실제배합) AQ × AM(BP − SV)	변동예산(예산배합) AQ × BM(BP − SV)	고정(종합)예산(예산배합) BQ × BM(BP − SV)
A B	15개, 실제배합 10개 × (500 − 300) 5개 × (700 − 400) 계 3,500	15개, 예산배합 9개 × (500 − 300) = 1,800 6개 × (700 − 400) = 1,800 (A : 15개 × 60% = 9개) 계 : 3,600	10개, 예산배합 6개 × (500 − 300) = 1,200 4개 × (700 − 400) = 1,200 계 2,400

시장점유율차이와 시장규모차이<이론에서 묶어서 시장규모, 시장점유율을 하므로 평균 개념 도입>

구분	변동예산 : 실제규모 × 실제점유율 × 예산단위당평균공헌이익	변동예산 : 실제규모 × 예산점유율 × 예산단위당평균공헌이익	고정(종합)예산 : 예산규모 × 예산점유율 × 예산단위당평균공헌이익
	120개 × 12.5% × 240 = 3,600 (주1) 15개/120개 = 12.5%	120개 × 10% × 240 = 2,880	100개 × 10% × 240 = 2,400 (주2) 10개/100개 : 10%

예산단위당평균공헌이익 : [6개 × (500 − 300) + 4개 × (700 − 400)]/10개 = 240원

주1) 120개 × 12.5% × [6개 × (500 − 300) + 4개 × (700 − 400)]/10개 = 3,600

주2) 100개 × 10% × [6개 × (500 − 300) + 4개 × (700 − 400)]/10개 = 2,400

6 원가중심점의 성과평가**

예 산

	실제 : AQ × AP	변동예산 : AQ × SP	변동예산 : SQ × SP	고정예산
	실제생산량 : 900개	실제생산량 : 900개 실제투입량(실제 노동시간, 실제조업도)에 허용된 변동예산	실제생산량 : 900개 실제생산량(산출량)에 허용된 표준 수량(표준노동시간, 표준조업도) 변동예산	예상생산량 : 1,000개
DM	실제생산량 × 단위당 실제사용량 × 실제가격 = 실제투입량 × 실제가격 900 × 2.1 × 11	실제생산량 × 단위당 실제사용량 × 표준가격 = 실제투입량 × 표준가격 900 × 2.1 × 10	실제생산량 × 단위당 표준수량 × 표준가격 900 × 2 × 10	예상생산량 × 단위당 표준수량 × 표준가격 1,000 × 2 × 10 : 20,000

DL	실제생산량 × 단위당 실제작업시간 × 실제임률 = 실제작업시간 × 실제임률 900 × 4.1 × 5.1	실제생산량 × 단위당 실제작업시간 × 표준임률 = 실제작업시간 × 표준임률 900 × 4.1 × 5	실제생산량 × 단위당 표준작업시간 × 표준임률 900 × 4 × 5	예상생산량 × 단위당 표준작업시간 × 표준임률 1,000 × 4 × 5 : 20,000
VOH	실제생산량 × 단위당 실제 조업도 × 실제배부률 = 실제조업도 × 실제배부률 900 × 4.1 × 11	실제생산량 × 단위당 실제조업도 × 표준배부율 = 실제조업도 × 표준배부율 900 × 4.1 × 10	실제생산량 × 단위당 표준조업도 × 표준배부율 900 × 4 × 10	예상생산량 × 단위당 표준조업도 × 표준배부율 1,000 × 4 × 10 : 40,000
FOH	실제발생액 110,000	고정제조간접비 예산 100,000	고정제조간접비 예산 100,000	고정제조간접비 예산 100,000

〈복수의 원재료 등이 있을 경우〉

AQ : 실제투입량, SQ : 표준투입량, BM : 예산배합, AM : 실제배합

생산배합차이와 수율차이

구분	AQ × (AM)SP 1개	AQ × (BM)SP 1개	SQ × (BM)SP 1개
재료 X 재표 Y	15Kg 1개 × 10Kg × 10 = 100 1개 × 5Kg × 20 = 100 계 : 200	15Kg 1개 × 9Kg × 10 = 90 1개 × 6Kg × 20 = 120 (X : 15Kg × 60% = 9Kg) 계 : 210	10Kg 1개 × 6Kg × 10 = 60 1개 × 4Kg × 20 = 80 계 : 140

7 투자수익률법(투자중심적 성과평가)★★

각 사업부 경영자에게 배부되는 통제가능한 투자액까지 고려

(1) 투자수익률

$$= \frac{\text{영업이익}}{\text{투자중심점의 영업자산}}$$

$$= \frac{\text{영업이익}}{\text{매출액}} \times \frac{\text{매출액}}{\text{투자중심점의 영업자산}}$$

= 매출액이익률 × 자산회전율

(2) 투자수익률의 증대방안

① 매출액의 증가

② 원가의 감소

③ 투자자산의 감소

(3) 장점 및 유의사항

장점	유의사항
① 사업부의 이익과 투자액도 모두 고려 (사업부 투자액의 권한이 있는 경우 유용) ② 다른 사업부와 성과를 비교하는데 유용 (획득한 이익의 크기만 수익성 평가가 아님 투자규모를 비교하여 평가)(성과평가 측면)	① 준최적화에 주의(의사결정측면) ② 각 투자중심점에 다른 회계원칙이 적용되는 경우 영향을 고려해야 함 ③ 화폐의 시간가치 고려 × (IRR, NPV 비해 단기 성가평가 측면)

8 잔여이익법(투자중심적 성과평가)★★

투자중심점의 영업자산으로부터 획득해야 할 최소한의 이익을 초과하는 영업이익(유보이익)

(1) 잔여이익

= 투자중심점의 영업이익(세전) − (투자중심점의 영업자산 × 최저필수수익률)

(* 최저필수수익률 : 기업전체의 자본비용 등 위험 고려)

(2) 장점 및 유의사항

장점	유의사항
① 각 투자중심점(각 사업부)와 회사전체의 목표를 일치(의사결정 측면) ② 회사 전체의 목표일치와 사업부의 동기부여가 동시에 고려 ③ 위험차이에 대해서 고려 용이 (최저필수수익률에 반영함 산업이 위험 또는 투자안이 위험하면 최저필수수익률을 높임)	① 각기 다른 투자중심점의 성과를 직접 비교 어려움(잔여이익법은 규모가 큰 투자안이 상대적 유리)(성과평가측면) ② 잔여이익법과 투자수익률법 모두 사용해야 함

예제 1

(주)이패스는 전자제품을 생산하여 판매하는 회사로서, 분권화된 세 개의 제품별 사업부로 운영하고 있다. 이들은 모두 투자중심점으로 설계되어 있으며, 회사의 최저필수수익률은 20%이며, 각 사업부의 영업자산, 영업이익 및 매출액에 관한 정보는 다음과 같다. 아래의 요구사항에 답하시오.

	에어컨사업부	냉장고사업부	세탁기사업부
평균영업자산	₩500,000	₩250,000	₩250,000
영업이익	160,000	150,000	105,000
매출액	2,000,000	1,500,000	1,500,000

1. 각 사업부별로 다음을 계산하시오.
(1) 자산회전율
(2) 매출액이익률
(3) 투자수익률

2. 투자수익률을 기준으로 우선순위를 결정하시오.

3. 잔여이익을 기준으로 성과평가를 하고 우선순위를 결정하시오

해설 1. 자산회전율, 매출이익률 및 투자수익률

(1) 자산회전율

	에어컨사업부	냉장고사업부	세탁기사업부
매출액	₩2,000,000	₩1,500,000	₩1,500,000
평균영업이익	÷500,000	÷250,000	÷250,000
자산회전율	4회	6회	6회

(2) 매출이익률

	에어컨사업부	냉장고사업부	세탁기사업부
영업이익	₩160,000	₩150,000	₩150,000
매출액	÷2,000,000	÷1,500,000	÷1,500,000
매출액이익률	8%	10%	7%

(3) 투자수익률

에어컨사업부 : 0.08 × 4회 = 32%
냉장고사업부 : 0.10 × 6회 = 60%
세탁기사업부 : 0.07 × 6회 = 42%

2. 투자수익률기준 : 우선순위결정

	순위
에어컨사업부 : 32%	3
냉장고사업부 : 60%	1
세탁기사업부 : 42%	2

3. 잔여이익기준

	순위
에어컨사업부 : ₩160,000 − ₩500,000 × 0.2 = ₩60,000	2
냉장고사업부 : ₩150,000 − ₩250,000 × 0.2 = ₩100,000	1
세탁기사업부 : ₩105,000 − ₩250,000 × 0.2 = ₩55,000	3

수정문제

01 통제가능한 고정원가도 성과평가 시 포함하여야 한다. (○, ×)

02 투자수익률법에 의하여 부당하게 거부되는 투자안이 잔여이익법에서 수락될 수도 있다. (○, ×)

03 특정조업도를 기준으로 사전에 수립되는 예산은 변동예산이다. (○, ×)

04 수익중심점이란 수익과 원가 모두에 대해서 책임을 지는 중심을 말한다. (○, ×)

05 준최적화란 기업전체의 이익극대화를 위해서 의사결정을 하는 것을 말한다. (○, ×)

06 잔여이익법은 비율로 분석하는 방법이다. (○, ×)

07 잔여이익은 영업이익을 투자액으로 나눈 금액이다. (○, ×)

▼정답 및 해설

01 (○) 통제가능한 고정원가도 성과평가 시 포함하여야 올바른 성과평가를 할 수 있다.

02 (○) 투자수익률법에 의하여 부당하게 거부되는 투자만이 잔여이익법에서는 금액으로 평가를 하므로 수락될 수도 있다.

03 (×) 특정조업도를 기준으로 사전에 수립되는 예산은 고정예산이다.

04 (×) 수익중심점이란 수익에 대해서 책임을 지는 중심을 말한다.

05 (×) 준최적화란 기업전체의 이익관점이 아닌 개별사업부의 최적이 되는 의사결정을 하는 것을 말한다.

06 (×) 잔여이익법은 금액으로 분석하는 방법이다.

07 (×) 투자수익률법에 대한 설명이다.

출제예상 문제

01 변동예산제도를 책임회계에서 이용하는 목적은?

① 하부 경영자들의 권한을 위양하기 위해서이다.
② 실제조업도 수준에서 성과평가를 비교하기 위해서이다.
③ 수익중심점에 대해서 책임을 부과하기 위해서이다.
④ 정답 없음

02 다음 중 잔여이익에 대한 설명으로 틀린 것은?

① 투자수익률법에 의하여 부당하게 거부되는 투자만이 잔여이익법에서 수락될 수도 있다.
② 잔여이익에 의해서 채택되는 투자안은 투자수익률법에 의해서도 채택된다.
③ 잔여이익을 증대시키는 방안은 이익을 증대시키고 비수익성자산을 정리하는 것이다.
④ 순이익에서 투자자본에 자본비용을 곱한 금액을 차감하여 계산한다.

03 분권화에 대한 설명이다. 잘못된 것은?

① 분권화란 의사결정권한이 조직전반에 걸쳐 위양하는 것을 말한다.
② 분권화를 하면 신속한 의사결정을 할 수 있다.
③ 분권화를 하면 책임이 많아지므로 동기부여가 저하될 수 있다.
④ 대리 비용을 극복하기 위해 스탁옵션을 활용할 수 있다.

04 매출조업도차는 제품배합에 따른 (　　　)차이와 순수 판매수량에 따른 (　　　)차이로 분석할 수 있다. (　) 안에 들어갈 알맞은 단어는?

① 매출배합차이와 매출수량 차이
② 시장점유율차이와 매출수량 차이
③ 매출 가격 차이와 매출배합차이
④ 매출조업도 차이와 변동원가 차이

05 단기적으로 책임회계제도하에서 작성되는 내부의 책임중심점에 대한 성과보고서의 설명 중 가장 옳지 않은 것은 어느 것인가?

① 해당 책임중심점에 배분된 고정제조간접원가도 당연히 포함시켜야 한다.
② 통제가능원가와 통제불능원가로 구분하여야 한다.
③ 예외에 의한 관리가 가능하도록 작성하여야 한다.
④ 통제가능원가의 실제와 표준간의 차이를 포함시켜야 한다.

06 다음은 (주)이패스의 자료이다. 최저필수수익률은?

- 잔여이익 : 300,000원
- 총 투자액 : 180,000,000원
- 영업이익 : 7,500,000원

① 4% ② 5%
③ 6% ④ 7%

[07~08] 다음 자료는 (주)이패스의 예산 및 실제의 자료이다.

	실제		예산 판매량	
	A제품	B제품	A제품	B제품
판매량	200개	300개	300개	300개
매출가격	10원	20원	20원	30원
변동원가	5원	10원	10원	10원

07 매출배합차이와 매출수량차이는?

	매출배합차이	매출수량차이
①	차이없음	1,000불리
②	차이없음	2,000유리
③	500유리	1,500불리
④	500불리	1,500불리

08 예산시장규모는 10,000개였으나 실제시장규모가 6,000개였으면 시장점유율차이와 시장규모차이는?

	시장점유율차이	시장규모차이
①	700불리	1,200유리
②	1,400유리	2,400불리
③	400유리	800불리
④	2,100유리	3,600불리

09 **다음 자료에 의하여 영업이익과 총자산 추정액으로 바른 것은?**

- 투자수익률 : 12%
- 매출액 : 120,000원
- 매출액영업이익률 : 10%

	영업이익	총자산
①	9,600원	80,000원
②	12,000원	100,000원
③	12,000원	120,000원
④	16,800원	140,000원

10 **(주)이패스의 甲사업부의 작년도 투자이익률(ROI)는 15%이었다. 甲사업부의 최저필수수익률은 10%이다. 만약 작년도 甲사업부의 평균영업용자산이 450,000원이었다면 잔여이익은 얼마이었겠는가?**

① 21,500원
② 22,500원
③ 37,500원
④ 67,500원

11 **(주)이패스는 책상과 침대를 제조하는데 사업부가 분권화되어 있다. 사업부별 당해연도 영업활동성과의 자료는 다음과 같다.**

	책상사업부	침대사업부
영업자산	3,000,000원	8,000,000원
매 출 액	8,000,000원	16,000,000원
영업이익	800,000원	1,600,000원

각 사업부의 잔여이익으로 맞는 것은? 단, 각 사업부의 최저필수수수익률은 10%로 가정한다.

① 책상사업부 : 600,000원
② 침대사업부 : 600,000원
③ 책상사업부 : 500,000원
④ 침대사업부 : 1,200,000원

12 **다음 중 올해 처음 성과평가제도를 실시한 (주)이패스의 성과평가에 관한 내용으로 가장 올바른 것은?**

① 구매팀장 : 최근 글로벌 경기침체로 원유가격이 크게 떨어져 (주)이패스의 구매원가 하락으로 이어지자 다른 부서와 달리 구매팀장의 임금을 인상하였다.
② 영업팀장 : (주)이패스의 영업팀장은 기말에 매출액을 늘리기 위해 대리점으로 밀어내기식 매출을 감행하여 매출액을 무려 120% 인상시키는 공로를 세워 이사로 승진하였다.
③ 울산공장장 : 태풍의 피해로 울산 공장 가동이 20여 일간 중단되어 막대한 손실을 입은 (주)이패스는 그 책임을 물어 공장장을 해고하였다.
④ 채권회수팀장 : 채권회수율과 고객관계(고객불만 전화의 횟수로 측정)에 의하여 성과평가를 받았으며 자체적으로 매너교육을 실시하여 채권회수율을 증가시킴과 동시에 고객불만 전화를 크게 감소시켜 좋은 성과평가 점수를 얻었다.

13 **투자중심점의 성과평가와 관련된 다음의 설명 중 가장 올바른 것은?**

① 잔여이익에 의하여 채택되는 투자안은 투자수익률에 의해서도 항상 채택된다.
② 하부경영자가 자신의 성과측정치를 극대화할 때 기업의 목표도 동시에 극대화될 수 있도록 하부경영자의 성과측정치를 설정해야 하는데, 이를 목표일치성이라고 한다.
③ 잔여이익이 갖고 있는 준최적화의 문제점을 극복하기 위하여 투자수익률이라는 개념이 출현하였으므로, 투자수익률에 의한 성과평가기법이 잔여이익 보다 더 우월하다고 볼 수 있다.
④ 투자수익률은 투자규모가 다른 투자중심점을 상호 비교하기가 어렵다는 문제점이 있는 반면에 잔여이익은 이런 문제점이 없다.

14 **원가 및 수익뿐만 아니라 투자의사결정에 대해서도 책임을 지는 책임중심점으로서 성과평가시 가장 포괄적인 책임중심점이며, 기업이 제품별 또는 지역별로 별도의 독립적인 조직으로 분리될 정도로 규모가 커져 제품별 또는 지역별 사업부로 분권화된 경우, 이 분권화조직이 해당되는 책임중심점은 무엇인가?**

① 원가중심점 ② 수익중심점
③ 이익중심점 ④ 투자중심점

15 **다음 중 고정예산에 대한 설명으로 가장 옳은 것은?**

① 특정수준의 조업도를 기준으로 하여 사전에 수립되는 예산이다.
② 특정기간의 조업도의 변화여부를 고려하여 고정예산을 조정할 필요가 있다.
③ 특정산출량에 대하여 사용된 투입량의 정도에 대한 정보를 제공한다.
④ 통제를 위한 정보로서 적합하며 경영관리적 측면에서 큰 의미를 갖는다.

정답 및 해설

01	②	02	②	03	③	04	①	05	①	06	①	07	③	08	④	09	②	10	②
11	③	12	④	13	②	14	④	15	①										

01 ② 실제조업도 수준에서 성과평가를 비교해야만 적정한 성과평가를 할 수 있다.

02 ② 투자수익률법은 회사전체의 최저필수수익률을 상회하는 좋은 투자 안이 개별 투자 중심점의 투자수익률보다 낮기 때문에 투자가 포기되는 현상인 준최적화 문제가 발생할 수 있는데 이를 해결할 수 있는 방법이 잔여이익법이므로 잔여이익에 의해서 채택되는 투자안중 투자수익률법에 의해서는 채택되지 않는 투자 안이 있을 수 있다.

03 ③ 분권화를 하면 하위 경영자에게 보다 큰 재량권이 주어지어 동기부여가 된다.

04 ① 매출조업도 차이는 매출배합차이와 매출수량 차이로 분석할 수 있다.

05 ① 고정제조간접원가는 통제불능원가이므로 성과평가시 고려해서는 안 된다.

06 ① 7,500,000원 − (180,000,000원 × 최저필수수익률) = 300,000원
최저필수수익률 4%

07 ③

	AQ × AM(BP − SV)	AQ × BM(BP − SV)	BQ × BM(BP − SV)
A	200 × 10	250 × 10	300 × 10
B	300 × 20	250 × 20	300 × 20
	= 8,000	= 7,500	= 9,000

08 ④

500개 × 15 = 7,500	360개 × 15 = 5,400	600개 × 15 = 9,000

예산단위당평균공헌이익 : 15　　예상시장점유율 : 600/10,000 = 6%

09 ②
- 순이익 : 매출액 120,000원 × 매출액순이익률 10% = 순이익 12,000원
- 투자수익률 : 순이익 12,000원 / 총자산 = 12%
- 총자산 100,000원

10 ②
- 자산순이익률(ROI) : 영업이익 / 450,000원 = 15%
- 영업이익 : 67,500원
- 잔여이익(RI) : 67,500원 − 450,000원 × 0.1 = 22,500원

11 ③
- 책상사업부 잔여이익 = 800,000원 − 3,000,000원 × 10% = 500,000원
- 침대사업부 잔여이익 = 1,600,000원 − 8,000,000원 × 10% = 800,000원

12 ④ 책임중심점의 관리자가 통제가능한 요소에 대하여 책임을 물어야 한다.

13 ② ① 잔여이익에 의하여 채택되는 투자안이 투자수익률에 의할 경우 기각될 수 있다.
③ 투자수익률이 갖고 있는 준최적화의 문제점을 극복하기 위하여 잔여이익이라는 개념이 출현하였고, 투자수익률과 잔여이익은 각각 장단점을 가지고 있으므로 둘 중 어느 방법이 더 우월하다고 말할 수 없다.
④ 잔여이익은 투자규모가 다른 투자중심점을 상호 비교하기가 어렵다는 문제점이 있는 반면에 투자수익률은 이런 문제점이 없다.

14 ④ 투자중심점에 대한 설명이다.

15 ① 고정예산은 특정수준의 조업도를 기준으로 하여 사전에 수립되는 예산이다.

CHAPTER 03

제3과목 원가관리회계

경제적 부가가치(EVA)분석과 성과평가

1 개요★★★

$$회계적이익률법 = \frac{연평균당기순이익(세후)}{(평균)투자액}$$

$$투자수익률법(ROI) = \frac{영업이익(세전)}{투자중심점영업자산}$$

잔여이익(RI) = 영업이익(세전) − 투자중심점영업자산 × 최저필수수익률

EVA = 세후영업이익 − 투하자본 × 자본비용(WACC)
= [투하자본수익률(ROIC) − 자본비용(WACC)] × 투하자본
(* WACC : 타인자본과 자기자본의 가중평균으로서 투하자본의 최저요구수익률)

2 EVA의 의의★

경제적부가가치(Economic Value Added : EVA)는 미국의 Stern Stewart 사가 잔여이익을 수정하여 개발한 새로운 성과측정치로서 다음과 같은 특징을 가지고 있다.

① EVA는 투자중심점이 고유의 영업활동에서 세금, 타인자본과 자기자본에 대한 자본비용을 초과하여 벌어들인 이익을 의미한다.

② EVA는 고유의 영업활동에서 창출된 순가치의 증가분을 의미한다.

③ EVA는 그동안 무시해 왔던 자기자본에 대한 자본비용을 고려하므로 주주관점에서의 이익개념이다.

④ EVA는 발생주의 회계수치를 성과측정목적에 맞게 수정하여 계산한다.

3 EVA

EVA = 세후영업이익 − 투하자본 × 자본비용(WACC)
= [투하자본수익률(ROIC) − 자본비용(WACC)] × 투하자본
(* WACC : 타인자본과 자기자본의 가중평균으로서 투하자본의 최저요구수익률)

4 EVA 산출단계 : 투자된 자본에 대한 기대수익을 초과하는 영업이익★★★

EVA = 세후영업이익 − 투하자본 × 자본비용(WACC)

(1) 1단계 : 투하자본

영업관련 총자산 − 영업관련유동부채(무이자유동부채)

(2) 2단계 : 가중평균자본비용

타인자본비용 × 타인자본비중 + 자기자본비용 × 자기자본비중

$$\text{이자율} \times (1 - \text{법인세율}) \times \frac{\text{부채}}{\text{부채} + \text{자본}} + \text{자기자본비용} \times \frac{\text{자본}}{\text{부채} + \text{자본}}$$

(3) 3단계 : 세후순영업이익

(영업이익 + 영업외수익중 영업관련항목 − 영업외비용중 영업관련항목)×(1 − 법인세율)

〈사례〉
실질영업이익 : 70억, 법인세율 : 20%, 차입금 : 100억, 자본 : 200억
차입금이자율 : 12%, 자기자본비용 : 15%, 투자자본 : 300억

EVA = 70억 × (1 − 20%) − 300억 × 자본비용
= 70억 × (1 − 20%) − 300억 × 13.2%
= 16.4억

자본비용 : 12% × (1 − 20%) × 100억/300억 + 15% × 200억/300억 = 13.2%

5 EVA 의미★★

(1) EVA : +

기업의 세후순영업이익이 투하자본에 대한 자본비용보다 크다는 것을 의미하므로 기업의 영업활동상의 모든 비용은 물론 자본에 대한 대가(이자 및 배당)까지 지불하고도 해당 기업에 유보되는 경제적이익이 있다는 것을 의미

(2) 당기순이익과 비교

① 당기순이익이 기업의 영업, 투자, 재무활동을 모두 반영한 이익개념인 반면에, 경제적부가가치는 고유의 영업활동만을 반영한 이익개념이므로 기업 고유의 경영성과를 측정하는 데 보다 유용하다.

② 당기순이익이 자기자본에 대한 자본비용을 고려하지 않은 이익개념인 반면에, 경제적부가가치는 자기자본에 대한 자본비용을 고려한 이익개념이므로 주주관점에서 기업의 경영성과를 보다 정확히 측정할 수 있다.

(3) EVA 증대방안★(계산문제 이해하면 아래 내용은 자동으로 이해됨)

증대방안	내용
세후순영업이익의 증대	• 매출액의 증대 • 제조원가의 절감 • 판관비 절감
투하자본의 절감을 통한 자본비용의 감소	• 적정수준의 고정자산 투자 • 적정수준의 재고자산 유지 • 유휴설비 등 비효율적 자산 매각
저수익성 자산의 축소	• 저수익성 사업의 투자자본 회수 • 저수익성 사업부문 철수 • 저수익성 제품 철수
고수익성 자산의 증대	• 고수익성 사업의 투자자본 확대 • 고수익성 사업부분 확대 • 고수익성 제품생산 증대
가중평균자본비용의 개선	• 재무구조 개선을 통한 조달자본비용의 절감 • 기업안정성 향상을 통한 자기자본비용의 절감 • 양질의 차입금 조달을 통한 타인자본비용의 절감

수정문제

01 경제적 부가가치는 기업 고유의 영업활동과 관련된 것만 고려한다. (○, ×)

02 경제적 부가가치는 타인자본비용만을 고려한다. (○, ×)

03 EVA 계산 시 당기순이익을 세후이익에 적용한다. (○, ×)

04 자기자본비용이 타인자본비용보다 클 경우 자기자본비중을 늘리면 경제적 부가가치는 증가한다. (○, ×)

05 고수익성 자산을 증대시키면 경제적 부가가치가 증가한다. (○, ×)

▼정답 및 해설

01 (○) 경제적 부가가치는 영업외손익은 고려하지 않음으로써 고유의 영업활동과 관련된 것만 고려한다.

02 (×) 경제적 부가가치는 타인자본비용과 자기자본비용을 모두 고려하는 평가방법이다.

03 (×) EVA 계산 시 세후영업이익을 세후이익에 적용한다.

04 (×) 자기자본비용이 타인자본비용보다 클 경우 자기자본비중을 늘리면 경제적 부가가치는 감소한다.

05 (○) 고수익성 자산을 증대시키면 수익성이 증가하므로 경제적 부가가치가 증가한다.

출제예상 문제

01 **경제적 부가가치(EVA)에 대한 설명 중 맞는 것은?**

① 기계장치가 증가하면 회사의 자산이 증가하므로 경제적 부가가치가 증가한다.
② 경제적 부가가치 산출시 이익은 법인세효과를 감안한 세후 경상이익이다.
③ 유휴설비는 재투자를 위해서 내부에 보관하면 경제적 부가가치는 증가한다.
④ 투하자본 산정시 투자목적으로 보유중인 부동산은 비영업자산이다.

02 **경제적 부가가치(EVA)에 대한 설명이다. 틀린 것은?**

① 경제적 부가가치는 타인자본비용뿐만 아니라 자기자본비용도 고려한 성과지표라고 볼 수 있다.
② 전통적인 손익지표인 손익계산서는 발생주의에 의해 작성되나, 경제적부가가치는 일부 현금흐름을 반영한 성과지표라고 볼 수 있다.
③ 경제적 부가가치는 세후순영업이익에서 총자본비용을 차감하여 산출한다.
④ 전통적인 분석기법들은 재무적인 지표로서 한계가 있으나, 경제적부가가치는 비재무적인 지표까지도 평가하는 기법이다.

03 **다음 중 경제적 부가가치(EVA)에 대한 설명으로 옳지 않은 것은?**

① 의사결정 대안모형으로 사용할 수 없다.
② 타인자본비용뿐만 아니라 자기자본비용도 고려한다는 장점이 있다.
③ 기업의 가치는 미래의 현금흐름에 의하여 결정된다.
④ 자기자본비용의 산정이 어렵다는 단점이 있다.

04 **(주)이패스는 가전사업부를 운영하고 있으며 가전 사업부의 손익과 관련된 자료는 다음과 같다. 가전 사업부의 경제적 부가가치는 얼마인가?**

- 매출액 : 1,000,000원
- 매출원가 : 500,000원
- 판매관리비 : 240,000원
- 총자산 : 500,000원
- 무이자 영업유동부채 : 100,000원
- 가중평균자본비용 : 25%
- 법인세율 : 40%

① 50,000원　② 54,000원
③ 56,000원　④ 58,000원

05 당사는 A사업부와 B사업부로 구성되어 있으며, 각 사업부의 당기 자료는 다음과 같다. 자금조달원천으로 시장가치 400,000원, 이자율은 5%인 고정부채와 시장가치 600,000원, 자본비용이 6%인 자기자본이다. 법인세율은 20%이다. 다음 설명 중 올바른 것은?

구분	A사업부	B사업부
총자산(영업자산)	200,000원	800,000원
무이자 영업유동부채	40,000원	160,000원
영업이익	80,000원	160,000원

① 경제적부가가치를 계산할 때 타인자본비용은 5%이다.
② 경제적부가가치를 계산할 때 적용할 가중평균자본비용은 5.2%이다.
③ A사업부의 경제적부가가치는 94,720원이다.
④ B사업부의 경제적부가가치는 55,680원이다.

06 (주)이패스의 사업부 A, B는 투자중심점으로 운영되고 있는데 각 사업부의 성과평가를 위한 자료는 다음과 같다. 투하자본에 요구되는 가중평균자본비용은 12%라고 할 때 각 사업부로 계산된 경제적 부가가치(EVA)로 맞는 것은?

구분	사업부A	사업부B
투하자본	2,000,000원	3,000,000원
세후영업이익	340,000원	500,000원

① 사업부A 140,000원
② 사업부B 120,000원
③ 사업부A 100,000원
④ 사업부B 160,000원

07 다음 중 경제적부가가치(EVA)에 관한 설명으로 가장 올바르지 않은 것은?

① 경제적부가가치는 기업의 영업, 투자, 재무활동을 모두 반영한 이익개념이다.
② 경제적부가가치는 자기자본에 대한 자본비용을 고려한 이익개념이다.
③ 주주관점에서 기업의 경영성과를 보다 정확히 측정하는데 도움이 된다.
④ 투자중심점과 회사전체의 목표일치성을 충족시킬 수 있다.

[redacted]

정답 및 해설

01	④	02	④	03	①	04	③	05	②	06	③	07	①						

01 ④ 투하자본 산정 시 투자목적으로 보유중인 부동산은 영업활동자산이 아니다.

02 ④ 비재무적인 가치창출요소를 고려하지 않는 한계가 있다.

03 ① 경제적 부가가치를 성과평가로 이용하는 경우 경제적 부가가치를 의사결정 모형으로 이용할 수 있다. 왜냐하면 경영자는 자신의 성과평가가 유리한 쪽으로 의사결정을 할 것이기 때문이다.

04 ③ (1,000,000원 − 500,000원 − 240,000원) × (1 − 40%) − (500,000원 − 100,000원) × 25% = 56,000원

05 ② ① 타인자본비용 4% = 5% × (1 − 20%)

② 가중평균자본비용

5.2% = 4% × 400,000원 / 1,000,000원 + 6% × 600,000원 / 1,000,000원

③ A사업부의 경제적부가가치

55,680원 = 80,000원 × (1 − 20%) − (200,000원 − 40,000원) × 5.2%

④ B사업부의 경제적부가가치

94,720원 = 160,000원 × (1 − 20%) − (800,000원 − 160,000원) × 5.2%

06 ③

구분	경제적 부가가치
사업부A	340,000원 − 2,000,000원 × 0.12 = 100,000원
사업부B	500,000원 − 3,000,000원 × 0.12 = 140,000원

07 ① 경제적부가가치는 고유의 영업활동만을 반영한 이익개념이다

CHAPTER 04 단기의사결정

1 개요

- 의사결정 단기의사결정 : 화폐의 시간가치 ×
  - 특별주문의 수락 또는 거절
  - 생산라인의 유지 또는 폐지
  - 부품의 자가제조 또는 외부구입
  - 제한된 자원의 사용
- 장기의사결정(자본예산) : 화폐의 시간가치 ○

2 기초개념***

- 매몰원가 : 미래의 의사결정과 관련이 없는 원가
- 기회원가 : 포기대안 중 최적대안의 기대가치(기회이익의 개념)
- 관련원가 : 대체안 사이에 차이가 발생하는 원가

3 관련원가***

관련원가		비관련원가	
대안 간에 차이를 보일 미래원가		대안 간에 차이를 보이지 않는 원가	
기회원가	지출원가	지출원가	매몰원가
차선의 대안에서 기대되는 이익	대안 간에 차이를 갖는 미래 지출을 요하는 원가	대안 간에 차이를 보이지 않는 미래지출을 요하는 원가	과거의 의사결정으로 발생한 역사적 원가

CASE

〈사례 : 계산기 제조비용 30,000원〉
현재 내가 계산기를 제조하는데 30,000원이 들어감

Case1. 기회원가 없는 경우
현재 계산기를 30,000원 들여 제조하여 아빠한테 50,000원에 판매하고 있음.
친구가 40,000원에 사겠다고 제안이 들어옴. 친구의 제안을 선택하는 경우 아빠에게 판매하는 것을 포기해야 할 필요는 없음. 즉, 계산기 2개를 제조하여 판매할 수 있는 여력이 있음

아래의 총액접근법과 증분접근법에 따라 풀이를 함

가. 총액접근법

대안1) 아빠한테 50,000원에 판매하고 친구에게 제조하여 판매하지 않음
- 총수익 : 50,000원
- 총비용 : 30,000원
- 총이익 : 20,000원

대안2) 아빠한테 50,000원에 판매하고 친구에게 제조하여 40,000원에 판매함
- 총수익 : 50,000원 + 40,000원 = 90,000원
- 총비용 : 30,000원 + 30,000원 = 60,000원
- 총이익 : 30,000원

➡ 총액접근법으로 풀이한 결과 **대안2의 이익이 더 크므로** 대안 2을 선택함

나. 증분접근법

대안1) 아빠한테 50,000원에 판매하고 친구에게 제조하여 판매하지 않음
대안2) 아빠한테 50,000원에 판매하고 친구에게 제조하여 40,000원에 판매함
현재 대안1을 선택하고 있는데 대안 2를 선택할 경우 총수익과 총비용, 총이익의 증분을 계산한

- 증분수익 : + 40,000원(친구에게 판매) = 40,000원
- 증분비용 : + 30,000원(친구에게 판매) = 30,000원
- 증분이익 : + 10,000

➡ 증분접근법으로 풀이한 결과 대안 2를 선택할 경우 **증분이익이** 10,000원이므로 대안 2를 선택하는 것이 이익임

Case2. 기회원가 있는 경우

현재 계산기를 30,000원 들여 제조하여 아빠한테 50,000원에 판매하고 있음.
친구가 40,000원에 사겠다고 제안이 들어옴. 친구의 제안을 선택하는 경우 아빠에게 판매하는 것을 포기해야 함. 즉, 계산기 2개를 제조할 수 있는 여력이 없고 1개만을 제조하여 판매할 수 있음
아래의 총액접근법과 증분접근법에 따라 풀이를 함

가. 총액접근법

대안1) 아빠한테 50,000원에 판매하고 친구에게 제조하여 판매하지 않음
- 총수익 : 50,000원
- 총비용 : 30,000원
- 총이익 : 20,000원

대안2) 아빠한테 50,000원에 판매하는 것을 포기하고 친구에게 제조하여 40,000원에 판매함
- 총수익 : 40,000원
- 총비용 : 30,000원
- 총이익 : 10,000원

➡ 총액접근법으로 풀이한 결과 **대안1의 이익이** 더 크므로 대안 1을 선택함

나. 증분접근법

대안1) 아빠한테 50,000원에 판매하고 친구에게 제조하여 판매하지 않음

대안2) 아빠한테 50,000원에 판매하는 것을 포기하고 친구에게 제조하여 40,000원에 판매함
현재 대안1을 선택하고 있는데 대안 2를 선택할 경우 총수익과 총비용, 총이익의 증분을 계산한
- 증분수익 : + 40,000원(친구에게 판매)
  − 50,000원(아빠에게 판매하는 기회를 포기하므로 수익이 50,000원 줄어듬)
  = − 10,000원
- 증분비용 : + 30,000원(친구에게 판매) − 30,000원(아빠에게 판매) = 0원
- 증분이익 : − 10,000

➡ 증분접근법으로 풀이한 결과 대안 2를 선택할 경우 **증분이익이** 마이너스 10,000원이므로 대안 2를 선택하면 안됨. 즉, 대안 1을 선택함

기회원가가 없는 경우 최소공급가액의 개념(뒤에서 자세히 배움, 대체가격파트)

CASE1) 현재 아빠한테 50,000원에 판매하고 있는데 계산기 2대를 제조할 여력이 있는 경우 아빠에게 판매도하고 친구에게 최소한 얼마에 팔아야 할까?
◈ **최소공급가액** : 제조시 증분지출원가(30,000원) = 30,000원

기회원가가 있는 경우 최소공급가액의 개념(뒤에서 자세히 배움, 대체가격파트)

CASE2) 현재 아빠한테 50,000원에 판매하고 있는데 아빠에게 판매할 기회를 포기하고 친구에게 최소한 얼마에 팔아야 할까?(즉, 계산기 1대만을 제조할 여력이 있음)
◈ **최소공급가액** : 제조시 증분지출원가(30,000원) + 기회원가(기회이익 20,000)
= 50,000원

4 의사결정 접근방법

(1) **총액접근법** : 각 대안별로 총수익과 총비용(세가지 이상 대안도 동시 비교 가능)

(2) **증분접근법** : 각 대안별로 차이가 나는 항목만 비교(세가지 이상 대안 쉽지 않음)

5 단기의사결정의 유형★★★

개요

1. 모든 증분수익 고려(매출액)
2. 모든 증분비용 고려(변동원가, 고정원가)
3. 기회원가 고려(대체활용이익, 타 판매공헌이익 등)

특별주문의 수락 또는 거절	의의	기업은 일회성 특별주문을 수락할 것인지 거절할 것인지에 대한 의사결정을 해야 하는 경우가 발생한다.	
	고려할 항목	유휴설비가 충분한 경우	특별주문 자체로 인해 발생하는 증분수익과 증분비용을 고려해서 수락여부를 결정한다.
		유휴설비가 부족한 경우	정규시장 판매감소에 따른 이익감소분 등을 기회비용으로 고려하여야 한다.
부품의 자가제조 또는 외부구입	의의	기업은 제품의 일부나 제품생산에 필요한 부품을 자체적으로 제조할 것인지 외부회사로부터 구입할 것인지에 대한 의사결정을 해야 하는 경우가 발생한다.	
	고려할 항목	비용증가	외부구입액(외부구입수량 × 외부구입가격)
		비용감소	자가제조시 변동제조원가(생산량 × 단위당변동제조원가) 회피가능고정원가
		기회비용	유휴설비를 타부품에 사용함에 따른 원가절감 유휴설비를 임대해서 얻는 임대료수익
제품라인의 유지 또는 폐지	제품라인의 유지	제품라인의 공헌이익 > 회피가능고정원가 + 기회원가	
	제품라인의 폐지	제품라인의 공헌이익 < 회피가능고정원가 + 기회원가	
제한된 자원의 사용	우선 생산	제한된 자원 단위당 공헌이익이 큰 제품부터 우선적으로 생산	

예제 1

올해 예산내역을 요약하면 다음 표와 같으며, 회사의 연간 최대 조업능력은 35,000단위이다. 그런데 외국판매상이 올해초에 단위당 80원에 15,000단위를 사겠다고 제의하여 왔다. (주)이패스가 만약, 이 제의를 수락하고 설비능력을 초과하지 않는 범위 내에서 단골고객으로부터 기존의 거래를 감소시키면, 올해의 총영업이익은 예산보다 얼마나 변화하겠는가?

- 매출액(25,000단위 @100) : 2,500,000원
- 변동제조비용과 판매비 : 1,500,000원
- 공헌이익 : 1,000,000원
- 고정원가 : 600,000원
- 영업이익 : 400,000원

해설 특별주문을 수락했다면

(1) 증분수익 : 15,000개 × 80원 = 1,200,000
(−) 5,000개 × 100원 = 500,000
= 700,000원

(2) 증분비용 :
변동원가증가 : 15,000개 × 60원 = 900,000
(−) 변동원가감소 : 5,000개 × 60원 = 300,000
= 600,000원

(3) 증분이익 : 700,000 − 600,000 = 100,000
고정원가는 문제에서 언급하지 않으므로 의사결정시 변동하지 않는 것으로 함

예제 2

사업부 갑의 공헌이익은 ₩50,000이고 고정원가는 ₩80,000이다. 고정원가 중 ₩50,000은 사업부 갑을 폐지하더라도 계속하여 발생하는 것이다. 다른 조건은 동일하다는 가정하에 회사가 사업부 갑을 폐지할 경우 회사의 순이익은 단기적으로 어떻게 변화하는가?

해설 사업부를 폐지할 경우(제품라인의 폐지 또는 제품 생산 중단)의 이익의 변화

(1) 증분수익 : 공헌이익의 감소(증분이익의 개념인데 한번에 반영함)
= −50,000원

(2) 증분비용 : 고정비의 증가 0
(−) 고정비의 감소 30,000원
= −30,000원

(3) 증분이익 : −50,000원 − (−30,000원) = −20,000원

비용의 감소이므로 전체적으로는 30,000 − 50,000 = (−)20,000 이므로 이익이 20,000원 감소하게 된다. 따라서 사업부 갑을 폐지하지 않는 것이 회사 전체의 이익이다.

예제 3

자가제조에 대한 다음의 원가자료를 정리하였다. 외부업자로부터 부품 단위당 300원에 납품하겠다는 제안을 받았고, 제안을 수용하면 고정제조간접비 50,000원을 절감할 수 있다. 1,000단위의 부품이 필요한 경우 당사의 의사결정으로 바른 것은?

- 부품단위당 직접재료비 : 80원
- 부품단위당 직접노무비 : 90원
- 부품단위당 변동제조간접비 : 30원
- 총 고정제조간접비 : 500,000원

해설 부품의 외부구입의 대안을 선택했다면

(1) 증분수익 : 0
(2) 증분비용
변동원가의 증가 : 외부구입 1,000개 × 300원 = 300,000원
변동원가의 감소 : 자가제조포기 : 1,000개 × 200원 = −200,000원
고정원가의 감소 : 자가제조포기 = −50,000원
계 : 50,000원
(3) 증분이익 : 0 − 50,000원 = −50,000원

따라서 자가제조하는 것이 더 유리하다.

예제 4

(주)이패스는 세 가지 제품을 생산하고자 한다. 세 가지 제품에 대한 단위당 자료는 다음과 같다.

	갑	을	병
단위당 판매가격	100원	150원	200원
단위당 변동원가	70원	120원	170원
단위당 공헌이익	30원	30원	30원
제품단위당 기계시간	1.5시간	2시간	1시간

기계시간이 제한되어 있다고 할 때 (주)이패스는 어떤 제품을 가장 먼저 생산하는 것이 유리하겠는가?

해설 기계시간이 제한되어 있으므로, 기계시간당 공헌이익이 큰 제품부터 생산해야 한다.

	갑	을	병
단위당 판매가격	30원	30원	30원
단위당 변동원가	÷1.5시간	÷2시간	÷1시간
단위당 공헌이익	20원	15원	30원
제품단위당 기계시간	2순위	3순위	1순위

수정문제

01 총액접근법은 각 대안별로 총수익과 총비용을 구하여 각 대안 중 이익이 가장 큰 대안을 선택하는 방법이다. (○, ×)

02 기회원가는 비관련원가이다. (○, ×)

03 매몰원가는 미래의 의사결정과 관련 있는 원가이다. (○, ×)

04 제품라인을 폐지 여부를 고려할 때는 기업 전체의 이익에 미치는 영향은 고려할 필요가 없다. (○, ×)

▼정답 및 해설

01 (○) 각 대안별로 총수익과 총비용을 구하여 각 대안 중 이익이 가장 큰 대안을 선택하는 방법이 총액접근법이다.

02 (×) 기회원가는 관련원가이다.

03 (×) 매몰원가는 미래의 의사결정과 관련 없는 원가이다.

04 (×) 제품라인을 폐지 여부를 고려할 때는 기업 전체의 이익에 미치는 영향을 분석하여 의사결정을 하여야 한다.

출제예상 문제

01 **다음 중 틀린 내용은?**

① 기회원가는 의사결정 시 고려해야 한다.
② 대안간에 차이를 보이지 않는 미래지출을 요하는 원가는 관련원가이다.
③ 매몰원가는 비관련원가이다.
④ 대안간에 차이를 보이는 미래지출을 요하는 원가는 관련원가이다.

02 **특별주문의 수락 또는 거부를 고려할 때 고려해야 할 사항이 아닌 것은?**

① 회피불가능한 고정원가
② 유휴생산설비의 대체적인 용도
③ 생산능력이 부족한 경우 기존 제품판매의 공헌이익 감소분
④ 회피가능한 고정원가

03 **특별주문의 수락 또는 거부를 고려할 때 고려해야 할 사항이 아닌 것은?**

① 회피 불가능한 고정원가
② 유휴생산설비의 대체적인 용도
③ 생산능력이 부족한 경우 기존 제품판매의 공헌이익 감소분
④ 회피 가능한 고정원가

04 **다음 자료에서 특별주문을 수락할 수 있는 단위당 최저 판매가격은 얼마인가?**

• 제품 단위당 변동원가 : 50원
• 정상 판매가능 수량 : 400단위
• 특별주문수량 : 150단위
• 제조가능 생산능력 : 500단위
• 단위당 정상판매가격 : 200원
• 정상판매수량 축소 가능

① 50원　② 80원
③ 100원　④ 120원

05 (주)이패스의 올해 예산내역을 요약하면 다음과 같다. 회사의 연간 최대 조업능력은 35,000단위이다. 그런데, 외국판매상이 올해 초에 단위당 80원에 15,000단위를 사겠다고 제의하여 왔다. 만약, (주)이패스가 이 제의를 수락하고 설비능력을 초과하지 않는 범위 내에서 기존고객으로부터 기존의 거래를 감소시키면, 올해의 영업이익은 예산보다 얼마나 증가하겠는가?

매출액(25,000단위 × @100원)	2,500,000원
변동제조비용과 판매비	1,500,000원
공헌이익	1,000,000원
고정원가	600,000원
영업이익	400,000원

① 100,000원
② 122,500원
③ 137,500원
④ 167,500원

06 (주)이패스는 다음과 같이 2,000단위 제품의 자가제조를 위한 계획서를 작성하였다. 그러나 외부업체로부터 제품 단위당 1,100원에 공급하겠다는 제안을 받았는바, 동 제안을 수락하면 고정원가는 150,000원을 절감할 수 있다. 또한 동 제안을 받아들이면 보유하고 있는 유휴설비를 10,000원에 임대할 수 있다. 예상발생 비용의 분석으로 옳은 것은?

〈자가제조시 발생원가〉
- 총 고정제조간접원가 : 1,200,000원
- 제품 단위당 직접재료원가 : 500원
- 제품 단위당 직접노무원가 : 300원
- 제품 단위당 변동제조간접원가 : 200원

① 자가제조가 외부구입보다 120,000원의 비용절감 효과가 있다.
② 외부구입이 자가제조보다 40,000원의 비용절감 효과가 있다.
③ 외부구입이 자가제조보다 120,000원의 비용절감 효과가 있다.
④ 자가제조가 외부구입보다 40,000원의 비용절감 효과가 있다.

07 (주)이패스는 당연도에 제품 30,000개를 판매할 것으로 예측하고 있으며, 판매가격은 160원, 변동제조원가는 80원, 변동판매비와 관리비는 20원이다. (주)이패스는 (주)서울로부터 15,000개의 제품을 110원에 판매하라는 특별주문을 받았다. 이 경우 소요되는 판매비와 관리비는 78,000원이다. (주)이패스의 최대생산능력은 41,000개이다. 따라서 특별주문을 수락하게 되면 정상생산품 중 4,000개의 판매가 감소하게 된다. 이러한 특별주문을 수락하는 경우 손익에 미치는 영향은 얼마인가?

① 108,000원 감소
② 85,000원 감소
③ 132,000원 증가
④ 270,000원 증가

08 **다음은 (주)이패스는 매년 부품을 자가 제조하여 사용하고 있다. 올해 부품제조와 관련된 원가 예상 자료이다. 부품을 외부에서 구입을 한다면 외부 구입과 관련된 원가 예상 자료는 다음과 같다. 자가 제조가 유리하다는 의사결정을 하려면 회사가 올해 필요한 최소한의 부품 개수는?**

〈자가 제조 예상 원가 자료〉
- 단위당 직접재료원가 : @130원
- 단위당 직접노무원가 : @250원
- 단위당 변동 제조간접원가 : @70원
- 총 고정 제조간접원가 : 540,000원

〈외부구입 예상 원가 자료〉
- 외부 공급 예상업체에서 제시한 단위당 공급가액 : @550원
- 총 고정 제조간접원가 : 외부구입으로 전환하면 생산감독자 급료 60,000원 절감

① 600단위 ② 800단위
③ 1,000단위 ④ 1,200단위

09 **다음 자료는 (주)이패스이 3개의 생산라인이다. 다음 중에서 '병'라인을 폐기하려면, '병'라인의 회피가능고정원가가 최소한 몇 원 이상이어야 하는가?**

	'갑'	'을'	'병'
매 출 액	2,500	1,800	600
변동원가	1,500	1,200	300
공헌이익	1,000	600	300
고정원가	700	400	450
영업이익	△300	△200	△150

① 100원 ② 200원
③ 300원 ④ 400원

10 **(주)이패스는 제조에 필요한 부품을 자가제조할 것인지 아니면 외부구입할 것인지의 여부에 대한 의사결정을 하려고 한다. 다음 설명 중 가장 옳은 것은?**

① 변동원가는 모두 비관련원가로 보아 의사결정을 하는데 영향을 미치지 않는다.
② 회피불가능한 고정원가는 관련원가로 의사결정을 하는데 반드시 고려하여야 한다.
③ 기존설비를 다른 용도로 사용함에 따라 발생할 수 있는 기회비용도 함께 고려해야 한다.
④ 외부구입원가가 회피가능원가보다 큰 경우에는 외부구입하는 것이 바람직하다.

11 **다음 중 의사결정 시에 필요한 원가용어와 그에 대한 정의를 연결한 것으로 가장 올바르지 않은 것은?**

① 관련원가는 과거원가이거나 대안 간에 차이가 나지 않는 미래원가이다.
② 지출원가는 미래에 현금 등의 지출을 수반하는 원가이다.
③ 기회원가는 자원을 현재 용도 이외의 다른 용도에 사용할 경우 얻을 수 있는 최대금액이다.
④ 매몰원가는 과거에 발생한 역사적 원가로서 현재 또는 미래에 회수할 수 없는 원가이다.

12 **(주)이패스는 부품의 자가제조 또는 외부구입에 대한 의사결정을 하려고 한다. 이 때 고려해야 하는 비재무적 정보에 대한 설명 중 가장 올바르지 않은 것은?**

① 부품을 자가제조 할 경우 부품의 공급업자에 대한 의존도를 줄일 수 있는 장점이 있다.
② 부품을 자가제조 할 경우 기존 외부공급업자와의 유대관계를 상실하게 되는 단점이 있다.
③ 부품을 외부구입 할 경우 향후 주문량의 변동에 유연하게 대응할 수 있다는 장점이 있다.
④ 부품을 외부구입 할 경우 제품에 특별한 지식이나 기술이 요구될 때 품질을 유지하기 위한 관리가 별도로 필요하게 되는 단점이 있다.

13 **(주)이패스는 진부화된 의류 500벌을 보유하고 있다. 이 제품에 대한 총제조원가는 45,000,000원이었으나 현재로는 의류 한벌당 25,000원에 처분하거나, 11,000,000원을 투입하여 개조한 후 의류 한벌당 50,000원에 판매할 수 있는 상황이다. 다음 설명 중 가장 옳은 것은?**

① 그대로 의류 한벌당 25,000원에 처분하면 32,500,000원의 손실이 발생하므로 처분해서는 안된다.
② 개조하여 판매하면 11,000,000원의 추가적인 손실이 발생한다.
③ 개조하여 판매하는 것이 그대로 처분하는 것보다 1,500,000원 만큼 유리하다.
④ 11,000,000원의 추가비용을 지출하지 않고 의류 한벌당 25,000원에 판매하는 것이 유리하다.

[redacted]

정답 및 해설

01	②	02	①	03	①	04	③	05	①	06	④	07	③	08	①	09	③	10	③
11	①	12	④	13	③														

01 ② 대안 간에 차이를 보이지 않는 미래지출을 요하는 원가는 비관련원가이다.

02 ① 회피불가능한 고정원가는 고려할 필요가 없다.

03 ① 회피불가능한 고정원가는 고려할 필요가 없다.

04 ③ 두 대안 간의 손익분기점 : 특별주문에 의한 공헌이익 증가액 = 정상판매 축소에 의한 공헌이익 감소액(특별주문 판매가액 × a − 단위당 변동비 50원) × 주문량 150단위 = [정상판매가격(200원) − 단위당변동비 (50원)] × 정상판매 축소량(50단위)

∴ a = 100원

05 ①

1. 증분수익	15,000단위 × @80원		1,200,000원
2. 증분비용			
변동원가	15,000단위 × @60원 = 900,000원		
상실된 공헌이익	5,000단위 × (@100원 − @60원) = 200,000원		1,100,000원
3. 증분이익			100,000원

06 ④ 증분수익 : +10,000원(임대수익)

증분비용 : +2,000개 × 1,100원
−[2,000개 × (500원 + 300원 + 200원) + 150,000원]

증분이익 : −40,000원

즉, 외부구입 시 자가제조보다 40,000원 만큼 불리하다. 자가제조가 외부구입보다 40,000원의 비용 절감 효과가 있다.

07 ③
(1) 증분 수익 : 1,650,000원(110원 × 15,000개)
(2) 증분 비용
① 변동제조원가 1,200,000원(80원 × 15,000개)
② 판매비와 관리비 78,000원
③ 기존제품판매익포기분(기회비용) 240,000원(160원 − 80원 − 20원) × 4,000개
(3) 증분이익 132,000원

08 ①
(1) 증분수익 : 0
(2) 증분비용 : +[x × 550 외부구입 시 증가하는 비용]
−[x × 450 + 60,000원, 외부구입 시 감소하는 비용]
(3) 증분이익 : 0
증분이익을 0원으로 하는 부품의 수량은 600개이다. 올해 필요한 부품이 개수가 600개를 초과하는 경우 자가제조가 유리하다.

09 ③
- '병'라인의 공헌이익 : 매출액 600원 − 변동원가 300원 = 300원

∴ 회피가능고정원가가 300원 이상일 경우'병'라인 폐기 가능

10 ③
① 변동제조원가는 관련원가이다.
② 회피불가능한 고정원가는 비관련원가이다.
④ 외부구입원가 > 회피가능원가 : 자가제조가 유리

11 ① 관련원가는 대안 간에 차이가 발생하는 미래원가이다.

12 ④ 부품을 자가제조 할 경우 제품에 특별한 지식이나 기술이 요구될 때 품질을 유지하기 위한 관리가 별도로 필요하게 되는 단점이 있다.

13 ③ 개조하여 판매하는 것이 그대로 처분하는 것보다 1,500,000원 만큼 유리하다.

장기의사결정(자본예산)

1 개요

고정자산에 대한 효율적인 투자 수행을 위한 투자안 타당성 분석

2 자본예산의 과정

1단계 : 투자대상의 선정
2단계 : 투자안의 기대현금흐름 추정
3단계 : 투자안의 경제성 분석
4단계 : 최적투자의 선택
5단계 : 투자안의 실행

A :	(600)	100	200	300	400
B :	(500)	200	800		
C :	(400)	200	500	600	800
D :	(500)	300	100	100	

⇨ 비할인모형 : 화폐시간가치 고려 ×
회수기간법
회계적이익율법
⇨ 할인모형 : 화폐시간가치 고려○
내부수익률법
순현재가치법

➡ 비현금모형(발생주의)
회계적이익률법
➡ 현금모형(현금주의)
회수기간법, 순현재가치법, 내부수익률법

3 현금흐름의 기본 : 순현금흐름 = 현금유입 - 현금유출

4 현금흐름의 기본원칙★★

┌ 증분기준 : 모든 현금흐름의 증분기준, 매몰원가는 제외
├ 감가상각비 : 현금유출없는 비용(고정자산 현금유출은 투자 시), 단, 세금감세효과는 고려

(1000)	200	300	400	700	800

├ 세후현금기준 : 세금차감한 후의 금액 기준(순영업현금흐름)
$(S-O)\times(1-t)+D\times t=(S-O-D)\times(1-t)+D$
├ 이자비용 : 할인율(자본비용)을 통해서 반영하므로 이자비용은 현금흐름 시 고려 ×
└ 인플레이션 : 명목현금흐름은 명목할인률로(일관되게)
(1+R)(1+i) = (1+N), (1+실질)(1+인플레) = (1+명목)

5 현금흐름의 추정(구기계를 처분하고 신기계 투자하여 제품을 생산하여 판매할 경우 기대 현금흐름을 가정함)

투자시점	영업기간 순현금흐름 (제품을 제조 판매)	투자종료시점
① 투자금액 ② 투자세액공제 ③ 구기계처분에 따른 순 현금흐름(영업외) : 처분가액 − (처분가액 − 장부가액) × t	① 순영업현금흐름 $(S-O-D)\times(1-t)+D$ $=(S-O)\times(1-t)+D\times t$	① 신기계 처분에 대한 순 현금흐름(영업외) 처분가액 − (처분가액 − 장부가액) × t

6 자본예산 모형(경제성 분석) ★★★

(1) 화폐의 시간가치

- 미래화폐가치 : 기회비용을 반영(이자율)한 화폐의 가치
- 현재화폐가치 : 미래가치를 이자율로 할인한 가치

(2) 회수기간법

투자액을 영업활동으로부터 회수하는데 걸리는 시간
투자원금이 더 빨리 회수되는 투자안 선택(상호배타적)

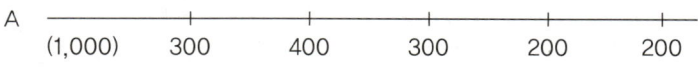

A	(1,000)	300	400	300	200	200

전제 : 매년 평균적으로 발생
3년

B					
(1,600)	100	200	300	1,000	2,000

4년

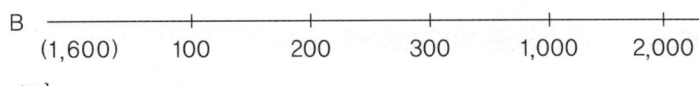

장점	단점
간단, 이해 쉽고, 시간과 비용 절약	회수기간 이후의 현금흐름 무시 장기적 성장을 가져오는 투자안을 평가할 수 없다.
위험지표, 안전지표(수익성 지표×)	화폐의 시간가치 무시
회수기간이 짧을수록 빨리 회수 기업의 유동성확보와 관련된 의사결정에 유용	목표 회수기간을 설정하는데 자의적인 판단이 개입

예제 1

(주)이패스에서는 기계를 500만 원에 구입하고자 한다. 기계를 사용할 때 연간원가절감액은 다음과 같다. 연중 현금흐름이 고르게 발생한다고 가정하고서 회수기간을 구하시오. (단, 법인세 무시)

연도	연간 원가절감액
1	150만원
2	120
3	100
4	80
5	60
6	50

해설 원가절감액의 누적액을 구하면 다음과 같다.

연도	연간 원가절감액	누적액
1	150만원	150만원
2	120	270
3	100	370
4	80	450
5	60	510

연중 현금흐름이 균일하다면, 회수기간은 다음과 같다.

$$\text{회수기간} = 4\text{년} + \frac{500\text{만원} - 450\text{만원}}{510\text{만원} - 450\text{만원}} = 4.83\text{년}$$

(3) 회계적이익률법

회계적이익률이 높은 투자안을 선택(상호배탁적)

$$\text{회계적이익률} = \frac{\text{연평균순이익}}{\text{최초투자액}} = \frac{\text{연평균순이익}}{\text{연평균투자액}}$$

(연평균 투자액 = 최초투자액 + 잔존가치) / 2)

장점	단점
계산이 간편, 이해 용이	화폐의 시간가치 무시
수익성 지표 고려	현금흐름이 아닌 회계적이익에 기초
기초자료가 재무제표이므로 자료확보용이	목표수익률 설정 시 자의적인 판단이 개입

예제 2

최근 경기 침체로 인한 이익감소를 극복하기 위하여 신규사업을 검토 중이다. 현재 회사는 기존 사업에서 평균투자액 기준으로 12%의 회계적이익률을 보이고 있으며, 신규사업에서 예상되는 당기순이익은 다음과 같다.

연도	신규사업으로 인한 당기순이익
1	₩200,000
2	300,000
3	340,000

회사는 신규사업을 위해 ₩2,240,000을 투자해야 하며, 3년 후의 잔존가치는 ₩260,000으로 예상된다. 회사는 정액법에 의해 감가상각한다.

1. 최초투자액을 기준으로 하여 신규사업의 회계적이익률을 구하시오.

2. 평균투자액을 기준으로 하여 신규사업의 회계적이익률을 구하시오.

3. 회사가 평균투자액을 기준으로 하여 회계적이익률에 따라 의사결정을 한다고 할 때 신규투자안을 채택할 것인가?

해설 1. 최초투자액 기준 회계적이익률

연평균 순이익 = (₩200,000 + 300,000 + 340,000) ÷ 3년 = ₩280,000

회계적이익률 = $\frac{\text{₩}280,000}{\text{₩}2,240,000} = 12.5\%$

2. 평균투자액 기준 회계적이익률

평균투자액 = (최초투자액 + 잔존가치) ÷ 2년

= (₩2,240,000 + 260,000) ÷ 2년 = ₩1,250,000

회계적이익률 = $\frac{\text{₩}280,000}{\text{₩}1,250,000} = 22.4\%$

3. 투자안의 채택여부

평균투자액 기준 회계적이익률(22.4%)이 기존 사업의 회계적이익률(12%)을 초과하므로 투자안은 채택된다.

(4) 순현재가치법

화폐의 시간가치를 고려하는 모형

투자안으로부터 발생하는 현금유입의 현재가치 − 현금유출의 현재가치

NPV가 큰 투자안을 선택(상호배타적)

(1,000) 200 300 500 700 800

할인율 = 자본비용 = 최저(필수)요구수익률(적어도 이정도 이익률보다는 많이 나와야 한다)

1,100/1.05 = 1,047 1,000투자, …. 실제수익률은 1,100/1,000 = 1.1(10%수익률)

내가 부담하고 있는 자본비용보다는 더 나와야 하다는 개념

장점	단점
화폐의 시간가치 고려	투자안의 자본비용 측정이 어려움
현금흐름 기대치와 자본비용 고려 회계적 수치와는 달리 자의적 개입 방지	확실성 하에서만 성립하는 모형
가치가산의 원칙(금액) NPV(A) + NPV(B) = NPV(A + B)	
기업의 가치를 극대화할 수 있는 투자안을 선택할 수 있음 채택된 모든 투자안의 순현재가치가 기업의 가치 증가	

예제 3

(주)이패스는 당기 초에 내용연수 10년에 처분가치가 없는 새 기계를 1,000,000원에 구입했다. 이 기계는 정액법으로 감가상각될 것이며 잔존가치는 없다. 또한 매년 500,000원의 법인세비용차감전 현금유입을 창출할 것으로 기대된다. (주)이패스는 12%의 할인율을 사용하고, 법인세율이 매년 40%라고 가정한다. 1원에 대한 10년 연금의 현재가치는 6.91이다. 이 기계의 순현재가치는 얼마인가?

해설 (500,000) × (1 − 0.4) + 100,000 × 0.4 = 340,000
NPV = 340,000원 × 6.91 − 1,000,000원 = 1,349,400원

(5) 내부수익률법

현금유입의 현재가치 = 현금유출의 현재가치

일치시키는 할인률(내부수익률)

1,100/1.1 = 1,000

내부수익률이 큰 투자안의 선택(상호배타적)

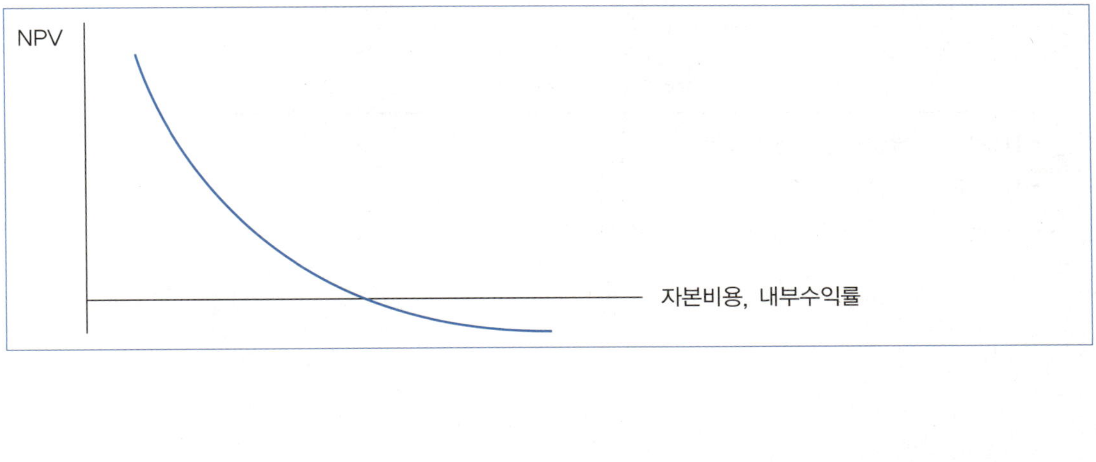

장점	단점
화폐의 시간가치 고려	계산어려움
현금흐름 기대치와 자본비용 고려 회계적 수치와는 달리 자의적 개입 방지	현금흐름이 +, − 반복하면 복수의 IRR존재
내부수익률은 자본비용의 손익분기점	투자규모를 고려하지 않기 때문에 비교시 우선순위에 문제가 있음(퍼센트지로 비교)
	내부수익률로 재투자한다고 가정하므로 지나치게 낙관적이다

(6) 내부수익률법과 NPV법의 비교***

1) 공통점

화폐의 시간가치 고려

단일투자안을 대상으로 하면 둘다 동일

2) 차이점

구분	차이점
① 계산과정	내부수익률은 계산어려움
② 둘이상 또는 상호배타안 투자안 선택	둘 이상의 투자안이나 상호배타적인 투자안을 선택할 경우 다를 수 있음
③ 재투자수익률	내부수익률 : 투자로 인한 현금 유입액이내부수익률로 재투자 지나치게 낙관적이다 NPV : 투자기간 동안 자본비용(최저요구수익률)로 재투자
④ 기업에 미치는 영향	내부수익률은 비율로, NPV는 금액으로 NPV가 기업가치에 미치는 영향 직접 알 수 있다
⑤ 가치합산원리	내부수익률은 가치합산원리 적용 × NPV은 가치합산원리 적용 ○

- IRR(A) = 100/1,000 = 10%
- IRR(B) = 800/2,000 = 40%
- IRR(A + B) = 900/3,000 = 30%(즉, 50%가 안된다)

수정문제

01 현금흐름추정 시 이자비용은 현금흐름에 반영을 한다. (○, ×)

02 순현재가치법은 화폐의 시간가치를 고려한다. (○, ×)

03 회수 기간법은 화폐의 시간가치를 고려하지 아니한다. (○, ×)

04 내부 수익률법에서는 거부가 되는 투자 안이 순현재 가치법에서는 수락되는 경우도 있다. (○, ×)

05 내부 수익률법은 자본비용으로 재투자된다고 가정한다. (○, ×)

06 순현재 가치법은 자본비용으로 재투자된다고 가정한다. (○, ×)

▼정답 및 해설

01 (×) 이자비용은 현금흐름추정 시 현금유출로 처리하지 아니하고 할인율에 반영을 한다.
02 (○) 순현재가치법은 화폐의 시간가치를 고려하는 모형이다.
03 (○) 회수 기간법은 화폐의 시간가치를 고려하지 아니한다.
04 (○) 내부 수익률법에서는 거부가 되는 투자 안이 순현재가치법에서는 수락되는 경우도 있다.
05 (×) 내부 수익률법은 내부 수익률으로 재투자된다고 가정한다.
06 (○) 순현재 가치법은 자본비용으로 재투자된다고 가정한다.

출제예상 문제

01 **다음은 자본예산에 대한 설명이다. 틀린 것은?**

① 회수기간법은 비할인모형이다.
② 회계적이익률법은 화폐의 시간가치를 고려하지 않는 모형이다.
③ 회계적이익률법은 현금모형이다.
④ 회수기간법은 현금모형이다.

02 **장기의사결정을 위하여 원가정보를 활용하기 위해서는 현금흐름을 추정하는 것이 중요하다. 다음 중 현금추정의 기본원칙이 아닌 것은?**

① 증분기준에 의한 현금흐름을 측정하여야 한다.
② 감가상각비는 현금흐름을 추정할 때 고려하지 않는다.
③ 법인세는 회사가 통제할 수 없기 때문에 현금흐름은 세전기준으로 추정한다.
④ 이자비용은 할인율을 통해 반영되므로 현금흐름 산정시 이자비용은 반영하지 않는다.

03 **다음 중 자본예산을 위해 사용되는 순현재가치법(NPV)과 내부수익률(IPR)에 대한 설명으로 옳은 것은?**

① 내부수익률은 복리계산을 하지 않으므로 순현재가치법보다 열등하다.
② 특정 투자안의 수락 타당성에 대해 두 방법은 일반적으로 다른 결론을 제공한다.
③ 내부수익률법은 현금이 할인율이 아닌, 내부수익률에 의해 재투자된다고 가정한다.
④ 순현재가치법은 분석 시점에 초기 투자액이 없는 경우에는 사용할 수 없다.

04 **(주)이패스는 당기 초에 내용연수 10년에 처분가치가 없는 새 기계를 1,000,000원에 구입했다. 이 기계는 정액법으로 감가상각될 것이며 잔존가치는 없다. 또한 매년 500,000원의 법인세비용차감전 현금유입을 창출할 것으로 기대된다. (주)이패스는 12%의 할인율을 사용하고, 법인세율이 매년 40%라고 가정한다. 1원에 대한 10년 연금의 현재가치는 6.91이다. 이 기계의 순현재가치는 얼마인가?**

① 1,321,500원 ② 1,354,200원
③ 1,365,400원 ④ 1,349,400원

05 **다음은 자본예산을 위해 사용되는 순현재가치법(NPV)과 내부수익률법(IRR)에 대한 설명이다. 옳은 것은?**

① 순현재가치법은 분석 시점에 초기 투자액이 없는 경우에는 사용할 수 없다.
② 순현재가치법과 내부수익률법 모두 가치합계의 원칙이 적용된다.
③ 단일투자안이나 독립적 투자안을 평가할 경우 두 방법은 동일한 결과를 가져온다.
④ 내부수익률법은 복리계산을 하지 않으므로 순현재가치법보다 열등하다.

06 **다음 중 순현재가치법과 내부수익률법에 대한 설명으로 옳지 않은 것을 모두 묶은 것은?**

가. 내부수익률법은 투자로 인한 현금유입액이 투자기간동안 내부수익률로 재투자된다고 가정한다.
나. 내부수익률법은 여러 수준의 요구수익률을 사용하여 분석할 수 있다.
다. 단일투자안을 평가할 때에는 순현재가치법과 내부수익률법은 동일한 결과를 가져온다.
라. 순현재가치법은 분석시점에 초기 투자액이 없는 경우에는 사용할 수 없다.

① 가, 라
② 나, 라
③ 다, 라
④ 나, 다, 라

07 **순현재가치법이나 내부수익률법이 회수기간법보다 우월한 자본예산기법이라고 한다. 왜 그런 것인가?**

① 계산이 쉽다.
② 감가상각비와 법인세를 고려한다.
③ 화폐의 시간가치를 고려한다.
④ 가정이 적다.

08 **(주)이패스에서는 신제품 개발을 위한 기계를 구입하고자 하는데, 해당자료가 다음과 같을 때 매년의 순현금유입액은 얼마인가?**

- 신기계 구입원가 : 4,000,000원
- 추정 내용연수 : 8년
- 추정 잔존가액 : 구입원가의 10%
- 매년 예상되는 증분수익 : 4,500,000원
- 매년 예상되는 증분원가 : 2,650,000원(감가상각원가 제외)
- 감가상각방법은 정액법을 사용하고 법인세율은 40%이다.
- 감가상각원가 이외의 모든 수익과 비용은 현금으로 거래된다.

① 450,000원
② 840,000원
③ 1,290,000원
④ 1,850,000원

09 **다음은 투자안 타당성 평가와 관련한 담당이사들의 대화내용이다. 각 담당이사 별로 선호하는 모형을 가장 올바르게 짝지은 것은?**

> 최이사 : 저는 투자안 분석의 기초자료가 재무제표이기 때문에 자료확보가 용이한 (a)모형을 가장 선호합니다.
> 박이사 : (a)모형의 경우 현금흐름이 아닌 회계이익에 기초하고 있다는 단점이 있습니다. 그래서 저는 현금흐름을 기초로 화폐의 시간가치를 고려하는 (b)모형을 가장 선호합니다. 이 모형은 투자기간 동안 자본비용으로 재투자된다고 보기 때문에 가장 현실적인 가정을 하고 있습니다.

① (a) 내부수익률법, (b) 순현재가치법
② (a) 회계적이익률법, (b) 순현재가치법
③ (a) 회수기간법, (b) 내부수익률법
④ (a) 회계적이익률법, (b) 회수기간법

10 **장기의사결정을 위한 방법 중 회수기간법은 여러 가지 이론적인 단점에도 불구하고 실무상 많이 사용되고 있다. 다음 중 회수기간법이 실무에서 많이 사용되는 이유로 가장 올바르지 않은 것은?**

① 비현금자료도 반영되는 포괄적 분석기법이다.
② 기업의 유동성 확보와 관련된 의사결정에 유용하다.
③ 화폐의 시간적 가치를 고려하지 않으므로 순현재가치법, 내부수익률법에 비해서 적용하기가 쉽다.
④ 투자후반기의 현금흐름이 불확실한 경우에는 유용한 평가방법이 될 수 있다

[redacted]

정답 및 해설

01	③	02	③	03	③	04	④	05	③	06	②	07	③	08	③	09	②	10	①

01 ③ 회계적이익률법은 비현금 모형이다. 즉, 발생주의인 회계적 당기순이익을 이용한다.

02 ③ 세금을 납부하는 것은 명백한 현금의 유출에 해당하므로 현금흐름을 파악할 때에는 반드시 세금을 차감한 후의 현금기준으로 해야 한다.

03 ③
① 내부수익률법과 순현재가치법은 복리계산을 적용한다.
② 특정 투자안의 수락 타당성에 대해 두 방법은 일반적으로 같은 결론을 제공하며, 예외적으로 다른 결론이 나타날 수도 있다.
④ 순현재가치법 미래현금흐름이 존재하면 대부분 적용되므로 분석 시점에 초기 투자 액이 없는 경우에도 사용할 수 있다.

04 ④ (500,000) × (1 − 0.4) + 100,000 × 0.4 = 340,000
NPV = 340,000원 × 6.91 − 1,000,000원 = 1,349,400원

05 ③
① 순현가법은 미래현금흐름이 존재하는 경우 대부분 적용되므로 분석 시점에 초기 투자액이 없는 경우에도 사용할 수 있다.
② 내부수익률법은 가치합계의 원칙이 적용되지 않는다.
④ 내부수익률법과 순현재가치법은 복리계산을 적용한다.

06 ②
나. 내부수익률법은 투자안의 내부수익률을 계산하므로 여러 수준의 요구수익률을 사용하여 분석할 수 없다.
라. 순현재가치법은 미래현금흐름이 존재하면 대부분 적용되므로 분석시점에 초기 투자액이 없는 경우에도 사용할 수 있다.

07 ③ 화폐의 시간가치를 고려하기 때문에 회수기간법보다 우월하다.

08 ③ 1,290,000원
(1) 감가상각비 : {4,000,000원 × (1 − 0.1)}/8년 = 450,000원
(2) 매년의순현금유입액 :
{(4,500,000원 − 2,650,000원) × (1 − 0.4)} + (450,000원 × 0.4) = 1,290,000원

09 ② (a) 회계적이익률법, (b) 순현재가치법에 대한 설명이다

10 ① 회수기간법은 현금주의 모형이다.

CHAPTER 06

제3과목 원가관리회계

이패스 재경관리사

가격결정과 대체가격결정

1 제품가격결정

(1) 가격결정에 영향을 미치는 요소

- 고객의 반응 : 가격이 높으면 제품 구입을 꺼려함
- 경쟁기업반응 : 경쟁기업의 가격은 어떻게 하고 있는가?
- 원가행태반영 : 원가를 보고 가격을 결정하자

(2) 가격결정방법

1) 전통적 방법〈회계학적 가격결정방법〉〈공급자 지향적〉

구분	공헌이익접근법	전부원가접근법	총원가접근법
목표가격 = 220	목표이익 10	목표이익 10	목표이익 10
	고정제조간접비 60 고정판매관리비 50	변동판매관리비 10 고정판매관리비 50	총원가 210
	직접재료비 40 직접노무비 30 변동제조간접원가 20 변동판매관리비 10	직접재료비 40 직접노무비 30 변동제조간접원가 20 고정제조간접원가 60	

	공헌이익접근법	전부원가접근법	총원가접근법
목표가격	변동원가만 기초하여 가격을 설정	고정제조간접비를 포함한 장기이익과 관련된 가격 결정	판매관리비를 포함한 모든 원가를 기준으로 가격 결정
원가가산율	(고정비 + 목표이익)/변동비 = (110 + 10)/100 = 120%	(판관비 + 목표이익)/전부원가 = (60 + 10)/150 = 46%	목표이익/총원가 = 10/210 = 4.7%
목표가격 산정법	변동비 × (1 + 원가가산율) = 100(1 + 120%) = 220	전부원가 × (1 + 원가가산율) = 150(1 + 46%) = 220	총원가 × (1 + 원가가산율) = 210(1 + 4.7%) = 220

2) 특별가격설정

① 신제품의 가격결정

• 상층흡수가격(가격탄력성 낮음), 시장 침투가격(가격 탄력성이 높음)

② 입찰가격 : 공헌이익법

③ 약탈적 가격결정 : 경쟁자를 축출하기 위해 일시적으로 가격인하

2 대체가격결정

(1) 대체가격의 개요

사업부간 거래

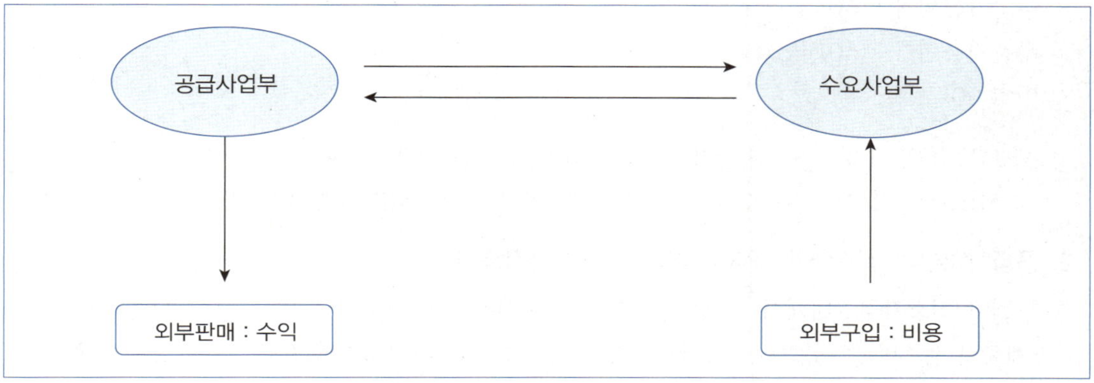

(2) 대체가격결정시 고려할 기준

1) 목표일치성

각 사업부 목표뿐만 아니라 기업전체의 극대화(준최적화가 되지 않도록 대체가격 결정)

2) 성과평가기준

각 사업부의 성과를 공정하게 평가할 수 있는 방법으로 대체가격이 결정

3) 자율성기준

각 사업부의 경영자가 자율적으로 대체가격을 결정

(3) 대체가격의 결정★

구분	시장가격기준	원가가격기준	협상가격기준
정의	시장가격을 대체가격	원가를 대체가격	서로 협상
특징	① 목표일치, 성과평가, 자율성 모두 반영 ② 시장가격이 존재하지 않는 경우 사용 못함	① 이해, 간결 ② 준최적화(어느 한쪽 개별사업부는 최적이나 기업전체는 최적이 아님) ③ 공정하게 평가 × ④ 공급사업부 동기부여 ×	① 자율성 ② 사업부간 갈등 해소 ③ 동기부여 ④ 많은 시간, 사업부 관리자의 협상능력에 따라 달라짐

(4) 대체가격의 일반원칙★★★

1) 수요사업부의 최대대체가격〈비용측면〉

단위당 최대가격 : MIN(단위당 부품 지출가능원가, 단위당 외부구입가격)

* 단위당 부품 지출가능원가 = 판매가격 − 추가가공원가
  즉, 손실 나면 생산 안 하는 것이 이익임

제품의 판매가격 100이고
부품을 구입하여 제품을 완성하기 위해서 추가가공원가 50라면
부품지출가능원가 50이다.

단위판매가격 : 100
추가가공원가 : (50)
부품지출원가 : (50)
이익 : 0

① MIN(50, 60) = 50 지출가능원가가 50이고 외부구입가격이 60이라면
② MIN(50, 40) = 40 지출가능원가가 50이고 외부구입가격이 40이라면

2) 공급사업부의 최소대체가격〈공급측면, 판매가격측면〉

단위당 최소가격 : 대체시 단위당 증분지출원가(비용) + 대체시 단위당 기회원가(이익)
(계산기 제조비용이 300원, 아빠가 확실하게 지불하는 가격 500원이고 아빠한테 판매하는 것을 포기하고 친구에게 판매를 하려면 최소 500원은 받아야 한다.)

300 + (500 − 300) = 500

일반원칙	수요사업부의 최대대체가격	단위당 최대대체가격 = MIN[단위당 지출가능원가 *), 단위당 외부구입가격] * 단위당 지출가능원가 (내부대체품의 순실현가치) = 수요사업부의 최종완제품 판매가격 − 완제품단위당 추가가공원가
	공급사업부의 최소대체가격	• 단위당 최소대체가격 =대체시 단위당 증분지출원가+대체시 단위당 기회원가

예제 1

생산부문과 판매부문의 두 이익중심점이 있다. 생산부문에서 생산된 제품은 판매부문에 대체될 수도 있으며, 생산부문에서 직접 외부에 판매할 수도 있다. 생산부문에서 판매부문으로 대체할 경우 판매비는 발생하지 않는다. 제품에 대한 자료는 다음과 같다.

• 생산규모	100,000단위
• 외부판매량	100,000단위
• 제품단위당 변동제조원가	500원
• 제품단위당 고정제조원가	200원
• 제품단위당 판매비	20원
• 판매부문의 제품 필요량	10,000단위
• 제품의 시장가격	1,000원

공급사업부의 최소대체가격은 얼마인가?

해설 최소대체가격 : {대체시 증분지출원가 + 기회원가} = {500 + (1,000 − 520)} = 980
생산부문에서는 생산량 전부를 외부에 판매할 수 있으므로 외부판매 가격인 1,000원이 생산부서의 최소대체가격이 되어야 하지만, 사내대체 시 판매비가 발생되지 않으므로 980원이 최소대체가격이 된다.

(5) 기업 전체의 이익에 미치는 효과

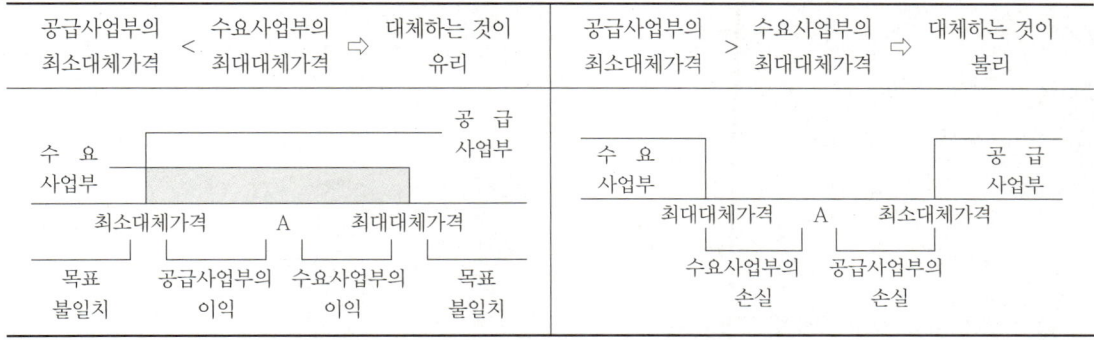

공급사업부의 최소대체가격 < 수요사업부의 최대대체가격 ⇨ 대체하는 것이 유리	공급사업부의 최소대체가격 > 수요사업부의 최대대체가격 ⇨ 대체하는 것이 불리
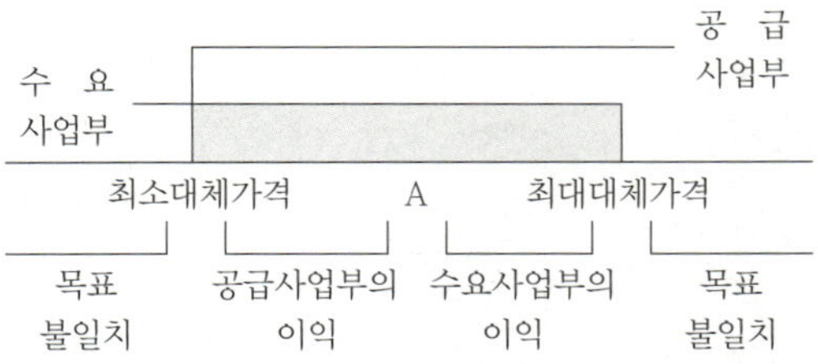	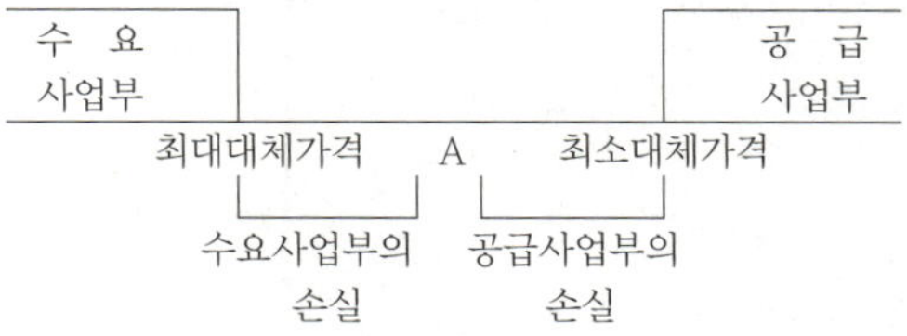

수정문제

01 제품의 가격 결정 시에 고객의 반응은 고려할 필요가 없다. (○, ×)

02 사업부 간 대체가격 고려 시 유휴생산시설이 있는 경우 기회원가를 반드시 고려해야 한다. (○, ×)

▼정답 및 해설

01 (×) 제품의 가격 결정 시에 고객의 관점에서 가격결정문제 고려해야 한다.

02 (○) 사업부 간 대체가격 고려 시 유휴생산시설이 있는 경우 기회원가를 반드시 고려해야 한다.

출제예상 문제

01 **다음 중 사내대체가격(Internal Transfer Price)을 결정하는 원칙으로 옳지 않은 것은?**

① 공급부서의 최소대체가격은 변동원가이다.
② 기업전체의 관점에서 본 관련원가와 기업의 사업부의 관점에서 본 대체가격의 경제성을 고려하여 결정한다.
③ 기업이나 조직의 한 부문이 다른 부문에게 재화나 서비스를 제공할 때 사내 대체물에 내부거래가격을 설정하는 것이 사내대체가격제도이다.
④ 사업부간 경쟁이 심한 경우에는 시장가격이 대체가격이 된다.

02 **(주)이패스의 올해 부품생산부문의 자동차부품 최대생산량은 30,000단위이고, 외부시장에 전량 판매되고 있다. 부품생산부문의 관련정보는 다음과 같다. 단위당 고정원가는 최대생산량인 30,000단위 기준의 수치이다. 부품 생산부문의 이익을 극대화시키기 위해 사내대체를 허용할 경우, 허용할 수 있는 단위당 최소 사내대체가격은 얼마인가? 단, 사내대체물에 대해서는 변동판매비가 발생하지 않는다고 가정한다.**

• 단위당 외부판매가격 : 100원	• 단위당 변동제조원가 : 40원
• 단위당 변동판매비 : 5원	• 단위당 고정제조간접원가 : 12원
• 단위당 고정관리비 : 10원	

① 45원　　② 67원
③ 95원　　④ 100원

03 **(주)이패스는 A사업부와 B사업부를 운영하고 있다. A사업부는 단위당 변동원가를 50원 투입하면 외부에 100원에 판매할 수 있고, B사업부에 대체하여 추가가공할 수도 있다. B사업부가 외부에서 구입하는 가격은 90원이다. (주)이패스가 전체의 이익을 극대화하기 위해서 B사업부의 구입처 선택에 대한 설명으로 옳은 것은? 단, A사업부에서 생산한 제품은 전량 판매가능하다.**

① 외부에서 구입하는 것이 A사업부에서 구입하는 것보다 10원 유리하므로 외부에서 구입한다.
② 외부에서 구입하는 것이 A사업부에서 구입하는 것보다 40원 유리하므로 외부에서 구입한다.
③ A사업부에서 구입하는 것이 외부에서 구입하는 것보다 회사전체의 관점에서 40원 유리하므로 A사업부에서 구입한다.
④ A사업부에서 구입하는 것이 외부에서 구입하는 것보다 회사전체의 관점에서 50원 유리하므로 A사업부에서 구입한다.

04 **다음은 대체가격 결정 시 고려할 사항이다. 가장 올바르지 않은 것은?**

① 각 사업부 관리자의 경영노력에 대한 동기부여가 가능하도록 결정되어야 한다.
② 각 사업부의 성과를 공정하게 평가할 수 있는 방법으로 결정되어야 한다.
③ 각 사업부의 경영자가 자율적으로 의사결정을 하여 대체가격을 결정해야 한다.
④ 준최적화 현상이 발생하더라도 각 사업부의 이익극대화가 이루어지도록 결정되어야 한다.

[redacted]

정답 및 해설

01	①	02	③	03	①	04	④

01 ① 공급부서의 최소대체가격은 '변동원가 + 기회원가'이다.

02 ③ 단위당 최소 사내대체가격 = 대체 시 단위당 변동비 + 대체 시 단위당 기회비용
단위당 변동비 40원 + 단위당 기회비용 55원(100 − 40 − 5)
40원 + 55원 = 95원

03 ① (1) A사업부의 최소대체가격 : 50원 + 50원(내부 대체시 단위당 기회비용) = 100원(시장가격)
(2) B사업부의 최대대체가격 : 90원(외부구입가격)
(3) 의사결정 : 대체거래가 성립하지 않는다. 따라서 A사업부는 외부에 판매하고, B사업부는 외부에서 구입하는 것이 기업전체의 입장에서 볼 때 단위당 10원 이익이 증가하게 된다.

04 ④ 준최적화 현상이 발생하지 않도록 결정해야 한다.

최신관리회계

1 수명주기원가계산★★

(1) 정 의

연구개발에서 고객서비스에 이르기까지 제품수명주기의 각 단계별 수익과 비용을 분석하여 수익창출 및 원가절감을 하기 위한 장기적 관점의 원가계산제도

상위활동원가		제조활동원가	하위활동원가		
연구개발	제품설계	제조	마케팅	유통(판매)	고객서비스

(2) 가치사슬(상위, 제조, 하위 서로 연결되어 있음)

① **상위활동** : 연구개발, 제품설계
② **하위활동** : 마케팅, 유통, 고객서비스
③ 초기(제조이전)가 후방원가를 결정 장기적인 인과관계

(3) 유용성

① 프로젝트 전체에 대한 이해 향상
② 제조이전 연구개발단계, 제품설계단계에서부터 원가절감을 위한 노력
③ 원가발생 상호간 파악이 가능함

2 목표원가계산

최근방법 : 목표원가에 의한 가격결정〈시장지향적〉〈제조 이전에 개발, 제품 설계에 초첨〉
① 시장의 반응 및 경쟁기업의 반응 ➡ 목표가격 ➡ 목표원가 ➡ 연구개발설계
② 제품을 제조 후 원가를 파악하는 것이 아니라 목표원가를 먼저 설정 후 목표원가가 달성되도록 제품을 생산

3 품질원가관리★★

(1) 정 의

품질관리와 관련된 원가를 체계적으로 집계 분석

(2) 품질원가의 종류★★

통제원가		실패원가	
예방원가	평가원가	내부실패원가	외부실패원가

1) **예방원가** : 불량품 생산을 예방하기 위하여 발생하는 원가

품질관리시스템기획, 예방설비유지, 공급업체 평가, 품질교육, 설계원가(엔지니어링), 공정엔지니어링, 품질 엔지니어링(공업생산기술연구) 등

2) **평가원가** : 불량품을 적발하기 위하여 발생하는 원가

원재료나 제품의 검사 및 시험(미리검사), 검사설비 유지, 현장 및 라인검사(미리검사)

3) **내부실패원가** : 불량품이 고객에게 인도되기 전에 발견됨으로써 발생하는 원가

공손품, 작업폐물, 재작업, 재검사(제품 전체), 작업중단, 기계고장정비

4) **외부실패원가** : 불량품이 고객에게 인도된 후에 발견됨으로써 발생하는 원가

고객지원, 보증수선, 교환, 반품(반품의 운송, 재작업, 재검사 포함), 제품책임배상, 소비자고충처리비

(3) 품질원가 최소화에 대한 두 관점

1) 허용가능품질관점(허용가능품질수준)

품질원가를 최소화하기 위하여 어느 정도 불량률은 허용되어야 한다는 관점

2) 무결함관점(품질관리시스템 TQC)

품질원가를 최소화하기 위해서는 불량률이 0가 되어야 한다는 관점

예제 1

올해 초부터 (주)이패스는 품질개선 프로그램을 시작했다. 품질개선 프로그램은 불량과 재작업원가를 감소시키는데 매우 효과적이다. 품질개선 프로그램의 효과를 평가하기 위해 대전산업의 경영자는 작년과 올해의 자료를 다음과 같이 수집하였다. 작년과 올해의 내부실패원가는?

구분	작년	올해
품질교육비용	50,000원	60,000원
불량품원가	200,000원	300,000원
재료검사비용	70,000원	30,000원
재작업원가	400,000원	250,000원
불량으로인한 공정중단비용	100,000원	150,000원
제품보증수리비용	700,000원	600,000원

해설
- 품질교육비용 : 예방원가
- 재료검사비용 : 평가원가
- 제품보증수리비용 : 외부실패원가
- 불량품원가, 재작업원가, 불량으로 인한 공정중단비용 : 내부실패원가

작년 내부실패원가 : 200,000 + 400,000 + 100,000 = 700,000원
올해 내부실패원가 : 300,000 + 250,000 + 150,000 = 700,000원

4 균형성과표★★

• 전통 : 재무적측정치
• BSC : 고객, 내부프로세스, 학습과 성장, 재무적측정치

(1) 도입배경

재무적측정치 : 과거 성과를 기초, 미래의 가치 창출 과정인 지속적인 개선과 혁신에 잘못된 방향으로 나아갈 가능성이 존재, 새로운 경영환경에 걸맞는 균형 있는 성과평가 시스템이 필요함

(2) 균형성과표의 네 가지 관점

구분	주요 내용	평가 지표
① 재무적 관점	주주 이익 극대화	이익, ROI, RI 등 재무적측정치
② 고객관점	고객 만족 극대화	시장점유율, 고객확보율, 고객만족도
③ 내부프로세스 관점	내부프로세스에 중점 혁신, 운영, 판매후 서비스	신제품창출, 주문배달시간, 서비스대응, A/S 제공
④ 학습과 성장 관점	조직기반에 대한 활용 중요	종업원직무만족도, 종업원 유지, 훈련

(3) 기존성과측정지표와 차이점

┌ 재무는 하의상달식지표, BSC는 목표와 경쟁상황 등 다양한 변수 반영
├ BSC는 과거의 단순보고에서 벗어나 현재와 미래의 성공적 초석의 역할
├ 기존 측정지표와는 달리 영업이익 등 외부 지표와 내부 지표 사이 균형
└ 기존은 예산 편성에 제약, BSC는 우선순위의 결정 등 한곳에 집중할 수 있음

┌ 재무 : 후행, 외부, 단기, 객관
└ 비재무 : 선행, 내부, 장기, 주관

(4) 장·단점

장점	단점
① 재무적측정치와 비재무적측정치의 균형 ② 재무적인 단기적성과와 비재무적인 장기적 성과의 균형 ③ 외부적측정치와 내부적측정치의 규형 ④ 과거노력에 의한 측정치와 미래 성과를 유발하는 성과동인간의 측정치와 균형 ⑤ 객관적측정치와 주관적측정치의 균형	① 비재무적측정치의 객관적측정이 어려움 ② 정형화된 측정수단을 제공 못함

수정문제

01 예방원가는 불량품의 생산을 예방하기 위하여 발생하는 원가이다. (○, ×)

02 균형성과표의 최종목표는 재무적측정치이다. (○, ×)

03 수명주기원가계산은 제품생산단계에서 원가절감을 목표로 한다. (○, ×)

04 목표원가 계산은 제품원가 계산을 한 후 판매가격을 결정한다. (○, ×)

▼정답 및 해설

01 (○) 불량품의 생산을 예방하기 위하여 발생하는 원가가 예방원가이다

02 (○) 균형성과표의 최종목표는 기업의 재무적측정치이다.

03 (×) 수명주기원가계산은 연구개발단계와 설계 단계에서 원가절감을 위해 노력을 기울여야 한다.

04 (×) 목표원가 계산은 목표가격으로부터 목표원가를 도출한다.

출제예상 문제

01 **다음은 원가계산에 대한 해설이다. 틀린 것은?**

① 목표원가계산은 제조이전 단계에서부터 목표원가를 설정하고 목표원가를 달성할 수 있도록 제품을 개발, 기획, 설계하고 생산방법을 결정하는 과정을 말하며, 제조단계에서의 지속적인 원가절감을 목적으로 한다.
② 품질원가는 예방원가, 평가원가, 내부실패원가, 외부실패원가로 구분된다.
③ 활동기준원가계산이란 보다 정확한 원가계산을 위해 기업의 기능을 활동으로 구분하고, 활동을 원가대상으로 삼아 원가를 집계하여 활동별배부율을 산출하고, 이를 다른 원가대상들에 배분하여 원가를 구하는 원가계산제도이다.
④ 수명주기원가계산은 연구개발에서 고객서비스에 이르기까지 제품의 수명주기동안 발생되는 가치사슬상의 모든 원가를 각 제품에 추적하여 집계하는 원가계산제도이다.

02 **다음의 수명주기원가계산과 관련된 설명 중 가장 올바른 것은?**

① 신제품 개발에서 판매까지의 기간이 점차 길어짐에 따라 제품의 수명주기 관리에 대한 중요성이 감소되고 있다.
② 장기적 의사결정보다는 단기적 의사결정에 더욱 유용하다.
③ 제품 전 과정에 걸쳐 각 단계마다 연관성을 중요시 한다. 특히 제조단계 이전에 초점을 둔다.
④ 제조 이후 단계에서 대부분의 제품원가가 결정된다는 인식을 토대로 생산단계와 마케팅단계에서 원가절감을 위한 노력을 기울여야 한다는 것을 강조한다.

03 **다음 중 품질원가에 대한 설명으로 옳지 않은 것은?**

① 품질원가는 예방원가, 평가원가, 내부 실패원가, 외부 실패원가로 분류할 수 있다.
② 실패원가는 불량품이 발생됨으로서 발생되는 원가이다.
③ 무결함관점이란 불량률이 어느 정도 허용수준에 가깝게 되면 평가원가와 실패원가가 함께 감소하는 것이다.
④ 품질교육은 예방원가이다.

04 **다음 중 수명주기원가계산의 대두배경은?**

① 신제품의 출시기간이 단축
② 제조비용의 상승
③ 공급업체의 감소
④ 정답없음

05 **균형성과표에 대한 설명으로 옳지 않은 것은?**

① 균형성과표는 기업의 가치를 향상시키기 위해 전통적인 재무적 지표 이외에 다향한 관점의 성과 지표가 측정되어야 한다는 것을 강조하고 있다.
② 고객의 관점은 고객만족에 대한 성과를 측정하는데 고객만족도 조사, 고객확보율, 고객유지율, 반복구매정도 등의 지표가 사용된다.
③ 내부프로세스의 관점은 원가를 낮은 수준에서 유지하여 제품을 저렴한 가격으로 고객에게 제공할 수 있도록 기업내부의 업무가 효율적으로 수행되는 정도를 의미하는데 불량률, 작업폐물, 재작업률, 수율, 납기, 생산처리시간 등의 지표가 사용된다.
④ 재무적 성과는 수익을 제공하는 고객으로부터 달성될 수 있으므로 고객관점지표가 재무적 지표의 동인이 될 수 있으나, 내부프로세스의 효율성 향상과 재무적 성과에 따라 학습과 성장의 지표가 달성되므로 결국 학습과 성장의 지표가 최종적인 결과물이 된다.

06 **다음 중 균형성과표(BSC)에 대한 설명으로 옳지 않은 것은?**

① 비영리단체에도 재무적관점, 고객관점, 내부프로세스관점, 학습과 성장관점을 사용할 수 없다.
② 전략과 연계된 주요평가지표를 사용한다.
③ 고객의 관점은 고객만족도 조사, 고객확보율, 고객유지율 등의 지표가 사용된다.
④ 균형성과표는 성과보상과 기업의 의사결정에 모두 이용할 수 있다.

07 **목표원가계산의 절차를 올바르게 나타낸 것을 고르시오.**

ⓐ 목표원가 달성을 위한 가치공학을 수행
ⓑ 잠재 고객의 요구를 충족하는 제품의 개발
ⓒ 목표가격에서 목표이익을 고려하여 목표원가를 산출
ⓓ 고객이 인지하는 가치와 경쟁기업의 가격 등을 고려하여 목표가격을 선택

① ⓐ → ⓑ → ⓒ → ⓓ
② ⓑ → ⓓ → ⓒ → ⓐ
③ ⓒ → ⓑ → ⓐ → ⓓ
④ ⓓ → ⓐ → ⓒ → ⓑ

정답 및 해설

01	①	02	③	03	③	04	①	05	④	06	①	07	②						

01 ① 제조단계에서의 지속적인 원가절감을 목적으로 하는 것은 카이젠원가계산을 말하며, 제조이전단계인 연구, 개발 및 설계단계에서 혁신적인 원가절감에 초점을 두고 있는 것이 목표원가계산이다.

02 ③ ① 신제품 개발에서 판매까지의 기간이 점차 짧아짐에 따라 제품의 수명주기 관리에 대한 중요성이 강조되고 있다.
② 단기적 의사결정보다는 장기적 의사결정에 더욱 유용하다.
④ 제품의 기획 및 개발, 설계에서 고객서비스와 제품폐기까지 모든 단계에서 원가가 발생하며, 제품수명주기원가의 상당 부분은 제품의 기획에서 설계까지 이르는 과정에서 확정된다.

03 ③ 무결함관점이란 불량률이 0에 가깝게 되는 것이다.

04 ① 신제품의 출시기간이 단축되면서 제품의 수명이 줄어들고, 제조기술적인 진화속도 또한 빨라지게 됨

05 ④
- 균형성과표에서의 성과측정치의 인과관계사슬은 다음과 같다.
- 학습과 성장관점 ⇨ 내부프로세스의 관점 ⇨ 고객관점 ⇨ 재무적관점
- 따라서 균형성과표의 최종 결과물은 재무적 성과이다.

06 ① 영리단체에도 재무적관점, 고객관점, 내부프로세스관점, 학습과 성장관점을 사용할 수 있다.

07 ② 잠재 고객의 요구를 충족하는 제품의 개발 후 고객이 인지하는 가치와 경쟁기업의 가격 등을 고려하여 목표가격을 선택한다.

저자소개

[저자] 원광진 교수

세무사
前 우리은행 근무
前 세무법인고구려 교육이사 근무
前 씨티은행 재산세제 다수 강의
前 안산대학 세무회계학과 겸임교수
前 국민대학교 법학과 회계학 강사
前 한국세무사회 연수위원 및 전산세무회계 출제위원
前 한국경영교육원 경영지도사, 세무사(세법, 원가),
재경관리사(재무회계)
법인세실무 외 기업외부출강
前 우정사업부 재경관리사 강사
現 세무법인 박앤파트너스 교육이사
現 이패스코리아 세무회계1급, 재경관리사 재무회계 강사
現 아이파세무사경영아카데미 세무사(재무회계),
IFRS관리사 강사

[저자] 박정근 교수

공인회계사 / 세무사
前 세무사시험 출제위원
前 공인중개사 시험 출제위원
前 공무원시험 사전출제위원
前 재경관리사 세무회계 교재 집필
前 삼일회계법인
前 삼성전자, 현대자동차, 기아자동차, 신세계,
두산 등 기업 강의
現 삼일아카데미 전임교수, 상장회사진흥원
전임교수
現 이패스코리아 재경관리사 세무회계 강사

[저자] 박정국 교수

세무사
前 삼일아카데미 주식평가, 연말정산, 부동산세제,
지방세 등 강의
前 중소기업중앙회 가업승계컨설팅 전국 강연
前 다함세무법인 세무사
前 LG 그룹계열 세무팀장
現 이패스코리아 세무회계, 재경관리사 원가관리
회계 강사

2025 이패스 재경관리사 핵심서브노트 & 문제풀이

개정2판 1쇄 인쇄 / 2025년 04월 15일
개정2판 1쇄 발행 / 2025년 04월 22일

지 은 이 원광진, 박정근, 박정국
발 행 인 이 재 남
발 행 처 이패스코리아
서울시 영등포구 경인로 775 에이스하이테크시티 2동 1004호
전 화 1600 - 0522 팩스 02 - 6345 - 6701
홈페이지 www.epasskorea.com
이 메 일 edu@epasskorea.com
등 록 번 호 제318 - 2003 - 000119호(2003년 10월 15일)

※잘못된 책은 교환해드립니다.